Einstieg in

Bernhard Steppan

Einstieg in Java mit Eclipse

HANSER

Der Autor:
Bernhard Steppan, Wiesbaden

Bibliografische Information der Deutschen Nationalbibliothek:
Die Deutsche Nationalbibliothek verzeichnet diese Publikation in der Deutschen Nationalbibliografie; detaillierte bibliografische Daten sind im Internet über http://dnb.d-nb.de abrufbar.

© 2020 Carl Hanser Verlag München, www.hanser-fachbuch.de

Lektorat: Brigitte Bauer-Schwiewek
Copy editing: Jürgen Dubau, Freiburg/Elbe
Layout: le-tex publishing services GmbH
Umschlagdesign: Marc Müller-Bremer, www.rebranding.de, München
Umschlagrealisation: Max Kostopoulos
Titelmotiv: © istockphoto.com/JonnyJim
Druck und Bindung: CPI books GmbH, Leck
Printed in Germany

Print-ISBN: 978-3-446-45910-6
E-Book-ISBN: 978-3-446-45976-2
E-Pub-ISBN: 978-3-446-46326-4

Inhalt

Vorwort

Java ist zurzeit unumstritten die bedeutendste Programmiersprache. Daher möchten viele Java lernen. Der Einstieg ist leider nicht einfach, denn für das Programmieren mit Java sind mindestens zwei Dinge erforderlich: das Beherrschen der Programmiersprache *und* das Beherrschen einer Entwicklungsumgebung. Aus diesem Grund ist dieses Buch entstanden. Es zeigt anhand vieler Beispiele, wie die Sprache aufgebaut ist. Zusätzlich vermittelt das Buch am Beispiel der Eclipse-Entwicklungsumgebung, wie Sie mit diesem Werkzeug Java-Programme entwickeln.

Robert aus der Maschinenwelt begleitet Sie durch das Buch.

Der erste Teil »Grundlagen« vermittelt das Java- und Eclipse-Basiswissen. Dieser Teil legt die Programmiergrundlagen, gibt Ihnen einen Überblick über die Java-Technologie und zeigt Ihnen, was das Besondere an objektorientierter Programmierung ist. Ein Kapitel über die Eclipse-Entwicklungsumgebung rundet diesen Teil ab.

Im zweiten Teil »Sprache Java« dreht sich alles um die Feinheiten der Sprache Java. Hier entstehen die ersten kleinen Java-Anwendungen. Dieser Teil bietet eine Mischung aus Wissensteil und praktischen Übungen. An jedem Kapitelende finden Sie Aufgaben, die Sie selbstständig durchführen können. Mit den Lösungen zu den Aufgaben am Schluss dieses Buchs überprüfen Sie den Lernerfolg.

Die Technologie Java bildet den Schwerpunkt des dritten Teils »Plattform Java«. Dieser Teil stellt Ihnen zusätzlich vor, welche Gesetzmäßigkeiten Sie beim Programmieren beachten müssen, was Klassenbibliotheken sind und welche Vorteile sie haben. Zusätzlich erfahren Sie, wie Sie Programme testen, was Algorithmen sind und wie Sie sie programmieren.

Ein größeres Java-Projekt steht im Mittelpunkt des vierten Teils. Hier lernen Sie alle Elemente der vorigen Teile an einer Anwendung mit grafischer Oberfläche kennen. Das Projekt zeigt, wie man mit der Eclipse-Entwicklungsumgebung Stück für Stück eine größere Anwendung entwickelt.

Der fünfte Teil »Anhang« beschließt dieses Buch mit Lösungen zu den Aufgaben, mit Grundlagen der Informationsverarbeitung und einem Kapitel zu den häufigsten Fehlern, die bei der Arbeit mit Eclipse entstehen können.

Rahmenhandlung

Als Rahmenhandlung habe ich dem Buch den (fiktiven) Programmierkurs »Java mit Eclipse« von Professor Roth mit vier Studentinnen und Studenten zugrunde gelegt. Den Programmierkurs begleitet der Roboter namens Robert und – neben vielen anderen – vor allem diese fünf Figuren durch das gesamte Buch:

Der Programmierkurs mit Lukas, Anna, Professor Roth, Julia und Florian

Für wen ist das Buch?

Dieses Buch richtet sich an aktive Leser. Sie wollten nicht fertige Lösungen, sondern möchten selbst programmieren. Ohne dass Sie selbst aktiv programmieren und am Ball bleiben, bis Ihr selbstgeschriebenes Programm läuft, lernen Sie kein Java. Das Buch enthält verlockend viele fertig programmierte Beispiele, die Sie auf Knopfdruck ausführen können. Greifen Sie nur zu den Musterlösungen, wenn Sie nicht weiterkommen. Versuchen Sie zuerst, die Programme selbst einzugeben und aus den Fehlern zu lernen. Nur durch aktives Programmieren beherrschen Sie Java und die Eclipse-Entwicklungsumgebung.

Bonusmaterial

Das Buch enthält eine Fülle von Beispielen, die einfach in die Eclipse-Umgebung als Lösungen importiert werden können. Sie können Sie einfach von *https://plus.hanser-fachbuch.de* herunterladen (siehe auch Abschnitt 4.2.4, dort finden Sie im Abschnitt »Download der Beispielprogramme« nähere Informationen). Unter diesen Downloads finden Sie zudem ein Bonuskapitel, das aus Platzgründen nicht abgedruckt ist. Es erklärt die Programmierung von sogenannten Terminalprogrammen.

Schriftkonventionen

Verschiedene Textteile sind zur besseren Lesbarkeit wie folgt hervorhoben:

Textteil	Bedeutung
Datentypen im Fließtext	*Person*
Datentypen in Überschriften	»Person«
Schlüsselwörter im Fließtext	*implements*
Schlüsselwörter in Überschriften	»implements«
Variablen im Fließtext	*roland*
Variablen in Überschriften	»roland«
Fenster (grafische Oberfläche)	ECLIPSE IDE LAUNCHER
GUI-Element (grafische Oberfläche)	FINISH
Menü (grafische Oberfläche)	FILE
Menübefehl (grafische Oberfläche)	MENÜ → FILE → NEW → JAVA PROJECT
Dateien	*Beispielprogramme.zip*
Verzeichnispfade	*C:/Programme/Eclipse*
Listing (Quellcode von Beispielprogrammen)	1 **package** programmierkurs; 2 **public class** Roboter { 3 (...) 4 }
Programmausgabe	Ergebnis = true
URL	*http://eclipse.org*
(...)	Aus Platzgründen fehlt ein Teil des Quellcodes

Herzlichen Dank!

Hiermit möchte ich mich bei allen bedanken, die mich beim Schreiben dieses Buchs unterstützt haben: dem Carl Hanser Verlag und meiner Lektorin Brigitte Bauer-Schiewek für das Vertrauen in meine Arbeit und die große Geduld. Der Herstellung des Hanser Verlags möchte ich für die professionelle LaTeX-Vorlage danken und Herrn Korell für seine stets kompetente Unterstützung bei Fragen zum Satz dieses Buchs mit der LaTeX-Vorlage.

Meine Frau Christiane hat mich wie immer sehr bei diesem Projekt unterstützt. Herzlichen Dank für Deine Hilfe! Danken möchte ich zudem Herrn Dubau, der mein Buchmanuskript von Rechtschreibfehlern befreit hat. Herzlichen Dank auch an Valery Kachaev, von dem die Vorlagen für die Roboter-Cartoons stammen.

Kontakt

Trotz größter Sorgfalt lässt sich nicht immer verhindern, dass der eine oder andere Fehler in einem Buch übersehen wird. Wenn Sie Fehler finden, Verbesserungsvorschläge oder Fragen haben, senden Sie mir einfach eine E-Mail an *java-eclipse@steppan.net*. Ich werde Ihre Fragen möglichst schnell beantworten und versuchen, Ihre Verbesserungsvorschläge in kommenden Auflagen zu berücksichtigen. Die jeweils aktuellsten Ergänzungen und weitere Informationen finden Sie unter *http://www.steppan.net*. Nun wünsche ich viel Spaß beim Lesen und Entwickeln Ihrer Java-Programme mit Eclipse!

Bernhard Steppan   Wiesbaden im August 2020

TEIL I

Grundlagen

Um Computerprogramme entwickeln zu können, müssen Sie die Grundlagen beherrschen. Das Kapitel »Programmiergrundlagen« legt die Grundlagen zum Programmieren von Java-Anwendungen. In Kapitel 2, »Technologieüberblick«, erfahren Sie, was Java mit anderen Programmiersprachen gemeinsam hat und wie sich Java von anderen Sprachen abhebt.

Abbildung 1 Um Computerprogramme zu entwickeln, müssen Sie die Grundlagen beherrschen.

Danach geht es mit dem Kapitel »Entwicklungsumgebung« weiter, das die Eclipse-Entwicklungsumgebung vorstellt. Die Kapitel »Programmaufbau« und »Objektorientierte Programmierung« zeigen, wie Java-Programme aufgebaut sind und was Objektorientierung bedeutet.

1 Programmiergrundlagen

■ 1.1 Einleitung

Programmieren bedeutet, Computerprogramme zu schreiben. Computerprogramme bestehen aus einem oder mehreren Befehlen in einer Programmiersprache. Der Roboter Robert stellt den Studentinnen und Studenten des Programmierkurses von Professor Roth ein einfaches Java-Programm vor (Abbildung 1.1).

```
class Hallo {
    public static void main(String[] args) {
        System.out.print("Hallo!");
    }
}
```

Dieses einfache Java-Programm gibt die Begrüßung »Hallo!« auf dem Bildschirm aus. Der Text des Programms »**class** Hallo …« nennt sich Quellcode.

Abbildung 1.1 Robert aus der Maschinenwelt ist *der* Experte für Maschinenprogramme.

Die Studentinnen und Studenten des Programmierkurses finden, dass es doch sehr viele Anweisungen für ein so einfaches Programm sind. Anna möchte von Professor Roth wissen, ob es nicht noch einfacher geht:

> Warum muss man Computer eigentlich so umständlich programmieren? Warum kann man ihnen nicht einfach wie bei Alexa und Siri sagen, was man möchte?

Abbildung 1.2 Heute noch Programme abtippen, ist das wirklich noch zeitgemäß?

Auch Alexa, Cortana und Siri, sagt Professor Roth, sind nur Computerprogramme. Diese Programme wurden entwickelt, damit der Mensch den Computer über Sprache steuern kann. Alexa und Co. können aber nur die wenigen Aufgaben erledigen, für die sie speziell programmiert wurden. Möchte man, dass der Computer andere Aufgaben wie zum Beispiel eine Textverarbeitung ausführt, muss man ein spezielles Programm dafür schreiben. Diese Programme lassen sich zum Beispiel in Java entwickeln.

◼ 1.2 Die Sprache der Maschinenwelt

Wenn wir heute von Computern sprechen, so meinen wir immer Digitalcomputer. Diese Maschinen verstehen nur ihre digitale Maschinensprache. Digital bedeutet, dass der Computer für sämtliche Informationen den Binärcode verwendet. Daher besteht die Maschinensprache des Computers nur aus einer Folge von Nullen und Einsen.

Die Maschinensprache des Computers mit ihren Folgen von Nullen und Einsen ist für den Menschen jedoch nur extrem schwer verständlich. Computer direkt im Maschinencode zu programmieren, wäre daher vollkommen abwegig. Man würde sehr lange dazu benötigen, und die Wahrscheinlichkeit von Fehlern wäre hoch.

Wenn man den Computer maschinennah programmieren möchte, verwendet man dazu eine Hilfssprache. Diese Hilfssprache nennt sich Assembler-Sprache oder auch kurz Assembler. Professor Roth präsentiert seinem Programmierkurs ein einfaches Beispiel. Es gibt wie das Java-Programm zuvor lediglich die Zeichenfolge »Hallo!« auf dem Bildschirm aus (Abbildung 1.3).

Professor Roths Programmierkurs findet das Assembler-Programm ziemlich schwer verständlich. Wie konnten nur Programmierer eine so furchtbare Sprache erlernen? Die Antwort ist einfach, denn in der Anfangszeit der Computer gab es noch keine Hochsprachen wie Java. Die Programmierer mussten sich sehr genau mit den Prozessoren des Computers beschäftigen, wenn sie die Maschine in Assembler programmierten.

> Ein Assembler-Programm ist speziell auf die Hardware eines Computers zugeschnitten. Es lässt sich daher nur schwer von einem Computertyp auf einen anderen übertragen.

```
org 100h
start:
 mov dx,hallo
 mov ah,09h
 int 21h
 mov al, 0
 mov ah,4Ch
 int 21h
section .data
 hallo: db 'Hallo!', 13, 10, '$'
```

Abbildung 1.3 Dieses Assembler-Programm gibt ebenfalls »Hallo!« aus.

Assembler-Programme sind im Vergleich zu funktional gleichwertigen Java-Programmen viel länger. Sie bestehen aus vielen kleinteiligen Befehlen, die allein genommen nur wenig bewirken. Daher benötigt man viele dieser Befehle, um ein größeres Programm zu schreiben. Dieses Programm ist speziell für einen Computertyp geschrieben. Es lässt sich schlecht auf einen anderen Computertyp übertragen.

Neben dem hohen Aufwand für die Entwicklung solcher Programme ist es ein Hauptnachteil der Assembler-Sprache, dass sie nur schwer von einem Computertyp auf einen anderen zu übertragen ist. Die kleinteiligen Befehle haben aber nicht nur Nachteile. Sie besitzen den Vorteil, dass ein guter Programmierer damit sehr schlanke und schnelle Maschinenprogramme erzeugen kann. Sie benötigen zudem oftmals weit weniger Hauptspeicher als vergleichbare Programme, die in einer Hochsprache geschrieben wurden.

■ 1.3   Hochsprache als Kompromiss

Es scheint irgendwie verhext zu sein: Computer verstehen nur ihre spezielle Maschinensprache. Wir hingegen verstehen ohne spezielles Programmiertraining nur unsere Muttersprache und vielleicht noch die eine oder andere Fremdsprache. Wie kann man diese große Kluft zwischen der Maschinenwelt und der Welt der Menschen überbrücken?

Wir können entweder noch leistungsfähigere Programme als Alexa, Cortana und Siri entwickeln, damit die Computer alles ausführen, was wir wollen. Oder wir lernen die Sprache des Computers, wenn wir spezielle Programme für Aufgaben entwickeln möchten, die Alexa & Co. nicht beherrschen – nein, das sind nicht die einzigen Möglichkeiten, denn es gibt glücklicherweise noch einen dritten Weg.

Ein komplexes Programm in Assembler zu programmieren, ist nicht mehr zeitgemäß. Daher hat man schon sehr früh begonnen, Programmiersprachen wie Java zu entwickeln. Diese Sprachen bilden eine Brücke zwischen der (für die meisten Menschen) schwer verständlichen Maschinensprache und der (für die meisten Maschinen) schwer verständlichen menschlichen Sprache. Diese Sprachen nennen sich Hochsprachen.

Abbildung 1.4 Hochsprachen sind Mittler zwischen Mensch und Maschine.

Hochsprachen sind für einen Menschen wesentlich einfacher zu erlernen und zu verstehen als die Sprache der Maschinenwelt. Aber wie funktioniert das? Wie übersetzt man eine Hochsprache in die Sprache der Maschinenwelt? Dazu hat man sich einen Trick überlegt. Dieser Trick ist ein spezielles Programm, das den Quellcode einer Hochsprache wie Java in die Sprache der Maschinenwelt übersetzt. Dieses Programm wird Compiler genannt und ist Bestandteil einer Entwicklungsumgebung.

1.4 Entwicklungsumgebung

1.4.1 Compiler

Der Compiler ist einer der Kernbestandteile einer Entwicklungsumgebung wie Eclipse. Er überträgt den Quellcode eines Java-Programms in die Sprache der Maschinenwelt. Der Quellcode ist der Text, der in den Abbildungen 1.1 und 1.3 zu sehen war.

1.4.2 Editor

Im Editor geben Sie den Quellcode eines Programms wie in einer Textverarbeitung ein. Ein Editor bietet darüber hinaus auch Unterstützung bei der Programmentwicklung wie zum Beispiel Ratschläge, wie man die angezeigten Fehler beheben kann.

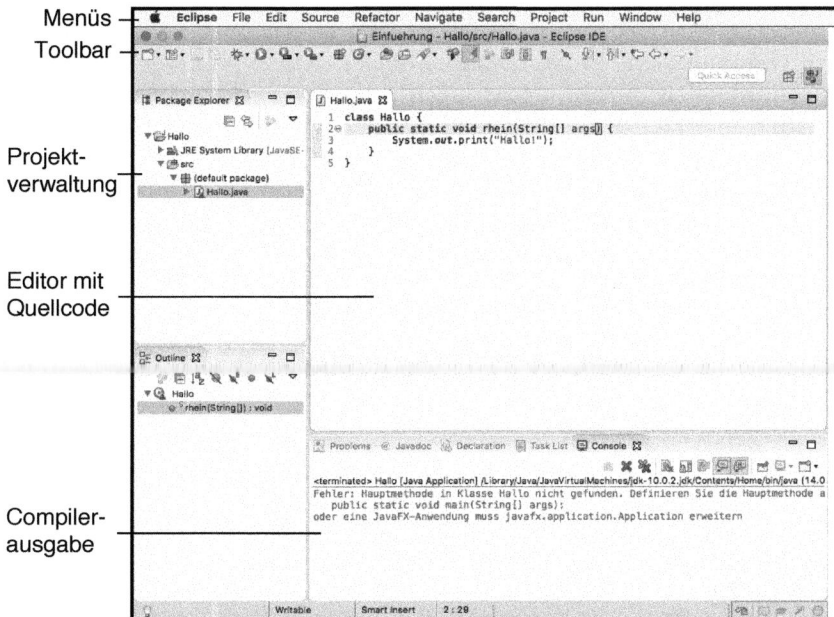

Abbildung 1.5 Editor, Compiler und Projektverwaltung der Eclipse-Entwicklungsumgebung

1.4.3 Projektverwaltung

Java-Programme bestehen in der Regel aus einer Vielzahl von Dateien. Damit Sie den Überblick nicht verlieren, besitzt die Java-Entwicklungsumgebung eine Projektverwaltung. Sie zeigt an, welche Dateien zu einem Projekt gehören.

1.5 Laufzeitumgebung

Java-Programme benötigen eine spezielle Laufzeitumgebung. Mit anderen Worten: Java-Programme laufen nur mit einem zusätzlichen Programm auf Ihrem Computer. Davon merken Sie erst einmal nichts, denn die Eclipse-Entwicklungsumgebung ruft diese Laufzeitumgebung im Hintergrund auf, wenn Sie ein Java-Programm ausführen. Um zu verstehen, was es mit dieser Laufzeitumgebung auf sich hat, blättern Sie zum nächsten Kapitel. Es zeigt Ihnen, wie sich Java entwickelt hat und warum eine Java-Laufzeitumgebung überhaupt notwendig ist.

1.6 Zusammenfassung

Programmieren bedeutet, Computerprogramme zu schreiben. Computerprogramme bestehen aus einem oder mehreren Befehlen in einer Programmiersprache. Diese Befehle werden in Form eines Textes verfasst. In der Programmierung heißt dieser Text Quellcode. Computer erwarten die Befehle in Maschinensprache. Wir sprechen hingegen in unserer menschlichen Sprache. Um diese Lücke zu schließen, haben Informatiker Hochsprachen entwickelt. Java ist eine dieser Hochsprachen.

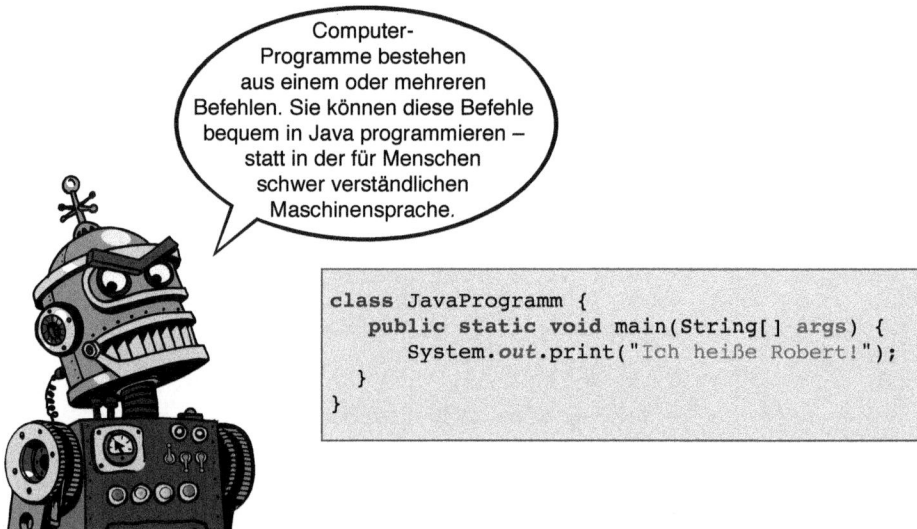

Computer-Programme bestehen aus einem oder mehreren Befehlen. Sie können diese Befehle bequem in Java programmieren – statt in der für Menschen schwer verständlichen Maschinensprache.

```
class JavaProgramm {
    public static void main(String[] args) {
        System.out.print("Ich heiße Robert!");
    }
}
```

Abbildung 1.6 Computerprogramme bestehen aus Befehlen einer Programmiersprache.

Um ein Hochsprachen-Programm in Maschinensprache zu übersetzen, damit der Computer es ausführen kann, benötigen Sie ein Zusatzprogramm. Dieses Übersetzungsprogramm heißt Compiler. Der Compiler ist Teil der Entwicklungsumgebung. Diese besteht (unter anderem) noch aus einem Editor und einer Projektverwaltung. Mithilfe des Editors schreibt man den Quellcode eines Programms. Die Projektverwaltung verwaltet die verschiedenen Dateien, die zu einem Projekt gehören.

1.7 Aufgaben

- Wie nennt sich die Programmiersprache, mit der man »maschinennah« programmiert?
- Zu welcher Art von Programmiersprachen gehört Java?
- Was ist ein Compiler und welche Aufgabe erfüllt er?
- Wozu dient ein Editor?
- Wozu ist eine Projektverwaltung innerhalb einer Entwicklungsumgebung notwendig?
- Was ist eine Laufzeitumgebung?

Die Lösungen zu den Aufgaben finden Sie in Kapitel 25, »Lösungen«, ab Seite 585.

1.8 Literatur

Bernhard Steppan: Eine kleine Geschichte der Programmiersprachen;
http://www.computerwoche.de/a/3545761

2 Technologieüberblick

■ 2.1 Einleitung

Java ist mehr als eine erfolgreiche Programmiersprache. Java ist eine Technologie. Dieses Kapitel gibt Ihnen einen Überblick über die Bestandteile dieser Technologie und zeigt Ihnen, was Java von anderen Programmiersprachen und Technologien hervorhebt.

Abbildung 2.1 Anna gibt Ihnen einen Überblick über die Java-Technologie.

■ 2.2   Überblick

2.2.1   Die Anfangszeit von Java

Die Geschichte von Java begann damit, dass einige Programmierer der kalifornischen Firma Sun Microsystems 1991 eine objektorientierte Programmiersprache namens Oak (Object Application Kernel) zur Programmierung von Haushaltsgeräten entwickeln sollten. Haushaltsgeräte sind zumeist nicht sehr leistungsfähig. Daher sollten Oak-Programme kompakt sein, damit sie schnell ablaufen können. Da Haushaltsgeräte unterschiedliche Software und Hardware einsetzen, sollten Oak-Programme möglichst leicht von einem Gerät auf ein anderes übertragen werden können. Es stellte sich heraus, dass diese Anforderungen auch ideal zur Umsetzung von Internet-Programmen passten. Kurzerhand bekam das Oak-Team den Auftrag, den ersten Internet-Browser für Oak-Programme zu entwickeln.

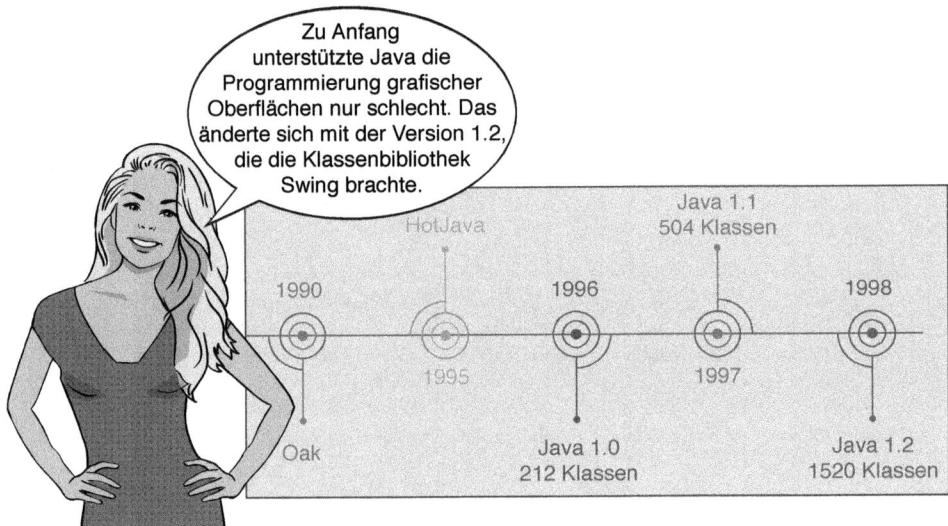

Abbildung 2.2 Die Anfangszeit von Java

Circa ein Jahr später konnte der neue Browser kleine Programme (Applets) in HTML-Seiten darstellen. Er erblickte als »HotJava« mit der Programmiersprache Java[1] im Jahr 1995 das Licht der Welt. Im Jahr 1996 folgte Java 1.0 und wurde noch im gleichen Jahr von Java 1.1 ersetzt. Java-Programme waren damals noch sehr langsam. Zudem war die Programmierung grafischer Oberflächen anfangs schwierig. Das endete erst mit Java 1.2. Diese Version brachte eine neue UI-Klassenbibliothek namens Swing. Der gestiegene Leistungsumfang von Java drückte sich auch im Umfang der Java-Klassenbibliotheken aus. Die Anzahl der Klassen nahm explosionsartig auf über 1500 Klassen zu – Java wurde zu einer Programmierplattform.

---

[1]   Java ist ein Slang-Ausdruck für Kaffee. Einer Anekdote zufolge benannte das Team, das Java entwickelt hat, die neue Programmiersprache nach einer Kaffeesorte.

2.2.2 Die Reifezeit von Java

Im Jahr 2000 erschien Java 1.3 mit der sogenannten Hotspot-Optimierung. Sie übersetzte häufig benutzte Teile eines Programms (Hotspots) direkt in nativen Maschinencode. Das führte erstmals dazu, dass Java-Programme deutlich schneller liefen. Der Nachfolger Java 1.4 brachte einige Spracherweiterungen und die Einführung von Java Webstart. Java Webstart aktualisiert ein Java-Programm automatisch beim Programmstart, sofern Updates für dieses Programm vorliegen. Beim Nachfolger Java 5 nahm der Umfang der Klassenbibliotheken nicht so stark zu wie bei Java 1.4. Die Änderungen an der Programmiersprache hatten es aber in sich: Java 5 zeichnete sich durch so viele gravierende Änderungen aus, wie es sie zuvor nur bei Java 1.2 gegeben hat.

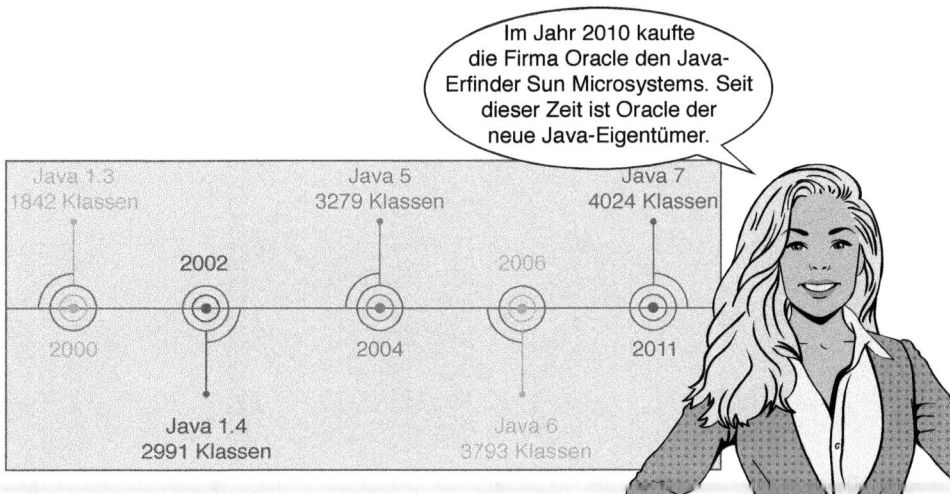

Abbildung 2.3 Die Reifezeit von Java

Sun Microsystems hat die Sprache Java mit Version 5 gründlich verbessert. Zudem führte der Java-Erfinder die Produktnummer ein – die führende Eins wurde weglassen. Die Produktnummer soll unter anderem auf die Reife und Stabilität der Java-Version hinweisen. Intern wird Java 5 weiterhin als Version 1.5 geführt. Auch sämtliche nachfolgenden Java-Versionen tragen intern noch die alten Versionsbezeichnungen. Java 6 im Jahr 2006 brachte vor allem nochmals eine weitere Verbesserung der Ausführungsgeschwindigkeit. Eine weitere Zäsur war, dass Sun Microsystems das spätere OpenJDK von dieser Version abspaltete (JDK = Java Development Kit).

Im Jahr 2010 übernahm Oracle den Java-Erfinder Sun Microsystems. Das brachte viel Unruhe in das kalifornische Unternehmen, wodurch der Fortgang der Entwicklung von Java ins Stocken geriet. Erst im Sommer 2011 meldeten sich die Java-Entwickler mit der neuen Version 7 zurück. Eine der größten Neuerungen dieser Version war die Integration der UI-Klassenbibliothek JavaFX. Sun Microsystems stellte diese Klassenbibliothek bereits zuvor als Alternative zur UI-Klassenbibliothek Swing vor. Die Integration der neuen Bibliothek und anderer Klassen hatte zur Folge, dass die Anzahl der mit Java mitgelieferten Klassen erstmals die Schallmauer von 4000 durchbrach.

2.2.3 Die Gegenwart von Java

Mit Java 8 kamen dann weitere Sprachverbesserungen und die sogenannte LTS-Version. LTS steht für »Long Term Support«. Das ist eine Version mit Unterstützung seitens des Java-Herstellers für einen längeren Zeitraum. Das ist besonders für Unternehmen wichtig, die Java einsetzen und hierbei Unterstützung bei Fehlern für ihre unternehmenskritischen Java-Programme benötigen. Eine weitere Neuerung in Java 8 war die Integration einer Java-Script-Laufzeitumgebung. Dadurch war es möglich, JavaScript direkt in Java-Anwendungen auszuführen.

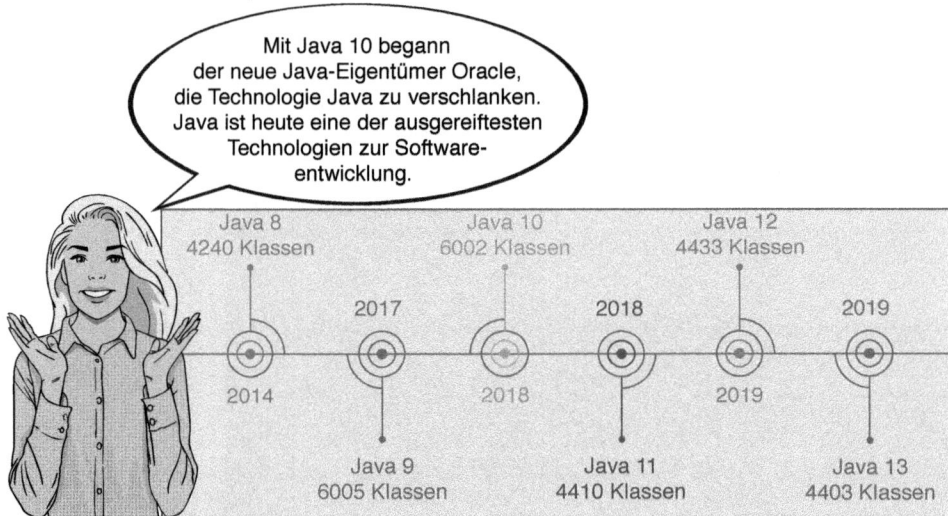

Abbildung 2.4 Die Gegenwart von Java

Der Nachfolger Java 9 erschien mit erheblichen Verzögerungen im Jahr 2017. Grund waren langanhaltende Diskussionen über das neue Modulsystem mit dem Codenamen Jigsaw. Das Modulsystem sollte erlauben, gleiche Klassen in unterschiedlichen Versionen in eine Java-Anwendung zu integrieren. Java Webstart wurde in dieser Version als »überholt« markiert. Eine Klasse oder Funktion, die als »überholt« markiert wurde, kann jederzeit aus der Java-Basis entfernt werden. Ansonsten stieg wieder der Umfang der Klassenbibliotheken um über 1700 Klassen.

Mit Java 10 änderte Oracle seinen Java-Kurs und fing an, die Java-Klassenbibliotheken etwas »aufzuräumen«. Noch viel umfangreicher räumte der Java-Hersteller die Nachfolger-Version Java 11 auf. Das hatte zur Folge, dass Applets, Java Webstart und leider auch die UI-Bibliothek JavaFX aus der Java-Basis verschwanden. Diese gewaltigen Änderungen an den letzten Java-Versionen hatten zur Folge, dass viele Unternehmen diese neueren Java-Versionen nicht einführten. Mit der Drucklegung dieses Buchs setzen viele Unternehmen noch auf Java 8, obwohl bereits Java 13 erschienen ist.

■ 2.3 Warum Java?

Java ist heute eine der erfolgreichsten Programmiersprachen: Sie wird an vielen Hochschulen und Unternehmen eingesetzt. Auch viele Privatanwender programmieren in Java. Die Gründe liegen in den Merkmalen der Sprache.

```
Java {

    • Objektorientiert
    • Leicht lesbar
    • Kostenfrei
    • Quelloffen
    • Sicher und robust
    • Leicht portierbar
    • Leicht zu entwickeln
    • Leicht erweiterbar
    • Leistungsfähig
    • Universell

}
```

Mit Java sind sehr viele positive Merkmale verbunden – das ist sicher ein Grund für den großen Erfolg dieser Programmiersprache.

Abbildung 2.5 Die Merkmale von Java

2.3.1 Leicht lesbar

Die einfache Syntax von Java hat den Vorteil, dass Sie die Sprache vergleichsweise leicht erlernen und Java-Programme leicht lesen können. Die einfache Syntax führt dazu, dass Sie auch den Aufbau und Sinn von Java-Programmen, die Sie nicht selbst entwickelt haben, leichter verstehen können.

2.3.2 Objektorientiert

Dass man Java-Programme leicht lesen kann, liegt nicht nur an der Syntax der Sprache, sondern auch daran, dass sie objektorientiert aufgebaut sind. Objektorientierung ist einer der wichtigsten Gründe für den klaren Aufbau der Java-Programme. In Kapitel 3, »Objektorientierte Programmierung«, erfahren Sie alles über das Thema.

2.3.3 Sicher und robust

Eines der wichtigsten Merkmale der Sprache Java ist, dass sie die Entwicklung sicherer und robuster Programme unterstützt. Einen Teil der Robustheit verdanken Java-Programme ihrer

Objektorientierung. Damit Java-Programme stabiler als objektorientierte C++-Programme laufen, haben die Entwickler der Sprache Java fehleranfällige C++-Konstrukte entfernt. Dadurch ist dafür gesorgt, dass Java-Programme in der Regel sehr viel sicherer ausgeführt werden und nicht – wie so manche schlecht entwickelten und getesteten C++-Programme – sehr leicht abstürzen.

2.3.4 Leistungsfähig

Die Programmiersprache Java unterstützt Sie, Programme zu entwickeln, die den höchsten Anforderungen an kommerzielle Anwendungen gewachsen sind. Mit solchen professionell entwickelten Java-Programmen können Tausende von Anwendern parallel, sicher und ohne Unterbrechung effizient arbeiten.

2.3.5 Universell verwendbar

Es gibt Programmiersprachen speziell für Naturwissenschaftler, andere speziell für Kaufleute. Manche sind speziell für die Programmierung von grafischen Oberflächen entwickelt worden, andere speziell für Datenbankabfragen. Java ist so erfolgreich, weil sich die Sprache universell einsetzen lässt. Das Spektrum von Java beginnt bei kleinen Programmen für den privaten Bereich, geht über Werkzeuge wie der Eclipse-Entwicklungsumgebung und reicht bis zu Webanwendungen für Großunternehmen. Selbst für so exotische Programme wie die Steuerung von Lego-Robotern lässt sich Java einsetzen.

2.3.6 Kostenfrei

Ein weiterer Pluspunkt von Java ist: Die Programmierplattform ist seit den Anfängen kostenfrei. Selbst professionellen Ansprüchen gewachsene Java-Programme lassen sich zum Nulltarif entwickeln.

2.3.7 Quelloffen

Der Java-Erfinder Sun Microsystems hat Java als OpenJDK offengelegt (JDK = Java Development Kit). Das heißt, dass der Quellcode und somit das Know-how des JDKs öffentlich ist. Der Fachbegriff dafür lautet quelloffen oder Open Source. Damit ist sichergestellt, dass die Programmierplattform Java unabhängig von einem bestimmten Hersteller auch auf andere Betriebssysteme übertragen werden kann. Java-Programme lassen sich daher auf (fast) jedem Computersystem ausführen.

2.3.8 Leicht portierbar

Vergessen Sie, wenn Sie irgendwo gelesen oder gehört haben, dass Java plattformunabhängig sei. Der bekannte Spruch »Write once, run anywhere« ist ein nettes Märchen, das sich

Sun Microsystems ausgedacht hat, um Java zum Erfolg zu verhelfen. Weite Teile des IT-Managements, viele Fachautoren und Journalisten glauben diese Geschichte bis heute.

Die Wahrheit ist: Java-Programme lassen sich vergleichsweise leicht von einem Betriebssystem auf ein anderes übertragen (portieren). Das liegt daran, dass sich Java-Programme darauf verlassen können, auf anderen Betriebssystemen nahezu die gleichen Bedingungen vorzufinden wie auf dem Betriebssystem, auf denen sie entwickelt wurden.

Tabelle 2.1 Von Java derzeit unterstützte Betriebssysteme (64 Bit)

Java-Version	Betriebssystem
Java 10	Solaris x64, Linux x64, MacOS x64, Windows x64
Java 11	Linux x64, MacOS x64, Windows x64
Java 12	Linux x64, MacOS x64, Windows x64
Java 13	Linux x64, MacOS x64, Windows x64
Java 14	Linux x64, MacOS x64, Windows x64

Java-Programme sind unter zwei Voraussetzungen extrem leicht zu portieren: Die Entwickler eines Java-Programms haben keine Spezialitäten des Betriebssystems verwendet, und für das Zielbetriebssystem liegt eine zum Programm passende Java-Version vor. Die erste Voraussetzung ist sehr leicht zu erfüllen. Die zweite Voraussetzung ist meistens dadurch gegeben, dass Java quelloffen ist.

2.3.9 Java-Programme lassen sich leicht erweitern

Der Begriff Java-Klassenbibliothek fiel schon mehrmals, ohne dass ich ihn genauer erklärt habe: Unter Java-Klassenbibliotheken versteht man vorgefertigte Programmteile, die Ihr Programm einfach verwenden kann. Wenn Sie im Internet recherchieren, ob ein bestimmtes Problem durch eine Java-Klassenbibliothek gelöst wird, werden Sie staunen, wie groß das Angebot ist.

Einer der Gründe, warum Java so erfolgreich ist, liegt an der Vielfalt der Java-Klassenbibliotheken. Sie müssen nicht alle Programmteile selbst entwickeln. Stattdessen können Sie aus dem Fundus vorgefertigter und erprobter Lösungen schöpfen. Und das Beste ist: Viele solcher Klassenbibliotheken sind wie Java quelloffen und kostenfrei.

2.3.10 Java-Programme lassen sich leicht entwickeln und testen

In der Anfangszeit von Java war es mühevoll, Java-Programme zu entwickeln. Es gab einfach keine professionellen Entwicklungs- und Testwerkzeuge. Das hat sich grundlegend geändert. Ein Teil des Erfolgs von Java ist mit Sicherheit darauf zurückzuführen, dass es für kaum eine Programmiersprache so viele professionelle Entwicklungsumgebungen wie Eclipse oder IntelliJ IDEA gibt. Dass viele professionelle Werkzeuge überdies kostenfrei sind, war für viele Firmen ein weiterer Pluspunkt.

■ 2.4 Was gehört zu Java?

Auf den vergangenen Seiten fiel mehrmals der Begriff »Programmierplattform«. Ich wollte damit verdeutlichen, dass Java im Vergleich zu den Vorgängersprachen C und C++ weit mehr ist als *nur* eine Programmiersprache. Aber was ist genau eine Programmierplattform? Eine Programmierplattform bietet eine einheitliche Grundlage für den Aufbau und für die Entwicklung von Programmen. Java beispielsweise basiert auf den Säulen »Sprache Java«, »Virtuelle Java-Maschine«, »Klassenbibliotheken« und »Java-Werkzeuge«.

Wenn Java Ihre erste Programmiersprache ist, werden Sie in diesem Abschnitt vielleicht über die vielen neuen Begriffe und Abkürzungen verwirrt sein. Haben Sie noch etwas Geduld. Sie brauchen sich nicht alles zu merken, denn im Laufe des Buchs werden die Begriffe mit vielen Beispielen wiederholt. Und nach den ersten Programmbeispielen wird Ihnen die Bedeutung der Begriffe viel klarer werden.

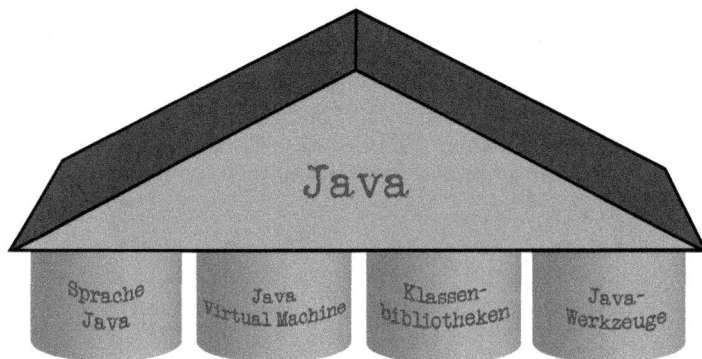

Abbildung 2.6 Die Programmierplattform Java

2.4.1 Sprache Java

Die Sprache Java ist der Kern der Programmierplattform. Wie jede Programmiersprache verfügt auch Java über eine spezielle Syntax, um ein Programm zu schreiben. Die Entwickler der Programmiersprache Java haben sich bei der Syntax an C++ orientiert, um den Umstieg nach Java zu erleichtern. Einige Elemente, auf die ich später noch näher eingehe, wurden jedoch stark verbessert, wodurch sich die leichte Lesbarkeit und Robustheit von Java ergab.

2.4.2 Java Virtual Machine

Java-Programme werden zum Beispiel unter Windows nicht als Exe-Dateien gespeichert. Sie benötigen daher (normalerweise) eine virtuelle Maschine, die das Java-Programm ausführt. Hinter dem geheimnisvollen Namen »virtuelle Maschine« verbirgt sich ein spezielles Programm. Dieses Programm führt Java-Programme aus. Im Fall von Java heißt das Programm »Java Virtual Machine«. Da der Begriff so lang ist, kürzt man ihn meistens als Java VM oder einfach JVM ab.

Diese Java VM muss speziell für Betriebssysteme wie Windows, Linux oder MacOS angepasst werden. Mit anderen Worten: Es gibt eine spezielle Java VM für Windows, eine für Linux und eine für MacOS. Diese spezielle Java VM ist eine der Voraussetzungen dafür, dass sich Java-Programme leicht von einem Betriebssystem wie Windows auf ein anderes wie Linux übertragen lassen (Abbildung 2.7).

Wenn Sie es also sehr genau nehmen, sind Java-Programme, wie anfangs auch behauptet, gar nicht plattformunabhängig. Im Gegenteil: Sie sind plattformabhängig. Genauer gesagt: Sie sind abhängig von der Java-Programmierplattform samt der darin enthaltenen Java VM. Damit Java-Programme also leicht von einem Betriebssystem auf ein anderes übertragen werden können, hat der Java-Erfinder Sun Microsystems zu einem Trick gegriffen. Er hat ganz einfach eine Java-Plattform für jedes gewünschte Ziel-Betriebssystem entwickelt.

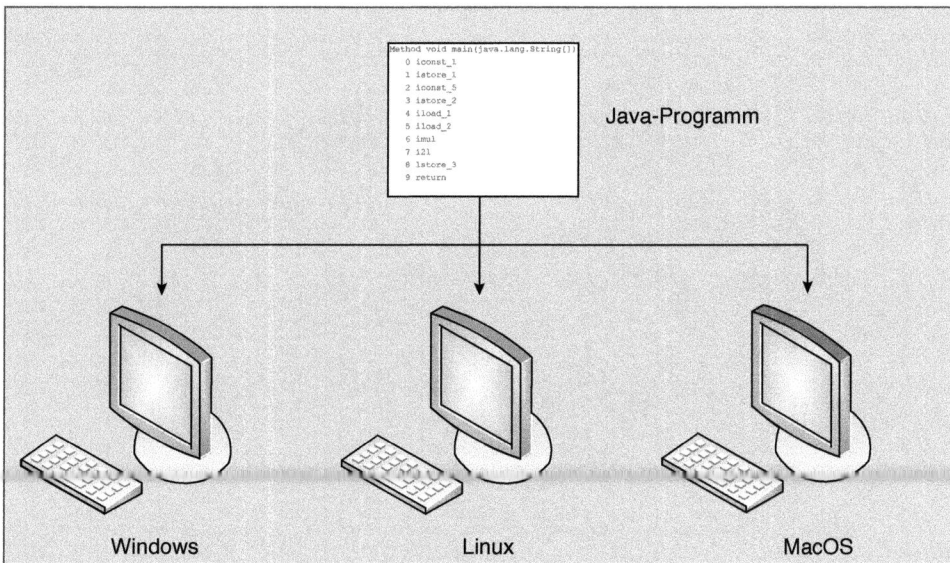

Abbildung 2.7 Java-Programme laufen auf verschiedenen Betriebssystemen mithilfe der Java VM.

Diese Java-Plattform »schützt« jedes Java-Programm vor den speziellen Eigenheiten jedes Betriebssystems. Jetzt fragen Sie sich vielleicht: Wer entwickelt diese Java-Plattform? In der Anfangszeit von Java hat das der Java-Erfinder Sun Microsystems selbst übernommen. Seit Sun Microsystems von Oracle gekauft wurde, kümmert sich in erster Linie Oracle um diese verschiedenen Java-Portierungen. Seit Java quelloffen ist, kümmert sich um die Weiterentwicklung von Java neben Oracle verstärkt die Open-Source-Gemeinde von Programmierern.

Nur wenn eine Java-Plattform für eine bestimmte Betriebssystemumgebung vorliegt, lassen sich Java-Programme auf dieser Umgebung ausführen. Das ist auch der Grund dafür, dass Sie Java (und damit eine Java VM) auf Ihrem Computer-Betriebssystem installieren müssen. Das Kapitel 4, Abschnitt 4.2.2, »Java installieren«, zeigt Ihnen ganz genau, wie Sie hierbei vorgehen.

2.4.3 Klassenbibliotheken

Auch dieser Begriff fiel bereits mehrmals, ohne dass ich ihn genau erklärt habe. Klassen-
bibliotheken sind vorgefertigte Programmierteile, die aus Java-Klassen bestehen. Was der
Begriff »Klasse« genau bedeutet, darauf komme ich später noch zurück. Nur so viel an dieser
Stelle: Klassenbibliotheken erleichtern Ihnen das Programmieren, weil Sie auf vorgefertigte
Programmteile zurückgreifen können.

Wenn Sie Java installieren, sind schon die wichtigsten Java-Klassenbibliotheken mit im
Lieferumfang. Diese Bibliotheken sind also im Java-Standard enthalten. Zusammen mit der
Java VM bilden die Klassenbibliotheken die Java-Laufzeitumgebung (Abbildung 2.8). Die
englische Bezeichnung für die Java-Laufzeitumgebung lautet Java Runtime Environment,
daher auch die Abkürzung JRE.

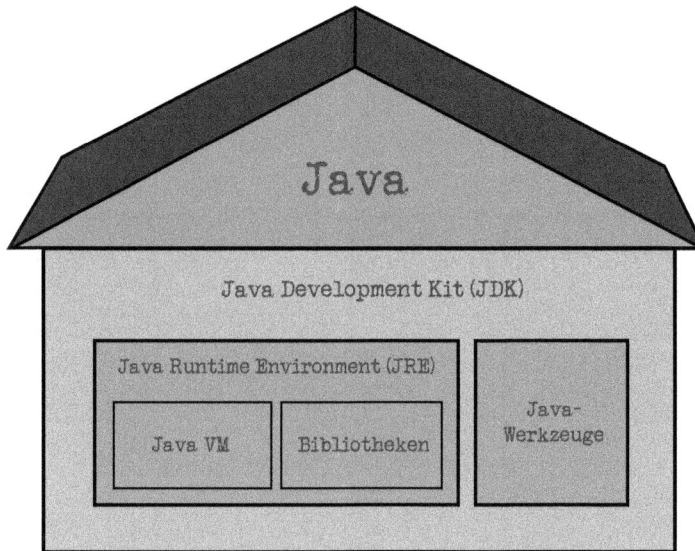

Abbildung 2.8 Das Java Development Kit besteht aus Werkzeugen und der Laufzeitumgebung.

2.4.4 Java-Werkzeuge

Java-Werkzeuge bilden die vierte wichtige Säule der Programmierplattform. Mit den bei
Java mitgelieferten Werkzeugen lassen sich Java-Programme übersetzen, so dass sie die
Java-Laufzeitumgebung (JRE) ausführen kann. Zusätzlich gibt es weitere Werkzeuge, um
Programme zu testen und auszuliefern. Zusammen mit der JRE bilden die Werkzeuge das
Java Development Kit (JDK) – so nennt sich die Java-Programmierplattform.

■ 2.5   Java-Versionen

In der Anfangszeit von Java dauerte es relativ lange, bis eine neue Java-Version erschienen ist (Abschnitt 2.2, »Überblick«). Mittlerweile erscheinen neue Java-Versionen halbjährig. Zur Drucklegung dieses Buchs war Java 13 gerade verfügbar, weswegen dieses Buch auf dieser Java-Version basiert. Die meisten Informationen dieses Buchs gelten aber auch für ältere Java-Versionen bis zurück zu Java 8 und – mit hoher Wahrscheinlichkeit – auch für neuere Versionen.

■ 2.6   Java-Editionen

Der Java-Erfinder Sun Microsystems hat ursprünglich drei Editionen der Java-Plattform herausgegeben. Für dieses Buch ist lediglich die Java Standard Edition (Java SE) wichtig. Der Vollständigkeit halber möchte ich Ihnen hier aber alle drei Editionen vergleichend vorstellen.

2.6.1   Java Standard Edition

Die einfachste Edition ist die Java Standard Edition (Java SE oder JSE). Mit dieser Edition können Sie einfache Java-Programme entwickeln, wie sie dieses Buch vorstellt. Sie können diese Edition vereinfacht mit dem Java Development Kit (JDK) gleichsetzen.

2.6.2   Java Enterprise Edition

Die Java Enterprise Edition (Java EE oder JEE) ist eine Erweiterung der Java Standard Edition. Der Java-Erfinder Sun Microsystems hat diese Edition herausgegeben, um die Entwicklung von Unternehmensanwendungen mithilfe von Java besser zu unterstützen. JEE ist jedoch kein Produkt wie das JDK, das man irgendwo herunterladen kann, sondern »nur« eine Vielzahl von Spezifikationen des Java-Erfinders. Open-Source-Entwickler können mithilfe dieser Spezifikationen Klassenbibliotheken für Unternehmensanwendungen programmieren. Diese kann man dann natürlich wieder herunterladen, wenn man vorhat, eine solche Anwendung zu entwickeln.

2.6.3   Java Micro Edition

Diese Java Micro Edition (Java ME oder JME) hat ihre Wurzeln im Ursprung von Java. Sie erinnern sich sicher: Java sollte entwickelt werden, um Haushaltsgeräte besser programmieren zu können. Da diese Geräte nicht sehr leistungsfähig sind, hat Sun Microsystems eine besonders kleine Ausgabe der Java-Programmierplattform entwickelt. Da jedes Smartphone heute so viel leistungsfähiger ist als die damaligen Haushaltsgeräte, ist diese Edition mehr oder weniger überflüssig geworden.

■ 2.7 Zusammenfassung

Java ist im Jahr 1995 als Programmiersprache Oak für Haushaltsgeräte entstanden. Im
darauf folgenden Jahr 1996 hat Sun Microsystems die erste Java-Version veröffentlicht.
Sun Microsystems hat Java als eine Programmierplattform entworfen. Diese Plattform
besteht aus der Sprache Java, den Java-Klassenbibliotheken, einer Laufzeitumgebung und
verschiedenen Programmierwerkzeugen.

```
Plattform Java {

    • Sprache Java
    • Java-Klassenbibliotheken
    • Laufzeitumgebung
    • Entwicklungswerkzeuge

}
```

> Java ist heute eine
> der ausgereiftesten Technologien
> zur Softwareentwicklung. Java-
> Programme sind portabel und sehr robust.
> Für Java gibt es zudem sehr viele
> professionelle Werkzeuge für die
> Softwareentwicklung.

Abbildung 2.9 Java-Programme sind leicht portierbar und sehr robust.

Die Laufzeitumgebung kann Java-Programme ausführen. Sie besteht aus der Java Virtual
Machine (JVM) und den Java-Klassenbibliotheken. Für jedes Betriebssystem ist eine eigene Laufzeitumgebung notwendig. Mit den Programmierwerkzeugen lassen sich Java-
Programme entwickeln und testen. Die Java-Laufzeitumgebung (JRE) und die Entwicklungswerkzeuge zusammen nennen sich Java Development Kit (JDK).

■ 2.8 Aufgaben

- Java ist eine quelloffene Sprache (Open Source). Was bedeutet das?
- Java-Programme sind leicht portierbar. Was versteht man darunter?
- Was sind die Vorteile portabler Programme?
- Wofür steht der Begriff Java VM und was versteht man darunter?
- Wofür steht der Begriff JRE und was versteht man darunter?
- Was ist eine Programmierplattform?

Die Lösungen zu den Aufgaben finden Sie in Kapitel 25, »Lösungen«, ab Seite 586.

■ 2.9 Literatur

Bernhard Steppan: Oracle will Java verschlanken;
http://www.computerwoche.de/a/3546321

3 Objektorientierte Programmierung

3.1 Einleitung

Java ist eine objektorientierte Programmiersprache. Daher ist es wichtig, genau zu verstehen, wie objektorientierte Programmierung funktioniert. In diesem Kapitel dreht sich alles um Objekte und Klassen, um Attribute und Methoden sowie darum, wie sich Objekte vor Übergriffen anderer feindlicher Objekte schützen lassen. Sie erfahren dabei auch, warum Objektorientierung entstand und was so besonders daran ist.

> Java ist eine objektorientierte Sprache. Dieses Kapitel zeigt, warum die objektorientierte Programmierung entstand und was so besonders daran ist. Sie lernen dabei Klassen und Objekte und Attribute sowie Methoden kennen.

Abbildung 3.1 Florian erklärt Ihnen, was das Besondere an objektorientierter Programmierung ist.

■ 3.2 Überblick

Wie kam das alles? Es begann alles Mitte der 60er-Jahre des 20. Jahrhunderts. Damals kam es zu einer Softwarekrise. Zu dieser Zeit stiegen die Anforderungen an Programme. Die Software wurde dadurch komplexer und fehlerhafter. Auf Kongressen diskutierten Experten die Ursachen der Krise und die Gründe für die gestiegene Fehlerrate.

Ein Teil der Softwareexperten kam zu dem Schluss, dass die Softwarekrise nicht mit den herkömmlichen Programmiersprachen zu bewältigen sei. Sie kritisierten an den herkömmlichen Programmiersprachen vor allem, dass sich die natürliche Welt bisher nur unzureichend abbilden lasse. Sie begannen deshalb, eine Generation von neuen Programmiersprachen zu entwickeln.

> Alan Kay, der Erfinder der Programmiersprache »Smalltalk«, hat diese sechs Grundregeln für objektorientierte Sprachen aufgestellt.

```
Objektorientierte Programmierung {
  1 Alles ist ein Objekt
  2 Objekte haben ihren eigenen Speicher
  3 Eine Klasse modelliert das gemeinsame
    Verhalten ihrer Objekte
  4 Jedes Objekt ist ein Exemplar seiner Klasse
  5 Objekte kommunizieren über Nachrichtenaustausch
  6 Ein Programm wird ausgeführt, indem dem ersten
    Objekt die Steuerung übergeben und der Rest
    als dessen Nachricht behandelt wird
}
```

Abbildung 3.2 Merkmale objektorientierter Sprachen

Die Experten begannen damit, natürliche Begriffe aus der Formenlehre der klassischen griechischen Philosophie für die neuen Programmiersprachen zu verwenden. Sie wandelten diese Bezeichnungen für die Programmierung ab (Abbildung 3.2). Da sich alles um den Begriff des Objekts dreht, nannten sie die neue Generation von Sprachen »objektorientiert«.

■ 3.3 Objekt

Objekte sind für ein Java-Programm das, was Zellen für einen Organismus sind: Aus diesen kleinsten Einheiten setzt sich ein Java-Programm zusammen. Wenn Sie eine Reihe von gleichartigen Objekten betrachten, fällt auf, dass ihr prinzipielles *Aussehen* gemeinsam ist. In der objektorientierten Programmierung bezeichnet man solche Objekte auch oftmals als *Exemplare* einer Klasse.

Als Beispiel soll wieder der Programmierkurs von Professor Roth dienen. An dem Programmierkurs nehmen Anna, Julia, Lukas und Florian teil. Greifen wir zunächst nur die Studentinnen Anna und Julia heraus. Beide Studentinnen sind Objekte mit vielen Gemeinsamkeiten. Gemeinsam ist ihnen zum Beispiel, dass sie Frauen sind, den gleichen Programmierkurs besuchen und an der gleichen Hochschule eingeschrieben sind.

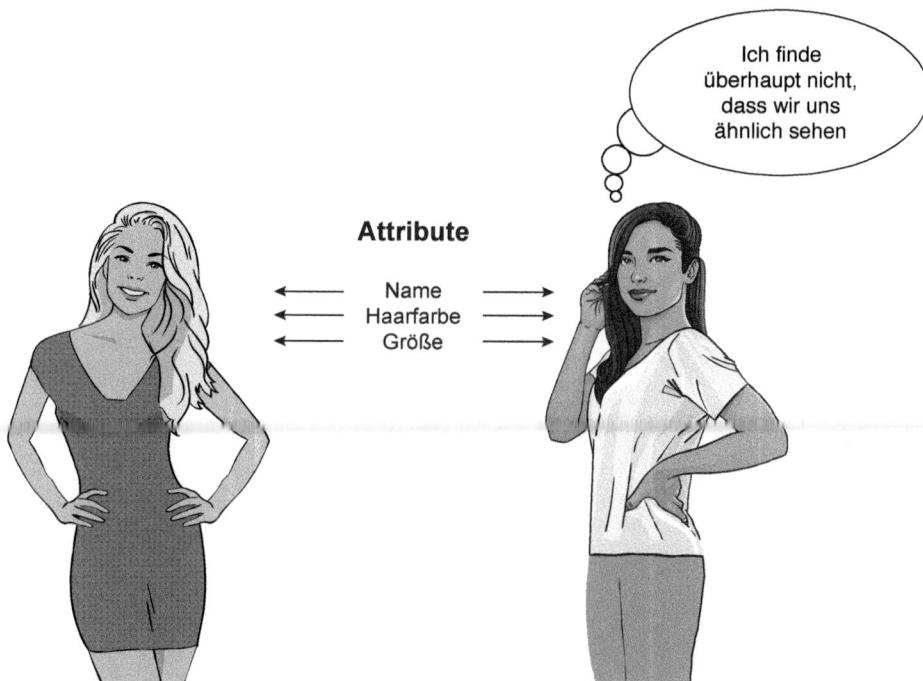

Abbildung 3.3 Die »Objekte« Anna und Julia sind sich ähnlich, haben aber unterschiedliche Attribute.

Aus Sicht der objektorientierten Programmierung bedeutet das: Diese beiden Objekte sind *ähnlich*. Die Unterschiede zwischen diesen Objekten ergeben sich aus dem unterschiedlichen Wert ihrer *Attribute*. Beiden Studentinnen haben zum Beispiel einen verschiedenen Namen und unterschiedliche Haarfarbe sowie Größe (Abbildung 3.3).

Gleichartige Objekte haben also nur ihre *prinzipielle* Gestalt und bestimmte Fähigkeiten gemeinsam. Alles andere ist *individuell*. Die gemeinsame Gestalt und die gemeinsamen Fähigkeiten von Objekten legt der Bauplan der Objekte fest. Diesen Bauplan nennt die objektorientierte Programmierung *Klasse*.

◼ 3.4 Klasse

Die *Klasse* ist es, die die prinzipielle Gestalt und die Fähigkeiten von Objekten wie den beiden Studentinnen prägt. Eine Klasse verhält sich zu einem Objekt wie der Bauplan eines Menschen zu einem realen Menschen. Die Klasse gibt verschiedenen Objekten der gleichen Art einen Obergriff. Man sagt auch, dass eine Klasse seine Objekte *klassifiziert* – daher auch der Name.

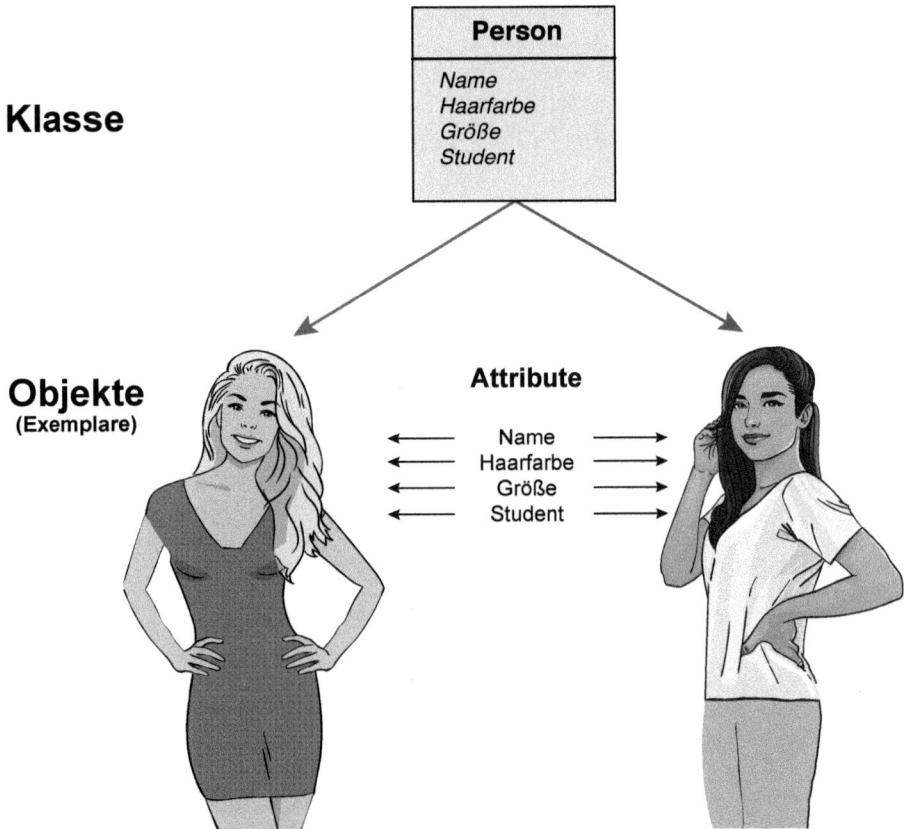

Abbildung 3.4 Die Klasse »Person« liefert den Bauplan für die »Objekte« Anna und Julia.

3.4.1 Attribute

Unsere neue Klasse *Person* soll neben den Attributen *Name, Haarfarbe* und *Größe* noch zusätzlich das Attribut *Student* bekommen. Dieses Attribut legt fest, ob jemand Student ist oder nicht. Wenn aus dieser Klasse neue Personenobjekte entstehen, besitzen alle Exemplare einen individuellen *Namen*, eine individuelle *Haarfarbe*, eine individuelle *Größe* und einen Wert für die Markierung *Student* (Abbildung 3.4).

Konstanten

Beispielsweise soll *Anna* über folgende Attribute verfügen: Name = Anna, Haarfarbe = blond, Größe = 1,71 m. Ihre Freundin aus dem Programmierkurs heißt Julia, hat die Haarfarbe braun und ist 1,72 m groß. Obwohl beide Personen nach dem gleichen Bauplan (Klasse) erzeugt worden sind, sind zwei deutlich unterschiedliche Objekte entstanden: Beide haben unterschiedliche Namen, haben unterschiedliche Haarfarbe und sind beide unterschiedlich groß.

Zustände

Es ist Ihnen vielleicht aufgefallen, dass bei den bisherigen Attributen der beiden Personen einige mit festen Werten belegt waren, andere hingegen mit veränderlichen Werten. Die flexiblen Attribute beschreiben den *Zustand* des Objekts. Zum Beispiel beschreibt das Attribut *Student*, ob eine Person gerade an einer Hochschule eingeschrieben ist. Der Zustand eines Objekts kann sich im Laufe der Zeit ändern.

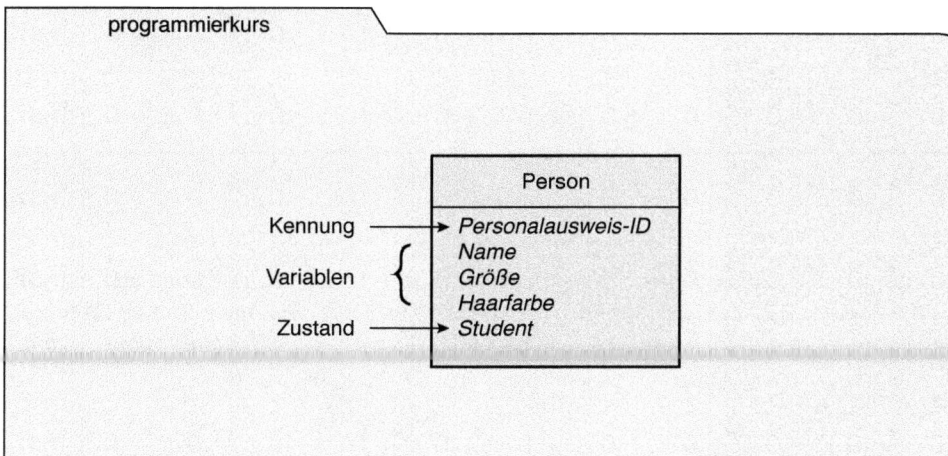

Abbildung 3.5 Variablen, Zustände und Kennungen sind Attribute einer Klasse.

Kennungen

Was würde passieren, wenn man die Objekte *Anna* und *Julia* so erzeugen würde, dass sie die gleiche *Größe*, die gleiche *Haarfarbe* und den gleichen Zustand *Student* besitzen? Wie könnte man sie dann unterscheiden? In diesem Fall haben beide Objekte zwar individuelle Werte für ihre Attribute bekommen, aber diese sind zufällig gleich. Damit gleichen sich auch die Objekte in einem Programm wie eineiige Zwillinge.

Um Objekte also besser zu unterscheiden, benötigt man so etwas wie einen genetischen Fingerabdruck. In der Programmierung vergibt der Entwickler eine sogenannte Kennung. Diese Kennung ist ein zusätzliches Attribut, bei dem darauf geachtet wird, dass es *eindeutig* ist. Erst die Kennung eines Objekts sorgt dafür, dass das Programm unterschiedliche Exemplare auch dann unterscheiden kann, wenn ihre Attribute zufällig die gleichen Werte besitzen.

3.4.2 Methoden

Angenommen, Sie wollen *Anna* mitteilen, dass sie auf eine Frage antworten soll. Im wirklichen Leben stellen Sie Anna einfach eine Frage oder schicken ihr eine Nachricht. In der objektorientierten Programmierung rufen Sie stattdessen eine Methode des Objekts *Anna* auf (Abbildung 3.6). Eine Methode ist der objektorientierte Begriff für eine Funktion. Der Begriff wurde eingeführt, um auszudrücken, dass eine objektorientierte Funktion viel leistungsfähiger ist als eine Funktion einer klassischen Programmiersprache.

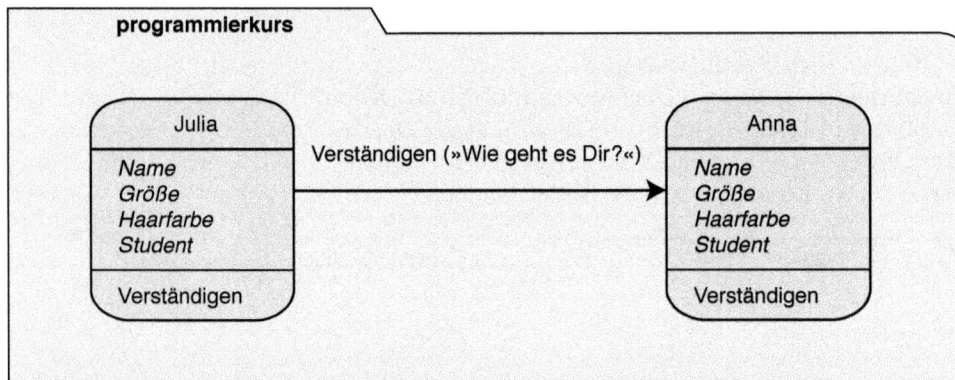

Abbildung 3.6 Objekte verständigen sich durch den Aufruf von Methoden.

Aber egal, wie der Begriff genannt wird, eines ist gleich: Verhaltensweisen wie *Verständigen* bestimmen die Fähigkeit eines Objekts, zu kommunizieren und Aufgaben zu erledigen. Objekte lassen sich also über Methoden steuern. Es existiert nicht nur eine Art von Methoden, sondern es gibt folgende fünf Grundtypen: *Konstruktoren* (»Erbauer«), *Destruktoren* (»Zerstörer«), *Änderungsmethoden* (»Setter«), *Abfragemethoden* (»Getter«) und *Operationen* (»Funktionen«).

Konstruktoren

Wie im natürlichen Leben haben auch Objekte eines Computerprogramms einen Lebenszyklus. Sie werden geboren, also erzeugt, und irgendwann sterben sie, das heißt, sie werden gelöscht und ihr Speicher wird freigegeben. Die wichtigste Methode ist die, die ein Objekt erzeugt. Sie werden demzufolge auch »Konstruktoren« genannt. Sie konstruieren, das heißt erschaffen ein Objekt.

Destruktoren

Methoden, die ein Objekt zerstören, nennen sich in der objektorientierten Programmierung »Destruktoren«. In manchen Programmiersprachen können Sie diese Destruktoren direkt aufrufen und damit unmittelbar ein Objekt zerstören. In Java funktioniert dies nicht. Hier wird ein Objekt automatisch zerstört, wenn es nicht mehr benötigt wird. Dazu später mehr.

Änderungsmethode

Methoden, die den Wert eines Attributs verändern, nennen sich »Änderungsmethoden« oder englisch »Setter«. Sie verändern den Zustand des Objekts. Mit einer solchen Methode lässt sich die Geschwindigkeit ändern, mit der *Anna* sich fortbewegt (Abbildung 3.7). Die entsprechende Methode nennt sich *Laufen* und verfügt über einen sogenannten Parameter, der den neuen Zustand, die *Geschwindigkeit*, vorgibt.

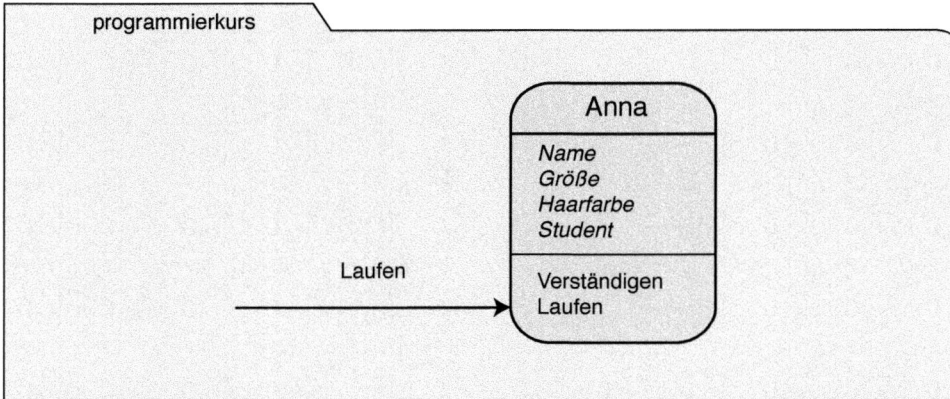

Abbildung 3.7 Die Änderungsmethode »Laufen« ändert den Zustand von »Anna«.

Abfragemethode

Abfragemethoden oder englisch »Getter« sind Methoden, die nur ein bestimmtes Attribut abfragen. Sie ändern nichts am Zustand des Objekts. Eine solche Methode wäre zum Beispiel die Abfrage, ob Anna an einer Hochschule eingeschrieben ist (Abbildung 3.8). Diese Methode besitzt einen sogenannten Rückgabewert: den Status des Studenten, der mit *true* oder *false* beantwortet werden kann.

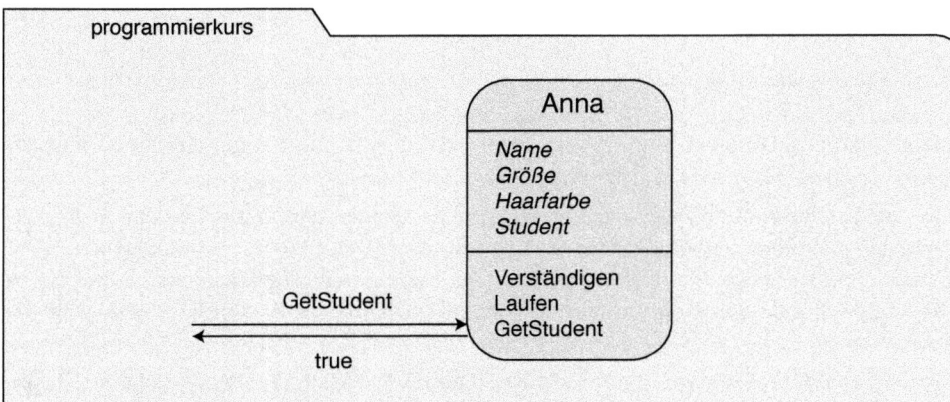

Abbildung 3.8 Die Abfragemethode erfragt den Studentenstatus von Anna.

Operationen

Methoden, die zum Beispiel nur eine Rechenoperation durchführen, werden in der objektorientierten Programmierung meistens als Operationen oder Funktionen bezeichnet. Sie dürfen trotzdem nicht mit den gleichnamigen Funktionen klassischer Programmiersprachen verwechselt werden, denn sie werden wie andere Methoden auch von Klasse zu Klasse weitervererbt (Abschnitt 3.6, »Vererbung«). Zudem lassen sie sich überladen und überschreiben (Abschnitt 3.13, »Polymorphie«).

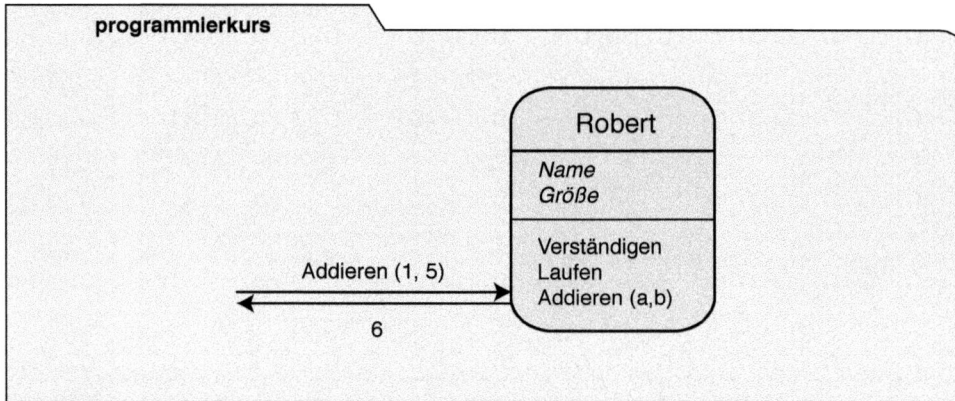

Abbildung 3.9 Die Operation »Addieren« liefert die Summe als Ergebnis zurück.

■ 3.5 Abstraktion

Vielleicht werden Sie jetzt sagen: »Das ist doch alles Unsinn. Die Fähigkeiten und Attribute einer Person sind viel komplexer und können nicht auf Größe und Farbe sowie auf Verständigen reduziert werden.« Das ist in der natürlichen Welt richtig, aber in der künstlichen Welt der Softwareentwicklung in der Regel völlig falsch.

Richtig wäre es nur dann, wenn man die Natur in einem Programm vollständig abbilden müsste. Aber für so eine übertriebene Genauigkeit gibt es bei der Programmierung selten einen Grund. Die objektorientierte Programmierung erleichtert eine möglichst natürliche Abbildung der realen Welt und fördert damit gutes Softwaredesign.

Sie verführt damit auch zu übertriebenen Konstruktionen. Die Kunst besteht darin, dem entgegenzusteuern und die Wirklichkeit so genau wie nötig, aber so einfach wie möglich abzubilden. Wie Sie später bei größeren Beispielprogrammen sehen werden, bereitet gerade die Analyse der für das Programm wesentlichen und richtigen Bestandteile oftmals große Probleme.

Wenn man innerhalb eines Programms nur die für die Funktionalität wesentlichen Teile programmiert, dann hat das praktische Gründe: Das Programm lässt sich schneller entwickeln, es wird billiger und schlanker. Somit benötigt es weniger Speicherplatz, und es wird in der Regel schneller ablaufen als ein Programm, das mit unnötigen Informationen überfrachtet ist.

Um diese Kompaktheit zu erreichen, ist es notwendig, die meist extrem komplizierten natürlichen Objekte und deren Beziehungen so weit es geht zu abstrahieren, also zu vereinfachen. Der Fachbegriff für diese Technik nennt sich demzufolge auch *Abstraktion* (Abbildung 3.10).

Abstraktion

Abbildung 3.10 Durch Abstraktion erhält man das Wesentliche einer Klasse.

3.6 Vererbung

Nach der Einführung von Klassen, Objekten, Methoden und Attributen wird es Zeit, diese neuen Begriffe in Zusammenhang mit dem Begriff der *Vererbung* zu bringen. Vererbung gestattet es, das Verhalten zwischen Klassen und damit auch zwischen Objekten mithilfe eines Bauplans zu übertragen. Die Vererbung kopiert Attribute und Methoden der Basisklasse auf die abgeleitete Klasse.

Um das zu verdeutlichen, wieder ein Beispiel: Menschen und Roboter sind sich in mancher Hinsicht ähnlich, aber in vielfältiger Hinsicht doch extrem verschieden. Diese Unterschiede sind von anderer Güte als die Unterschiede zwischen zwei Menschen: Menschen und Roboter haben eine deutlich unterschiedliche Gestalt (Abbildung 3.11).

Dass Menschen im Sinne der Formenlehre eine andere Gestalt besitzen als Roboter, muss man angesichts der wuchtigen Erscheinung von Robert eigentlich nicht besonders betonen. Um die Unterschiede auf den Punkt zu bringen, hilft es, wenn Sie einfach einmal versuchen, die auf den vorhergehenden Seiten aufgestellten Attribute von Personen mit denen eines Roboters in Einklang zu bringen. Wie Sie sehen werden, funktioniert das nur für einen bestimmten Teil der Attribute.

Was bedeutet das für die Programmierung? Das bedeutet, dass Sie auf die gerade gezeigte Weise herausfinden können, ob Objekte zu einer gemeinsamen Klasse gehören. In allen

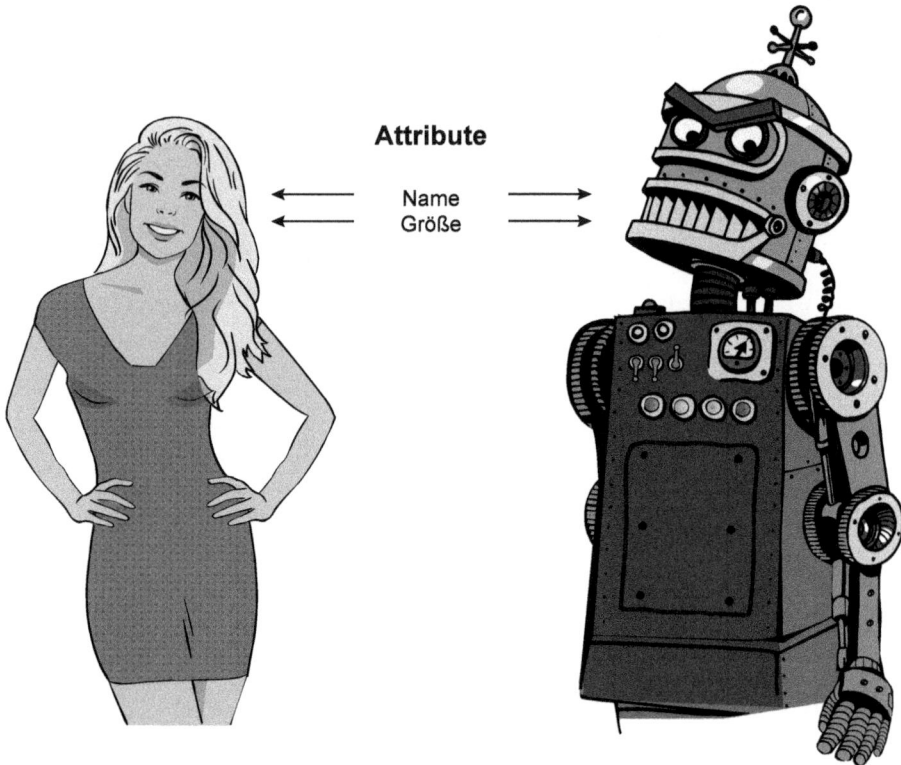

Attribute

Name
Größe

Abbildung 3.11 Objekte verschiedener Klassen unterscheiden sich in ihrer Form.

Fällen, in denen es auf die Gemeinsamkeiten ankommt, sollte man den Objekten eine gemeinsame Klasse zuordnen. In allen Fällen, in denen es auf die Unterschiede zwischen Objekten ankommt, weist man ihnen besser getrennte Klassen zu.

3.6.1 Basisklassen

Bis jetzt haben wir die Unterschiede zwischen Mensch und Roboter betont. Was passiert, wenn wir es einmal von der anderen Seite betrachten: Was haben ein Mensch wie Anna und eine humanoide Maschine wie Robert gemeinsam? Aus Sicht der Programmierung hat jeder Mensch wie Anna und jeder Roboter wie Robert eine bestimmte Größe. Sie können beide laufen und sich verständigen.

Die genannten Eigenschaften teilen sie mit einer Vielzahl von Lebewesen. Sind Roboter Lebewesen? Wohl eher nicht. Die meisten Menschen würden ihnen sicher die Fähigkeit zu leben absprechen. Man könnte sie aber als künstliche Wesen oder Maschinenwesen bezeichnen. Aus Sicht der objektorientierten Programmierung bedeutet das, dass wir Mensch und Roboter einer gemeinsamen Basisklasse *Wesen* zuordnen könnten. Abbildung 3.12 zeigt, wie eine solche Basisklasse aussehen würde.

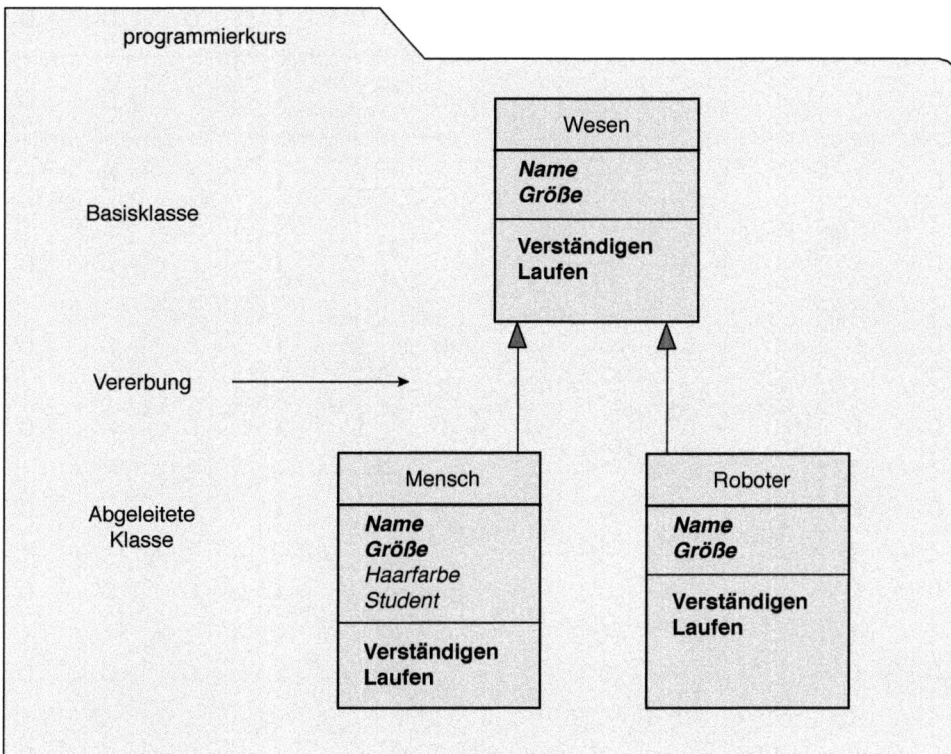

Abbildung 3.12 Die Basisklasse überträgt Basiseigenschaften und -verhalten.

Beachten Sie besonders die fett hervorgehobenen Wörter: Damit man nicht für jede der Klassen *Mensch* und *Roboter* die Attribute *Name* und *Größe* sowie das Verhalten *Verständigen* und *Laufen* neu programmieren muss, bietet es sich an, dieses Verhalten in eine Basisklasse zu verlagern. Die fett gedruckten Attribute und Methoden sind aus Sicht der objektorientierten Programmierung die *Gemeinsamkeiten* beider Klassen. Die gemeinsamen Attribute der Basisklasse erleichtern nicht nur die Programmierung. Sie vereinheitlichen auch alle abgeleiteten Klassen.

3.6.2   Abgeleitete Klassen

Angenommen, Sie möchten eine neue Klasse namens *Tier* auf Basis der Klasse *Wesen* erzeugen. In der objektorientierten Programmierung würde man sagen, man leitet von der Klasse *Wesen* eine neue Klasse namens *Tier* ab. Wie in der Ahnenforschung bei Stammbäumen sagt man auch, die Klasse *Tier* stammt von der Klasse *Wesen* ab. Die neue Klasse *Tier* würde, wie schon zuvor die Klassen *Mensch* und *Roboter*, die Attribute *Name*, *Größe* sowie das Verhalten mit *Verständigen* und *Laufen* von der Basisklasse *Wesen* übernehmen. Attribute und Verhalten vererben sich also (Abbildung 3.13).

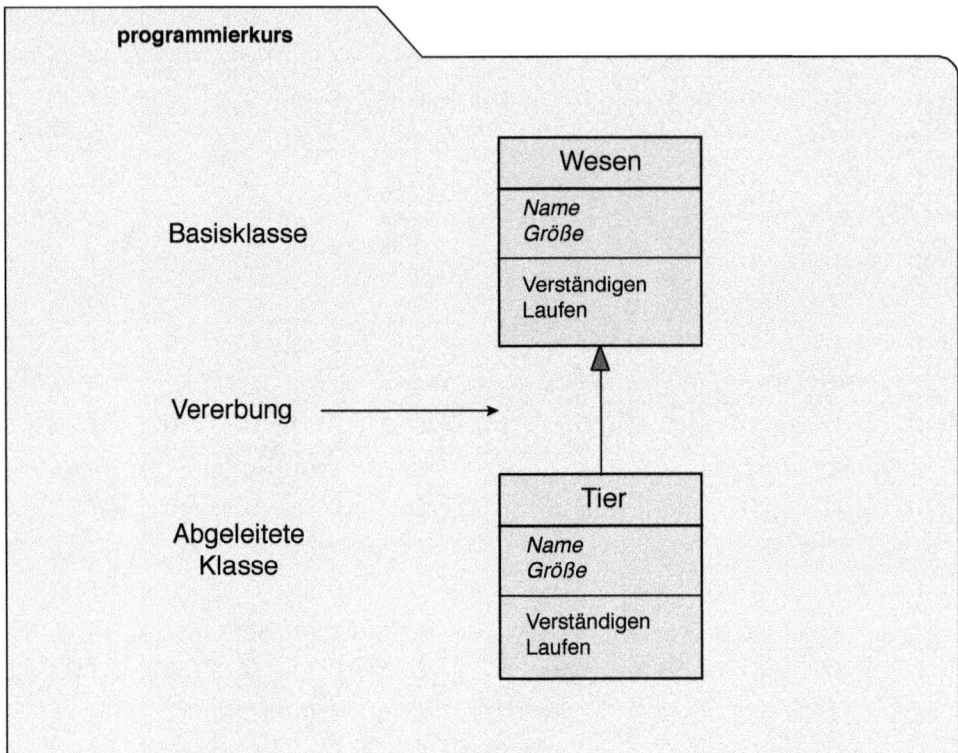

Abbildung 3.13 Die neue Klasse »Tier« ist eine von »Wesen« abgeleitete Klasse.

3.6.3   Mehrfachvererbung

In der Natur ist sie üblich, in der Programmiersprachen Java jedoch aus gutem Grund nicht erlaubt: die Mehrfachvererbung. Sie wäre dann praktisch, wenn Sie zwei Klassen verschmelzen wollten, zum Beispiel die Klasse *Mensch* mit der Klasse *Pferd*. Die neue Kreuzung *Kentaur* würde Attribute und Verhalten beider Basisklassen erben (Abbildung 3.14). Aber welche Attribute und welches Verhalten? Sollen sich Kentauren verständigen und laufen wie Menschen oder wie Pferde? Können Kentauren Studenten sein?

So schön das Beispiel in der Mythologie ist, bei derartigen Szenarien kommt die Softwareentwicklung an die Grenze des technisch Sinnvollen. Es ist eben nicht sinnvoll, Erbinformationen nach dem Zufallsprinzip zu übertragen, um die Natur zu imitieren. Der Anwender wünscht sich im Regelfall Programme, die über definierte Eigenschaften verfügen und deren Verhalten vorhersehbar ist. Aus den genannten Gründen haben sich die Entwickler der Programmiersprache Java bewusst gegen die konventionelle Mehrfachvererbung entschieden.

Wie Sie trotzdem mehrere Basisklassen ohne Nebenwirkungen miteinander verbinden können, stellt Ihnen Kapitel 9, »Klassen und Objekte«, Abschnitt 9.5, »Interfaces«, vor.

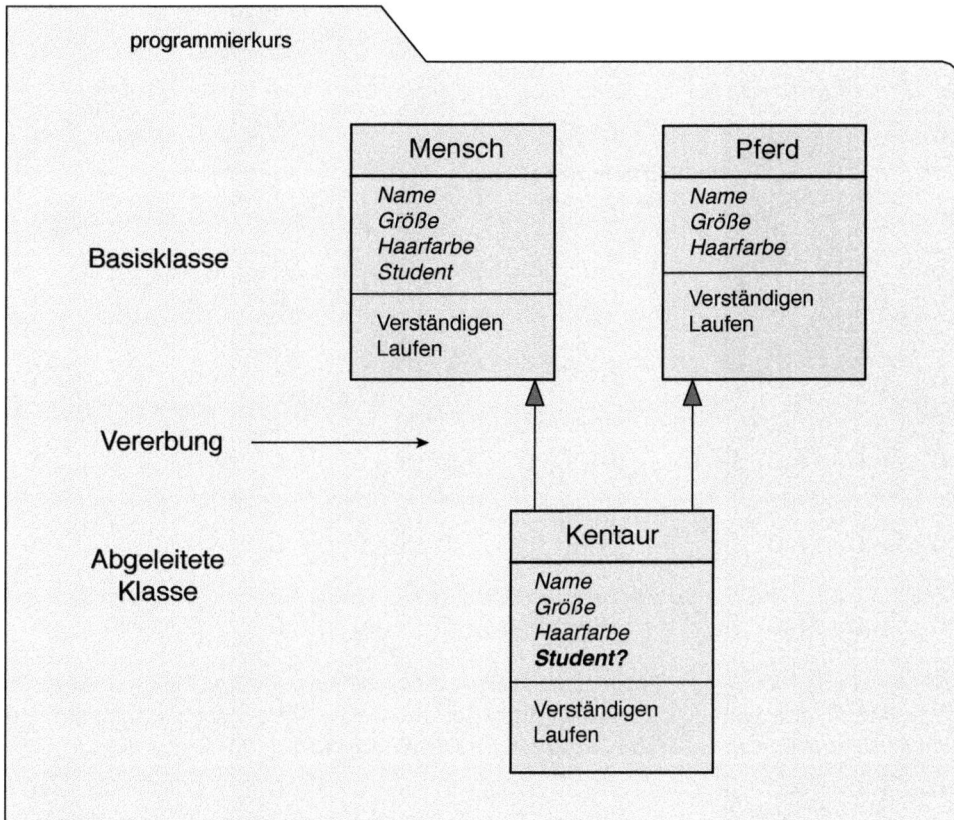

Abbildung 3.14 Mehrfachvererbung am Beispiel einer Kreuzung

3.7 Sichtbarkeit

Eines der wichtigsten Merkmale objektorientierter Sprachen ist der Schutz von Objekten und ihren Attributen vor unerwünschtem Zugriff. Vielleicht erinnern Sie sich noch an den Anfang dieses Kapitels. Die objektorientierte Programmierung wurde erfunden, um die Softwarekrise zu überwinden, die durch fehlerhafte Software ausgelöst wurde. Die Software sollte durch die neue Programmierung robuster werden.

Aus dem Grund besitzt jedes Objekt eine Art von Kapsel, die die Daten und Methoden des Objekts schützt. Die Kapsel versteckt die Teile des Objekts, die von außen nicht oder nur durch bestimmte andere Objekte erreichbar sein sollen. Die Stellen, an denen die Kapsel durchlässig ist, nennen sich *Schnittstellen*. Die Idee des Ganzen ist, nur die Informationen zu einem Objekt durchzulassen, die es unbedingt erreichen müssen. Daher lässt sich jedes Objekt wie eine Zelle gestalten (Abbildung 3.15).

Die wichtigste Schnittstelle einer Klasse ist sein Konstruktor. Nehmen wir als Beispiel die Klasse *Roboter*. Über den Konstruktor dieser Klasse lässt sich das Objekt *Robert* erzeugen. Ein anderes Beispiel für eine solche Schnittstelle ist die Methode *Verständigen* der Klasse

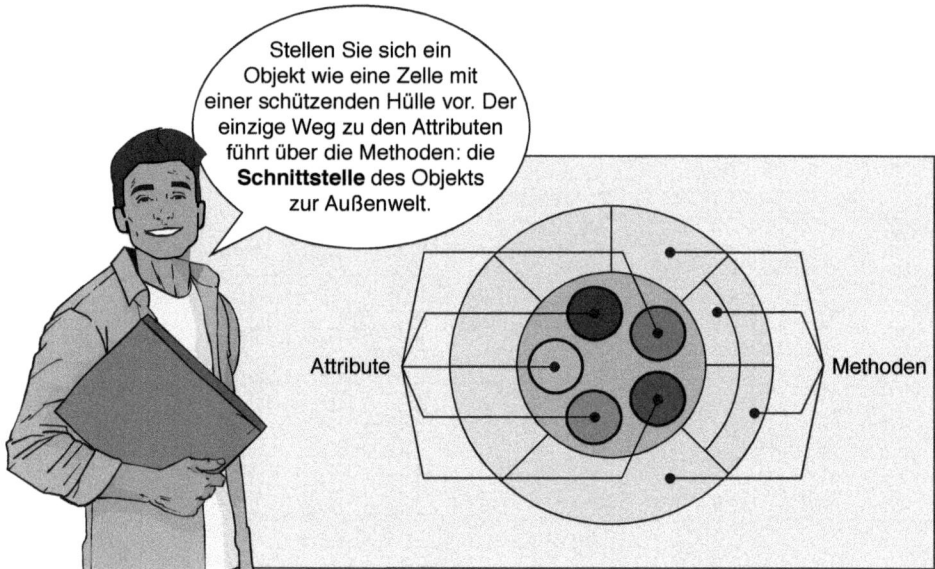

> Stellen Sie sich ein Objekt wie eine Zelle mit einer schützenden Hülle vor. Der einzige Weg zu den Attributen führt über die Methoden: die **Schnittstelle** des Objekts zur Außenwelt.

Abbildung 3.15 Wie eine Zelle schützt das Objekt seine Attribute vor unerwünschten Zugriffen.

Roboter. Sie ist öffentlich zugänglich. Im Gegensatz dazu ist seine interne Methode *Addieren* nicht öffentlich zugänglich. Anna kommuniziert mit *Robert* über diese Schnittstelle und teilt darüber *Robert* mit, was er berechnen soll (Abbildung 3.16).

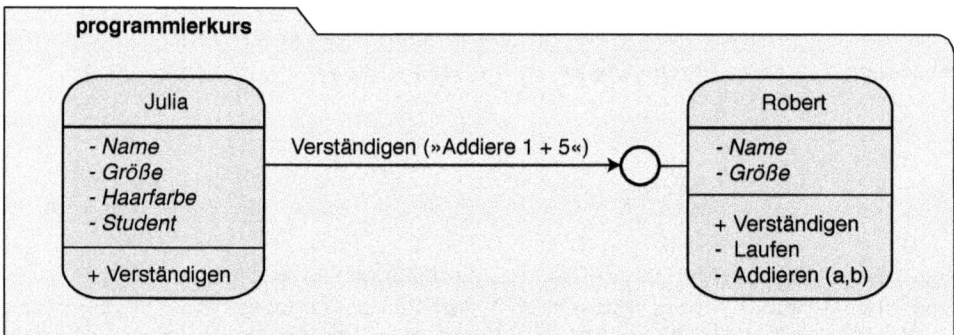

Abbildung 3.16 Objekte kommunizieren nur über ihre Schnittstellen.

Sämtliche Teile, auf die man von außen zugreifen darf, sind mit einem Pluszeichen markiert. Alle Teile, die von außen nicht manipuliert werden können, sind mit einem Minuszeichen versehen. Das Objekt *Anna* darf aber hierbei nicht sämtliche Daten von *Robert* über diese Schnittstelle verändern. Zum Beispiel soll es Anna keinesfalls erlaubt sein, den Namen des Roboters zu ändern. Gäbe es eine öffentlich zugängliche Methode wie zum Beispiel *Umbenennen*, so könnte sie *Robert* damit verändern. So ist das aber nicht gestattet.

■ 3.8   Beziehungen

Klassen und deren Objekte unterhalten in einem Programm die unterschiedlichsten Beziehungen untereinander. In den vorangegangenen Abschnitten haben Sie bereits mehrere Formen der Beziehungen kennengelernt. Grundsätzlich gibt es Beziehungen ohne Vererbung und Beziehungen mit Vererbung.

3.8.1   Beziehungen ohne Vererbung

Die objektorientierte Programmierung nimmt es mit Beziehungen sehr genau. Sie kennt gleich drei verschiedene Arten von Beziehungen ohne Vererbung (Abbildung 3.17).

Abbildung 3.17 Abseits der Vererbungsbeziehung gibt es drei Beziehungstypen.

3.8.1.1   Assoziation

Assoziation ist die einfachste Form einer Beziehung zwischen Klassen und Objekten. Die Abhängigkeiten sind bei dieser Beziehungsart im Vergleich zur Vererbung gering. Man sagt auch, die Objekte sind lose gekoppelt.

Eine Assoziation besteht zum Beispiel, wenn ein Objekt namens *Anna* einem Objekt namens *Robert* die Botschaft *Addieren* sendet (Abbildung 3.18). Die beiden Objekte *Anna* und *Robert* existieren getrennt und erben nichts voneinander.

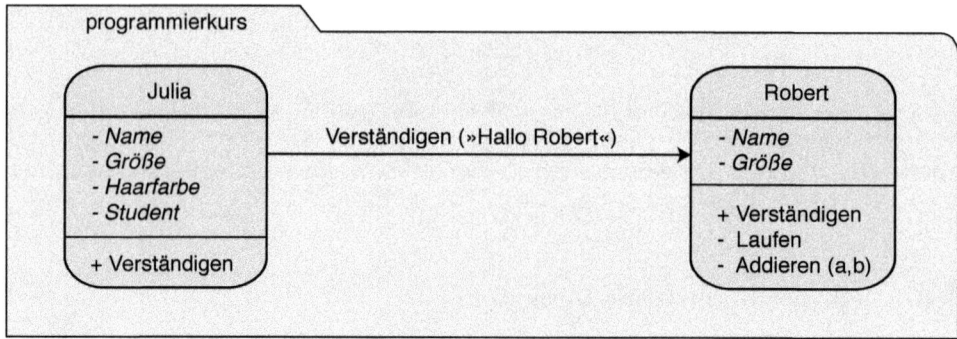

Abbildung 3.18 Eine einfache Assoziation zwischen Mensch und Roboter

3.8.1.2   Aggregation

Eine Steigerung der Assoziation ist die Aggregation. Eine solche Beziehung besteht dann, wenn sich ein Objekt aus anderen Objekten zusammensetzt. Zum Beispiel soll ein Roboter aus einer nicht näher bestimmten Anzahl von Schrauben bestehen (Abbildung 3.19). Das bedeutet zum Beispiel, dass ein Roboter eine »Besteht-aus-Beziehung« zur Schraube unterhält.

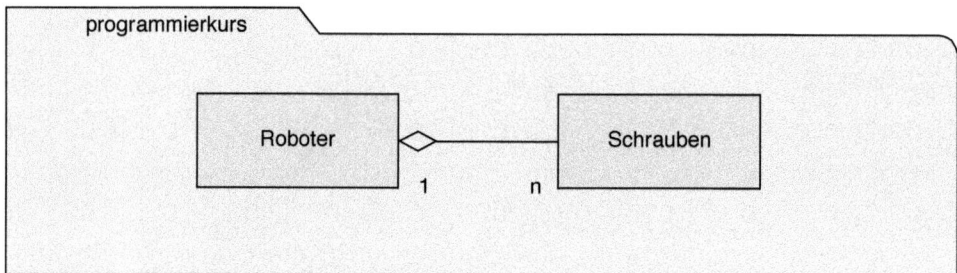

Abbildung 3.19 Aggregation zwischen Roboter und Schraube

Diese Beziehung ist aber von einer völlig anderen Qualität als im vorangegangenen Beispiel zwischen einem Menschen und einem Roboter. Während Mensch und Roboter allein und unabhängig voneinander existieren können, setzt sich der Roboter (unter anderem) aus Schrauben zusammen. Wichtig ist hierbei wieder, dass beide Objekte nichts voneinander erben und jedes Schrauben-Objekt auch allein lebensfähig ist. Dieses Beispiel unterscheidet sich von der strengeren Komposition.

3.8.1.3   Komposition

Die stärkste Form der Beziehungen, die nicht auf Vererbung beruhen, stellt die *Komposition* dar. Wie bei der Aggregation liegt wieder eine »Besteht-aus-Beziehung« vor, sie ist aber im Gegensatz zur Aggregation abermals verschärft. Die Abhängigkeiten sind nochmals stärker.

Ein Beispiel für eine Komposition ist das Verhältnis zwischen einem Mensch und seinen zwei Beinen. Hier besteht glücklicherweise eine sehr enge Beziehung, denn ein Bein ist – im Gegensatz zur Schraube – als selbstständiges Objekt vollkommen sinnlos. Bei der

Erzeugung eines Menschen-Objekts bekommt dieses automatisch zwei individuelle Beine, die im Zusammenhang mit anderen Objekten nicht verwendet werden können.

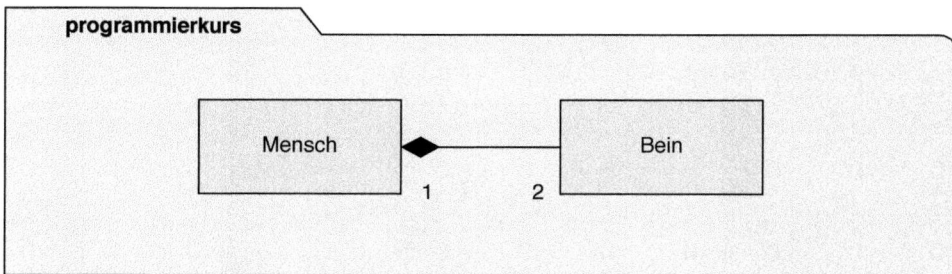

Abbildung 3.20 Ein Mensch und seine zwei Beine als Komposition

Menschenbeine sind also ohne ein geeignetes Objekt der Klasse *Mensch* nicht lebensfähig. Wenn ein Menschen-Objekt stirbt, so sterben auch seine Menschenbeine.

3.8.2   Vererbungsbeziehungen

Vererbungsbeziehungen nennen sich auch Generalisierung (Verallgemeinerung) oder Spezialisierung (Verfeinerung). Dies sind nicht etwa Unterarten der Vererbung, sondern alternative Begriffe für Vererbungsbeziehungen. Welchen der zwei alternativen Begriffe man verwenden möchte, hängt vom Blickwinkel ab, aus dem man die Vererbungsbeziehung betrachtet.

3.8.2.1   Generalisierung

Wenn Sie die Basisklasse aus dem Blickwinkel der abgeleiteten Klasse betrachten wollen, ist Generalisierung der passende Begriff dazu. Zum Beispiel ist die Klasse *Wesen* eine Generalisierung der Klassen *Mensch* und *Roboter*. Mit anderen Worten: Die Klasse *Wesen* ist der allgemeine Begriff (= Generalisierung) für die Klassen *Mensch* und *Roboter*.

3.8.2.2   Spezialisierung

Wenn Sie die abgeleitete Klasse aus dem Blickwinkel der Basisklasse betrachten wollen, ist Spezialisierung der passende Begriff dazu. Zum Beispiel sind die Klassen *Mensch* und *Roboter* eine Spezialisierung der Klasse *Wesen*. Mit anderen Worten: Die Klassen *Mensch* und *Roboter* stellen eine Verfeinerung der Klasse *Wesen* dar.

3.8.2.3   Vererbung kann problematisch sein

Vererbungsbeziehungen stellen eine sehr starke Kopplung zwischen Klassen und damit auch zwischen Objekten her. Eine solch starke Kopplung hat nicht nur Vorteile, sondern auch gravierende Nachteile, wie das folgende Beispiel zeigt:

Eine Klasse namens *Fisch* soll aus der Klasse *Tier* erzeugt werden, die wiederum von *Wesen* abstammt (Abbildung 3.21). Die neue Klasse erbt die Attribute *Name* und *Größe* sowie die

Methoden *Verständigen* und *Laufen*. Moment mal: *Verständigen* und *Laufen*? Hier kommt man ins Grübeln. Können sich Fische verständigen? Vielleicht. Aber laufen, bis auf wenige Ausnahmen, können Fische sicher nicht.

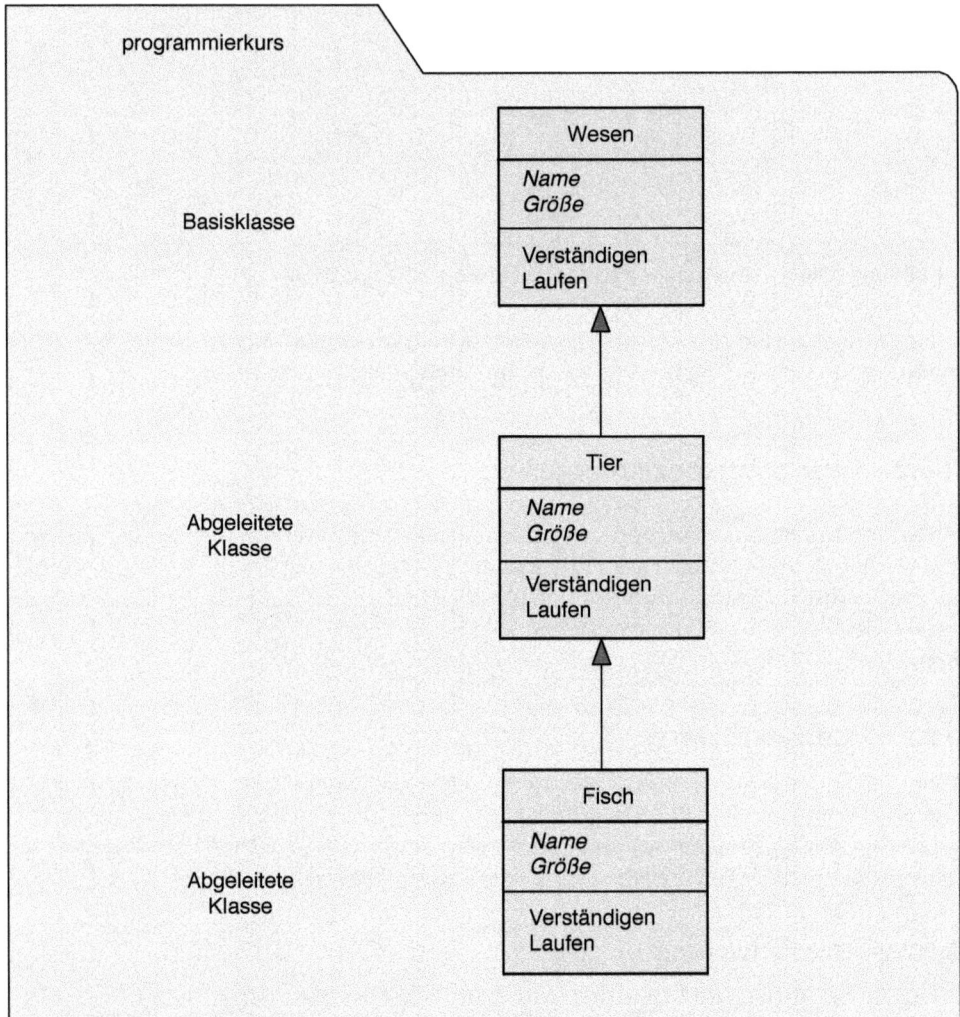

Abbildung 3.21 Durch Vererbung vererben sich auch Designfehler.

Hier ist genau das passiert, was tagtäglich zu den Problemen der objektorientierten Programmierung gehört: Die Funktionalität der Basisklasse ist nicht ausreichend analysiert worden. Vereinfacht gesagt: Hier liegt ein Designfehler vor, den man dadurch beheben muss, dass man zumindest die Methode *Laufen* durch die Methode *Fortbewegen* ersetzt. Aber das hätte für die beiden Klassen *Mensch* und *Roboter* einige Konsequenzen.

◼ 3.9 Designfehler

Sie können sich vielleicht vorstellen, dass es sehr unangenehm ist, wenn die Basisklasse aufgrund eines Designfehlers geändert werden muss. Durch die starke Kopplung zwischen Basisklasse und abgeleiteter Klasse pflanzen sich etwaige Änderungen lawinenartig in alle Programmteile fort, in denen Objekte des Typs *Mensch* und *Roboter* mit der Methode *Laufen* verwendet wurden. An allen Stellen des Programms, wo die Methode *Laufen* der Klasse *Wesen* verwendet wurde, muss sie durch die Methode *Fortbewegen* ersetzt werden (Abbildung 3.22)

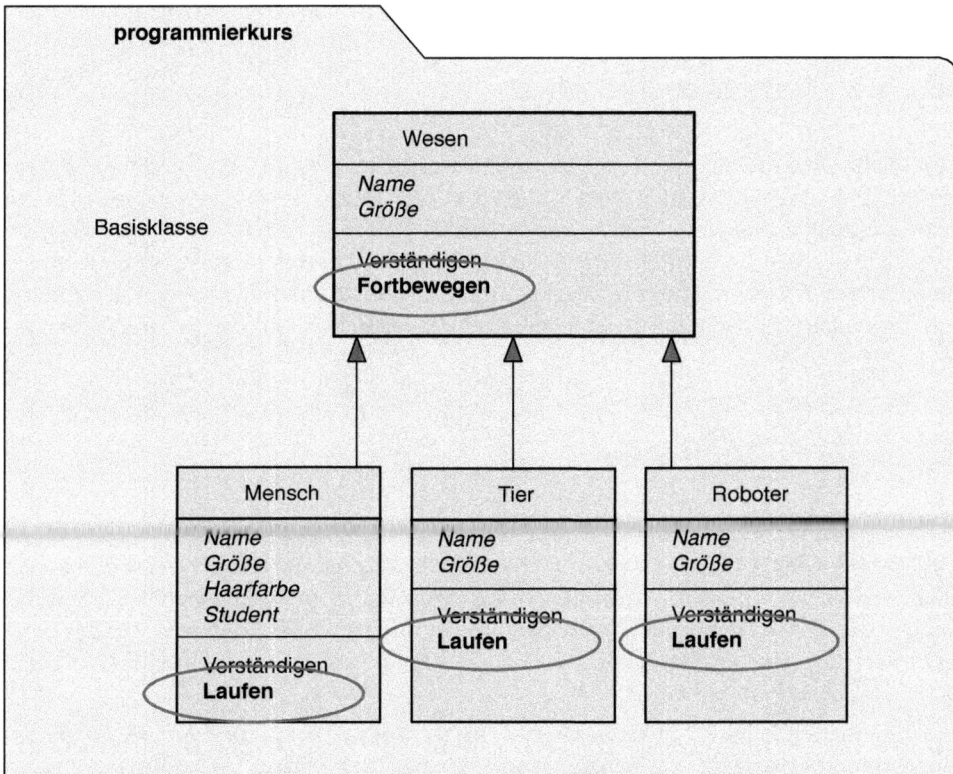

Abbildung 3.22 Durch Redesign lassen sich Fehler bei der Vererbung beheben.

Im Fall von Designfehlern stellt sich die Technik der Vererbung als großer Nachteil heraus. Vererbung hat neben diesem Manko auch den Nachteil, dass sich nicht nur Designfehler, sondern alle anderen vorzüglich gestalteten, aber unerwünschten Teile der Basisklasse in die abgeleiteten Klassen in Form von Ballast übertragen: Die Nachkommen solcher übergewichtiger Klassen werden immer fetter und fetter. Daher sollten Sie Vererbung stets kritisch betrachten, sparsam einsetzen und wirklich nur dort verwenden, wo sie sinnvoll ist.

■ 3.10 Umstrukturierung

Aber zurück zu den Designfehlern. Wie geht man mit Fehlern dieser Art um? Sie sind trotz der Vererbung heute kein so großes Problem mehr wie noch vor ein paar Jahren. Mit einem Werkzeug wie Eclipse ist es relativ leicht, die notwendige Umstrukturierung (Refactoring) vorzunehmen. Allerdings sollten Sie Software möglichst nur während der Analyse- und Designphase der Software umstrukturieren. Als Regel gilt: Je später Änderungen vorgenommen werden, desto höher ist der damit verbundene Aufwand. Kapitel 19, »Entwicklungsprozesse«, beleuchtet das Thema nochmals ausführlicher.

■ 3.11 Modellierung

Um solche Designfehler und damit kostspielige Umstrukturierungen zu vermeiden, ist es bei größeren Projekten sinnvoll, ein Modell der Software zu entwerfen. Genauso wie man im Automobilbau vor jedem neu zu konstruierenden Automobil ein Modell entwickelt, ist es auch in der Softwareentwicklung sinnvoll, ein Modell zu konstruieren, bevor man mit der eigentlichen Umsetzung des Projekts beginnt. Ein Modell, das eine getreue Nachbildung eines kompletten Ausschnitts der Software darstellt, nennt sich Prototyp (Muster, Vorläufer).

■ 3.12 Persistenz

Ein Programm erzeugt Objekte, die an ihrem Lebensende wieder zerstört werden. Diese Objekte bezeichnet man als transient, also flüchtig. Manchmal ist aber ein »Leben nach dem Tod« auch für Objekte erstrebenswert. Sie sollen auch dann wieder zum Leben erweckt werden, wenn das Programm beendet ist und der Anwender des Programms nach Hause geht. Am nächsten Tag startet der Anwender das Programm erneut und möchte mit dem gleichen Objekt weiterarbeiten.

Solche »unsterblichen« Objekte bezeichnet man als persistent (dauerhaft). Das bedeutet nichts anderes, als dass sie in geeigneter Form gespeichert werden. Sie befinden sich dann in einer Art Tiefschlaf in einer Datei auf einer Festplatte oder im Verbund mit anderen Objekten in einer Datenbank.

■ 3.13 Polymorphie

Der Name Polymorphie kommt aus dem Griechischen und bedeutet so viel wie Vielgestaltigkeit, Verschiedengestaltigkeit. Der Begriff klingt mehr nach Mineralienkunde als nach Informatik, und so wundert es Sie vielleicht auch nicht, dass der Chemiker Mitscherlich die Polymorphie bei Mineralien Anfang des 19. Jahrhunderts entdeckte. Er stellte fest, dass manche Mineralien wie Kalziumcarbonat ($CaCO_3$) unterschiedliche Kristallformen annehmen können, ohne ihre chemische Zusammensetzung zu ändern. Das bedeutet, sie können je nach Druck und Temperatur eine verschiedene Gestalt annehmen.

Alles sehr schön bis jetzt, aber was hat das mit objektorientierter Programmierung zu tun? Das bedeutet auf keinen Fall, dass ein Objekt wie *Robert* so radikal seine Form verändern kann wie ein Mineral. Es bedeutet, dass *Robert* bei geschickter »Programmierung« situationsbedingt verschieden reagieren kann. Klingt wie Zauberei, ist es aber nicht.

3.13.1 Statische Polymorphie

Stellen Sie sich vor, das Objekt *Anna* teilt dem Objekt *Robert* mit, dass *Robert* eine Addition mit zwei ganzzahligen Werten durchführen soll. Was wird passieren? – Natürlich ist es für *Robert* kein Problem, diese Werte zu addieren und *Anna* das Ergebnis zu nennen. Was würde aber passieren, wenn *Anna* abermals *Robert* mitteilt, er solle addieren, und zwar mit Bruchzahlen? Entweder würde *Robert* die Aufgabe zerlegen oder er würde eine Addition direkt mit Bruchzahlen durchführen, weil er eine interne Methode dafür hätte (Abbildung 3.23).

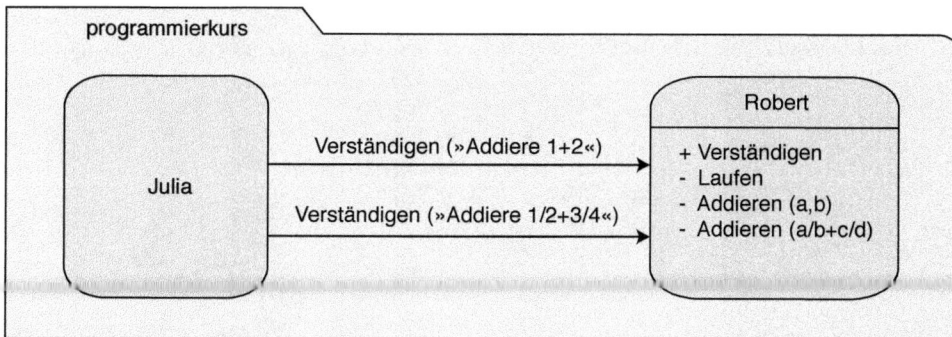

Abbildung 3.23 »Robert« verfügt über zwei verschieden gestaltete Methoden namens »Addieren«.

Damit *Robert* den verschiedenen Anweisungen von *Anna* Folge leisten kann, benötigt er Methoden »unterschiedlicher Gestalt«. Er benötigt eine Methode, die auf zwei Parameter Geschwindigkeit reagiert, und eine Methode, die auf drei Parameter reagiert. Obwohl die Methoden den gleichen Namen tragen, führen sie zu einer unterschiedlichen Verarbeitung durch das Objekt *Robert*. Der Fachausdruck für diese Technik heißt *Überladen*.

3.13.2 Dynamische Polymorphie

Anders als bei der Mehrfachvererbung sieht es aus, wenn man Eigenschaften der Basisklasse bei der Vererbung bewusst umgehen möchte. Dazu möchte ich nochmals auf das Beispiel der Basisklasse *Wesen* zurückgreifen. Angenommen, Sie möchten in der abgeleiteten Klasse *Roboter* bestimmen, auf welche Weise sich Roboter-Objekte verständigen. Dazu *überschreiben* Sie die Methode *Verständigen* und legen die Art und Weise des Verständigens in der Klasse *Roboter* für die abgeleiteten Objekte fest.

Das Überschreiben von Methoden ist ein sehr mächtiges Mittel der objektorientierten Programmierung. Es erlaubt Ihnen, unerwünschte Erbinformationen teilweise oder ganz zu unterdrücken und damit eventuelle Designfehler – in Grenzen – auszugleichen beziehungsweise Lücken in der Basisklasse zu füllen. Dabei ist die Technik extrem simpel. Es reicht aus, eine identische Methode in der abgeleiteten Klasse *Roboter* zu beschreiben, damit sich Objekte wie *Robert* »plötzlich« anders verhalten.

■ 3.14   Designregeln

Objektorientierte Programme sind keine Garantie für sauber strukturierte und logisch aufgebaute Programme. Die objektorientierte Programmierung erleichtert gutes Softwaredesign, sie erzwingt es jedoch nicht. Daher sollten Sie einige Grundregeln beachten. Sie erleichtern es Ihnen, schlanke, schnelle und robuste Java-Programme zu entwickeln (Abbildung 3.24).

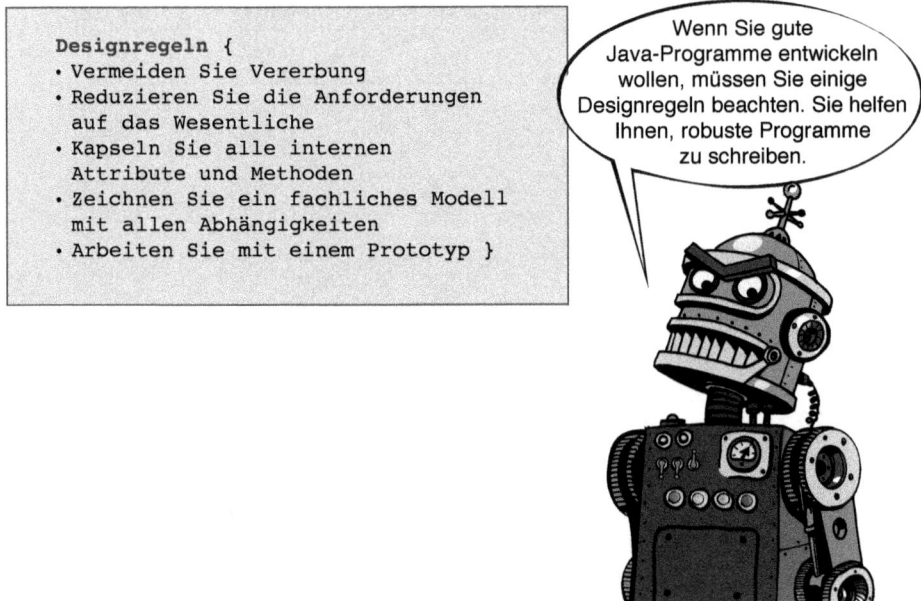

```
Designregeln {
• Vermeiden Sie Vererbung
• Reduzieren Sie die Anforderungen
  auf das Wesentliche
• Kapseln Sie alle internen
  Attribute und Methoden
• Zeichnen Sie ein fachliches Modell
  mit allen Abhängigkeiten
• Arbeiten Sie mit einem Prototyp }
```

> Wenn Sie gute Java-Programme entwickeln wollen, müssen Sie einige Designregeln beachten. Sie helfen Ihnen, robuste Programme zu schreiben.

Abbildung 3.24 Robert empfiehlt einige Grundregeln für gutes Design.

■ 3.15   Zusammenfassung

Die objektorientierte Programmierung war eine Antwort auf die Softwarekrise in der Mitte der 60er-Jahre des letzten Jahrhunderts. Durch Objektorientierung lässt sich die natürliche Welt leichter in Computerprogrammen umsetzen. Diese objektorientierten Computerprogramme bestehen aus einem oder mehreren Objekten.

Die Objekte haben ihren eigenen Speicher. Klassen modellieren das gemeinsame Verhalten ihrer Objekte. Jedes Objekt ist hierbei ein Exemplar seiner Klasse. Objekte verständigen sich über Nachrichtenaustausch. Ein Programm wird ausgeführt, indem dem ersten Objekt die Kontrolle übergeben und der Rest als dessen Nachricht behandelt wird.

Abbildung 3.25 Florian fasst die Besonderheiten der objektorientierten Programmierung zusammen.

Ein Objekt lässt sich mit einem natürlichen Lebewesen vergleichen und verfügt über eine Gestalt und Fähigkeiten. Die Gestalt prägen Attribute, während die Fähigkeiten von Methoden bestimmt sind. Beide Bestandteile eines Objekts sind in der Klasse festgelegt, von der ein Objekt abstammt. Sie liefert den Bauplan für gleichartige Objekte.

■ 3.16   Aufgaben

- Aufgabe 1: Konzipieren Sie eine Adressdatenbank der Studenten und Studentinnen sowie Mitarbeiter einer Hochschule. Die Datenbank soll dem Sekretariat helfen, Personen zu finden und sie anzuschreiben oder anzurufen. Orientieren Sie sich hierbei an Abbildung 3.26. Überlegen Sie sich passende Personenobjekte mit Attributen für Mitarbeiter sowie Studenten und zeichnen diese in ein Objektdiagramm.

Abbildung 3.26 Verschiedene Personenobjekte an einer Hochschule

- Aufgabe 2: Leiten Sie aus den Personenobjekten eine oder mehrere Klasse(n) mit passenden Attributen ab und zeichnen diese in ein Klassendiagramm.
- Aufgabe 3: Versuchen Sie, aus den gefundenen Klassen eine oder mehrere gemeinsame Basisklasse(n) mit gemeinsamen Attributen zu entwickeln. Ergänzen Sie das Klassendiagramm und begründen das Design.

Die Lösungen zu den Aufgaben finden Sie in Kapitel 25, »Lösungen«, ab Seite 586.

■ 3.17   Literatur

Wikipedia: Alan Kay; *https://de.wikipedia.org/wiki/Alan_Kay*

4 Entwicklungsumgebung

■ 4.1 Einleitung

Die Entwicklungsumgebung, die Sie für dieses Buch benötigen, besteht aus einer Vielzahl von Werkzeugen. Bevor es richtig losgeht und Sie das erste Java-Programm entwickeln können, müssen Sie diese Werkzeuge sorgfältig installieren. Dieses Kapitel erklärt im ersten Abschnitt, wie das funktioniert. Im zweiten Abschnitt bietet Ihnen das Kapitel einen Überblick über die Funktionen der Werkzeuge.

Auch wenn Sie bereits Java und/oder Eclipse installiert haben, müssen Sie unbedingt dieses Kapitel durchlesen. Der Erfolg beim Lernen von Java hängt entscheidend von der Installation und dem Beherrschen der Entwicklungsumgebung ab. Bitte nehmen Sie sich also die Zeit für die folgenden Seiten!

Abbildung 4.1 Julia leitet Sie durch dieses Kapitel.

Installationen sind immer eine lästige Angelegenheit. Aber noch ärgerlicher sind fehlerhafte Installationen. Sie verderben den Spaß durch schwer nachvollziehbare Fehler beim Entwickeln von Java-Programmen. Diese Fehler können Sie vermeiden, indem Sie dieses Kapitel auch dann durchlesen, wenn Sie bereits Java und/oder eine Eclipse-Entwicklungsumgebung auf Ihrem Computer installiert haben sollten.

■ 4.2 Installation

4.2.1 Betriebssystem

Sie benötigen als Basis der Softwareinstallationen einen Computer mit einem 64-Bit-Betriebssystem. Als Betriebssysteme können Sie beispielsweise Windows 8.1 oder 10, Ubuntu Linux 18 oder 19 und MacOS 10.13 oder 10.14 verwenden.

Systemtyp unter Windows ermitteln

Unter Windows 8.1 und Windows 10 ermitteln Sie den Systemtyp über die Systemsteuerung. Klicken Sie hierzu einfach auf START und danach auf EINSTELLUNGEN → SYSTEM → INFO. Unter SYSTEMTYP wird daraufhin angezeigt, ob es sich um ein 32-Bit- oder 64-Bit-Betriebssystem handelt (Abbildung 4.2).

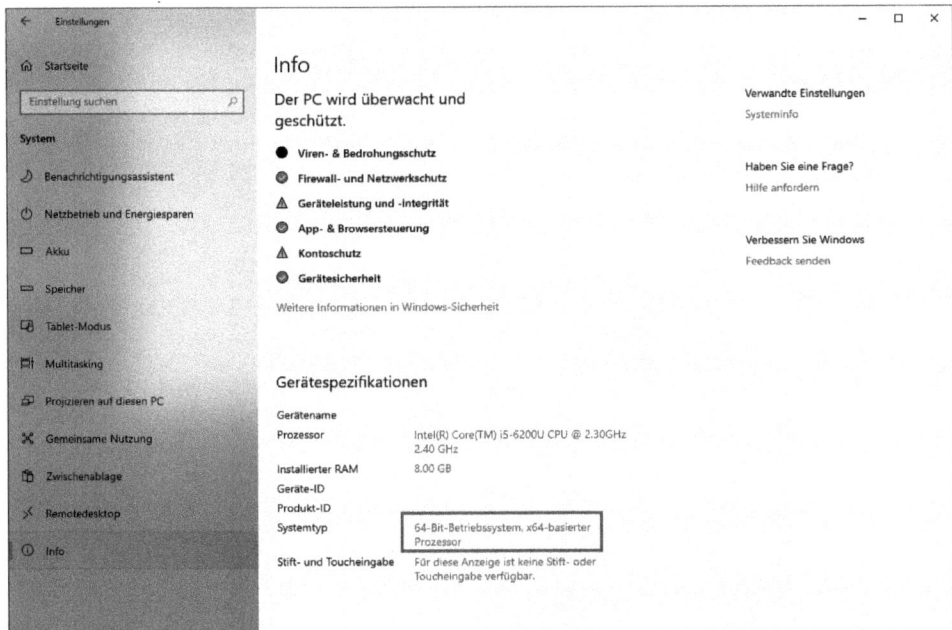

Abbildung 4.2 Die Software dieses Buchs setzt ein 64-Bit-Windows voraus.

Systemtyp unter Linux und MacOS ermitteln

Unter einem Unix-Betriebssystem wie Linux oder MacOS stellen Sie am schnellsten über einen Unix-Befehl fest, mit welchem Systemtyp Sie arbeiten. Starten Sie dazu über die grafische Oberfläche ein Terminal und geben danach folgenden Befehl ein:

```
uname -m
```

Sollte hier *x86_64* angezeigt werden, ist alles in Ordnung. Es handelt sich in diesem Fall um einen Computer mit einem 64-Bit-Prozessor und einem 64-Bit-Betriebssystem, der als Basis für die Installation auf den folgenden Seiten notwendig ist.

4.2.2 Java installieren

Die Java-Programmierplattform besteht aus Java-Werkzeugen und der Java-Laufzeitumgebung namens Java Runtime Environment (JRE). Zusammen nennt sich die Kombination aus beiden Java Development Kit oder kurz JDK (siehe Kapitel 2, »Technologieüberblick«).

Sie sollten für dieses Buch das Java Development Kit mindestens in der Version 13 auf Ihrem Computer installiert haben. JDKs sind auf manchen Internetseiten sowohl als 32-Bit- als auch als 64-Bit-Version erhältlich. Laden Sie unbedingt eine 64-Bit-Version herunter, da die Eclipse-Version, die dieses Buch benötigt, nur mit einer solchen Laufzeitumgebung funktioniert.

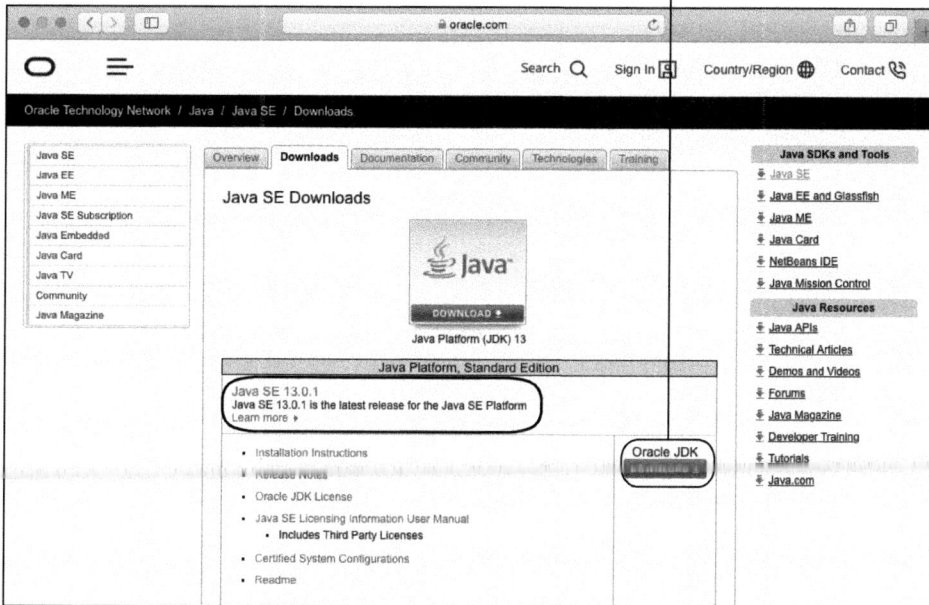

Abbildung 4.3 Auf der Oracle-Seite erhalten Sie ein JDK mit Installationsprogramm.

Sie bekommen das JDK für sämtliche Betriebssysteme auf der Download-Seite des Java-Eigentümers Oracle *https://www.oracle.com/technetwork/java/javase/downloads/index.html* (Abbildung 4.3) oder auf der Download-Seite des OpenJDKs *https://jdk.java.net*. Die JDKs auf der Oracle-Seite gibt es in zwei verschiedenen Paketen, wovon eines ein Installationsprogramm enthält, das die Installation erleichtert.

Java für Windows installieren

Stellen Sie unter Windows zuerst fest, ob Java bereits installiert ist und in welcher Version. Starten Sie dazu zunächst eine Eingabeaufforderung über das Startmenü und geben danach den Befehl *java -version* ein (Abbildung 4.4).

Sollte die Fehlermeldung »Der Befehl 'java' ist entweder falsch geschrieben oder konnte nicht gefunden werden« erscheinen oder eine Java-Version vor Java 13 angezeigt wer-

Abbildung 4.4 Über die Eingabeaufforderung ermitteln Sie, welche Java-Version gesetzt ist.

den, installieren Sie eine neuere Java-Version. Am einfachsten ist die Installation mit dem Installationsprogramm, das auf der eingangs genannten Oracle-Seite erhältlich ist. Starten Sie dieses Programm und folgen den Installationsanweisungen. Sollten Sie sich für ein OpenJDK entscheiden, laden Sie die Zip-Datei herunter und packen diese in ein Verzeichnis Ihrer Wahl aus, zum Beispiel in das Verzeichnis *C:\Programme\OpenJDK13* oder *C:\Programme\Java\OpenJDK13*.

Sowohl für die Oracle- als auch für die OpenJDK-Version sollten Sie anschließend den Suchpfad kontrollieren und bei Bedarf anpassen. Hierzu öffnen Sie die Systemsteuerung. Unter Windows 10 geben Sie im Suchfeld rechts oben UMGEBUNGSVARIABLEN ein und klicken danach auf den Link UMGEBUNGSVARIABLEN FÜR DIESES KONTO BEARBEITEN. Der Dialog UMGEBUNGSVARIABLEN, der daraufhin zu sehen ist, ist zweigeteilt. Im oberen Bereich sind BENUTZERVARIABLEN zu sehen, im unteren SYSTEMVARIABLEN. Ändern Sie den Pfad der Systemvariablen und tragen dort den Pfad für das Bin-Verzeichnis des JDKs ein (Abbildung 4.5), falls das Installationsprogramm dies nicht bereits erledigt hat.

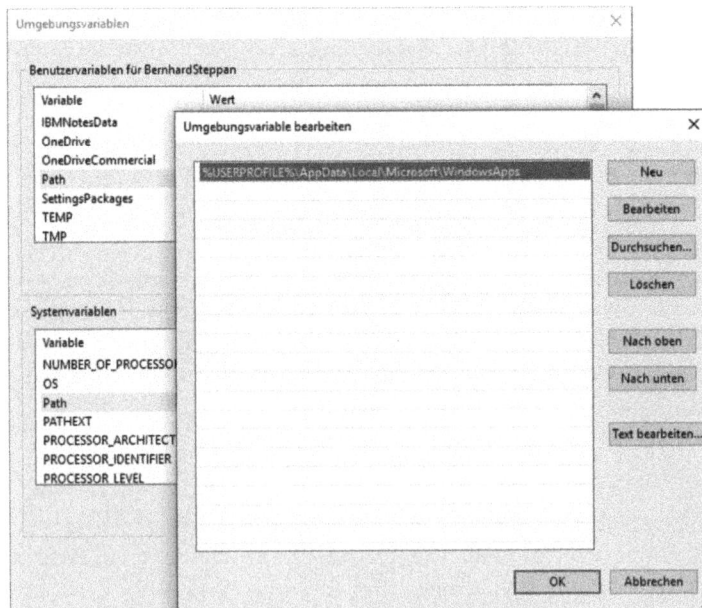

Abbildung 4.5 Hier tragen Sie den Pfad zum JDK-Verzeichnis ein.

Ist der Pfad angepasst, kontrollieren Sie nochmals mithilfe der Eingabeaufforderung durch Eingabe des Befehls *java -version*, ob das Betriebssystem die neue JDK-Version und den Suchpfad korrekt erkannt hat. Es sollte nun die Version des JDKs erscheinen, die Sie gerade installiert haben. Sollte das der Fall sein, können Sie zum Abschnitt 4.2.3, »Eclipse installieren«, vorblättern und Eclipse installieren.

Java für Linux installieren

Im Folgenden beschreibe ich die Installation für das Linux-Derivat »Ubuntu«. Für die meisten anderen Linux-Distributionen funktioniert der Ablauf identisch. Wichtig ist, dass Sie zunächst prüfen, ob sich auf Ihrem Linux-Rechner bereits eine korrekt installierte Java-Version befindet. Das erreichen Sie, indem Sie ein Terminal öffnen und folgenden Befehl eingeben:

```
java -version
```

Sollte das Linux-Terminal mit einer Fehlermeldung wie »Command 'java' not found, but can be installed with ...« reagieren, ist kein Java installiert. Sollte schon eine Version angezeigt werden, die nicht mindestens der Version 13 entspricht, installieren Sie ein aktuelles JDK. Das funktioniert wie folgt mit einem Terminal:

```
sudo apt install default-jre
```

Danach sollte der Befehl *java -version* erfolgreich sein und die gerade installierte Java-Version anzeigen. Ist das der Fall, gehen Sie zum Abschnitt 4.2.3, »Eclipse installieren«, und installieren die Eclipse-Entwicklungsumgebung.

Java für MacOS installieren

Unter MacOS prüfen Sie zunächst, ob sich bereits eine neuere Java-Version auf Ihrem Mac befindet. Das geht am einfachsten mit dem MacOS-Terminal. Es befindet sich unter den Dienstprogrammen des Programmordners. Starten Sie das Terminal und geben *java -version* ein. Sollte die Fehlermeldung »No Java runtime present, requesting install.« erscheinen, blendet das Betriebssystem automatisch einen Dialog ein, bei dem Sie durch einen Klick auf die Schaltfläche WEITERE INFOS automatisch zur Download-Seite der neuesten Java-Version gelangen (Abbildung 4.6).

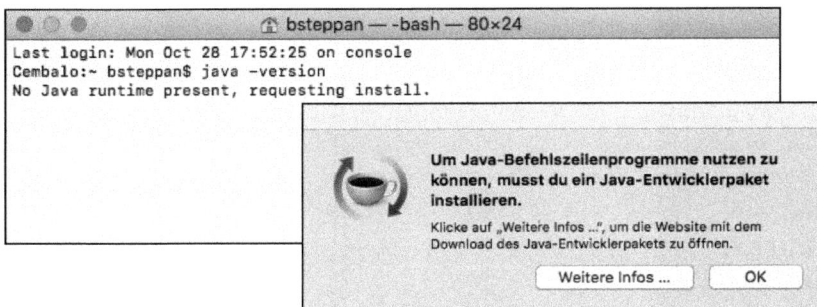

Abbildung 4.6 Das Terminal gibt darüber Auskunft, ob und welche Java-Version installiert ist.

Sofern das Terminal eine ältere Java-Version vor Java 13 anzeigt, installieren Sie eine aktuelle Java-Version von einer der eingangs genannten Webseiten. Wenn Sie sich für die Oracle-Seite entscheiden, wählen Sie eine DMG-Datei aus. Die DMG-Datei erzeugt ein temporäres Laufwerk, das ein Installationsprogramm enthält. Dieses Installationsprogramm leitet Sie durch die Installation.

Bei der OpenJDK-Version ist die Installation nicht ganz so einfach, weil hier nur eine komprimierte Datei zur Verfügung steht. Laden Sie sich diese komprimierte Tar-Datei herunter und entpacken Sie diese in einem beliebigen Ordner wie zum Beispiel *jdk-13.0.1.jdk*. Verschieben Sie den kompletten Ordner *jdk-13.0.1.jdk* danach in das Verzeichnis */Library/Java/JavaVirtualMachines*. In diesem Verzeichnis sucht das MacOS nach Java-Versionen. Sie gelangen in das Verzeichnis über das Finder-Menü Gehe zu und den Menübefehl Gehe zum Ordner sowie der Eingabe des Verzeichnispfads (Abbildung 4.7).

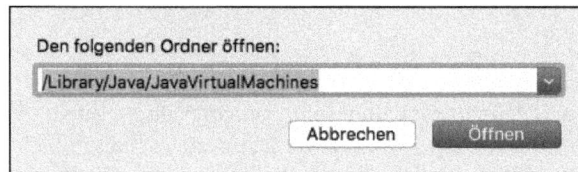

Abbildung 4.7 Über den Finder kommen Sie zum Installationsverzeichnis.

Nach dieser manuellen Installation müssen Sie den Rechner auf jeden Fall neu starten, damit das Betriebssystem die neue Java-Version erkennt. Überprüfen Sie nach einem Neustart durch die Eingabe *java -version* im Terminal erneut, ob das Betriebssystem das richtige JDK anzeigt. Ist das der Fall, können Sie zum nächsten Abschnitt wechseln, um die Eclipse-Entwicklungsumgebung zu installieren.

4.2.3 Eclipse installieren

Eclipse-Versionen

Die Eclipse-Entwicklungsumgebung ist nicht nur eine Entwicklungsumgebung für Java. Sie ist auch selbst auf Basis von Java entwickelt worden. Aus diesem Grund benötigen Sie für die Ausführung von Eclipse wie für jedes andere Java-Programm eine passende Java-Laufzeitumgebung. Da die neueren Versionen von Eclipse *nur* als 64-Bit-Version erhältlich sind, war es notwendig, ein 64-Bit-JDK zu installieren.

Die Versionen von Eclipse tragen Namen wie »2019-12«. Die Bezeichnung »2019-12« bedeutet, dass diese Eclipse-Entwicklungsumgebung im Dezember 2019 erschienen ist. Neben diesen Versionsbezeichnungen existiert zudem eine Versionsnummer, die mit jeder neuen Eclipse-Version hochgezählt wird. Beachten Sie, dass nur die neueren Eclipse-Versionen ab »2019-12« vollständig kompatibel zu Java 13 sind (Tabelle 4.1).

Eclipse-Packages

Eclipse ist universeller ausgerichtet als jede andere Entwicklungsumgebung. Sie ist für die unterschiedlichsten Programmiersprachen und die verschiedensten Einsatzbereiche in der

Tabelle 4.1 Nur neuere Eclipse-Versionen sind vollständig kompatibel zu Java 13.

Name	Erscheinungsdatum	Version	Java-Unterstützung
Eclipse IDE 2019-06	Juni 2019	4.12	Java 12
Eclipse IDE 2019-09	September 2019	4.13	Java 12 (Java 13 mit Erweiterung)
Eclipse IDE 2019-12	Dezember 2019	4.14	Java 13
Eclipse IDE 2020-03	März 2020	4.15	Mindestens Java 13

Softwareentwicklung verfügbar. Hierfür lässt sich die Eclipse-Entwicklungsumgebung durch sogenannte Plug-ins erweitern.

Um die Anpassung auf die verschiedensten Einsatzbereiche zu erleichtern, gibt es vorkonfigurierte Packages für die verschiedensten Zielgruppen. Diese Packages ersparen Ihnen, viele Plug-ins selbst zu installieren und zu konfigurieren. Die Tabelle 4.2 zeigt die wichtigsten vorkonfigurierten Pakete für Java-Entwickler.

Tabelle 4.2 Die wichtigsten Eclipse-Packages für Java-Entwickler

Bezeichnung	Zielgruppe
Eclipse IDE for Enterprise Java Developers	Java-Enterprise-Entwickler
Eclipse IDE for Java Developers	**Eclipse-Einsteiger**
Eclipse IDE for Web and JavaScript Developers	Webentwickler
Eclipse IDE for RCP and RAP Developers	RCP- und RAP-Entwickler[1]

Für dieses Buch benötigen Sie nur das Package »Eclipse IDE for Java Developers« (Abbildung 4.8). Es deckt in etwa die Java Standard Edition (JSE) ab. Sofern Sie bereits eine ältere Eclipse-Version einsetzen, installieren Sie diese Eclipse-Version zusätzlich. So ist gewährleistet, dass Sie die Abbildungen und Beschreibungen dieses Buchs gut nachvollziehen können.

Abbildung 4.8 Das Package »Eclipse IDE for Java Developers« wird für dieses Buch benötigt.

Die Abkürzung »IDE« steht übrigens für »Integrated Development Environment«, was übersetzt so viel wie integrierte Entwicklungsumgebung bedeutet. Häufig fällt in der Literatur im Zusammenhang von Eclipse auch der Begriff »SDK«, was »Software Development Kit« bedeutet. Damit ist gemeint, dass es sich bei Eclipse um eine Sammlung von Werkzeugen zur Softwareentwicklung handelt.

Download

Für Eclipse gibt es seit einiger Zeit einen Installer, um ein Eclipse-Package selbst zusammenzustellen. Das ist für erfahrene Anwender sehr praktisch, weil sie damit ihre Entwicklungsumgebung selbst konfigurieren können. Für den Einstieg in Eclipse empfehle ich stattdessen, ein fertig zusammengestelltes Package der Entwicklungsumgebung herunterzuladen. Für die Installation eines solchen Packages müssen Sie nur eine komprimierte Archivdatei auspacken.

Um diese Datei von der Eclipse-Homepage herunterzuladen, gehen Sie auf die Internetseite mit der Adresse *https://www.eclipse.org/downloads/packages*. Dort finden Sie sämtliche in Tabelle 4.2 zuvor genannten Eclipse-Packages. Wählen Sie danach das passende 64-Bit-Package »Eclipse IDE for Java Developers« für Ihr Betriebssystem aus und laden die Archivdatei auf Ihren Rechner herunter.

Eclipse unter Windows installieren

Legen Sie unter Windows im Anschluss ein Verzeichnis namens *Eclipse* im Programmverzeichnis von Windows an. Hierfür benötigen Sie Administrationsrechte. Entpacken Sie danach die gerade heruntergeladene Archivdatei und benennen das Verzeichnis *eclipse*, das sich darin befindet, in *Eclipse-2019-12-JSE* um. Kopieren Sie danach dieses Verzeichnis komplett in das gerade erzeugte Verzeichnis namens *Eclipse* (Abbildung 4.9).

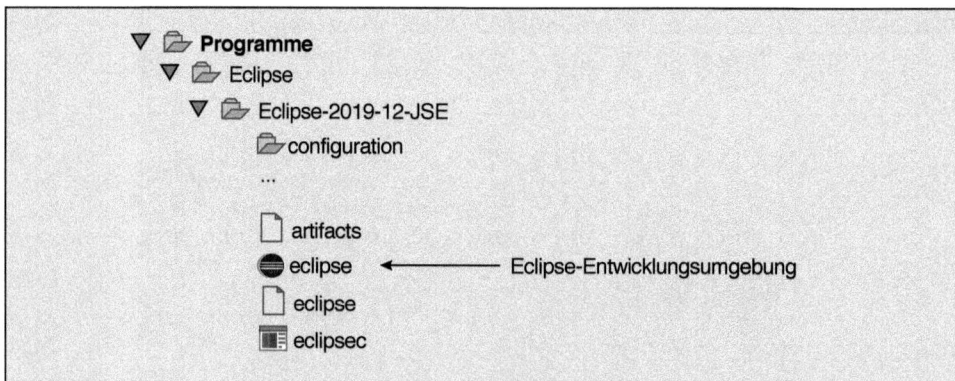

Abbildung 4.9 Das Installationsverzeichnis unter Windows

Zum Schluss können Sie noch einen eindeutigen Alias wie zum Beispiel *Eclipse-2019-12-JSE* für die Eclipse-Entwicklungsumgebung in der Edition für die Java Standard Edition (JSE) vergeben. Kopieren Sie diesen Alias danach in das Startmenü oder auf den Desktop, damit Sie nicht bei jedem Start der Eclipse-Entwicklungsumgebung das Installationsverzeichnis suchen müssen. Damit ist die Basisinstallation von Eclipse auch schon beendet. Sie können jetzt zum Abschnitt 4.2.3, »Java-Version konfigurieren«, vorblättern, um die Konfiguration der Java-Version für Eclipse durchzuführen.

Eclipse unter Linux installieren

Unter Linux legen Sie im Verzeichnis *opt* ein Unterverzeichnis namens *eclipse* an. Dafür benötigen Sie Administrationsrechte. Entpacken Sie danach das Tar-Archiv und benennen das Eclipse-Verzeichnis, das sich darin befindet, in *eclipse-2019-12-jse* um. Verschieben Sie im Anschluss daran das gesamte Verzeichnis *eclipse-2019-12-jse* in das gerade angelegte Verzeichnis namens *eclipse*. Das Verzeichnis sollte danach wie in Abbildung 4.10 aussehen.

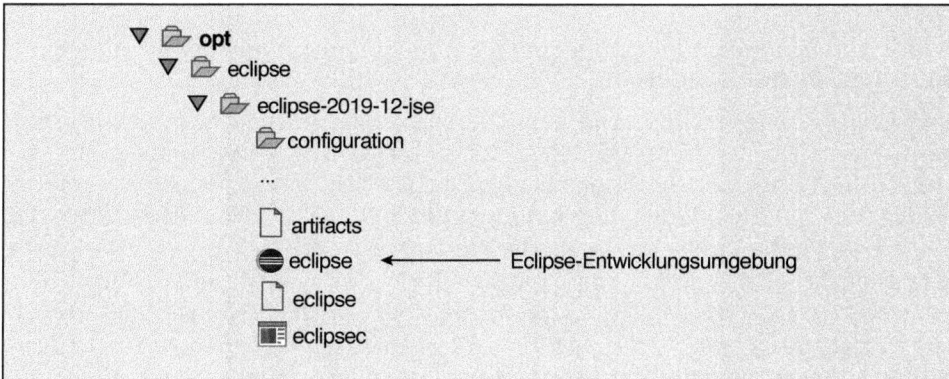

Abbildung 4.10 Das Installationsverzeichnis unter Linux

Zum Schluss können Sie noch einen eindeutigen Alias namens *Eclipse-2019-12-JSE* für die Eclipse-Entwicklungsumgebung in der Edition für die Java Standard Edition (JSE) vergeben. Kopieren Sie danach diesen Alias auf den Desktop oder in das Programmmenü. Das hat den Vorteil, dass Sie Eclipse einerseits sofort griffbereit haben. Zudem lässt sich die gerade installierte Eclipse-Version von anderen besser unterscheiden, die Sie vielleicht später noch installieren. Damit ist die Basisinstallation abgeschlossen. Sie können jetzt zum Abschnitt 4.2.3, »Java-Version konfigurieren«, vorblättern, um Eclipse für die installierte Java-Version zu konfigurieren.

Eclipse unter MacOS installieren

Legen Sie im Programmordner von MacOS ein Verzeichnis namens *Eclipse* mit einem Unterverzeichnis *Eclipse-2019-12-JSE* an. Hierzu benötigen Sie Administrationsrechte. Führen Sie einen Doppelklick auf die herunter geladene DMG-Datei aus. MacOS erzeugt aus der DMG-Datei ein temporäres Laufwerk, in dem sich die Eclipse-Entwicklungsumgebung befindet. Kopieren Sie die Anwendung *Eclipse.app* in den gerade erzeugten Ordner *Eclipse-2019-12-JSE*. Danach müsste der Ordner wie in Abbildung 4.11 aussehen.

Zum Abschluss der Eclipse-Installation können Sie noch einen eindeutigen Alias namens *Eclipse-2019-12-JSE* für die Eclipse-Entwicklungsumgebung in der Edition für die Java Standard Edition (JSE) vergeben. Kopieren Sie den Alias in das Dock oder auf den Desktop – nicht das Programmsymbol, da der Finder sonst nur den Namen *Eclipse* anzeigt. Der Alias im Dock hat den Vorteil, dass Sie die gerade installierte Eclipse-Version von anderen besser unterscheiden können, die Sie vielleicht später noch installieren. Ist das erfolgt, können Sie zum nächsten Abschnitt gehen und die Java-Version für Eclipse konfigurieren.

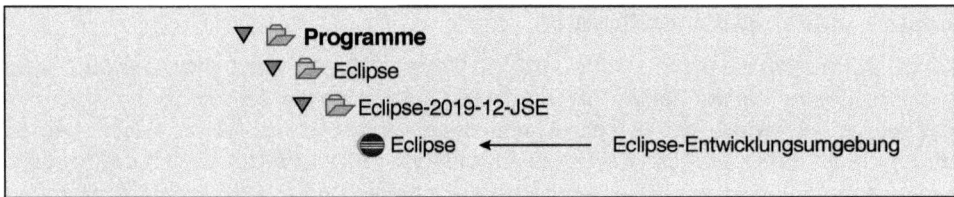

Abbildung 4.11 Das Installationsverzeichnis unter MacOS

Java-Version konfigurieren

Gerade, wenn Sie beispielsweise mehrere JDKs installiert haben oder nicht auf Ihrem eigenen Computer arbeiten, ist es sehr wichtig, dass Sie kontrollieren, ob Eclipse die gewünschte Java-Version verwendet. Um die Konfiguration der Java-Version zu überprüfen, starten Sie jetzt Eclipse. Die Entwicklungsumgebung präsentiert Ihnen beim Start den ECLIPSE IDE LAUNCHER. Mit dem Launcher bestimmen Sie, auf welchem Arbeitsbereich (Workspace) Eclipse arbeitet. Hier speichert Eclipse den Java-Quellcode und sämtliche Projekteinstellungen (Abschnitt 4.3.10, »Eclipse-Workspace«). Verändern Sie den Pfad gemäß Abbildung 4.12 und tragen *Java-Projekte/Einstieg_Java_Eclipse/Uebungen* als neues Workspace-Verzeichnis im Home-Verzeichnis Ihres Benutzerprofils ein.

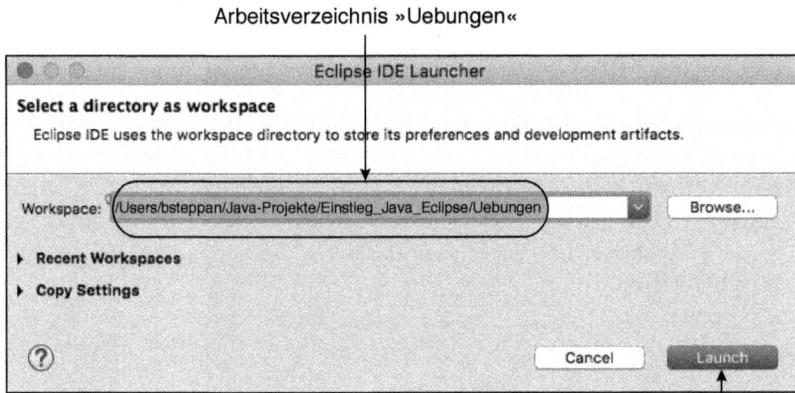

Abbildung 4.12 Beim Start von Eclipse tragen Sie das neue Arbeitsverzeichnis ein.

Starten Sie danach Eclipse mit diesem Arbeitsbereich durch einen Klick auf die Schaltfläche LAUNCH. Eclipse legt die zuvor unter dem Textfeld WORKSPACE eingetragenen Verzeichnisse als neuen Arbeitsbereich namens *Uebungen* an. Rufen Sie jetzt die Voreinstellungen der Entwicklungsumgebung auf. Unter Linux und Windows lautet der entsprechende Menübefehl hierfür PREFERENCES. Er ist im Menü WINDOW von Eclipse zu finden (Abbildung 4.13). Unter dem MacOS lautet der entsprechende Menübefehl EINSTELLUNGEN und befindet sich im Menü ECLIPSE der Entwicklungsumgebung. Diesen Dialog werden Sie häufiger verwenden, denn er hat eine Schlüsselfunktion bei der Einrichtung von Eclipse.

Nachdem Sie den Menübefehl ausgeführt haben, erscheint der Dialog PREFERENCES für die Voreinstellungen von Eclipse (Abbildung 4.14). Wählen Sie danach die Einstellung

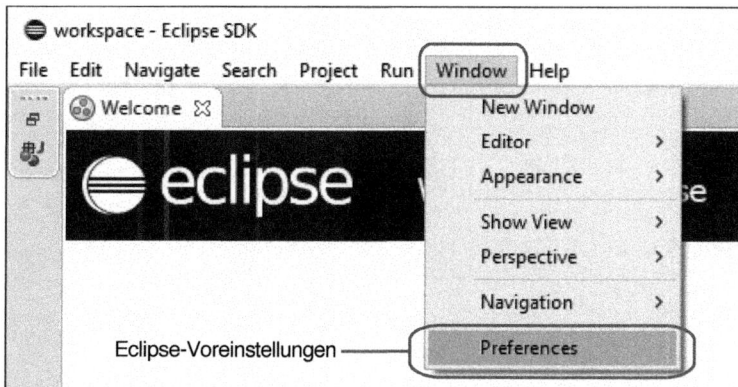

Abbildung 4.13 Über das Menü »Window« erreichen Sie die Preferences unter Linux/Windows.

INSTALLED JREs, die sich in der Baumstruktur auf der linken Seite des Dialogs unter dem Knoten JAVA befindet. Um die Einstellung zu finden, können Sie auch im Suchfeld links oben einfach INSTALLED JREs eingeben (Abbildung 4.14 links oben).

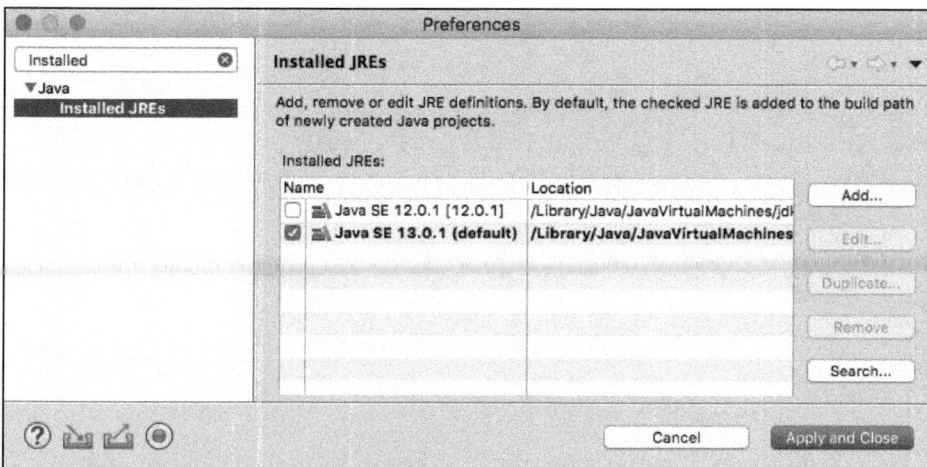

Abbildung 4.14 Eclipse sollte hier mindestens Java 13 anzeigen.

Wenn in diesem Dialog, wie in der Abbildung zu sehen, ein neueres Java Development Kit mit mindestens der Version 13 ausgewählt ist, müssen Sie nichts unternehmen. Sollte dies jedoch nicht der Fall sein, wählen Sie aus der Liste die Java-Version aus, die Sie zuvor installiert haben. Ist diese Version nicht gelistet, haben Sie den Suchpfad zum Java Development Kit vermutlich nicht korrekt gesetzt. Das ist nicht tragisch, aber Sie müssen dann mithilfe dieses Dialogs manuell nach der zuvor installierten aktuellen Java-Version suchen. Hierzu befindet sich im rechten Teil des Dialogs die Schaltfläche SEARCH. . . . Wenn Sie darauf klicken, erscheint ein weiterer Dialog, mit dessen Hilfe Sie zum Verzeichnis navigieren können, wo sich die installierte Java-Version befindet.

Ist die zuvor installierte Version gefunden, vergeben Sie einen griffigen Namen für diese, zum Beispiel JAVA SE 13. Java SE bedeutet »Java Standard Edition« und ist praktisch identisch mit dem »Java Development Kit« (JDK). Stellen Sie diese Version im Dialog als Voreinstellung ein, indem Sie das Häkchen neben dem Namen setzen (Abbildung 4.14, Mitte oben). Mit der Konfiguration der Java-Version für Eclipse ist die Basisinstallation abgeschlossen.

4.2.4   Beispielprogramme installieren

Das Herunterladen und Konfigurieren der Beispielprogramme schließt die Installation ab. Sie finden die Beispielprogramme samt Bonuskapitel als Zip-Archiv unter *https://plus. hanser-fachbuch.de*.

Download der Beispielprogramme

Rufen Sie die Download-Seite des Hanser Verlags

  https://plus.hanser-fachbuch.de

über einen Internetbrowser auf und geben Sie dort den Code

  `plus-b304v-m70ai`

ein.

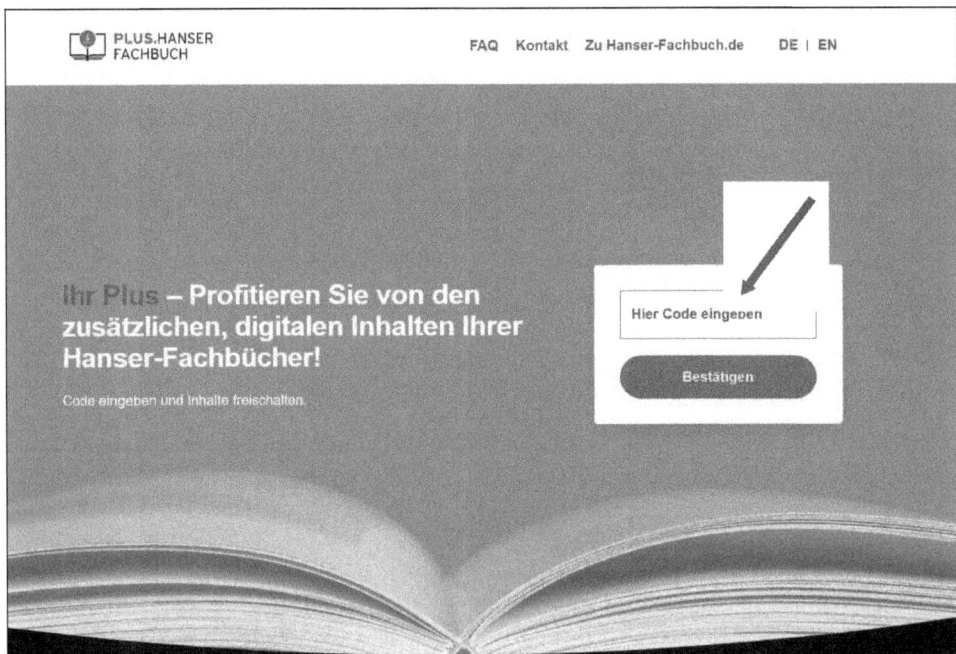

Abbildung 4.15 Auf der Startseite von *plus.hanser-fachbuch.de* geben Sie den o. g. Code ein (siehe Pfeil).

Laden Sie die Zip-Datei jetzt auf Ihre Festplatte und entpacken das Archiv in ein beliebiges Verzeichnis. Die Zip-Datei enthält zwei Verzeichnisse: *Beispielprogramme* und *Bonuskapitel*. Das Verzeichnis *Beispielprogramme* enthält Unterverzeichnisse, die den Kapiteln dieses Buchs entsprechen. Jedes Unterverzeichnis eines Buchkapitels enthält eine weitere Zip-Datei. In dieser Zip-Datei befinden sich die gepackten Eclipse-Projekte der jeweiligen Kapitel.

Verschieben Sie jetzt das komplette Verzeichnis *Beispielprogramme* in das bereits bestehende Verzeichnis *Einstieg_Java_Eclipse*. Wenn Sie die Beispiele in dieses Verzeichnis verschoben haben, sollte das Gesamtverzeichnis mit allen Bibliotheken und dem Workspace *Uebungen* so aussehen, wie es die Abbildung 4.16 zeigt.

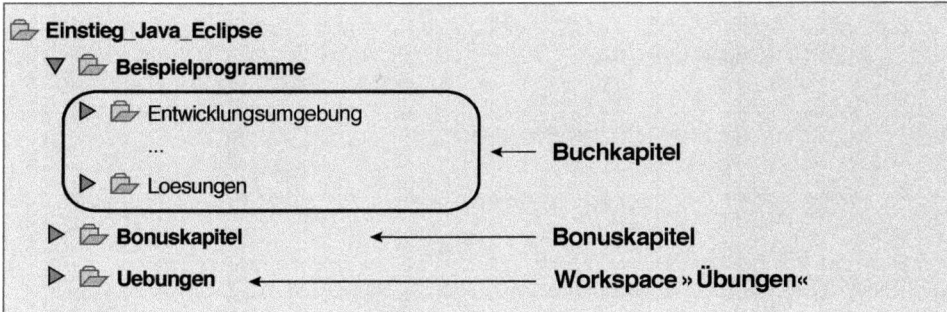

Abbildung 4.16 Die Struktur der Beispielprogramme folgt den Buchkapiteln.

Import der Beispielprogramme

Als Nächstes lassen Sie Eclipse für jedes Kapitel dieses Buchs einen Workspace erzeugen. Starten Sie dazu wieder Eclipse mit dem Workspace namens *Uebungen*. Wenn Sie den Workspace in der Zwischenzeit nicht gewechselt haben, reicht also wieder ein Klick auf die Schaltfläche LAUNCH des ECLIPSE IDE LAUNCHERS aus. Wenn Eclipse mit diesem Workspace gestartet ist, wechseln Sie über den Menübefehl FILE → SWITCH WORKSPACE → OTHER zum Workspace *Entwicklungsumgebung*, der sich im Verzeichnis *Beispielprogramme* befindet (Abbildung 4.17).

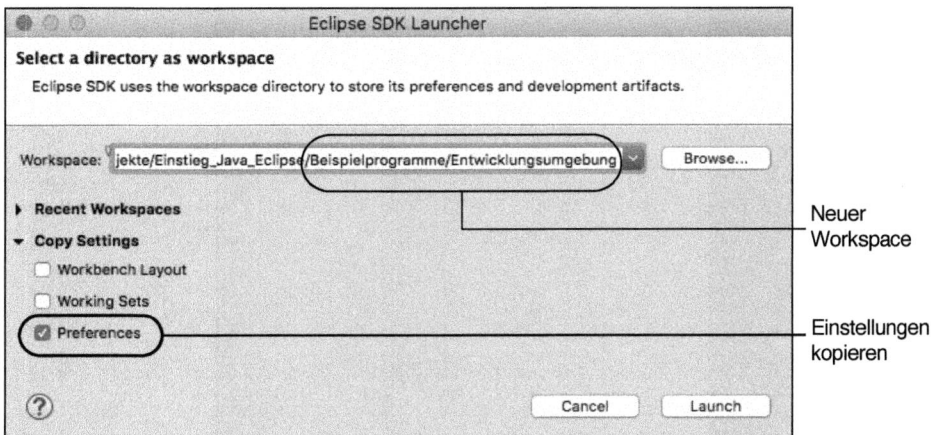

Abbildung 4.17 Beim Workspace-Wechsel übernehmen Sie immer dessen Einstellungen.

Bei diesem Wechsel des Workspaces ist wichtig, dass Sie die Option COPY SETTINGS →
PREFERENCES gesetzt haben. Durch diese Option übernehmen Sie sämtliche Voreinstellungen eines Workspaces in den anderen. In jedem Verzeichnis eines Kapitels befindet
sich ein Zip-Archiv, das den Kurznamen des Kapitels mit der Endung *zip* trägt. Für das
Kapitel »Entwicklungsumgebung« heißt das Archiv also *Entwicklungsumgebung.zip*, für
das Kapitel »Programmaufbau« lautet der Dateiname *Programmaufbau.zip* und so weiter
(Abbildung 4.18).

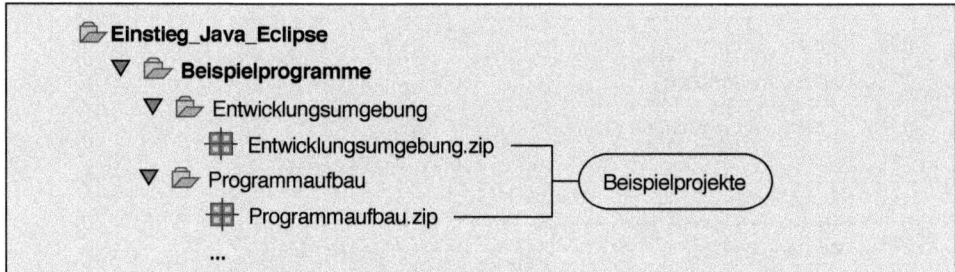

Abbildung 4.18 Jedes Kapitelverzeichnis enthält ein Zip-Archiv mit den Beispielprojekten.

Als Nächstes importieren Sie sämtliche Beispielprogramme eines Kapitels. Rufen Sie hierzu
den Menübefehl FILE → IMPORT auf und wählen in dem Importdialog EXISTING PROJECTS
INTO WORKSPACE (Abbildung 4.19). Klicken Sie danach auf NEXT und wählen über SELECT
ARCHIVE FILE das Verzeichnis des Kapitels aus.

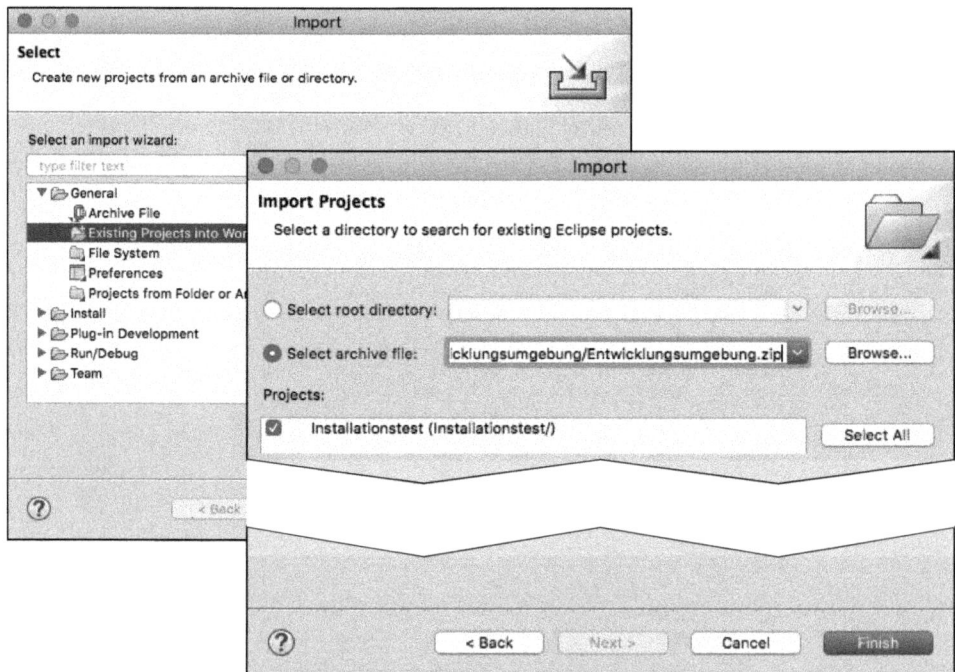

Abbildung 4.19 Der erste Schritt beim Import der Beispielprogramme

Ist das Archiv eingelesen, zeigt der Eclipse-Dialog die in diesem Archiv vorhandenen Projekte unter PROJECTS an. Wählen Sie sämtliche Projekte des Zip-Archivs über die Schaltfläche SELECT ALL aus und starten Sie den Import der Beispielprojekte mit FINISH. Sie haben nun sämtliche Beispielprogramme importiert.

Damit Sie die Programme auch starten können, befindet sich in jedem Projekt im Unterverzeichnis *run* eine sogenannte »Launch Configuration«. Um diese zu importieren, rufen Sie erneut den Menübefehl FILE → IMPORT auf. Wählen Sie im Importdialog unter RUN/DEBUG den Befehl LAUNCH CONFIGURATIONS aus und wechseln mit NEXT zur nächsten Seite des Dialogs (Abbildung 4.20).

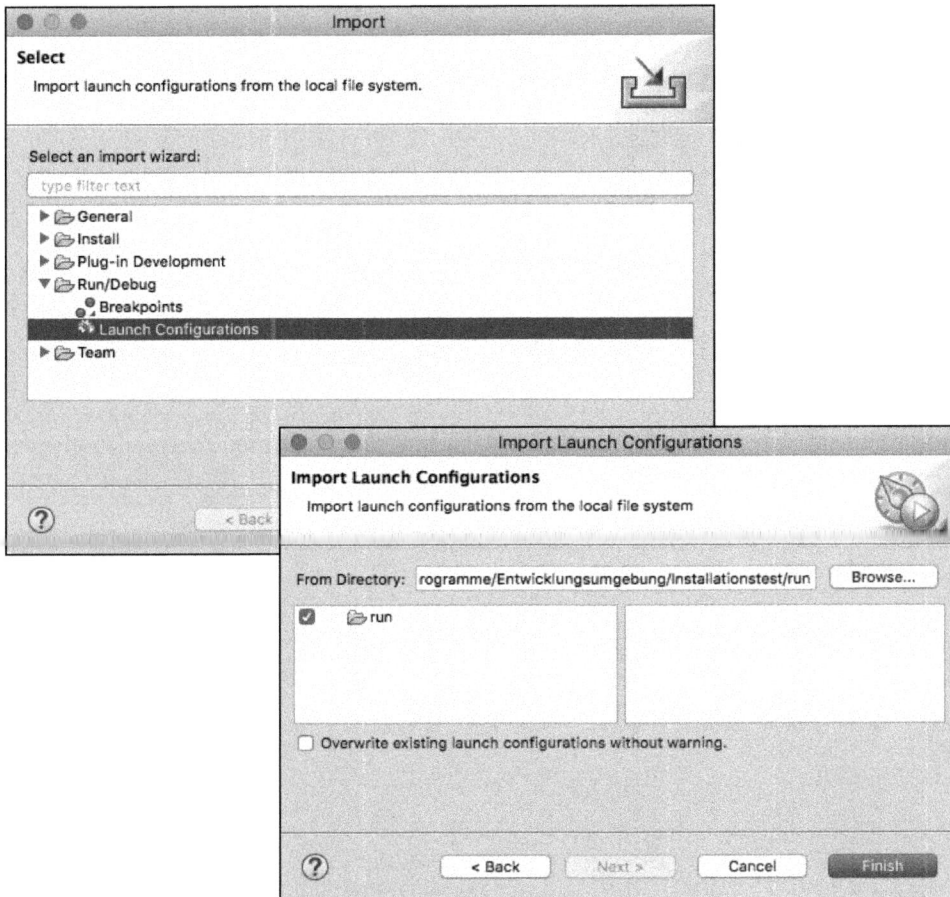

Abbildung 4.20 Der Import der Startkonfiguration

Die nächste Seite des Dialogs enthält ein Textfeld namens FROM DIRECTORY. Mit der Schaltfläche BROWSE wählen Sie das Unterverzeichnis *run* aus, in welchem sich die »Launch Configuration« des Projekts befindet. Haben Sie das Verzeichnis gefunden, klicken Sie auf FINISH, um die Konfiguration zu laden. Wiederholen Sie den Vorgang für sämtliche Projekte des Zip-Archivs und für sämtliche Kapitel dieses Buchs.

4.2.5   Installation überprüfen

Sämtliche Workspaces sind nun identisch angelegt, alle Archivdateien sind ausgepackt, und jedes Projekt hat seine Startkonfiguration. Wenn Sie sämtliche Projekte und Startkonfigurationen aller Kapitel importiert haben, müsste Ihr Verzeichnis wie in Abbildung 4.21) aussehen.

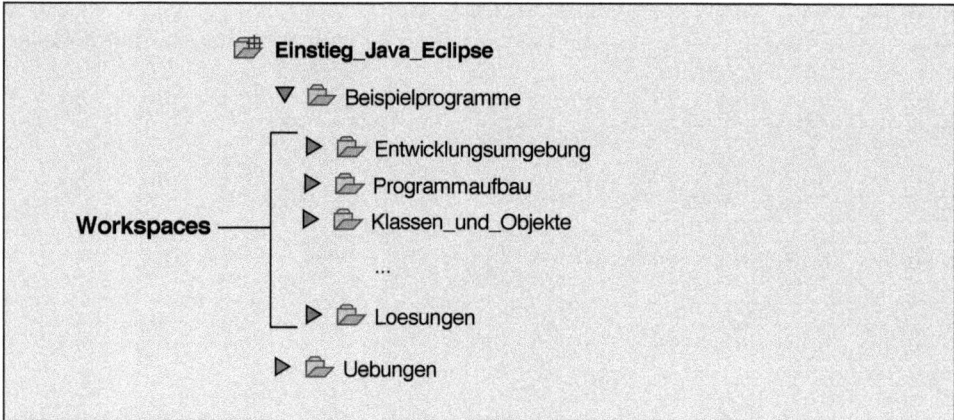

Abbildung 4.21 Das Verzeichnis der Beispielprogramme

Wechseln Sie erneut über den Menübefehl FILE → SWITCH WORKSPACE → OTHER zum Workspace *Entwicklungsumgebung* (Abbildung 4.22). Sie müssen diesmal keine Einstellungen übernehmen, da jeder Workspace bereits identisch angelegt ist.

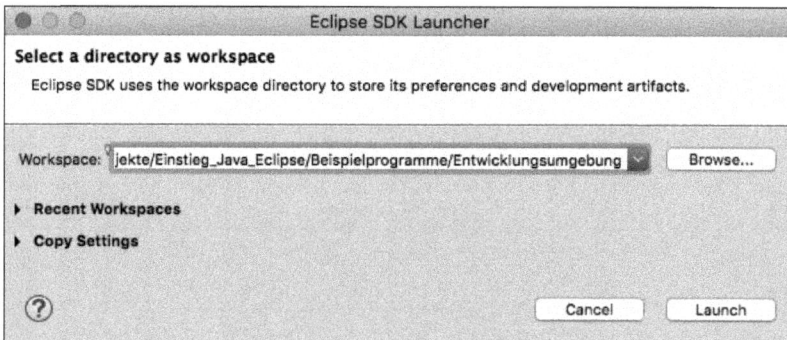

Abbildung 4.22 Wechsel zum Workspace »Entwicklungsumgebung«

Sollte Eclipse mit der Ansicht WELCOME TO ECLIPSE starten, wechseln Sie zur Workbench, indem Sie rechts oben auf den Link WORKBENCH klicken (Abbildung 4.23). Workbench (Werkbank) ist die Eclipse-Bezeichnung für die visuelle Arbeitsumgebung der Entwicklungsumgebung. Die Willkommensseite dient dazu, den Eclipse-Einsteiger über die Entwicklungsumgebung zu informieren.

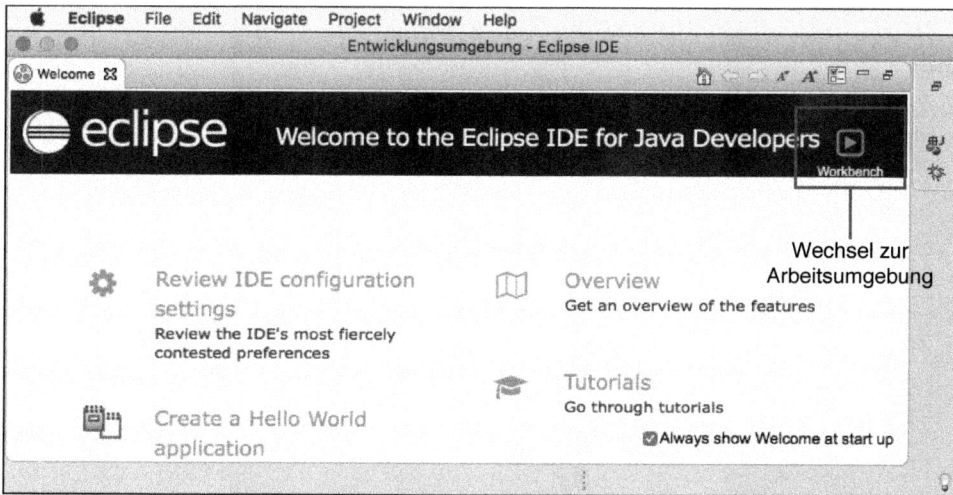

Abbildung 4.23 Diese Seite ist zu sehen, wenn Sie Eclipse das erste Mal starten.

Eclipse wechselt durch den Klick auf WORKBENCH zur Java-Perspektive der Entwicklungs-umgebung. Rufen Sie danach den Dialog RUN CONFIGURATIONS auf. Sie erreichen den Dialog über den Befehl RUN CONFIGURATIONS des Menüs RUN (Abbildung 4.24).

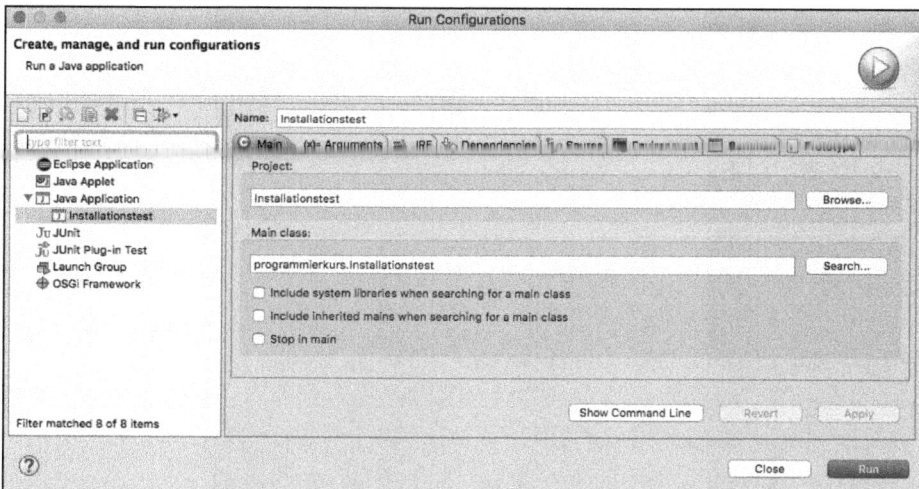

Abbildung 4.24 Die Startkonfiguration des Programms »Installationstest«

Im linken Bereich des Dialogs finden Sie den Unterpunkt JAVA APPLICATION. Sofern Sie zuvor die LAUNCH CONFIGURATION namens INSTALLATIONSTEST importiert haben, sollte sie dort aufgeführt sein. Wählen Sie diese Konfiguration aus und klicken Sie danach auf die Schaltfläche RUN im unteren Bereich des Dialogs. Daraufhin sollte die Anwendung starten. Sofern das Programm *Installationstest* mit folgender Erfolgsmeldung erscheint, ist die Installation erfolgreich abgeschlossen:

```
Okt. 01, 2019 12:16:42 AM programmierkurs.Installationstest main
INFO: Programm startet von: /Users/bsteppan/Java-Projekte/Java-Eclipse-
     Einsteiger/Beispielprogramme/Entwicklungsumgebung/Installationstest
Okt. 01, 2019 12:16:42 AM programmierkurs.Installationstest main
INFO: Die Installation war erfolgreich. Die ermittelte Java-Version ist
     13.0.1
```

> Hat alles geklappt?
> Gut, dann können Sie im
> nächsten Abschnitt mit der
> Einführung in Eclipse
> loslegen.

Abbildung 4.25 Wenn alles installiert ist, können Sie zur »Einführung in Eclipse« blättern.

Falls das Programm nicht erscheinen sollte oder ausgibt, dass die Installation nicht erfolgreich war, gehen Sie nochmals die Installationsschritte dieses Abschnitts durch, um den Fehler zu ermitteln.

- Arbeiten Sie mit einem 64-Bit-Betriebssystem?
- Ist mindestens Java 13 installiert?
- Ist dies eine 64-Bit-Version?
- Ist der Suchpfad zum JDK richtig gesetzt?
- Ist mindestens die Eclipse-Version »2019-12« installiert?
- Sind sämtliche Beispiele installiert?
- Haben Sie die LAUNCH CONFIGURATIONS der Projekte importiert?

Kapitel 27, »Häufige Fehler«, hilft Ihnen bei der Fehlersuche.

■ 4.3 Einführung in Eclipse

4.3.1 Überblick

Die Eclipse-Entwicklungsumgebung besteht im Wesentlichen aus sieben elementaren Bestandteilen: dem Menü an oberster Stelle der grafischen Oberfläche, der Toolbar direkt darunter, der Projektverwaltung (Package Explorer) auf der linken Seite der grafischen Oberfläche, einem Editor mit einem Fenster für die Struktur des Quellcodes auf der rechten Seite und – mehr oder weniger verborgen im Hintergrund – dem Build-System mit seinem Compiler, dem Debugger und der Laufzeitumgebung (Abbildung 4.26).

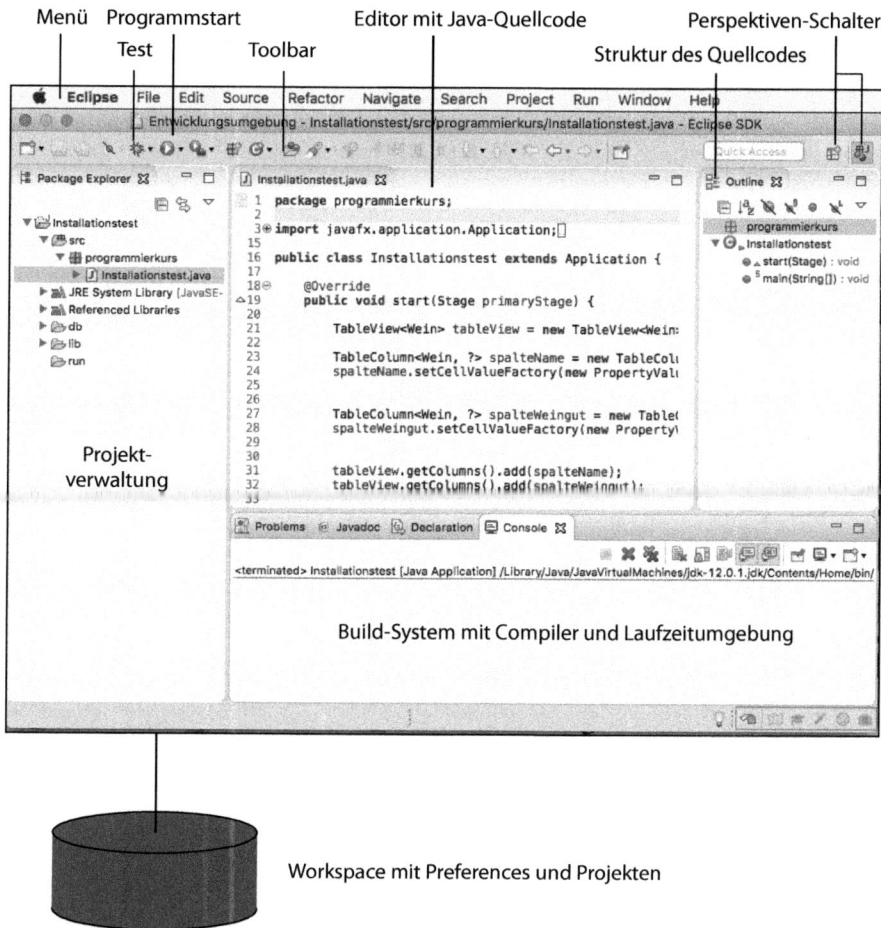

Abbildung 4.26 Eclipse im Überblick

4.3.2 Workbench

Die Arbeitsoberfläche von Eclipse nennt sich Workbench (Abbildung 4.27). Sie besteht aus Sichten (Views), Editoren (Editors) und verwendet Perspektiven (Perspectives). Die Workbench fasst die einzelnen Bestandteile der Oberfläche wie Menüs, Symbolleisten, Statusleisten und Fenster zusammen. Durch verschiedene Perspektiven kann sich die Workbench auf Knopfdruck vollkommen wandeln. Durch Perspektiven lässt sich die Workbench an jede beliebige Arbeitssituation bei der Entwicklung von Java-Programmen anpassen.

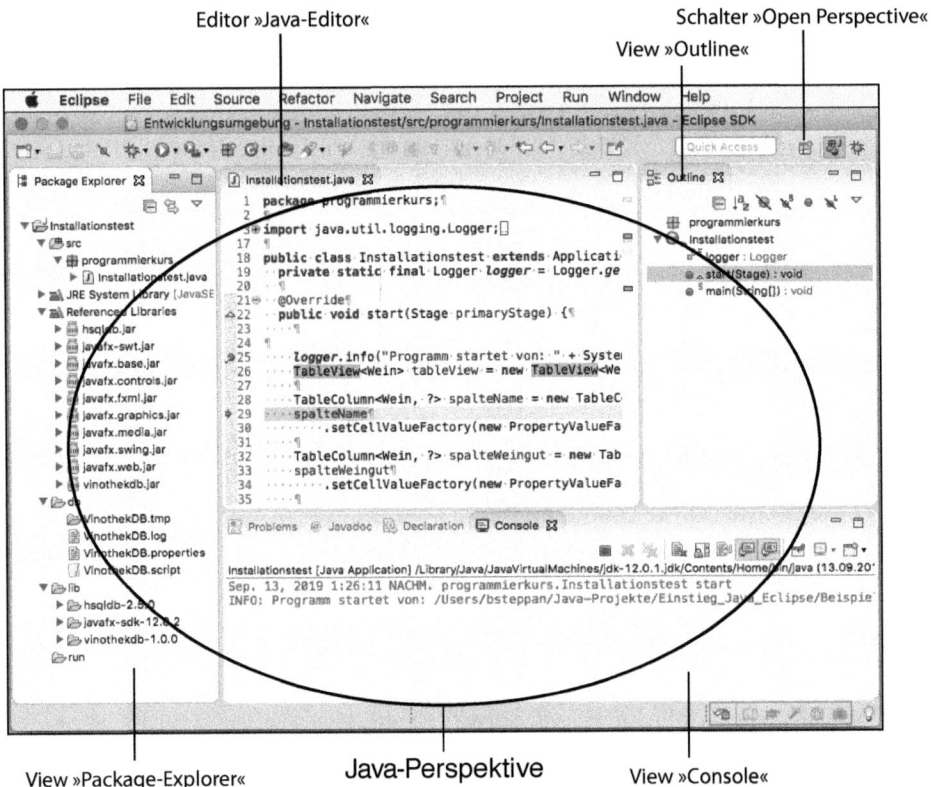

Abbildung 4.27 Die Workbench in der Java-Perspektive

4.3.3 Perspektiven, Sichten und Editoren

Eine Perspektive ist nichts anderes als ein festgelegtes Fensterlayout mit einer Auswahl bestimmter Views und Editoren. Die Java-Entwicklungsumgebung von Eclipse enthält zwei wichtige Perspektiven: die Java-Perspektive und die Debugging-Perspektive. Um die Auswirkung von Perspektiven besser nachvollziehen zu können, starten Sie Eclipse jetzt, falls noch nicht geschehen. Belassen Sie beim Erscheinen des Eclipse Launchers den Workspace »Entwicklungsumgebung« und starten die Workbench mit diesem Arbeitsverzeichnis durch einen Klick auf *Launch*.

Wenn die Workbench zu sehen ist, klicken Sie auf das Symbol OPEN PERSPECTIVE der Toolbar (Abbildung 4.27). Wählen Sie aus dem Fenster, das daraufhin erscheint, den Befehl DEBUG aus. Der Befehl bewirkt, dass die Workbench in die Debugging-Perspektive wechselt und die Anordnung und Auswahl der Fenster entsprechend so ändert, wie es in Abbildung 4.28 zu erkennen ist. Sie sehen, dass der Editor in der Mitte geblieben ist. Aber die Toolbar hat sich verändert, und die Views links und rechts des Editors sind andere.

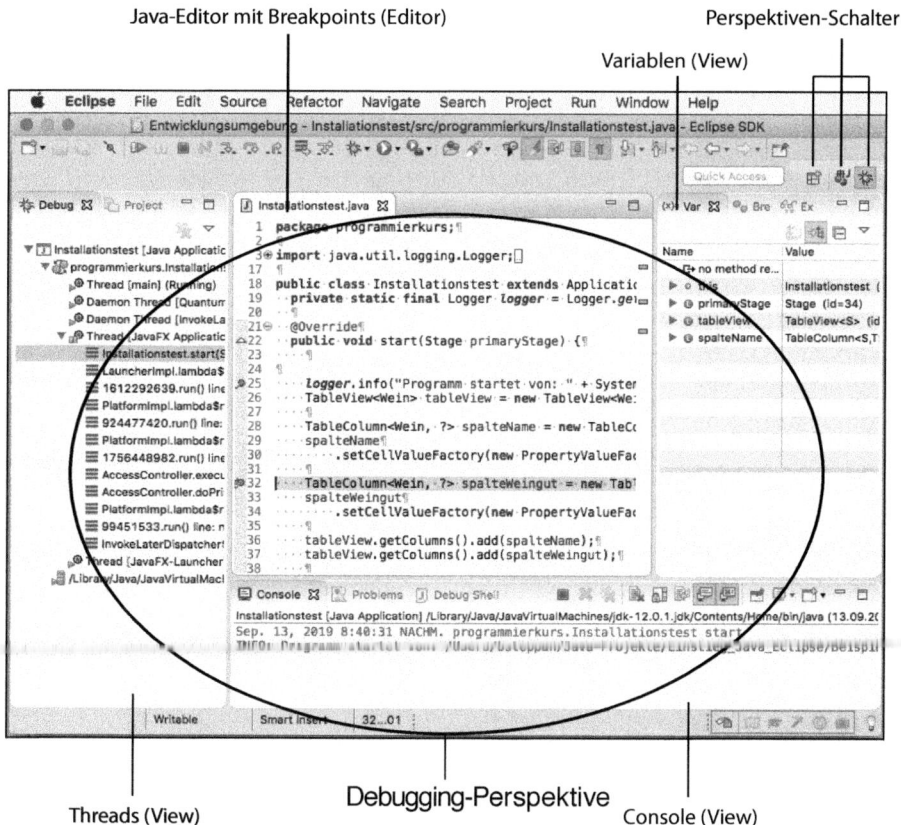

Abbildung 4.28 Eclipse in der Debugging-Perspektive

Beenden Sie nun Eclipse, indem Sie das Hauptfenster schließen. Beim Beenden speichert die Entwicklungsumgebung die Position und Anordnung der Fenster in dem schon erwähnten Arbeitsbereich auf der Festplatte (Abschnitt 4.3.10, »Eclipse-Workspace«). Starten Sie nun Eclipse erneut mit dem Workspace *Entwicklungsumgebung*. Was passiert? Eclipse liest sämtliche Informationen aus diesem Workspace aus und öffnet die Debugging-Perspektive genauso, wie Sie die Perspektive zuletzt verlassen haben.

Eine Perspektive wie die Java-Perspektive ist *nur* ein Vorschlag der Entwickler der Eclipse-Workbench, wie Sie mit den Fenstern der Workbench arbeiten können. Um die Perspektive an Ihre Ansprüche besser anzupassen, wechseln Sie erneut zur Java-Perspektive. Klicken Sie nun auf das Register des Fensters OUTLINE, halten die Maustaste gedrückt und ziehen das Fenster mit der Maus langsam nach links unten. Wenn Sie es über die Oberfläche der Workbench ziehen, entsteht an den Stellen, wo Sie das Fenster andocken können, ein Rechteck. Docken Sie das Fenster unterhalb des Package Explorers an, indem Sie dort die Maustaste loslassen.

Führen Sie anschließend einen Rechtsklick auf das Symbol der Java-Perspektive in der Toolbar aus. Wählen Sie aus dem Kontextmenü, das daraufhin erscheint, den Befehl SAVE AS aus und vergeben in dem Fenster, das die Workbench einblendet, einen Namen für diese Perspektive wie zum Beispiel PROGRAMMIERKURS (Abbildung 4.29). Sie haben das veränderte Fensterlayout mit dem neu angeordneten Fenster OUTLINE unter einem neuen Namen als eine eigene Perspektive gespeichert.

Editor »Java-Editor«   Java-Perspektive

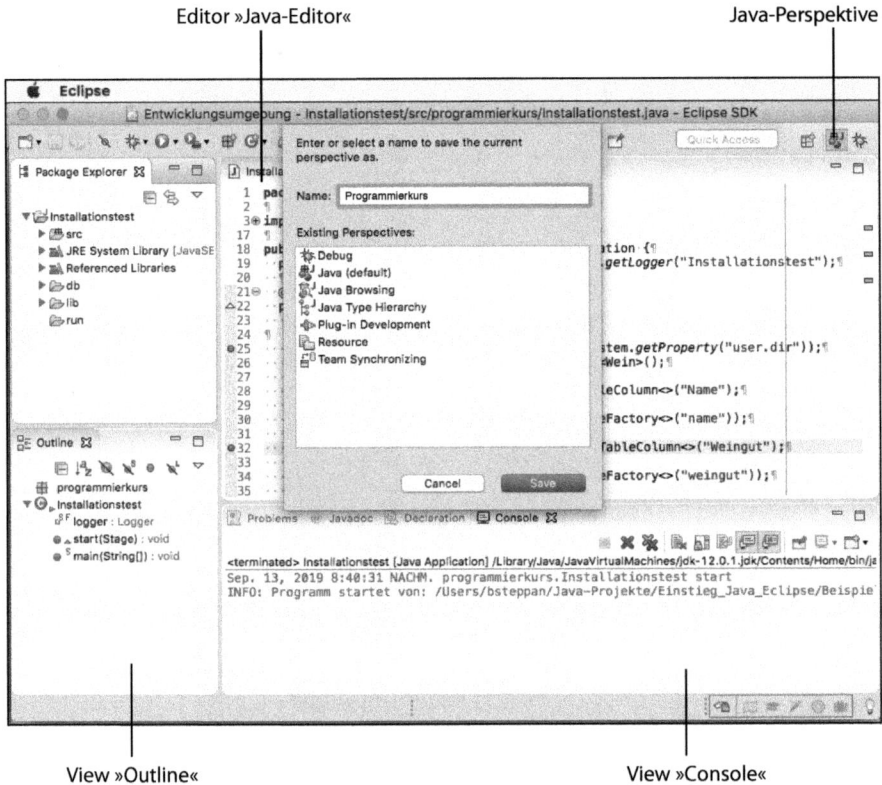

View »Outline«   View »Console«

Abbildung 4.29 Die erste neue Perspektive

Klicken Sie erneut auf den Schalter OPEN PERSPECTIVE und wählen JAVA (DEFAULT) aus. Die Workbench verändert sich wieder so, wie sie anfangs zu sehen war. Die Toolbar hat für jede neue Perspektive ein weiteres Symbol bekommen. Das passiert immer dann, wenn Sie eine Perspektive aufrufen. Wenn Sie die Symbole wieder entfernen wollen, führen Sie einen Rechtsklick darauf auf und klicken auf CLOSE. Das Kontextmenü enthält noch zwei weitere interessante Funktionen namens RESET und CUSTOMIZE. Mit dem Befehl RESET können Sie eine Perspektive wieder auf das Anfangslayout zurücksetzen. Mit dem Befehl CUSTOMIZE lassen sich die Befehle der Menüs und der Toolbar für die Perspektive anpassen. Für den Anfang empfehle ich Ihnen, sämtliche Einstellungen so zu belassen, denn sie sind sinnvoll gewählt.

4.3.4 Package Explorer

Der PACKAGE EXPLORER ist der wichtigste Bestandteil der Eclipse-Projektverwaltung. Die Projektverwaltung hält Ihr Java-Projekt zusammen. Mit ihrer Hilfe konfigurieren Sie, wo sich der Java-Quellcode befindet, welche Java-Version verwendet wird und welche Bibliotheken. Sämtliche Informationen speichert die Projektverwaltung im Workspace. Als Oberfläche der Projektverwaltung verwenden Sie in Java-Projekten die View namens PACKAGE EXPLORER. Sofern Eclipse nicht bereits geöffnet ist, starten Sie jetzt die Entwicklungsumgebung mit dem letzten Workspace namens *Entwicklungsumgebung*. Klappen Sie danach die Bestandteile des Projekts ENTWICKLUNGSUMGEBUNG im Package Explorer auf. Der Explorer müsste danach wie in Abbildung 4.30 aussehen.

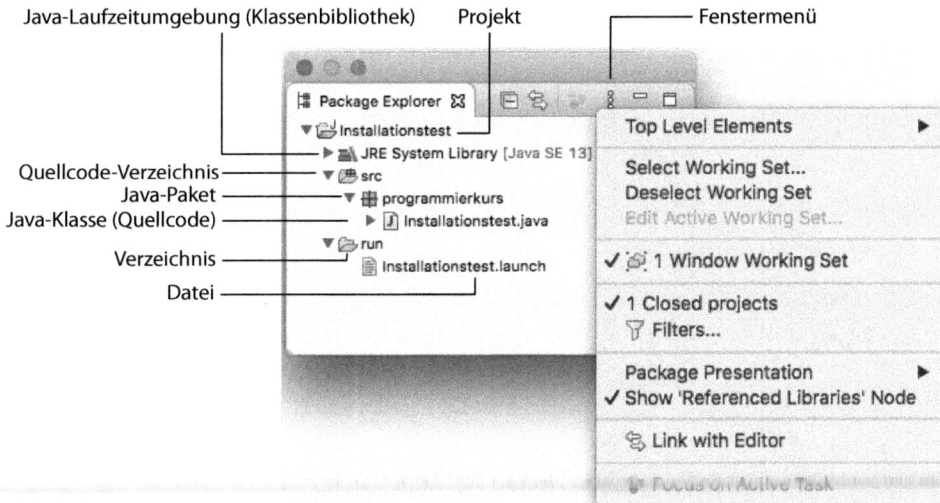

Abbildung 4.30 Der Package Explorer verschafft Ihnen einen Überblick über Ihr Projekt.

An oberster Stelle befindet sich das Ordnersymbol für das Projekt ENTWICKLUNGSUMGE-BUNG. Darunter entdecken Sie ein Symbol namens JRE SYSTEM LIBRARY, ein Ordnersymbol namens SRC und ein Ordnersymbol namens RUN. Der Knoten JRE SYSTEM LIBRARY zeigt Ihnen die für dieses Projekt konfigurierte Java-Laufzeitumgebung (JRE) mit ihren Klassenbibliotheken an. Im Ordner SRC speichert Eclipse den Projekt-Quellcode als Java-Klassen mit der Endung *java*. Die exportierte Startkonfiguration des Projekts habe ich im Ordner RUN abgelegt.

Im rechten Teil des PACKAGE EXPLORERS kommt durch einen Klick auf den nach unten gerichteten Pfeil ein Fenstermenü zum Vorschein. Hier können Sie im Menü FILTERS Bestandteile ausblenden, die nicht im PACKAGE EXPLORER erscheinen sollen. Ein weiterer Menübefehl ist PACKAGE PRESENTATION. Er bewirkt, dass Packages entweder als hierarchischer Baum oder als flache Liste dargestellt werden. Auch hier empfehle ich Ihnen, sämtliche Einstellungen so zu belassen.

4.3.5   Java-Editor

Der Java-Editor ist neben der Projektverwaltung sicher der wichtigste Bestandteil einer Java-Entwicklungsumgebung. Mit seiner Hilfe entwickeln Sie Ihre Java-Programme. Der Java-Editor besteht aus einer Seitenleiste links und einer rechts sowie aus der Ansicht des Quellcodes in der Mitte (Abbildung 4.31). Führen Sie auf die Seitenleiste links einen Rechtsklick aus, um das Kontextmenü zu sehen. Es enthält eine Fülle von Funktionen, von denen ich nur drei herausgreifen möchte: SHOW LINE NUMBERS, FOLDING und PREFERENCES.

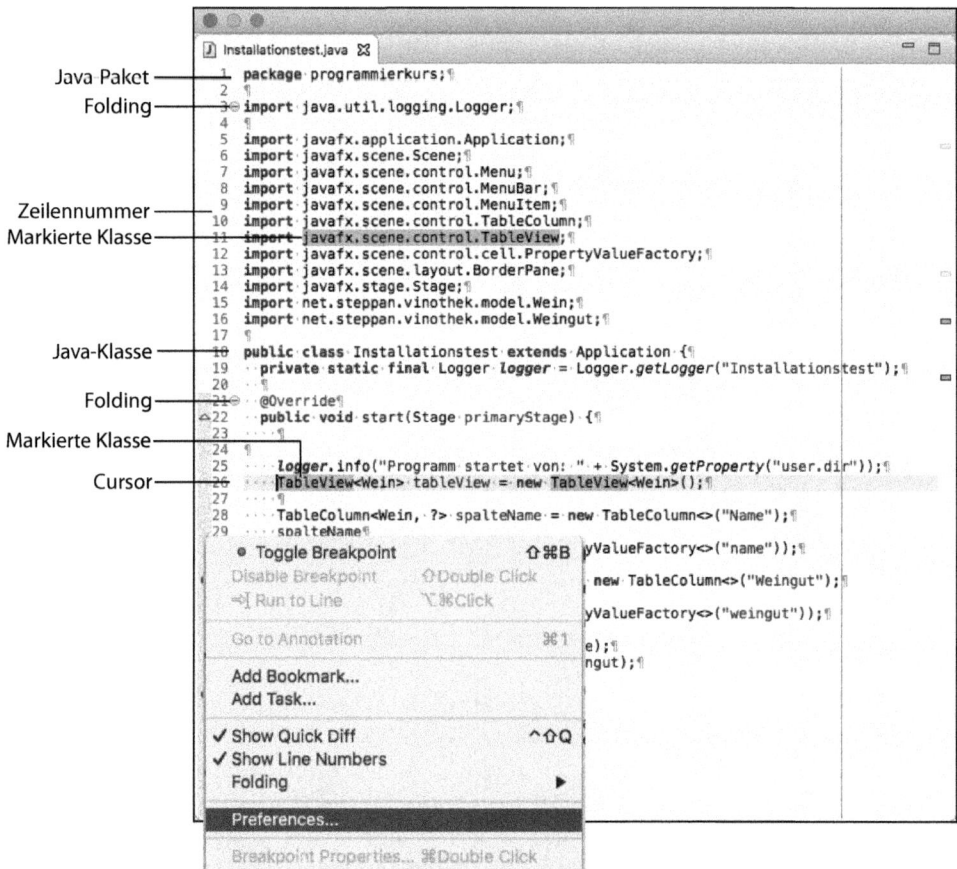

Abbildung 4.31 Im Editor schreiben Sie Ihre Java-Programme.

Zeilennummern

Klicken Sie jetzt auf den Befehl SHOW LINE NUMBERS. Sofern im Editor zuvor Zeilennummern zu sehen waren, sind sie jetzt verschwunden. Durch einen nochmaligen Klick erscheinen sie wieder. Lassen Sie die Zeilennummern eingeschaltet, damit Sie die Tutorials der nächsten Kapitel besser verfolgen können.

Faltung des Quellcodes

Mit dem Befehl FOLDING können Sie entscheiden, ob der Editor den Quellcode gemäß den Sprachblöcken gefaltet darstellt. Ist das FOLDING eingeschaltet, können Sie die Blöcke auf- und zuklappen. Zudem sehen Sie rechts neben den Zeilennummern kleine Plus- oder Minuszeichen. Erscheint ein Minuszeichen, ist der Bereich aufgeklappt, bei einem Pluszeichen ist er zugeklappt. Ist der Bereich zugeklappt, gibt es einen Sprung bei der Zeilennummerierung des Editors an dieser Stelle.

Voreinstellungen

Der letzte der drei Befehle des Kontextmenüs lautet PREFERENCES. Klicken Sie darauf, um an die Voreinstellungen des Editors zu gelangen. Klappen Sie als Nächstes sämtliche Teile des Baums auf der linken Seite des Dialogs auf, so dass er wie in Abbildung 4.32 aussieht. Unter dem Punkt SPELLING unterhalb von TEXT EDITORS verbirgt sich die Rechtschreibprüfung (Abbildung 4.32). Achten Sie darauf, dass sie ausgeschaltet ist. Sie bremst Eclipse nur aus und sorgt dafür, dass der Editor jeden deutschsprachigen Kommentar im Quellcode als falsch markiert.

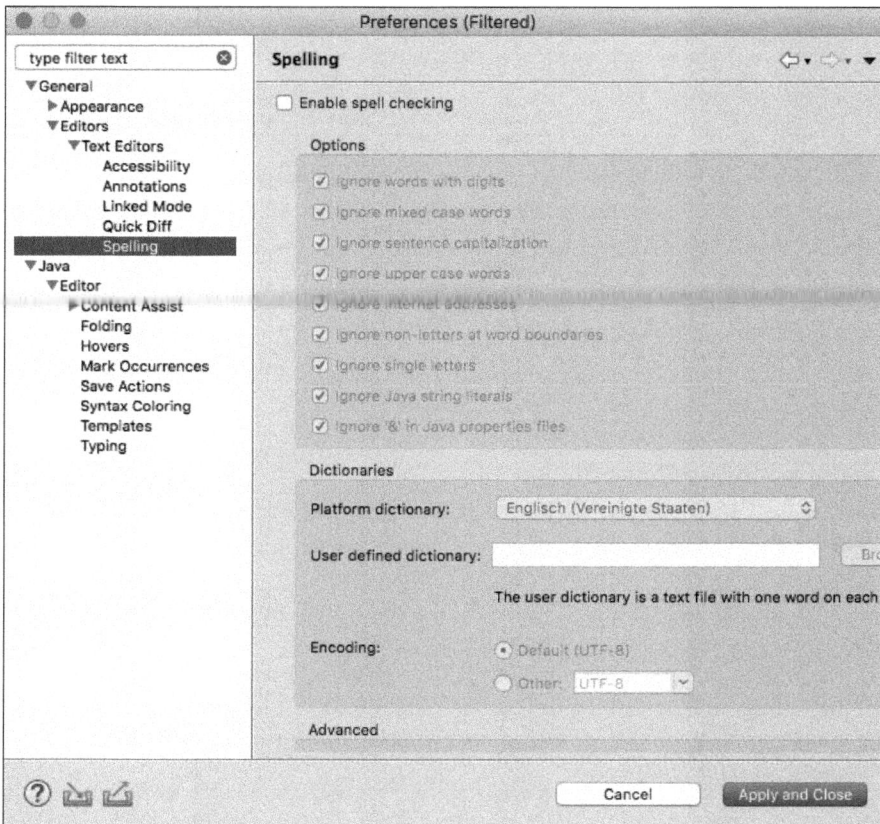

Abbildung 4.32 Die Rechtschreibprüfung sollte unbedingt ausgeschaltet sein.

Syntaxhervorhebung

Der vielleicht augenfälligste Unterschied beim Programmiereditor von Eclipse im Vergleich zu einem normalen Editor ist die Syntaxhervorhebung. Der Java-Editor hebt alle Schlüsselwörter von Java wie zum Beispiel *class* fett und farbig hervor. Dadurch erhöht sich die Lesbarkeit des Java-Quellcodes erheblich. Klicken Sie im Dialog PREFERENCES auf den Unterpunkt SYNTAX COLORING, um an die Einstellungen für die Syntaxhervorhebung zu gelangen (Abbildung 4.33).

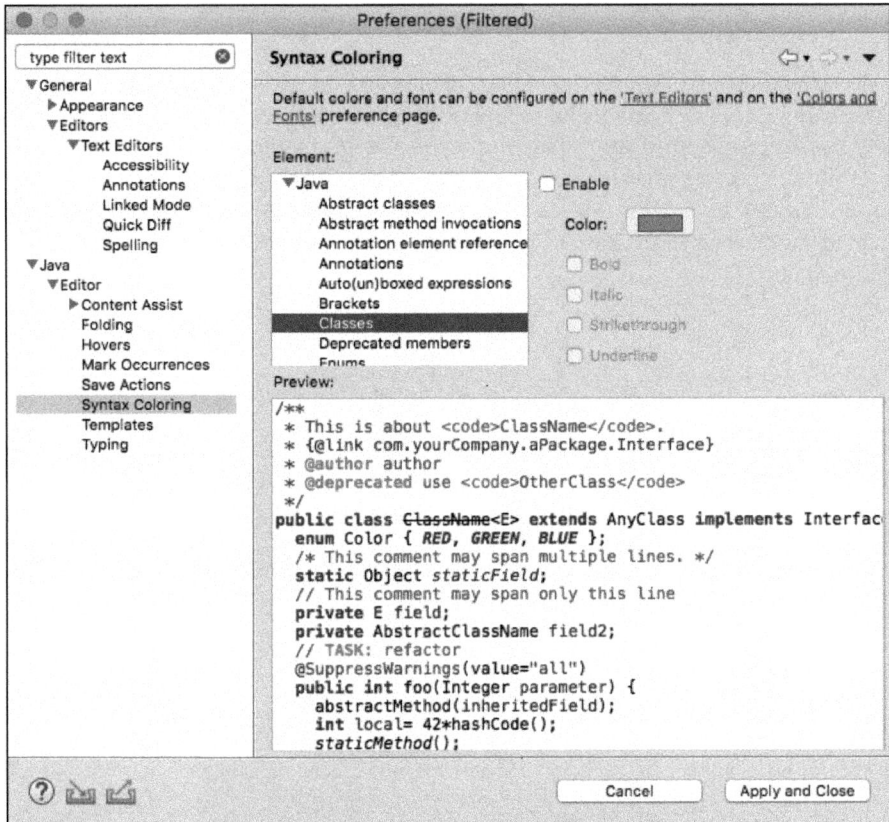

Abbildung 4.33 Die Syntaxhervorhebung lässt sich an Ihre Bedürfnisse anpassen.

In der Fenstermitte befindet sich ein Feld namens »Elements«. Wenn Sie auf eines der Elemente klicken, sehen Sie, wie der Editor das Element darstellt. Die Vorauswahl lässt sich durch einen Klick auf ENABLE ändern. Dadurch kommen Sie an die Einstellungen für sämtliche Elemente und können die Farben nach Ihren Wünschen ändern. Auch hier ist meine Empfehlung, am Anfang so wenig wie möglich zu ändern. Sie können nun den Dialog PREFERENCES wieder schließen.

Programmierhilfe

Der Java-Editor verfügt über eine Reihe von Programmierhilfen wie den Programmierassistenten. Abbildung 4.34 zeigt, wie der Assistent am Beispiel eines Objekts namens *logger* funktioniert. Wenn Sie den Punkt nach dem Objekt eingeben, um eine Methode aufzurufen, bietet der Editor alle passenden Methoden an. Sie wählen nur die gewünschte Methode aus. Der Editor vervollständigt den Rest. Neben diesem Programmierassistenten verfügt die Programmierhilfe des Editors noch über weitere Funktionen zur Erzeugung von Code-Fragmenten, die ich Ihnen im Rahmen der Tutorials vorstelle.

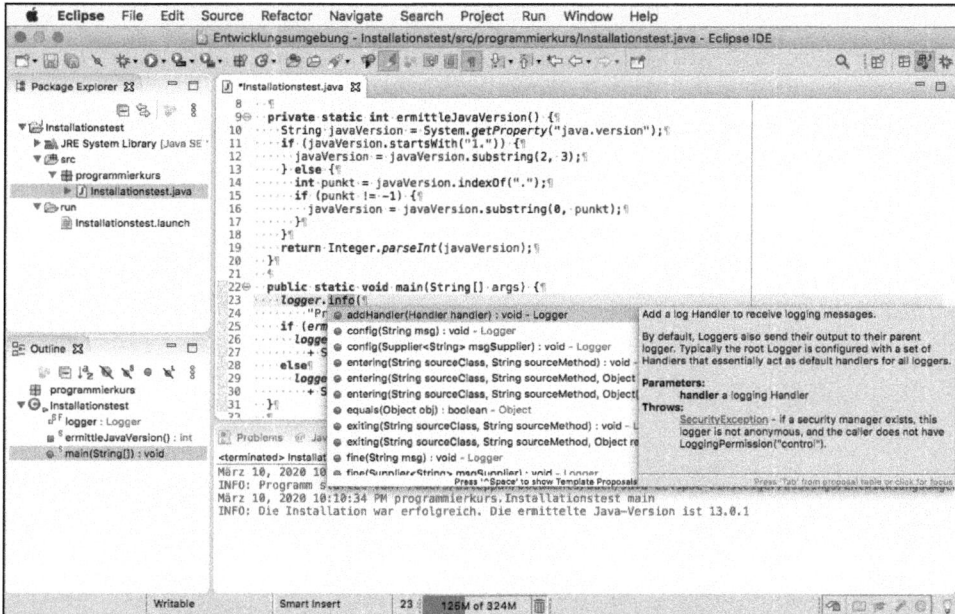

Abbildung 4.34 Die Programmierhilfe des Editors unterstützt Sie bei der manuellen Entwicklung.

4.3.6 Code-Formatierer

Die Lesbarkeit des Java-Quellcodes steigt bei einer geschickten Formatierung. Aus diesem Grund lässt sich der Quellcode so formatieren, dass er der Struktur eines Java-Programms entspricht. Um den Formatierer auszuprobieren, starten Sie jetzt Eclipse mit dem Workspace *Entwicklungsumgebung*, sofern nicht bereits geschehen. Öffnen Sie aus dem Projekt die Datei *Installationstest.java* über den PACKAGE EXPLORER durch einen Doppelklick darauf. Entfernen Sie den Umbruch zwischen den Zeile 24 und 25, so dass der gesamte Ausdruck in Zeile 25 steht:

```
24  logger.info("Programm startet von: " + System.getProperty("user.dir"));
```

Sie können den Code-Formatierer jetzt über verschiedene Stellen der Workbench aufrufen. Am einfachsten geht das über das Menü SOURCE. Dort finden Sie den Befehl FORMAT etwa in der Mitte des zweiten Abschnitts. Wenn Sie darauf klicken, werden Sie sehen, dass die Änderung wieder aufgehoben wird. Sie können den Code-Formatierer nach Ihren Wünschen über die Voreinstellungen der Workbench einstellen.

Rufen Sie hierzu die Voreinstellungen auf. Unter Linux und Windows ist der Menübefehl PREFERENCES im Menü WINDOW von Eclipse zu finden. Unter einem deutschsprachigen MacOS lautet der entsprechende Menübefehl EINSTELLUNGEN und befindet sich im Menü ECLIPSE der Entwicklungsumgebung. Geben Sie im Suchfeld des Dialogs rechts oben »Formatter« ein, um gleich an die richtige Stelle zu gelangen. Wählen Sie den Code-Formatierer unterhalb von CODE STYLE im Abschnitt JAVA aus.

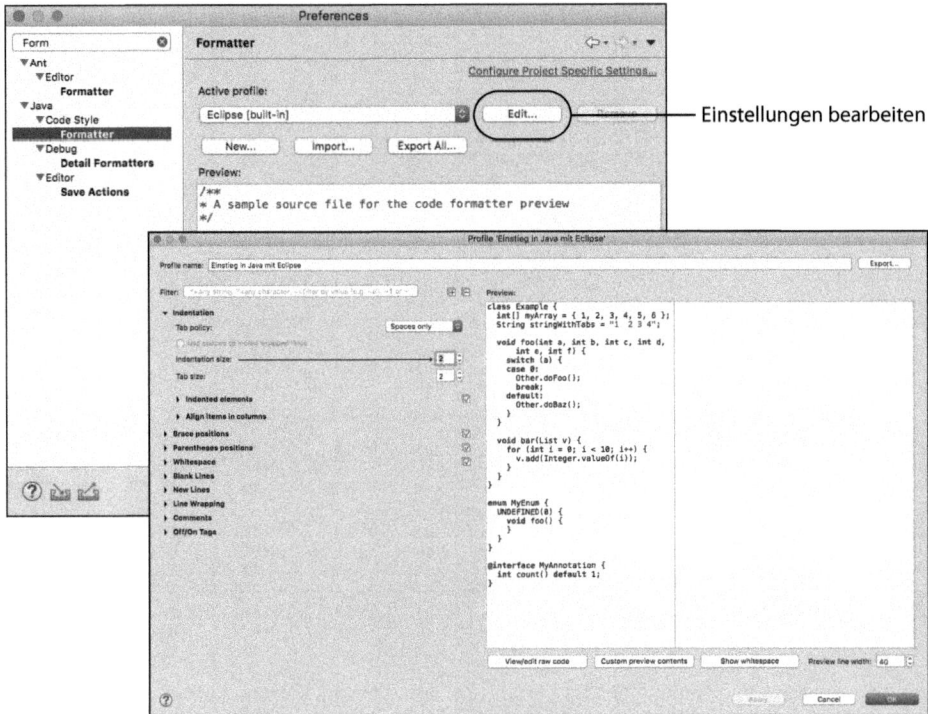

Abbildung 4.35 Der Formatierer bringt den Quellcode in Form.

Im rechten Teil des Dialogs sehen Sie die Schaltfläche EDIT. Wenn Sie darauf klicken, öffnet sich ein weiterer Dialog mit den Vorstellungen des Formatierers. Sie können hier zum Beispiel einstellen, ob der Editor Tabs oder Leerzeichen einfügen soll oder beides. Auch die Länge der Einrückung kann hier konfiguriert werden.

Insgesamt sind hier so viele Einstellungen möglich, dass man den Quellcode an (fast) jeden Anspruch anpassen kann. Wenn Sie die Einstellungen so vorgenommen haben, wie gewünscht, vergeben Sie einen neuen Namen und speichern die Einstellung mit OK. Wie sämtliche Einstellungen speichert die Workbench diese im Eclipse-Arbeitsbereich. Sie können Sie wie (fast) alle Einstellungen natürlich auf andere Workspaces übertragen und als separate Datei exportieren.

4.3.7 Build-System

Das Build-System von Eclipse besteht im Kern aus zwei Teilen: der Build-Überwachung und dem Java-Compiler. Die Build-Überwachung stellt fest, welche Java-Klassen übersetzt werden können und leitet diese Arbeit an den Compiler weiter. Im Gegensatz zu einem klassischen Build-System übersetzt der Eclipse-Compiler den Quellcode standardmäßig im Hintergrund. Das funktioniert so, dass der Eclipse-Compiler seine Arbeit immer in dem Moment beginnt, wenn Sie eine Java-Klasse gespeichert haben und sie frei von syntaktischen Fehlern ist.

Das Build-System sorgt durch das Übersetzen im Hintergrund dafür, dass Sie ein Programm fast immer unmittelbar ausführen können. Gerade bei Unternehmensanwendungen, die aus hunderten von Klassen bestehen und lange Übersetzungszeiten haben können, ist das ein Plus gegenüber klassischen Entwicklungsumgebungen. In der Regel verzichtet man also nicht auf dieses Feature. Falls es doch einmal notwendig sein sollte, schalten Sie es über PROJECT → BUILD AUTOMATICALLY aus (Abbildung 4.36).

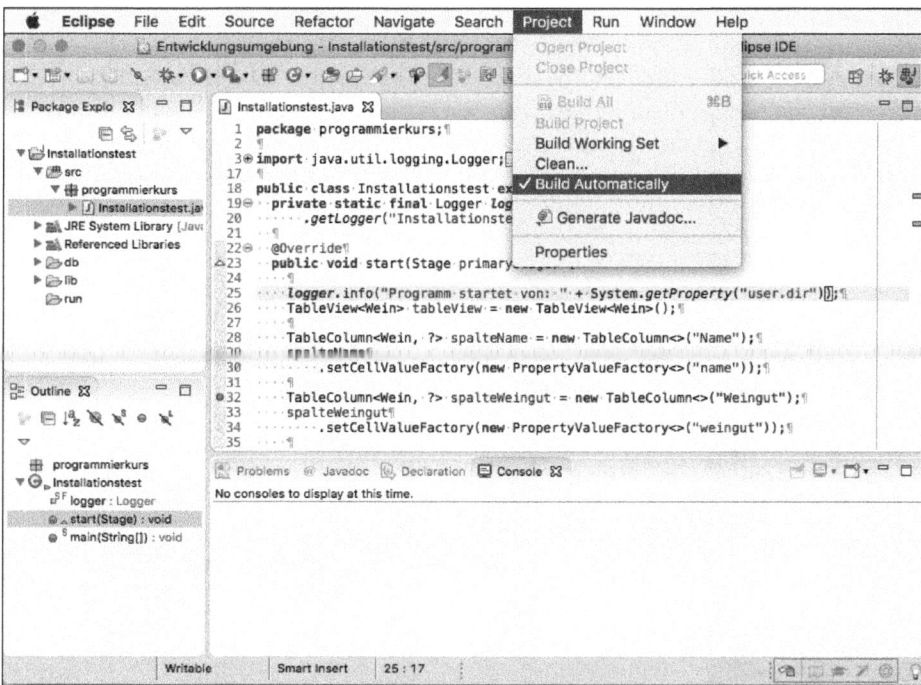

Abbildung 4.36 Der Eclipse-Compiler übersetzt ein Java-Programm im Hintergrund.

Der Eclipse-Compiler übersetzt wie sein JDK-Pendant den Java-Quellcode in ein Zwischenformat, den sogenannten Bytecode. Dieser Bytecode kann von allen virtuellen Maschinen unter Windows, Linux und MacOS ausgeführt werden. Kapitel 19, »Entwicklungsprozesse«, geht auf den Compiler noch ausführlich ein. Warum ein eigener Compiler? In der Anfangszeit von Java war das Build-System von Eclipse ein entscheidender Pluspunkt im Vergleich zu anderen Entwicklungsumgebungen. Heute sind die Computer und der JDK-Compiler so schnell geworden, dass dieser Vorteil kaum mehr spürbar ist.

4.3.8 Debugger

Eine weitere Besonderheit von Eclipse ist sein integrierter Java-Debugger. Er dient dazu, Java-Programme zu testen und Fehler zu beseitigen. Wenn Sie einen Fehler entdeckt haben und ihn beheben möchten, ist es hierbei nicht erforderlich, das Programm anzuhalten. Stattdessen ändern Sie das Programm, während es ausgeführt wird. Die geänderte Klasse wird dabei automatisch übersetzt. Das Programm kann daraufhin ohne Unterbrechung weiter untersucht werden, da Eclipse neu übersetzte Klassen im Hintergrund austauscht (HotSwap-Replacement).

Wenn die Klasse erneut geladen ist, führt der Debugger das Programm an der Stelle vor dem Fehler erneut aus. Das klappt natürlich nur in Fällen, bei denen die Änderungen nicht zu gravierend sind. Sind die Änderungen zu gravierend, scheitert ein HotSwap-Replacement. Das Programm muss in diesem Fall neu gestartet werden. Kapitel 19, »Entwicklungsprozesse« geht auf den Test eines Java-Programms mit dem Eclipse-Debugger ausführlich ein.

4.3.9 Modularer Aufbau

Eclipse ist eine modular aufgebaute Entwicklungsumgebung. Die Eclipse-Erweiterungen nennen sich Plug-ins. Abbildung 4.37 zeigt den Unterschied zu einer herkömmlichen Entwicklungsumgebung. Links ist eine herkömmliche Entwicklungsumgebung abgebildet, rechts die Eclipse-Entwicklungsumgebung. Eine herkömmliche Entwicklungsumgebung besteht aus einem großen, unveränderlichen Kern. Einzelne Werkzeuge wie zum Beispiel die Editoren lassen sich nicht austauschen. Im Gegensatz dazu besteht Eclipse fast nur aus Plug-ins.

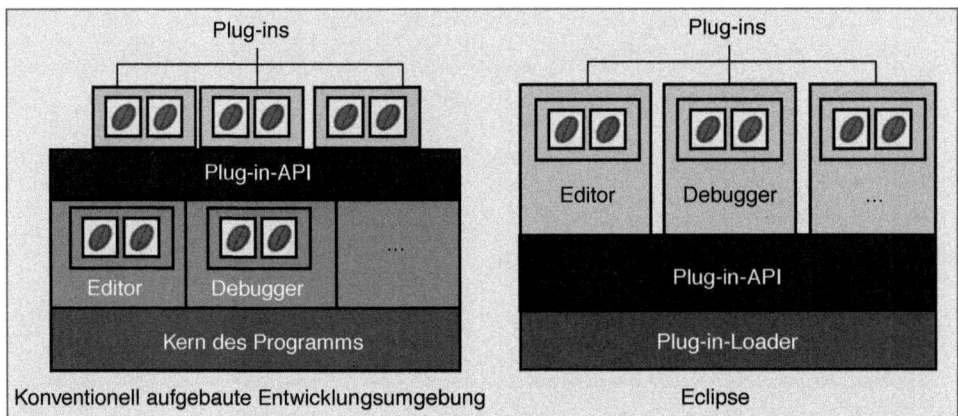

Abbildung 4.37 Vergleich zwischen einer konventionellen und der Eclipse-Entwicklungsumgebung

Sie können eigene Plug-ins installieren, um Eclipse nach Ihren Wünschen zu verändern. Wenn Sie spezielle Anforderungen haben, zum Beispiel die Entwicklung von Webanwendungen, können Sie hierfür ein passendes Eclipse-Package herunterladen und installieren. Diese Packages sind wieder nichts anderes als eine Sammlung von Eclipse-Plug-ins für spezielle Einsatzgebiete der Softwareentwicklung (Abschnitt 4.2.3, »Eclipse-Packages«).

4.3.10   Eclipse-Workspace

Die Eclipse-Entwicklungsumgebung speichert ihre Programmeinstellungen in einem strukturierten Verzeichnis auf der lokalen Festplatte, dem sogenannten »Workspace« (Arbeitsbereich). Der Arbeitsbereich ist ein spezielles Verzeichnis, in dem sich alle Java-Projekte befinden, die in diesem Arbeitsbereich gespeichert wurden. Zudem speichert Eclipse dort eine Reihe von versteckten Metadaten. Sie sind versteckt, weil es interne Dateien sind, an denen der Benutzer nichts ändern sollte.

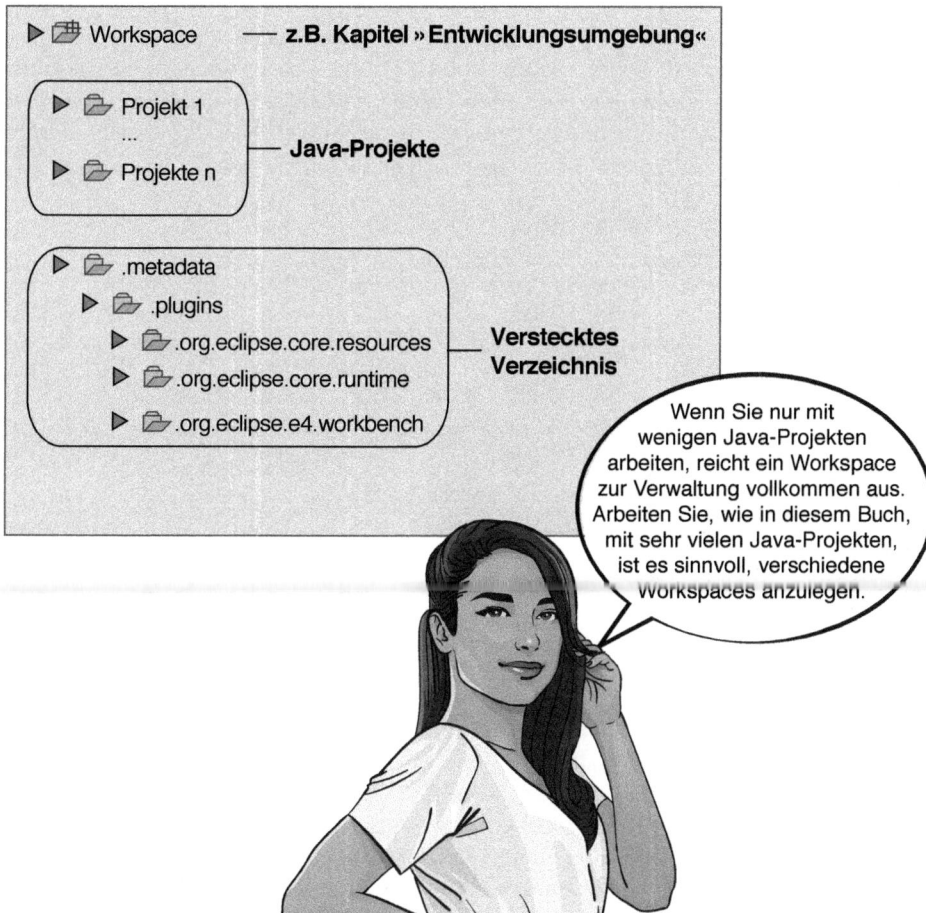

Abbildung 4.38 Der Aufbau des Eclipse-Arbeitsbereichs

Eclipse speichert im Arbeitsbereich sehr viele Informationen: Zum Beispiel speichert Eclipse die Java-Version der Java-Projekte. Eclipse speichert auch, welche Version der Entwicklungsumgebung den Arbeitsbereich angelegt hat. Nicht zuletzt speichert Eclipse, welche benutzerdefinierten Bibliotheken für diesen Arbeitsbereich konfiguriert sind (Abbildung 4.38). In einer versteckten Lock-Datei hält Eclipse zudem fest, ob sich der Workspace bereits im Zugriff einer anderen Eclipse-Entwicklungsumgebung befindet. Ist das der Fall, weigert sich Eclipse, auf diesen Arbeitsbereich zuzugreifen.

Der Aufbau des Workspaces ist erst einmal viel Konfigurationsarbeit. Eclipse kann zwar mehrere Workspaces mit mehreren Projekten verwalten, aber nur *einen* Workspace in jeder Sitzung öffnen. Daher ist es für Ihre Projekte sinnvoll, mit nur wenigen Workspaces zu arbeiten, die zum Beispiel thematisch getrennt sind.

Eine thematische Trennung könnten zum Beispiel sein, verschiedene Typen von Java-Projekten wie Webprojekte in unterschiedlichen Workspaces zu speichern. Getrennte Workspaces benötigt man auch, wenn man, wie in diesem Buchprojekt, mit sehr vielen kleinen Java-Projekten gleichzeitig arbeiten muss. Hier wäre ein einzelner Workspace zu unübersichtlich, da der Arbeitsbereich leider nicht durch Ordner getrennt werden kann.

Wie verwaltet man viele verschiedene Workspaces? Wie Sie beim Anlegen der Workspaces der Beispielprogramme dieses Buchs gesehen haben, gibt es verschiedene Funktionen, um sämtliche Konfigurationen wie Bibliotheken und Java-Laufzeitumgebungen von einem Workspace auf einen anderen zu übertragen. Zum Übertragen von Voreinstellungen der Workspaces lässt sich zum Beispiel der Eclipse IDE Launcher verwenden (Abbildung 4.39).

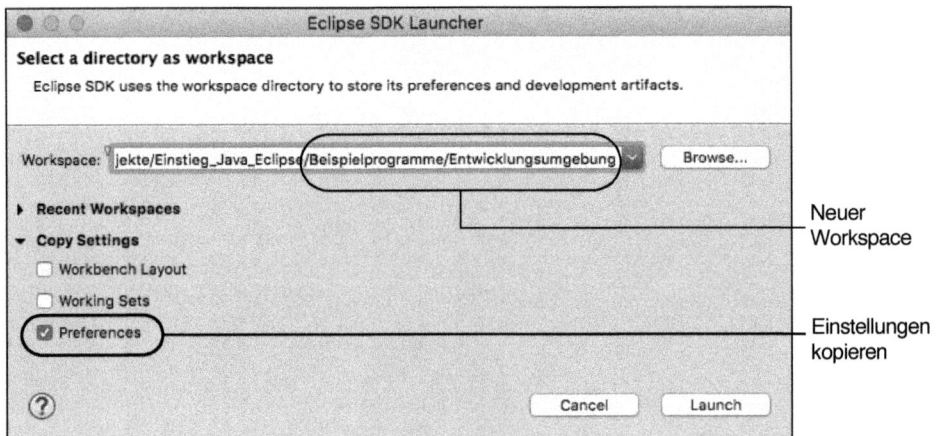

Abbildung 4.39 Beim Workspace-Wechsel können Sie die Einstellungen übertragen.

Sie können die Einstellungen auch über das Menü FILE und dessen Befehl EXPORT exportieren. Wenn Sie diesen Exportdialog aufrufen, geben Sie links oben »Preferences« ein, um an den Export der Voreinstellungen zu gelangen. Wenn Sie stattdessen komplette Projekte in einen neuen Workspace exportieren möchten, geben Sie »Archive File« als Filter ein. Projekte lassen sich dann wieder in einen neuen Workspace über MENÜ → FILE → IMPORT importieren, wie Sie bereits in Abschnitt 4.2.4, »Import der Beispielprogramme«, gesehen haben.

4.3.11   Softwareaktualisierung

Um Eclipse-Anwendungen nach der Installation auf dem neuesten Stand zu halten, stellt die Entwicklungsumgebung ein Update-Verfahren bereit. Durch diese Update-Funktion lassen sich neue Versionen von Plug-ins oder vollständig neue Plug-ins automatisch oder manuell nachladen und wieder entfernen. Das geschieht in der Regel über eine Update-Website (Cloud). Aber es ist auch möglich, Updates über ein Laufwerk oder über ein Archiv zu laden.

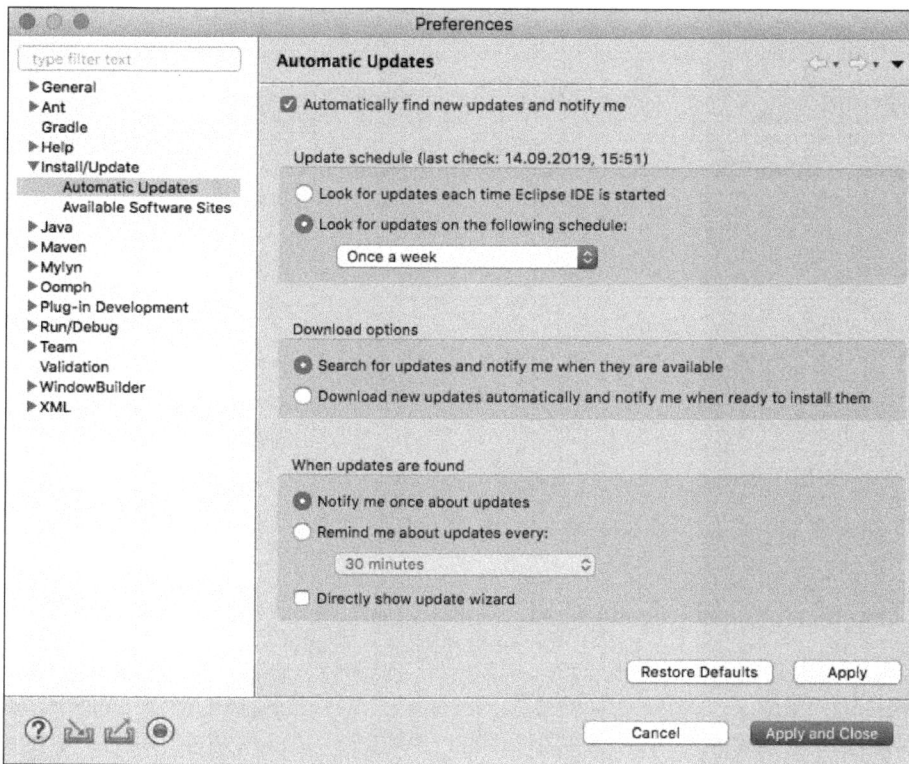

Abbildung 4.40 Im Abschnitt »Install/Update« legen Sie die Einstellungen zu Updates fest.

Eclipse ist so eingestellt, dass es automatisch im Internet nach Updates sucht und Sie benachrichtigt, wenn eine Aktualisierung sinnvoll wäre. Sie finden die Einstellungen unter den »Preferences« im Abschnitt »Install/Update« (Abschnitt 4.40). Unter dem Punkt »Available Software Sites« können Sie einstellen, welche Seiten Eclipse beim Update berücksichtigen soll. Dazu ist natürlich eine Internetverbindung notwendig. Meine Empfehlung lautet auch hier, an den Voreinstellungen zu Beginn nichts zu verändern, da sie sinnvoll gewählt sind.

4.3.12 Hilfesystem

Die Eclipse-Entwicklungsumgebung bietet sowohl eine globale Hilfe als auch in jedem Dialog kontextbezogene Hilfe an. Zudem gibt es diverse Tutorials, die Sie Schritt für Schritt zum Beispiel beim Anlegen eines Projekts begleiten. Sie kommen an diese Tutorials über den Menübefehl »Help | Welcome«. Der Menübefehl zeigt die Willkommensseite, mit der Sie Eclipse nach dem ersten Start der Entwicklungsumgebung begrüßt hat. Die Willkommensseite lässt sich wie ein Internetbrowser bedienen. Sie besteht aus einzelnen Links. Über die Toolbar im oberen Bereich können Sie vor- und zurückblättern.

Auf der Startseite rechts oben finden Sie einen Link zu Tutorials. Über dem Link SAMPLES gelangen Sie zu weiterführenden Beispielen. Beachten Sie, dass sich sowohl die Tutorials als auch die Beispielprogramme weniger an Java-Einsteiger als an professionelle Eclipse-Ent-

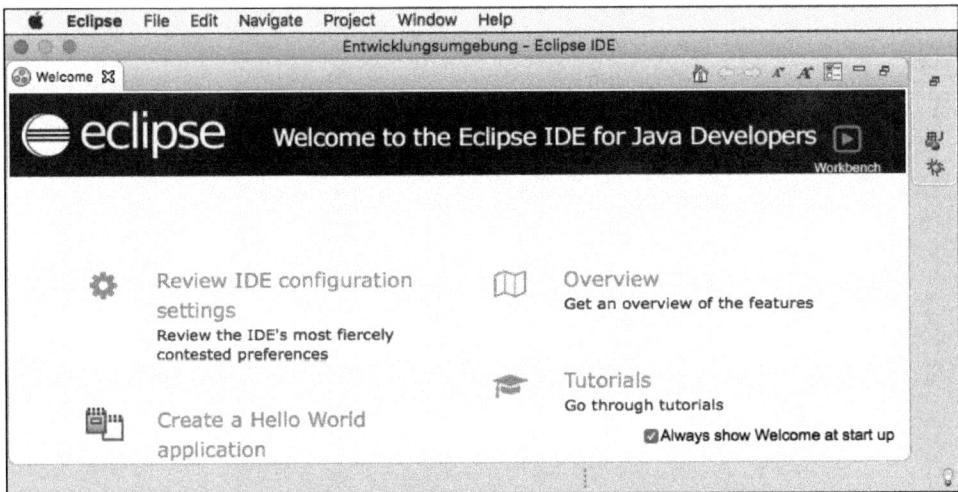

Abbildung 4.41 Auf der Welcome-Seite finden Sie einen Eclipse-Überblick und Tutorials.

wickler richten. Sie sind sehr auf die Entwicklung von Programmen zur Weiterentwicklung der Eclipse-Plattform ausgerichtet. Daher finden Sie dort auch Eclipse-Spezialthemen wie die Entwicklung von SWT- und RCP-Programmen. Das SWT ist das Standard Widget Toolkit der Eclipse-Plattform. RCP ist die Rich Client Platform von Eclipse. Wenn Sie nach dem Studium der Willkommensseite wieder zur Eclipse-Arbeitsumgebung zurückkehren möchten, klicken Sie auf den Link WORKBENCH, der sich stets rechts oben auf jeder Seite befindet.

■ 4.4   Zusammenfassung

Eclipse ist eine auf professionelle Softwareentwicklung zugeschnittene Entwicklungsumgebung. Die Eclipse IDE unterscheidet sich von anderen Entwicklungsumgebungen durch eine Reihe von besonderen Konzepten. Dazu zählen der modulare Aufbau mit Plug-ins und das Layout der Oberfläche mit Perspektiven, Sichten und Editoren. Weitere Besonderheiten von Eclipse sind das Build-System und das Konzept des Workspaces.

Eclipse erscheint vielen Einsteigern als zu kompliziert, weil es so viele Einstellungen gibt. Daher ist es besonders zu Anfang wichtig, die Basiskonzepte von Eclipse genau zu verstehen: den Aufbau der Oberfläche, das Build-System, den Workspace und die Konfiguration von Projekten. Die Tutorials der nächsten Kapitel vertiefen die Informationen dieses Kapitels und zeigen, wie Sie die Eclipse-Konzepte anwenden.

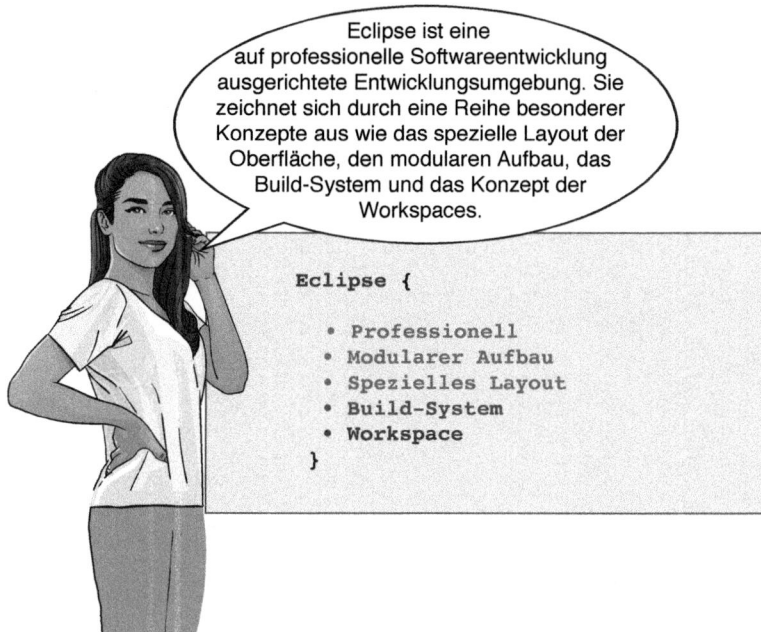

Abbildung 4.42 Julia fasst dieses Kapitel nochmals zusammen.

■ 4.5 Aufgaben

- Eine der Installationsvoraussetzungen von Eclipse war eine installierte Java-Version. Was ist der Grund dafür?
- Wie nennt sich die Arbeitsoberfläche von Eclipse?
- Wozu dient der PACKAGE EXPLORER von Eclipse?
- Aus welchen zwei Hauptbestandteilen besteht das Build-System von Eclipse?
- Eclipse ist eine modular aufgebaute Entwicklungsumgebung. Was ist der Vorteil dieser Architektur?
- Was ist der Eclipse-Workspace?

Die Lösungen zu den Aufgaben finden Sie in Kapitel 25, »Lösungen«, ab Seite 588.

■ 4.6 Literatur

Wikipedia: Software-Repository; *https://de.wikipedia.org/wiki/Repository#Software-Repository*

Steppan, Bernhard: Eclipse Rich Clients und Plug-ins, Hanser Verlag

TEIL II

Sprache Java

Nachdem der erste Buchteil die Programmiergrundlagen gelegt hat, geht es in diesem Teil um die Grundlagen der Sprache Java. Sie lernen alle wichtigen Elemente der Programmiersprache Java an kleineren Beispielen kennen. Der Bogen spannt sich vom grundsätzlichen Aufbau eines Java-Programms, über Variablen und Konstanten, Anweisungen bis zu Klassen und Objekten. Methoden, Operatoren, Verzweigungen und Schleifen beleuchten die dynamische Seite der Java-Programmierung. Der Buchteil endet mit Paketen und Modulen sowie einem Kapitel über Fehlerbehandlung und Dokumentation.

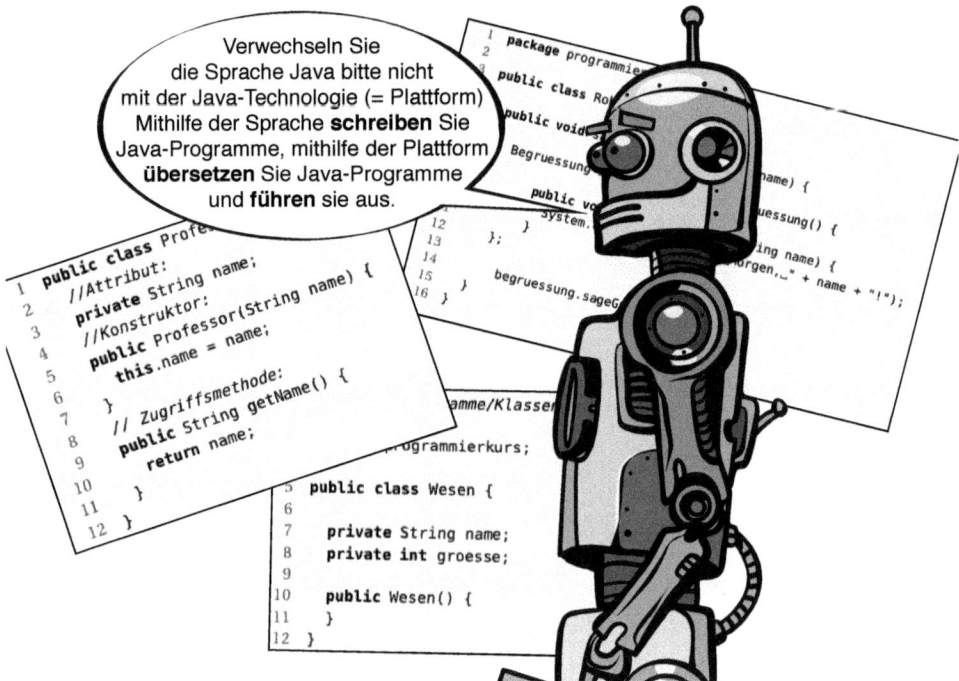

Abbildung 4.43 Roland hat sich in diesen Buchteil hineingeschmuggelt.

Jedes der Kapitel präsentiert zunächst, wie Sie die jeweiligen Sprachelemente in Java-Programmen einsetzen. Im Anschluss daran zeigen Übungen, wie Sie die zuvor gezeigten Programme mit Eclipse Schritt für Schritt entwickeln. Durch die Aufgaben am Ende der Kapitel kontrollieren Sie, ob Sie das zuvor Gezeigte auch selbst anwenden können.

5 Programmaufbau

5.1 Einleitung

Java und die Eclipse-Entwicklungsumgebung sind jetzt mit allen notwendigen Tools installiert. Die Grundlagen der objektorientierten Programmierung sind ebenfalls gelegt. Zeit, dass nun endlich die ersten einfachen Java-Programme folgen. Dieses Kapitel zeigt Ihnen, wie Java-Programme generell aufgebaut sind. Sie lernen dabei die ersten Grundbegriffe wie Klasse und Objekt, Methoden und Anweisungen sowie Pakete und Kommentare im Kontext der Sprache Java kennen.

```
// Beispielprogramme/Programmaufbau

package programmierkurs;

class Programmdemo {

    public static void main(String[] args) {

        Person roth;

        roth = new Person ("Professor Roth");

        System.out.println("Die Person heißt:
            + roth.getName());

    }

}
```

Java-Programme speichert man in Textdateien. Sie enthalten eine Reihe von Sprachelementen. Welche Sprachelemente dies sind und was sie bedeuten, erfahren Sie in diesem Kapitel.

Abbildung 5.1 Professor Roth führt Sie durch dieses Kapitel.

Die Übungen am Ende des Kapitels zeigen, wie Sie Java-Projekte und Java-Programme mit der Eclipse-Entwicklungsumgebung erzeugen, wie Sie Klassen und Methoden definieren und Programme mit Eclipse übersetzen und ausführen.

5.2 Überblick

Java-Programme werden in einer oder mehreren Textdateien beschrieben. Der Name der Klasse gibt der Textdatei ihren Namen. Die Textdatei muss zudem die Endung *java* aufweisen. Ein Beispiel: Wenn Sie also eine Klasse namens *Programmdemo* schreiben möchten, müssen Sie sie in einer Textdatei namens *Programmdemo.java* speichern (Abbildung 5.2).

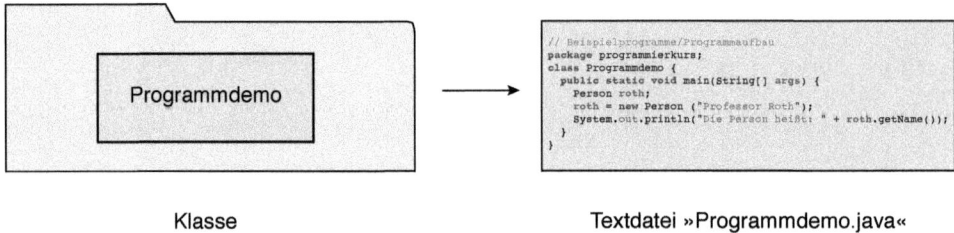

Klasse   Textdatei »Programmdemo.java«

Abbildung 5.2 Die Klasse »Programmdemo« wird in einer Textdatei gespeichert.

Wenn Sie in der Eclipse IDE eine neue Klasse namens *Programmdemo* anlegen, erzeugt die Entwicklungsumgebung automatisch eine Textdatei namens *Programmdemo.java*. Das Listing 5.1 zeigt, wie so eine Klasse nach etwas Programmierung aussehen könnte.

Listing 5.1 Das Programm »Programmdemo« als Datei »Programmdemo.java«

```
 1  // Beispielprogramme/Programmaufbau
 2
 3  package programmierkurs;
 4
 5  public class Programmdemo {
 6
 7    public static void main(String[] args) {
 8      Person roth;
 9      roth = new Person("Professor Roth");
10      System.out.println("Die Person heißt: " + roth.getName());
11    }
12  }
```

Das hier vorgestellte Beispielprogramm *Programmdemo* erzeugt folgende Ausgabe:

```
Die Person heißt: Professor Roth
```

Beachten Sie bei den Zeilennummern der Listings, dass diese nicht zum Programm gehören. Sie erleichtern mir nur, auf bestimmte Codestellen Bezug zu nehmen. Deshalb sind die meisten Listings dieses Buchs zur Erläuterung mit Zeilennummern abgedruckt.

5.3   Sprachelemente des Programms

In Abbildung 5.3 sehen Sie eine Übersicht der Bestandteile des vorherigen Programmbei-spiels. Einige Elemente kennen Sie bereits aus den vorhergehenden Kapiteln, wie zum Beispiel Klasse oder Methode. Andere Elemente wie Paket, Deklaration, Blockbeginn oder Blockende sind neu.

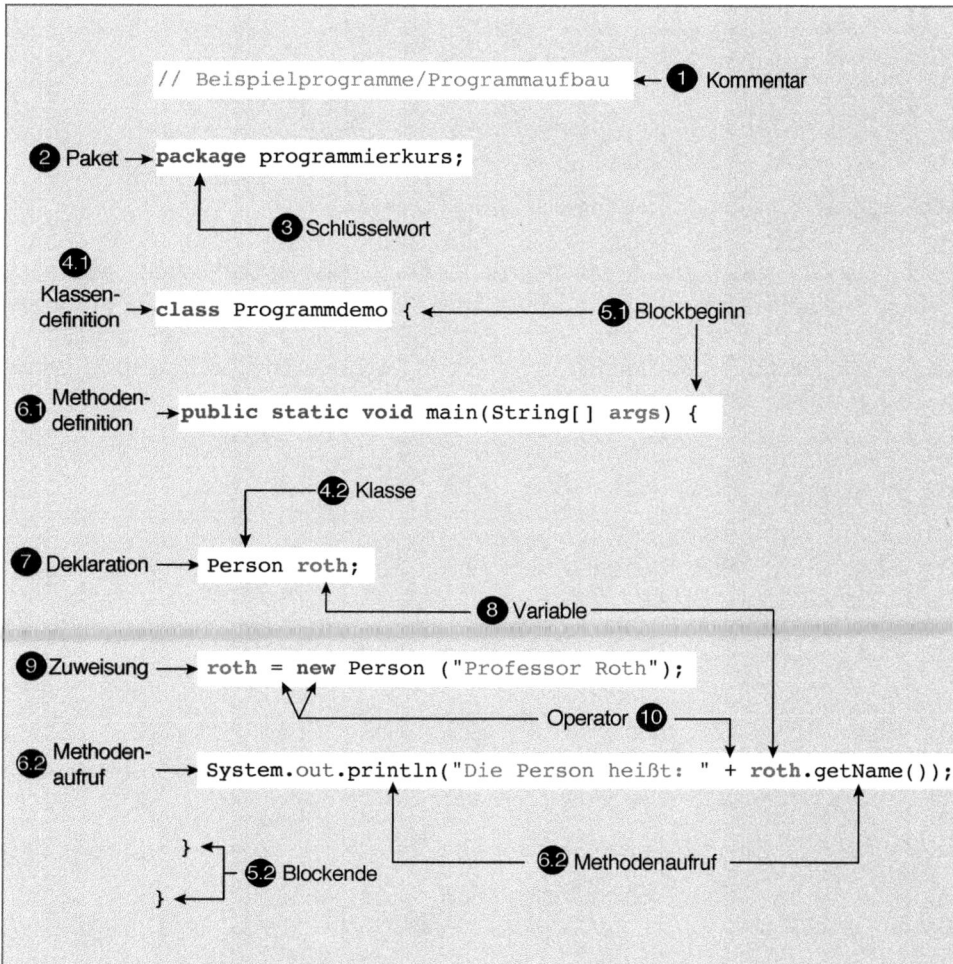

Abbildung 5.3 Übersicht über die wichtigsten Java-Sprachelemente

Damit Sie einen Überblick über den Aufbau eines Java-Programms erhalten, möchte ich Ihnen die wichtigsten Java-Sprachelemente auf den nächsten Seiten kurz vorstellen. Alle Elemente werden später in eigenen Kapiteln noch ausführlich erklärt.

5.3.1 Kommentar

Das Programmbeispiel beginnt mit einem Kommentar in der ersten Zeile (Punkt 1). Kommentare dienen dazu, das Programm zu dokumentieren. Ein guter Programmierer kommentiert sehr viel zum Verständnis eines Programms – nicht nur für andere, die das Programm bearbeiten, sondern auch für sich selbst. Kommentare erleichtern also das Verständnis des Programms.

Abbildung 5.4 Kommentare dokumentieren Java-Programme.

In diesem Fall besagt der Kommentar, dass es sich um ein Beispiel des Kapitels »Programmaufbau« dieses Buchs handelt. Die Dokumentation eines Java-Programms reicht von einem Kommentar einer einzelnen Codezeile bis zur kompletten Systemdokumentation. Kapitel 18, »Dokumentation«, stellt Ihnen vor, welche Möglichkeiten der Dokumentation eines Java-Programms bestehen.

5.3.2 Pakete

Das Schlüsselwort *package* bezeichnet in diesem Programm das Paket *programmierkurs* (Punkt 2). Das reservierte Wort *package* ist eines der vielen Java-Schlüsselwörter (Abschnitt 5.6, »Reservierte Schlüsselwörter«). Pakete strukturieren Java-Programme. Sie verpacken hierbei Klassen eines Java-Programms zu größeren Einheiten, daher ihr Name.

Abbildung 5.5 Pakete verpacken ein oder mehrere Klassen.

Dieses Buch stellt Pakete in grafischen Abbildungen als Ordnersymbol dar. Sofern Sie das Buch im Farbdruck vorliegen haben, zum Beispiel als PDF, sind Pakete in Grafiken hellgelb dargestellt. Mehr zum Thema »Packages« gibt es in Kapitel 16, »Pakete und Module«.

5.3.3 Klassen

In Kapitel 3, »Objektorientierte Programmierung«, ging es um Klassen, die »natürliche« Personen wie Anna, Julia und Robert dargestellt haben. Bei diesem Beispiel spielt hingegen eine »technische« Klasse mit dem Namen *Programmdemo* die Hauptrolle. Die Klasse *Programmdemo* ist ein Java-Programm. Es erzeugt ein Objekt der Klasse *Person*, den allseits bekannten Professor Roth. Im Anschluss daran gibt es den Namen des Professors aus und endet danach auch schon wieder (Abbildung 5.6). Wie ist das Programm aufgebaut?

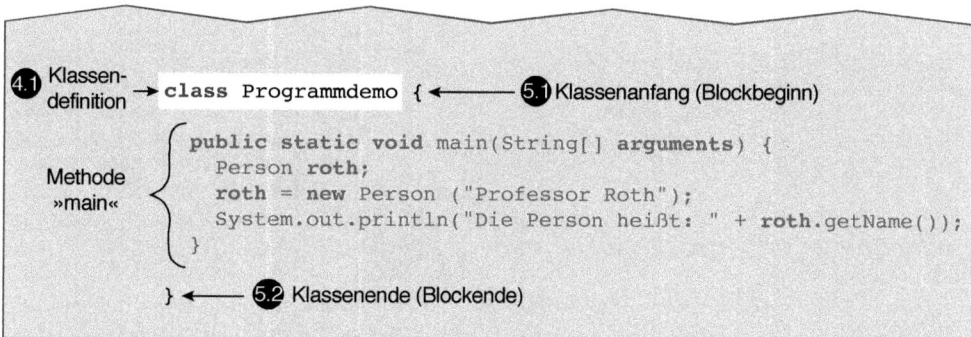

Abbildung 5.6 Klassen beginnen und enden mit einer geschweiften Klammer.

Das Programm beginnt mit einer Klassendefinition, wie sie in Punkt 4.1 der Abbildung 5.6 zu sehen ist. Die Klassendefinition leitet das Schlüsselwort *class* ein, dem der Name der Klasse folgt – hier ist es der Name *Programmdemo*. Klassendefinitionen beginnen immer mit einer öffnenden geschweiften Klammer (Punkt 5.1) und enden mit einer schließenden geschweiften Klammer (Punkt 5.2). Der Bereich zwischen zwei geschweiften Klammern wird Block genannt und enthält in der Regel verschiedene Anweisungen und Methoden. Die Klasse *Programmdemo* besteht hingegen nur aus der Methode *main*.

Wenn Sie das Programm namens *Programmdemo* auf den Kern reduzieren, ergibt sich der in Abbildung 5.7 gezeigte sehr einfache Programmaufbau: Das Programm besteht aus einer Klasse namens *Programmdemo*, die eine Methode *main* besitzt. Diese Methode enthält einige Anweisungen, die das Programm ausführt.

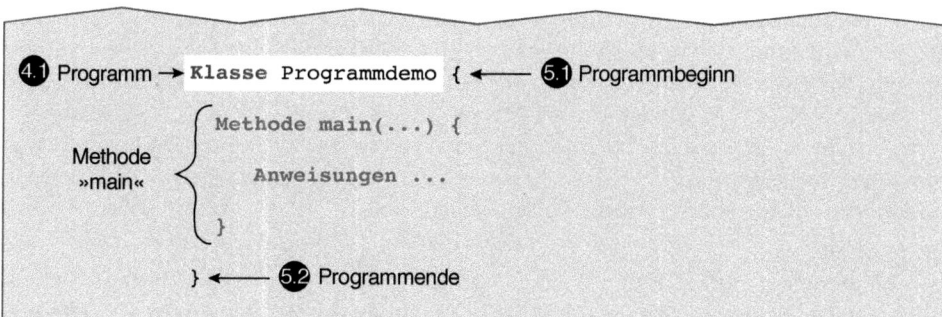

Abbildung 5.7 Das Programm ist eine Klasse mit der Methode »main«.

5.3.4 Methoden

Diese Methode *main* wird mit den Schlüsselwörtern *public static void* eingeleitet. Vergessen Sie zunächst die Schlüsselwörter *public* und *static*. Sie lenken nur vom Aufbau der Methode ab und werden in diesem Buch später behandelt. Der eigentliche Beginn der Methode wird durch den Namen der Methode *main* eingeleitet. Danach folgt ein Klammerpaar mit dem Parameter *String[] arguments*, den Sie ebenfalls einstweilen ignorieren. Wenn man alles auf den eigentlichen Kern reduziert, ergibt sich ein sehr einfaches Bild des Aufbaus einer Methode (Abbildung 5.8).

Abbildung 5.8 Jede Klasse mit einer Methode »main« ist ein Programm.

Wie bei der Klassendefinition beginnt die Methode mit einer öffnenden geschweiften Klammer und wird durch eine schließende geschweifte Klammer beendet. Dazwischen befindet sich ein Block mit Anweisungen. Vor dem Namen der Methode *main* steht das Schlüsselwort *void*. Der Hintergrund: Jede Java-Methode muss entweder über einen Rückgabewert verfügen oder angeben, dass sie keinen Rückgabewert liefert. Im Fall der Methode *main* ist kein Rückgabewert erforderlich. Daher steht vor dem Methodennamen das Schlüsselwort *void*, was so viel bedeutet wie »kein Rückgabewert«.

Die Methode *main* ist aber nicht irgendeine beliebige Java-Methode. Sie ist unter allen Java-Methoden etwas Besonderes: Jede Java-Klasse, die eine solche Methode besitzt, ist ein eigenständiges Java-Programm. Die Methode wird von außerhalb des Java-Programms aufgerufen und übernimmt danach die Steuerung des Programms. Die Anweisungen, die innerhalb der Methode enthalten sind, bestimmen also den gesamten Programmablauf.

5.3.5 Anweisungen

Java-Anweisungen können Sie mit einem Satz einer natürlichen Sprache vergleichen, der Befehle enthält. Eine solche Anweisung könnte lauten: »Gib mithilfe der Java-Funktion *println()* der Klasse *System* den Namen des Professors Roth aus.« Es gibt in Java-Programmen sehr viele verschiedene Anweisungen, wie zum Beispiel Deklarationen, Zuweisungen und Ausgabeanweisungen.

Deklaration

Die erste Anweisung innerhalb der Methode *main* ist eine Deklaration (Punkt 7). Durch sie »erklärt« das Programm, von welchem Datentyp die Variable *roth* sein soll (Punkt 4). Da der Datentyp die Klasse *Person* ist, ist die Variable in diesem Fall ein Objekt (Punkt 8).

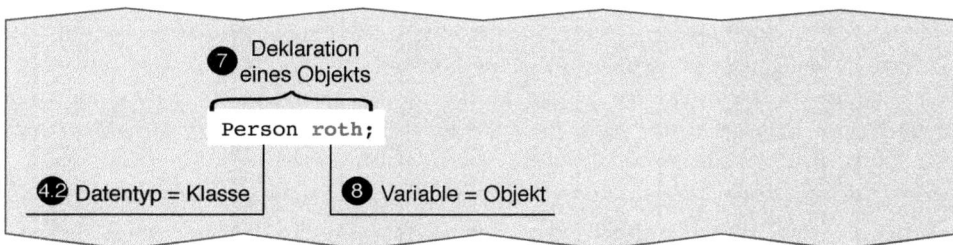

Abbildung 5.9 Eine Deklaration erklärt, zu welchem Datentyp eine Variable gehört.

Sie werden sich vielleicht an dieser Stelle fragen, ob die Klasse *Person* vorher definiert wurde. Die Deklaration setzt tatsächlich eine vorhandene Klassendefinition voraus und die befindet sich in einer weiteren Textdatei namens *Person.java*, die ich Ihnen bislang vorenthalten habe (Abbildung 5.10). Der genaue Aufbau dieser Klasse soll momentan nicht interessieren.

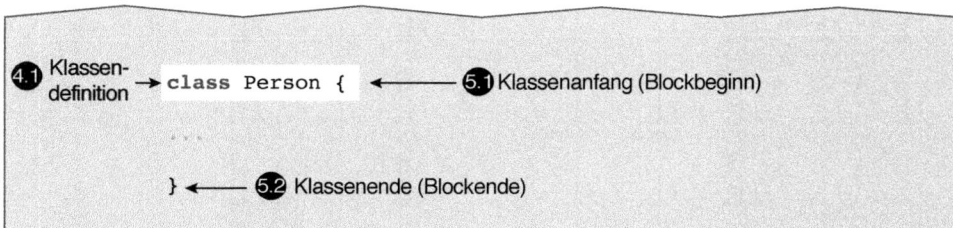

Abbildung 5.10 Die Klasse »Person«

Zuweisung

Nach der Deklaration des Objekts namens *roth* folgt eine Zuweisung mithilfe des Zuweisungsoperators an die zuvor deklarierte Variable mit der Bezeichnung *name*. Rechts vom Zuweisungsoperator erzeugt das Programm ein Objekt des Typs *Person* und übergibt ihm den Namen *Professor Roth* in Form einer Kette von Zeichen. Sie wissen bereits, dass zum Erzeugen von Objekten ein Konstruktor notwendig ist. An dieser Stelle ruft ihn das Java-Programm auf (Abbildung 5.11).

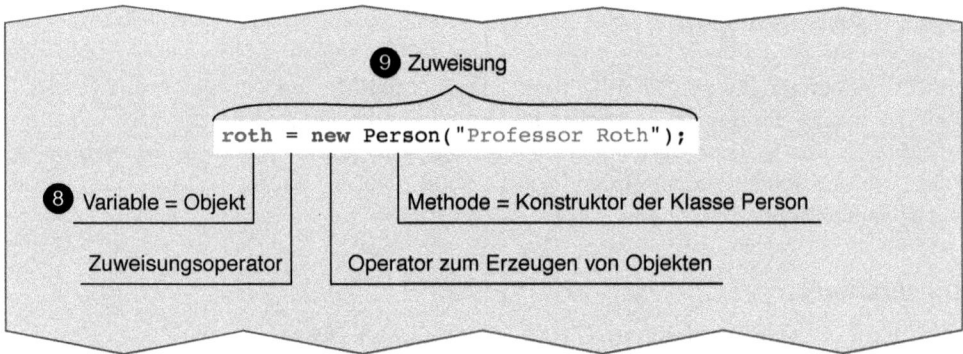

⑨ Zuweisung

```
roth = new Person("Professor Roth");
```

❽ Variable = Objekt

Methode = Konstruktor der Klasse Person

Zuweisungsoperator

Operator zum Erzeugen von Objekten

Abbildung 5.11 Die Zuweisung weist der Variablen einen Wert zu.

Jetzt müssen wir doch nochmals zur Klasse *Person* zurückkehren. Diese Klasse enthält den Konstruktor, der gerade aufgerufen wurde. Der Konstruktor dient dazu, ein Objekt des Typs *Person* zu konstruieren, also zu erzeugen. Mithilfe des Konstruktors ist das Programm darüber hinaus in der Lage, den Namen der Person festzulegen. Hierzu übergibt das Programm dem Konstruktor die Zeichenkette *Professor Roth*.

Eine Zeichenkette ist in Java vom Typ *String*. Das ist eine bereits in Java vordefinierte Klasse, die Ihnen der zweite Teil des Buchs genauer vorstellt (Kapitel 21, »Klassenbibliotheken«, Abschnitt 21.3.1, »Klasse »String««). Die Übergabe der Zeichenkette besteht aus der Variablen *name*, die vom Typ *String* ist. Die Übergabe erfolgt wie bei einer Deklaration in dem Format Datentyp, dem der Name der Variable folgt. Die genaue Erklärung des genauen Ablaufs und der Bedeutung der Anweisung *this.name = name* würde den Rahmen dieses Kapitels sprengen. Die Erklärungen dieser Anweisungen stehen in Kapitel 7 im Mittelpunkt.

```
class Person {

    String name; // Attribut Name

    public Person(String name) { // Konstruktor
        this.name = name;
    }

    public String getName() { // Abfragemethode
        return name;
    }

}
```

Abbildung 5.12 Die Klasse »Person« und ihr Konstruktor

Die Methode ruft zum Schluss eine weitere Methode zur Textausgabe auf (Kapitel 12). Die Klasse besteht aus einem Block, der mit einer geschweiften Klammer beginnt und auch wieder endet. Die Methode *main()* enthält ebenfalls einen Block, der mit einer geschweiften Klammer beginnt und auch wieder endet. Zudem sind im Text eine Reihe von Schlüsselwörtern markiert, die der Abschnitt 5.6 dieses Kapitels genauer unter die Lupe nimmt.

■ 5.4 Struktur des Programms

Abbildung 5.13 zeigt nochmals im Überblick, wie das Programm *Programmdemo* aufgebaut ist. Es besteht aus einer Klasse namens *Programmdemo* und einer Klasse namens *Person*. Beide Klassen gehören zu einem Paket namens *programmierkurs*. Ein Paket fasst eine oder mehrere Klassen zusammen. In diesem Fall fasst das Paket alle Klassen zusammen, die zum Programmierkurs von Professor Roth gehören.

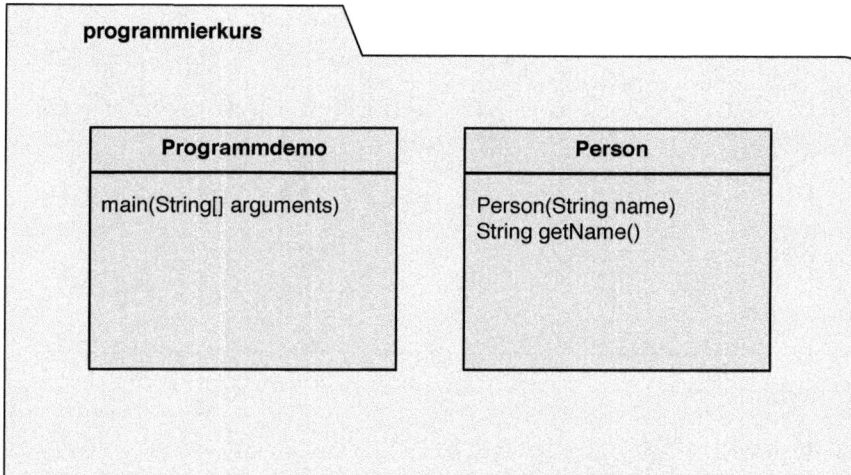

Abbildung 5.13 Dieses Strukturdiagramm zeigt den Aufbau des Programms »Programm-demo«.

Die Klasse *Programmdemo* enthält die Methode *main* und lässt sich somit als Java-Programm ausführen. Hierbei wird die Methode *main* von außen aufgerufen und über-nimmt die Kontrolle über den Programmablauf. Die Methode verwendet die Klasse *Person*, um ein Objekt namens *roth* zu erzeugen und dessen Namen auszugeben. Um den Aufbau des Programms zu verstehen, ist ein Strukturdiagramm wie in Abbildung 5.13 der beste Weg. Um hingegen den Ablauf des Programms zu verstehen, verwendet man am besten ein Ablaufdiagramm.

■ 5.5 Ablauf des Programms

Abbildung 5.14 stellt den Ablauf des Programms dar. Ein Anwender startet das Programm *Programmdemo* von außen über die Methode *main* (Punkt 1). Eine Methode ist der objekt-orientierte Begriff für eine Funktion. Diese Methode erzeugt ein Objekt mit der Bezeichnung *roth* des Typs *Person* (Punkt 2). Mit »Typ Person« ist gemeint, dass dieses Objekt *roth* ein Exemplar der Klasse *Person* ist.

Das Programm weist dem Objekt beim Erzeugen die Zeichenkette *Professor Roth* zu. In der nächsten Zeile gibt das Programm schließlich den Namen des Professors auf dem Bildschirm aus. Dazu ruft das Programm die Methode *println* der Klasse *System* auf (Punkt 3). Diese Methode ruft wiederum die Methode *getName* des Objekts *roth* auf (Punkt 4) und gibt so den Namen des Professors aus.

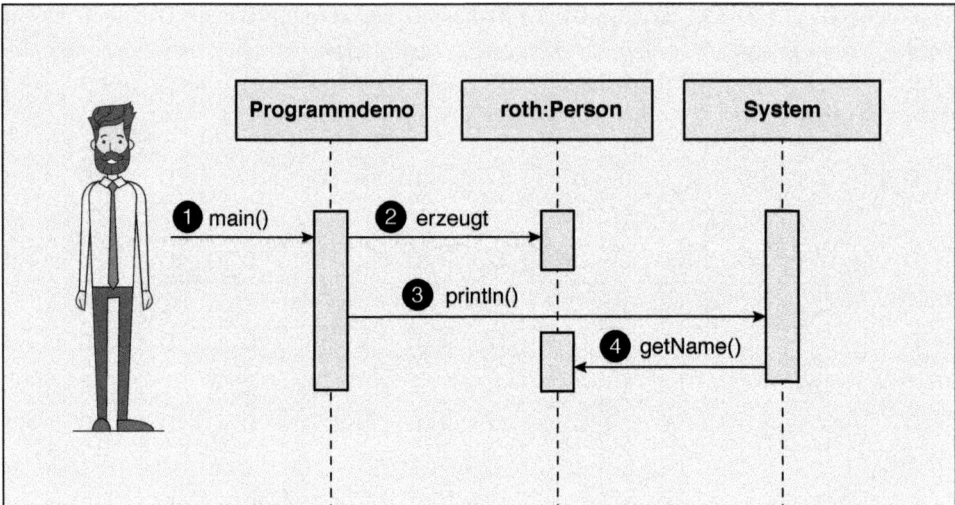

Abbildung 5.14 Dieses Ablaufdiagramm zeigt den Ablauf des Programms »Programmdemo«.

Zusammengefasst besteht das kurze Programm also aus einer Klasse *Programmdemo*, die ein Objekt namens *roth* erzeugt und ihm den Namen *Professor Roth* gibt. Zum Schluss gibt das Programm den Namen des Objekts *roth* mithilfe der Methoden *println()* sowie *getName* auf dem Bildschirm aus und endet danach.

■ 5.6   Reservierte Schlüsselwörter

Bei der näheren Betrachtung des Programmbeispiels fallen Ihnen eine ganze Reihe von fett gedruckten Begriffen auf, die eine reservierte Bedeutung in Java besitzen (Listing 5.2).

Listing 5.2 Das Programm »Programmdemo« als Datei »Programmdemo.java«

```
 1  // Beispielprogramme/Programmaufbau
 2
 3  package programmierkurs;
 4
 5  public class Programmdemo {
 6
 7    public static void main(String[] args) {
 8      Person roth;
 9      roth = new Person("Professor Roth");
10      System.out.println("Die Person heißt: " + roth.getName());
11    }
12  }
```

Diese Wörter nennen sich Schlüsselwörter. Sie haben eine festgelegte Bedeutung in Java. Daher können Sie keine Klasse oder Variable so wie eines dieser Java-Schlüsselwörter nennen. Laut Java-Sprachdefinition existieren momentan 57 dieser festgelegten Java-Begriffe (Tabelle 5.1).

Tabelle 5.1 Reservierte Schlüsselwörter

abstract	assert	boolean	break	byte
case	catch	char	class	const
continue	default	do	double	else
enum	exports	extends	false	final
finally	float	for	goto	if
implements	import	instanceof	int	interface
long	module	native	new	null
package	private	protected	public	requires
return	short	static	strictfp	super
switch	synchronized	this	throw	throws
transient	true	try	var	void
volatile	while			

Die Programmiersprache Java ist von Beginn an sehr stabil geblieben. Die Entwickler der Programmiersprache haben nur wenige Schlüsselwörter seit dem Erscheinen von Java hinzugefügt: Das Schlüsselwort *strictfp* ist zum Beispiel schon ab Java 1.2 Sprachbestandteil, *assert* kam in Java 1.4 hinzu, während *enum* erst seit der Java-Version 5 (JDK 1.5) existiert. Die Schlüsselwörter *exports*, *module* und *requires* kamen in Java 9 (JDK 1.9) hinzu, während das Schlüsselwort *var* erst seit Java 10 vergeben ist.

Es gibt mit *const* und *goto* zwei besondere Schlüsselwörter. Sie wurden in Java zwar reserviert, dürfen aber nicht verwendet werden. Das Schlüsselwort *const* darf in Java nicht verwendet werden, weil Java für Konstanten eine andere Syntax vorschreibt. Bei der Goto-Anweisung ist der Fall anders gelagert. Sie darf nicht verwendet werden, um Problemen aus dem Weg zu gehen, die solche Verweise bewirken können. Dass man die beiden Schlüsselwörter reservierte, ohne ihre Verwendung zu gestatten, liegt daran, dass sie zum Sprachumfang von C/C++ gehören. Umsteiger, die diese Schlüsselwörter verwenden, sollten eine aussagekräftige Fehlermeldung erhalten.

Schlüsselwörter wie *case, switch, break* oder *if* sind für Verzweigungen reserviert. Verzweigungen gestatten dem Programmierer, Fallunterscheidungen zu treffen. Je nach Fall verzweigt der Programmfluss dann in den einen oder anderen Programmteil. Wiederkehrende Abläufe, die sogenannten Schleifen, verwenden die Schlüsselwörter *do, for* und *while*. Schleifen sind notwendig, um zum Beispiel zeilenweise Dateien einzulesen. Ein anderer Anwendungsfall ist, dass das Programm Daten in Form von Tabellen ausgeben soll.

Die meisten Schlüsselwörter sind für oder im Zusammenhang mit Datentypen reserviert. Den Datentyp Klasse kennen Sie bereits. Eine Klasse wird durch das Schlüsselwort *class* gekennzeichnet. Klassen wie die Klasse *Person* dieses Beispiels kann der Programmierer selbst definieren. Andere Datentypen wie zum Beispiel *boolean* oder *int* sind fest in Java »eingebaut«. Sie können sie einfach verwenden, ohne irgendetwas definieren zu müssen.

■ 5.7   Zusammenfassung

Sie haben in diesem Kapitel an einem Beispiel gesehen, wie ein einfaches Java-Programm aufgebaut ist. Es besteht aus der Hauptklasse *Programmdemo* und einem Objekt namens *roth*. Das Programm erzeugt dieses Objekt aus der Klasse *Person*. Klassen speichert man in Textdateien gleichen Namens. Sie bestehen aus Attributen (Variablen) und Methoden. Alle diese Bestandteile sind lediglich Anweisungen an das Programm. Diese Anweisungen bestimmen, wie das Programm ausgeführt wird.

- Variablen: z.B. roth
- Anweisungen: z.B. roth = new Person();
- Klassen: z.B. class Person ...
- Objekte: z.B. roth
- Einfache Datentypen: z.B. int
- Aufzählungen: z.B. enum
- Methoden: z.B. main()
- Operatoren: z.B. new
- Verzweigungen: z.B. if
- Schleifen: z.B. for
- Pakete: z.B. package Programmierkurs
- Fehlerbehandlung: z.B. try
- Dokumentation: z.B. // Autor K. Roth

> Java-Programme bestehen in der Regel aus einer Hauptklasse und Objekten. Objekte werden aus Klassen erzeugt. Sie enthalten Anweisungen an das Programm. Anweisungen sind Befehle, die das Programm abarbeitet.

Abbildung 5.15 Professor Roth fasst den Aufbau eines Java-Programms zusammen.

Um diese Anweisungen umzusetzen, besitzt Java eine ganze Reihe von reservierten Schlüsselwörtern mit unterschiedlicher Bedeutung. Es gibt zum Beispiel ein Schlüsselwort zur Definition von Klassen wie der Klasse *Person* oder ein Schlüsselwort zum Erzeugen von Objekten mittels des new-Operators. Andere Schlüsselwörter sind für Verzweigungen reserviert wie *if*, andere für Schleifen wie zum Beispiel *for*.

5.8 Übungen

In dieser Übung entwickeln Sie Schritt für Schritt das zuvor beschriebene Programm mit Eclipse. Sofern Sie Java mit der Eclipse-Entwicklungsumgebung nicht bereits installiert haben, holen Sie das jetzt nach. Die Anleitung dazu befindet sich in Kapitel 4, »Entwicklungsumgebung«, unter dem Abschnitt 4.2, »Installation«.

5.8.1 Eclipse starten

Starten Sie jetzt Eclipse, sofern nicht bereits geschehen. Wenn Sie das vorherige Kapitel 4 wie beschrieben bearbeitet haben, sollte Eclipse Ihnen beim Start den Dialog namens ECLIPSE IDE LAUNCHER mit dem letzten gewählten Workspace namens *Entwicklungsumgebung* präsentieren. Der Workspace ist der Arbeitsbereich der Eclipse-Entwicklungsumgebung. Eclipse legt dort eine Art von Datenbank an, um Ihre Projekte zu verwalten. In jedem Workspace gelten normalerweise gemeinsame Voreinstellungen für sämtliche Projekte.

5.8.2 Workspace »Uebungen« auswählen

Klicken Sie nun auf die Schaltfläche BROWSE des Launchers, um zum Workspace zu wechseln, der für Ihre Übungen reserviert ist. Navigieren Sie dazu mit dem Auswahldialog zum Verzeichnis *Java-Projekte/Einstieg_Java_Eclipse/Uebungen*, das Sie bereits in Kapitel 4, »Entwicklungsumgebung«, für die Übungen dieses Buchs angelegt haben. Das neue Verzeichnis sollte nun im Textfeld WORKSPACE des Launchers erscheinen, wie es Abbildung 5.16 darstellt. Ist das der Fall, starten Sie Eclipse mit diesem Workspace, indem Sie auf LAUNCH klicken.

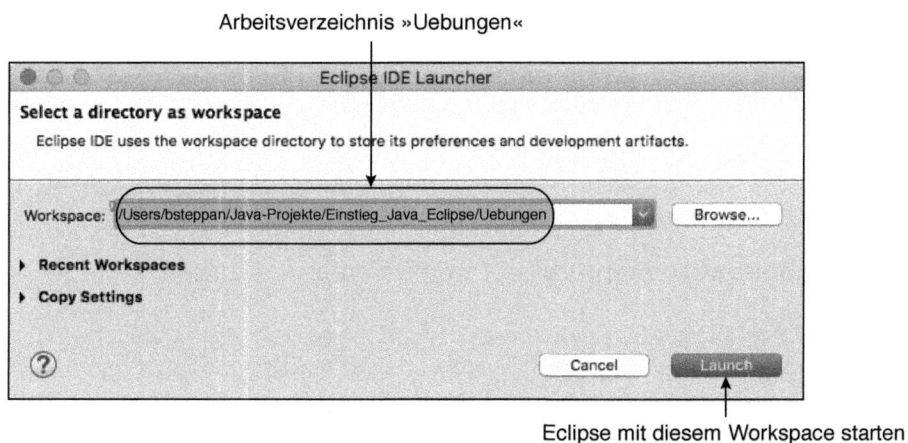

Abbildung 5.16 Workspace »Uebungen« auswählen

5.8.3 Dialog »New Java Project« aufrufen

Über MENÜ → FILE → NEW → JAVA PROJECT rufen Sie einen Assistenten zum Anlegen eines neuen Java-Projekts auf. Geben Sie in diesem Dialog als Projektname den Titel dieses Kapitels namens Programmaufbau ein. Durch diesen Titel können Sie im Workspace die Übung dieses Kapitels leicht wieder finden.

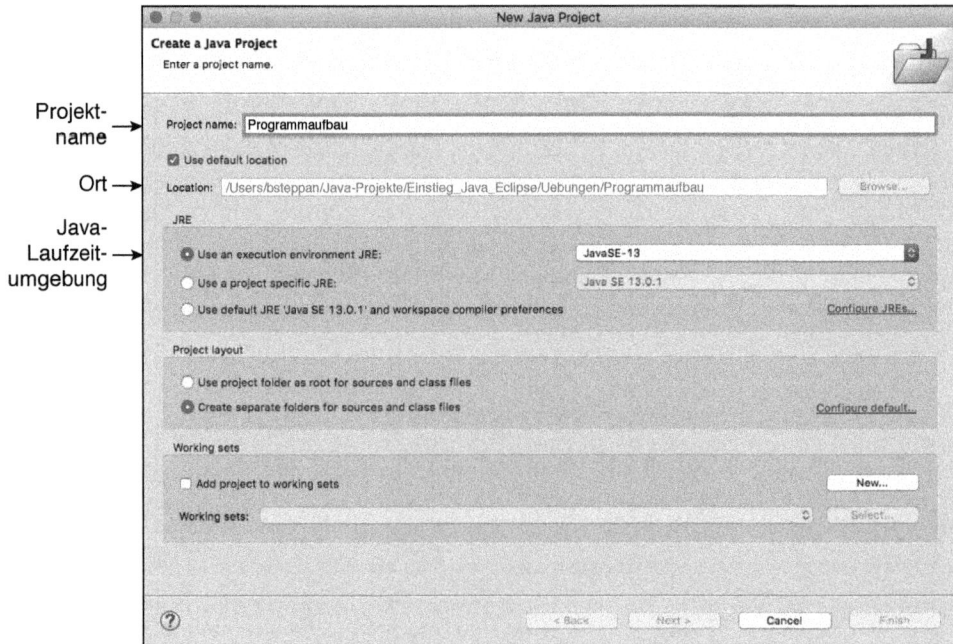

Abbildung 5.17 Neues Java-Projekt erzeugen

Kontrollieren Sie danach, ob der Dialog mindestens Java 13 als Java-Laufzeitumgebung (JRE) anzeigt (Abbildung 5.17). Falls das nicht der Fall ist, wechseln Sie in der Auswahl des Dialogs auf diese Java-Version. Sie finden diese Auswahl neben dem Text USE AN EXECUTION ENVIRONMENT.

5.8.4 Module abwählen und ein neues Projekt erzeugen

Wählen Sie auf der zweiten Seite des Dialogs die Option CREATE MODULE-INFO.JAVA FILE ab. Die Verwendung von Modulen ist nur bei größeren Java-Programmen sinnvoll und wird für dieses Beispiel nicht benötigt. Die restlichen Einstellungen des Dialogs können Sie genauso belassen, wie von der Entwicklungsumgebung vorbelegt. Danach erzeugen Sie das Projekt durch einen Klick auf FINISH. Eclipse erzeugt daraufhin ein leeres Java-Projekt.

5.8.5 Dialog »New Java Class« aufrufen

Klappen Sie jetzt das neue Projekt im Package Explorer auf der linken Seite von Eclipse auf. Innerhalb des Projekts befindet sich der Knoten SRC. Der Name des Projektverzeichnisses SRC steht für Source Code. In diesem Verzeichnis speichert Eclipse den Quellcode des Projekts. Der Quellcode ist die textuelle Beschreibung eines Java-Programms. Eclipse verwendet als Symbol für dieses Verzeichnis ein Icon mit einem Ordner und einem Paket. Zu jeder Klasse gibt es in diesem Verzeichnis eine Datei mit der Endung *java*. Zu jedem Paket gibt es in diesem Ordner ein entsprechendes Paketsymbol.

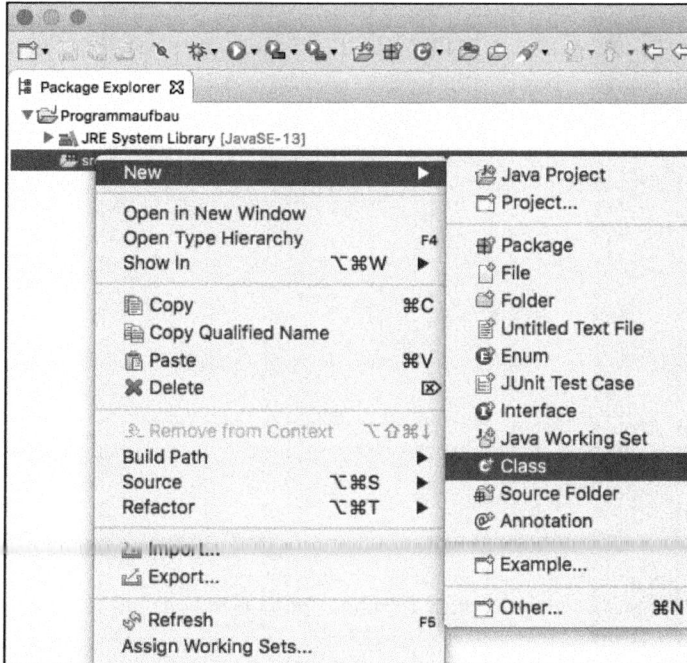

Abbildung 5.18 Dialog zum Erzeugen einer neuen Java-Klasse aufrufen

Da Sie noch keine Klasse erzeugt haben, ist das Verzeichnis momentan noch leer. Um das zu ändern, führen Sie einen Rechtsklick auf das Verzeichnis aus. Wählen Sie danach den Menübefehl NEW → CLASS aus (Abbildung 5.18). Darauf startet Eclipse einen Dialog zum Erzeugen einer neuen Klasse.

5.8.6 Klasse »Person« erzeugen

Die erste Zeile des Dialogs SOURCE FOLDER ist bereits von Eclipse mit PROGRAMMAUF-BAU/SRC vorbelegt. Tragen Sie in der zweiten Zeile in das Feld PACKAGE die Bezeichnung PROGRAMMIERKURS ein. Danach folgt das Feld NAME, wo Sie den Namen der Klasse *Person* eintragen. Danach können Sie die Klasse mit einem Klick auf die Schaltfläche FINISH erzeugen.

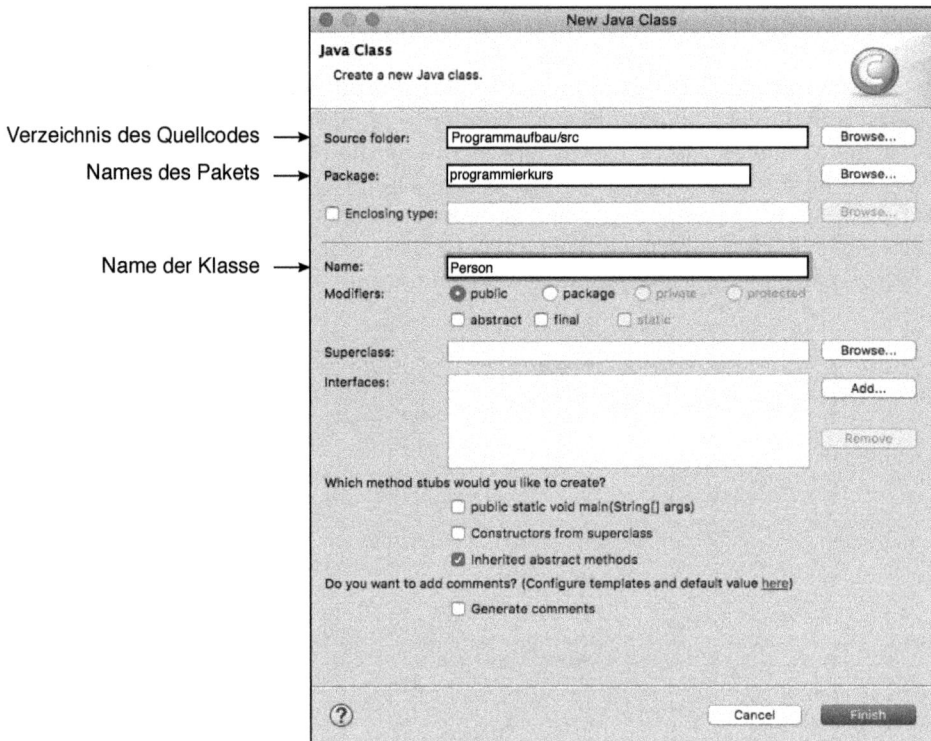

Abbildung 5.19 Neue Klasse »Person« erzeugen

Der Dialog erzeugt daraufhin ein neues Paket mit dem Namen *programmierkurs*, das Sie links in der Projektverwaltung an der Stelle sehen, wo sich der Ordner SRC befindet. Innerhalb des Pakets befindet sich die neue Klasse namens *Person*. Eclipse zeigt diese Klasse im PACKAGE EXPLORER als Datei PERSON.JAVA an.

5.8.7 Entwicklungsumgebung einrichten

Zusätzlich hat die Entwicklungsumgebung auf der rechten Seite einen Editor mit der neuen Klasse *Person* geöffnet. Im Fenster OUTLINE, das sich rechts neben dem Editor befindet, sehen Sie die beiden gerade angelegten Projektbestandteile nochmals als Paket *programmierkurs* und als Klasse *Person*. OUTLINE bedeutet Gliederung. Wie bei einem Gliederungsverzeichnis einer Textverarbeitung zeigt dieses Fenster die Gliederung der Datei an, die gerade im Editor geöffnet ist.

Oberhalb des Fensters OUTLINE zeigt Eclipse eine Task-Liste an. Sie können innerhalb jeder Java-Klasse Aufgaben definieren, die dann in dieser Task-Liste erscheinen. Diese Möglichkeit werden wir im weiteren Verlauf des Buchs im Rahmen der Dokumentation von Klassen verwenden. Im unteren Bereich der Entwicklungsumgebung sehen Sie ein Fenster, dessen Register Problems gerade aktiv ist. Es zeigt die gesamten Probleme des Projekts an.

In der rechten oberen Ecke der Entwicklungsumgebung befindet sich ein Schalter mit einem J-Symbol. J steht für Java, denn dies ist der Schalter für die Java-Perspektive. Er ist aktiv (also gedrückt), was bedeutet, dass die Entwicklungsumgebung gerade die Java-Perspektive anzeigt. Eine Eclipse-Perspektive legt fest, welche Fenster der Entwicklungsumgebung gerade zu sehen sind und an welcher Position. Man könnte sie ganz einfach als GUI-Layout bezeichnen (Abbildung 5.20).

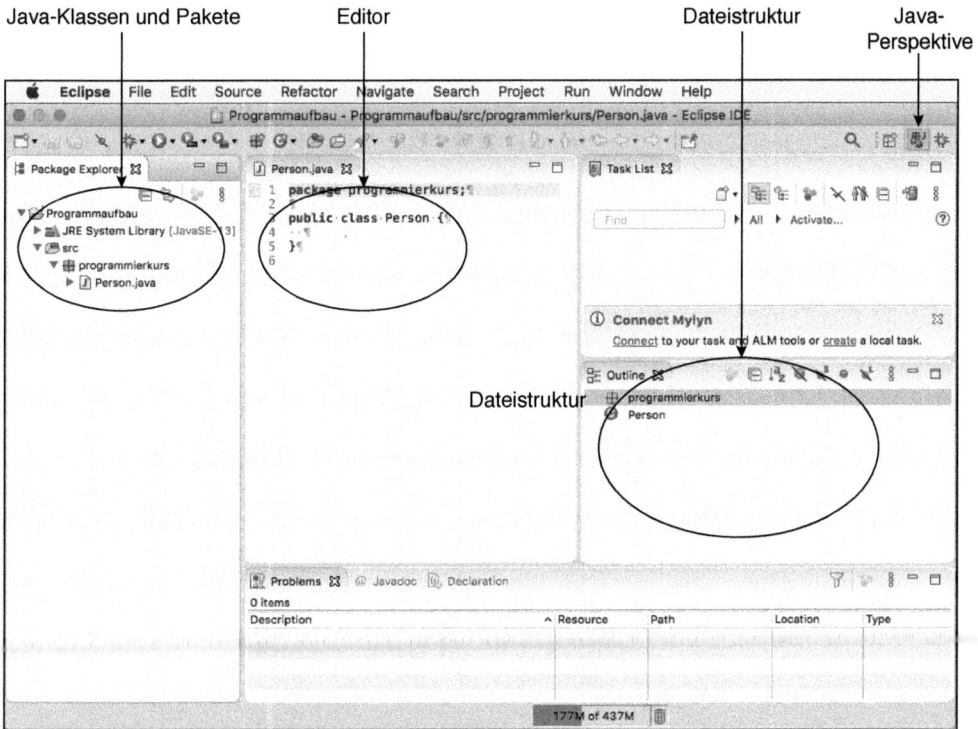

Abbildung 5.20 Neue Klasse »Person« bearbeiten

Die Java-Perspektive, die Eclipse direkt nach einer Installation anbietet, ist gerade zum Einstieg nicht ideal. Um sie etwas übersichtlicher zu gestalten, sollten Sie die Perspektive einrichten. Klicken Sie hierzu auf den Titel des Fensters TASK LIST. Halten Sie die linke Maustaste gedrückt und ziehen das Fenster in den unteren Bereich der Entwicklungsumgebung rechts von DECLARATION.

Platzieren Sie danach das Fenster OUTLINE links oberhalb des Fensters PACKAGE EXPLORER. Hierzu klicken Sie erneut auf die Titelleiste und halten die Maustaste gedrückt. Ziehen Sie danach das Fenster nach links unten. Eclipse zeigt die Position mit einem grauen Rechteck an (Abbildung 5.21). Wenn Sie die Stelle unterhalb des Fensters PACKAGE EXPLORER erreicht haben, lassen Sie Maustaste los, so dass das Fenster andocken kann.

Java-Klassen und Pakete   Editor   Java-
                                                                          Perspektive

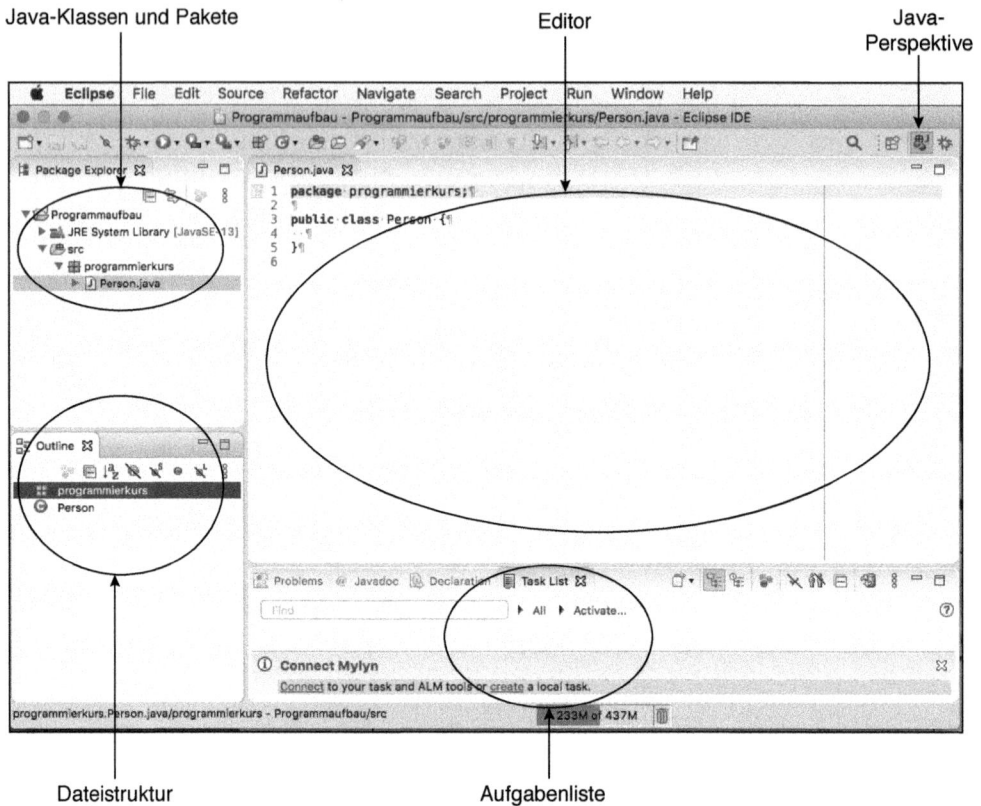

Dateistruktur   Aufgabenliste

Abbildung 5.21 Neue Perspektive mit verändertem Fensterlayout

5.8.8   Perspektive speichern

Wie Sie sehen, hat die Umordnung der Fenster den Effekt erzielt, dass der Editor nun sehr
viel mehr Raum bekommen hat, um den Quellcode anzuzeigen. Das ist auch gut so, denn
der Editor ist das Element der Entwicklungsumgebung, mit dem Sie die nächsten Kapitel
vorwiegend arbeiten. Sie können diese neue Perspektive nun dauerhaft unter einem eigenen
Namen speichern. Hierzu führen Sie einen Rechtsklick auf den Perspektivenschalter der
Entwicklungsumgebung rechts oben aus. Danach zeigt sich ein Kontextmenü, aus dem Sie
SAVE AS... auswählen (Abbildung 5.22).

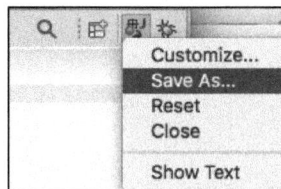

Abbildung 5.22 Perspektive unter dem Namen »Programmierkurs« speichern

Die Entwicklungsumgebung öffnet daraufhin einen Dialog, in dem Sie zum Beispiel die Bezeichnung PROGRAMMIERKURS als Namen der neuen Perspektive eintragen können. Speichern Sie danach die Perspektive, indem Sie auf die Schaltfläche SAVE des Dialogs klicken. Sie haben nun eine zweite Java-Perspektive erzeugt. Sie können über das Menü WINDOW → PERSPECTIVE → OPEN PERSPECTIVE → OTHER zwischen den Perspektiven nach Belieben wechseln.

5.8.9 Attribut einfügen

Damit die Klasse *Person* den Namen einer Person speichern kann, benötigt sie ein Attribut für den Namen. Da der Name eine Zeichenkette ist, bietet es sich an, den Typ *String* zu nehmen. Um die Klasse zu erweitern, gehen Sie auf die rechte Seite der Entwicklungsumgebung und fügen dieses Attribut wie folgt unterhalb der Definition des Klassennamens *public class Person* ein:

```
String name;
```

Das neue Attribut ist nicht nur im Editor, sondern auch in den Sichten PACKAGE EXPLORER und OUTLINE zu sehen (Abbildung 5.23).

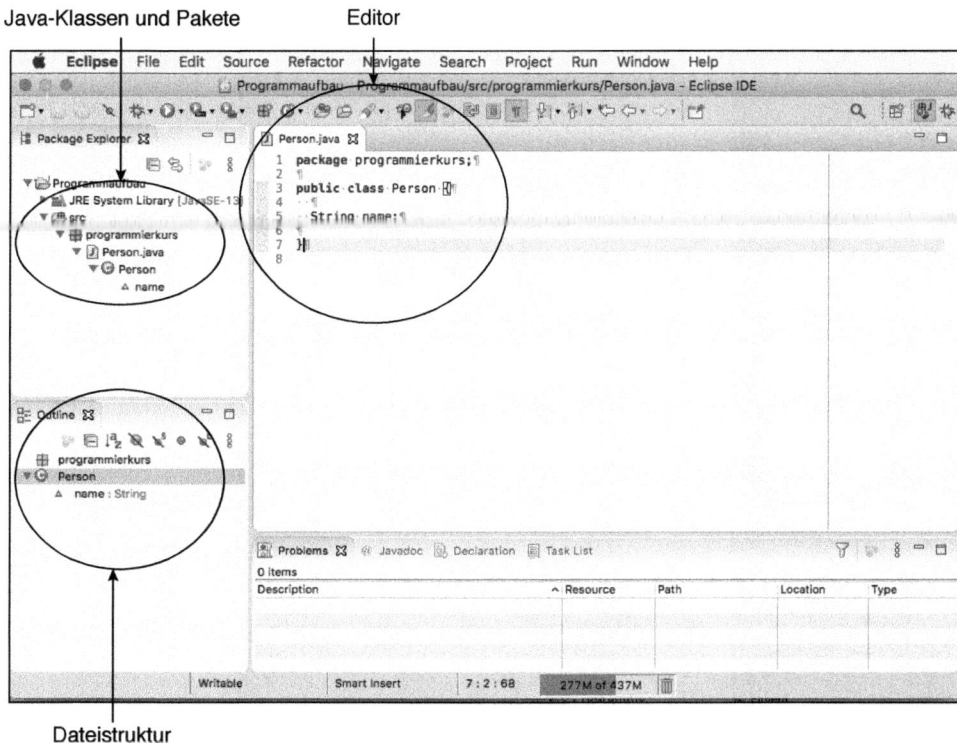

Abbildung 5.23 Zwei weitere Sichten zeigen das neue Attribut an.

5.8.10   Konstruktor erzeugen

Damit sich ein Personenobjekt mit einem Namen bequem erzeugen lässt, benötigt die
Klasse eine entsprechende Methode namens Konstruktor. Das Programm kann später den
Konstruktor aufrufen und ihm den gewünschten Namen der Person übergeben. Sie können
den Konstruktor einfach in den Editor wie mit einer Textverarbeitung eintippen – das ist
nicht schwer. Er sieht wie in Listing 5.3 aus und wird am besten unterhalb des Attributs im
Editor eingefügt.

Listing 5.3 Der Konstruktor der Klasse »Person«

```
1  public Person(String name) {
2    this.name = name;
3  }
```

Die Eclipse IDE hat jedoch für fast alle diese Handgriffe eine Automatisierung. Mit anderen
Worten: Sie müssen den Konstruktor nicht selbst schreiben, was vor allem zum Lernen der
Programmiersprache Java sehr praktisch ist. Lassen Sie den Konstruktor einfach von der
Entwicklungsumgebung erzeugen.

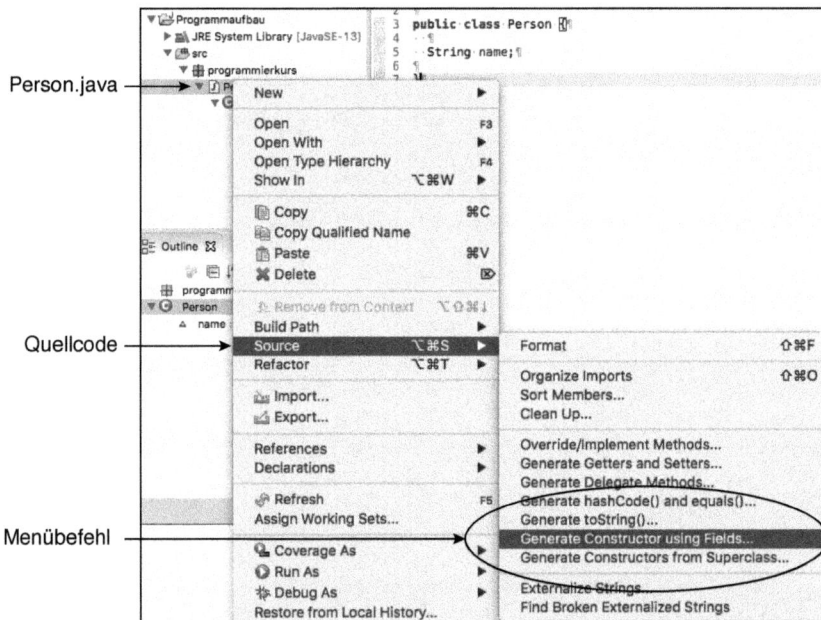

Abbildung 5.24 Aufruf des Dialogs zum Erzeugen eines Konstruktors

Hierzu führen Sie im PACKAGE EXPLORER einen Rechtsklick auf das Symbol der Klasse
Person aus. Im Kontextmenü, das daraufhin erscheint, wählen Sie SOURCE → GENERATE
CONSTRUCTOR USING FIELDS... (Abbildung 5.24). Der Befehl bedeutet übersetzt: »Erzeuge
einen Konstruktor, der Attribute verwendet«. *Fields* ist im Englischen die Bezeichnung
für Attribute einer Klasse. Sämtliche Eclipse-Befehle erreichen Sie über den Menüpunkt

SOURCE. Er ist die Abkürzung für SOURCE CODE. Über dieses Untermenü verändern Sie den Quellcode und erreichen auch alle Generatoren, die Quellcode erzeugen.

Durch den Befehl erscheint ein Dialog, in dem Sie alle Einstellungen eines Konstruktors auswählen können. Die erste Auswahl SELECT SUPER CONSTRUCTOR TO INVOKE können Sie nicht verändern. Mit dieser Anweisung legen Sie explizit fest, welcher Konstruktor der Basisklassen einbezogen werden soll. Die Basisklasse wird im Englischen als Superklasse bezeichnet. Der Konstruktor der Basisklasse ist der »super constructor«. Er ist also nicht ein besonders toller Konstruktor, sondern einfach der Konstruktor der Superklasse. Die Klasse *Person* hat nur eine »Superklasse«, die Klasse *Object*. Sie erinnern sich vielleicht: Die Klasse Object ist die unterste Basisklasse aller Java-Klassen.

Einfügen nach Attribut »name«

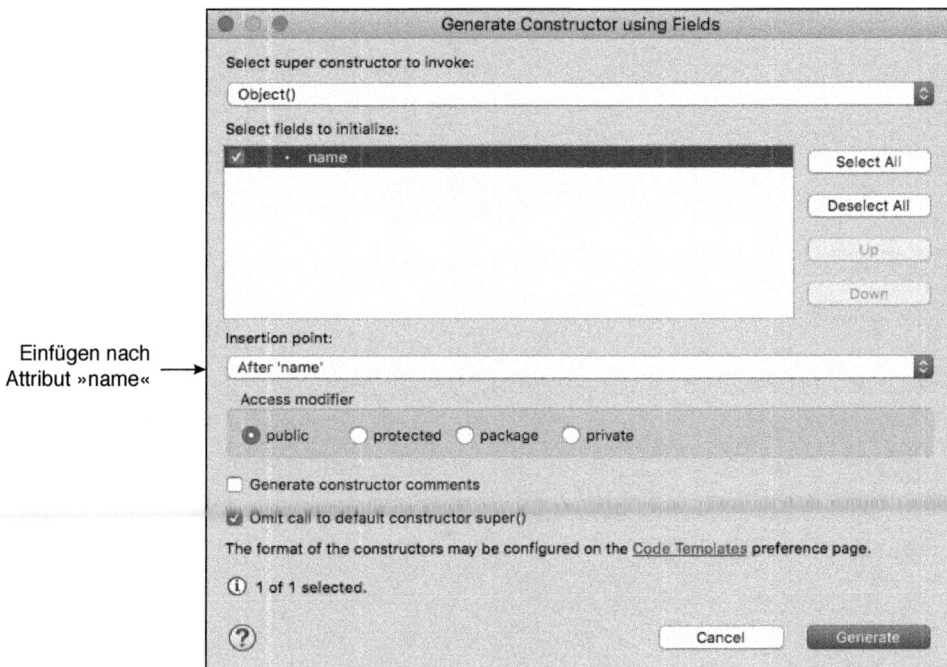

Abbildung 5.25 Der Dialog zum Erzeugen eines Konstruktors

Die Einstellung SELECT FIELD TO INITIALIZE legt fest, welche Attribute der Klasse der Konstruktor initialisiert, also vorbelegt. Bei größeren Klassen stehen hier viele Attribute zur Auswahl. Im Fall der Klasse *Person* nur eines, da die Klasse nur über ein Attribut verfügt. Dieses ist ausgewählt. Belassen Sie die Einstellungen so. Mit der nächsten Einstellung IN-SERTION POINT bestimmen Sie, wo die Entwicklungsumgebung den Konstruktor innerhalb der Klasse platziert.

Wählen Sie hier AFTER 'NAME' aus. Das bedeutet, dass die Entwicklungsumgebung den Konstruktor nach dem Attribut *name* einfügen wird. Mit der Option ACCESS MODIFIER legen Sie fest, wie sichtbar der Konstruktor für andere Programmteile ist. Hier ist automatisch die Einstellung *public* ausgewählt, was richtig ist. In der Regel ist ein Konstruktor öffentlich und für alle anderen Programmteile sichtbar.

Die nächsten Einstellungen möchte ich hier überspringen, da die Erklärungen den Rahmen dieses Kapitels sprengen würden. Nur so viel an dieser Stelle: Mit GENERATE COMMENTS lassen sich Kommentare erzeugen. Die Auswahl der Einstellung OMIT CALL TO DEFAULT CONSTRUCTOR SUPER() sorgt dafür, dass der Ausruf *super()* nicht eingefügt wird und mit THE FORMAT OF THE CONSTRUCTOR . . . können Sie die Vorlagen für den erzeugten Quellcode verändern.

Wählen Sie jetzt die Option OMIT CALL TO DEFAULT CONSTRUCTOR SUPER() aus und erzeugen danach den Konstruktor, indem Sie den Dialog mit GENERATE schließen. Die Entwicklungsumgebung platziert daraufhin den Quellcode des Konstruktors an die zuvor festgelegte Stelle im Editor unterhalb des Attributs und aktualisiert sämtliche Sichten der IDE. Der neue Konstruktor ist also wie zuvor das Attribut nicht nur im Editor, sondern auch in den Sichten PACKAGE EXPLORER und OUTLINE aufgetaucht (Abbildung 5.26).

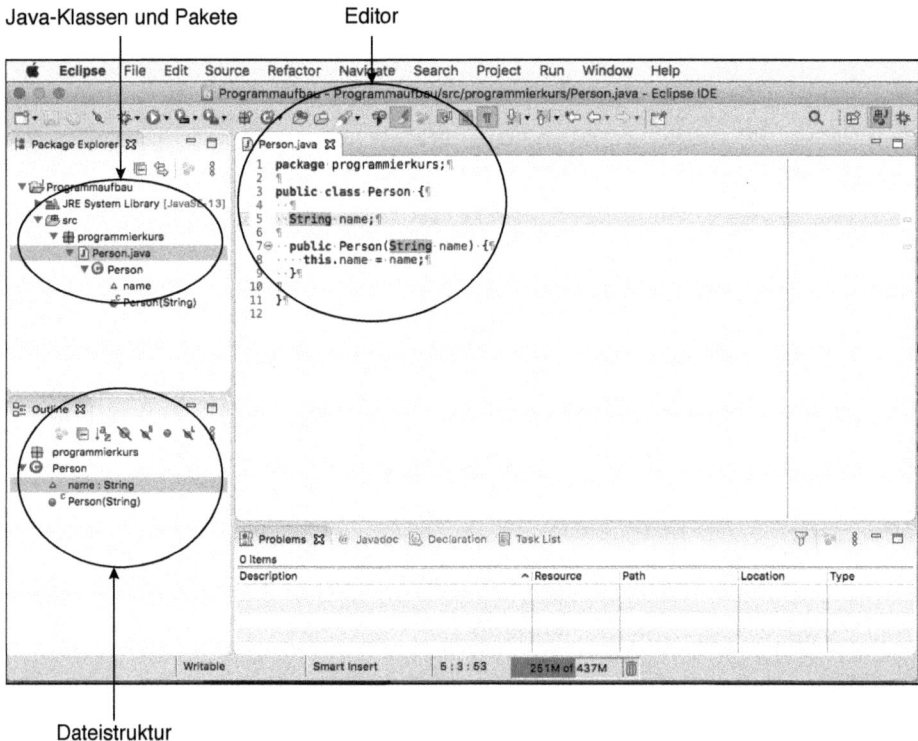

Abbildung 5.26 Nachdem der Konstruktor erzeugt ist, hat Eclipse sämtliche Sichten aktualisiert.

5.8.11 Getter und Setter erzeugen

Um die Klasse *Person* zu komplettieren, fehlt nur noch die Abfragemethode. Durch diese Methode ist das Programm in der Lage, den Namen eines Personenobjekts abzufragen, daher der Name der Methode. Auch hier stellt sich die Frage, ob Sie die Methode manuell im Editor oder automatisch durch den Codegenerator von der Entwicklungsumgebung einfügen möchten. Die Abfragemethode heißt im Englischen »Getter-Methode«. Sie ist sehr einfach aufgebaut:

Eine solche Methode beginnt nach der Java-Konvention immer klein geschrieben mit einem *get*, dem das Attribut groß geschrieben folgt. Vor dem Namen der Methode steht der Rückgabewert. Da das Attribut *name* vom Typ *String* ist, muss also hier dieser Datentyp an dieser Stelle stehen. Vor dem Rückgabewert steht der Schlüsselbegriff für den Zugriff, also *public*, *private* etc. Das sieht wie folgt aus:

Listing 5.4 Die Getter-Methode des Attributs »name«

```
1  public String getName() {
2    return name;
3  }
```

Lassen Sie die Entwicklungsumgebung diese paar Codezeilen automatisch erzeugen und rufen dazu wieder den Codegenerator auf. Das funktioniert so wie zuvor beim Konstruktor. Gehen Sie zum Package Explorer und führen einen Rechtsklick auf die Klasse aus. Daraufhin erscheint ein Kontextmenü. Wählen Sie aus dem Untermenü SOURCE den Befehl GENERATE GETTERS AND SETTERS... aus. Durch diesen Befehl lassen sich Abfrage- und Änderungsmethoden erzeugen (Abbildung 5.27).

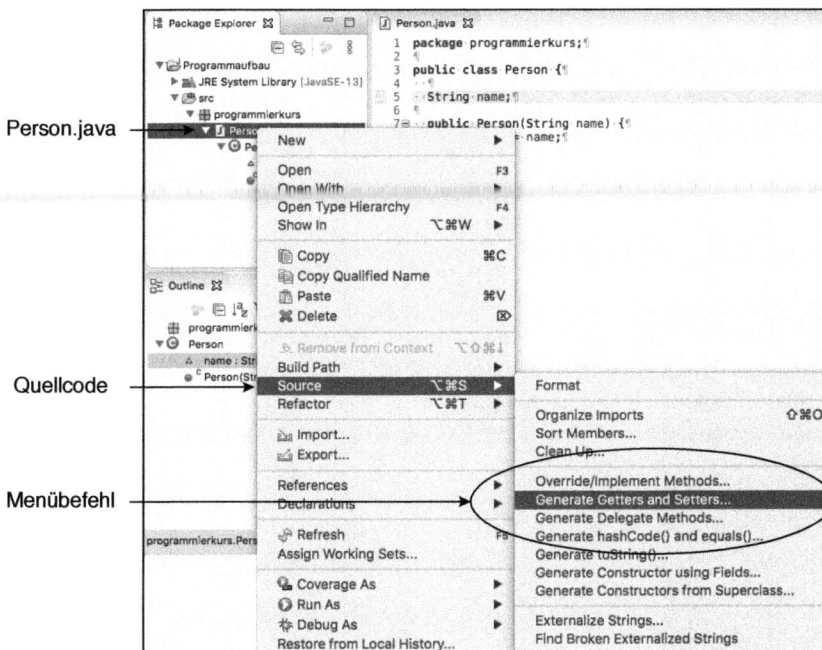

Abbildung 5.27 Aufruf des Dialogs zum Erzeugen von Getter- und Setter-Methoden

Daraufhin präsentiert die Entwicklungsumgebung wieder einen Assistenten, mit dem Sie auswählen können, in welchem Umfang Quellcode erzeugt, wie dieser gestaltet und wo dieser eingefügt werden soll (Abbildung 5.28). Wählen Sie bei der ersten Option SELECT

GETTERS AND SETTERS TO CREATE jetzt nur *getName()* aus. Damit erreichen Sie, dass der Code-generator lediglich die Abfragemethode erzeugt und nicht noch die Änderungsmethode. Beim Punkt INSERTION POINT wählen Sie AFTER PERSON (STRING), damit der Codegenerator von Eclipse die neue Methode nach dem Konstruktor einfügt. Den Rest des Dialogs können Sie so belassen und den Dialog mit GENERATE schließen, so dass der Codegenerator die Methode erzeugt.

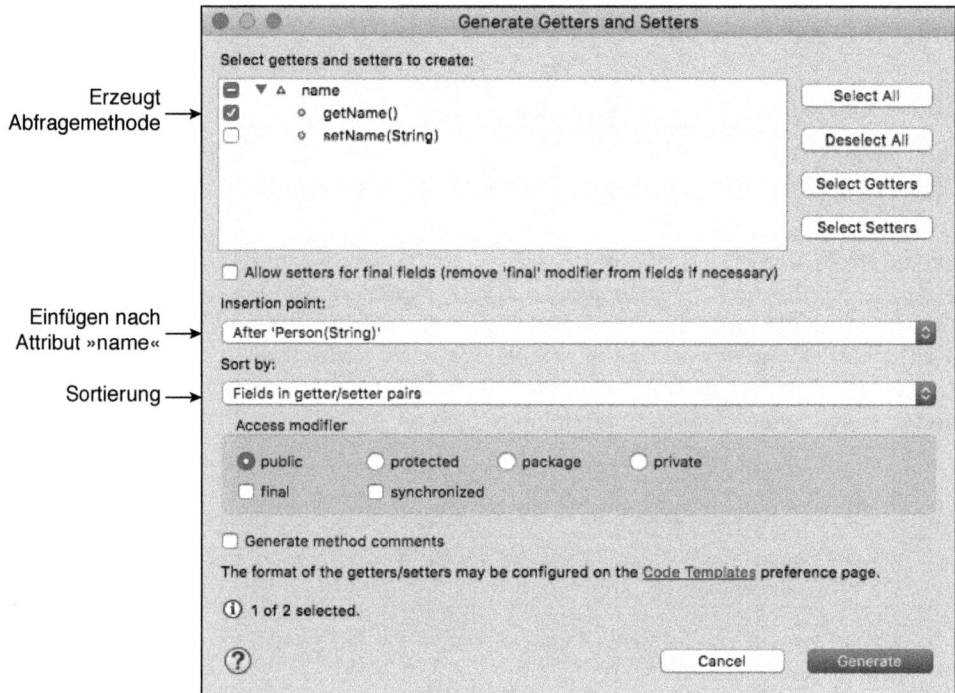

Abbildung 5.28 Dialog zum Erzeugen von Abfrage- und Änderungsmethoden

Wenn Sie darauf achten, wie sich die Entwicklungsumgebung verändert hat, werden Sie feststellen, dass der Quellcode an die richtige Stelle eingefügt wurde und die Entwicklungs-umgebung sämtliche Sichten erneut aktualisiert hat. Nehmen Sie sich jetzt etwas Zeit, die Änderungen genauer zu betrachten. Der PACKAGE EXPLORER zeigt die Datei *Person.java* nun mit einer Klasse, einem Attribut und zwei Methoden an (Abbildung 5.29).

Auch die Sicht »Outline«, die die Gliederung des Quellcodes zeigt, hat sich verändert (Abbildung 5.30). Sie zeigt dasselbe Bild mit den gleichen Symbolen. Sie erkennen das Paketsymbol für das Package *programmierkurs*, einen grünen Kreis mit einem »C« für »Class«, dem Symbol für eine Klasse, in diesem Fall die Klasse *Person*. Darunter befindet sich das Attribut *name* mit einem Dreieckssymbol für ein »Field«. Der darunter liegende grüne Punkt mit einem »C« steht für »Constructor«, dem Konstruktor der Klasse. Abgeschlossen wird die Darstellung der Klasse von einem grünen Punkt ohne weitere Markierung, dem Symbol für eine Methode, in diesem Fall die neue Methode *getName()*. Rechts von der Methode zeigt das Fenster OUTLINE den Typ des Rückgabewerts an.

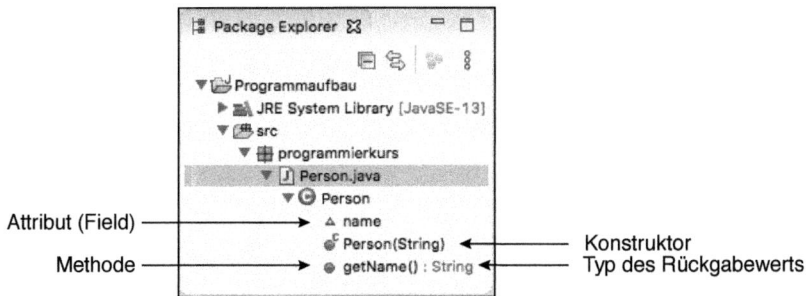

Abbildung 5.29 Der »Package Explorer« mit den verschiedenen Symbolen

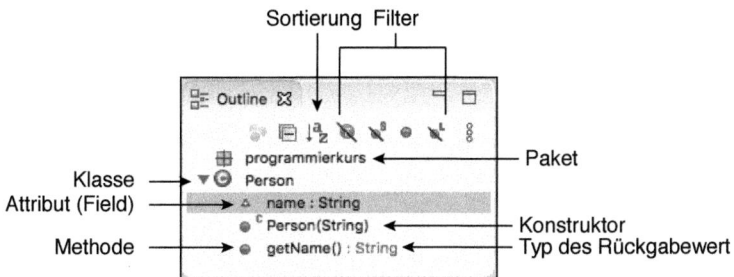

Abbildung 5.30 Die Sicht »Outline« nach der Erzeugung der Methode

Mit dem Fenster OUTLINE behalten Sie auch über sehr große und komplexe Klassen stets den Überblick. Dazu hat das Fenster noch einige weitere Funktionen. Klicken Sie auf den blau darstellten Filter im oberen Bereich. Wenn Sie mit der Maus einige Zeit über dem Symbol verharren, blendet die Entwicklungsumgebung den Hilfetext HIDE FIELDS dazu ein. Sie können mit diesem Filter alle Attribute aus der Darstellung des Fenster ausblenden. Mit diesen und anderen Filtern bekommen Sie also nur die Elemente der Klasse dargestellt, über die Sie Informationen benötigen.

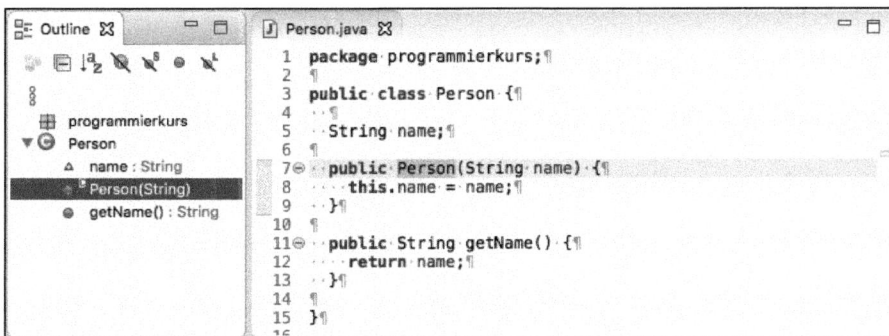

Abbildung 5.31 Die Sichten »Outline« und »Editor« sind gekoppelt.

Die Sicht OUTLINE ist mit dem Editor gekoppelt. Um das auszuprobieren, klicken Sie einmal auf das Symbol des Konstruktors. Was passiert? Wenn Sie einen Blick auf den Editor werfen, erkennen Sie, dass der Konstruktor im Quellcode markiert ist (Abbildung 5.31). Jede Markierung im Fenster OUTLINE markiert die entsprechende Stelle im Editor. Nach diesem Ausflug in die Oberfläche der Entwicklungsumgebung kehren wir wieder zurück zu unserem Projekt. Was fehlt noch, um das Programm zu starten? Natürlich fehlt noch die Hauptklasse, die Sie mit Eclipse ebenfalls sehr leicht erzeugen können.

5.8.12 Klasse »Programmdemo« erzeugen

Um das Projekt zu komplettieren, führen Sie erneut einen Rechtsklick auf den Knoten SRC des Package Explorers und danach den Menübefehl NEW → CLASS aus. Darauf zeigt sich erneut der Dialog zum Erzeugen einer neuen Klasse. Der Dialog ist schon perfekt ausgefüllt bis auf zwei Kleinigkeiten. Es fehlt der Klassenname und die Kennzeichnung, dass die Klasse ein Programm sein soll. Den Klassennamen *Programmdemo* tragen Sie in das Feld NAME ein.

Zum Schluss kennzeichnen Sie die Klasse als Programm. Dazu lassen Sie Eclipse die Methode *main* erzeugen, indem Sie die Option *public static void main(String[] args)* auswählen (Abbildung 5.32). Die Methode ist sehr wichtig: Die main-Methode kennzeichnet eine Java-Klasse als Programm. Ohne sie können Sie die Klasse nicht als Programm starten. Wenn Sie diese Option gesetzt haben, klicken Sie jetzt auf FINISH, um den Dialog zu beenden und die Klasse zu erzeugen.

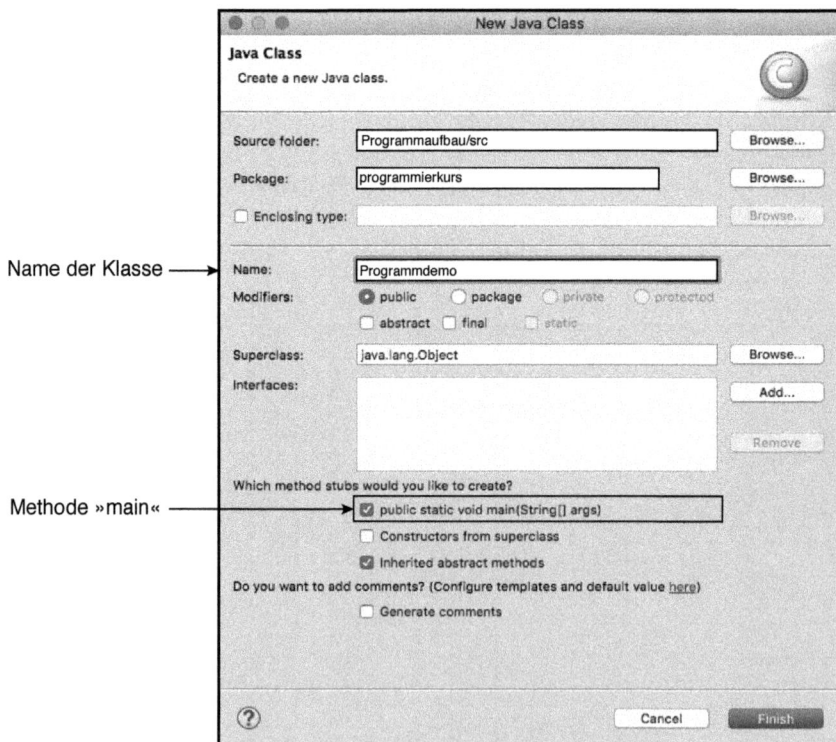

Abbildung 5.32 Die neue Klasse »Programmdemo« mit Methode »main()« erzeugen

5.8.13 Klasse »Programmdemo« komplettieren

Eclipse erzeugt nun die Klasse an dem vorher bestimmten Ort im Verzeichnis. Hierbei hat Eclipse automatisch die Methode *main* eingefügt und die neue Klasse im Editor auf der rechten Seite der Entwicklungsumgebung geöffnet. Speichern Sie nun das Projekt. Dazu hat Eclipse in der Symbolleiste links oben zwei Symbole. Das Symbol mit einer Diskette speichert den aktuellen Inhalt des Editors. Das zweite Symbol mit mehreren Disketten speichert sämtliche veränderte Dateien.

Klicken Sie auf dieses Symbol, um den gesamten Inhalt des Projekts zu sichern. Beachten Sie dabei, dass sich der Status der Dateien im Editor verändert. Ungesicherte Dateien führen im Dateinamen im Editor einen kleinen Stern. So erkennen Sie leicht, dass noch ungesicherte Änderungen an einer Datei vorhanden sind.

Nachdem das Projekt gespeichert ist, müssen Sie »nur noch« die Hülle der Methode *main* komplettieren. Dazu klicken Sie in den Editor auf der rechten Seite der Eclipse-Entwicklungsumgebung auf die Zeile unterhalb der Stelle, an der steht *TODO Auto-generated method stub*. Fügen Sie an diese Stelle die folgenden drei Zeilen ein:

Listing 5.5 Diese drei Zeilen komplettieren die Klasse »Programmdemo«.

```
6      Person roth;
7      roth = new Person("Professor Roth");
8      System.out.println("Die Person heißt: " + roth.getName());
```

Was bedeuten die Anweisungen? Mit der ersten Zeile deklarieren Sie die neue Variable *roth* vom Typ *Person*. Das bedeutet, Sie erklären dem Compiler, welchen Typ die Variable *roth* bekommen soll. Mit der zweiten Zeile erzeugen Sie über *new Person("Professor Roth")* ein neues Personenobjekt. Damit dieses Personenobjekt nicht anonym bleibt, weisen Sie der Variablen *roth* dieses neue Personenobjekt zu.

Mit der letzten Zeile gibt das Programm den Namen des Personenobjekts auf einem Terminal aus. Um den Namen des Objekts auszugeben, ruft das Programm von der Klasse *System* die Variable *out* auf. Sie verfügt über eine Methode namens *println*. Diese Funktion ist in der Lage, (nahezu) beliebige Werte auf ein Terminal auszugeben. Die gesamte Klasse sollte nach der Eingabe der drei Zeilen so aussehen, wie in Listing 5.6 abgebildet.

Listing 5.6 Die Klasse »Programmdemo«

```
1    package programmierkurs;
2
3    public class Programmdemo {
4
5      public static void main(String[] args) {
6        Person roth;
7        roth = new Person("Professor Roth");
8        System.out.println("Die Person heißt: " + roth.getName());
9      }
10   }
```

5.8.14   Programm starten

Führen Sie nun einfach einen Rechtsklick auf den Quellcode PROGRAMMDEMO.JAVA des Beispiels im PACKAGE EXPLORER aus und wählen aus dem Kontextmenü, das daraufhin erscheint, folgenden Befehl aus: RUN AS → JAVA APPLICATION. Eclipse erzeugt durch diesen Befehl automatisch eine neue Startkonfiguration für das Programm und führt es aus. Wenn alles wie beschrieben verlaufen ist, sollte im Fenster CONSOLE der Eclipse-Workbench folgender Text erscheinen:

```
Die Person heißt: Professor Roth
```

Wenn das der Fall ist, ist die erste Übung beendet, und Sie können das bisher Erlernte in den nachfolgenden Aufgaben vertiefen.

■ 5.9   Aufgaben

- Was sind die wichtigsten Sprachelemente von Java?
- Wozu dienen Kommentare?
- Was bedeutet das Schlüsselwort *Package* und wofür verwendet man es?
- Wie erreicht man, dass aus einer Java-Klasse ein Programm wird?
- Wozu dient eine Deklaration?
- Was ist eine Zuweisung?

Versuchen Sie, die Klasse *Programmdemo* um ein weiteres Personenobjekt zu erweitern. Verwenden Sie dazu ganz einfach den Editor von Eclipse. Starten Sie danach das Programm *Programmdemo* erneut und kontrollieren Sie, ob das Programm den Namen der zweiten Person korrekt ausgibt. Gehen Sie wie folgt vor:

- Fügen Sie den Namen einer zweiten Person ein. Durch die erste Zeile wird die Person deklariert, durch die zweite erzeugt:

  ```
  Person = anna;
  anna = new Person("Anna");
  ```

- Ergänzen Sie im Anschluss daran das Programm mit folgender Ausgabe:

  ```
  System.out.println("Die zweite Person heißt: " + anna.getName());
  ```

- Starten Sie zum Abschluss der Aufgabe das veränderte Programm *Programmdemo* erneut mit Eclipse und kontrollieren Sie, ob sich die Ausgabe des Programms mit folgendem Listing deckt:

  ```
  Die Person heißt: Professor Roth
  Die zweite Person heißt: Anna
  ```

Die Lösungen zu den Aufgaben finden Sie in Kapitel 25, »Lösungen«, ab Seite 589.

6 Variablen

■ 6.1 Einleitung

Das vorgehende Kapitel hat Ihnen am Beispiel des einfachen Programms gezeigt, wie ein Java-Programm grundsätzlich aufgebaut ist. Es bestand aus einer Klasse namens *Programm-demo* mit einer Methode *main*. Diese Methode erzeugte ein Objekt mithilfe der Klasse *Person*.

Java-Klassen wie die Klasse »Person« des letzten Kapitels besitzen ein oder mehrere Attribute. In der Java-Programmierung spricht man meistens von Variablen. Sie sind das Gedächtnis des Programms. In diesem Kapitel dreht es sich darum, welche Arten von Variablen es gibt und wie man sie einsetzt.

Abbildung 6.1 Dieses Kapitel zeigt, welche Variablenarten es gibt und wie man sie verwendet.

Dieses Kapitel greift dieses erneut dieses vorherige Beispiel auf. Hierbei stehen diesmal die Attribute der Klasse *Person* im Mittelpunkt. In der Java-Programmierung nennt man Attribute in der Regel Variablen. Java stellt Ihnen verschiedene Variablenarten zur Verfügung.

■ 6.2   Überblick

6.2.1   Zweck von Variablen

Ein Java-Programm besteht aus Objekten. Objekte setzen sich aus Methoden, Attributen und weiteren Objekten zusammen. Java-Programme verwenden Variablen um Attribute und Objekte zu speichern. Variablen sind sozusagen das Gedächtnis der Objekte eines Programms. Um Attribute vor unberechtigtem Zugriff zu schützen, umgibt ein Objekt sie mit einer Schale aus Methoden (Abbildung 6.2).

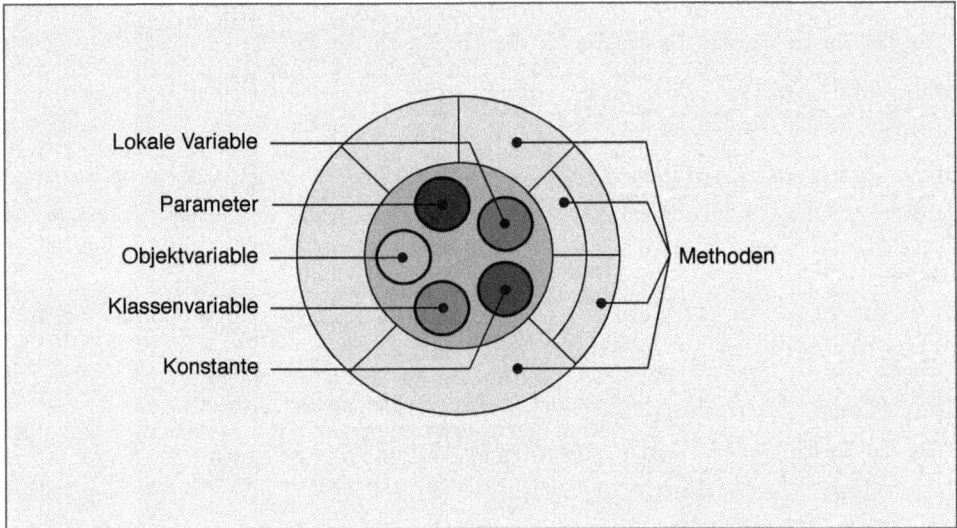

Abbildung 6.2 Ein Objekt ist ähnlich einer Zelle mit einer schützenden Kapsel aufgebaut.

6.2.2   Arten von Variablen

Der erste Teil dieses Buchs hat Variablen als Attribute von Objekten bezeichnet. Hier gab es Eigenschaften wie die Größe einer Person und ihren Namen oder Zustände wie das Attribut *Student*. Java bildet die verschiedenen Attribute der objektorientierten Welt auf fünf verschiedene Variablenarten ab (Tabelle 6.1).

Tabelle 6.1 Übersicht der Arten von Variablen

Bezeichnung	Art
Variable	Lokale Variable
	Parameter
	Objektvariable
	Klassenvariable
Konstante	Statische Variable (Variable mit unveränderlichem Wert)

6.2.3   Verwendung von Variablen

Jede Variable, die Sie verwenden möchten, muss deklariert werden. Durch die Deklaration legt das Programm dar, von welchem Datentyp eine Variable sein soll. Java ist eine sogenannte typisierte Programmiersprache. Der Sinn der Typisierung ist es, Fehler beim Ablauf der Programme zu verhindern. Dazu überprüft der Java-Compiler, während er ein Programme übersetzt, ob sämtliche Zuweisungen des Programms zu den Deklarationen passen. Aus diesem Grund müssen Sie immer angeben, von welchem Typ eine Variable sein soll, die Sie verwenden möchten. Hierbei müssen Sie in Java zuerst den Datentyp angeben und danach die Bezeichnung der Variablen (Abbildung 6.3).

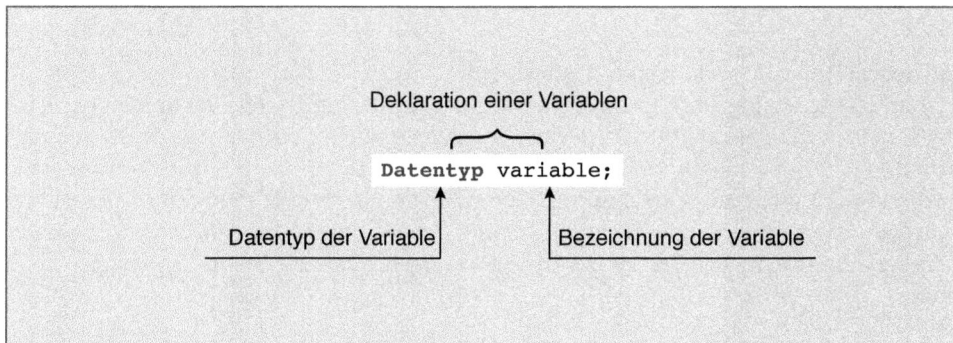

Abbildung 6.3 Deklaration einer Variablen

Nach der Deklaration können Sie der Variablen einen Wert zuweisen. Abbildung 6.4 zeigt, wie die Zuweisung eines Werts aufgebaut ist. Die Zuweisung verläuft in einem Java-Programm immer von rechts nach links. Die Richtung des Verlaufs einer Zuweisung bedeutet: Links steht die Variable, auf der rechten Seite steht der Wert, der der Variablen zugewiesen werden soll. In Java schreiben sich Variablen übrigens immer klein.

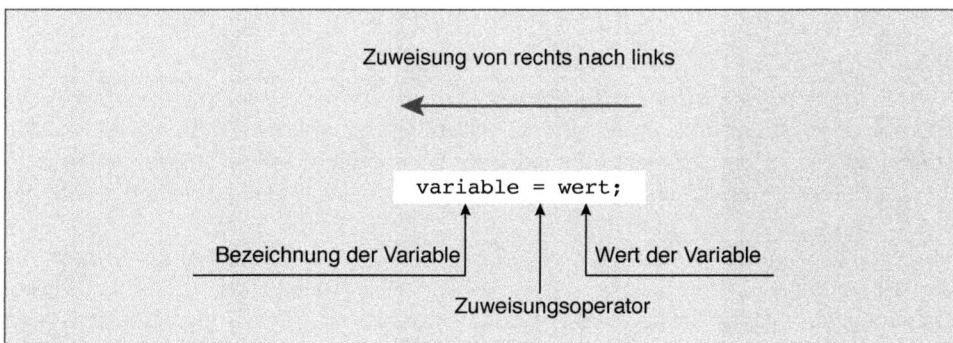

Abbildung 6.4 Zuweisung eines Werts zu einer Variablen

In vielen Fällen ist die Trennung zwischen Deklaration und Zuweisung notwendig. In anderen Fällen ist sie umständlich. Aus diesem Grund lassen sich Deklaration und Zuweisung auch zu einer Kurzschreibweise kombinieren (Abbildung 6.5).

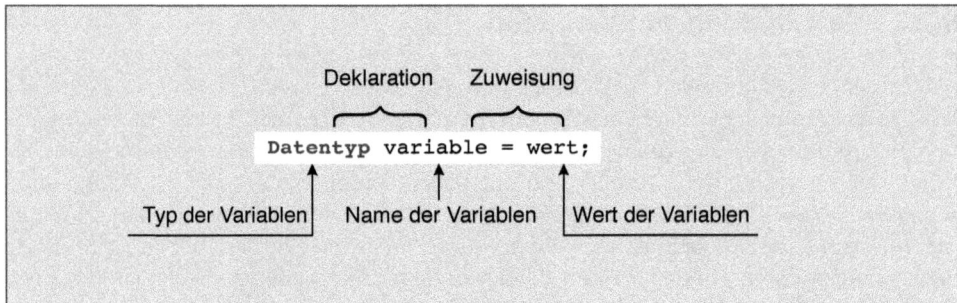

Abbildung 6.5 Zuweisung eines Werts zu einer Variablen

Ein Beispiel für eine Deklaration mit konkreten Werten: Einer Variablen soll eine Größe von 171 cm zugewiesen werden. Dazu ist es erst einmal notwendig, sich eine Bezeichnung für die Variable auszudenken. Die Länge einer Variablenbezeichnung in Java ist praktisch unbeschränkt. Dennoch sollten Sie langatmige Variablenbezeichnungen vermeiden, da sie die Lesbarkeit des Programms erschweren. Eine gute Variablenbezeichnung ist so einfach wie möglich, aber auf jeden Fall *selbsterklärend*. Sie können deutsche Sonderzeichen verwenden, ich empfehle es aber nicht. Im Fall des Beispiels lautet der Variablenname dementsprechend *groesse*.

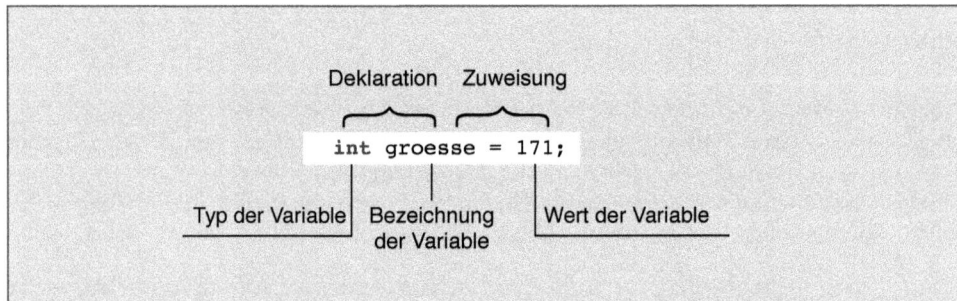

Abbildung 6.6 Beispiel für eine Deklaration und Zuweisung zu einer Variablen

Nach der Bezeichnung muss das Programm deklarieren, von welchem Datentyp die Variable *groesse* sein soll. Dazu überlegt man, welcher Datentyp zur Variablen *groesse* passt. In diesem Fall ist es der Datentyp *int*. Datentypen wie *int* stellt dieser Buchteil erst später vor. Nur so viel als Vorgriff auf Kapitel 8, »Einfache Datentypen«: Der Datentyp *int* erlaubt es, ganzzahlige Werte zu speichern und eignet sich deshalb für die Variable *groesse*. Ist die Deklaration abgeschlossen, kann das Programm der Variablen den Wert *171* zuweisen. Abbildung 6.6 zeigt, wie die Kombination aus Deklaration und Zuweisung aussieht. Wie Sie sehen, ist die Längeneinheit unter den Tisch gefallen. Sie müssen sich für dieses einfache Programm also merken, dass es mit der Einheit Zentimeter arbeitet.

■ 6.3 Lokale Variablen

Lokale Variablen haben die Aufgabe, Daten lokal zu speichern. Lokal bedeutet, dass die Variable nur in einem speziellen Bereich einer Klasse und somit nicht global innerhalb der Klasse sichtbar ist. Man speichert Daten immer dann nur lokal, wenn eine Variable ausschließlich lokal benötigt wird. Das kann zum Beispiel sein, wenn man ein Zwischenergebnis einer Berechnung erhält oder ein Objekt nur lokal benötigt. Die Deklaration einer lokalen Variable sieht so wie bei anderen Variablen aus. Die Sichtbarkeit der Variable ist aber nur auf den Block begrenzt, in dem sie deklariert wurde (Abbildung 6.7).

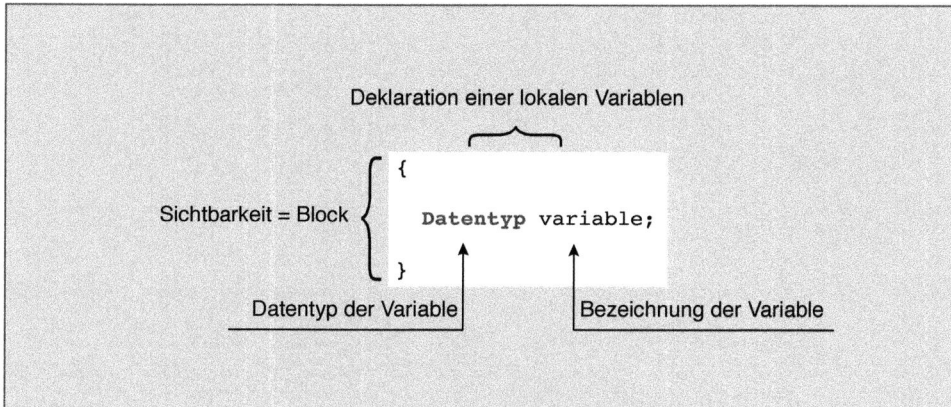

Abbildung 6.7 Beispiel für eine Deklaration einer lokalen Variablen

Ein Beispiel für eine lokale Variable ist das Objekt *roth* aus der Klasse *LokaleVariableDemo*. Werfen Sie hierzu einen Blick auf das Listing der Methode *main* aus der Klasse *LokaleVariableDemo* (Listing 6.1).

Listing 6.1 Die lokale Variable »roth« innerhalb der Methode »main«

```
 7    public static void main(String[] arguments) {
 8
 9        Person roth;
10
11        roth = new Person("Karsten", "Roth");
```

In Zeile 9 des Beispiels deklariert das Programm die Variable *roth* vom Datentyp *Person*. Das Programm weist ihr das Objekt zu, was durch den Ausdruck *roth = new Person("Karsten", "Roth")* entsteht. Das Leben der Variable *roth* ist auf die Methode *main()* begrenzt. Außerhalb der Methode *main* im Rest der Klasse ist diese Variable nicht sichtbar. Das bedeutet auch, dass das Objekt vor dem Zugriff anderer Objekte des Programms perfekt geschützt ist, denn es hat keine Schnittstelle zur Außenwelt.

◼ 6.4 Parameter

Bei Parametern verhält es sich ähnlich zu lokalen Variablen. Parameter sind auch nur innerhalb eines Blocks gültig. Im Gegensatz zu einer lokalen Variablen befindet sich die Deklaration jedoch nicht innerhalb eines Blocks. Sie ist stattdessen Teil der sogenannten Methodensignatur. Die Methodensignatur definiert die Schnittstelle der Klasse, zu dem die Methode gehört. Abbildung 6.8 zeigt eine Methode, die eine Variable mit der Bezeichnung *parameter* enthält. Dieser Parameter kommt von außen in die Methode. Dieser Parameter lässt sich zum Beispiel einer lokalen Variablen zuweisen.

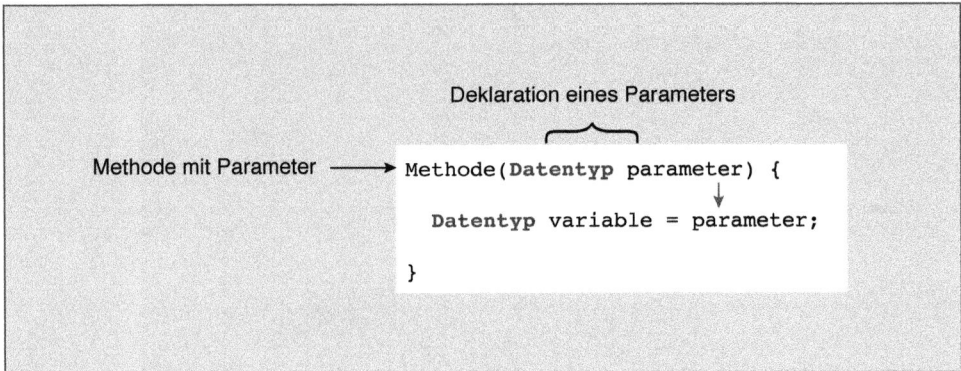

Deklaration eines Parameters

Methode mit Parameter ⟶

```
Methode(Datentyp parameter) {

    Datentyp variable = parameter;

}
```

Abbildung 6.8 Deklaration eines Parameters

Ein Programm kann nicht nur *einen* Parameter aufnehmen, sondern diverse. Ein Beispiel mit der erweiterten Klasse *Person* zeigt das. Hier enthält der Konstruktor der Klasse *Person* zwei Parameter: den Vornamen und den Nachnamen. Beide Deklarationen der Parameter müssen mit einem Komma voneinander abgetrennt werden. Wenn die beiden Zeichenketten in die Methode gelangt sind, kann sie das Programm anschließend weiterverarbeiten (Abbildung 6.9).

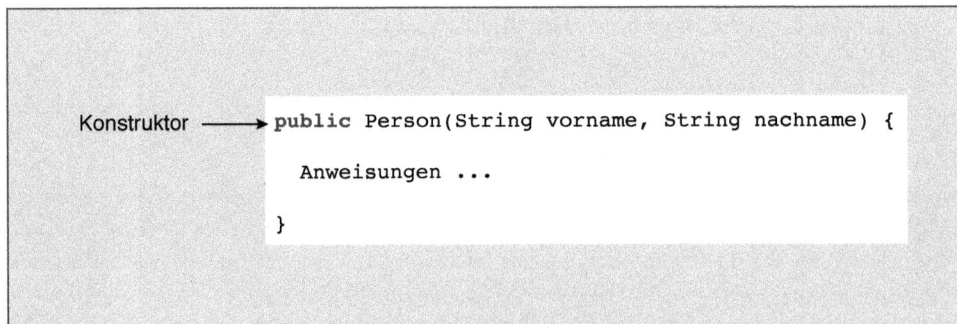

Konstruktor ⟶

```
public Person(String vorname, String nachname) {

    Anweisungen ...

}
```

Abbildung 6.9 Beispiel für die Deklaration mehrerer Parameter

■ 6.5 Objektvariablen

Die natürlichen Attribute einer Klasse heißen im Java-Jargon Objektvariablen. Natürliche Attribute können zum Beispiel ein Vorname sein oder ein Nachname – wie an dem Beispiel auf der Seite zuvor. Objektvariablen sind objektspezifisch, daher ihr Name. Das bedeutet, dass jedes Objekt beim Erzeugen individuelle Werte erhält (Abbildung 6.10).

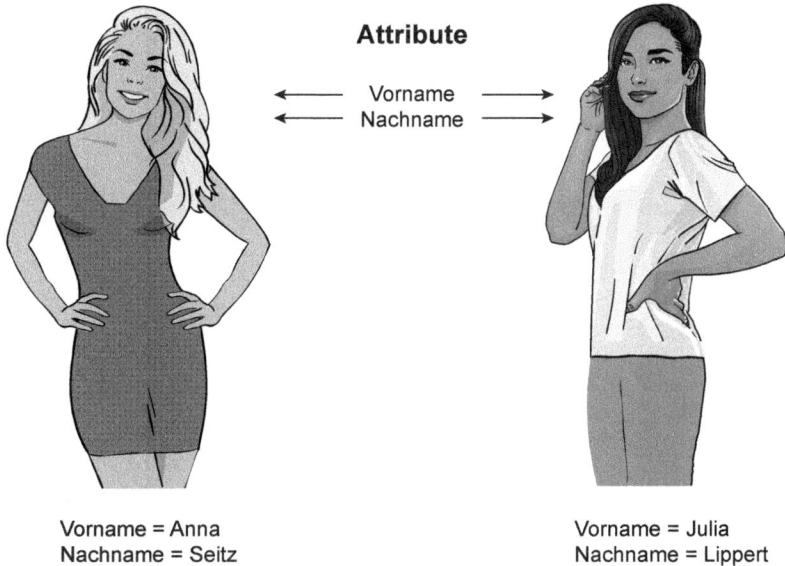

Attribute

Vorname
Nachname

Vorname = Anna
Nachname = Seitz

Vorname = Julia
Nachname = Lippert

Abbildung 6.10 Objektvariablen sind die individuellen Attribute der Objekte.

6.5.1 Individuelle Objektvariablen

Sie deklarieren individuelle Objektvariablen direkt am Beginn einer Klasse. Sie sind damit innerhalb der gesamten Klasse sichtbar (Abbildung 6.11)

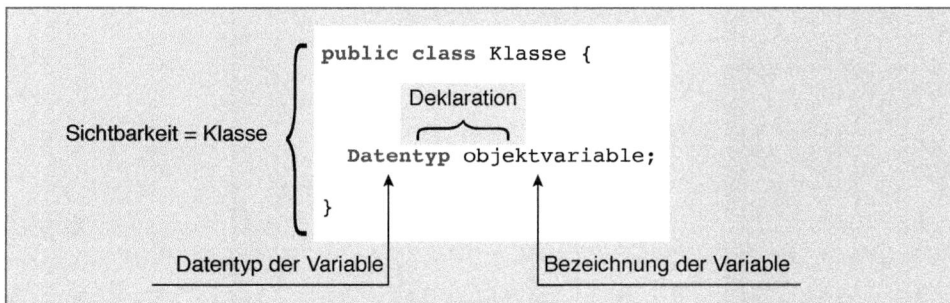

Sichtbarkeit = Klasse

```
public class Klasse {

    Datentyp objektvariable;

}
```

Deklaration

Datentyp der Variable

Bezeichnung der Variable

Abbildung 6.11 Deklaration einer Objektvariablen

6.5.2   Objektvariable »this«

Es gibt mit *this* eine spezielle Objektvariable, die automatisch vom Compiler erzeugt wird. Sie dient dazu, immer auf das aktuelle Objekt zuzugreifen. Sie kann in verschiedenen Situationen verwendet werden. Am häufigsten wird *this* verwendet, um Parameter und Attribute gleichen Namens zu unterscheiden. Hierzu wieder das Beispiel mit der Klasse *Person* (Listing 6.2). Die Klasse besteht aus einem Attribut *name* des Typs String und einem Konstruktor. Der Konstruktor verfügt über einen Parameter mit ebenfalls einer Variablen des gleichen Namens und des gleichen Typs.

Listing 6.2 Die Klasse »Person« mit zwei Attributen

```
1   // Beispielprogramm "Variablen"
2
3   package programmierkurs;
4
5   public class Person {
6
7     String name; // Attribut Name
8
9     public Person(String name) {
10      this.name = name;
11    }
12
13    public String getName() {
14      return name;
15    }
16  }
```

Die Klasse *ThisDemo* ruft in Zeile 8 den Konstruktor der Klasse *Person* auf. Hierbei übergibt *ThisDemo* den Namen der Person, um ein Objekt mit der Bezeichnung *roth* und dem Namen *Professor Roth* zu erzeugen (Listing 6.3).

Listing 6.3 Die Klasse »ThisDemo« erzeugt ein neues Personenobjekt.

```
1   // Beispielprogramm "Variablen"
2
3   package programmierkurs;
4
5   class ThisDemo {
6
7     public static void main(String[] arguments) {
8       Person roth = new Person("Professor_Roth");
9       System.out.println("Der_Name_der_Person_lautet:_" + roth.getName());
10    }
11  }
```

Zum besseren Verständnis zeigt die Abbildung 6.12 den gesamten Vorgang nochmals im Überblick. Um die einzelnen Schritte besser nachvollziehen zu können, sind diese in der Abbildung durchnummeriert. Das Programm *ThisDemo* ruft mit der Anweisung *new Person(…);* den Konstruktor der Klasse *Person* auf, um ein neues Objekt des Typs *Person* zu erzeugen (Punkt 1). Bei diesem Aufruf übergibt das Programm den Namen der Person in Form des Parameters *name* (Punkt 2). Der Parameter *name* hat im Konstruktor der Klasse die Wirkung einer lokalen Variable. Er überdeckt innerhalb der Methode das gleichnamige Attribut der Klasse. Daher muss das Programm im linken Teil der Zuweisung (Punkt 4) mit dem Befehl *this.name* auf das Attribut *name* der Klasse zugreifen.

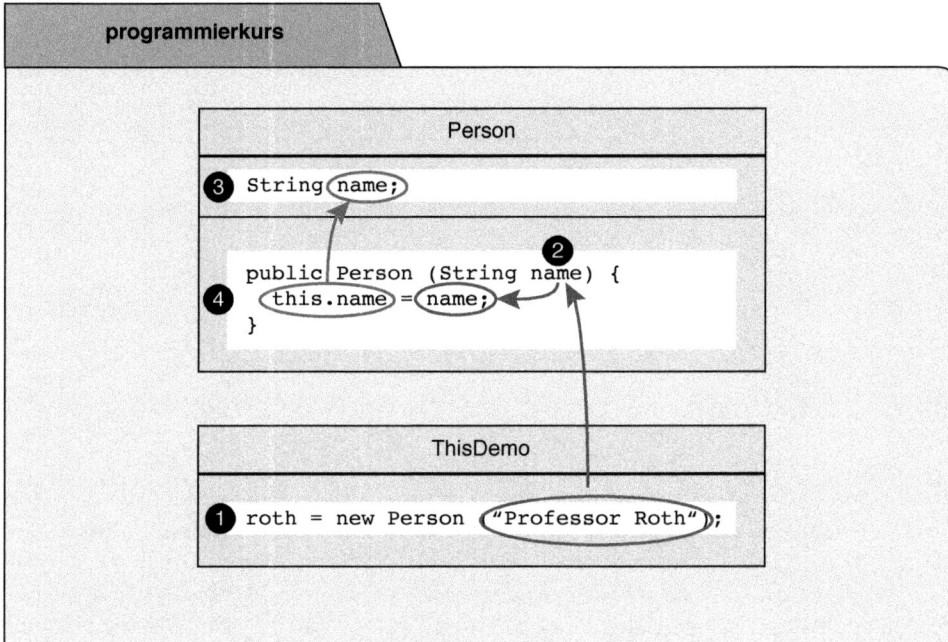

Abbildung 6.12 Verwendung der Objektvariablen »this«

Es geht natürlich auch anders. Bei dem Beispiel in Listing 6.4 heißt der Parameter zur Unterscheidung des Klassenattributs *namePerson*. Da sich seine Bezeichnung vom Klassenattribut *name* unterscheidet, verdeckt er diese auch nicht lokal. Ein Zugriff mittels *this* ist daher überflüssig. Aber Sie sehen deutlich, warum man *this* in der professionellen Programmierung grundsätzlich einsetzt. Ohne die Verwendung von *this* muss man sich immer eine weitere Bezeichnung für eine gleichartige Variable ausdenken.

Listing 6.4 Konstruktor ohne Verwendung von »this«

```
1  public Person(String namePerson) {
2     name = namePerson;
3  }
```

Wenn Java ihre erste Programmiersprache ist, wird Ihnen das Verdecken eines Klassenattributs durch eine lokale Variable vermutlich eigenartig erscheinen. An dieser Stelle möchte ich dieses Thema jedoch nicht weiter vertiefen. Der dritte Buchteil übernimmt das und geht auf diese Regeln ausführlich in Kapitel 22, »Gesetzmäßigkeiten«, ein.

6.6   Klassenvariablen

Während Objektvariablen sozusagen Privatbesitz der Objekte sind, ist das bei Klassenvariablen anders. Klassenvariablen gelten für *jedes* Objekt einer Klasse, in der sie deklariert wurden. Man deklariert sie durch das Schlüsselwort *static*. Wie bei den anderen Variablenarten lassen sich Deklaration und Zuweisung auch kombinieren (Abbildung 6.13).

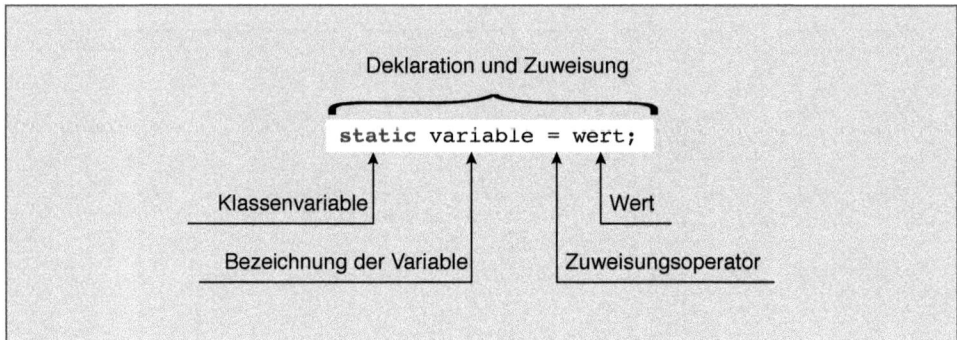

Abbildung 6.13 Klassenvariablen gelten für jedes Objekt der Klasse, in der sie deklariert wurden.

Klassenvariablen sind also nicht an ein Objekt gebunden. Sie existieren daher ab dem Zeitpunkt, an dem eine Klasse geladen wird, bis zur Beendigung des Programms. Mit anderen Worten: Jedes Objekt, das von der Klasse erzeugt wird, verfügt über eine Variable mit genau dem *gleichen* Wert. Was das für Konsequenzen hat, zeigt folgendes Beispiel. Das Beispiel besteht aus der Klasse *Person* und dem Programm *Klassenvariablendemo*. Die Klasse *Person* verfügt über das Attribut *student*. Das Programm belegt diese Variable zunächst mit dem Anfangswert *false*. Über den Aufruf des Konstruktors der Klasse in Zeile 9 des Listings belegt man diesen Anfangswert mit einem passenden Wert für ein Exemplar des Typs *Person* (Listing 6.5).

Listing 6.5 Die Klasse »Person« mit der Klassenvariable »student«

```
 1  // Beispielprogramm "Variablen"
 2
 3  package programmierkurs;
 4
 5  public class Person {
 6
 7    static boolean student = false;
 8
 9    public Person(boolean student) {
10      Person.student = student;
11    }
12
13    public static boolean isStudent() {
14      return student;
15    }
16  }
```

Natürlich ist nicht jede Person ein Student oder eine Studentin. Im Programmierkurs von Professor Roth ist zum Beispiel Anna eine Studentin, aber Robert nicht. Er ist ein Roboter. Um das zu zeigen, erzeugt das nachfolgende Programm zwei Personenobjekte mit verschiedenen Werten, so als ob es Objektvariablen wären. Das Programm erzeugt in Zeile 8 erst ein Objekt namens *anna* und stellt in Zeile 10 die Frage, ob sie eine Studentin ist. Danach erzeugt es in Zeile 12 ein Objekt namens *robert* und stellt in Zeile 13 auch für dieses Personenobjekt die Frage, ob Robert ein Student ist. Zur Kontrolle fragt das Programm in Zeile 15 erneut, ob Anna eine Studentin ist (Listing 6.6).

Listing 6.6 Das Programm ruft die Variable ohne Objekt auf.

```
 1  // Beispielprogramm "Variablen"
 2
 3  package programmierkurs;
 4
 5  class Klassenvariablendemo {
 6
 7    public static void main(String[] arguments) {
 8
 9      Person anna = new Person(true);
10      System.out.println("Ist Anna eine Studentin? " + anna.isStudent());
11
12      Person robert = new Person(false);
13      System.out.println("Ist Robert ein Student? " + robert.isStudent());
14
15      System.out.println("Ist Anna eine Studentin? " + anna.isStudent());
16    }
17  }
```

Die Ausgabe des Programms lautet wie folgt:

```
Anna ist Studentin: true
Professor Roth ist Student: false
Anna ist Studentin: false
```

Das Resultat ist verblüffend, denn nach der letzten Zuweisung in Zeile 12, dem Erzeugen eines Personenobjekts, das kein Student ist, hat auch Anna ihren Studentenstatus verloren. Der Grund ist, dass sich sämtliche Exemplare des Typs *Person dieselbe* Variable *student* teilen. Ändert man für ein Objekt den Wert dieser Klassenvariable, ändert man alle Werte sämtlicher Exemplare, die bisher erzeugt wurden. Aus diesem Grund sollte man sich den Gebrauch von Klassenvariablen gut überlegen.

Noch ein Wort zur Syntax des Programms: Wenn Sie dieses Beispiel mit Eclipse laden, werden Sie feststellen, dass die Entwicklungsumgebung die Anweisungen *anna.isStudent()* und *robert.isStudent()* mit Warnungen markiert. Warum? Die Syntax der Anweisungen ist zwar formal korrekt. Die Schreibweise erweckt jedoch den Eindruck, als wolle der Programmierer auf eine Objektvariable zugreifen. Um auf statische Variablen zuzugreifen, verwendet man eine andere Syntax. Mit dieser lautet die Abfrage wie folgt:

```
Person.isStudent();
```

Durch diese Art der Abfrage wird zuerst die Klasse und danach die Methode und nicht das Objekt und danach die Methode genannt. Damit ist jedem gut ausgebildeten Java-Programmierer sofort klar, dass das Programm hier eine Klassenvariable abfragt und nicht eine Objektvariable. Mit einer Objektvariable würde eine Abfrage dieser Art nicht funktionieren. Da sämtliche Klassenvariablen stets den selben Wert besitzen, ist eine Anfrage wie in den Zeilen 10, 13 und 15 des Listings 6.6 also vollkommen irreführend. Vermeiden Sie daher Abfragen von Klassenvariablen im Stil von Objektvariablen.

■ 6.7 Konstanten

Von Klassenvariablen ist es nur ein kleiner Sprung zu Konstanten. Aber unterstützt Java Konstanten? Der Weg zu einer Konstante scheint ziemlich verbaut zu sein: Das Schlüsselwort *const* ist zwar reserviert, darf aber nicht verwendet werden. Wenn man konstante Werte definieren möchte, kennzeichnet man sie in der Variablendeklaration durch die Schlüsselwörter *static final*.

Durch das Schlüsselwort *static* wird eine Klassenvariable deklariert. Durch das Schlüsselwort *final* ist ihr Wert unveränderlich. Er darf nur einmal im Programm zugewiesen werden. Wenn Sie also wollen, ist dieses Art der Konstante eine Steigerung der zuvor vorgestellten Klassenvariable. Üblicherweise geschieht die Einführung einer Konstanten in einer Kombination aus Deklaration und Zuweisung, wie Sie sie bereits bei anderen Variablen kennen (Abbildung 6.14).

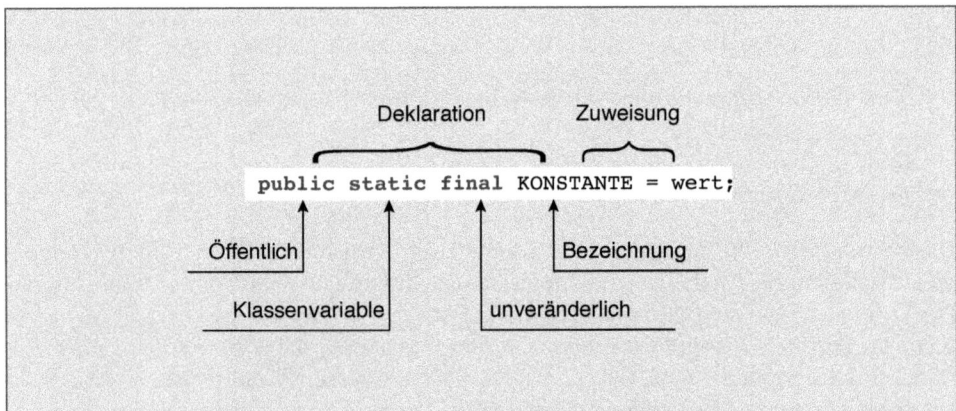

Abbildung 6.14 Konstanten sind unveränderliche Klassenvariablen

Will man eine Konstante erzeugen, kombiniert man das Schlüsselwort *static* mit *final*. Vor beidem steht das Schlüsselwort *public*. Die Konstante ist also auch ohne eine Abfragemethode für jeden zugänglich. Das ist auch sinnvoll, da eine Kapselung sinnlos ist, denn den Wert einer Konstanten kann sowieso niemand verändern.

Kehren wir zurück zum Programmierkurs von Professor Roth. Folgendes Beispiel zeigt, wie eine Konstante bei der Klasse *Person* funktioniert. Die Klasse verfügt nur über ein Attribut, die Anzahl der Beine. Die Anzahl wird gleich zu Beginn auf den korrekten Wert 2 gesetzt und in Großbuchstaben geschrieben (Listing 6.7). Dadurch, dass die Konstante durchgängig in Großbuchstaben geschrieben wird, ist beim Lesen des Programms an jeder Stelle sofort klar, dass es sich um einen unveränderlichen Wert handelt.

Listing 6.7 Das Programm besitzt das konstante Attribut »ANZAHL_BEINE«

```
 1   // Beispielprogramm "Variablen"
 2
 3   package programmierkurs;
 4
 5   public class Person {
 6
 7     public static final int ANZAHL_BEINE = 2;
 8
 9   }
```

Das Programm *KonstanteDemo* muss kein Objekt erzeugen, um auf eine Konstante zugreifen zu können (Listing 6.8). Das ist erst einmal ungewohnt und scheint dem Wesen eines objektorientierten Programms zu widersprechen. Eine Konstante wird mit einer Klasse erzeugt und führt sozusagen ein Eigendasein ohne Objekt einer Klasse.

Listing 6.8 Das Programm ruft die Variable ohne Objekt auf.

```
 1   // Beispielprogramm "Variablen"
 2
 3   package programmierkurs;
 4
 5   class KonstanteDemo {
 6
 7     public static void main(String[] arguments) {
 8
 9       System.out.println("Personen haben " + Person.ANZAHL_BEINE +
10         " Beine");
11
12     }
13   }
```

Eine Abfragemethode ist bei Konstanten überflüssig, da Konstanten wie in der Klasse *Person* generell als *public* deklariert werden. Warum auch nicht, da niemand den Wert der Konstanten verändern kann? Auf diese unveränderliche »Variable« kann jeder Programmteil also ungehindert zugreifen. Eine Abfragemethode ist bei öffentlichen Attributen demzufolge überflüssig. Wenn Sie das Programm *KonstanteDemo* starten, gibt es folgende Information auf der Konsole aus:

```
Personen haben 2 Beine
```

■ 6.8   Zusammenfassung

Sie haben in diesem Kapitel erfahren, welche Variablen und Konstanten sich in Java verwenden lassen. Java unterscheidet vier Variablentypen neben der Konstante: lokale Variablen, Parameter sowie Objekt- und Klassenvariablen. Lokale Variablen gelten nur dort, wo sie deklariert wurden. Sie sind also lokal begrenzt. Parameter gelten ähnlich lokalen Variablen nur im Block einer Methode. Sie werden jedoch im Methodenkopf deklariert. Objektvariablen sind für jedes Objekt (Exemplar) einer Klasse verschieden. Im Gegensatz dazu sind Klassenvariablen, wie bei ihrer Deklaration festgelegt, statisch. Einmal gesetzt, ist der Wert einer Klassenvariablen für alle Exemplare einer Klasse gleich.

```
Variablenarten {

   • Variable
     • Lokale Variable
   • Parameter
   • Objektvariable
   • Klassenvariable

   • Konstante }
```

Java bietet verschiedene Variablenarten für die unterschiedlichsten Fälle. Lokale Variablen und Parameter gelten nur lokal. Objektvariablen gelten für jeweils ein Objekt, während Klassenvariablen für jedes Exemplar gleich sind. Konstanten sind Variablen, die unveränderlich sind.

Abbildung 6.15 Java stellt Konstanten und mehrere verschiedene Typen von Variablen zur Verfügung

Einen Schritt weiter gehen Konstanten. Sie nehmen in Java eine Sonderrolle ein, denn sie sind nichts anderes als Klassenvariablen mit unveränderlichem Wert. Das Schlüsselwort *static* legt fest, dass sie Klassenvariablen sind, und das Schlüsselwort *final*, dass sie unveränderlich sind. Um Konstanten hervorzuheben, werden sie in Großbuchstaben geschrieben. Dadurch, dass sie als *public* deklariert werden, benötigt man im Gegensatz zu anderen Attributen keine Abfragemethoden, um auf ihren Wert zuzugreifen.

■ 6.9 Übungen

In dieser Übung entwickeln Sie Schritt für Schritt das zuvor beschriebenen Programm als *Programmdemo* mit Eclipse. Sofern Sie die Eclipse-Entwicklungsumgebung nicht bereits installiert haben, holen Sie das jetzt nach. Die Anleitung dazu befindet sich in Kapitel 4, »Entwicklungsumgebung« unter dem Abschnitt 4.2, »Installation«.

6.9.1 Eclipse starten

Starten Sie jetzt Eclipse, sofern nicht bereits geschehen. Wenn Sie das vorherige Kapitel »Programmaufbau« wie beschrieben bearbeitet haben, sollte Eclipse Ihnen beim Start den Dialog namens ECLIPSE IDE LAUNCHER mit dem letzten gewählten Workspace namens *Uebungen* präsentieren. Wenn das der Fall ist, klicken Sie einfach auf die Schaltfläche LAUNCH des Eclipse Launchers, um Eclipse mit diesem Workspace zu starten.

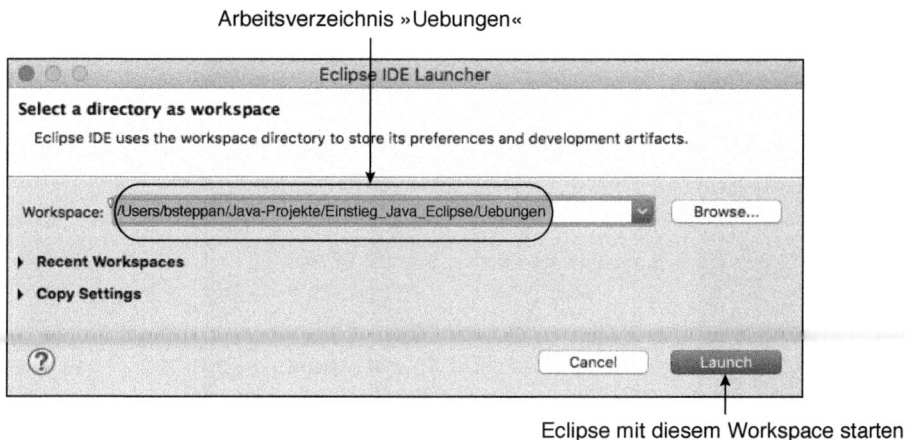

Abbildung 6.16 Workspace »Uebungen« auswählen

Falls Sie zwischenzeitig den Workspace gewechselt haben, klicken Sie stattdessen auf BROWSE, um zum Workspace *Uebungen* zu navigieren, und starten erst danach Eclipse durch einen Klick auf die Schaltfläche LAUNCH.

6.9.2 Projekt kopieren

Die Java-Perspektive, die Eclipse Ihnen nach dem Start präsentiert, ist die Perspektive PROGRAMMIERKURS, die Sie in der letzten Übung eingerichtet haben. In der letzten Übung legten Sie an dieser Stelle ein neues Projekt an. Das ist diesmal nicht notwendig. Da diese Übung auf der letzten Übung aufbaut, ist es geschickter, das Projekt *Programmaufbau* einfach zu kopieren.

Das lässt sich mit der Eclipse IDE durch ein paar Mausklicks erledigten. Führen Sie dazu einen Rechtsklick auf den Projektknoten im PACKAGE EXPLORER aus und wählen aus dem

Kontextmenü, das daraufhin erscheint, den Befehl COPY aus (Abbildung 6.17). Führen Sie danach auf eine freie Fläche im PACKAGE EXPLORER erneut einen Rechtsklick aus und wählen aus dem Kontextmenü diesmal PASTE aus.

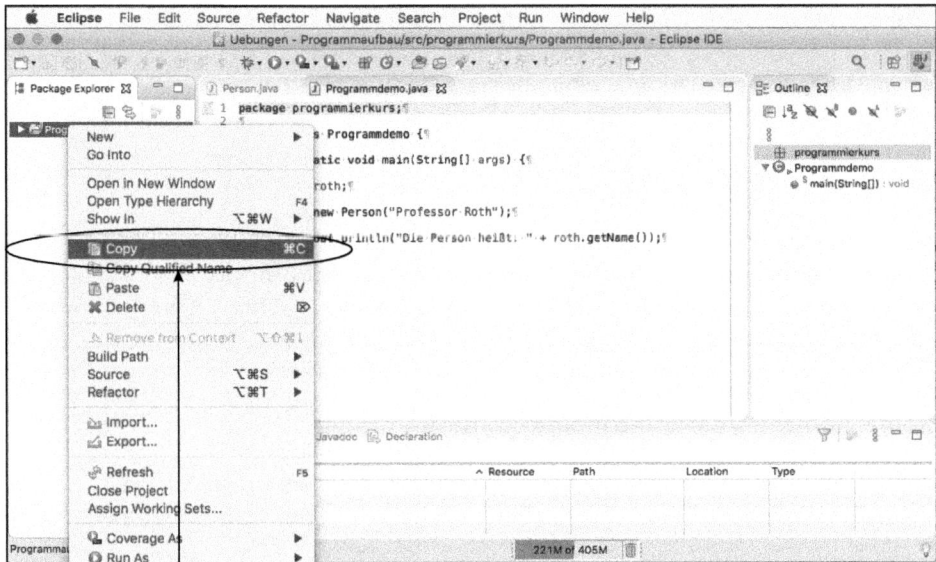

Projekt kopieren

Abbildung 6.17 Über das Kontextmenü kopieren Sie das Projekt.

Danach erscheint ein Dialog, in dem Sie den Namen des Projekts und den Speicherort eingeben können. Tragen als Namen *Variablen* ein und belassen die restlichen Einstellungen wie von Eclipse belegt. Starten Sie die Kopieraktion im Anschluss daran durch einen Klick auf die Schaltfläche COPY. Eclipse erzeugt daraufhin eine exakte Kopie des Projekts der letzten Übung mit beiden Klassen *Person* und *Programmdemo*.

6.9.3 Attribut einfügen

Die Dateien, die Eclipse momentan im Editor anzeigt, gehören zum Projekt *Programm-aufbau*. Schließen Sie diese Dateien auf der rechten Seite der Entwicklungsumgebung im Editor, indem Sie auf das Schließkreuz neben dem Dateinamen klicken. Gehen Sie danach in den PACKAGE EXPLORER und klappen Sie das neu entstandene Projekt VARIABLEN auf und klicken dort auf die Datei *Person.java*.

Nachdem Eclipse diese Datei im Editor zeigt, ist es Zeit, sie etwas zu verändern. Die Klasse *Person* soll ein neues Attribut namens *vorname* bekommen. Fügen Sie dazu im Editor vor dem Attribut *name* eine neue Zeile ein, fügen Sie das Attribut *vorname* des Typs *String* ein und schließen die Anweisung mit einem Semikolon ab, so dass in der Zeile die Anweisung *String vorname* steht.

6.9.4 Attribut umbenennen

Die Klasse *Person* enthält nun zwei Attribute: *vorname* und *name*. Die erste Bezeichnung ist passend, die zweite weniger. Besser wäre für das zweite Attribut die Bezeichnung *familienname* oder einfach *nachname*. Wie lässt sich das ändern? Sie können natürlich alle Vorkommen des Attributs im Editor manuell ändern. Wenn Sie das ausprobieren, werden Sie schnell merken, dass es schon bei dieser kleinen Klasse sehr viele Änderungen nach sich zieht. Insbesondere merken Sie auch, dass das Attribut in versteckter Form auch in der Klasse *Programmdemo* auftaucht. Dort heißt die Abfragemethode *getName()*.

Besser als das manuelle Umbenennen ist es, die Eclipse-Funktionen hierzu heranzuziehen. Das Umbenennen und Verschieben von Klassen, Methoden und Variablen heißt in der IT-Fachsprache »Refactoring«. Der Begriff bedeutet so viel wie Restrukturierung. Die Eclipse IDE hat einen eigenen Menüpunkt hierfür, da die Entwicklungsumgebung über eine Vielzahl von Refactoring-Funktionen verfügt. Sie gelangen an diese Funktion, indem Sie auf das Attribut im Editor klicken und danach einen Doppelklick darauf ausführen. Wählen Sie aus dem Kontextmenü REFACTOR → RENAME.

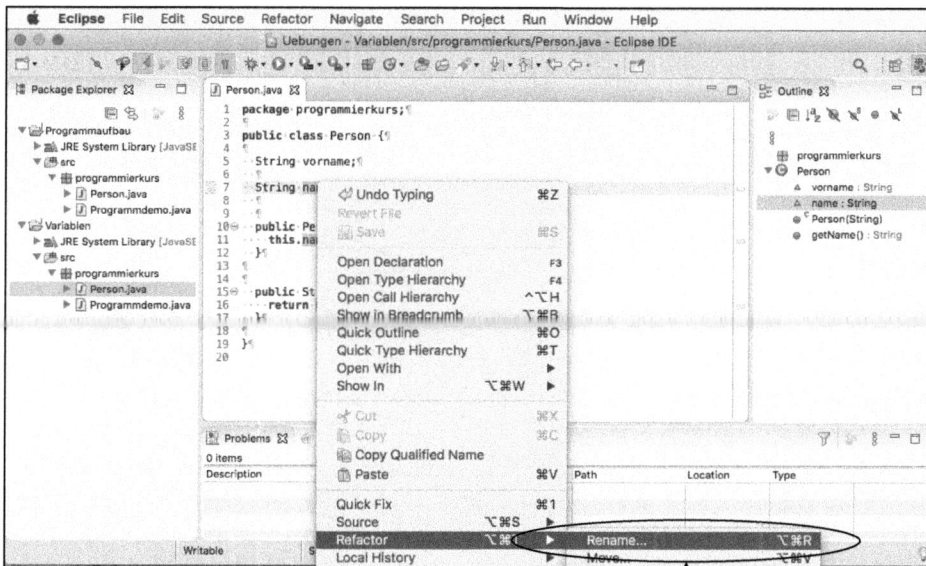

Attribut umbenennen

Abbildung 6.18 Mittels Refactoring lassen sich Attribute, Objekte und Klassen umbenennen.

Daraufhin zeigt sich im Editor ein kleiner grauer Bereich über dem Attribut, ein sogenanntes Tooltip. Sie könnten nun das Attribut einfach mit dem neuen Namen im Editor überschreiben und die Eingabetaste drücken – das empfiehlt sich jedoch überhaupt nicht. Der Grund ist, dass Eclipse IDE bei einem einfachen Refactoring nur die Schreibweise des Attributs im Quellcode ändern würde. Eclipse würde Änderungs- oder Abfragemethoden nicht ändern. Eine Methode wie *getName()* bliebe unverändert. Es wäre aber sinnvoll, diese Methode bei dieser Gelegenheit in *getNachname()* und auch Parameter anzupassen.

Dazu klicken Sie im grauen Tooltip auf OPTIONS Daraufhin erscheint ein Dialog, in dem Sie den neuen Namen des Attributs eintragen (Abbildung 6.19). Wählen Sie weiterhin die Optionen UPDATE TEXTUELL OCCURENCES und RENAME GETTER aus. Mit der ersten Option lassen Sie überprüfen, ob das Attribut in Kommentaren und anderen Zeichenketten vorkommt, durch die zweite Option passt Eclipse auch die Abfragemethode *getName()* entsprechend an.

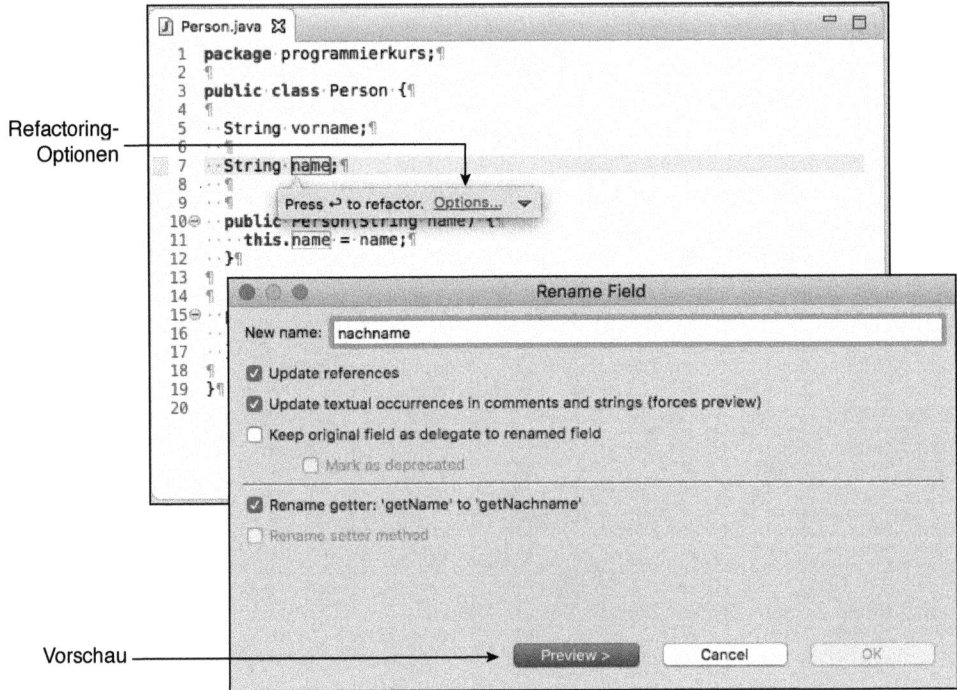

Abbildung 6.19 Dieser Dialog zeigt Ihnen eine Vorschau der Refactoring-Änderungen an.

In dem Moment, in dem Sie die erste Option aktiviert haben, können Sie den Dialog nicht einfach mit OK schließen und das Refactoring durchführen. Eclipse besteht stattdessen auf einem Preview – einer Vorschau dessen, was durch das Refactoring mit den gewählten Optionen passieren wird. Der Hintergrund ist, dass Sie durch ein fehlerhaftes Refactoring erheblichen Schaden besonders in einem größeren Projekt anrichten können. Aus diesem Grund ist Vorsicht bei übereiltem Refactoring geboten und die Vorschau eine der nützlichsten Funktionen. Sie hilft dem Programmierer, Fehler zu vermeiden.

Klicken Sie jetzt auf die Schaltfläche PREVIEW, damit Ihnen Eclipse eine Vorschau der Änderungen zeigt. Im oberen Bereich des Dialogs sind die Änderungen zu sehen, die das Refactoring nach sich zieht. Der untere Bereich ist zweigeteilt: Links sehen Sie den Original-Quellcode vor der Änderung, rechts dagegen den veränderten Quellcode, nach dem das Refactoring durchgeführt wurde. Klappen Sie im oberen Bereich den kompletten Baum auf, um zu sehen, was das Refactoring innerhalb des Projekts verändern wird (Abbildung 6.20).

Der Baum ist so aufgebaut wie die Datei *Person.java*. Die beinhaltet eine Klasse, die Eclipse wieder durch das grüne Symbol mit einem »C« kennzeichnet. Darunter befindet sich das

Attribut *name*, wieder mit dem bereits bekannten Symbol, einem kleinen Dreieck. Unterhalb des Attributs steht im Text zu lesen, dass das Refactoring die Deklaration des Attributs aktualisieren wird. So weit, so gut.

Unterhalb des Textes sehen Sie die Auswirkungen auf den Konstruktor. Der Konstruktor ist wieder durch das gleiche Symbol wie im Fenster Outline dargestellt. Auch hier befindet sich das Attribut, das Eclipse entsprechend ändert. Danach folgt die Abfragemethode *getName()*. Hier ändert Eclipse die Methodensignatur und den Rückgabewert. Zum Schluss listet der Baum die Änderungen auf, die die Klasse *Programmdemo* betreffen.

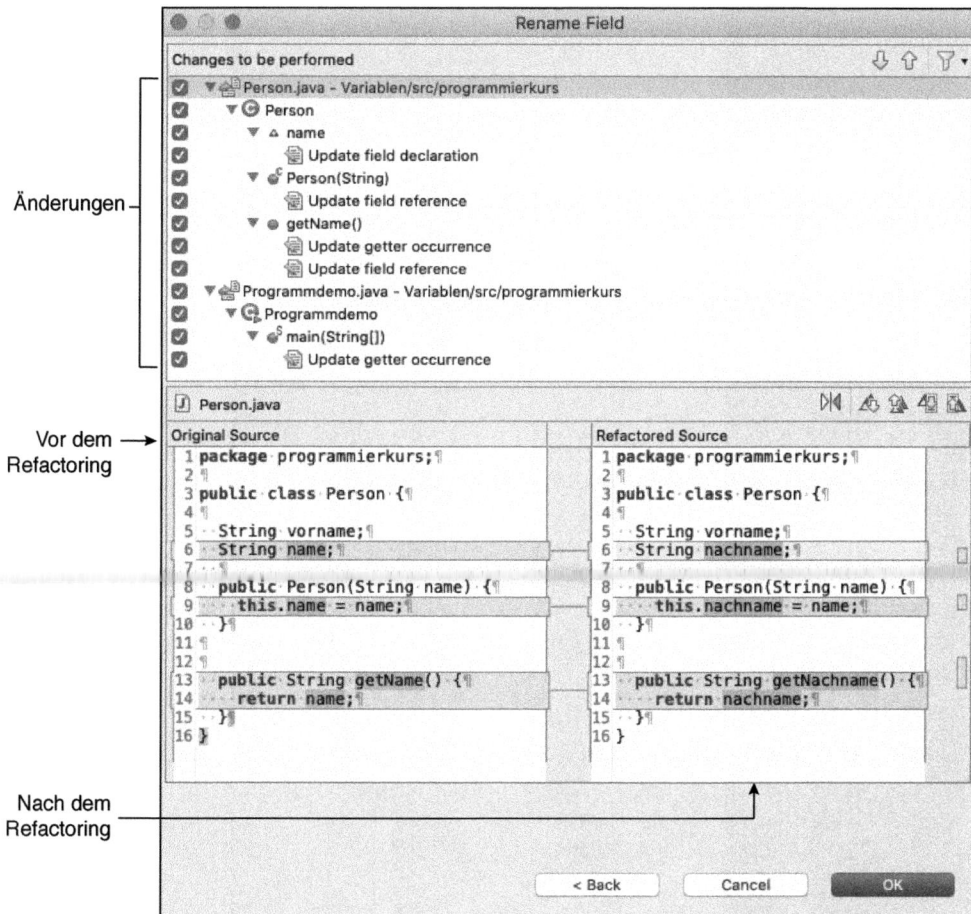

Abbildung 6.20 Durch die Vorschau erkennen Sie die Auswirkungen des Refactorings.

Im unteren Bereich des Dialogs stellt Eclipse die Änderungen am Quellcode des Elements dar, das im oberen Dialogbereich markiert ist. Momentan ist dort die Klasse *Person* markiert. Wenn Sie wissen möchten, wie sich das Refactoring auf die Klasse *Programmdemo* auswirkt, markieren Sie diese im Baum. Wie Sie sehen, zieht eine kleine Umbenennung eine Vielzahl an Änderungen nach sich. Klicken Sie nun auf OK, damit Eclipse das Refactoring durchführt. Die Klasse sollte nun wie folgt aussehen:

Listing 6.9 Die Klasse »Person« nach dem Refactoring

```
 1  package programmierkurs;
 2
 3  public class Person {
 4
 5    String vorname;
 6    String nachname;
 7
 8    public Person(String name) {
 9      this.nachname = name;
10    }
11
12    public String getNachname() {
13      return nachname;
14    }
15  }
```

Die Klasse hat leider drei Mankos, die Sie beseitigen müssen:

- Der Konstruktor bekommt *name* als Parameter übergeben, statt *nachname*.
- Dem Konstruktor fehlt ein Parameter für das Attribut *vorname*.
- Es fehlt eine Abfragemethode für das Attribut *vorname*.

Beginnen wir mit dem Konstruktor.

6.9.5   Konstruktor anpassen

Damit sich ein Personenobjekt mit Vor- und Nachnamen später erzeugen lässt, benötigt die Klasse einen veränderten Konstruktor. Er soll zwei Parameter bekommen, und sie sollen genauso wie die Attribute geschrieben sein. Sie können die Änderungen einfach in den Editor wie mit einer Textverarbeitung eintippen. Der Konstruktor sieht nach den Änderungen wie folgt aus:

Listing 6.10 Die Konstruktor nach der Änderung

```
 8    public Person(String vorname, String nachname) {
 9      this.vorname = vorname;
10      this.nachname = nachname;
11    }
```

Speichern Sie nun das gesamte Projekt durch einen Klick auf das Diskettensymbol links oben in der Symbolleiste von Eclipse. Durch die Änderung zeigt Eclipse nun im PACKAGE EXPLORER und im Fenster PROBLEMS einen Fehler an. Das passiert ständig während des Programmierens und ist kein Grund zur Beunruhigung. Sehen wir uns den Fehler genauer an. Der PACKAGE EXPLORER behauptet, der Fehler liegt in der Datei *Programmdemo.java*. Öffnen Sie diese Datei, so dass die Eclipse IDE wie in der Abbildung 6.21 aussieht.

Eclipse zeigt den Fehler an verschiedenen Stellen an: Die erste Stelle ist der PACKAGE EXPLORER. Hier hat Eclipse das komplette Projekt als fehlerbehaftet markiert. Geht man den

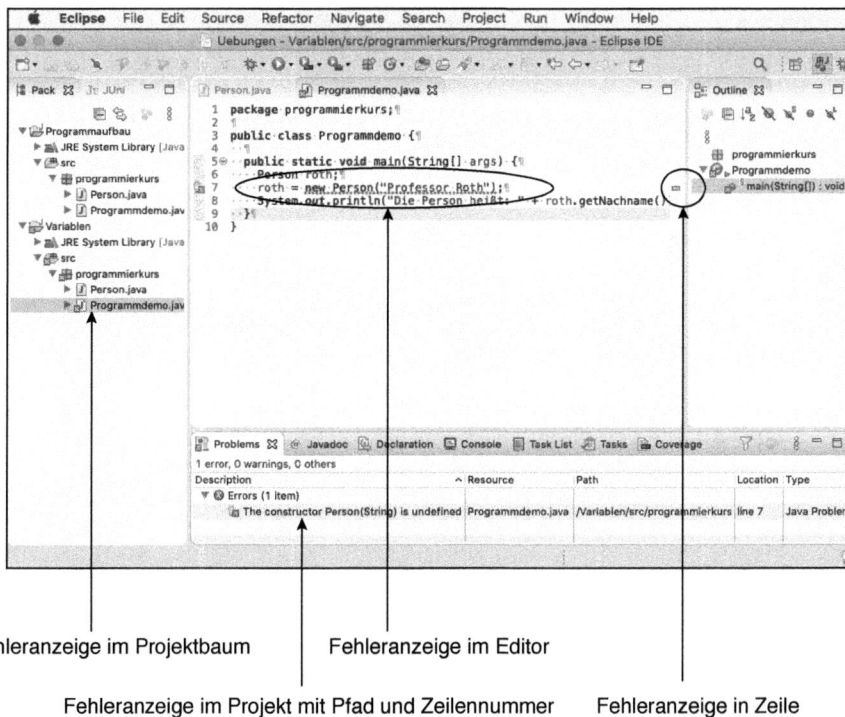

Fehleranzeige im Projektbaum   Fehleranzeige im Editor

Fehleranzeige im Projekt mit Pfad und Zeilennummer   Fehleranzeige in Zeile

Abbildung 6.21 Fehler nach dem Ändern des Konstruktors

Projektbaum Stufe für Stufe nach unten, sieht man, dass Eclipse die Datei PROGRAMM-DEMO.JAVA als fehlerhaftet gekennzeichnet hat.

Im Fenster PROBLEMS zeigt Eclipse die Probleme projektweit an. Wenn Sie in diesem Fenster auf das Problem klicken, »springt« Eclipse an die Stelle des Übels – und diese Stelle ist der Aufruf des Konstruktors der Klasse *Person* in Zeile 9 der Klasse *Programmdemo*. Hier übergibt das Programm lediglich einen Parameter, statt der gewünschten zwei Parameter: Vorname und Nachname.

6.9.6 Klasse »Programmdemo« anpassen

Um den Fehler zu beheben, müssen Sie den Aufruf des Konstruktors in der Methode *main* etwas anpassen. Ändern Sie den Aufruf des Konstruktors, so dass er zwei Parameter aufnimmt und danach wie folgt aussieht:

Listing 6.11 Aufruf des Konstruktors mit zwei Parametern

```
roth = new Person("Karsten", "Roth");
```

Führen Sie nun einen Rechtsklick auf den Quellcode PROGRAMMDEMO.JAVA des Beispiels im PACKAGE EXPLORER aus und wählen aus dem Kontextmenü, das daraufhin erscheint, folgenden Befehl aus: RUN AS → JAVA APPLICATION. Das Ergebnis ist etwas enttäuschend, da nur ausgegeben wird, dass die Person »Roth« heißt. Was fehlt, ist eine Ausgabe des Nachnamens. Ändern Sie daher die Programmausgabe. Das komplette Programm müsste danach wie folgt aussehen:

Listing 6.12 Das komplette Programm namens »Programmdemo«

```
 1  package programmierkurs;
 2
 3  public class Programmdemo {
 4
 5    public static void main(String[] args) {
 6      Person roth;
 7      roth = new Person("Karsten", "Roth");
 8      System.out.println("Die Person heißt: " +
 9        roth.getVorname() + " " + roth.getNachname());
10    }
11  }
```

Auch diese Änderung quittiert Eclipse mit einem Fehler, da die Abfragemethode für den Vornamen fehlt. Sie können Eclipse diesen Fehler ganz einfach beheben lassen. Klicken Sie hierzu im Editor auf die hervorgehobene Stelle des Fehlers. Die Eclipse IDE zeigt daraufhin ein Fenster, in dem sich in der Mitte die Option CREATE METHOD 'GETVORNAME()' IN TYPE 'PERSON' befindet. Klicken Sie auf den Link. Das führt dazu, dass Eclipse eine neue Abfragemethode in der Klasse *Person* einfügt. Sie ist aber noch nicht komplett. Ändern Sie die Methode jetzt wie folgt:

```
public String getVorname() {
  return vorname;
}
```

Wenn alles geändert ist, sollten sich keine Fehler mehr im Programm befinden, und Sie können es starten.

6.9.7   Programm starten

Führen Sie nun einfach einen Rechtsklick auf den Quellcode PROGRAMMDEMO.JAVA des Beispiels im PACKAGE EXPLORER aus und wählen aus dem Kontextmenü, das daraufhin erscheint, folgenden Befehl aus: RUN AS → JAVA APPLICATION. Eclipse erzeugt durch diesen Befehl automatisch eine neue Startkonfiguration für das Programm und führt es aus. Wenn alles wie beschrieben verlaufen ist, sollte im Fenster CONSOLE der Eclipse-Workbench folgender Text erscheinen:

```
Die Person heißt: Karsten Roth
```

Wenn das der Fall ist, ist die zweite Übung beendet, und Sie können das bisher Erlernte in den nachfolgenden Aufgaben weiter festigen.

■ 6.10 Aufgaben

- ■ Welche Arten von Variablen unterscheidet man in Java?
- ■ Warum müssen Sie Variablen in Java deklarieren?
- ■ Was legt eine Deklaration einer Variablen fest?
- ■ Was ist eine Objektvariable?
- ■ Was sind Klassenvariablen und wie kennzeichnet man sie in Java?
- ■ Was sind Konstanten und wie kennzeichnet man sie in Java?

Versuchen Sie, das Projekt mithilfe von Eclipse wie folgt zu erweitern:

- ■ Fügen Sie den Namen einer zweiten Person mit Vor- und Nachnamen nach der ersten wie folgt in die Klasse *Programmdemo* ein. Durch die erste Zeile wird ein Personenobjekt namens *anna* deklariert, durch die zweite wird es mit Vor- und Nachnamen erzeugt:

```
Person anna;
anna = new Person("Anna", "Seitz");
```

- ■ Ergänzen Sie im Anschluss daran die Programmausgabe mit einer Ausgabe, die Vor- und Nachnamen mit entsprechenden Abfragemethoden enthält:

```
System.out.println("Die zweite Person heißt: " +
    anna.getVorname() + " " + anna.getNachname());
```

- ■ Starten Sie zum Abschluss der Aufgaben das veränderte Programm *Programmdemo* erneut mit Eclipse.

Die Lösungen zu den Aufgaben finden Sie in Kapitel 25, »Lösungen«, ab Seite 590.

■ 6.11 Literatur

Methodensignatur: *https://de.wikipedia.org/wiki/Signatur_(Programmierung)*

7 Anweisungen

■ 7.1 Einleitung

Bevor Ihnen dieser Buchteil Klassen und Objekte aus dem Blickwinkel der Java-Programmierung präsentiert, beschäftigt sich dieses Kapitel mit Anweisungen. Anweisungen sind elementare Bestandteile jedes Java-Programms. Sie können sie sehr gut mit Sätzen oder Befehlen einer natürlichen Sprache vergleichen. Etwas technischer gesehen ist eine Anweisung im Sinne der Programmierung eine »vollständige Ausführungseinheit«. Was das nun wieder bedeutet, zeigen Ihnen die nachfolgenden Beispiele.

Anweisungen sind elementare Bausteine eines Java-Programms. Vergleichen Sie eine Java-Anweisung mit einem Befehl aus dem natürlichen Leben; »Addiere 1 + 1 und speichere das Ergebnis in der Variablen x«. Damit wird das Java-Programm angewiesen, diese Kette von Befehlen auszuführen.

Abbildung 7.1 Florian hasst Anweisungen. In Programmen müssen sie aber sein.

■ 7.2 Überblick

7.2.1 Zweck von Anweisungen

Java gehört zu den imperativen Programmiersprachen. Programme dieser Sprachen setzen sich aus einzelnen Befehlen zusammen. Bei dieser Art der traditionellen Programmierung steht also nicht die *Beschreibung des Problems*, sondern die *Lösung des Problems* im Vordergrund. Für diese Lösung ist der Java-Programmierer verantwortlich. Dazu gibt er die Lösung des Problems als eine Reihe kleinteiliger Befehle ein. Das Programm arbeitet diese Befehle Stück für Stück exakt ab. Diese Art der Programmierung nennt sich imperativ (lateinisch imperare = »befehlen«). Das führt zu relativ langen Programmen, bei denen man aber sehr genau festlegen kann, wie das Programm arbeitet.

Abbildung 7.2 Robert ist der Meinung, dass man ihn nur deklarativ programmieren kann.

Es gibt Programmiersprachen, wo man vollkommen anders vorgeht. Bei diesen Programmiersprachen formulieren Sie das Problem und überlassen dem Programm, wie es die Aufgabe lösen soll. Diese Art der Programmierung nennt sich deklarativ (Abschnitt 7.11, »Literatur«). Deklarative Programmiersprachen sind zum Beispiel die Datenbank-Abfragesprache SQL (Structured Query Language). Sie erklären bei dieser Sprache dem Datenbanksystem, welcher Datensatz gefunden werden soll. Das Programm arbeitet dann intern die Funktionen ab, die notwendig sind, um den Datensatz zu finden. Da Sie gar nicht wissen, wie das Datenbanksystem intern aufgebaut ist, überlassen Sie es also dem Programm, die Daten selbständig zu finden. Das führt in der Regel zu verblüffend kurzen Programmen. Man kann hierbei aber nicht festlegen, wie das Programm intern abläuft.

7.2.2 Arten von Anweisungen

Wie eingangs erwähnt, können Sie Java-Anweisungen mit Befehlen in Form eines Satzes vergleichen. Wie sieht das in einem Java-Programm genau aus? Die Tabelle 7.1 gibt Ihnen einige Beispiele für verschiedene Anweisungen.

Tabelle 7.1 Beispiele für Java-Anweisungen

Anweisung	Java-Beispiel
Deklaration	String name;
Zuweisung	name = "Anna";
Variablenaufruf	Person.ANZAHL_BEINE);
Methodenaufruf	roth.getName());
Verzweigungen	if (groesse > 171) ...
Schleifen	for (student = 1; i < 10); student++) {...}

■ 7.3   Deklaration

Konstanten und Variablen müssen Sie in Java deklarieren, bevor Sie sie verwenden können. Der Aufbau dieser Anweisung ist in den beiden vorigen Kapiteln bereits kurz erwähnt worden. Wie die Deklaration aufgebaut ist, zeigt nochmals Abbildung 7.3. Zunächst folgt der Datentyp und danach die Variable. Die Deklaration ist immer Teil einer Klasse, zum Beispiel in Form eines *Attributs*, eines Parameters oder einer lokalen Variable. Das heißt, Sie können ein Attribut wie *name* niemals losgelöst von einer Klasse wie *Person* verwenden.

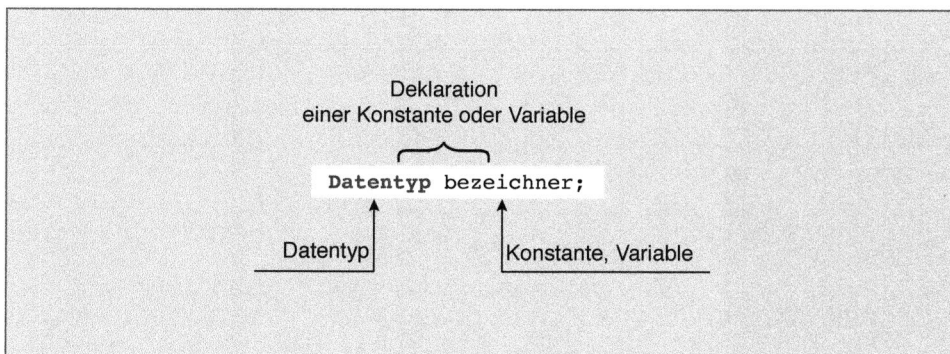

Abbildung 7.3 Allgemeiner Aufbau einer Java-Deklaration

Erst nach der Deklaration können Sie der Konstante oder Variable einen Wert zuweisen. Im Englischen spricht man auch von »to declare« = bezeichnen. Das Bezeichnen einer Konstante oder Variable ist notwendig, damit dem Java-Compiler klar ist, wieviel Speicherplatz er der Konstanten oder Variable zuweisen soll. Zudem ist der Compiler durch die Deklaration in der Lage zu kontrollieren, was innerhalb des Programms mit dieser Konstante oder Variable durchgeführt werden darf.

Die Deklaration prägt also zwei Eigenschaften der Variablen unveränderlich für die Lebensdauer des Programms: Wertebereich und Rechenoperationen. Ein einmal festgelegter Datentyp ist für die Programmlebensdauer unveränderlich. Auch die Rechenoperationen, die an eine Variable gebunden sind, sind unveränderlich. Beispielsweise lässt sich eine Zeichenkette wie *vorname* nicht mit einer anderen Zeichenkette wie *nachname* multiplizieren (Abbildung 7.4). Hätte der Programmierer stattdessen zwei Zahlenwerte deklariert, könnte das Programm eine Multiplikation durchführen.

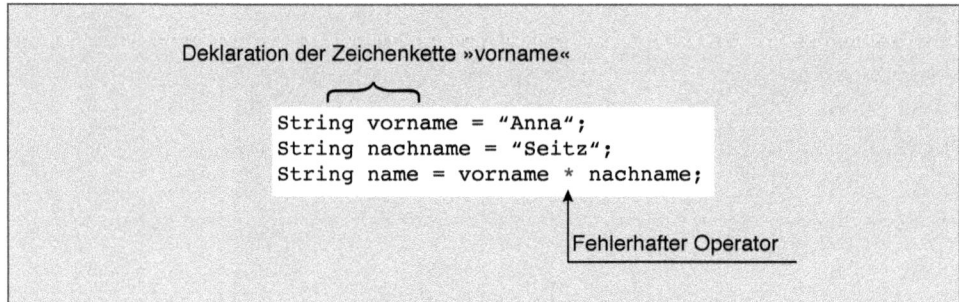

Abbildung 7.4 Die Multiplikation zweier Zeichenketten ist nicht erlaubt.

Abgeschlossen wird die Deklaration mit einem Strichpunkt. Dieses Semikolon ist sehr wichtig. Fehlt es, »läuft« das Programm in die nächste Zeile des Quellcodes. Das geht so lange, bis das Programm wieder auf ein Semikolon trifft. Für das Programm ist das Ende dieser Art von Anweisung also nicht das Zeilenende, sondern das Semikolon. Hier zeigen sich wieder die Parallelen zwischen einer Anweisung und einem Satz einer natürlichen Sprache. Auch in einem Satz ist notwendig, das Satzende zu markieren, weil der Text sonst nur schwer zu verstehen wäre.

Schauen wir uns das Ganze an einem konkreten Beispiel nochmals an (Abbildung 7.5). Auf der linken Seite verwendet das Programm die Java-Klasse *String*, um eine Variable als Zeichenkette zu deklarieren, rechts davon steht die dazugehörige Variable mit der Bezeichnung *name*. Das bedeutet, dass ab diesem Zeitpunkt festgelegt ist, dass die Variable *name* eine Zeichenkette des Typs *String* ist.

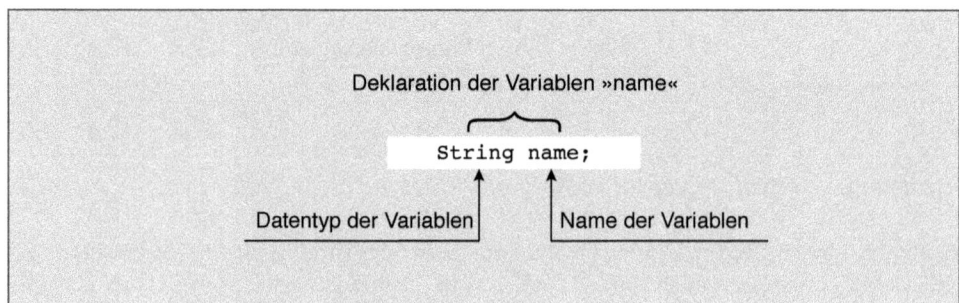

Abbildung 7.5 Deklaration der Variable »name«

■ 7.4 Zuweisung

7.4.1 Aufbau der Java-Zuweisung

Der nächste Schritt auf dem Weg zu einem funktionierenden Programm ist, einer deklarierten Variable einen Wert zuzuweisen. Diese Art von Anweisung nennt sich dementsprechend Zuweisung. Zuweisungen hat dieses Buch schon mehrmals stillschweigend eingesetzt, ohne dass der Vorgang erklärt wurde. Die Zuweisung sieht wie eine mathematische Gleichung aus (Abbildung 7.6).

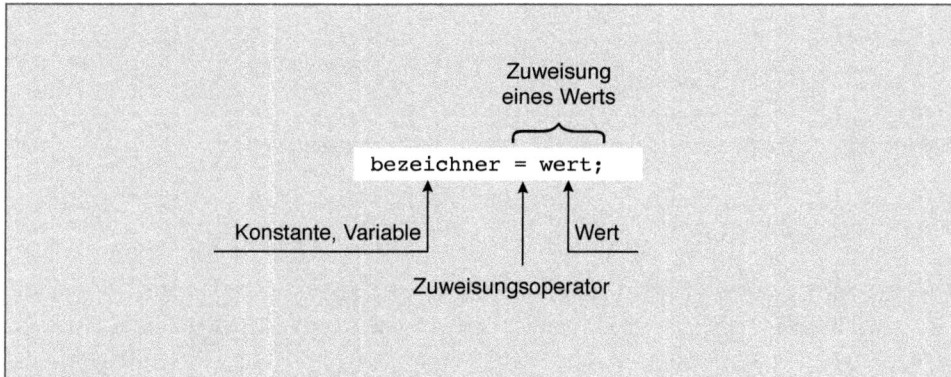

Abbildung 7.6 Allgemeiner Aufbau einer Zuweisung

Das Gleichheitszeichen nennt sich in Java Zuweisungsoperator. Er hat eine vergleichbare Wirkung wie eine Methode. Das Zeichen ist für den Computer also nichts anderes als die Kurzschreibweise einer Funktion. Diese Funktion bewirkt in diesem Fall, dass der Speicherzelle namens *bezeichner* der Wert namens *wert* zugewiesen wird. Daher auch der Name »Zuweisung«.

7.4.2 Java-Zuweisung ungleich mathematische Gleichungen

Java-Zuweisungen erscheinen einfach und lösen daher gerne Missverständnisse bei Einsteigern in die Java-Programmierung aus. Auf der linken Seite der Zuweisung stehen immer die *variablen* Teile der Zuweisung. Auf der rechten Seite stehen immer die *festen* Teile der Zuweisung. Die Richtung, in der das Programm abgearbeitet wird, ist also entgegen der westlichen Leserichtung genau umgekehrt von rechts nach links (Abbildung 7.7).

Die Richtung, in der ein Computer die Zuweisung abarbeitet, ist nicht das einzige Paradoxon. Eine Zuweisung wie *x = 1* erscheint zum Beispiel jedem Java-Programmierneuling wie eine mathematische Gleichung. Dieser Irrtum wird dadurch hervorgerufen, dass die Programmiersprache Java ungeschickterweise das aus der Mathematik bekannte Gleichheitszeichen als Zuweisungsoperator verwendet.

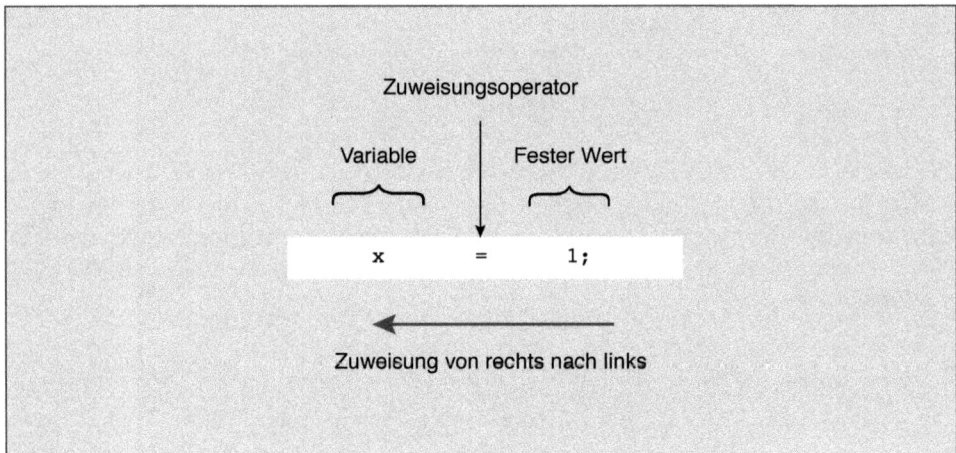

Abbildung 7.7 In Java ist der Zuweisungsoperator ein Gleichheitszeichen.

7.4.3   Ist x = y gleich y = x?

Zum Vergleich: Eine Zuweisung in der Programmiersprache Pascal ist sehr ähnlich zu der in Java. Auch hier wird eine Zuweisung von rechts nach links abgearbeitet. Aber Pascal verwendet als Zuweisungsoperator eine Kombination aus Doppelpunkt und Gleichheitszeichen. Eine Anweisung sieht damit wie folgt aus:

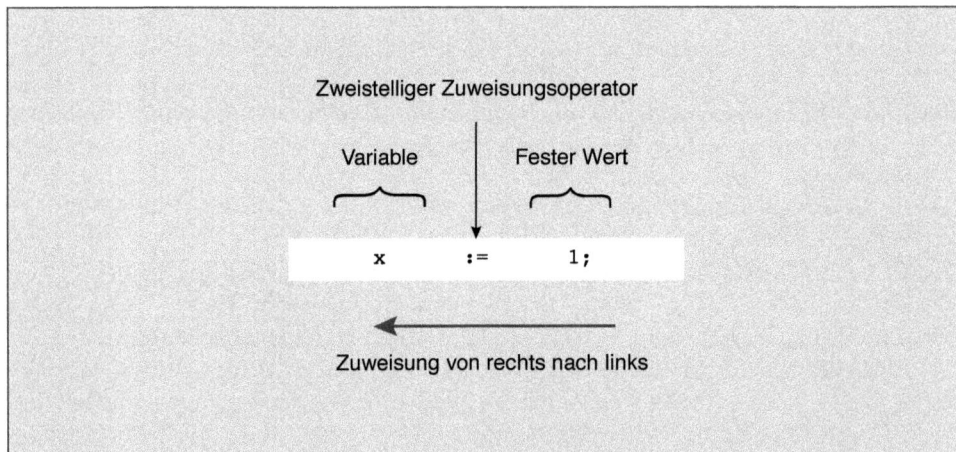

Abbildung 7.8 In Pascal ist der Zuweisungsoperator verschieden vom Gleichheitszeichen.

Durch diesen besonderen Operator hebt Pascal hervor, dass der Zuweisungsoperator verschieden zum mathematischen Gleichheitszeichen funktioniert. Es sollte verhindert werden, dass jemand auf den Gedanken kommt, dass $1 = x$ das gleiche bedeutet wie $x = 1$. In Java ist eine Anweisung wie $1 = x$ nicht gestattet, da auf der linken Seite Variablen, das heißt variable Bezeichner stehen müssen.

Aber was passiert, wenn auf beiden Seiten Variablen stehen? Ist $x = y$ das gleiche wie $y = x$? In der Mathematik auf jeden Fall. In Java keinesfalls. Im ersten Fall weist das Programm den Wert der Variablen y der Speicherzelle x zu. Im zweiten Fall ist es umgekehrt: Die Speicherzelle y bekommt den Wert von x vorgesetzt. Das Programmbeispiel in Listing 7.1 zeigt das deutlich.

Listing 7.1 Der Ausdruck x = y ist keineswegs gleich y = x.

```
 1  public class Zuweisungsdemo {
 2
 3    public static void main(String[] arguments) {
 4
 5      int x; // Deklaration x
 6      int y; // Deklaration y
 7
 8      // Fall 1:
 9      x = 1;
10      y = 5;
11      x = y; // x bekommt den Wert von y
12      System.out.println("Fall_1:\nx_=_" + x + ";\ny_=_" + y);
13
14      // Fall 2:
15      x = 1;
16      y = 5;
17      y = x; // y bekommt den Wert von x
18      System.out.println("\nFall_2:\nx_=_" + x + ";\ny_=_" + y);
19    }
20  }
```

Das Programm gibt Folgendes aus:

```
Fall 1:
x = 5;
y = 5

Fall 2:
x = 1;
y = 1
```

Der Computer hat im Fall 1 den Wert der Speicherzelle y in die Speicherzelle x kopiert. Im Fall 2 hingegen hat die Speicherzelle y den Wert der Speicherzelle x bekommen. Die Programmiersprache Java verhält sich anders als die mathematische Sprache. Mathematisch folgt aus x = 1 und y = 5 nicht x = y.

Die Quintessenz dieses Beispiels zeigt, dass sich mathematische Formeln keinesfalls 1:1 in die Programmiersprache Java übertragen lassen. Sie müssen daher eine Reihe von Gesetzmäßigkeiten beachten, die Kapitel 22, »Gesetzmäßigkeiten«, noch näher vorstellen wird.

7.4.4   Kombination aus Deklaration und Wertzuweisung

Wie bei Objekten ist es auch bei Konstanten und Variablen möglich, Deklaration und Zuweisung eines Werts zu kombinieren. In Fällen, wo man eine lokale Variable benötigt, ist dies einfach praktischer. Das sieht dann so aus, wie in Abbildung 7.9 zu sehen.

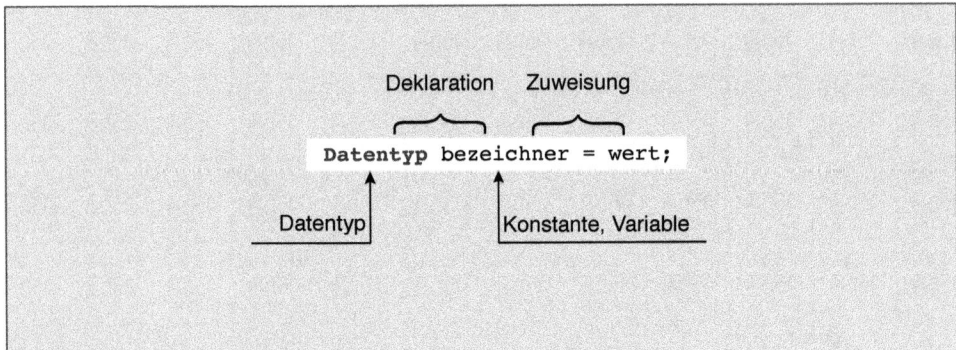

Abbildung 7.9 Allgemeiner Aufbau einer Deklaration und Zuweisung

Auch hier wieder ein Beispiel mit einem konkreten Wert (Abbildung 7.10). Das Beispiel zeigt die Deklaration einer Variable x als Integer-Wert. Integer ist ein Java-Datentyp für Ganzzahlen.

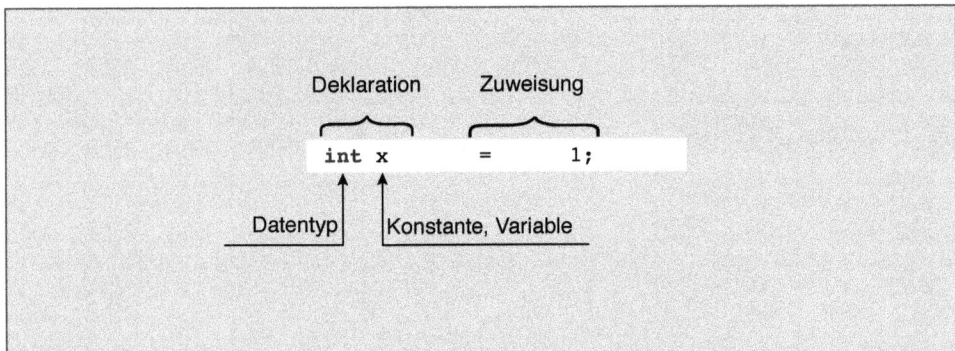

Abbildung 7.10 Beispiel einer Kombination von Deklaration und Zuweisung

▪ 7.5   Block

Blöcke gruppieren eine Reihe von logisch zusammengehörenden Anweisungen zu einer Einheit. Jeder Block beginnt mit einer öffnenden geschweiften Klammer und endet mit einer schließenden geschweiften Klammer. Das Programm führt die Anweisungen innerhalb eines Blocks nacheinander aus. Ein Block kann zum Beispiel der Beginn einer Klassendefinition sein oder der einer Methode. Ein Java-Programm verwendet Blöcke vor allem in Klassen,

Methoden, Verzweigungen und Schleifen. Sie können beliebig ineinander geschachtelt werden, wie das Beispiel einer Klasse mit einer Methode zeigt (Abbildung 7.11).

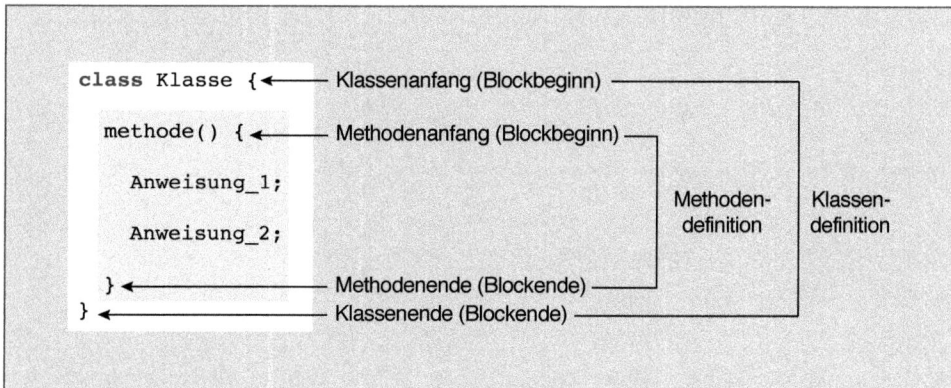

Abbildung 7.11 Beispiel einer Kombination aus Deklaration und Zuweisung

In diesem Beispiel beginnt die öffnende geschweifte Klammer noch in der Zeile, in der die Klassen- und Methodendefinition beginnt. Diese sehr platzsparende Schreibweise kommt aus der Welt der C-Programmierung und ist in Java weit verbreitet. Auf Programmierneulinge wirkt diese C-Schreibweise aus meiner Erfahrung etwas gedrängt und daher unübersichtlich. Wenn Ihnen diese Schreibweise nicht zusagt, können Sie auch die Schreibweise eines Blocks verwenden, wie sie in den Programmiersprachen Algol und Pascal üblich ist. Hier beginnt der Block immer in einer separaten Zeile. Das sieht dann so aus wie in Abbildung 7.12. Eclipse besitzt einen Code-Formatierer, der Programme in beliebiger Art formatieren kann. Sie können in der Entwicklungsumgebung zudem einstellen, wie Eclipse Klassen, Methoden, Verzweigungen und Schleifen erzeugen soll.

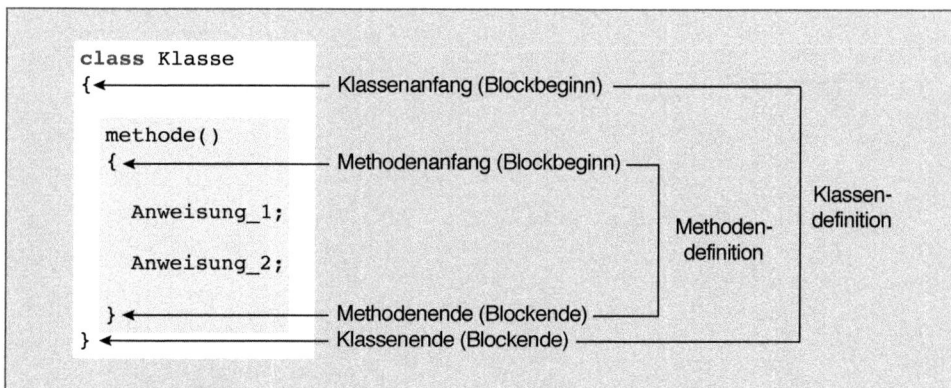

Abbildung 7.12 Beispiel einer Kombination aus Deklaration und Zuweisung im Pascal-Stil

Sie wissen bereits, dass ein Java-Programm Zuweisungen immer von rechts nach links abarbeitet. Innerhalb eines Blocks wird jede Anweisung von oben nach unten abgearbeitet. Da die Hauptklasse eines Java-Programms aus einem Block besteht, bedeutet das, dass ein Java-Programm ebenfalls von oben nach unten abgearbeitet wird (Abbildung 7.13).

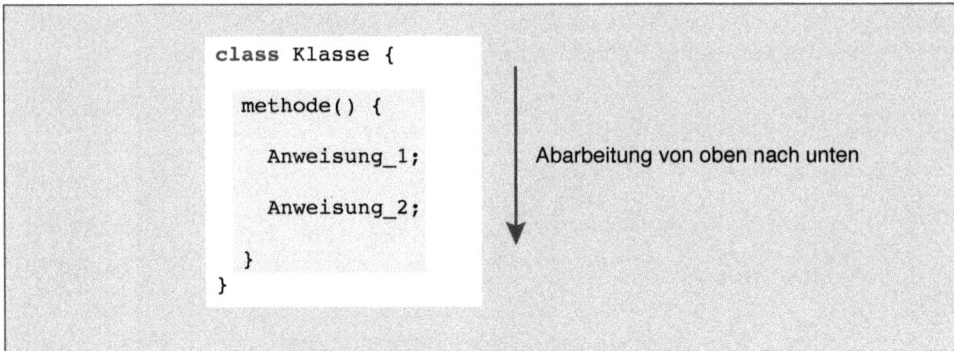

```
class Klasse {

    methode() {

        Anweisung_1;          Abarbeitung von oben nach unten

        Anweisung_2;

    }
}
```

Abbildung 7.13 Die Abarbeitung eines Blocks erfolgt von oben nach unten.

Blöcke können lokale Variablen besitzen, die außerhalb des Blocks ihre Gültigkeit verlieren. Das folgende Beispiel deklariert in Zeile 7 eine Klassenvariable namens *richtung* und weist ihr den Wert »West« zu. In Zeile 10 beginnt ein Block, der in Zeile 13 endet. In Zeile 11 deklariert das Programm eine Variable namens *gruppe* und belegt sie ebenfalls mit einem Wert. Zeile 12 gibt die beiden zwei Wörter als Einheit aus. In Zeile 17 klappt dies nicht mehr. Hier ist die Variable *gruppe* nicht mehr gültig (Listing 7.2).

Listing 7.2 Blöcke bestimmen die Gültigkeit lokaler Variablen.

```
 1  //Beispielprogramme/Anweisungen
 2
 3  package programmierkurs;
 4
 5  public class Westblockdemo {
 6
 7    static String richtung = "West";
 8
 9    public static void main(String[] arguments) {
10      {
11        String gruppe = "block";
12        System.out.println(richtung + gruppe);
13      }
14      // Die nachfolgende Anweisung enthaelt einen Fehler.
15      // Die Variable "gruppe" ist in diesem Bereich ungueltig.
16      // Das Programm laesst sich daher nicht ausfuehren:
17      System.out.println(richtung + gruppe);
18    }
19  }
```

Das nächste Beispiel zeigt nochmals, wie sich die Gültigkeit von globalen und lokalen Variablen durch einen Block ändert. Das folgende Beispiel deklariert in Zeile 7 eine Klassenvariable namens *richtung* und weist ihr den Wert »West« zu. Innerhalb der Methode main finden Sie in Zeile 10 ebenfalls eine Deklaration einer lokalen Variable namens *richtung* mit der Zuweisung des Werts »Ost«. Was passiert? Welche der beiden Variablen setzt sich durch?

Listing 7.3 Die Variable »richtung« in Zeile 7 wird im Block überlagert.

```
 1  //Beispielprogramme/Anweisungen
 2
 3  package programmierkurs;
 4
 5  public class Ostblockdemo {
 6
 7    static String richtung = "West";
 8
 9    public static void main(String[] arguments) {
10      String richtung = "Ost";
11      String gruppe = "block";
12      System.out.println(richtung + gruppe);
13    }
14  }
```

Die Programmausgabe lautet wie folgt:

```
Ostblock
```

Blöcke geben also den »schwächeren« lokalen Variablen den Vorzug. Das muss so sein, da man andernfalls auf eine lokale Variable nicht mehr zugreifen könnte. Die globale Variable ist aber nicht verschwunden, sondern nur verdeckt. Indem das Programm in Zeile 13 des nachfolgenden Beispiels angibt, dass es auf die Klassenvariable *richtung* zugreifen möchte, erscheint sie auch wieder im Programm (Listing 7.4).

Listing 7.4 Die Variable »richtung« in Zeile 7 wird im Block überlagert.

```
 1  //Beispielprogramme/Anweisungen
 2
 3  package programmierkurs;
 4
 5  public class OstWestblockdemo {
 6
 7    static String richtung = "West";
 8
 9    public static void main(String[] arguments) {
10      String richtung = "Ost";
11      String gruppe = "block";
12      System.out.println(richtung + gruppe);
13      System.out.println(OstWestblockdemo.richtung + gruppe);
14    }
15  }
```

Die Programmausgabe lautet diesmal:

```
Ostblock
Westblock
```

Das Beispiel zeigt, dass man auf die Variable *richtung* im Block der Klasse OstWestblockdemo jederzeit im inneren Block durch eine entsprechende Anweisung zugreifen kann. Das Beispiel kommt Ihnen wahrscheinlich aus dem letzten Kapitel bekannt vor. Dort hat ein Parameter in einem Block ein Klassenattribut verdeckt. Es handelt sich um das gleiche Prinzip der Verdeckung von Variablen in einem Block (Kapitel 6, »Variablen«, Abschnitt 6.5.2, »Objektvariable »this««).

■ 7.6   Variablenaufruf

Variablen sind Ihnen bisher hauptsächlich als Attribute einer Klasse begegnet. In der Regel greift man auf diese geschützten Attribute indirekt über Methoden zu. Im Fall der Klassenvariable *richtung* des vorigen Beispiels haben Sie gesehen, dass auch ein direkter Zugriff sinnvoll sein kann. Ein solcher direkter Zugriff ist zweigeteilt aufgebaut (Abbildung 7.14).

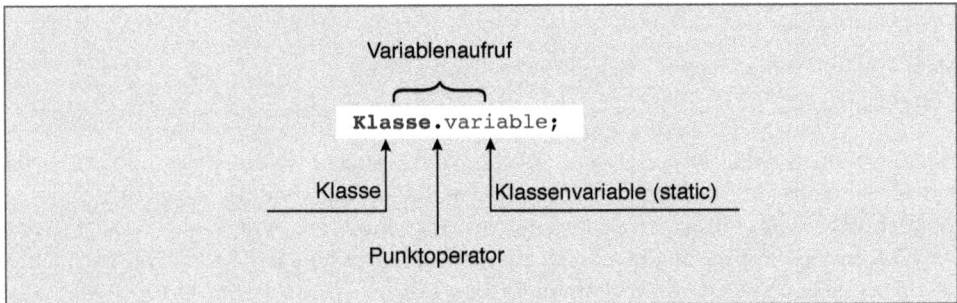

Abbildung 7.14 Der Aufruf einer Variable ist zweigeteilt.

Nachfolgendes Beispiel zeigt eine Programmausgabe, die den meisten Java-Neulingen aus meiner Erfahrung unverständlich erscheint (Abbildung 7.15). Auf der linken Seite sehen Sie die Klasse *System*. Über den Punktoperator greift das Programm auf die Konstante namens *out* zu, das Bestandteil der Klasse *System* ist. Das Objekt *out* ist von der Klasse *PrintStream* abgeleitet worden. Diese Klasse besitzt unter anderem die Methode *println*. Sie ist in der Lage eine Programmausgabe durchzuführen. Der Sinn dieser Kaskade von Anweisungen ist also letztendlich, über die Methode *println* etwas auszugeben.

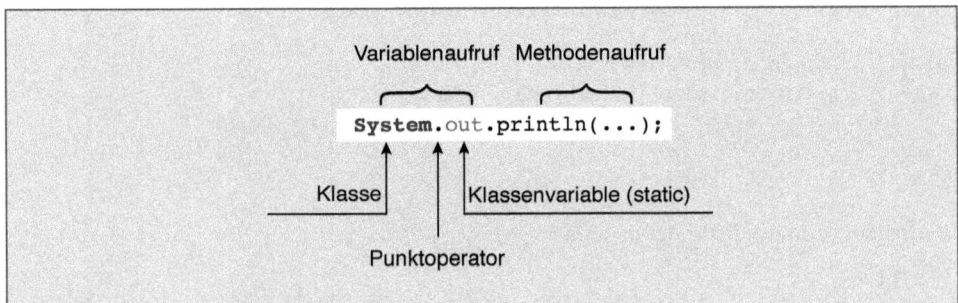

Abbildung 7.15 Beispiel für den Aufruf der Konstante »out«

■ 7.7 Methodenaufruf

Damit die kompliziert verschachtelte Anweisung besser verständlich ist, kommen wir zum Schluss dieses Kapitels auf den Methodenaufruf. Der Aufruf einer Methode ist wie der Aufruf einer Variable immer zweigeteilt. Auf der linken Seite steht das Objekt beziehungsweise die Klasse, zu der die Methode gehört. Auf der rechten Seite befindet sich die Methode. In der Mitte zwischen beiden muss der Punktoperator zum Zugriff stehen (Abbildung 7.16).

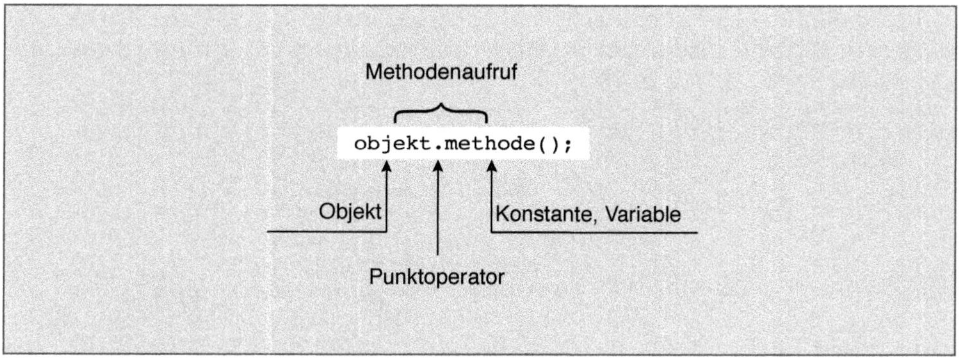

Abbildung 7.16 Der Aufruf einer Methode ist zweigeteilt.

Wie zu sehen ist, ist der Methodenaufruf von einem Variablenaufruf nur durch das Klammerpaar zu unterscheiden, das Methoden in Java generell besitzen. Kehren wir als Beispiel für einen Methodenaufruf nochmals auf das Programm namens *Programmdemo* zurück (Listing 7.5). Das Programm gibt in Zeile 13 den Namen des Professors Roth über die Methode *println* aus. Um an den Namen des Professors zu kommen, ruft das Programm die Methode *getName* des Objekts *roth* auf.

Listing 7.5 Das Programm »Programmdemo« als Beispiel für einen Methodenaufruf

```
 1  // Beispielprogramm "Anweisungen"
 2
 3  package programmierkurs;
 4
 5  class Programmdemo {
 6
 7    public static void main(String[] arguments) {
 8
 9      Person roth;
10
11      roth = new Person("Professor_Roth");
12
13      System.out.println("Die_Person_heißt:_" + roth.getName());
14
15    }
16  }
```

■ 7.8 Zusammenfassung

Dieses Kapitel hat Ihnen einen Überblick über Anweisungen in Java-Programmen gegeben. Die Deklaration ist eine der wichtigsten Anweisungen. Sie bestimmt den Speicherplatz für eine Variable und legt fest, welche Operatoren mit welchen Variablen verwendet werden können. Die Zuweisung verwendet die zuvor deklarierten Variablen, um ihnen Werte zuzuweisen. Hier ist wichtig, dass das Programm immer von rechts nach links zuweist. Auf der linken Seite stehen die veränderten Werte, rechts die unveränderten Werte. Das Kapitel endete damit, dass es Ihnen Variablen- und Methodenaufrufe vorgestellt hat. An dieser Stelle wurde erstmals der Punktoperator eingeführt, der dazu dient, auf Variablen und Methoden zuzugreifen.

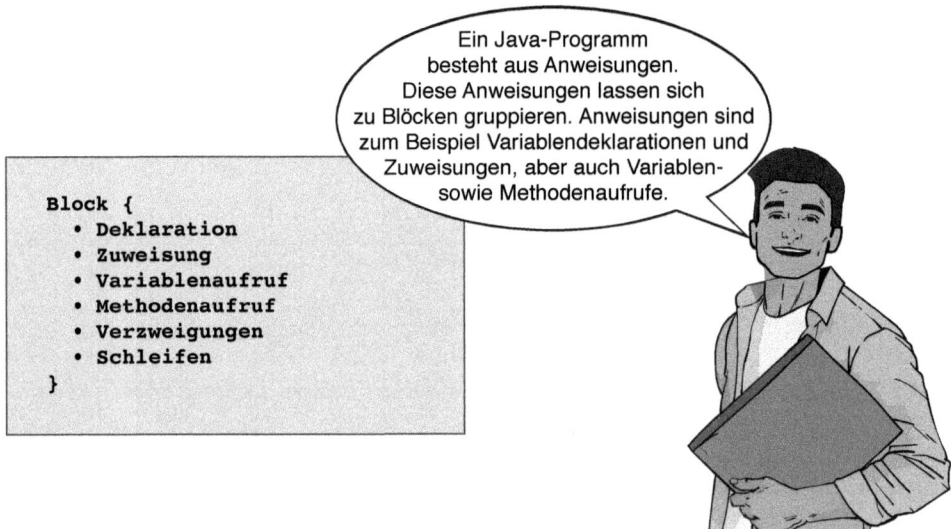

Abbildung 7.17 Florian hat jetzt eine ganz andere Einstellung zu Anweisungen.

Wenn Sie sich die Aufzählung der unterschiedlichen Anweisungen in Abbildung 7.17 ansehen, fällt Ihnen sicher auf, dass dieses Kapitel die Anweisungsarten Verzweigungen und Schleifen nicht behandelt hat. Diese Arten von Anweisungen sind so wichtig und umfangreich, dass sie jeweils ein eigenes Kapitel bekommen haben. Sie finden Verzweigungen in Kapitel 14 und Schleifen in Kapitel 15.

■ 7.9 Übungen

In dieser Übung entwickeln Sie erneut Schritt für Schritt eines der vorgestellten Projekte. Sofern Sie die Eclipse IDE nicht bereits installiert haben, holen Sie das jetzt nach. Die Anleitung dazu steht in Kapitel 4, »Entwicklungsumgebung«, unter dem Abschnitt 4.2, »Installation«.

7.9.1 Eclipse starten

Starten Sie die Eclipse IDE, falls nicht schon geschehen. Sofern Sie seit der letzten Übung des Kapitels »Klassen und Objekte« nicht den Workspace gewechselt haben, präsentiert Ihnen Eclipse den letzten Workspace namens *Uebungen*. Starten Sie Eclipse mit diesem Workspace über einen Klick auf die Schaltfläche LAUNCH (Abbildung 7.18).

Arbeitsverzeichnis »Uebungen«

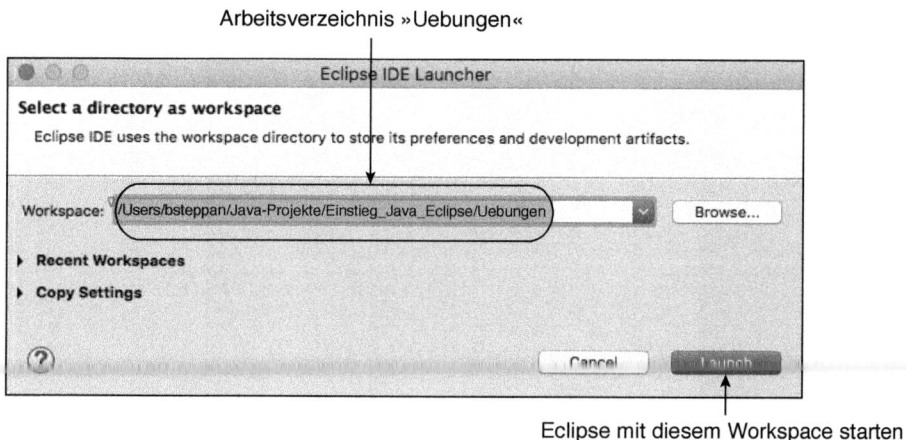

Eclipse mit diesem Workspace starten

Abbildung 7.18 Starten von Eclipse mit dem vorherigen Workspace

7.9.2 Projekt kopieren

Da die Übungen dieses Buchteils aufeinander aufbauen, müssen Sie erneut das Projekt des vorigen Kapitels kopieren. Führen Sie dazu einen Rechtsklick auf den Projektknoten des Projekts *Variablen* im PACKAGE EXPLORER aus und wählen aus dem Kontextmenü, das daraufhin erscheint, den Befehl COPY aus. Führen Sie danach auf eine freie Fläche im PACKAGE EXPLORER einen Rechtsklick aus und wählen aus dem Kontextmenü diesmal PASTE aus.

Tragen Sie in dem Dialog, der danach erscheint, als neuen Projektnamen *Anweisungen* ein (Abbildung 7.19). Die restlichen Einstellungen können so bleiben, wie von Eclipse vorbelegt. Durch einen Klick auf die Schaltfläche COPY starten Sie die Kopieraktion. Eclipse erzeugt erneut eine Kopie des Projekts der letzten Übung mit beiden Klassen *Person* und *Programmdemo*.

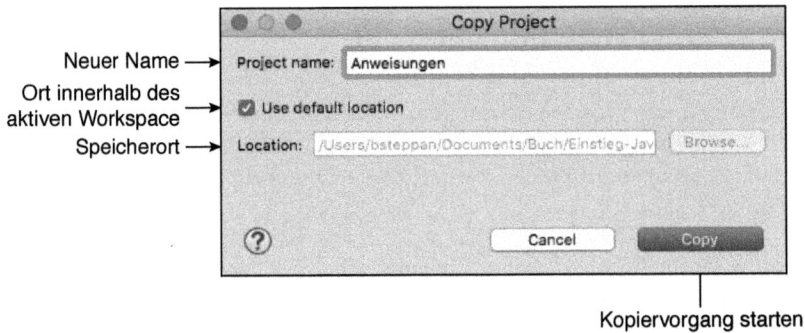

Abbildung 7.19 Mithilfe dieses Dialogs legen Sie den neuen Projektnamen fest.

7.9.3   Anweisung einfügen

Die Aufgabe im nächsten Schritt ist es, die Klasse *Person* um zwei Anweisungen zu erweitern. Die eine Anweisung ist eine Abfragemethode namens *getName()*, die als weitere Anweisung eine Verkettung von Zeichen enthält. Wie diese Abfragemethode aussehen soll, sehen Sie in Abbildung 7.20.

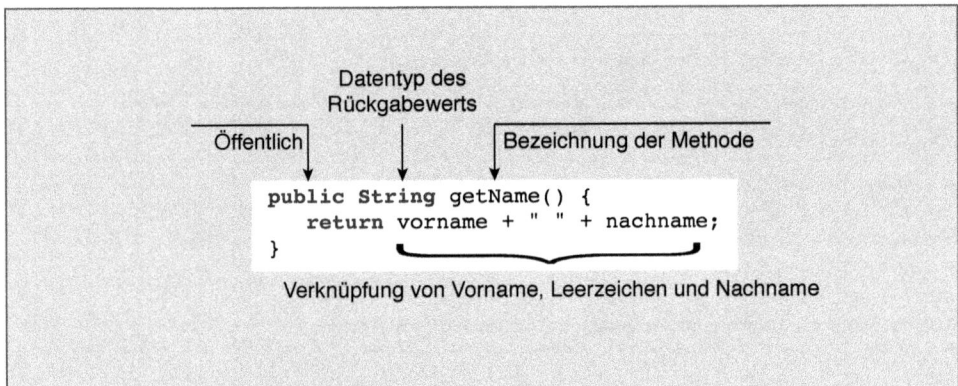

Abbildung 7.20 Die Erweiterung der Klasse Person

Wer die Methode *getName()* aufruft, bekommt den *vollständigen* Namen einer Person zurückgeliefert. Nach dem Schlüsselwort *return* steht, welchen Namen die Methode zurückgibt: Es ist der Vor- *und* Nachname. Damit beiden Namen voneinander durch einen Leerschritt getrennt sind, befindet sich in der Mitte zwischen beiden ein Leerzeichen. Es muss, wie alle Zeichenfolgen des Typs *String* in Java, in Hochkommata eingeschlossen werden.

Schließen Sie nun sämtliche Dateien im Editor auf der rechten Seite der Eclipse IDE. Klappen Sie danach das Projekt ANWEISUNGEN im PACKAGE EXPLORER vollständig aus, so dass Sie die Datei PERSON.JAVA sehen können. Führen Sie danach einen Doppelklick auf diese Datei aus, so dass sie im Editor auf der rechten Seite erscheint. Um die neue Methode *getName()* einzufügen, hilft Ihnen diesmal kein Codegenerator von Eclipse – Sie müssen die Methode manuell einfügen.

Die Definition der Klasse *Person* endet mit einer schließenden geschweiften Klammer. Klicken Sie *vor* diese geschweifte Klammer im Editor von Eclipse und drücken einige Male die Eingabetaste. Fügen Sie danach folgenden Code ein:

Listing 7.6 Die Methode »getName()«

```
22  public String getName() {
23     return vorname + " " + nachname;
24  }
```

Vergessen Sie das Semikolon am Ende der Zeile 23 nicht. Es markiert das Ende der Anweisung. Wenn Sie die Methode eingegeben haben, speichern Sie die Klasse vor dem nächsten Arbeitsschritt über MENÜ → FILE → SAVE oder über das Diskettensymbol der Toolbar. Sollte Ihnen ein Fehler unterlaufen sein, kontrollieren Sie anhand der Abbildung 7.20, ob Sie die Methode korrekt eingegeben haben.

In der Regel ist nach einer solchen manuellen Eingabe der Quellcode nicht mehr perfekt eingerückt. Um den Quellcode zu formatieren, verfügt Eclipse über einen integrierten Formatierer. Sie rufen ihn auf, indem Sie einen Rechtsklick auf den Quellcode durchführen und aus dem Kontextmenü SOURCE → FORMAT auswählen (Abbildung 7.21).

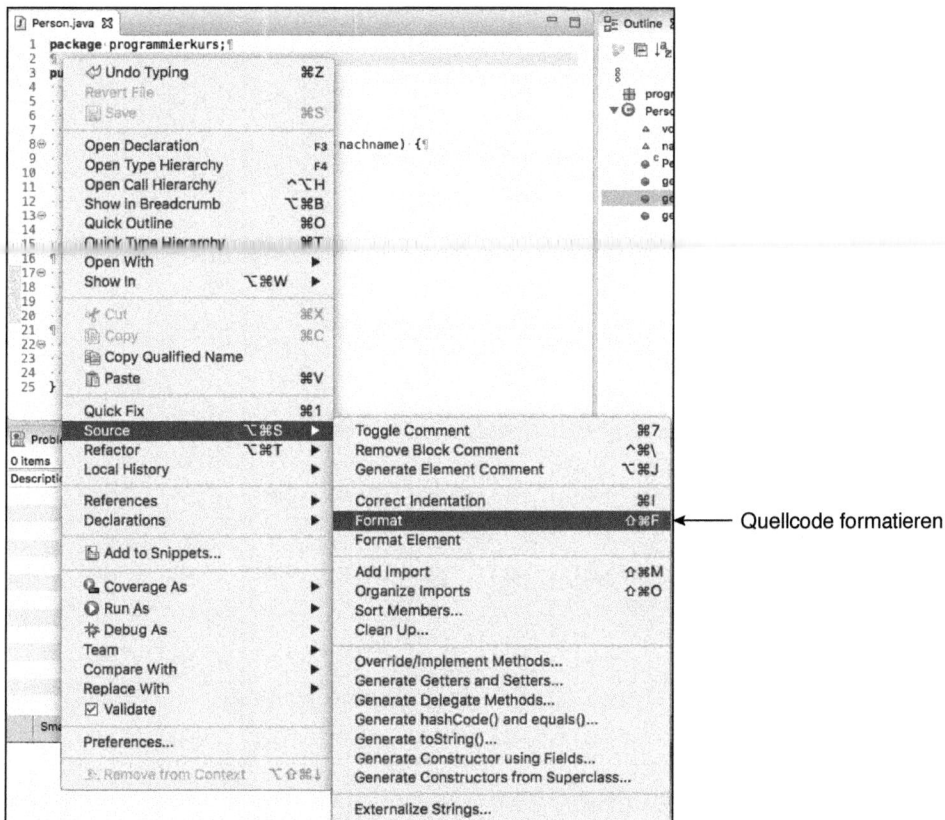

Abbildung 7.21 Dieser Befehl bringt den Quellcode in Form.

Danach sollte der Quellcode der Klasse in der Eclipse IDE wie in Abbildung 7.22 aussehen. Wenn das der Fall ist, können Sie als nächsten Schritt die Hauptklasse, die Anwendung *Programmdemo* anpassen.

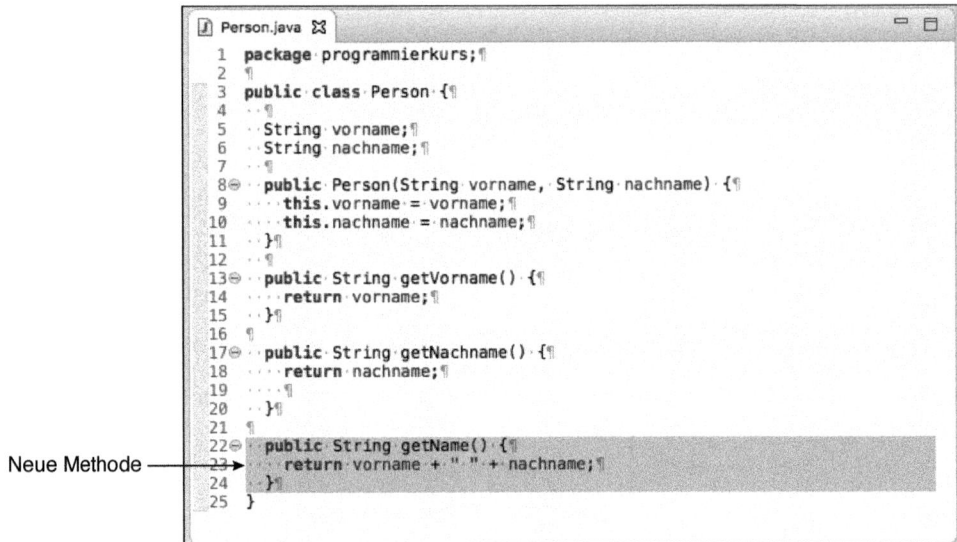

Neue Methode

Abbildung 7.22 Die Methode »getName()« einfügen

7.9.4   Klasse »Programmdemo« anpassen

Um die Klasse anzupassen, wechseln Sie zum Package Explorer, suchen die Datei Programmdemo.java und führen einen Doppelklick darauf aus. Eclipse öffnet die Datei daraufhin im Editor rechts vom Package Explorer. Der Quellcode der Datei sollte wie in Listing 7.7 aussehen.

Listing 7.7 Definition der Klasse »Programmdemo« vor der Anpassung

```
1  package programmierkurs;
2
3  public class Programmdemo {
4
5    public static void main(String[] args) {
6      Person roth;
7      roth = new Person("Karsten", "Roth");
8      System.out.println("Die Person heißt: " +
9        roth.getVorname() + " " + roth.getNachname());
10   }
11 }
```

Verändern Sie nun die Programmausgabe wie folgt:

```
System.out.println("Die Person heißt: " + roth.getName());
```

7.9.5 Programm starten

Führen Sie nun einfach einen Rechtsklick auf den Quellcode des Beispiels aus und wählen *Run As → Java Application* aus. Das Programm sollte im Fenster *Console* der Eclipse IDE folgenden Text ausgeben:

```
Die Person heißt Karsten Roth
```

Die Änderung im Programm hat keine Änderung der Ausgabe bewirkt, aber die Programmausgabe ist sehr viel kürzer geworden. Überall dort, wo man den kompletten Namen der Person benötigt, kann nun die neue Methode eingesetzt werden. Um das auszuprobieren, können Sie das Programm in den nachfolgenden Aufgaben wieder etwas verändern.

◼ 7.10 Aufgaben

- Wie ist eine Deklaration in Java aufgebaut?
- Eine Deklaration bindet einen Datentyp an eine Variable. Welche Aufgabe hat die Deklaration darüber hinaus?
- Wo liegt der Unterschied zwischen einer Zuweisung und einer mathematischen Gleichung?
- Wann ist die Kombination aus Deklaration und Zuweisung praktischer als die Trennung?
- Was ist ein Block und kennzeichnet man ihn?
- Wie funktioniert der Aufruf einer Variablen?
- Wie funktioniert der Aufruf einer Methode?

Versuchen Sie, folgende Erweiterungen des Projekts mit Eclipse durchzuführen:

- Fügen Sie in der Klasse *Programmdemo* den Namen einer zweiten Person mit Vor- und Nachnamen nach der ersten wie folgt ein. Durch die ersten Zeile wird die Person deklariert, durch die zweite mit Vor- und Nachnamen erzeugt:

```
Person anna;
anna = new Person("Anna", "Seitz");
```

- Ergänzen Sie Anschluss erneut die Programmausgabe mit einer Ausgabe, die den kompletten Namen mit der neuen Abfragemethode enthält:

```
System.out.println("Die Person heißt: " + anna.getName());
```

- Starten Sie zum Abschluss der Aufgaben das veränderte Programm *Programmdemo* erneut mit Eclipse.
- Kontrollieren Sie, ob nun der Name der beiden Personen in der Eclipse-Konsole erscheint.

Die Lösungen zu den Aufgaben finden Sie in Kapitel 25, »Lösungen«, ab Seite 591.

■ 7.11 Literatur

Deklarative Programmierung: *https://de.wikipedia.org/wiki/Deklarative_Programmierung*

Imperative Programmierung: *https://de.wikipedia.org/wiki/Imperative_Programmierung*

8 Einfache Datentypen

Einfache Datentypen

8.1 Einleitung

Die »einfachen« Java-Datentypen werden überall dort eingesetzt, wo reine Zahlenwerte oder Zustände gespeichert werden müssen. Mit ihrer Hilfe speichern Objekte ihre Attribute und tauschen Daten aus. Einfache Datentypen sind keine Klassen. Daher sind Variablen auf Basis dieser Datentypen auch keine Objekte. Das scheint der Idee der Objektorientierung zu widersprechen. Warum haben sich also die Erfinder von Java entschieden, solche Datentypen einzusetzen? Robert hat eine Antwort (Abbildung 8.1).

Einfache Datentypen sind leichtgewichtig. Sie helfen, Speicherplatz zu sparen, weil sie keine Klassen sind, die über Methoden verfügen. Stattdessen sind sie einfach aufgebaute Datencontainer für Objekte, die sie für ihre Konstanten und Variablen verwenden.

Abbildung 8.1 Einfache Datentypen sind leichtgewichtig, aber keine Klassen.

■ 8.2   Überblick

8.2.1   Zweck von einfachen Datentypen

Das Ziel der einfachen Datentypen war es, den Speicherhunger objektorientierter Programme zu begrenzen. Da die einfachen Java-Datentypen keine Klassen sind, benötigen sie nur wenig Speicherplatz. Sie setzen sie überall dort ein, wo ein Objekt mit seinen Methoden nicht notwendig ist. Dies ist vor allem bei einfachen Attributen von Klassen der Fall, zum Beispiel einem reinen Zahlenwert wie einer Größe.

8.2.2   Arten von einfachen Datentypen

In Tabelle 8.1 sehen Sie eine Übersicht aller einfachen Java-Datentypen. Sie unterscheiden sich in ihrem Einsatz, wie viel Speicher sie benötigen und im Wertebereich. Der Wertebereich bestimmt die Größe des reservierten Speicherplatzes für eine Variable dieses Typs.

Tabelle 8.1 Übersicht der einfachen Java-Datentypen

Name	Typ	Größe	Wertebereich	Vorgabe	Beispiel
byte	Ganzzahl	8 Bit	$-2^7 \ldots 2^7-1$	0	1
short	Ganzzahl	16 Bit	$-2^{15} \ldots 2^{15}-1$	0	2
int	Ganzzahl	32 Bit	$-2^{31} \ldots 2^{31}-1$	0	3
long	Ganzzahl	64 Bit	$-2^{63} \ldots 2^{63}-1$	0	5
float	Kommazahl	32 Bit	$\pm\, 3{,}40282347 * 10^{38}$	0,0	8.13
double	Kommazahl	64 Bit	$\pm\, 1{,}79769313486231570 * 10^{308}$	0,0	21,34
char	Zeichen	16 Bit	Alle Unicode-Zeichen	\u0000	F
boolean	Wahrheitswert	8 Bit	true, false	false	true

Es gibt die Ganzzahl-Datentypen *byte*, *short*, *int* und *long*, die Kommazahl-Datentypen *float* und *double*. Mithilfe des Datentyps *char* speichern Sie einzelne Zeichen, und mithilfe des Datentyps *boolean* speichern Sie einfache Zustände mit den zwei Werten *true* und *false*.

8.2.3   Verwendung von einfachen Datentypen

Deklaration

Einfache Datentypen sind Teil der Java-Sprache. Sie müssen daher im Gegensatz zu eigenen Klassen nicht definiert, sondern lediglich bei der Verwendung deklariert werden. Die Deklaration ist wieder identisch mit der Variablendeklaration, die Sie bereits aus dem Kapitel 6, »Variablen«, kennen. Sie müssen dem Compiler hierbei »erklären«, von welchem einfachen Datentyp eine Variable sein soll. Bei der Deklaration geben Sie zuerst den Typ der Variablen an und danach die Bezeichnung der Variablen. Abbildung 8.2 zeigt dies am Beispiel des Datentyps *int*.

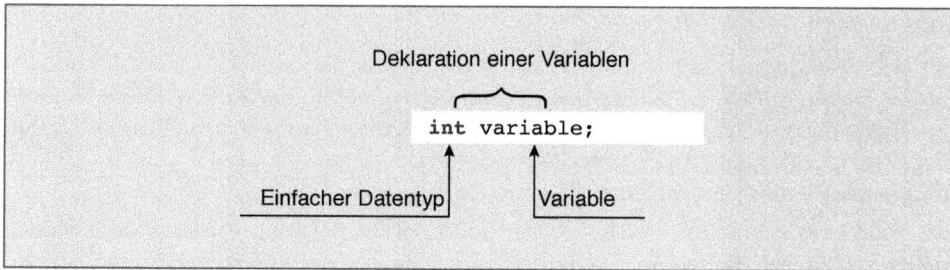

Abbildung 8.2 Deklaration einer Variablen eines einfachen Datentyps am Beispiel von »int«

Zuweisung eines Werts

Nach der Deklaration können Sie der Variablen einen Wert zuweisen. Am Beispiel einer Variablen des Werts *int* sieht das wie in Abbildung 8.3 aus.

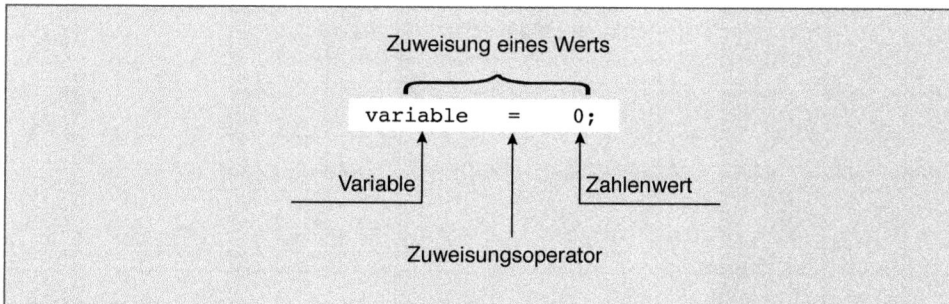

Abbildung 8.3 Zuweisung für eine Variable eines einfachen Datentyps am Beispiel von »int«

Kombination aus Deklaration und Zuweisung

Wie bei allen anderen Datentypen auch können Sie natürlich auch Deklaration und Zuweisung kombinieren, wenn es erforderlich ist. Am Beispiel einer Variablen des Werts *int* sieht das wie in Abbildung 8.4 aus.

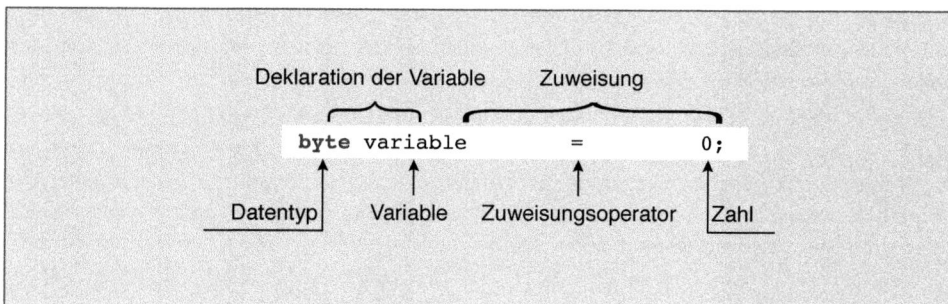

Abbildung 8.4 Deklaration und Zuweisung eines einfachen Datentyps am Beispiel von »int«

Genauigkeit und Wertebereich

Einfache Datentypen unterscheiden sich im benötigten Speicherplatz. Zum Beispiel ist für den Datentyp *int* ein Speicherbereich von 4 Byte (= 32 Bit) reserviert. Der reservierte Speicherbereich ist auf allen Computersystemen identisch, auf denen ein Java-Programm läuft. Das ist einer der großen Vorteile von Java und einer der Gründe, warum sich Java-Programme relativ leicht von einem Computersystemen auf ein anderes übertragen lassen.

Der reservierte Speicherbereich ist bei den Zahlendatentypen nicht mit dem Wertebereich identisch. Das liegt daran, dass alle Java-Zahlendatentypen über ein Vorzeichen verfügen, das ein Bit Speicherplatz benötigt. Das bedeutet, dass zum Beispiel beim Datentyp *int* »nur« 31 Bit zur Verfügung stehen (Abbildung 8.5).

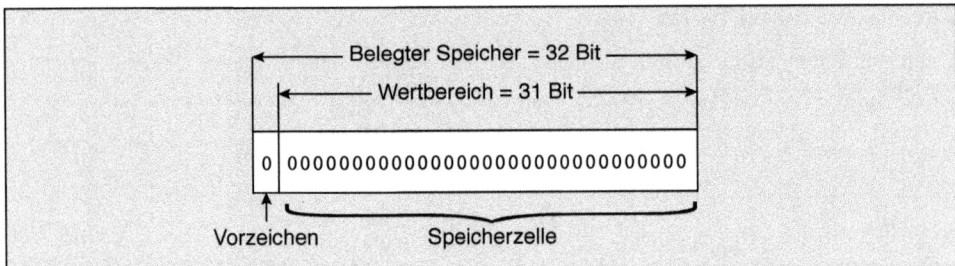

Abbildung 8.5 Wertebereich und belegter Speicher am Beispiel des Datentyps »int«

Anders sieht es beim Datentyp *byte* aus. Hier ergibt sich der negative Wertebereich aus 2^7, der positive Wertebereich aus $2^7 - 1$. Dass die Zahlendatentypen ein Vorzeichen besitzen, ist leider nicht immer praktisch. Für viele Fälle wären nur positive »natürliche« Zahlen mit einem Wertebereich von 0 bis 255 notwendig, den der Datentyp *byte* nicht bietet.

Der Wertebereich der Zahlendatentypen orientiert sich am maximalen Wert, der auf unterschiedlichen Computersystemen realisierbar ist. Sie erinnern sich: Java erlaubt es, portable Programme zu schreiben (Kapitel 2, »Technologieüberblick«). Um eine Portabilität der Programme zu erreichen, mussten die Erfinder der Sprache darauf Rücksicht nehmen, was auf verschiedenen Computersystemen realisierbar ist.

Die höchste darstellbare Informationsmenge nennen Fachleute »Rechnerunendlich«. Das Rechnerunendlich liegt bei vielen Computersystemen bei 64 Bit, weshalb dies auch den Grenzwert der Java-Zahlendatentypen markiert. Das Rechnerunendlich bei PC-Systemen (mit mathematischem Coprozessor) beträgt allerdings 80 Bit und bleibt Java-Programmen normalerweise leider verschlossen.

Durch den maximal darstellbaren Wertebereich ist auch eine gewisse Ungenauigkeit bei einigen mathematischen Berechnungen unvermeidlich, da kein Computersystem alle Zahlen beliebig exakt zu verarbeiten vermag. Bei ganzzahligen Datentypen ist die Genauigkeit innerhalb der zugesicherten Grenzen stets optimal. Sie werden immer vollständig gespeichert, solange sie sich im Wertebereich befinden.

Kommazahlen haben im Gegensatz zu Ganzzahlen prinzipiell nur eine beschränkte Genauigkeit, auch wenn sie sich im Wertebereich des Datentyps befinden. Das liegt daran, dass der Computer solche Zahlen nur dann vollständig speichern kann, wenn sie über eine beschränkte Zahl von Nachkommastellen verfügen.

Beim Speichern einer Gleitkommazahl zerlegt der Computer diese in zwei Teile. Der erste Teil ist der Exponent, und der zweite Teil ist die Mantisse; beide werden binär gespeichert. Die Dezimaldarstellung (Abbildung 8.6) zeigt, dass eine solche Zahl nur bis zu einer gewissen Nachkommastelle exakt ist, alles andere fällt unter den Tisch. Man spricht in diesem Fall von sogenannten Rundungsfehlern.

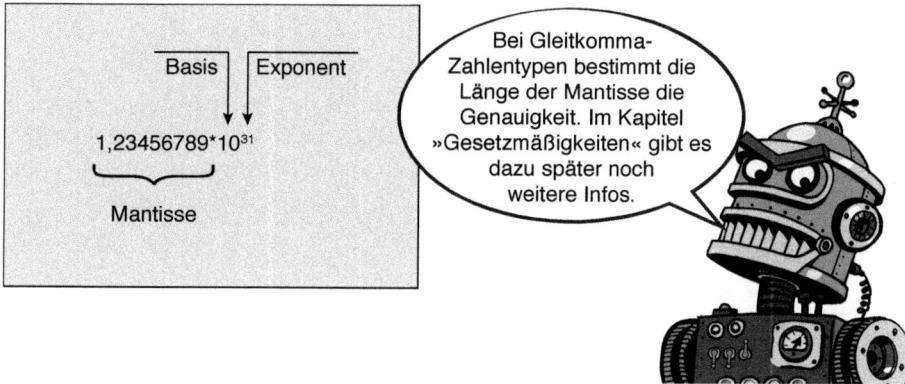

Basis | Exponent

$1{,}23456789 * 10^{31}$

Mantisse

> Bei Gleitkomma-Zahlentypen bestimmt die Länge der Mantisse die Genauigkeit. Im Kapitel »Gesetzmäßigkeiten« gibt es dazu später noch weitere Infos.

Abbildung 8.6 Die Stellen der Mantisse bestimmen die Genauigkeit.

Überschreiten des Wertebereichs

Sie müssen bei der Deklaration entscheiden, ob Ihnen der reservierte Wertebereich und die Genauigkeit für eine Variable im Laufe des Programms ausreichen. Ist das nicht der Fall und überschreitet die Variable irgendwann ihren maximal gültigen Wert oder ist zu ungenau, kommt es zu Programmfehlern. Diese können sich unterschiedlich äußern.

Im günstigsten Fall fallen Programmfehler durch einen sogenannten Überlauf auf. In manchen Fällen kann es jedoch passieren, dass das Programm verrückt spielt und völlig falsche Werte produziert. In Kapitel 22, »Gesetzmäßigkeiten«, erfahren Sie genau, in welchen Fällen dies passiert und wie Sie Ihr Programm vor solchen Zuständen schützen können.

Auswahl des Datentyps

Was bedeutet die Gefahr von Fehlern für die Auswahl eines Datentyps? Das bedeutet zunächst, dass ein Softwareentwickler schon bei der Programmierung sehr genau abwägen sollte, welcher einfache Datentyp sich für eine bestimmte Aufgabe aufgrund seines Wertebereichs eignet.

- Ist der Entwickler zu sicherheitsbewusst und benutzt er stets zu »große« Datentypen, läuft sein Programm zwar sicher, es verbraucht aber zu viel Speicher.
- Ist er zu sparsam, braucht es wenig Speicherplatz, aber es wird nicht richtig funktionieren.

In allen Zweifelsfällen sollten Sie immer die erste Strategie bevorzugen.

Programmtest

In jedem Fall muss der Entwickler in Bezug auf einfache Datentypen sorgfältig abwägen, welcher Datentyp für welchen Programmteil am besten geeignet ist, und sein Programm in

Bezug auf einfache Datentypen ganz besonders sorgfältig testen (Kapitel 22, »Gesetzmäßigkeiten«). Wie Sie die Datentypen verwenden, zeigen einige kleine Anwendungsbeispiele in den folgenden Abschnitten.

■ 8.3   Ganzzahlen

Ganzzahlen heißen mathematisch korrekt Festkommazahlen. Der Name sagt bereits: Sie besitzen keine Nachkommastellen. Sie dienen dazu, Zahlenwerte aus der natürlichen Zahlenmenge darzustellen. Java stellt die vier Ganzzahltypen *byte, short, int* und *long* zur Verfügung, die sich nur durch ihren Wertebereich unterscheiden (Abbildung 8.7).

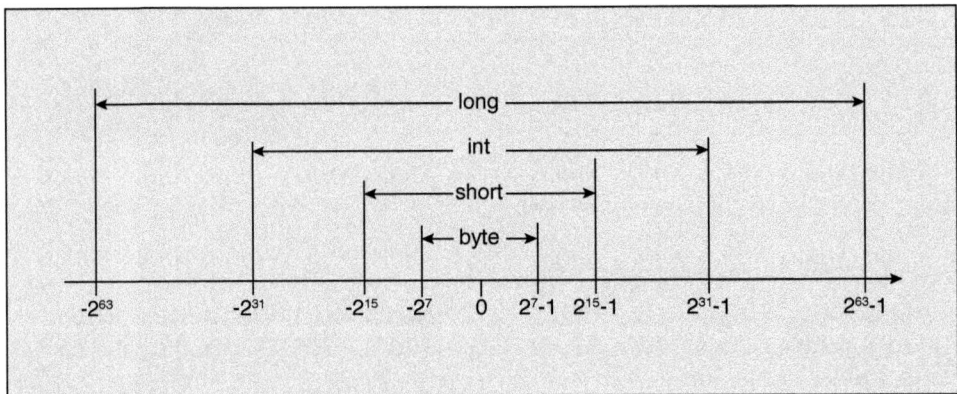

Abbildung 8.7 Wertebereich der Ganzzahltypen

8.3.1   Datentyp »byte«

Der Datentyp *byte* verfügt wie alle Ganzzahltypen über ein Vorzeichen. Er besitzt einen Wertebereich von nur 8 Bit, was einem Byte entspricht, daher der Name des Datentyps. Mit ihm können Sie nur Zahlen von $-2^7 = -128$ bis $2^7-1 = +127$ speichern.

Für das nachfolgende Beispielprogramm *Person* ist dieser Datentyp also kritisch, weil bei der Größe einer Person 127 cm leicht überschritten werden kann und damit den Wertebereich von *byte* sprengen würde. Das Beispiel definiert eine Klasse *Person* mit einem Attribut *groesse* als Datentyp *byte* (Zeile 7). Die Klasse besitzt einen Konstruktor, dem per Parameter die Größe der Person übergeben wird (Zeile 10). Ferner verfügt die Klasse über eine Abfragemethode, um den aktuellen Wert für *student* zu vermitteln.

Listing 8.1 Ein Beispiel für die Verwendung des Datentyps »byte«

```
 1   //Beispielprogramme/Einfache_Datentypen
 2
 3   package programmierkurs;
 4
 5   public class Person {
 6
 7     byte groesse = 0; // Deklaration
 8
 9     // Konstruktor:
10     public Person(byte groesse) {
11       this.groesse = groesse;
12     }
13
14     // Abfragemethode:
15     public byte getGroesse() {
16       return groesse;
17     }
18
19     // Start als Programm
20     public static void main(String[] arguments) {
21       Person kind = new Person((byte) 127);
22       System.out.println("Das Kind ist " + kind.getGroesse() + " cm groß");
23     }
24   }
```

Das hier dargestellte Beispielprogramm *Person* erzeugt die Ausgabe:

```
Das Kind ist 127 cm groß
```

8.3.2 Datentyp »short«

Für den Datentyp *short* gilt: Er hat auf allen Plattformen die gleiche Länge, verfügt über ein Vorzeichen und einen Wertebereich von 16 Bit. Im Vergleich zu den anderen Datentypen ist der Wertebereich relativ kurz, daher sein Name.

Listing 8.2 Ein Beispiel für die Verwendung des Datentyps »short«

```
 1   //Beispielprogramme/Einfache_Datentypen
 2
 3   package programmierkurs;
 4
 5   public class Person {
 6
 7     short groesse; // Deklaration
 8
 9     // Konstruktor:
10     public Person(short groesse) {
11       this.groesse = groesse;
12     }
```

```
13
14    // Abfragemethode:
15    public short getGroesse() {
16      return groesse;
17    }
18
19    // Start als Programm
20    public static void main(String[] arguments) {
21      Person anna = new Person((short) 171);
22      System.out.println("Anna ist " + anna.getGroesse() + " cm groß");
23    }
24  }
```

Auch dieses Beispiel erzeugt die Ausgabe:

```
Anna ist 171 cm groß
```

8.3.3   Datentyp »int«

Der Datentyp *int* verdoppelt nochmals den Wertebereich des Vorgängers auf 32 Bit und besitzt ansonsten dessen Eigenschaften. Er ist der Standarddatentyp für Ganzzahlen in Java-Programmen. Ein erneutes Beispiel mit der Person *anna* zeigt, wie Sie den Datentyp einsetzen (Listing 8.3).

Listing 8.3 Ein Beispiel für die Verwendung des Datentyps »int«

```
1   //Beispielprogramme/Einfache_Datentypen
2
3   package programmierkurs;
4
5   public class Person {
6
7     int groesse; // Deklaration
8
9     // Konstruktor:
10    public Person(int groesse) {
11      this.groesse = groesse;
12    }
13
14    // Abfragemethode:
15    public int getGroesse() {
16      return groesse;
17    }
18
19    // Start als Programm
20    public static void main(String[] arguments) {
21      Person anna = new Person(171);
22      System.out.println("Anna ist " + anna.getGroesse() + " cm groß");
23    }
24  }
```

Hier entsteht ebenfalls die Ausgabe:

```
Anna ist 171 cm groß
```

8.3.4 Datentyp »long«

Dieser Datentyp erhöht nochmals den Wertebereich auf das Doppelte des Vorgängers und bietet mit 8 Byte (64 Bit) das Maximum an Wertebereichs für Ganzzahlen innerhalb eines Java-Programms (Listing 8.4).

Listing 8.4 Ein Beispiel für die Verwendung des Datentyps »long«

```
 1  //Beispielprogramme/Einfache_Datentypen
 2
 3  package programmierkurs;
 4
 5  public class Person {
 6
 7    long groesse; // Deklaration
 8
 9    // Konstruktor:
10    public Person(long groesse) {
11      this.groesse = groesse;
12    }
13
14    // Abfragemethode:
15    public long getGroesse() {
16      return groesse;
17    }
18
19    // Start als Programm
20    public static void main(String[] arguments) {
21      Person anna = new Person(171);
22      System.out.println("Anna ist " + anna.getGroesse() + " cm groß");
23    }
24  }
```

Auch dieses Beispiel verändert die Ausgabe des Programms im Vergleich zu den vorher genannten Beispielen nicht. Hier entsteht folgende Ausgabe:

```
Anna ist 171 cm groß
```

■ 8.4   Kommazahlen

Das Pendant der Ganzzahlen sind die sogenannten Gleitkommazahlen. Diese Kommazahlen verfügen im Gegensatz zu Ganzzahlen über Nachkommastellen. Mathematisch gesprochen dienen sie dazu, Zahlenwerte aus der rationalen Zahlenmenge zu verarbeiten. Solche Zahlen können zum Beispiel durch eine Bruchrechnung innerhalb eines Programms entstehen. Java verfügt zur Verarbeitung von Kommazahlen über die zwei Datentypen *float* und *double*. Der Name *float* leitet sich vom englischen Begriff für Gleitkommazahlen (engl.: floating-point numbers) ab. Weil er den Wertebereich des Datentyps *float* verdoppelt, kommt es zu dem Namen *double* (Abbildung 8.8).

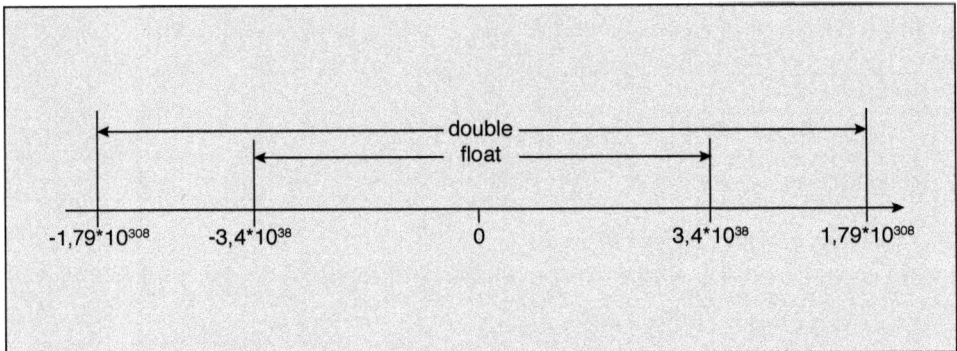

Abbildung 8.8 Wertebereich der Kommatypen (gerundete Werte, nichtlineare Darstellung)

8.4.1   Datentyp »float«

Der Typ *float* ist in Java-Programmen der Standardtyp für Kommazahlen und besitzt eine sogenannte einfache Genauigkeit (32 Bit). Einfache Genauigkeit reicht jedoch auch nur für einfache Rechenoperationen aus, weil die Anzahl der gespeicherten Nachkommastellen gering ist. Eine Anwendung zeigt Listing 8.5.

Listing 8.5 Ein Beispiel für die Verwendung des Datentyps »float«

```
1   //Beispielprogramme/Einfache_Datentypen
2
3   package programmierkurs;
4
5   public class Person {
6
7     float groesse; // Deklaration
8
9     // Konstruktor:
10    public Person(float groesse) {
11      this.groesse = groesse;
12    }
13
```

```
14    // Abfragemethode:
15    public float getGroesse() {
16      return groesse;
17    }
18
19    // Start als Programm
20    public static void main(String[] arguments) {
21      Person anna = new Person((float) 1.71);
22      System.out.println("Anna ist " + anna.getGroesse() + " m groß");
23    }
24  }
```

Aufgrund der geänderten Werte für die Größe entsteht folgende Ausgabe:

```
Anna ist 1.71 m groß
```

8.4.2 Datentyp »double«

Der Typ *double* beschließt den Abschnitt über Kommazahlen dieses Kapitels. Sie benötigen diesen Datentyp immer dann, wenn mit höchstmöglichem Wertebereich und maximaler Genauigkeit bei den Nachkommastellen gerechnet werden muss. Das Listing 8.6 zeigt ein Beispiel für die Verwendung erneut am Beispiel der Größe einer Person.

Listing 8.6 Ein Beispiel für die Verwendung des Datentyps »double«

```
1   //Beispielprogramme/Einfache_Datentypen
2
3   package programmierkurs;
4
5   public class Person {
6
7     double groesse; // Deklaration
8
9     // Konstruktor:
10    public Person(double groesse) {
11      this.groesse = groesse;
12    }
13
14    // Abfragemethode:
15    public double getGroesse() {
16      return groesse;
17    }
18
19    // Start als Programm
20    public static void main(String[] arguments) {
21      Person anna = new Person(1.71);
22      System.out.println("Anna ist " + anna.getGroesse() + " m groß");
23    }
24  }
```

Das Programm gibt die Größe von Anna wie folgt aus:

```
Anna ist 1.71 m groß
```

8.5 Zeichen

Der Zeichentyp *char* ist mit einem Wertebereich von 2 Byte, also 16 Bit ausgestattet worden. Er verwendet den Unicode-Zeichensatz. *Char*-Typen sind mit *einfachen* Hochkommata zu initialisieren (Listing 8.7). Der Zeichentyp ist zur Ausgabe einzelner Zeichen gedacht. Um Wörter auszugeben, gibt es mit der Klasse *String* einen besser geeigneten Datentyp (Kapitel 21, »Klassenbibliotheken«).

Listing 8.7 Ein Beispiel für die Verwendung des Char-Typs

```
 1  //Beispielprogramme/Einfache_Datentypen
 2
 3  package programmierkurs;
 4
 5  public class Person {
 6
 7    char initial; // Deklaration
 8
 9    // Konstruktor:
10    public Person(char initial) {
11      this.initial = initial;
12    }
13
14    // Abfragemethode:
15    public char getInitial() {
16      return initial;
17    }
18
19    // Start als Programm
20    public static void main(String[] arguments) {
21      Person anna = new Person('A');
22      System.out.println("Annas Vorname beginnt mit " + anna.getInitial());
23    }
24  }
```

Das Beispielprogramm sorgt für folgende Ausgabe:

```
Annas Vorname beginnt mit A
```

8.6 Wahrheitswerte

Der in Java vordefinierte Datentyp »boolean« kann die Werte *true* oder *false* annehmen. Wie Sie später sehen werden, steuert man mithilfe solcher Wahrheitswerte den Ablauf des Programms. Im folgenden Beispiel möchte ich nur eine sehr einfache Anwendung eines Wahrheitswerts am Zustand eines Personenobjekts zeigen. Sie erinnern sich vielleicht an das Beispiel aus Kapitel 3, »Objektorientierte Programmierung«. Hier konnten die Personen Anna und Julia einen Zustand besitzen, der zeigt, ob sie Studentinnen sind.

Das Beispiel möchte ich hier nochmals aufgreifen. Eine Klasse *Person* soll den Zustand *student* bekommen und vom Typ *boolean* sein. Das Ergebnis, das ein Personenobjekt dieser Klasse zurückliefert, kann zwei Werte annehmen: *true* oder *false*. Im Fall von *true* ist die Person ein Student oder eine Studentin, im Fall von *false* nicht. Der Wert wird zu Anfang (Zeile 21) über den Konstruktor auf *true* gesetzt, da Anna eine Studentin ist. Um den Wert in Zeile 22 abzufragen, besitzt die Klasse eine Abfragemethode namens *isStudent()*. Das Beispiel finden Sie nachfolgend in Listing 8.8.

Listing 8.8 Ein Beispiel mit Wahrheitswerten

```
 1  //Beispielprogramme/Einfache_Datentypen
 2
 3  package programmierkurs;
 4
 5  public class Person {
 6
 7    boolean student; // Deklaration
 8
 9    // Konstruktor:
10    public Person(boolean student) {
11      this.student = student;
12    }
13
14    // Abfragemethode:
15    private boolean isStudent() {
16      return this.student;
17    }
18
19    public static void main(String[] arguments) {
20      Person anna = new Person(true);
21      System.out.println("Ist Anna eingeschrieben: " + anna.isStudent());
22    }
23
24  }
```

Dieses Beispiel erzeugt folgende Ausgabe:

```
Ist Anna eingeschrieben: true
```

■ 8.7 Zusammenfassung

Variablen, die auf einfachen Java-Datentypen beruhen, sind keine Objekte. Sie sind leichtgewichtig und benötigen nur wenig Speicherplatz. Aufgrund ihrer Eigenschaften setzt man sie primär als Datentypen für die Attribute von Objekten ein. Darüber hinaus sind sie für vielfältige Aufgaben geeignet: Der Datentyp *char* speichert einzelne Zeichen, während man über Wahrheitswerte einfache Zustände wie *true* und *false* festlegen kann.

Die Datentypen *byte*, *short*, *int* und *long* sind für Ganzzahlen vorgesehen. In der Regel nimmt man bei Ganzzahlen einfacher Genauigkeit den Datentyp *int*, während Zahlen des Datentyps *long* sehr viel größere Zahlen speichern kann. Möchte man Kommazahlen verwenden, greift man in der Regel zum einfachen Datentyp *float*. Auch hier steht mit *double* wieder ein Datentyp zur Verfügung, der erheblich größere Werte speichern kann. Robert fasst nochmals die Vorteile einfacher Java-Datentypen zusammen (Abbildung 8.9).

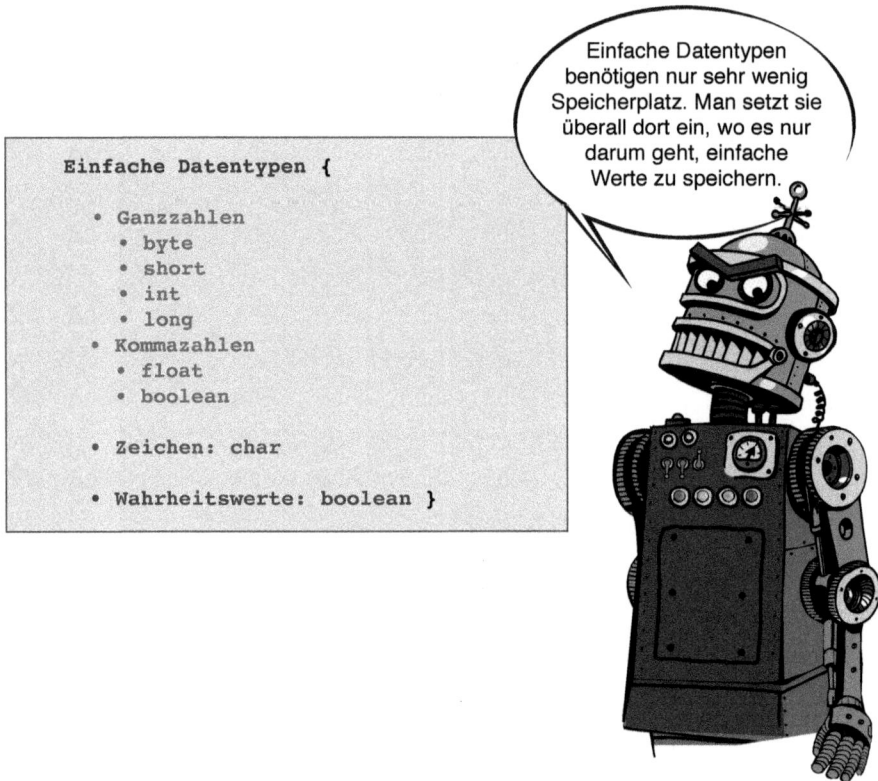

> Einfache Datentypen benötigen nur sehr wenig Speicherplatz. Man setzt sie überall dort ein, wo es nur darum geht, einfache Werte zu speichern.

```
Einfache Datentypen {

    • Ganzzahlen
        • byte
        • short
        • int
        • long
    • Kommazahlen
        • float
        • boolean

    • Zeichen: char

    • Wahrheitswerte: boolean }
```

Abbildung 8.9 Einfache Datentypen sind leichtgewichtig.

Damit ist dieses Kapitel beendet, und Sie können Ihr Wissen erneut in der nachfolgenden Übung vertiefen.

■ 8.8   Übungen

In dieser Übung entwickeln Sie erneut Schritt für Schritt eines der vorgestellten Projekte. Sofern Sie die Eclipse IDE nicht bereits installiert haben, holen Sie das jetzt nach. Die Anleitung dazu steht in Kapitel 4, »Entwicklungsumgebung«, unter dem Abschnitt 4.2, »Installation«.

8.8.1   Eclipse starten

Starten Sie die Eclipse IDE, falls Sie sie nicht ohnehin bereits geöffnet haben. Sofern Sie seit der letzten Übung des Kapitels »Anweisungen« nicht den Workspace gewechselt haben, präsentiert Ihnen der ECLIPSE IDE LAUNCHER den letzten Workspace namens *Uebungen*«. Starten Sie Eclipse mit diesem Workspace über einen Klick auf die Schaltfläche »Launch« (Abbildung 8.10).

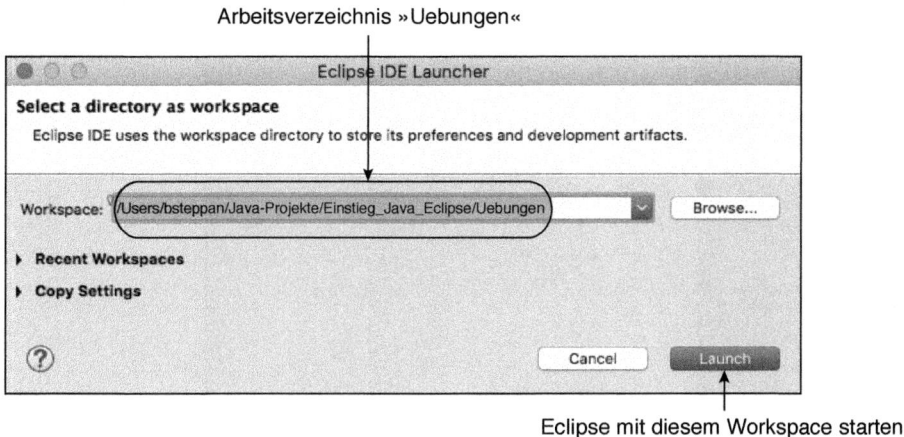

Abbildung 8.10 Starten von Eclipse mit dem vorherigen Workspace

8.8.2   Projekt kopieren

Wie schon in den Kapiteln zuvor müssen Sie erneut das Projekt des vorigen Kapitels kopieren, da diese Übung auf den vorigen basiert. Führen Sie dazu wieder einen Rechtsklick auf den Projektknoten des Projekts *Anweisungen* im PACKAGE EXPLORER aus und wählen aus dem Kontextmenü, das daraufhin erscheint, den Befehl COPY aus. Führen Sie danach auf eine freie Fläche im PACKAGE EXPLORER einen Rechtsklick aus und wählen aus dem Kontextmenü PASTE aus.

Tragen Sie in dem Dialog, der danach erscheint, als neuen Projektnamen *Einfache_Daten-typen* ein. Vergessen Sie hierbei nicht den Unterstrich zwischen den einzelnen Wörtern. Die restlichen Einstellungen können wieder so bleiben, da sie von Eclipse sinnvoll belegt sind. Klicken Sie nun auf die Schaltfläche COPY, um die Kopieraktion zu starten. Sie erhalten wieder eine komplette Kopie des Projekts der letzten Übung mit beiden Klassen *Person* und *Programmdemo*.

8.8.3   Attribute einfügen

Die Aufgabe in dieser Übung ist es, die Klasse *Person* um zwei Attribute zu erweitern und die Programmausgabe erneut anzupassen. Bisher haben die Klassen der Übungen immer Attribute des Typs *String* bekommen. Diesmal soll es natürlich Attribute sein, die auf einfachen Datentypen beruhen, da diese Thema dieses Kapitels sind.

Die Klasse *Person* soll um ein Attribut namens *student* und ein Attribut namens *groesse* erweitert werden. Das Attribut *student* soll festhalten, ob das Personenobjekt Student oder Studentin ist. Mit dem Attribut *groesse* hingegen soll die Größe eines Personenobjekts festgehalten werden. Aufgrund der unterschiedlichen Anforderungen an die Attribute soll *student* vom Typ *boolean* und *groesse* vom Typ *int* sein.

Warum erfolgte die Auswahl genau dieser Datentypen? Die Variable *student* hat den Typ *boolean* bekommen, weil es für den Zustand, ob jemand Student ist oder nicht, nur zwei Zustände gibt. Die Entscheidung, für die Variable *groesse* den Datentyp *int* zu verwenden, ist ebenfalls sehr einfach. Der Datentyp *int* sollte für die Größe einer Person mehr als ausreichend sein, da der Wertebereich bis $2^{31}-1$ reicht. Wie diese beiden Attribute in die Klasse Person eingebettet werden sollen, zeigt Abbildung 8.11.

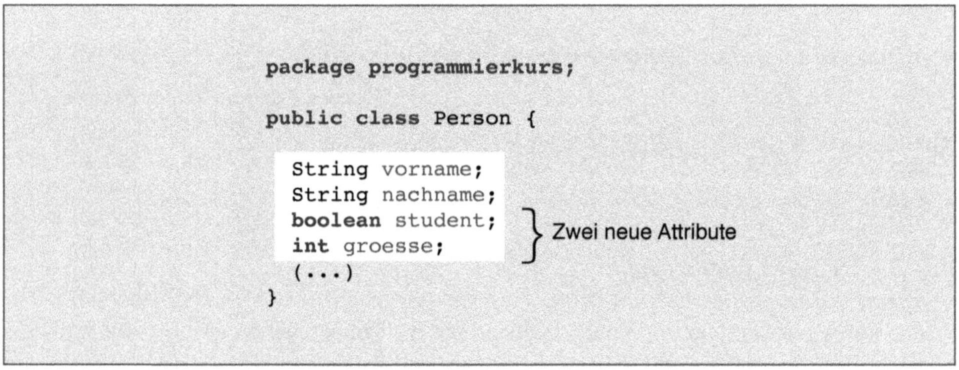

```
package programmierkurs;

public class Person {

    String vorname;
    String nachname;
    boolean student;      } Zwei neue Attribute
    int groesse;
    (...)
}
```

Abbildung 8.11 Klasse »Person« erweitern

8.8.4   Dateien im Editor schließen

Schließen Sie jetzt sämtliche Dateien im Editor auf der rechten Seite der Eclipse IDE. Klappen Sie danach das Projekt EINFACHE_DATENTYPEN im PACKAGE EXPLORER vollständig aus und führen einen Doppelklick auf die Datei *Person.java* aus. Eclipse öffnet sie danach im Editor auf der rechten Seite. Die neuen Attribute müssen Sie erneut mittels des Editors einfügen. Setzen Sie dazu den Cursor in der Datei PERSON.JAVA neben das Attribut *vorname* und drücken die Eingabetaste. Fügen Sie danach folgenden Code ein:

Listing 8.9 Die Erweiterung der Klasse »Person«

```
7  boolean student;
8  int groesse;
```

Vergessen Sie auch hier nicht das Semikolon jeweils am Zeilenende der Zeilen 7 und 8. Wenn Sie die Attribute eingegeben haben, speichern Sie die Klasse vor dem nächsten Arbeitsschritt über MENÜ → FILE → SAVE oder über das Diskettensymbol der Toolbar. Sollte Ihnen ein Fehler unterlaufen sein, kontrollieren Sie anhand der Abbildung 8.11, ob der eingefügte Quellcode identisch mit der Vorlage ist.

Um Objekte zu erzeugen, die die neuen Attribute verwenden, müssen Sie den Konstruktor der Klasse anpassen. Um die Attribute der Klasse später auszugeben, ist es erforderlich, zwei neue Abfragemethoden zu erzeugen. Beginnen wir mit dem Konstruktor.

8.8.5 Konstruktor anpassen

Damit sich ein Personenobjekt mit Vor- und Nachnamen und den Attributen *groesse* und *student* später erzeugen lässt, benötigt die Klasse einen veränderten Konstruktor. Er soll zwei weitere Parameter bekommen, und sie sollen genauso wie die Attribute geschrieben sein. Sie können die Änderungen einfach in den Editor wie mit einer Textverarbeitung eintippen. Beachten Sie dabei, dass Parameter ebenfalls mit einem Typ deklariert werden müssen. Es reicht also nicht aus, einfach *groesse* in die Liste der Parameter einzutragen. Sie müssen stattdessen erklären, von welchem Typ der Parameter sein soll. Das sieht dann wie folgt aus:

Listing 8.10 Die Konstruktor der Klasse »Person« nach der Änderung

```
 9     public Person(String vorname, String nachname,
10        int groesse, boolean student) {
11       this.vorname = vorname;
12       this.nachname = nachname;
13       this.groesse = groesse;
14       this.student = student;
15     }
```

Speichern Sie nach dieser Änderung das gesamte Projekt, indem Sie in der Symbolleiste auf das Symbol mit mehreren Disketten klicken (SAVE ALL). Daraufhin kennzeichnet die Eclipse IDE das Projekt als fehlerhaft. Die Fehler zeigen sich im PACKAGE EXPLORER, im Fenster OUTLINE und im Fenster PROBLEMS im unteren Bereich der Entwicklungsumgebung. Die genannten Sichten sind miteinander vernetzt. Daher erscheinen Fehler im Quellcode auch an verschiedenen Stellen der Eclipse-Oberfläche gleichzeitig. Sie sind unterschiedlich aussagekräftig. Zum Beispiel zeigt Ihnen ein Fehler im PACKAGE EXPLORER nur, dass ein Projekt fehlerbehaftet ist. Erst wenn Sie den Projektbaum aufklappen, sehen Sie, dass der Fehler anscheinend in der Datei PROGRAMMDEMO.JAVA liegt.

Für eine genaue Fehleranalyse ist es wesentlich besser, das Fenster PROBLEMS zu verwenden. Hier zeigt Eclipse die Probleme mit einer Beschreibung, der Ressource (Datei), den Pfad, der Zeilennummer und einem Typ an. Klicken Sie im unteren Bereich der Eclipse IDE auf dieses Fenster, sofern es nicht bereits im Vordergrund zu sehen ist. Wenn Sie in diesem Fenster auf die Beschreibung des Problems klicken, öffnet Eclipse automatisch die entsprechende Datei *Programmdemo.java* und markiert die Stelle des Fehlers im Editor (Abbildung 8.12). Es ist jetzt deutlich zu sehen, dass das Programm beim Aufruf des Konstruktors lediglich zwei statt der festgelegten vier Parameter übergibt.

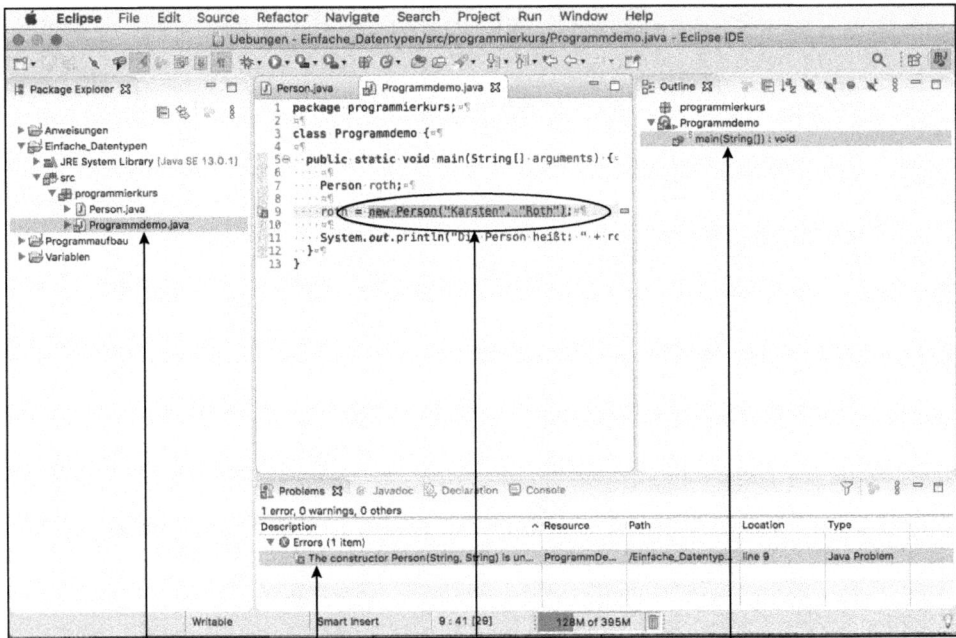

Abbildung 8.12 Fehler nach dem Ändern des Konstruktors

8.8.6 Konstruktoraufruf anpassen

Um den Fehler zu beheben, müssen Sie die Methode *main* etwas anpassen. Dazu ändern Sie den Aufruf des Konstruktors, so dass die Klasse wie folgt aussieht:

Listing 8.11 Erweiterung der Methode »main()«

```
1  package programmierkurs;
2
3  public class Programmdemo {
4
5    public static void main(String[] args) {
6      Person roth;
7      roth = new Person("Karsten", "Roth", 184, false);
8      System.out.println("Die Person heißt " + roth.getName());
9    }
10 }
```

Nach dieser Änderung ist die Klasse wieder fehlerfrei. Im nächsten Schritt müssen Sie daher nur noch die Ausgabe des Programms verändern.

8.8.7 Abfragemethode erzeugen

Um die Klasse *Person* fertigzustellen, fehlen noch zwei Abfragemethoden für die neuen Attribute. Lassen Sie die Entwicklungsumgebung den entsprechenden Code automatisch erzeugen und rufen den Codegenerator erneut auf. Dazu wechseln Sie zum PACKAGE EXPLORER und führen einen Rechtsklick auf die Klasse *Person* aus. Daraufhin erscheint ein Kontextmenü. Wählen Sie aus dem Untermenü SOURCE den Befehl GENERATE GETTERS AND SETTERS... aus (Abbildung 8.13).

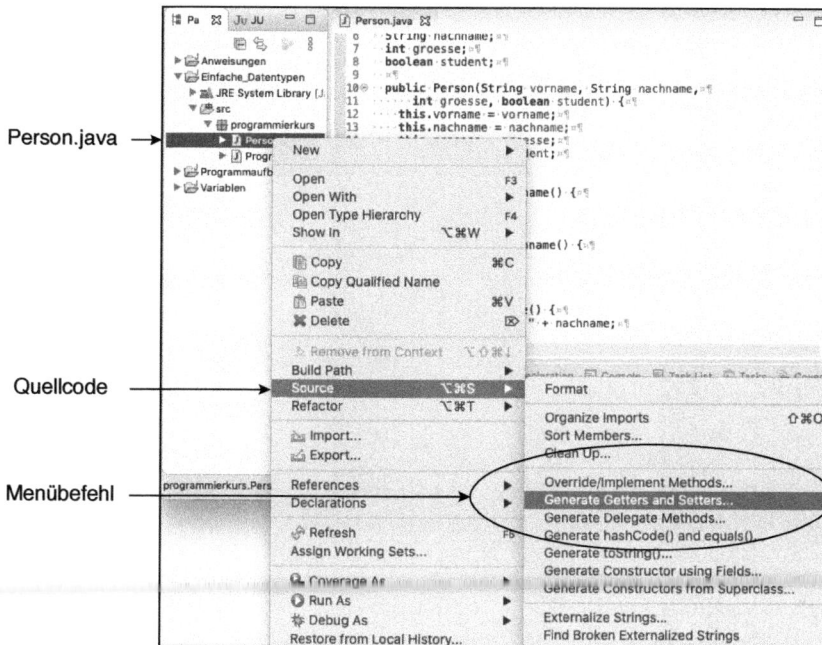

Abbildung 8.13 Aufruf des Dialogs zum Erzeugen von Getter- und Setter-Methoden

Daraufhin präsentiert die Entwicklungsumgebung wieder einen Assistenten, mit dem Sie auswählen können, welcher Quellcode erzeugt, wie dieser gestaltet und wo dieser eingefügt werden soll (Abbildung 8.13). Wählen Sie bei der ersten Option SELECT GETTERS AND SETTERS TO CREATE nur *getGroesse()* und *isStudent()* aus. Der Codegenerator erzeugt daraufhin lediglich die Abfragemethode und nicht auch noch die Änderungsmethode.

Vielleicht ist Ihnen aufgefallen, dass die Methoden von Eclipse unterschiedlich benannt werden. Bei einem Attribut des Typs *int* bietet Eclipse eine Methode mit dem Präfix *get* an, bei einem Attribut des Typ *boolean* jedoch eine Methode mit dem Präfix *is*. Der Hintergrund dieses feinen Unterschieds sind Java-Sprachkonventionen, die die Benennung der Abfragemethoden vorgeben. Eclipse erzeugt also immer Quellcode, der vollständig konform zum Java-Sprachstandard ist.

Kehren wir zum Dialog zurück: Beim Punkt INSERTION POINT wählen Sie AFTER GETNAME(), damit der Codegenerator von Eclipse die neue Methode nach der Methode zur Ausgabe des vollständigen Namens einfügt. Den Rest des Dialogs können Sie so belassen. Schließen Sie danach den Dialog mit GENERATE, so dass der Codegenerator seine Arbeit verrichten kann.

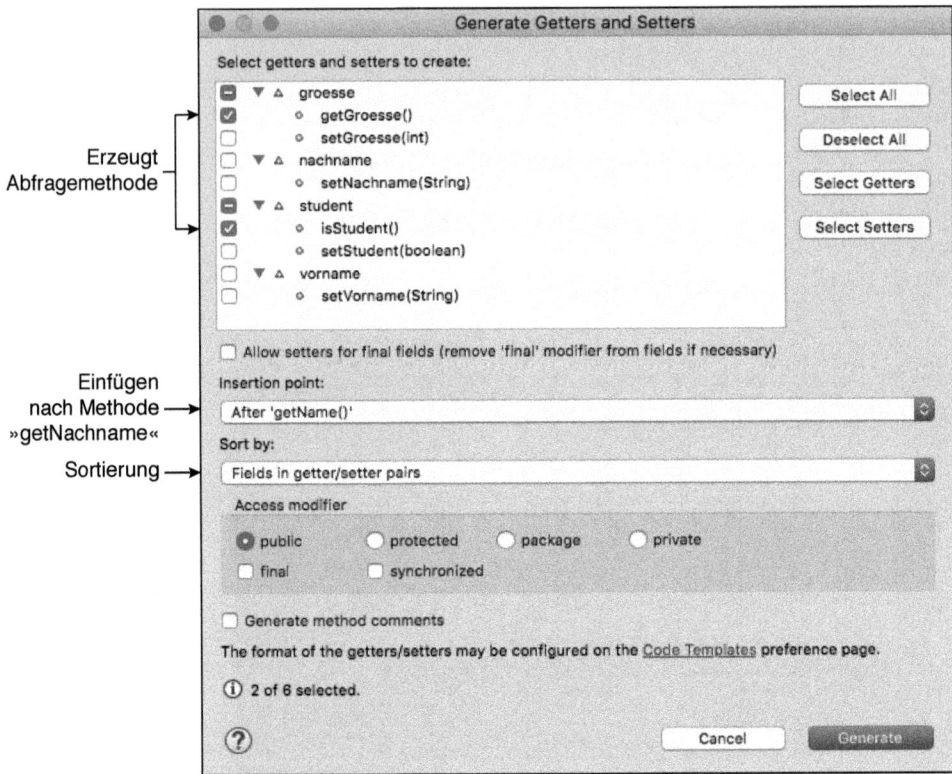

Abbildung 8.14 Abfragemethoden erzeugen

Nachdem der Code erzeugt wird, ist es wichtig, im Anschluss die Datei wieder zu speichern. Eclipse erledigt das nicht automatisch, sondern erwartet, dass sie manuell die Änderung bestätigen.

8.8.8   Programmausgabe anpassen

Die Änderungen erzielen natürlich in der Klasse *Programmdemo* keine Wirkung, da die Programmausgabe noch auf dem alten Stand ist. Was fehlt, ist eine Ausgabe der neuen Attribute. Ändern Sie daher die Zeile 11 wie folgt:

Listing 8.12 Erweiterung der Methode »main()«

```
1  package programmierkurs;
2
3  class Programmdemo {
4
5    public static void main(String[] arguments) {
6      Person roth;
7      roth = new Person("Karsten", "Roth", 184, false);
```

```
 8        System.out.println("Die Person heißt: " + roth.getName());
 9        System.out.println(roth.getName() + " ist " + roth.getGroesse() + "
            cm gross");
10        System.out.println("Sein Studentenstatus ist " + roth.isStudent());
11    }
12 }
```

8.8.9   Programm starten

Führen Sie nun einen Rechtsklick auf den Quellcode PROGRAMMDEMO.JAVA des Beispiels im PACKAGE EXPLORER oder im Quellcode des Editors aus und wählen aus dem Kontextmenü, das daraufhin erscheint, folgenden Befehl aus: RUN AS → JAVA APPLICATION. Eclipse erzeugt durch diesen Befehl automatisch eine neue Startkonfiguration für das Programm und führt es aus. Wenn alles wie beschrieben verlaufen ist, sollte im Fenster CONSOLE der Eclipse-Workbench folgender Text erscheinen:

```
Die Person heißt Karsten Roth
Karsten Roth ist 184 cm gross
Sein Studentenstatus ist false
```

8.8.10   Startkonfigurationen aufräumen

Bei den Eclipse-Startkonfigurationen ist es wichtig, den Überblick zu behalten. Wenn Sie eine Klasse wie *Programmdemo* mit Befehl RUN AS → JAVA APPLICATION ausführen, erzeugt Eclipse normalerweise eine Startkonfiguration exakt des gleichen Namens. Sollte allerdings, wie in unseren Tutorials, bereits eine Startkonfiguration mit diesem Namen existieren, vergibt Eclipse für die neue Startkonfiguration den Klassennamen gefolgt von einer Nummer. An die verschiedenen Startkonfigurationen gelangen Sie zum Beispiel über den Menübefehl des Hauptmenüs RUN → RUN CONFIGURATIONS. Wenn Sie diesen Befehl ausführen, öffnet sich ein Dialog mit den bisher angelegten Startkonfigurationen (Abbildung 8.15). Werfen Sie nun einen Blick auf die Namen der Startkonfigurationen, die entstanden sind. Bei Ihnen müssen die Namen wie folgt lauten: *Programmdemo, Programmdemo(1), Programmdemo(2)* etc.

Die sehr ähnlichen Namen der Startkonfigurationen können Sie sehr schnell verwechseln, so dass Sie unter Umständen das falsche Programm ausführen. Das können Sie durch sprechende Bezeichnungen verhindern. Gute Beispiele sehen Sie in der Abbildung 8.15. Hier sind die Startkonfigurationen eindeutig benannt. Geben Sie jetzt den bisherigen Startkonfigurationen ähnlich sprechende Namen. Dazu ändern Sie einfach im Feld NAME die Bezeichnung und übernehmen die Änderung mit der Schaltfläche APPLY.

Sie können danach sämtliche bisher entstandenen Programme über die Symbolleiste ausführen. Hierzu hat Eclipse ein grünes Symbol mit einem weißen Dreieck reserviert. Klicken Sie direkt auf dieses Symbol, startet Eclipse das zuletzt ausgeführte Programm. Neben dem grünen Startsymbol befindet sich ein kleiner schwarzer, nach unten gerichteter Pfeil. Wenn Sie auf ihn klicken, erscheinen sämtliche Startkonfigurationen (Abbildung 8.16).

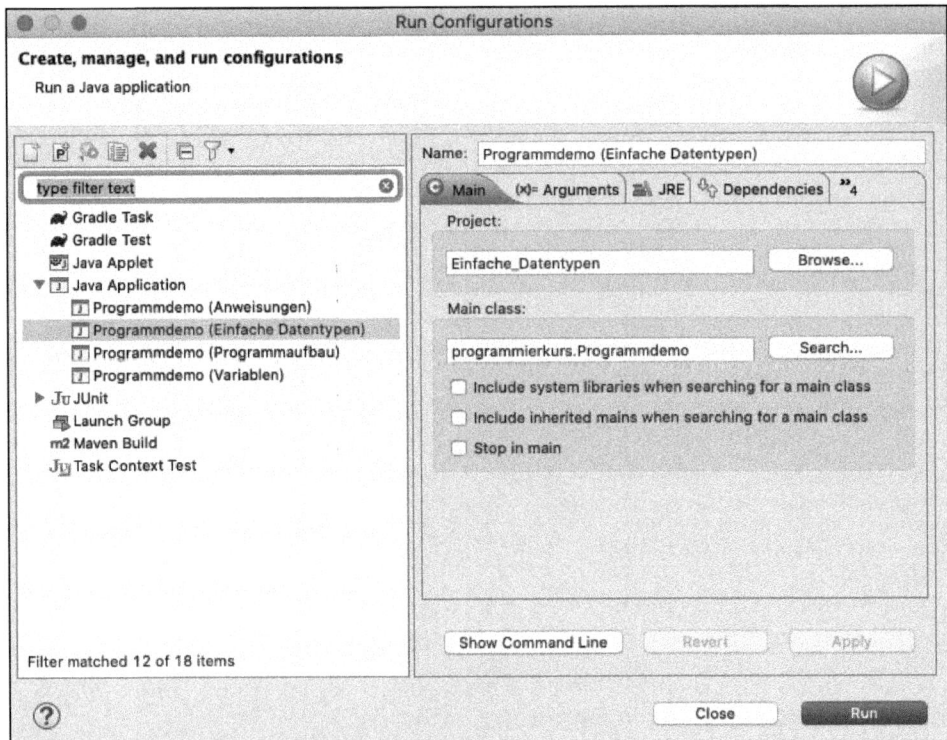

Abbildung 8.15 Startkonfigurationen aufräumen

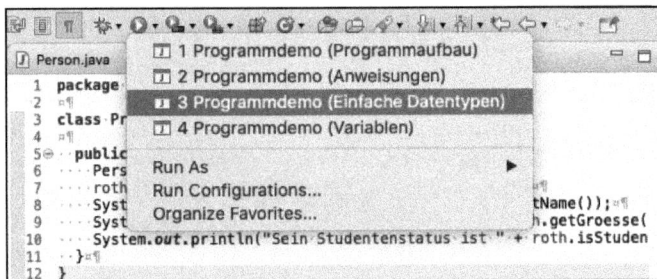

Abbildung 8.16 Das Kontextmenü der Startkonfigurationen

In dem Kontextmenü sehen Sie außerdem einen Befehl zum Aufruf des Dialogs mit den Startkonfigurationen. Zudem können Sie hier Favoriten definieren, sofern Sie Ihre Startkonfigurationen weiter gruppieren möchten. Wenn Sie Favoriten angelegt haben, teilt Eclipse das Kontextmenü so auf, dass sich die bevorzugten Startkonfigurationen abgetrennt von den anderen an der obersten Stelle befinden.

Haben Sie den Startkonfigurationen neue Namen gegeben? Wenn ja, können Sie jetzt das Programm, das Sie ausführen möchten, aus dem Kontextmenü ohne Verwechslungsgefahr nochmals auswählen. Damit ist das vierte Tutorial beendet, aber ein paar Aufgaben warten noch auf Sie.

8.9 Aufgaben

- Welche Ganzzahldatentypen gibt es in Java?
- Wie unterscheiden sie sich?
- Welche Datentypen gibt es für Kommazahlen?
- Wie unterscheiden sie sich?
- Mit welchem Datentyp lassen sich einzelne Zeichen speichern?
- Wie viele Zustände kann man mit einer Variable des Datentyps *boolean* speichern?

Fügen Sie in der Klasse *Programmdemo* den Namen einer zweiten Person mit Vor- und Nachnamen sowie Größe und Status des Studenten wie folgt ein:

```
Person anna;
anna = new Person("Anna", "Seitz", 171, true);
```

- Ergänzen Sie Anschluss erneut die Programmausgabe mit einer Ausgabe, die sowohl den kompletten Namen als auch Größe und Status des Studenten enthält:
- Starten Sie zum Abschluss der Aufgaben das veränderte Programm *Programmdemo* erneut mit Eclipse.
- Kontrollieren Sie, ob nun der Name der beiden Personen mit sämtlichen Attributen in der Eclipse-Konsole erscheint.

Die Lösungen zu den Aufgaben finden Sie in Kapitel 25, »Lösungen«, ab Seite 592.

8.10 Literatur

Primitive Data Types:
https://docs.oracle.com/javase/tutorial/java/nutsandbolts/datatypes.html

Class Double:
https://docs.oracle.com/en/java/javase/13/docs/api/java.base/java/lang/Double.html

9 Klassen und Objekte

■ 9.1 Einleitung

Der Programmaufbau ist vorgestellt. Sie kennen nun Variablen, Anweisungen und einfache Datentypen. Jetzt kann es richtig losgehen mit dem zentralen Thema der Java-Programmierung – mit Klassen und Objekten. Erinnern Sie sich noch an die Definition eines objektorientierten Programms von Alan Kay, dem Erfinder der Programmiersprache Smalltalk?

Das Besondere an objektorientierter Programmierung ist, dass Sie bestimmte Datentypen selbst definieren können. Diese Datentypen nennen sich Klassen. Aus ihnen entstehen die Objekte, um die sich alles in einem Java-Programm dreht!

Abbildung 9.1 Klassen sind Datentypen, die der Programmierer der Klasse selbst definiert.

Alan Kay definierte ein objektorientiertes Programm wie folgt: »Alles ist ein Objekt. Objekte verständigen sich durch Senden und Empfangen von Nachrichten. Sie haben ihren eigenen Speicher. Jedes Objekt ist ein Exemplar einer Klasse. Die Klasse beinhaltet das Verhalten aller ihrer Exemplare. Um ein Programm auszuführen, übergibt man dem ersten Objekt die Steuerung und behandelt den Rest als dessen Nachricht.«

■ 9.2   Überblick

9.2.1   Zweck einer Klasse

Java-Klassen sind Vorlagen für Java-Objekte. Eine Klasse bringt die Gemeinsamkeit vieler ähnlicher Objekte auf einen Nenner. Vielleicht erinnern Sie sich noch an die Gruppe von Personen aus Kapitel 3, »Objektorientierte Programmierung«. Wenn Sie eine gemeinsame Klasse für diese Personenobjekte in Abbildung 9.2 suchen, müssen Sie die Frage beantworten, welche Gemeinsamkeiten die verschiedenen Personen verbinden. Sie müssen die Objekte also *klassifizieren*.

Abbildung 9.2 Welche Gemeinsamkeiten haben diese Personenobjekte?

Die entsprechende Klasse sollte die Gemeinsamkeiten der Personen in Abbildung 9.3 auf einen Nenner bringen. Die Lösung in Form einer Klasse hängt immer vom Anspruch ab, den man an eine solche Klasse stellt. So könnte eine einfache Lösung zum Beispiel so aussehen wie sie in Abbildung 9.3 zu sehen ist.

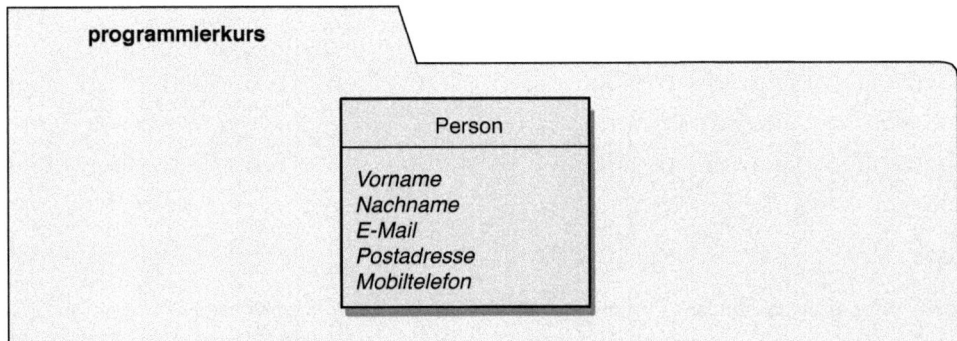

Abbildung 9.3 Eine Klasse bringt die Gemeinsamkeit vieler ähnlicher Objekte auf einen Punkt.

In früheren Java-Versionen gab es nur eine Art von Klassen. Aufgrund der Schwierigkeiten, natürliche Objekte mit dieser einen Klassenart adäquat in Java-Programmen abzubilden, haben sich im Lauf der Entwicklung der Programmiersprache Java eine ganze Reihe von zusätzlichen Klassenarten entwickelt.

9.2.2 Arten von Klassen

In Kapitel 3, »Objektorientierte Programmierung«, war immer nur von einer Art von Klasse die Rede. Die Entwickler von Java haben im Lauf der Zeit versucht, allen Designanforderungen von Java-Programmen gerecht zu werden. So gibt es heute nicht nur eine Art von Klasse, sondern eine ganze Reihe für die unterschiedlichsten Zwecke: konkrete und abstrakte Klassen, Interfaces und generische Klassen (Generics). Von den konkreten Klassen gibt es zudem drei weitere Spielarten: lokale, innere und anonyme Klassen (Tabelle 9.1).

Tabelle 9.1 Java verfügt über vier Hauptarten von Klassen und drei Unterarten.

Klassenart	Ausprägung	Verwendung
»Konkrete« Klasse	»Natürliche« Klasse	Allzweckklasse
	Lokale Klasse	Hilfsklasse
	Innere Klasse	Hilfsklasse mit Interface
	Anonyme Klasse	Hilfsklasse ohne Namen
Abstrakte Klasse	–	Basisklasse
Interface	–	Klasse ohne Implementierung
Generics (Generische Klasse)	–	Typsichere Behälterklasse

Konkrete Klassen sind sozusagen die natürliche Form einer Klasse, wie sie das Kapitel »Objektorientierte Programmierung« vorgestellt hat. Lokale Klassen sind konkrete Klassen, die innerhalb einer Klasse definiert werden, wenn es sich nicht lohnt, sie in einer eigenen Datei auszulagern. Ähnlich verhält es sich mit inneren Klassen, nur dass hierfür ein Interface benötigt wird. Anonyme Klassen definiert man ebenfalls in einer konkreten Klasse, aber sie trägt keinen Namen.

Abstrakte Klassen und Interfaces sind für spezielle Designaufgaben im Zusammenhang mit konkreten Klassen gedacht. Generische Klassen wurden mit Java 5 eingeführt, um Programmierfehler zu vermeiden. Als Java-Einsteiger erscheint Ihnen das sicher ziemlich verwirrend. Die verschiedenen Klassen haben durchaus ihren Sinn, wie die nächsten Seiten zeigen.

Sie werden bei der Java-Programmierung Klassen verwenden, die von anderen Programmierern stammen, aber auch Klassen, die sie selbst definieren müssen. In beiden Fällen gibt es eine sogenannte Klassendefinition. Verwenden Sie eine Klasse wie zum Beispiel *String*, ist diese Definition im Quellcode der Java-Bibliotheken enthalten. Sie müssen sich also nicht darum kümmern. Anders sieht es bei Klassen aus, die Sie selbst entwickeln. Hier ist der erste Schritt, die Klasse zu definieren. Klassen definieren bedeutet, dass Sie den Namen der Klasse, ihre Attribute, ihre Methoden und die Kapselung festlegen.

9.2.3 Definition von Klassen

Klassen zählen zu den frei definierbaren Datentypen. Das bedeutet, dass der Programmierer einer Klasse frei festlegen kann, wie seine Klasse aussehen soll. Er kann beispielsweise den Namen der Klasse festlegen und bestimmen, über welche Attribute und Methoden die Klasse verfügt. Das ist einer der großen Pluspunkte der objektorientierten Programmierung.

Dadurch lassen sich Klassen so aufbauen wie reale Vorbilder, wodurch das Programm viel besser zu verstehen ist. Abbildung 9.4 zeigt, wie eine Klassendefinition aussieht. Der Programmierer der Klasse legt in der Klassendefinition frei fest, aus welchen Bestandteilen sich die Klasse zusammensetzt. Das erfolgt in einer Datei, die dem Namen der Klasse entspricht. Die Definition einer Klasse besteht aus dem Namen der Klasse, dem das Schlüsselwort *class* vorangestellt ist.

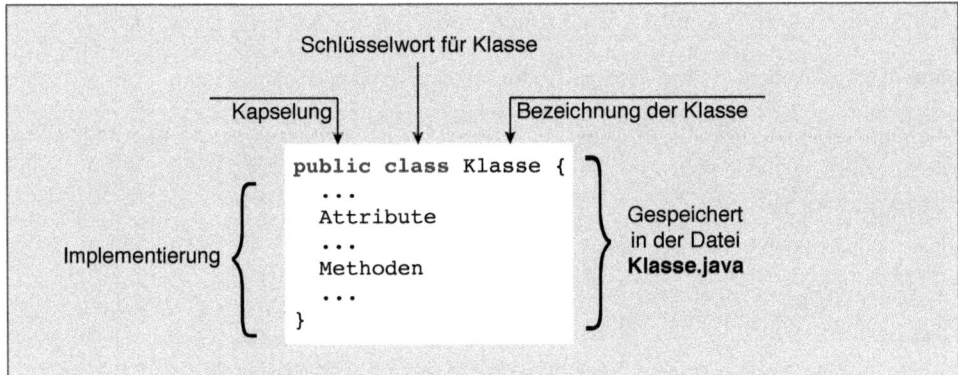

Abbildung 9.4 Klassen müssen vor ihrer Verwendung definiert werden.

Zusätzlich kann die Sichtbarkeit der Klasse angegeben werden. Der dritte Teil dieses Buchs stellt sämtliche Schlüsselwörter für die Sichtbarkeit einer Klasse vor (Kapitel 22, »Gesetzmäßigkeiten«). An dieser Stelle nur so viel: Das Schlüsselwort *public* bedeutet, dass ein Objekt dieser Klasse von jedem anderen Objekt innerhalb eines Programms gesehen wird. Das ist der Normalfall.

Die Implementierung der Klasse enthält Attribute und Methoden. Unter dem Fachbegriff Implementierung versteht man die Umsetzung des Programms. Die Implementierung der Klasse beginnt mit einer öffnenden geschweiften Klammer und endet mit einer schließenden geschweiften Klammer. Die öffnende Klammer kann auch in der nächsten Zeile nach dem Klassennamen stehen.

9.2.4   Verwendung von Klassen

Ist eine Klasse erst einmal definiert, muss sie »nur noch« verwendet werden. Die Verwendung der Klasse zerfällt in zwei Schritte: Deklaration und Erzeugung eines Objekts.

Deklaration

Die Deklaration ist identisch mit der Variablendeklaration, die Sie bereits aus Kapitel 6, »Variablen«, kennen. Zum Zugriff auf ein Objekt wird eine Variable verwendet. Bei der Deklaration »erklärt« das Programm dem Compiler, von welchem Datentyp diese Variable ist. Im Fall von Objekten ist der Datentyp immer die Klasse, aus der das Programm das Objekt erzeugt. Bei der Deklaration geben Sie zuerst den Typ der Variablen an und danach die Bezeichnung der Variablen (Abbildung 9.5).

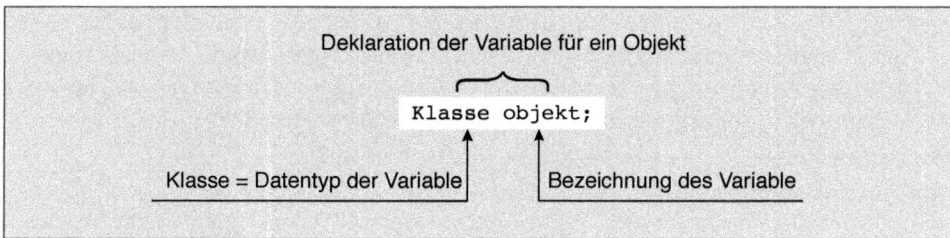

Abbildung 9.5 Objekte werden als Variablen deklariert.

Die Deklaration ist notwendig, weil Java typsicher ist. Das bedeutet, dass zum Zeitpunkt der Compilierung jede Variable über einen Datentyp verfügen muss. Um Programmierfehler durch die Zuordnung eines falschen Typs zu vermeiden, achtet der Java-Compiler streng darauf, dass im gesamten Programm keine Typverletzungen entstehen. Ein Teil der Stabilität von Java-Programmen basiert auf der strengen Typprüfung des Compilers.

Objekte erzeugen

Objekte werden mit dem new-Operator erzeugt. Bei der Erzeugung geben Sie den new-Operator, gefolgt vom Konstruktor der Klasse, an (Abbildung 9.6). Methoden und Operatoren behandeln erst die nächsten Kapitel ausführlich. Nur so viel an dieser Stelle: Eine Methode ist nichts anderes als die Bezeichnung der objektorientierten Programmierung für eine Funktion. Java-Operatoren sind Kurzschreibweisen für Funktionen, genauso wie in der Mathematik. In diesem Fall ist die Funktion des new-Operators, mithilfe des Konstruktors ein neues Objekt zu erzeugen (oftmals auch Instanziieren genannt[1]).

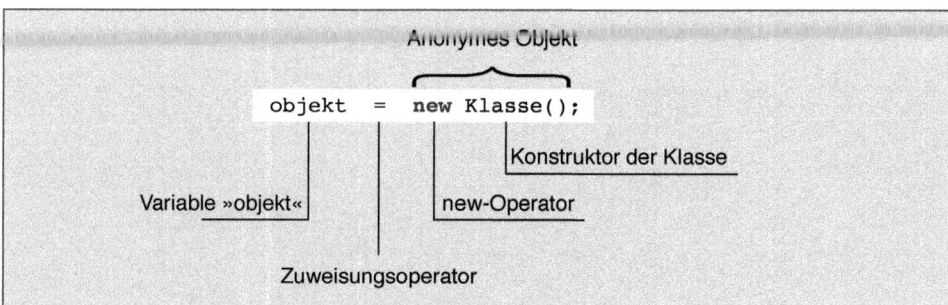

Abbildung 9.6 Objekte werden mit dem new-Operator erzeugt.

Der Konstruktor wird beim Erzeugen eines Objekts wie eine normale Methode aufgerufen. Besonders am Konstruktor ist, dass es die einzige Methode ist, die in Java groß geschrieben wird. So lässt sie sich von anderen Methoden unterscheiden. Sie muss zudem immer zusammen mit dem new-Operator verwendet werden Als Resultat erhalten Sie ein Objekt, dessen Bezeichnung Sie in einer Variable speichern. Es ist sehr wichtig, diesen Vorgang genau zu

---

[1] In der englischsprachigen Literatur zum Thema objektorientierte Programmierung wird ein Objekt häufig als »Instance« (Exemplar) bezeichnet. Leider ist das fehlerhaft als Instanz übersetzt worden. Demzufolge wird »ein Objekt erzeugen« von Informatikern gerne auch als »instanziieren« bezeichnet.

verstehen. Bereits mit der Anweisung *new Klasse()* ist ein Objekt entstanden. Es hat jedoch so lange keine Bezeichnung, bis Sie dem Objekt eine Variable zuweisen. Bis das geschehen ist, bleibt das Objekt anonym, also namenlos. Mit der Variable erhalten Sie eine Referenz auf das namenlose Objekt und können im Programm darauf zugreifen.

Werfen Sie einen Blick auf die Tabelle 9.2. Die Tabelle stellt den sehr vereinfachten Zusammenhang zwischen der Variablen *objekt* und dem Objekt aus Abbildung 9.6 aus technischer Sicht dar. In der ersten Spalte sehen Sie die Bezeichnung des Datenelements, in der mittleren Spalte seine Speicheradresse und ganz rechts den Inhalt des Speichers. Die Darstellung ist sehr vereinfacht[2].

Tabelle 9.2 Sehr vereinfachter Zusammenhang zwischen Variable und Objekt

Bezeichnung	Speicheradresse	Speicherinhalt
–	Adresse des namenlosen Objekts	Namenloses Objekt
objekt	Adresse der Variable	Referenz auf das namenlose Objekt

In der ersten Zeile sehen Sie, was die Anweisung *new Klasse();* bewirkt hat: Sie hat ein anonymes Objekt des Typs *Klasse* an einer bestimmten Speicheradresse erzeugt. In sehr seltenen Fällen bleibt es bei dieser Anweisung, denn wie sollte man ohne eine Variable nochmals auf das Objekt zugreifen können? Die Zuweisung *objekt = …* löst dieses Problem. Sie weist dem Ergebnis aus *new Klasse();* eine Variable zu. Die Zuweisung speichert also die Referenz auf das anonyme Objekt in der Variablen mit der Bezeichnung *objekt*.

Anonymes Objekt erzeugen

Ein Objekt lässt sich auch anonym erzeugen. Das heißt, das Objekt bekommt keine Bezeichnung – die Zuweisung zu einer Variablen entfällt (Abbildung 9.7).

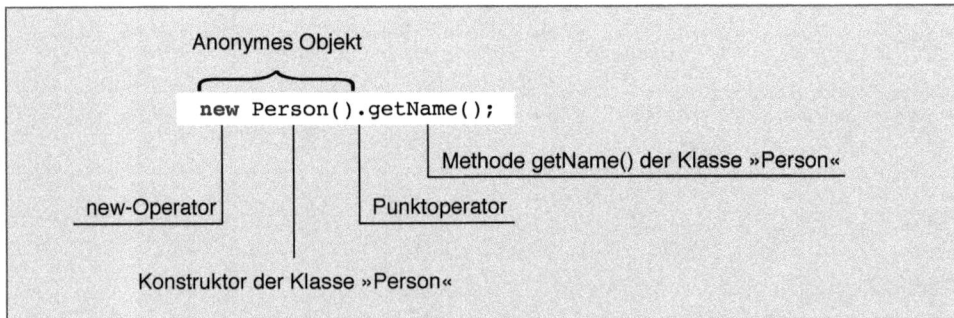

Abbildung 9.7 Erzeugung eines anonymen Objekts und Aufruf einer Methode

Das bedeutet natürlich, dass man das Objekt im weiteren Programmverlauf nicht wieder aufrufen kann. Die Schreibweise wird daher immer dann verwendet, um lediglich eine Methode aufzurufen.

---

[2]   Um die korrekten numerischen Speicheradressen und kompletten Speicherinhalte von Objekten auszulesen, lässt sich das Open-Source-Tool JOL (Java Object Tool) verwenden (siehe Literatur am Kapitelende).

Kombination aus Deklaration und Definition

Die getrennte Schreibweise aus Deklaration und Erzeugung ist immer dann sehr praktisch, wenn man ein Objekt nicht unmittelbar erzeugen möchte. In vielen Fällen ist die getrennte Schreibweise aber nicht erforderlich und erscheint vielen Programmierern eher umständlich. Daher lassen sich Deklaration und Erzeugung auch zusammenfassen und in einer Anweisung schreiben (Abbildung 9.8).

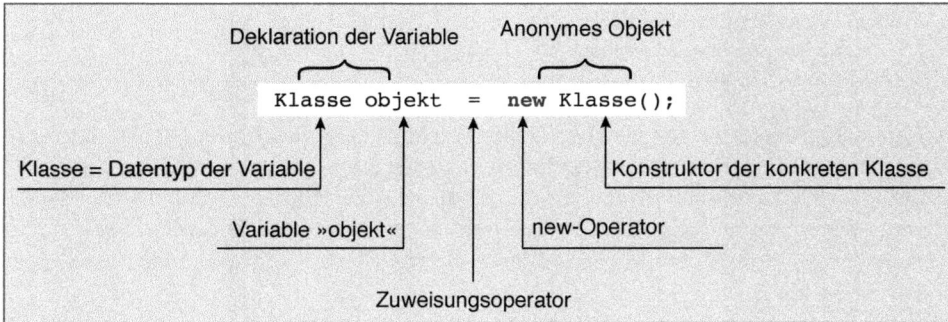

Abbildung 9.8 Kombination von Deklaration und Erzeugung eines Objekts

■ 9.3 Konkrete Klasse

9.3.1 Konkrete Klasse definieren

Wie bei allen Java-Klassenarten gehört die konkrete Klasse zu den Datentypen, die sich frei gestalten lassen.

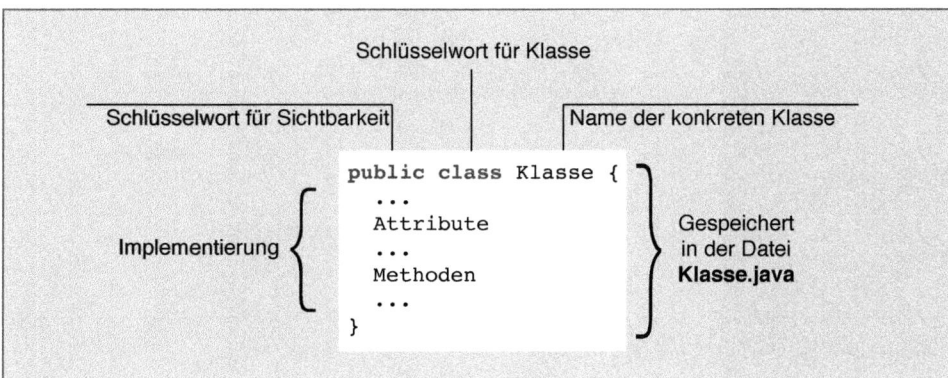

Abbildung 9.9 Klassen müssen definiert werden, bevor man sie verwenden kann.

Als Java-Beispiel für eine konkrete Klasse greife ich auf die Klasse *Person* zurück, die Sie bereits aus dem Kapitel »Objektorientierte Programmierung« kennen. Sie hatte die Attribute

Name, Haarfarbe, Größe und *Student*. In Java wird diese Klasse so definiert, wie es das Listing 9.1 zeigt:

Listing 9.1 Die Definition der Klasse »Person« mit ihren Attributen

```
1  public class Person {
2    private String name;
3    private int groesse;
4    private String haarfarbe;
5    private boolean student;
6  }
```

Da eine Klasse in einer Datei gleichen Namens gespeichert wird, lautet der Dateiname in diesem Beispiel also *Person.java*. Was Ihnen in Listing 9.1 sicher noch auffällt, ist, dass die Attribute klein geschrieben sind. Hintergrund dieser Abweichung vom Kapitel 3, »Objektorientierte Programmierung«, sind die Java-Namenskonventionen. Klassen müssen in Java groß geschrieben werden, sämtliche Schlüsselwörter, Variablen und Methoden – außer dem Konstruktor – klein.

Der Hintergrund dieser gemischten Groß- und Kleinschreibung ist die bessere Lesbarkeit des Quellcodes. Solange Sie mit einer Entwicklungsumgebung wie Eclipse arbeiten, müssen Sie diese Regeln natürlich nicht auswendig lernen. Die Eclipse-Entwicklungsumgebung erinnert Sie immer daran, die Namenskonventionen einzuhalten, wenn Sie eine neue Klasse, ein neues Objekt oder eine neue Methode erzeugen.

9.3.2   Objekte einer konkreten Klasse erzeugen

Deklaration

Die Erzeugung eines Objekts einer konkreten Klasse verläuft in zwei Stufen: Zunächst müssen Sie ein Objekt deklarieren (Abbildung 9.10), und erst danach erzeugen Sie es.

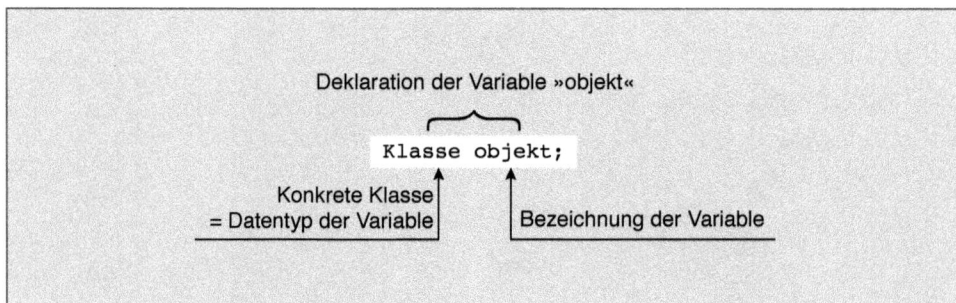

Abbildung 9.10 Deklaration eines Objekts

Die Deklaration am Beispiel der Klasse *Person* sieht dann wie in Abbildung 9.11 aus. Beachten Sie, dass die Deklaration mit einem Semikolon abgeschlossen und die Variable *anna* klein geschrieben wird.

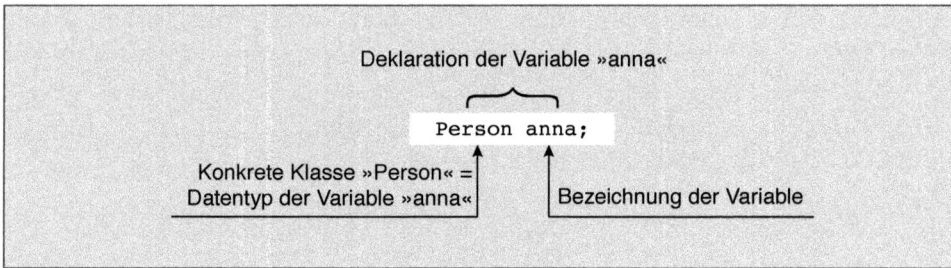

Abbildung 9.11 Beispiel für eine Deklaration des Objekts »anna«

Erzeugung

Ein neues Objekt aus einer konkreten Klasse erzeugen Sie mit dem Schlüsselwort *new* und dem Aufruf des Konstruktors der Klasse, aus der das Objekt entstehen soll (Abbildung 9.12).

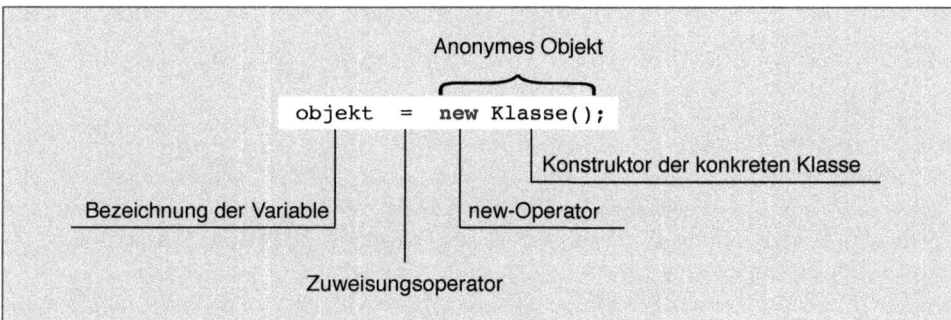

Abbildung 9.12 Erzeugung eines Objekts aus einer konkreten Klasse

In einem Java-Programm sieht die Erzeugung des Objekts am Beispiel *anna* wie in Abbildung 9.13 aus.

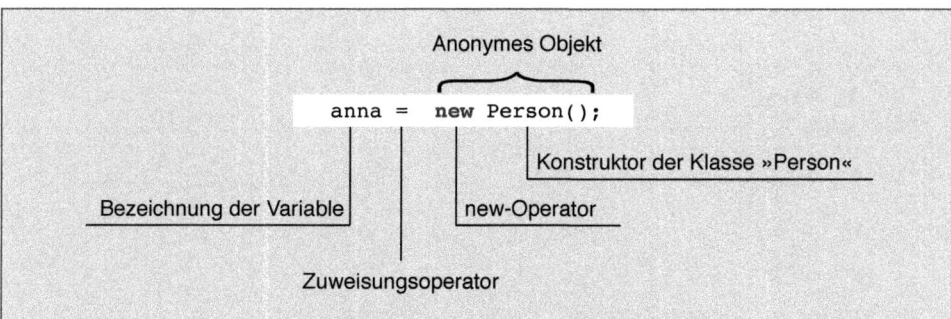

Abbildung 9.13 Erzeugung des Objekts »anna« aus einer konkreten Klasse

Wie eingangs gesagt, lässt sich die Deklaration und Erzeugung eines Objekts aus einer konkreten Klasse auch kombinieren. In einem Java-Programm sieht das am Beispiel des Objekts *anna* wie in Abbildung 9.14 aus. Auf der linken Seite der Zuweisung sehen Sie die

Deklaration der Variablen *anna*. In ihr ist die Referenz auf das Objekt gespeichert, das auf der rechten Seite entsteht.

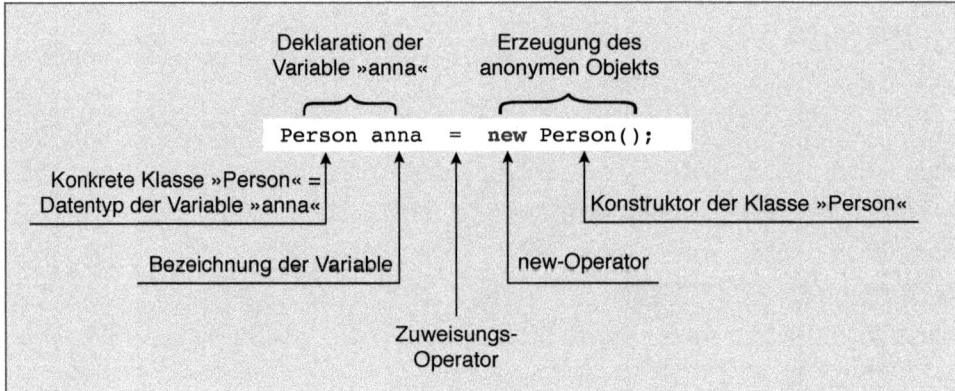

Abbildung 9.14 Kombination von Deklaration und Erzeugung zur Erzeugung des Objekts *anna*

9.3.3   Innere Klasse

Manchmal lohnt sich eine eigene Datei für eine Klasse nicht – besonders bei Hilfsklassen, die man nicht wiederverwenden kann. Für diesen Fall gibt es sogenannte innere Klassen. Sie heißen so, weil man sie innerhalb einer konkreten Klasse definiert (Abbildung 9.15). Hierbei kann man die Sichtbarkeit der Klasse nach außen frei wählen (*public, default, protected, private*).

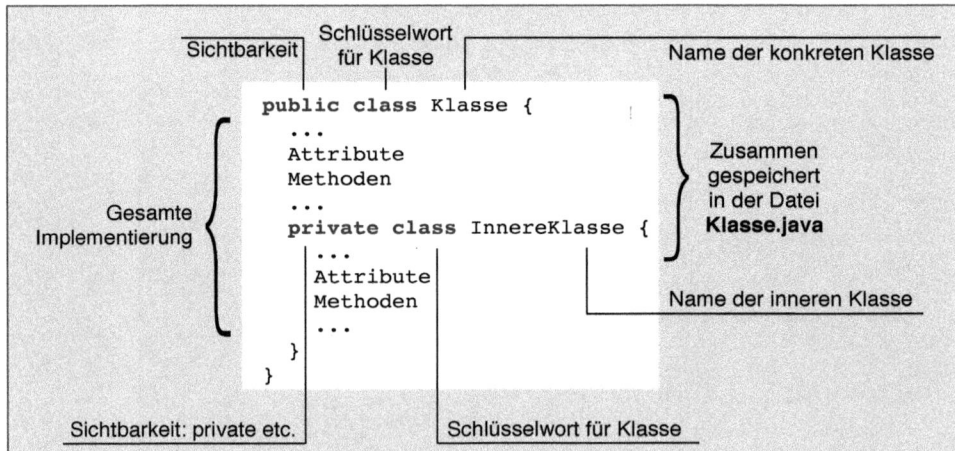

Abbildung 9.15 Definition einer inneren Klasse

In Listing 9.2 sehen Sie als Beispiel die innere Klasse *Begruessung*. Nur der Roboter selbst kann auf diese Klasse zugreifen und die Methode *sageGutenMorgen(String name)* ausführen.

Die innere Klasse besteht nur aus einer Methode, für die eine selbständige Klasse in einer eigenen Datei überzogen wäre.

Listing 9.2 Ein Beispiel für eine »innere Klasse«

```
1  public class Roboter {
2
3    // Konstruktor:
4    public Roboter() {
5      // Erzeugung auf Basis der inneren Klasse
6      Begruessung begruessung = new Begruessung();
7      begruessung.sageGutenMorgen("Anna");
8    }
9
10   // Definition der inneren Klasse "Begruessung"
11   private class Begruessung {
12     public void sageGutenMorgen(String name) {
13       System.out.println("Guten Morgen, " + name + "!");
14     }
15   }
16 }
```

Das Programm *InnereKlasseDemo* erzeugt ein neues Roboter-Objekt (Listing 9.3).

Listing 9.3 Das Programm »InnereKlasseDemo« legt ein neues Roboter-Objekt an.

```
1  public class InnereKlasseDemo {
2
3    public static void main(String[] arguments) {
4      Roboter robort = new Roboter();
5    }
6  }
```

Mithilfe des Programms gibt Robert die Begrüßung aus, die Sie in Abbildung 9.16 sehen.

Abbildung 9.16 Robert begrüßt Anna mithilfe einer inneren Klasse.

9.3.4 Lokale Klasse

Lokale Klassen sind eine Unterform der inneren Klasse. Sie werden innerhalb eines Blocks einer konkreten Klasse definiert (Abbildung 9.17). Im Unterschied zur inneren Klasse sind nur die Schlüsselwörter *abstract* oder *final* für diese lokale Klasse erlaubt. Das Schlüsselwort *abstract* steht für eine abstrakte Klasse (Abschnitt 9.4). Das Schlüsselwort *final* bedeutet hingegen, dass diese Klasse nichts weitervererbt.

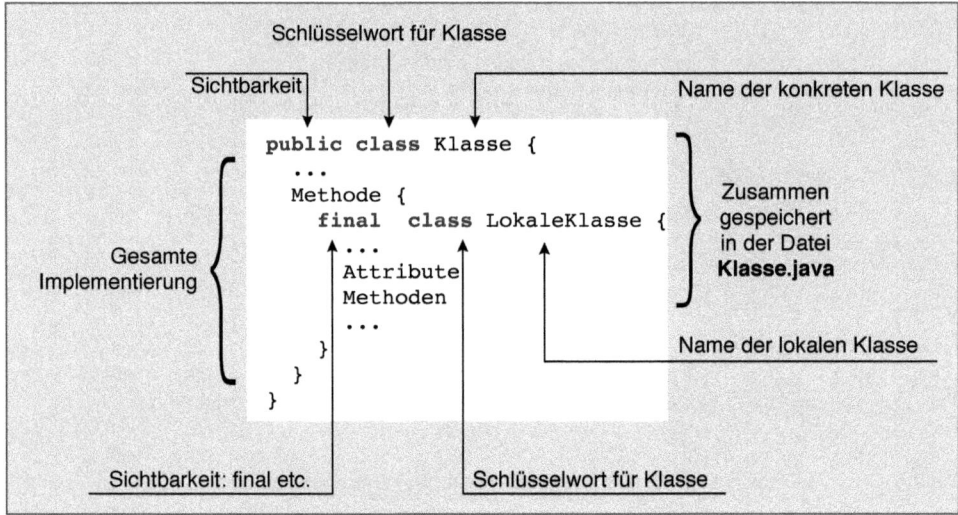

Abbildung 9.17 Definition einer lokalen Klasse

In Listing 9.4 sehen Sie als Beispiel die lokale Klasse *Begruessung*. Nur der Roboter selbst kann auf diese Klasse zugreifen und die Methode *sageGutenMorgen()* ausführen. Die lokale Klasse besteht nur aus einer Methode, für die eine selbständige Klasse in einer eigenen Datei überzogen wäre.

Listing 9.4 Diesmal ist die Begrüßung eines Roboters ein Beispiel für eine »lokale Klasse«

```
 1  public class Roboter {
 2
 3    public void sageGutenMorgen(String name) {
 4      // Definition der lokalen Klasse "Begruessung"
 5      final class Begruessung {
 6        Begruessung(String name) {
 7          System.out.println("Guten Morgen, " + name + "!");
 8        }
 9      }
10      // Erzeugung mit der lokalen Klasse
11      new Begruessung(name);
12    }
13  }
```

9.3.5 Anonyme Klasse

Eine weitere Form von Hilfsklassen, die innerhalb einer konkreten Klasse definiert werden, nennt sich anonyme Klasse. Im Gegensatz zu den eben erwähnten lokalen Klassen besitzt diese Spezies keinen Namen. Die anonyme Klasse wird aus einem Interface erzeugt. Der Abschnitt 9.5, »Interfaces« behandelt ausführlich Interfaces. An dieser Stelle nur so viel zu Interfaces: Es handelt sich um abstrakte Klassen ohne Implementierung. Sie dienen dazu, die Implementierung vorzugeben. Bei der Implementierung überschreibt die anonyme Klasse die vorgegebenen Methoden des Interfaces (Abbildung 9.18).

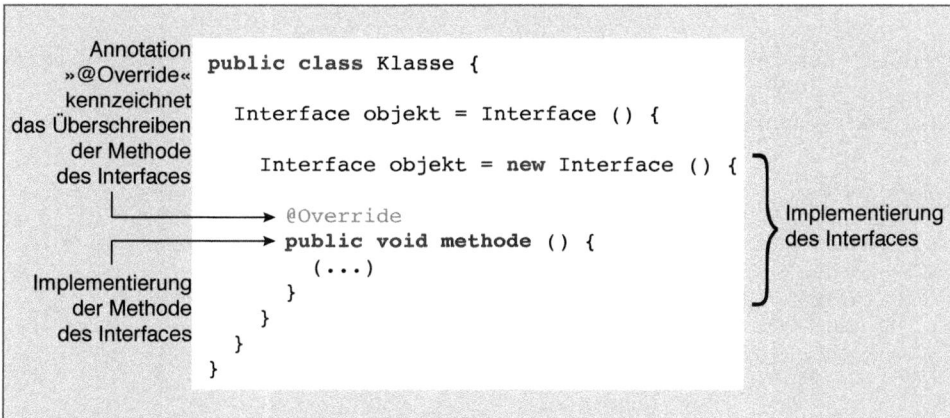

Abbildung 9.18 Definition einer anonymen Klasse

Das Listing 9.5 zeigt eine aus der Klasse *Begruessung* erzeugte Klasse, die über keinen Namen vorfügt. Wie Sie in Zeile 5 erkennen können, endet die Anweisung *new Begruessung()* nicht, wie üblich, mit einem Semikolon, sondern öffnet einen Block über eine geschweifte Klammer. In Zeile 6 folgt eine sogenannte Annotation, die den Compiler darüber informiert, dass die nachfolgende Implementierung die Methode des zugrunde liegenden Interfaces *Begruessung* überschreibt. Mit der schließenden Klammer in Zeile 10 endet die Klassendefinition.

Listing 9.5 Beispiel für eine anonyme Klasse

```java
 1  public class Roboter {
 2
 3    public void sageGutenMorgen(String name) {
 4
 5      Begruessung begruessung = new Begruessung() {
 6        @Override
 7        public void sageGutenMorgen(String name) {
 8          System.out.println("Guten_Morgen,_" + name + "!");
 9        }
10      };
11      begruessung.sageGutenMorgen(name);
12    }
13  }
```

Die anonyme Klasse implementiert in Zeile 5 das Interface *Begruessung*. Das Interface ist simpel aufgebaut und besteht nur aus einer Hülle für die Methode *sageGutenMorgen(String name)* (Listing 9.6).

Listing 9.6 Die anonyme Klasse implementiert dieses Interface

```
1  public interface Begruessung {
2
3    void sageGutenMorgen(String name);
4
5  }
```

Im Fall der Klasse *Begruessung* gibt das Interface vor, eine Methode mit dem Namen *sageGutenMorgen(String name)* zu implementieren. Das Zusammenspiel zwischen alle bisher eingeführten Elementen zeigt das Programm AnonymeKlasseDemo (9.7).

Listing 9.7 Die anonyme Klasse implementiert dieses Interface

```
1  public class AnonymeKlasseDemo {
2
3    public static void main(String... args) {
4      Roboter robert = new Roboter();
5      robert.sageGutenMorgen("Julia");
6    }
7  }
```

Das Programm legt in Zeile 4 ein Objekt des Typs *Roboter* mit der Bezeichnung *robert* an. Robert begrüßt erneut Anna durch den Aufruf der Methode *sageGutenMorgen("Julia")* in Zeile 5. Daraufhin gibt das Programm die Begrüßung aus (Abbildung 9.19).

Abbildung 9.19 Robert begrüßt Julia mithilfe einer anonymen Klasse.

9.3.6 Vererbung

Schlüsselwort »extends«

Wenn man eine Klasse vererben möchte, erweitert man sie um bestimmte Eigenschaften. Das Schlüsselwort für die Vererbung heißt bei konkreten Klassen entsprechend *extends*. Als Beispiel möchte ich erneut die Klasse Wesen aufgreifen, die Sie bereits aus Kapitel 3 kennen. Es soll eine Klasse *Wesen* definiert werden, die als Basisklasse für Menschen und Roboter dient. Nachfolgende Grafik zeigt die Vererbungsbeziehung zwischen Basisklasse und den abgeleiteten Klassen (Abbildung 9.20).

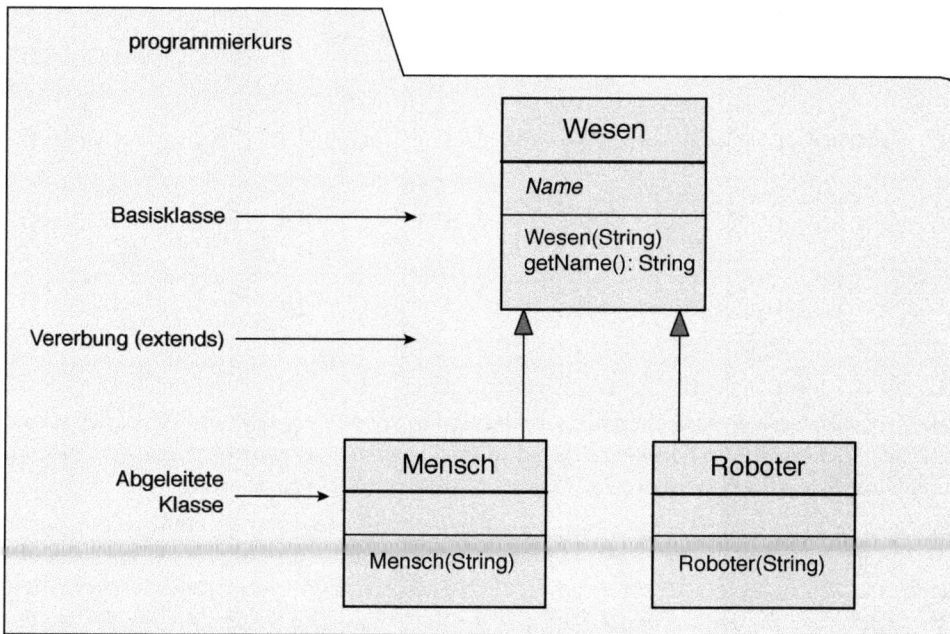

Abbildung 9.20 Die Klassen »Roboter« und »Mensch« erweitert »Wesen«.

In Listing 9.8 sehen Sie die Implementierung der Basisklasse *Wesen*. Sie enthält lediglich das Attribut *name*, einen Konstruktor, der das Objekt erzeugt und die Methode *getName*, die den Namen des Wesens zurückgibt.

Listing 9.8 Die Basisklasse »Wesen« legt die Basis für die zwei abgeleiteten Klassen

```
 1   public class Wesen {
 2
 3     private String name;
 4
 5     // Konstruktor mit dem Attribut name
 6     public Wesen(String name) {
 7       this.name = name;
 8     }
 9
10     /**
```

```
11     * Ermittelt den Namen des Objekts
12     * @return name
13     */
14    public String getName() {
15      return name;
16    }
```

Die Basisklasse *Wesen* wird von der Klasse *Mensch* erweitert. Oder, mit dem Blickwinkel des Menschen: Die Klasse *Mensch* erbt von der Basisklasse *Wesen*. Auffällig ist, dass die Klasse außer dem Konstruktor nichts enthält.

Listing 9.9 Die Klasse »Mensch« erweitert die Klasse »Wesen«.

```
1    //Beispielprogramme/Klassen_und_Objekte
2
3    package programmierkurs;
4
5    class Mensch extends Wesen {
6
7      // Konstruktor:
8      public Mensch(String name) {
9        super(name);
10     }
11   }
```

Die Basisklasse *Wesen* wird ebenfalls von der Klasse *Roboter* erweitert. Auch hier lässt sich mit dem Blickwinkel des Roboters sagen: Die Klasse *Roboter* erbt von der Basisklasse *Wesen*. Auch diese Klasse enthält außer dem Konstruktor keine Implementierung.

Sehen Sie sich die Anwendung der beiden Klassen anhand des Programms *VererbungDemo* an. Zunächst erzeugt das Programm in Zeile 8 einen neuen Menschen, ein Objekt namens *anna*, danach in Zeile 9 einen Roboter, ein Objekt namens *robert*. In Zeile 10 ruft das Programm vom Objekt *anna* die Methode *getName* auf. Wie Sie in dem Quellcode der Klasse Mensch gesehen haben, existiert dort diese Methode nicht. Sie wird über die Klasse *Wesen* vererbt. Analog dazu verhält sich die Anweisung in Zeile 11. Auch dort verwendet das Programm die Methode *getName*, die nur in der Basisklasse *Wesen* definiert war.

Listing 9.10 Die Klasse »Roboter« erweitert die Klasse »Wesen«.

```
1    public class VererbungDemo {
2
3      public static void main(String[] arguments) {
4        Mensch anna = new Mensch("Anna");
5        Roboter robert = new Roboter("Robert");
6        System.out.println("Der Mensch heißt: " + anna.getName());
7        System.out.println("Der Roboter heißt: " + robert.getName());
8      }
9    }
```

An dieser Stelle sind Ihnen vielleicht die Schlüsselwörter *this* und *super* aufgefallen, die in der Java-Programmierung eine große Rolle spielen.

Schlüsselwort »this«

Das Schlüsselwort *this* kennen Sie bereits als Objektvariable einer Klasse, die der Compiler automatisch erzeugt. Sie »zeigt« immer auf das Objekt, von dem es aufgerufen wird. Hierzu nochmals das Beispiel mit der Klasse *Wesen* (Abbildung 9.21).

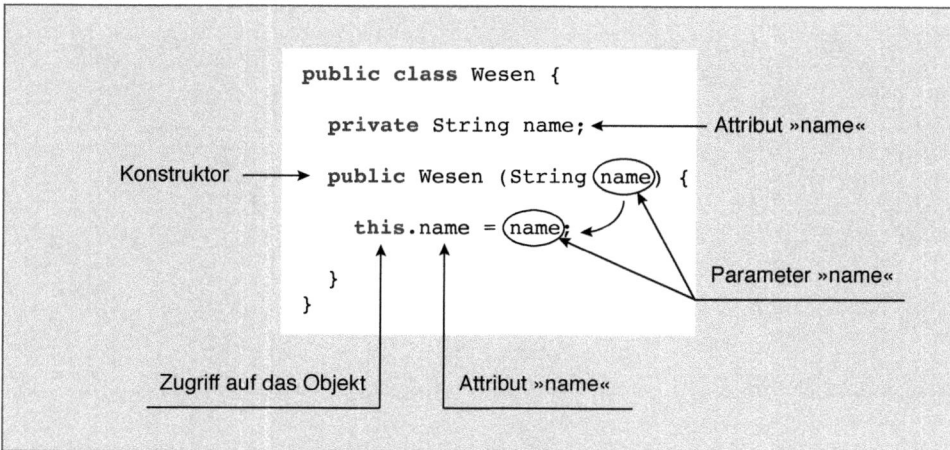

Abbildung 9.21 Die Verwendung des Schlüsselworts »this«

Aus der Abbildung können Sie entnehmen, dass der Name eines Wesens über den Parameter *name* des Konstruktors übergeben wird. Zum Beispiel könnte der Name *robert* lauten. Der Parameter hat in diesem Programm die gleiche Bezeichnung wie das Attribut, was überhaupt nicht stört. Um zwischen den beiden gleichen Bezeichnungen für den Parameter und das Attribut zu unterscheiden, verwendet das Programm den Zeiger *this*. Mit der Anweisung

```
this.name
```

spricht das Programm das eigene Attribut *name* an. Mit der Anweisung

```
this.name = name;
```

übergibt das Programm das **Attribut** *name* auf der linken Seite den Wert des **Parameters** *name* auf der rechten Seite.

Schlüsselwort »super«

Ähnlich der Variablen *this* ist die Methode *super()* fester Bestandteil jeder Klasse. Wenn Sie Methode nicht explizit in den Konstruktor einer Klasse schreiben, erzeugt der Compiler diesen Aufruf. Die Methode müssen Sie als erste Anweisung im Konstruktor einfügen. Mit ihrer Hilfe greifen Sie auf den Konstruktor der Basisklasse zu. Die Basisklasse wird im englischen Sprachraum als Superklasse bezeichnet – daher der Name der Methode. Wenn Sie *super()* ohne Zusatz verwenden, rufen Sie den Konstruktor ohne Parameter der Basisklasse auf. Wichtig ist aber, dass Sie *super()* mit Parametern explizit aufrufen müssen. Die Verwendung am Beispiel des Konstruktors mit einem Parameter ist die häufigste Anwendung und in Abbildung 9.22 zu sehen.

```
                    public class Wesen {

                        private String name;

                  ►  public Wesen(String name) {

                            this.name = name;

                        }
                    }
    Aufruf des
   Konstruktors
  der Basisklasse    public class Roboter extends Wesen {

                        public Roboter(String name) {

                            super(name);

                        }
                    }
```

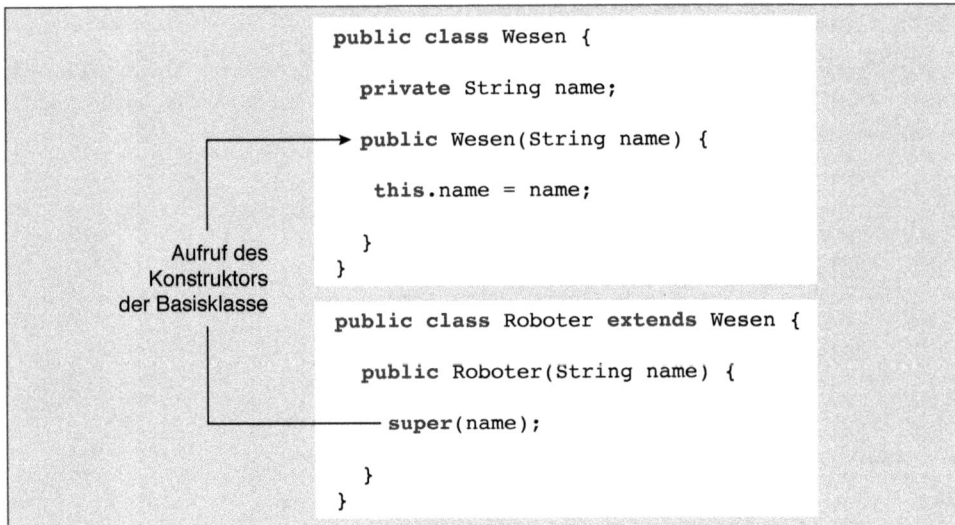

Abbildung 9.22 Mit »super« greifen Sie auf den Konstruktor der Basisklasse zu

Sie erkennen hier erneut die Basisklasse *Wesen* mit Ihrem Konstruktor. Die abgeleitete Klasse hat kein eigenes Attribut *name*. Sie übergibt dieses der Basisklasse über den Aufruf mithilfe des Schlüsselworts *super()*. In einem Java-Programm sieht das konkret bei der Basisklasse *Wesen* so aus, wie in Listing 9.11 zu sehen.

Listing 9.11 Die Klasse »Wesen« ist die Basisklasse.

```
 5  public class Wesen {
 6
 7    String name = "Wesen";
 8
 9    public Wesen(String name) {
10      this.name = name;
11    }
```

Die abgeleitete Klasse *Roboter* hat keine eigenen Attribute. Um das Attribut *name* zu setzen, schleust es diese Klasse über einen Parameter gleichen Namens in die Basisklasse in Zeile 4 ein (Listing 9.12).

Listing 9.12 Die Klasse »Roboter« erweitert die Klasse »Wesen«.

```
 1  public class Roboter extends Wesen {
 2
 3    public Roboter(String name) {
 4      super(name); // Aufruf des Konstruktors der Basisklasse
 5    }
 6  }
```

Das Zusammenspiel der beiden Klassen kommt im Programm *SuperDemo* zum Tragen (Listing 9.13).

Listing 9.13 Die Klasse »Roboter« erweitert die Klasse »Wesen«.

```
1  public class SuperDemo {
2
3    public static void main(String[] args) {
4      Roboter robert = new Roboter("Robert");
5      System.out.println("Ich bin ein Roboter namens " + robert.getName());
6    }
7  }
```

Das Programm erzeugt ein neues Roboter-Objekt namens *robert* und übergibt ihm mithilfe des Parameters *name* den neuen Namen »Robert«. In Zeile 5 gibt dieses neue Objekt seinen Namen aus. Wenn Sie das Programm ausführen, erhalten Sie folgende Ausgabe:

```
Ich bin ein Roboter namens Robert
```

Mehr zum Thema der »Supermethode« erfahren Sie am Ende des Kapitels in den Übungen.

Schlüsselwort »final«

Um zu verhindern, dass eine Klasse weitervererbt wird, setzt man vor der Bezeichnung der Klasse das Schlüsselwort *final*, das Sie bereits von Konstanten kennen. Hier hat es eine etwas andere Wirkung: Von Klassen, die so gekennzeichnet sind, lassen sich keine Subklassen bilden. Das trifft auf viele Klassen zu, die zur Java-Standardbibliothek gehören, wie zum Beispiel die Klasse String, von der Sie einen Ausschnitt in der Abbildung 9.23 sehen.

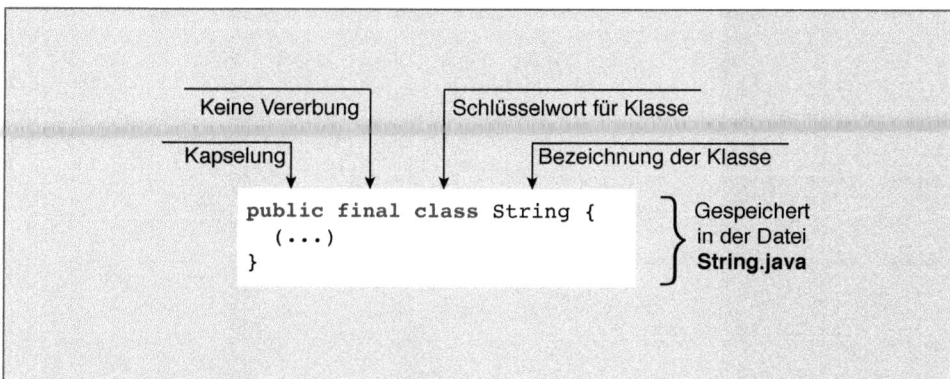

Abbildung 9.23 Definition einer finalen Klasse

Der Sinn hinter dem »Vererbungsverbot« ist, dass man damit Klassenhierarchien verhindern kann. Klassenhierarchien mit sehr vielen Ebenen führen zu sehr starken Abhängigkeiten in Programmen. Ändert man ein Detail an einer Basisklasse, muss man oftmals eine lange Kette von Klassen ändern. Das führt zu sehr hohem Testaufwand und ist entsprechend teuer. Mit dem Schlüsselwort *final* lassen sich solche langen Vererbungshierarchien verhindern.

■ 9.4 Abstrakte Klassen

Jetzt wissen Sie, wie man Klassen vererbt und wie man verhindert, dass Klassen vererbt werden. Sie wissen auch, was innere und lokale Klassen sind und wie man Bestandteile der Elternklassen mit *super* aufrufen kann. Was fehlt noch? Es fehlt noch, dass man verhindert, dass sich von einer Klasse Objekte erzeugen lassen. Das lässt sich mit abstrakten Klassen erreichen (Abbildung 9.24).

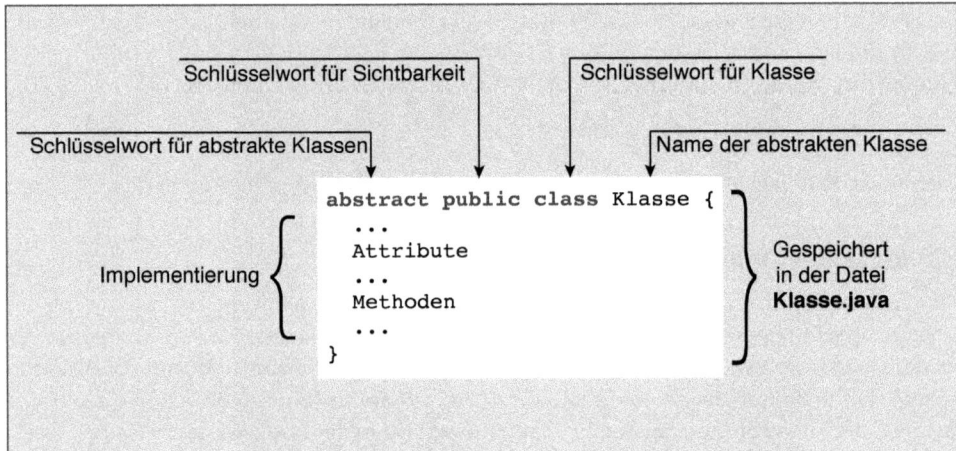

Abbildung 9.24 Von einer abstrakten Klasse lassen sich keine Objekte erzeugen.

Dazu ein Beispiel: Die im vorherigen Beispiel definierte Klasse *Wesen* des Beispiels signalisiert zwar schon durch ihren Namen, dass es keine konkreten Objekte gibt. Aber um auch wirklich zu verhindern, dass man Objekte erzeugt, muss man die Klasse als *abstract* definieren (Listing 9.14).

Listing 9.14 Die Klasse »Wesen« als abstrakte Klasse

```
 1  abstract public class Wesen {
 2    private String name;
 3
 4    public Wesen(String name) {
 5      this.name = name;
 6    }
 7
 8    public String getName() {
 9      return name;
10    }
11  }
```

Natürlich lassen sich von einer abstrakten Klasse auch Klassen ableiten, denn das Schlüsselwort *final* ist hier nicht erlaubt, da man sonst mit der Klasse nichts anfangen könnte. Abgeleitete Klassen verwenden *extends*, um die Klasse zu erweitern (Listing 9.15).

Listing 9.15 Die Klasse »Roboter« erweitert die abstrakte Klasse.

```
1  class Roboter extends Wesen {
2
3    public Roboter(String name) {
4      super(name);
5    }
6  }
```

Das Programm *AbstrakteKlasseDemo* zeigt wieder das Zusammenspiel der einzelnen Bestandteile abstrakte Klasse, konkrete Klasse und dem Erzeugen eines Objekts innerhalb eines Programms (Listing 9.16).

Listing 9.16 Dieses Programm zeigt die Verwendung der abstrakten Klasse »Wesen«.

```
1  public class AbstrakteKlasseDemo {
2
3    public static void main(String[] arguments) {
4      Roboter robert = new Roboter("Robert");
5      System.out.println("Hallo, ich bin " + robert.getName() + "!");
6    }
7  }
```

Das Programm gibt folgende Nachricht aus:

Abbildung 9.25 Robert erweitert die abstrakte Klasse »Wesen«

■ 9.5 Interfaces

Der Begriff »Interface« bedeutet übersetzt Schnittstelle. Ein Interface ist eine spezielle Form einer abstrakten Klasse. Sie ist eine Sammlung von abstrakten Methoden und Konstanten. Die Schnittstelle enthält keine Konstruktoren, und daher gibt es auch keine Objekte davon. Von einem Interface wird stets eine abgeleitete oder anonyme Klasse benötigt, die *alle* Methoden des Interfaces implementieren (mit Leben erfüllen) muss. Mit einem Interface lässt sich die in Java selbst nicht vorhandene Mehrfachvererbung realisieren. Wie ein Interface definiert wird, zeigt Abbildung 9.26. Im Gegensatz zu allen anderen Klassen lautet das Schlüsselwort *interface*, um ein Interface zu definieren.

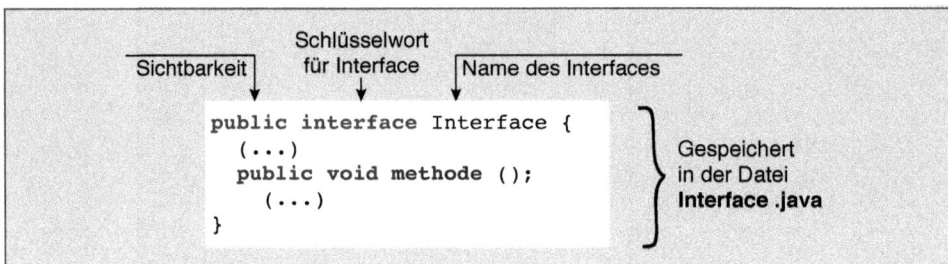

Abbildung 9.26 Definition eines Interfaces

Es gibt drei wichtige Gründe, Interfaces einzusetzen: Kapselung von Komponenten, Realisierung von Mehrfachvererbung und Zusammenfassung identischer Methoden. Komponenten bilden eine Kapsel um mehrere Klassen, deren Schnittstellen nicht vollständig nach außen gelangen sollen. Eine Schnittstelle bietet hier eine Untermenge der inneren Schnittstellen. Mehrfachvererbung ist in Java aufgrund der erwähnten Nachteile nicht realisiert worden. Dennoch kann es aus Designgründen wichtig sein, Eigenschaften von mehreren Klassen zu erben. Genau dies ist der Sinn von Interfaces. Ein Beispiel, wie ein Interface implementiert werden kann, sehen Sie in Abbildung 9.27.

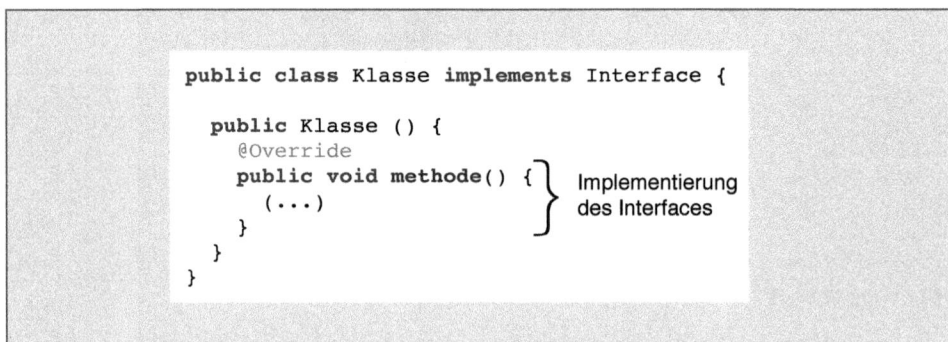

Abbildung 9.27 Implementierung eines Interfaces mithilfe einer »natürlichen« Klasse

Hier wird das Interface durch eine normale Klasse implementiert. Entsprechend lautet das Schlüsselwort auch nicht *extends*, sondern *implements*. Die abgeleitete Klasse muss hierbei die Schnittstelle des Interfaces in Form der Methode *methode()* implementieren.

Eine andere Form der Implementierung ist über eine anonyme Klasse möglich. In diesem Fall ruft man das Interface mit dem new-Operator auf, dem eine anonyme Klasse folgt. Die Definition der anonymen Klasse enthält die Implementierung der Methode(n) des Interfaces (Abbildung 9.28).

```java
public class Klasse {

  public void methode (String name) {

    Interface objekt = new Interface () {
      @Override
      public void methode () {
        (...)
      }
    }
  }
}
```
Implementierung
des Interfaces

Abbildung 9.28 Implementierung eines Interfaces mithilfe einer anonymen Klasse

Um die Verwendung von Interfaces etwas plastischer zu zeigen, möchte ich Ihnen die Implementierung mithilfe einer anonymen Klasse anhand eines Beispiels vorstellen. Hierzu wird die Klasse *Begruessung*, die Sie bereits aus den vorigen Beispielen kennen, in ein Interface verwandelt. Das Interface *Begruessung* verfügt nur über die Methode *sageGutenMorgen* (Listing 9.17). Alle Klassen, die das Interface verwenden, müssen die Methode implementieren.

Listing 9.17 Die Klasse »Begruessung« als Interface

```java
1  public interface Begruessung {
2
3    public void sageGutenMorgen(String name);
4
5  }
```

Als kleine Variation der letzten »Begrüßungen« verwendet die Klasse *Roboter* das Interface gleich mehrfach. Es implementiert drei verschiedene Begrüßungen in drei unterschiedlichen Sprachen. In Zeile 5, 12 und 19 erzeugt die Klasse jeweils drei anonyme Klassen. In Zeile 5 ist die Implementierung einer deutschen Begrüßung zu sehen, in Zeile 12 die einer englischen und in Zeile 19 die der spanischen (Listing 9.18). In allen drei Fällen muss von der anonymen Klasse die Methode *sageGutenMorgen(String name)* überschrieben werden.

Listing 9.18 Die Klasse »Roboter« implementiert das Interface »Begruessung«.

```java
1  public class Roboter {
2
3    public void sageGutenMorgen(String name) {
4
5      Begruessung deutscheBegruessung = new Begruessung() {
```

```
 6         @Override
 7         public void sageGutenMorgen(String name) {
 8           System.out.println("Guten Morgen, " + name + "!");
 9         }
10       };
11
12       Begruessung englischeBegruessung = new Begruessung() {
13         @Override
14         public void sageGutenMorgen(String name) {
15           System.out.println("Good morning, " + name + "!");
16         }
17       };
18
19       Begruessung spanischeBegruessung = new Begruessung() {
20         @Override
21         public void sageGutenMorgen(String name) {
22           System.out.println("Buenos dias, " + name + "!");
23         }
24       };
25
26       deutscheBegruessung.sageGutenMorgen(name);
27       englischeBegruessung.sageGutenMorgen(name);
28       spanischeBegruessung.sageGutenMorgen(name);
29     }
30   }
```

Zum Schluss bringt das Programm *InterfaceDemo* wieder alle Teile miteinander ins Spiel. Zunächst erzeugt das Programm in Zeile 4 ein Objekt des Typs *Roboter*. In der nächsten Zeile begrüßt dieser Roboter die Studentin Julia in drei Sprachen dank der dreifachen Implementierung des Interfaces in der Klasse *Roboter* (Listing 9.19).

Listing 9.19 Die Klasse »Roboter« implementiert das Interface »Begruessung«.

```
1   public class InterfaceDemo {
2
3     public static void main(String... args) {
4       Roboter robert = new Roboter();
5       robert.sageGutenMorgen("Julia");
6     }
7
8   }
```

Das Zusammenspiel hat zur Folge, dass Julia vom Roboter Robert diesmal etwas anders als gewohnt begrüßt wird. Julia scheint über die Verwandlung von Robert nicht gerade erfreut (Abbildung 9.29).

Abbildung 9.29 Robert begrüßt Julia jetzt in drei Sprachen.

9.6 Generics

Die Entwickler der Programmiersprache Java haben Generics mit Java 5 eingeführt. Der Grund für die generischen Klassen war, dass die Sprache vor Java 5 nicht vollständig typsicher ausgelegt war. In bestimmten Fällen konnte der Programmierer bei einer Zuweisung Variablen des falschen Typs zuordnen. Der Java-Compiler war nicht in der Lage, solche Fehler zu erkennen. Wie das geschehen konnte, erfahren Sie gleich. Schauen Sie sich aber zunächst an, wie die Definition einer generischen Klasse aussieht.

9.6.1 Generische Klasse definieren

Wie bei den anderen Klassenarten können Sie eine generische Klasse selbst gestalten. Das setzt aber voraus, dass Sie die Klasse zunächst definieren müssen, bevor Sie sie verwenden können. Das erfolgt in einer Datei, die dem Namen der Klasse entspricht. Abbildung 9.30 zeigt, wie die Definition einer generischen Klasse am Beispiel einer konkreten Klasse aussieht. Sie können aber nicht nur konkrete Klassen, sondern auch zum Beispiel generische Interfaces definieren.

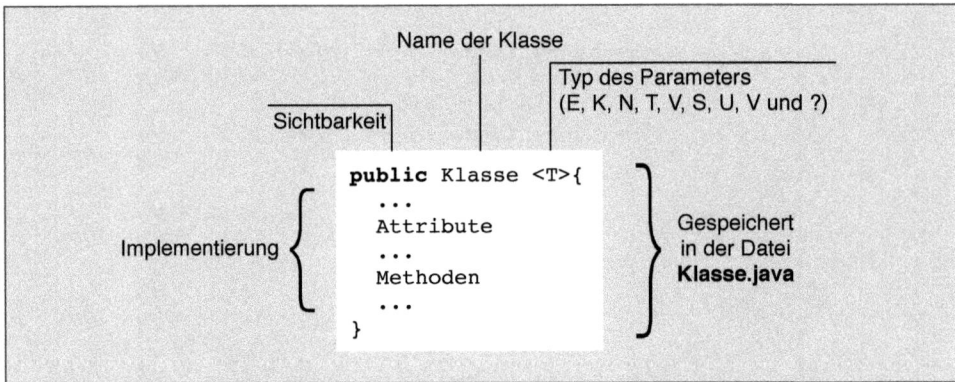

Abbildung 9.30 Die Definition einer generischen Klasse

Tabelle 9.3 zeigt, welche Arten von Parametern einem Generic übergeben werden können.

Tabelle 9.3 Arten von Parametern

Parameter	Bezeichnung	Bedeutung
E	Element	Element
K	Key	Schlüssel
N	Number	Nummer
T	Type	Datentyp
V	Value	Wert
S,U,V	Number	Numerischer Wert

9.6.2   Objekte erzeugen

Objekte vom Typ *Generics* werden ganz ähnlich erzeugt, wie Sie das auch von konkreten Klassen kennen. Allerdings ist die Syntax um einiges aufwendiger (Abbildung 9.31).

Angenommen, Sie wollen einen Roboter entwickeln, der immer auf eine bestimmte Person geprägt ist und nur von dieser Befehle empfängt. Sie wissen aber nicht, von welchem Typ diese Person ist. Es könnte zum Beispiel ein Rechtsanwalt, Ingenieur, Musiker, Student oder Professor sein. Keine alltägliche Aufgabe. Wie würden Sie vorgehen?

Ungeschickt wäre es, für jeden Typ von Person einen eigenen Roboter zu entwickeln. Stattdessen benötigen Sie ein universales Modell. Angenommen, die Personen, die einen Roboter bestellen können, sind Professoren und Studenten. Dann definieren Sie zuerst eine einfache Klasse *Professor* mit einem Namen als Attribut, einem Konstruktor und einer Zugriffsmethode (Listing 9.20).

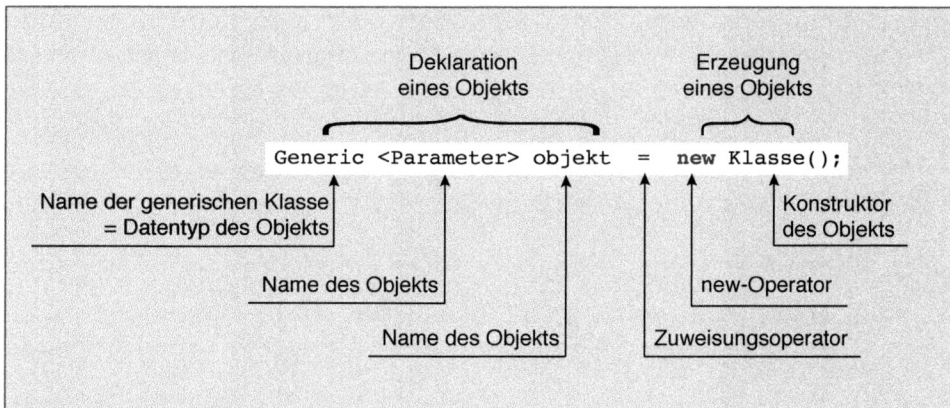

Abbildung 9.31 Die Erzeugung eines Objekts aus einer generischen Klasse

Listing 9.20 Die Klasse »Professor« besteht aus Attribut, Konstruktor und Zugriffsmethode.

```
 1  public class Professor {
 2    //Attribut:
 3    private String name;
 4    //Konstruktor:
 5    public Professor(String name) {
 6      this.name = name;
 7    }
 8    // Zugriffsmethode:
 9    public String getName() {
10      return name;
11    }
12  }
```

Im Anschluss daran schreiben Sie eine Klasse für Studenten. Sie hat ebenfalls einen Namen als Attribut, einen Konstruktor und einen Zugriffsmethode (Listing 9.21).

Listing 9.21 Die Klasse »Student«

```
 1  public class Student {
 2
 3    private String name;
 4
 5    public Student(String name) {
 6      this.name = name;
 7    }
 8
 9    public String getName() {
10      return name;
11    }
12  }
```

In Listing 9.22 sehen Sie, wie Sie beide Klassen *Professor* und *Student* mit einer generischen Klasse verwenden können. In diesem Beispiel heißt die allgemeine Basisklasse *Generischer-Roboter*.

Listing 9.22 Die typsichere Klasse »GenerischerRoboter«

```
1  public class GenerischerRoboter<T> {
2
3    private T person;
4
5    public void setPerson(T person) {
6      this.person = person;
7    }
8
9    public T getPerson() {
10     return person;
11   }
12
13   public static void main(String[] arguments) {
14
15     GenerischerRoboter<Professor> robert =
16       new GenerischerRoboter<Professor>();
17     robert.setPerson(new Professor("Professor Roth"));
18
19     GenerischerRoboter<Student> roland =
20       new GenerischerRoboter<Student>();
21     roland.setPerson(new Student("Anna"));
22
23     System.out.println("Robert: Ich gehöre " +
24       robert.getPerson().getName() + "!");
25
26     System.out.print("Roland: Ich gehöre " +
27       roland.getPerson().getName() +"!");
28   }
29 }
```

Das Objekt *robert* wird in Zeile 19 und 20 erzeugt. Hierbei übergibt das Programm dem Konstruktor der Klasse den richtigen Zieldatentyp *Professor*. In Zeile 21 weist das Programm dem Objekt *robert* den Professor Roth zu. Gleiches geschieht mit dem Objekt *roland*, das ausschließlich Anna gehören soll.

Vergleichen Sie das Programm mit der herkömmlichen, typunsicheren Version im folgenden Listing. Um zu erreichen, dass der Roboter auf verschiedene Personen geprägt werden kann, definiert das Programm das Attribut *person* vom Typ *Object*. Dadurch können beliebige Objekte übergeben werden, da Object die Basis aller Klassen ist. In Zeile 15 erzeugt das Programm das Roboter-Objekt namens robert und weist ihm in der nächsten Zeile ein Professor-Objekt mit Namen »Professor Roth« zu.

Um zu ermitteln, welcher Person der Roboter gehört, verwendet das Programm in Zeile 21 einen Typecast. Ein Typecast ist eine Typumwandlung. Sie ist notwendig, weil die Methode *getPerson()* designbedingt nur Objekte des Typs *Object* zurückliefert. Durch den Typecast wandelt das Programm die Rückgabe in den speziellen Typ *Professor* um. Das geht solange gut, bis ein Programmierer, wie in Zeile 31, einen Fehler begeht. Hier versucht das Programm, von Roland eine Person des Typs *Professor* zu ermitteln. Das Programm wird anstandslos vom Compiler übersetzt, endet aber während der Ausführung mit einem Fehler.

Listing 9.23 Die typunsichere Klasse »Standardroboter«

```
1  public class Standardroboter {
2
3    private Object person;
4
5    public void setPerson(Object person) {
6      this.person = person;
7    }
8
9    public Object getPerson() {
10     return person;
11   }
12
13   public static void main(String[] arguments) {
14
15     Standardroboter robert = new Standardroboter();
16     robert.setPerson(new Professor("Professor Roth"));
17
18     Standardroboter roland = new Standardroboter();
19     roland.setPerson(new Student("Anna"));
20
21     Professor professor = (Professor) robert.getPerson();
22
23     System.out.println("Robert: Ich gehöre " + professor.getName());
24
25     Student student = (Student) roland.getPerson();
26
27     System.out.println(
28         "Roland: Ich gehöre " + student.getName() + "!");
29
30     // Programmierfehler durch Zuweisung eines falschen Typs:
31     professor = (Professor) roland.getPerson();
32
33     System.out.print("Roland: Ich gehöre " + professor.getName() + "!");
34   }
35 }
```

Dieser Programmfehler ist bei der typsicheren Variante des Programms in Listing 9.22 vollkommen ausgeschlossen. Das liegt daran, dass der Java-Compiler solche Fehler dank der generischen Klasse schon bei der Entwicklung des Programms erkennen und aufzeigen kann. Das bedeutet, dass ein fehlerhaftes Programm somit erst gar nicht übersetzt und ausgeliefert werden kann. Da solche Laufzeitfehler also gar nicht mehr auftreten können, sind generische Klassen ein ganz erheblicher, mit Java 5 erzielter Fortschritt. Zudem vermeiden sie die arbeitsaufwendige und umständliche Typwandlung. Daher sind Entwicklungsumgebungen wie Eclipse so eingestellt, dass sie den Programmierer warnen, falls er keine Generics dort verwendet, wo es sinnvoll wäre.

◼ 9.7   Zusammenfassung

Java verfügt über vier unterschiedliche Klassenarten: konkrete und abstrakte Klassen, Interfaces und generische Klassen (Generics). Konkrete Klassen könnte man als »normale« Klasse bezeichnen. Von diesem Typ von Klassen lassen sich Objekte über das Schlüsselwort *extends* ableiten.

Abbildung 9.32 Anna fasst das Kapitel aus ihrer Sicht zusammen.

Im Gegensatz dazu verwendet man Interfaces und abstrakte Klassen aus Designgründen. Generische Klassen können »normale« Klassen oder Interfaces sein. Sie sind universelle Behälter für alle möglichen Typen von Objekten. Der große Vorteil von generischen Klassen ist die Typsicherheit. Das bedeutet, dass der Programmierer beim Zuordnen der Objekte keinen Fehler mehr begehen kann, da das Programm sonst nicht übersetzt wird (Abschnitt 9.10, »Literatur«).

■ 9.8 Übungen

In dieser Übung entwickeln Sie Schritt für Schritt das Projekt *Klassen_und_Objekte* mit Eclipse. Sofern Sie die Eclipse IDE nicht bereits installiert haben, holen Sie das jetzt nach. Die Anleitung dazu steht in Kapitel 4, »Entwicklungsumgebung«, unter dem Abschnitt 4.2, »Installation«.

9.8.1 Eclipse starten

Starten Sie die Eclipse IDE, falls die Entwicklungsumgebung nicht bereits geöffnet ist. Sofern Sie seit der letzten Übung des Kapitels »Einfache Datentypen« nicht den Workspace gewechselt haben, präsentiert Ihnen der ECLIPSE IDE LAUNCHER den letzten Workspace namens *Uebungen*. Starten Sie Eclipse mit diesem Workspace über einen Klick auf die Schaltfläche LAUNCH (Abbildung 9.33).

Arbeitsverzeichnis »Uebungen«

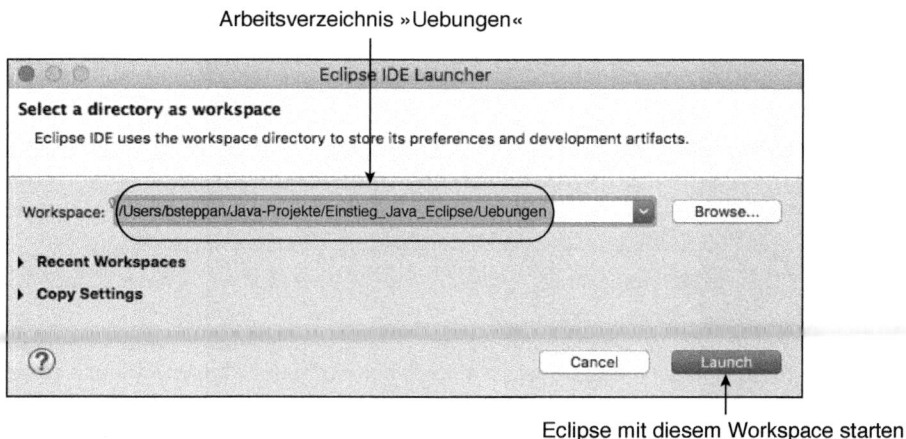

Eclipse mit diesem Workspace starten

Abbildung 9.33 Starten von Eclipse mit dem vorherigen Workspace

9.8.2 Projekt kopieren

Auch diese Übung basiert auf den vorhergehenden Übungen. Kopieren Sie daher erneut das Projekt des vorigen Kapitels. Führen Sie dazu wieder einen Rechtsklick auf den Projektknoten des Projekts *Einfache_Datentypen* im PACKAGE EXPLORER aus und wählen aus dem Kontextmenü, das daraufhin erscheint, den Befehl COPY aus. Führen Sie danach auf eine freie Fläche im PACKAGE EXPLORER erneut einen Rechtsklick aus und wählen aus dem Kontextmenü diesmal PASTE aus.

Tragen Sie in dem Dialog, der danach erscheint, als Projektnamen den Namen dieses Kapitels *Klassen_und_Objekte* ein. Verwenden Sie beim Projektnamen Unterstriche statt Leerschritte. Die restlichen Einstellungen des Dialogs können wieder so bleiben. Klicken Sie nun auf die Schaltfläche COPY, um die Kopieraktion zu starten. Sie erhalten wieder eine komplette Kopie des Projekts der letzten Übung mit beiden Klassen *Person* und *Programmdemo*.

9.8.3 Dateien schließen

Schließen Sie nun sämtliche offenen Dateien im Editor auf der rechten Seite der Entwicklungsumgebung, um Verwechslungen mit dem Projekt des vorigen Kapitels »Einfache Datentypen« zu vermeiden. Bisher haben Sie die Dateien einzeln über das Schließkreuz rechts vom Dateinamen geschlossen. Wenn Sie sehr viele Dateien geöffnet haben, ist dies etwas unpraktisch. Der Editor verfügt über Funktionen, die das Schließen erleichtert. Sie erreichen diese Funktionen über das Hauptmenü mit FILE → CLOSE ALL. Hierfür gibt es auch ein Tastenkürzel, das abhängig vom Betriebssystem ist und im Menü angezeigt wird.

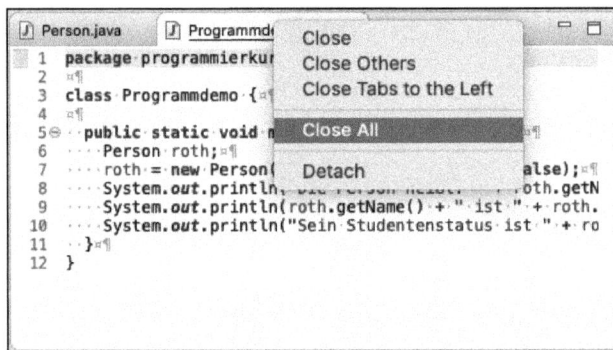

Abbildung 9.34 Durch das Kontextmenü schließen Sie mehrere Dateien mit einem Mausklick.

Die andere Möglichkeit, die Dateien mit einem Mausklick zu schließen, ist, einen Rechtsklick auf die Titelleiste des Editors durchzuführen. Daraufhin erscheint ein Kontextmenü, aus dem Sie CLOSE ALL auswählen (Abbildung 9.34). Das Kontextmenü verfügt über ein paar weitere Funktionen, die Sie nicht über das Hauptmenü erreichen, zum Beispiel CLOSE OTHERS. Diese Funktion ist immer dann praktisch, wenn Sie gerade eine Datei bearbeiten und alle anderen geöffneten Dateien der Übersichtlichkeit halber schließen möchten.

9.8.4 Neue Klasse extrahieren

Um das vorhandene Projekt aus Kapitel 8, »Einfache Datentypen«, etwas zu strukturieren, soll die Klasse *Person* in eine Basisklasse und eine abgeleitete Klasse aufgeteilt werden. Hierbei soll aus der Klasse *Person* eine neue Basisklasse mit vorhandenen Attributen entstehen. Aus dieser Basisklasse sollen sich später Klassen wie die Klasse *Roboter* leicht ableiten lassen. Um die Ausbau der Basisklasse einfacher durchzuführen, können Sie wieder eine der Refactoring-Funktion von Eclipse verwenden. Sie erreichen sie, indem Sie erneut einen Rechtsklick auf die Klasse *Person* im PACKAGE EXPLORER durchführen. Aus dem Kontextmenü wählen Sie danach den Befehl REFACTOR → EXTRACT SUPERCLASS aus (Abbildung 9.35).

Der Dialog zum Extrahieren einer Klasse enthält im oberen Bereich ein Feld mit der Bezeichnung SUPERCLASS NAME. Hier tragen Sie den Namen der neuen Klasse namens *Wesen*

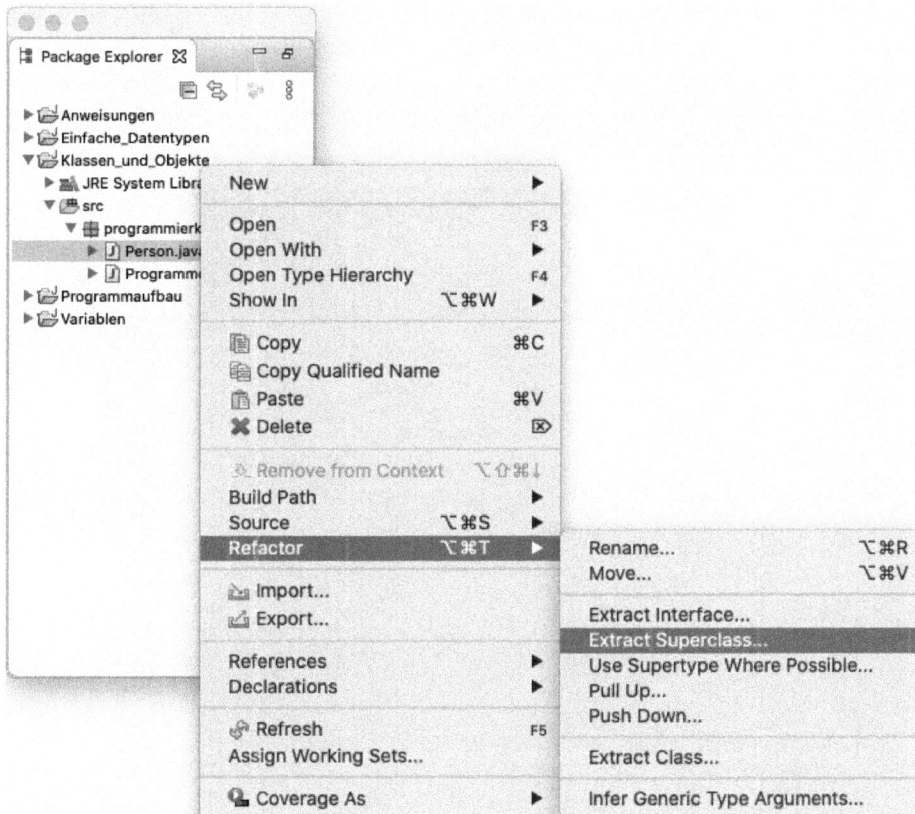

Abbildung 9.35 Eclipse bietet eine Refactoring-Funktion zur Extraktion einer Klasse.

ein. Das nächste Feld USE THE EXTRACTED CLASS WHERE POSSIBLE bedeutet, dass Eclipse versuchen wird, überall dort, wo es sinnvoll ist, die neue Basisklasse zu verwenden. Das darunter liegende Feld ist fortgeschrittenen Restrukturierungen vorbehalten. Die Funktion *instance of* ermittelt, von welcher Klasse ein Objekt abstammt. Sie werden die Funktion im Verlauf des Buchs noch kennenlernen.

Im Bereich TYPES TO EXTRACT A SUPERCLASS FROM zeigt nochmals die Klasse an, aus der die neue Basisklasse gebildet wird. Danach folgt eine Tabelle, in der die Bestandteile auszuwählen sind, die der Dialog extrahiert soll. Sie werden danach Teil der neuen Basisklasse. Wählen Sie hier das Attribut *groesse* und die Abfragemethoden *getName()* und *getGroesse()* aus. Das sind die allgemeinen Merkmale, die die Klasse *Wesen* später erhalten soll (Abbildung 9.36).

Auf der nächsten Seite des Dialogs, der durch einen Klick auf die Schaltfläche NEXT > erscheint, lässt sich nochmals das Refactoring vor der Durchführung kontrollieren. Auf dieser Seite sehen Sie als Vorschau, welche Bestandteile der Dialog aus der Klasse *Person* entfernt und in die neue Basisklasse *Wesen* verschiebt. Danach können Sie nochmals auf NEXT > klicken, wo Ihnen der Dialog eine Zusammenfassung mit einer Vorschau der Klasse *Person* präsentiert.

Im oberen Bereich des Dialogs sehen Sie mögliche Probleme. Konkret beschwert sich der Dialog darüber, dass das Attribut *vorname* und *nachname* nicht in der Zielklasse vorhanden ist. Zur Erinnerung: Es sollte die Methode *getName()* verschoben werden, aber diese Methode verwendet die beiden Attribute. Mit anderen Worten: Der Eclipse-Dialog warnt Sie vor dem Refactoring, weil es ihm unmöglich ist, die neue Klasse fehlerfrei zu erzeugen.

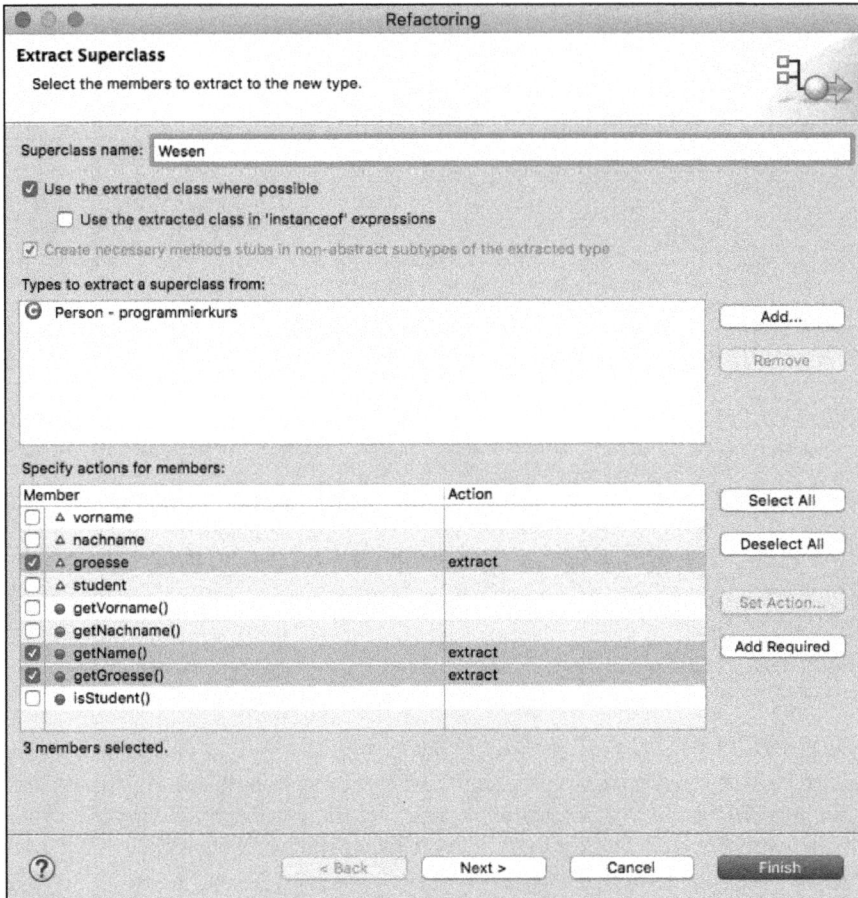

Abbildung 9.36 Mit dieser Dialogseite legen Sie fest, wie die Zielklasse »Wesen« aussieht.

Wenn Sie danach erneut auf NEXT > klicken, zeigt der Dialog eine Voransicht der veränderten Klasse *Person* und der neuen Klasse *Wesen* an. Sie haben hier also nochmals die Möglichkeit, die Einstellungen zu korrigieren oder das Refactoring abzubrechen (Abbildung 9.37). Falls Sie sich zur Korrektur entschließen, drücken Sie die Schaltfläche < BACK so lange, bis sich die Ausgangsseite mit den Optionen zeigt. Wir wollen die Auswahl jedoch nicht korrigieren. Aus diesem Grund starten Sie jetzt das Refactoring mit einem Klick auf FINISH.

Der Dialog hat danach die Klasse *Wesen* erzeugt und die Klassendefinition der Klasse *Person* so aktualisiert, dass diese Klasse von der Klasse *Wesen* abstammt. Sie sehen aber im *Package Explorer* und im Fenster *Problems*, dass der Dialog die Klasse *Wesen* nicht fehlerfrei erzeugen

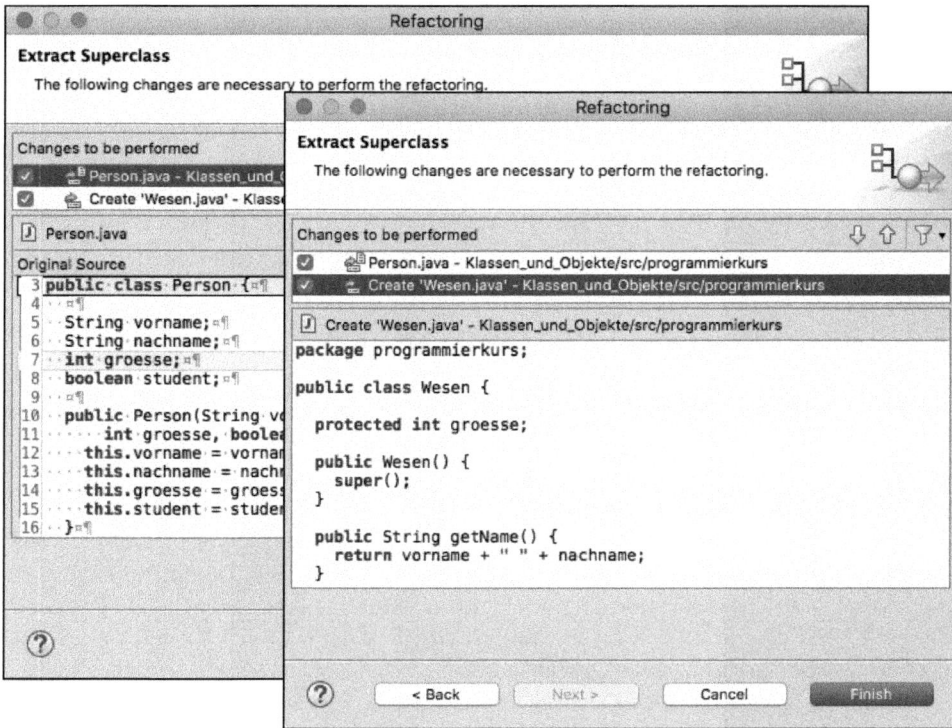

Abbildung 9.37 Der Dialog präsentiert eine Vorschau der veränderten Klassen.

konnte – wie bereits zuvor vom Dialog angekündigt. Das Fenster PROBLEMS zeigt zwei Fehlerbeschreibungen an (Abbildung 9.38).

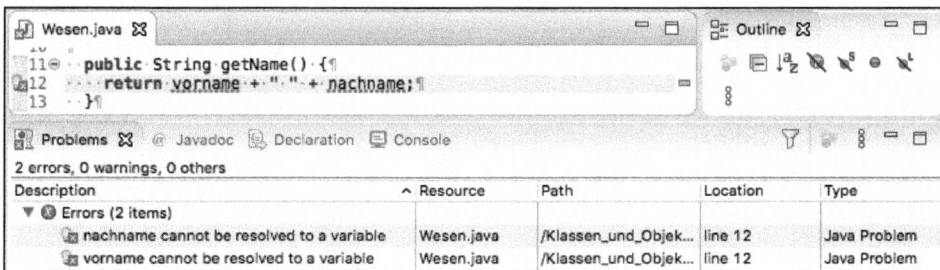

Abbildung 9.38 Der Klasse »Wesen« fehlen die Attribute »vorname« und »nachname«.

9.8.5 Methode »getName()« verändern

Klicken Sie auf eine der beiden Beschreibungen, um zur Quelle des Fehlers zu gelangen. Eclipse öffnet daraufhin ein Editorfenster mit der Klasse *Wesen* und setzte den Cursor auf die Zeile, wo sich die Fehlerursache befindet. Sie sehen, dass die Methode *getName()* die Attribute *vorname* und *nachname* zusammenfasst.

Vorname und Nachname haben bei einem Wesen wenig Sinn, daher sollten die Attribute nicht von Eclipse aus der Klasse *Person* in die neue Basisklasse verschoben werden – dumm nur, dass die schöne Methode jetzt einen Fehler verursacht. Doch die Sache ist leicht behoben. Ein Wesen soll schließlich einen Namen haben. Daher soll die Methode jetzt ein Attribut *name* des Typs *String* zurückgeben. Verändern Sie die Methode daher entsprechend:

Listing 9.24 Veränderung der Methode »getName()«

```
11   public String getName() {
12     return name;
13   }
```

9.8.6   Attribut »name« anlegen

Speichern Sie danach die Datei – doch Eclipse ist nicht zufrieden. Die Entwicklungsumgebung beschwert sich darüber, dass das Attribut *name* ihm unbekannt sei. Mit anderen Worten: Es fehlt die Deklaration der Variable. Natürlich ist das beabsichtigt, denn manchmal ist es besser, die Entwicklungsumgebung aufräumen zu lassen, statt sehr viel zu schreiben. Versuchen Sie, dort, wo es sinnvoll ist, die Funktionen der Entwicklungsumgebung einzusetzen, statt Programme ausschließlich mit dem Texteditor zu entwickeln. Nur auf diese Weise erreichen Sie eine hohe Produktivität beim Entwickeln von Software.

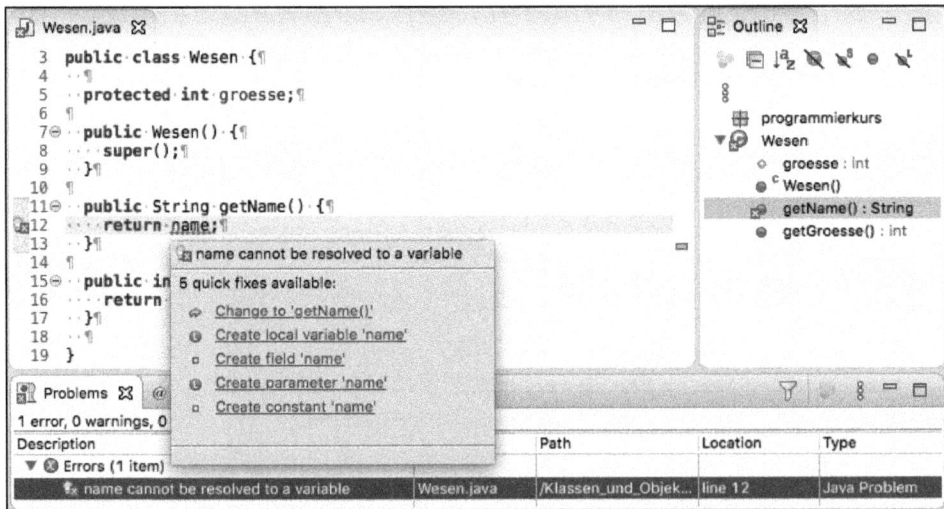

Abbildung 9.39 Das Attribut »name« fehlt.

Zurück zu unserem Programm: Um den Fehler zu beheben, setzen Sie den Mauszeiger auf das Attribut. Daraufhin erscheint ein Tooltip mit Optionen, den sogenannten »Quick Fixes«. Eclipse bietet hier unter anderem die Option CREATE FIELD 'NAME' an. Wählen Sie diese

Funktion und lassen Eclipse die Deklaration des Attributs *name* erzeugen. Speichern Sie danach die Klasse vor dem nächsten Arbeitsschritt über MENÜ → FILE → SAVE oder über das Diskettensymbol der Symbolleiste. Das Projekt sollte jetzt fehlerfrei sein und die Klasse wie in Listing 9.25 aussehen.

Listing 9.25 Definition der Klasse »Wesen«

```
 1  package programmierkurs;
 2
 3  public class Wesen {
 4
 5    protected int groesse;
 6    private String name;
 7
 8    public Wesen() {
 9      super();
10    }
11
12    public String getName() {
13      return name;
14    }
15
16    public int getGroesse() {
17      return groesse;
18    }
19  }
```

0.8.7 Klasse »Person« umbenennen

Die Klasse *Person* soll im nächsten Schritt zur Klasse *Mensch* umbenannt werden. Auch für dieses Refactoring hat Eclipse eine Funktion. Führen Sie dazu einen Rechtsklick auf den Klasse *Person* im *Package Explorer* auf. Wählen Sie aus dem Menü, was daraufhin erscheint, den Menübefehl NEW → CLASS aus. Geben Sie in dem Dialog, der danach erscheint, als Klassenname *Mensch* ein. Belassen Sie die Vorauswahl UPDATE REFERENCES und wählen UPDATE TEXTUAL OCCURRENCES IN COMMENTS AND STRINGS aus. Auf der nächsten Seite können Sie erneut in einer Voransicht kontrollieren, welche Änderungen der Dialog vornehmen wird. Hierzu sehen Sie im oberen Bereich die Dateien. Im unteren Bereich können Sie die textuellen Veränderungen in einer geteilten Voransicht vergleichen. Links ist die Ausgangsdatei, rechts die Datei nach dem Refactoring.

Sie erkennen an der Klasse Programmdemo sehr gut die Auswirkung der Option UPDATE TEXTUAL OCCURRENCES IN COMMENTS AND STRINGS. Eclipse hat bemerkt, dass innerhalb der Programmausgabe die Zeichenkette »Person« enthalten ist und diese durch »Mensch« ersetzt. In diesem Fall ist die Änderung korrekt, in manchen anderen Fällen ist der Übereifer eher lästig. Achten Sie beim Refactoring darauf, die Voransicht gründlich zu analysieren, bevor Sie durch ein vorschnelles, fehlerhaftes Refactoring in einem Projekt Schaden anrichten (Abbildung 9.40).

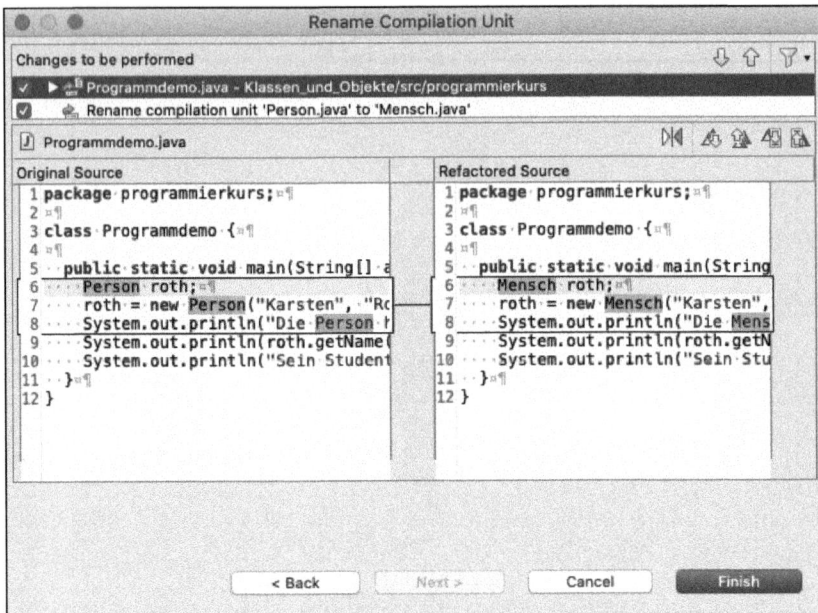

Abbildung 9.40 Der Dialog zeigt eine Vorschau der Veränderungen durch das Refactoring.

Eclipse erzeugt daraufhin wieder eine Klasse, in der sich in Zeile 7 ein Kommentar mit einem TODO-Flag befindet. Das bedeutet, dass Sie an dieser Stelle eine Implementierung einfügen können. In diesem Fall ist jedoch nichts einzufügen, weil die Basisklasse die Implementierung liefert. Löschen Sie daher diese Zeile und fügen Sie vor dem Konstruktor einen Kommentar ein, so dass die Klasse wie in Listing 9.26 aussieht.

Listing 9.26 Die fertiggestellte Klasse »Mensch«

```
1  package programmierkurs;
2
3  class Mensch extends Wesen {
4
5    // Konstruktor:
6    public Mensch(String name) {
7      super(name);
8    }
9  }
```

9.8.8   Startkonfiguration anpassen

Möglicherweise müssen Sie in diesem Schritt die Startkonfiguration anpassen, weil Eclipse Ihnen durch das Refactoring beim Rechtsklick auf die Klasse *Programmdemo* und dem Menübefehl RUN AS keine gültige Startkonfiguration anbieten wird. Stattdessen präsentiert

Ihnen die Entwicklungsumgebung nur den Befehl RUN CONFIGURATIONS. Wählen Sie diese Option aus, damit Sie eine neue Startkonfiguration für das Projekt einrichten können.

In Abbildung 9.41 sehen Sie beiden Seiten des Dialogs. Auf der linken Seiten erkennen Sie die bisher angelegten Startkonfigurationen. Klicken Sie auf PROGRAMMDEMO (EINFACHE DATENTYPEN), sofern Sie in der letzten Übung sämtliche Konfigurationen entsprechend umbenannt haben. Falls nicht, kopieren Sie eine andere der angezeigten Konfigurationen, die das Programm namens *Programmdemo* aufruft.

Kopieren der markierten Konfiguration

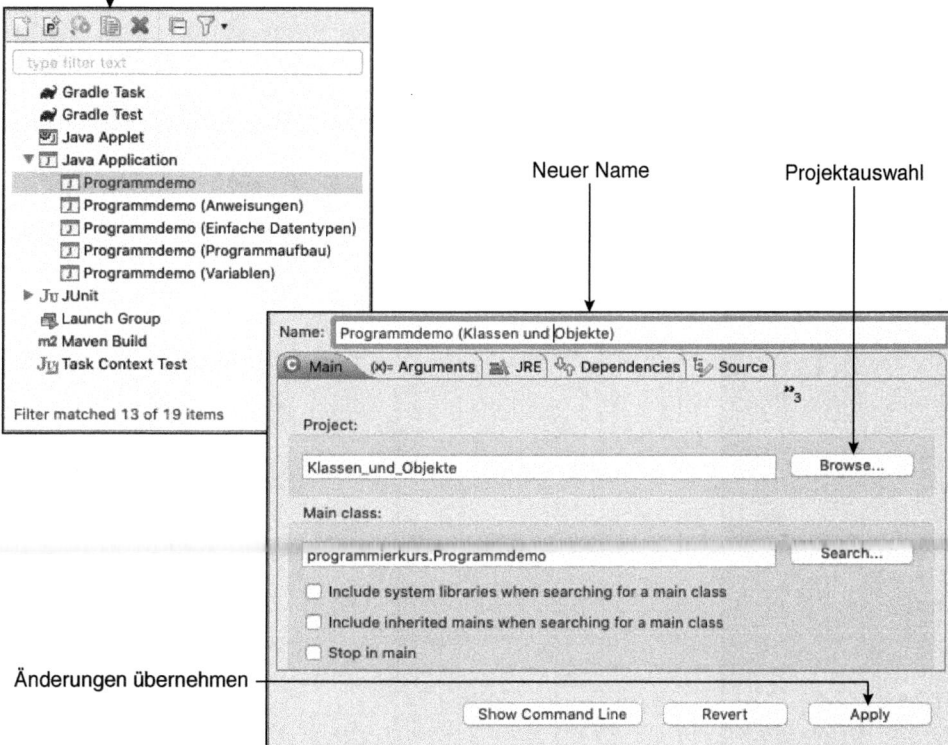

Abbildung 9.41 Mithilfe dieses Dialogs erzeugen Sie eine neue Startkonfiguration.

Auf der rechten Seite bietet Ihnen Eclipse daraufhin an, die Konfiguration umzubenennen. Vergeben Sie in der ersten Zeile den in der Abbildung genannten Namen. Im Feld Project müssen Sie unbedingt das Projekt *Klassen_und_Objekte* auswählen. Speichern Sie danach die Konfiguration mit einem Klick auf die Schaltfläche APPLY.

9.8.9 Hauptprogramm »Programmdemo« ausführen

Nachdem Sie eine neue Startkonfiguration erzeugt haben, können Sie diese direkt über den Dialog mit einem Klick auf RUN ausführen. Das Programm sollte Folgendes ausgeben:

```
Die Mensch heißt null
null ist 184 cm gross
Sein Studentenstatus ist false
```

9.8.10   Konstruktor »Wesen« anpassen

O.k., das ist noch nicht perfekt. Korrigieren Sie im Editor auf der rechten Seite der Entwicklungsumgebung den Artikel von Mensch von »Die« auf »Der«. Wichtiger als diese Änderung ist natürlich, die Ursache dafür herauszufinden, dass das Objekt *name* den Wert *null* hat. Dieser Wert bedeutet, dass das Objekt vom Typ *String* nicht erzeugt worden ist. Das Programm hat dieses Objekt also nicht initialisiert. Es ist durch das Refactoring ganz eindeutig fehlerhaft geworden, da die ursprüngliche Klasse *Person* diesen Fehler nicht zeigte. Was ist die Ursache? Der Grund liegt darin, dass die Variable *name* bisher keinen Wert erhalten hat. Die Klasse *Wesen* bietet keine Möglichkeit an, den Namen eines Objekts zu setzen, weder durch einen Konstruktor noch durch eine Änderungsmethode. Um das zu verbessern, passen Sie den Konstruktor ab Zeile 8 der Klasse wie folgt an:

Listing 9.27 Definition der Klasse »Wesen«

```
 8  public Wesen(String name) {
 9    super();
10    this.name = name;
11  }
```

9.8.11   Konstruktor »Mensch« anpassen

Durch diese Änderung lässt sich beim Erzeugen des Objekts des Typs *Wesen* über den Parameter *name* dieses Attribut setzen. Was passiert aber mit abgeleiteten Klassen? Damit die Änderung greift, müssen Sie den Konstruktor der Klasse *Mensch* ebenfalls wie folgt ändern.

Listing 9.28 Definition der Klasse »Mensch«

```
 9  public Mensch(String vorname, String nachname,
10    int groesse, boolean student) {
11    super(vorname + " " + nachname);
12    this.vorname = vorname;
13    this.nachname = nachname;
14    this.groesse = groesse;
15    this.student = student;
16  }
```

Durch den Aufruf von *super(vorname + " " + nachname)* erreicht man, dass das Programm den Konstruktor der Basisklasse *Wesen* mit dem Namen als Parameter aufruft. Ich komme hier nochmals auf den Abschnitt 9.3.6, »Schlüsselwort »super«« zurück. Sie erinnern sich:

Der Compiler erzeugt bei jeder Klasse stets eine Methode *super()* ohne Parameter. Sie müssen den Methodenaufruf ohne Parameter im Konstruktor nicht unbedingt einfügen, da die Anweisung immer automatisch im Hintergrund ausgeführt wird. Sie können den Methodenaufruf aber dennoch einfügen, um den Aufruf zu verdeutlichen.

Möchten Sie der Basisklasse aber per Parameter im Konstruktor der abgeleiteten Klasse Werte übergeben, reicht natürlich die automatisch erzeugte Methode *super()* nicht aus. In diesem Fall müssen Sie diese Methode explizit *mit* einem Parameter einfügen. Denn ohne diesen Parameter würde nur die automatisch erzeugte Methode ohne Parameter aufgerufen. Der Parameter, mit dem die Klasse *Mensch* den Konstruktor der Klasse *Wesen* im vorliegenden Beispiel aufruft, ist der vollständige Name (Vor- und Nachname) des Menschen. Damit wird der Wert an die Basisklasse übermittelt, die Variable *name* korrekt initialisiert und der Fehler somit behoben.

9.8.12 Programm »Programmdemo« erneut starten

Führen Sie, um das Programm zu starten, einfach einen Klick auf das grüne Startsymbol in der Symbolleiste aus. Das Programm sollte danach folgenden Text ausgeben:

```
Der Mensch heißt Karsten Roth
Karsten Roth ist 184 cm gross
Sein Studentenstatus ist false
```

Wenn das der Fall ist, ist diese Übung beendet. Lösen Sie zum Schluss noch die folgenden Aufgaben, um Ihr Wissen über Klassen und Objekte weiter zu festigen.

■ 9.9 Aufgaben

- Wie viele verschiedenen Klassenarten gibt es in Java?
- Wie kommt es zu der Bezeichnung »innere Klasse«?
- Wo liegt der Unterschied zwischen einer abstrakten Klasse und einem Interface?
- Ergänzen Sie das Programm *Programmdemo* dieses Kapitels um eine Klasse *Roboter*. Lassen Sie Eclipse diese Klasse erzeugen und verwenden Sie hierbei die Klasse *Wesen* als Basisklasse (»Superclass«). Verwenden Sie als Vorlage zur Erzeugung den Abschnitt 5.8.6 des Kapitels 5, »Programmaufbau«, auf Seite 101). Das Programm sollte danach folgenden Text ausgeben:

```
Der Mensch heißt Karsten Roth
Karsten Roth ist 184 cm gross
Sein Studentenstatus ist false
Der Roboter heißt Robert
Robert ist 190 cm gross
```

Die Lösungen zu den Aufgaben finden Sie in Kapitel 25, »Lösungen«, ab Seite 593.

■ 9.10   Literatur

Typsicherheit: *https://de.wikipedia.org/wiki/Typsicherheit*

Oracle-Tutorials: *https://docs.oracle.com/javase/tutorial/java/TOC.html*

Java Object Tool: *https://openjdk.java.net/projects/code-tools/jol*

10 Aufzählungen

10.1 Einleitung

Aufzählungen begegnen Ihnen beim Programmieren auf Schritt und Tritt. Es ist daher gut, dass die Programmiersprache Java seit der Version 5 über einen Datentyp mit dem Namen *Enum* verfügt.

> Enum ist eine spezielle Java-Klasse. Mit ihrer Hilfe lassen sich Aufzählungen wie die Tage einer Woche sehr einfach programmieren.

Abbildung 10.1 Lukas hasst seit dem Sportunterricht in der Schule Aufzählungen.

Enum ist die Abkürzung von Enumeration und bedeutet Aufzählung. Der Aufzählungstyp dient dazu, Sammlungen von Konstanten zusammenzufassen, zum Beispiel die Tage einer Woche.

■ 10.2 Überblick

10.2.1 Zweck von Enums

Die Programmiersprache C/C++, von der Java stark beeinflusst wurde, besaß keinen speziellen Datentyp für Aufzählungen. Und so ist es vermutlich zu erklären, dass auch die ersten Versionen von Java keinen speziellen Datentyp für Aufzählungen zur Verfügung stellten. So blieb Java-Programmierern nichts anderes übrig, jede Aufzählung mithilfe einer eigenen Klasse von Grund auf selbst zu programmieren.

Mit der Zeit veröffentlichten Programmierer eine ganze Reihe von sogenannten Entwurfsmustern. Das sind besonders gelungene Beispiele für Java-Klassen, die anderen Programmierern als Vorlage dienen sollen. Anhand eines Beispiels von Wochentagen zeigt das folgende Listing 10.1, wie eine Implementierung einer solchen Enum-Klasse bis Java 1.4 ausgesehen hat.

Listing 10.1 Beispiel für eine Aufzählung bis Java 1.4

```
 1  //Beispielprogramme/Aufzaehlungen
 2  package programmierkurs;
 3
 4  class Wochentag {
 5    public static final Wochentag MONTAG    = new Wochentag("Montag");
 6    public static final Wochentag DIENSTAG = new Wochentag("Dienstag");
 7    public static final Wochentag MITTWOCH = new Wochentag("Mittwoch");
 8    public static final Wochentag DONNERSTAG = new Wochentag("Donnerstag");
 9    public static final Wochentag FREITAG = new Wochentag("Freitag");
10    public static final Wochentag SAMSTAG = new Wochentag("Samstag");
11    public static final Wochentag SONNTAG = new Wochentag("Sonntag");
12
13    private String name;
14
15    //Konstruktor:
16    private Wochentag( String name) {
17      this.name = name;
18    }
19
20    public String toString() {
21      return name;
22    }
23  }
```

In den Zeilen 5 bis 11 erkennen Sie die einzelnen Elemente der Aufzählung. Es sind Konstanten des Typs *String*. Jede Konstante ruft über die Anweisung *new Wochentag("...")* den Konstruktor der Klasse *Wochentag* in Zeile 15 auf. Der Konstruktor bekommt als Parameter den Namen des Elements in Form des Datentyps *String* (also als Zeichenkette) übergeben. Die Klasse *Wochentag* speichert dieses Attribut in der Objektvariablen *name* des Typs *String*, die in Zeile 13 steht. Die Klasse besitzt mit *to String()* noch eine Methode, die den Namen eines Elements zurückgibt.

Listing 10.2 zeigt, wie die selbst entwickelte Java-Klasse verwendet wird. Sie können jede Konstante direkt mit einem festen Wert ansprechen. Wie üblich bei statischen, finalen Klassenvariablen (Konstanten) erfolgt der Aufruf eines Elements immer nach dem Schema *Klasse.KONSTANTE*.

Listing 10.2 Verwendung einer Aufzählungsklasse bis Java 1.4

```
 1   //Beispielprogramme/Aufzaehlungen
 2   package programmierkurs;
 3
 4   public class AufzaehlungDemo {
 5
 6     public static void main(String[] args) {
 7       System.out.println("Die Tage der Woche:");
 8       System.out.println(Wochentag.MONTAG);
 9       System.out.println(Wochentag.DIENSTAG);
10       System.out.println(Wochentag.MITTWOCH);
11       System.out.println(Wochentag.DONNERSTAG);
12       System.out.println(Wochentag.FREITAG);
13       System.out.println(Wochentag.SAMSTAG);
14       System.out.println(Wochentag.SONNTAG);
15     }
16   }
```

Da jedes Element seinen Namen individuell per Konstruktor übergeben bekommt, sind Bezeichnung und Name des Elementes beliebig verschieden. Eine Konstante namens *MONTAG* gibt den Namen als *Montag* aus. Für die Tage der Woche ergibt sich somit folgende Programmausgabe, die in Listing 10.3 zu sehen ist.

Listing 10.3 Die Programmausgabe der selbstentwickelten Enum-Klasse

```
Die Tage der Woche:
Montag
Dienstag
Mittwoch
Donnerstag
Freitag
Samstag
Sonntag
```

Programme mit Aufzählungen, die vor Java 5 und der Einführung von Enums entstanden sind, haben sich mehr oder weniger unterschieden, weil kein spezielles Sprachkonstrukt vorhanden war. Zudem musste jeder Programmierer eine entsprechende Klasse selbst programmieren. Um Aufzählungen in Java-Programmen einheitlich zu gestalten und die Programmierarbeit zu vereinfachen, ist ein spezieller Aufzählungstyp seit Version 5 fester Bestandteil der Programmiersprache Java.

10.2.2   Definition und Deklaration von Enums

Definition als eigenständige Klasse

Enums können in einer eigenen Klasse oder in einer fremden Klasse definiert werden. Abbildung 10.2 zeigt, wie die Definition in einer eigenen Klasse aussieht. Im Gegensatz zu einer Standardklasse leitet das Schlüsselwort *enum* die Definition ein. Danach folgt die Bezeichnung der Klasse.

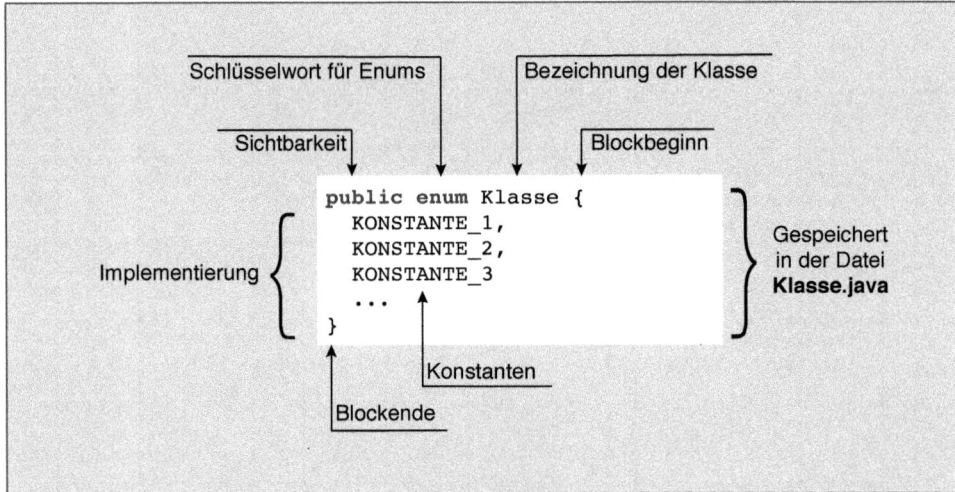

Abbildung 10.2 Definition eines Enums als eine eigene Klasse

Die Implementierung wird wie bei einer Klasse mit einer öffnenden geschweiften Klammer eingeleitet (Blockbeginn) und endet mit einer schließenden geschweiften Klammer (Blockende). Dazwischen befinden sich Konstanten, die nicht deklariert werden müssen. Sie schreiben einfach *MONTAG, DIENSTAG, MITTWOCH* etc. und der Java-Compiler übersetzt das entsprechend in eine Zeichenkette. Beachten Sie die Schreibweise der Elemente. Sie sind Konstanten und sollten daher durchgehend in Großbuchstaben geschrieben werden.

Etwas eigenartig ist, dass der Name der Elemente mit deren Bezeichnung gekoppelt ist. Wenn Sie also ein Element namens *MONTAG* definieren, gibt das Element als Name ebenfalls *MONTAG* in Großbuchstaben aus. Vergleichen Sie das mit der selbstentwickelten Klasse in Listing 10.1. Hier ist Bezeichnung und Schreibweise unabhängig voneinander. Wie Sie das mit der Enum-Klasse erreichen können, erfahren Sie im nächsten Abschnitt.

Definition als innere Klasse

Wie bei Standardklassen können Sie auch Enums innerhalb einer Klasse definieren, wenn die Aufzählung nur lokal in einer Klasse benötigt wird. In diesem Fall umgibt eine Klasse die Definition des Enums. Der Rest bleibt so, wie bei einer eigenständigen Klasse. Abbildung 10.3 zeigt, wie die Definition als innere Klasse aussieht.

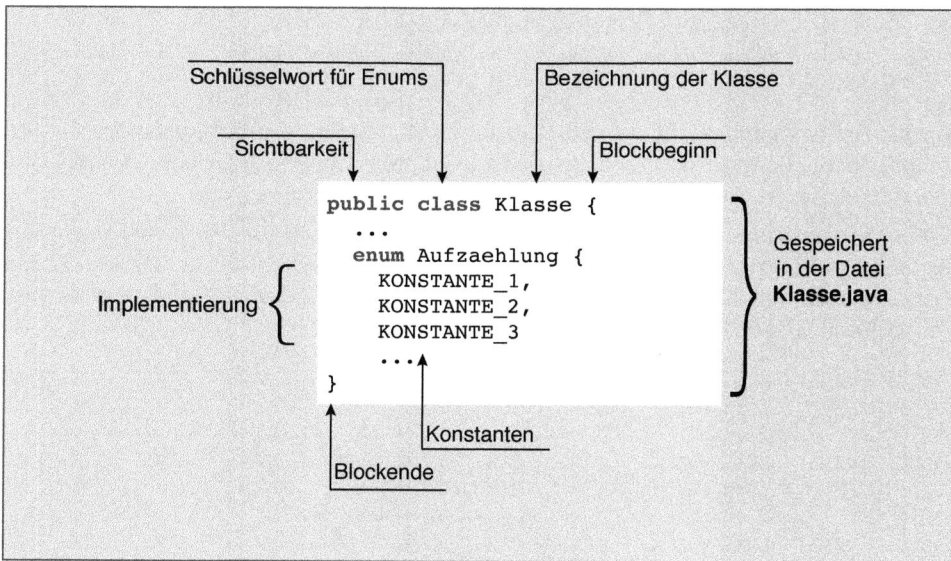

Abbildung 10.3 Definition eines Enums als innere Klasse

10.2.3   Verwendung von Enums

Enums enthalten Konstanten, die bereits »gebrauchsfertig« deklariert sind. Die Abbildung 10.4 zeigt, wie sie verwendet werden. Das Beispiel weist einer Variablen auf der linken Seite den konstanten Wert der rechten Seite zu.

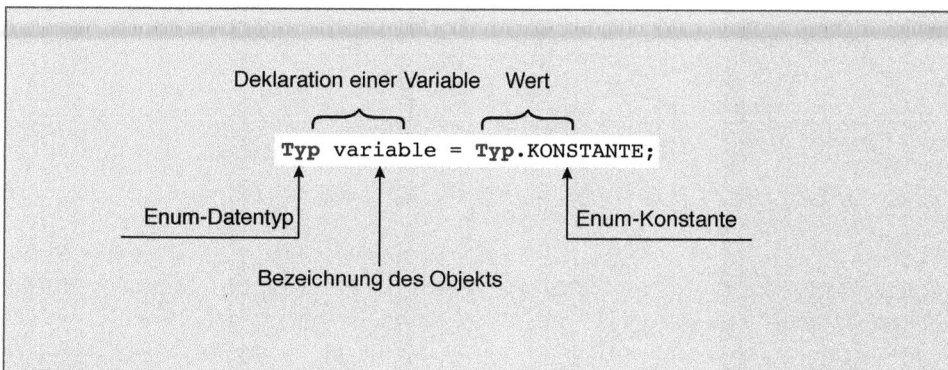

Abbildung 10.4 Deklaration eines Enums

■ 10.3   Aufzählungsklassen

Wie eingangs erwähnt, erzeugt der Java-Compiler aus der Definition einer Aufzählung mit Schlüsselwort *enum* eine spezielle Aufzählungsklasse. Diese Aufzählungsklasse basiert intern auf einer Basisklasse namens *Enum*. Durch die Verwendung des Schlüsselworts *enum* sehen Sie dieses Basisklasse im Quellcode Ihrer Aufzählungsklasse nicht.

Am Beispiel der Klasse *Wochentag* würde ein Klassendiagramm also wie in Abbildung 10.5 aussehen. Die Abbildung ist aus didaktischen Gründen stark vereinfacht. Die Details würden zudem den Rahmen dieses Kapitels sprengen. Einen Link zur genauen Dokumentation der Klasse *Enum* finden Sie in Abschnitt 10.7, »Literatur«.

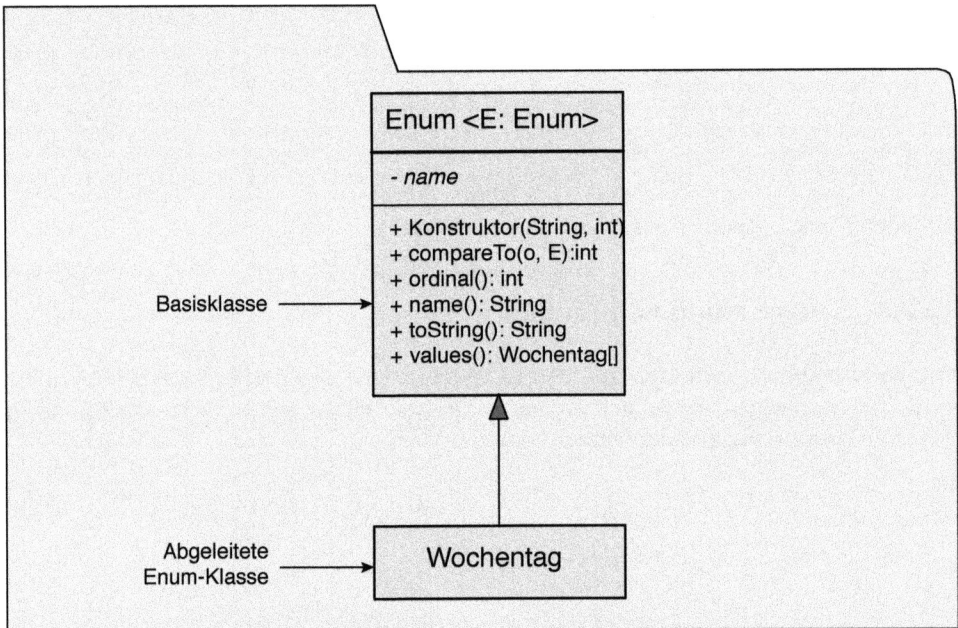

Abbildung 10.5 Enum ist intern die Basisklasse der Aufzählungsklassen.

Durch die Verwendung des Schlüsselworts *enum* entsteht also *intern* eine abgeleitete Klasse namens *Wochentag*, die auf einer Basisklasse namens *Enum* beruht. Sämtliche Aufzählungsobjekte erben also von der internen Klasse *Enum*. Sie werden im weiteren Verlauf des Kapitels und der nachfolgenden Übung sehen, dass diese Information wichtig ist, damit Sie Aufzählungsklassen mit exakt dem gewünschten Verhalten programmieren können.

10.3.1   Konstruktor

Diesen Konstruktor rufen Sie niemals direkt auf. Er wird intern verwendet, um die Elemente einer Aufzählung zu erzeugen. Das sieht so aus wie in der eingangs vorgestellten, selbst programmierten Enum-Klasse (Listing 10.3):

```
Wochentag(String value, int key);
```

Der Konstruktor hat hier allerdings zwei Parameter. Mit dem ersten erhält jedes Element seinen Namen als Zeichenkette. Mit dem zweiten hält die Klasse die Position des Elements innerhalb der Liste der Aufzählungen fest. Zum Beispiel erhält *Montag* den Wert 0 als erstes Element – wie in der Informatik üblich.

10.3.2   Methode »value()«

Die Methode mit der Bezeichnung *value()* gibt sämtliche Elemente einer Aufzählungsklasse zurück. Sie ist wichtig, um in Schleifen nacheinander die Werte einer Enum-Klasse aufrufen zu können. Auf diesen Anwendungsfall geht dieser Buchteil in Kapitel 15, »Schleifen«, später noch genauer ein.

10.3.3   Eigenständige einfache Enum-Klasse

Die Definition mithilfe einer autarken Klasse sieht wie in Listing 10.4 aus. Beachten Sie, um wieviel kürzer die Klassendefinition im Vergleich zum eingangs gezeigten Beispiel des Listings 10.1 ist.

Listing 10.4 Beispiel für eine eigenständige einfache Enum-Klasse

```
1  package programmierkurs;
2
3  enum Wochentag {
4    MONTAG, DIENSTAG, MITTWOCH, DONNERSTAG, FREITAG, SAMSTAG,  SONNTAG;
5  }
```

Listing 10.5 zeigt, wie Sie die vorher definierte Klasse verwenden. Das Programm gibt jeden Wochentag einzeln aus.

Listing 10.5 Ein Beispiel für die Verwendung des »Enum«-Typs

```
1  //Beispielprogramme/Aufzaehlungen
2  package programmierkurs;
3
4  public class EnumDemo {
5
6    public static void main(String[] args) {
7      System.out.println("Die Tage der Woche:");
8      System.out.println(Wochentag.MONTAG);
9      System.out.println(Wochentag.DIENSTAG);
10     System.out.println(Wochentag.MITTWOCH);
11     System.out.println(Wochentag.DONNERSTAG);
12     System.out.println(Wochentag.FREITAG);
13     System.out.println(Wochentag.SAMSTAG);
14     System.out.println(Wochentag.SONNTAG);
15   }
16 }
```

Sie erhalten danach eine Liste, bei der das Programm die Namen der Wochentage in Groß-buchstaben ausgibt (Listing 10.6). Auf diese Art scheint der Enum-Typ verglichen mit der Flexibilität der selbstprogrammierten Lösung ein Rückschritt zu sein. Das trifft aber nur dann zu, wenn die Namen der Aufzählungswerte auch ausgegeben werden müssen. In vielen Fällen ist das aber nicht notwendig. Die einfache Klassendefinition des Listings 10.4 reicht dann vollkommen aus.

Listing 10.6 Die Programmausgabe der einfachen Enum-Klasse

```
Die Tage einer Woche:
MONTAG
DIENSTAG
MITTWOCH
DONNERSTAG
FREITAG
SAMSTAG
SONNTAG
```

10.3.4 Eigenständige erweiterte Enum-Klasse

Wenn man jedoch die Namen der einzelnen Elemente in einer Schreibweise ausgeben möchte, die sich von den Großbuchstaben der Bezeichnungen unterscheidet, muss man die Enum-Klasse etwas anpassen. Das Beispiel in Listing 10.7 zeigt, wie das funktioniert. Es verwendet einen eigenen Konstruktor (Zeile 15) und überschreibt die Methode *toString()* der Basisklasse, die den Namen eines Elements ausgibt, in Zeile 20.

Auf die Technik des Überschreibens geht der dritte Buchteil ausführlich ein (Kapitel 22, »Gesetzmäßigkeiten«, Abschnitt 22.7.2). An dieser Stelle nur die Erklärung, dass man durch das Überschreiben die Funktion der Basisklasse ersetzt. Dadurch erreicht die neue Klasse die gleiche Flexibilität wie die selbstentwickelte Aufzählungsklasse, aber mit dem Vorteil, dass Klassendefinition und der Zugriff standardisiert sind.

Listing 10.7 Ein Beispiel für eine erweiterte Enum-Klasse

```
1    //Beispielprogramme/Aufzaehlungen
2    package programmierkurs;
3
4    enum Wochentag {
5      MONTAG ("Montag"), DIENSTAG ("Dienstag"),
6      MITTWOCH ("Mittwoch"), DONNERSTAG ("Donnerstag"),
7      FREITAG ("Freitag"), SAMSTAG ("Samstag"),
8      SONNTAG ("Sonntag");
9
10     private String name;
11
12     // Konstruktor mit Namen
13     Wochentag(String name){
14       this.name = name;
15     }
```

```
16
17    @Override
18    public String toString(){
19        return this.name;
20    }
21 }
```

Die Verwendung dieser Klasse ist identisch mit der Klasse zuvor (Listing 10.8).

Listing 10.8 Ein Beispiel für eine Verwendung der erweiterten Enum-Klassendefinition

```
1  //Beispielprogramme/Aufzaehlungen
2  package programmierkurs;
3
4  public class EnumDemo {
5
6    public static void main(String[] args) {
7      System.out.println("Die Tage der Woche:");
8      System.out.println(Wochentag.MONTAG);
9      System.out.println(Wochentag.DIENSTAG);
10     System.out.println(Wochentag.MITTWOCH);
11     System.out.println(Wochentag.DONNERSTAG);
12     System.out.println(Wochentag.FREITAG);
13     System.out.println(Wochentag.SAMSTAG);
14     System.out.println(Wochentag.SONNTAG);
15   }
16 }
```

Das Programm gibt die Wochentage korrekt geschrieben aus (Listing 10.9), weil sich die Namen der Wochentage von den Bezeichnungen der Elemente in der Klassendefinition unterscheiden.

Listing 10.9 Die Programmausgabe der erweiterten Enum-Klasse

```
Die Tage der Woche:
Montag
Dienstag
Mittwoch
Donnerstag
Freitag
Samstag
Sonntag
```

10.3.5   Innere erweiterte Enum-Klasse

Und hier nochmals ein Beispiel für eine einfache innere Klasse (Listing 10.10). Die Ausgabe
des Programms ist identisch mit Listing 10.9.

Listing 10.10 Ein Beispiel für den »Enum«-Typ

```
 1  //Beispielprogramme/Aufzaehlungen
 2  package programmierkurs;
 3
 4  public class EnumInnereKlasseDemo {
 5
 6    private enum Wochentag {
 7      MONTAG ("Montag"), DIENSTAG ("Dienstag"),
 8      MITTWOCH ("Mittwoch"), DONNERSTAG ("Donnerstag"),
 9      FREITAG ("Freitag"), SAMSTAG ("Samstag"), SONNTAG ("Sonntag");
10
11      private String name;
12
13      // Konstruktor mit Namen
14      Wochentag(String name){
15        this.name = name;
16      }
17
18      @Override
19      public String toString(){
20          return this.name;
21      }
22    }
23
24    public static void main(String[] args) {
25      System.out.println("Die Tage der Woche:");
26      System.out.println(Wochentag.MONTAG);
27      System.out.println(Wochentag.DIENSTAG);
28      System.out.println(Wochentag.MITTWOCH);
29      System.out.println(Wochentag.DONNERSTAG);
30      System.out.println(Wochentag.FREITAG);
31      System.out.println(Wochentag.SAMSTAG);
32      System.out.println(Wochentag.SONNTAG);
33    }
34  }
```

Wie Sie sehen, ist es mit dieser Klasse möglich, eine innere Klasse zu definieren, die die
Namen der Elemente korrekt ausgibt.

10.4 Zusammenfassung

Aufzählungen gehören zu den am meisten beachteten Neuigkeiten von Java 5. Sie haben zu Anfang dieses Kapitels eine selbstentwickelte Aufzählungsklasse gesehen, die ohne das Schlüsselwort *enum* auskam. Das seit Java 5 verfügbare Schlüsselwort *enum* erspart es, solche Aufzählungsklassen von Grund selbst auf zu programmieren. Ein weiterer Vorteil von Java-Enums ist es, dass sie die Lesbarkeit von Java-Programmen erhöhen und den Quellcode vereinheitlichen.

Abbildung 10.6 Enum ist die Java-Spezialklasse für Aufzählungen jeder Art.

So einfach Aufzählungen zu verwenden sind, so kompliziert ist deren interner Aufbau. Intern übersetzt der Java-Compiler eine Enum-Klasse in eine spezielle Aufzählungsklasse, die von der internen Klasse *Enum* erbt und aufgrund dieser Basisklasse über verschiedene Methoden verfügt. Das Verhalten einer eigenen Aufzählungsklasse lässt sich so anpassen, dass beliebige Namen der Elemente ausgegeben werden können. Daher ist es wichtig, sich nicht nur mit der Definition und Verwendung von Enums zu beschäftigen, sondern auch mit den Interna dieser Spezialklasse.

■ 10.5 Übungen

In dieser Übung entwickeln Sie Schritt für Schritt ein Programm, bei dem die Teilnehmer des Programmierkurses mit einer persönlichen Anrede vorgestellt werden. Sofern Sie die Eclipse-Entwicklungsumgebung nicht bereits installiert haben, holen Sie das jetzt nach. Die Anleitung dazu befindet sich in Kapitel 4, »Entwicklungsumgebung« unter dem Abschnitt 4.2, »Installation«.

10.5.1 Eclipse starten

Starten Sie wieder Eclipse IDE, falls die Entwicklungsumgebung nicht bereits geöffnet ist. Sofern Sie seit der letzten Übung des Kapitels »Klassen und Objekte« nicht den Workspace gewechselt haben, präsentiert Ihnen der *Eclipse IDE Launcher* den letzten Workspace namens *Uebungen*. Starten Sie Eclipse mit diesem Workspace über einen Klick auf die Schaltfläche LAUNCH (Abbildung 10.7).

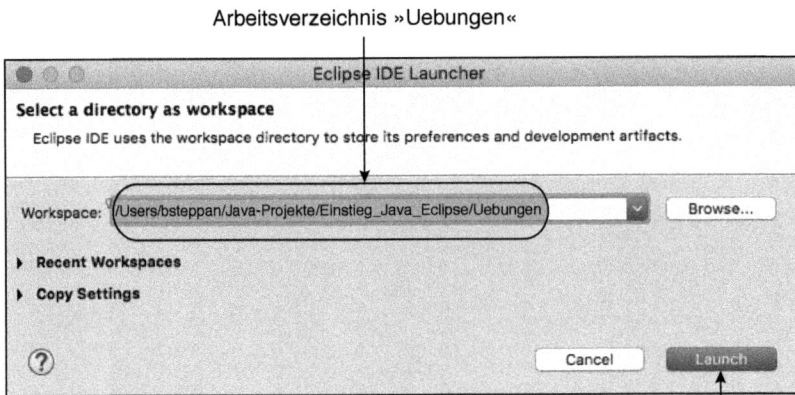

Abbildung 10.7 Starten von Eclipse mit dem vorherigen Workspace

10.5.2 Projekt kopieren

Auch diese Übung basiert auf den vorhergehenden Übungen. Kopieren Sie daher erneut das Projekt des vorigen Kapitels. Führen Sie dazu wieder einen Rechtsklick auf den Projektknoten des Projekts *Klassen_und_Objekte* im PACKAGE EXPLORER aus und wählen aus dem Kontextmenü, das daraufhin erscheint, den Befehl COPY aus. Führen Sie danach auf eine freie Fläche im PACKAGE EXPLORER erneut einen Rechtsklick aus und wählen aus dem Kontextmenü diesmal PASTE aus.

Tragen Sie in dem Dialog, der danach erscheint, als neuen Projektnamen KLASSEN_UND_ OBJEKTE ein. Verwenden Sie einen Unterstrich statt eines Leerschritts. Die restlichen Einstellungen des Dialogs können wieder so bleiben. Klicken Sie nun auf die Schaltfläche COPY, um die Kopieraktion zu starten. Sie erhalten wieder eine komplette Kopie des Projekts der letzten Übung mit beiden Klassen *Person* und *Programmdemo*.

10.5.3 Dateien schließen

Schließen Sie nun sämtliche offenen Dateien im Editor auf der rechten Seite der Entwicklungsumgebung, um Verwechslungen mit dem Projekt *Einfache_Datentypen* des vorigen Kapitels zu vermeiden. Bisher haben Sie die Dateien einzeln über das Schließkreuz rechts vom Dateinamen geschlossen. Wenn Sie sehr viele Dateien geöffnet haben, ist dies etwas unpraktisch. Der Editor verfügt über Funktionen, die das Schließen erleichtert. Sie erreichen diese Funktionen über das Hauptmenü mit FILE → CLOSE ALL. Hierfür gibt es auch ein Tastenkürzel, das abhängig vom Betriebssystem ist und im Menü angezeigt wird.

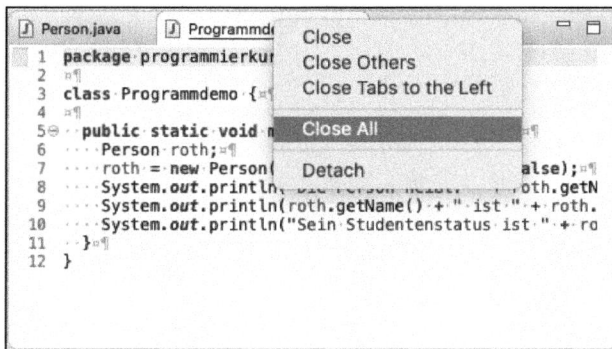

Abbildung 10.8 Durch das Kontextmenü schließen Sie mehrere Dateien mit einem Klick.

Die andere Möglichkeit, die Dateien mit einem Mausklick zu schließen, ist, einen Rechtsklick auf die Titelleiste des Editors durchzuführen. Daraufhin erscheint ein Kontextmenü, aus dem Sie CLOSE ALL auswählen (Abbildung 10.8). Das Kontextmenü verfügt über ein paar weitere Funktionen, die Sie nicht über das Hauptmenü erreichen, zum Beispiel CLOSE OTHERS. Diese Funktion ist immer dann praktisch, wenn Sie gerade eine Datei bearbeiten und alle anderen geöffneten Dateien der Übersichtlichkeit halber schließen möchten.

10.5.4 Dialog »New Enum« aufrufen

Klappen Sie jetzt das neue Projekt im PACKAGE EXPLORER auf der linken Seite von Eclipse auf. Innerhalb des Projekts befindet sich der Knoten SRC mit dem Package *programmierkurs*. Führen Sie einen Rechtsklick auf das Package *programmierkurs* des Projektes *Aufzaehlungen* aus und wählen aus dem Kontextmenü den Befehl NEW → ENUM aus (Abbildung 10.9).

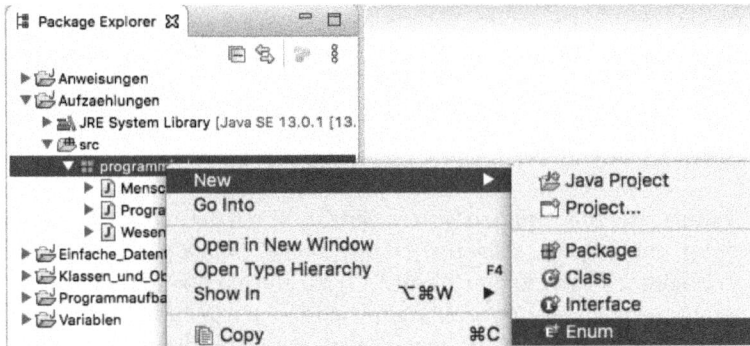

Abbildung 10.9 Über einen Menübefehl rufen Sie den Enum-Dialog auf.

10.5.5 Enum-Klasse »Anrede« erzeugen

Geben Sie in dem Dialog, der daraufhin erscheint, *Anrede* als Namen der Klasse ein. Die restlichen Einstellungen können Sie so belassen, wie bereits belegt. Erzeugen Sie danach die Klasse mit einem Klick auf Schaltfläche FINISH (Abbildung 10.10).

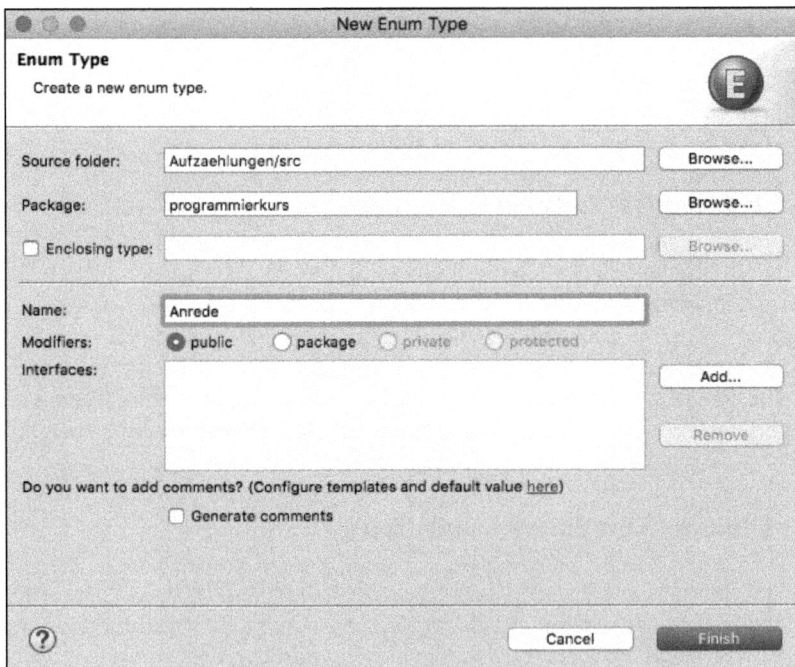

Abbildung 10.10 Über diesen Dialog erzeugen Sie eine neue Enum-Klasse.

10.5.6 Elemente einfügen

Fügen Sie danach folgende vier Elemente in die Klasse ab Zeile 4 nach der ersten geschweiften Klammer ein:

Listing 10.11 Die Klasse »Anrede« soll über vier Elemente verfügen.

```
4  STUDENTIN("Studentin"),
5  STUDENT("Student"),
6  PROFESSOR("Professor"),
7  ROBOTER("Roboter");
```

Wenn Sie danach die Klasse speichern, zeigt Eclipse an, dass der Konstruktor der Elemente nicht korrekt ist.

10.5.7 Konstruktor erzeugen

Eclipse erwartet, dass man Elemente ohne Parameter definiert. Die Entwicklungsumgebung findet keinen passenden Konstruktor für die Elemente. Die Lösung könnte so aussehen, dass man die Parameter entfernt oder Eclipse einen neuen Konstruktor erzeugen lässt. Die zweite Option ist besser, denn durch sie bekommen wir die individuelle Schreibweise der Anrede.

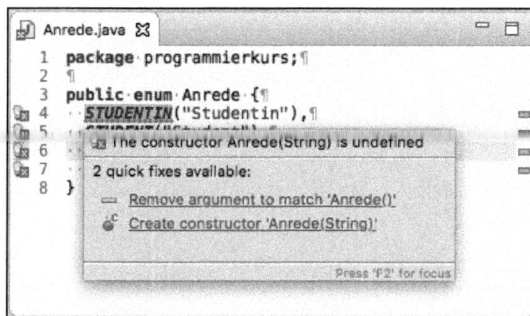

Abbildung 10.11 Der neue Konstruktor der Klasse »Anrede« wird erzeugt.

Um den Konstruktor zu erzeugen, gehen Sie mit dem Mauszeiger über eines der als fehlerhaft markierten Elemente. Eclipse zeigt als Hilfe zwei Optionen an: Parameter entfernen oder Konstruktor erzeugen. Klicken Sie auf CREATE CONSTRUCTOR 'ANREDE(STRING)'. Eclipse erzeugt daraufhin unterhalb der Elemente eine Vorlage für den neuen Konstruktor.

10.5.8 Tasks anzeigen

Der Konstruktor, den der Eclipse-Codegenerator erzeugt hat, enthält ein sogenanntes TODO-Flag. Eclipse hat damit die Zeile markiert, die geändert werden muss. Man kann immer dann, wenn man eine bestimmte Arbeit noch nicht beendet hat, ein solches Flag einfügen. Mit dem Befehl WINDOW → SHOW VIEW → TASKS des Hauptmenüs bekommen Sie im unteren Bereich ein neues Fenster namens TASKS. Sie können das andere Fenster gleichen Namens rechts des Fensters CONSOLE nun schließen, so dass die Entwicklungsumgebung wie in Abbildung 10.12 aussieht.

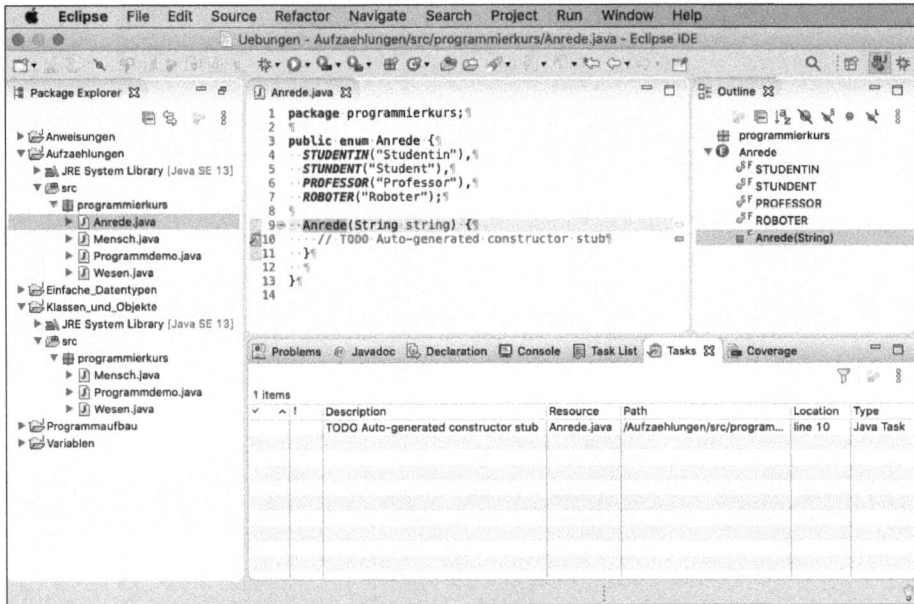

Abbildung 10.12 Die View »Tasks« zeigt übersichtlich sämtliche Aufgaben an.

Jeder Task, den Sie im Quellcode markieren, zeigt das Fenster gleichen Namens mit einer Beschreibung, der Klasse, dem Pfad und der Zeilennummer an. So können Sie übersichtlich Ihre Programmierarbeit innerhalb eines Eclipse-Projekts verwalten. Tasks sind eine große Hilfe, wenn Sie am nächsten Tag Ihre Arbeit fortsetzen und wissen möchten, was in einem Projekt noch zu programmieren ist. Setzen alle Programmierer eines Projekts diese Hilfestellung ein, ist es auch dann leicht, Arbeit von anderen zu übernehmen, wenn diese nicht persönlich anwesend sind.

10.5.9   Konstruktor erweitern

Der Konstruktor, den Eclipse erzeugt hat, ist natürlich nicht vollständig. Was vor allem fehlt, ist, dass der Name der Anrede als Attribut innerhalb der Klasse gespeichert wird. Was die Klasse benötigt, ist also eine Objektvariable – eine Variable für jedes Element einer Aufzählung. Um sie zu ergänzen, ändern Sie den Konstruktor wie in Listing 10.12.

Listing 10.12 Der Konstruktor wird erweitert.

```
1  package programmierkurs;
2
3  public enum Anrede {
```

```
 4    STUDENTIN("Studentin"),
 5    STUDENT("Student"),
 6    PROFESSOR("Professor"),
 7    ROBOTER("Roboter");
 8
 9    Anrede(String name) {
10      this.name = name;
11    }
12  }
```

Diese Änderung erreicht, dass dem Konstruktor *Anrede(String name)* als Parameter der Name der Anrede übergeben wird und er mit *this.name* ihn in der Objektvariablen speichert. Dadurch, dass die Deklaration der Objektvariable noch fehlt, entsteht ein Fehler.

10.5.10   Attribut »name« als Objektvariable einfügen

Ergänzen Sie nun die Deklaration der Objektvariable *name*. Dazu geben Sie die Deklaration entweder manuell in Zeile 9 ein oder lassen Eclipse die Variable durch einen Klick auf den Fehler automatisch einfügen. Beides geht ungefähr genauso schnell. Danach sollte die Klasse in Zeile 9 eine Deklaration bekommen haben (Listing 10.13).

Listing 10.13 Die neue Deklaration für das Attribut »name«

```
 1  package programmierkurs;
 2
 3  public enum Anrede {
 4    STUDENTIN("Studentin"),
 5    STUDENT("Student"),
 6    PROFESSOR("Professor"),
 7    ROBOTER("Roboter");
 8
 9    private String name;
10
11    Anrede(String name) {
12      this.name = name;
13    }
14  }
```

Speichern Sie danach erneut das Projekt. Wenn Sie sich die Klasse im Editor genauer ansehen, bemerken Sie, dass die Eclipse IDE immer noch nicht zufrieden ist. Die Entwicklungsumgebung zeigt im Editor in Zeile 9 eine Warnung als gelbes Symbol an. Solche Warnungen sollten Sie weder in Panik versetzen noch sollten Sie sie ignorieren. Das Einzige, was hilft, ist, die Warnungen richtig einzuschätzen.

Dazu muss man die Klasse verstehen. In diesem Fall meckert Eclipse darüber, dass wir ein Attribut eingeführt haben, das entbehrlich für das Programm ist. Es ist entbehrlich, weil es zum Beispiel nicht für eine Programmausgabe eingesetzt wird, sondern nur für eine interne Zuweisung. Apropos Programmausgabe: Wenn Sie jetzt eine Programmausgabe mit den Namen der Elemente in das Programm einfügen würden, sähe die Ausgabe wie folgt aus:

```
STUDENTIN
STUDENT
PROFESSOR
ROBOTER
```

Wie erreicht man, dass die Namen korrekt geschrieben ausgegeben werden? Dazu ist es notwendig, eine Methode einzufügen, die das Attribut ausgibt. Hierzu überschreiben Sie die Methode *toString()* der Basisklasse *Enum*, die dieses Kapitel eingangs erwähnte (Abschnitt 10.3, »Aufzählungsklassen«).

10.5.11 Methode »toString()« überschreiben

Diese Basisklasse *Enum* ist, wie eingangs erwähnt, im Quellcode ihres Projekts nicht sichtbar. Man muss wissen, dass ihre Methode *toString()* die Bezeichnung eines Elements wie der Studentin oder des Professors ausgibt. Möchte man das Verhalten ändern, überschreibt man einfach die Methode. Dabei definiert man eine gleichnamige Methode mit unterschiedlicher Funktionalität in der abgeleiteten Klasse. Sie haben verschiedene Möglichkeiten, die Methode zu überschreiben: Sie können die entsprechende Methode einfach manuell im Editor eingeben oder Sie lassen sie von Eclipse erzeugen. Im Fall, dass Eclipse das erledigen soll, gehen Sie in das Menü SOURCE von Eclipse und wählen dort den Befehl OVERRIDE/IMPLEMENT METHODS. Daraufhin zeigt sich der Dialog aus Abbildung 10.13.

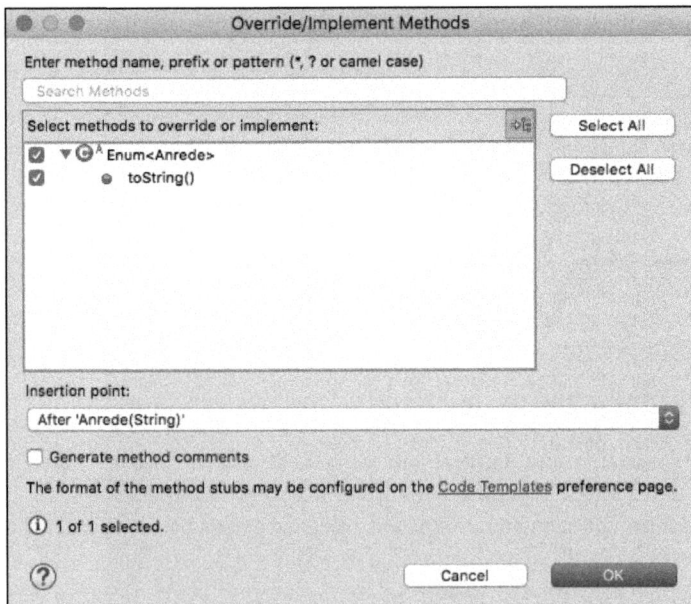

Abbildung 10.13 Überschreiben der Methode »isString()« der Basisklasse »Enum«

In der Mitte des Dialogs ist das Feld SELECT METHODS TO OVERRIDE OR IMPLEMENT zu erkennen. Klicken Sie hier auf die Basisklasse *Enum<Anrede>*, wodurch der Dialog gleich die einzige Methode namens *toString()*, die man überschreiben darf, ebenfalls markiert. Danach müssen Sie beim Punkt INSERTION POINT die Stelle angeben, wo Eclipse die neue Methode in die bestehende Klasse einfügen soll. Wählen Sie AFTER 'ANREDE(STRING)', damit Eclipse die Methode nach dem Konstruktor einfügt. Im Anschluss daran klicken Sie auf OK, um die Methode zu erzeugen.

10.5.12 Methode »toString()« erweitern

Im letzten Schritt der Implementierung der Klasse *Anrede* müssen Sie nur noch den korrekten Rückgabewert mithilfe des Editors von Eclipse einsetzen, so dass die Methode wie folgt aussieht:

Listing 10.14 Die fertig gestellte Methode »toString()«

```
1  @Override
2  public String toString() {
3    return name;
4  }
```

10.5.13 Attribut »anrede« hinzufügen

Damit das Programm die neue Aufzählungsklasse *Anrede* verwendet, müssen Sie die bestehende Klasse *Wesen* entsprechend ändern. Öffnen Sie dazu diese Klasse durch einen Doppelklick auf den PACKAGE EXPLORER und geben Sie das Attribut manuell in den Eclipse-Editor ein (Listing 10.15).

Listing 10.15 Die Klasse »Wesen« mit dem neuen Attribut »Anrede«

```
1  package programmierkurs;
2
3  public class Wesen {
4
5    protected int groesse;
6    private String name;
7    private Anrede anrede;
8    (...)
9  }
```

10.5.14 Konstruktor der Klasse »Wesen« erweitern

Im nächsten Schritt müssen Sie den Konstruktor der Klasse *Wesen* erweitern. Fügen Sie einen neuen Parameter ein und speichern diesen im Konstruktor mit der Zuweisung *this.anrede = anrede* (Listing 10.16).

Listing 10.16 Der erweiterte Konstruktor der Klasse »Wesen«

```
1   public Wesen(String name, Anrede anrede) {
2     super();
3     this.name = name;
4     this.anrede = anrede;
5   }
```

10.5.15   Abfragemethode »getAnrede()« erzeugen

Führen Sie danach einen Rechtsklick auf die Klasse *Wesen* im Eclipse-Editor durch und wählen aus dem Kontextmenü SOURCE → GENERATE GETTERS AND SETTERS. In dem Dialog, der daraufhin erscheint, erzeugen Sie eine neue Abfragemethode namens *getAnrede()*. Die komplette Klasse *Wesen* sollte danach wie in Listing 10.17 aussehen.

Listing 10.17 Die angepasst Klasse »Wesen«

```
1   package programmierkurs;
2
3   public class Wesen {
4
5     protected int groesse;
6     private String name;
7     private Anrede anrede;
8
9     public Wesen(String name, Anrede anrede) {
10      super();
11      this.name = name;
12      this.anrede = anrede;
13    }
14
15    public String getName() {
16      return name;
17    }
18
19    public Anrede getAnrede() {
20      return anrede;
21    }
22
23    public int getGroesse() {
24      return groesse;
25    }
26  }
```

In Zeile 7 ist das neue Attribut *anrede* eingefügt und von Zeile 9 bis 13 der neue Konstruktor angepasst. Die Methode *getAnrede()* finden Sie von Zeile 19 bis 21. Nach dieser Änderung enthält die Klasse *Mensch* einen Fehler. Der Grund ist, dass die Klasse *Mensch* noch den alten Konstruktor der Basisklasse *Wesen* mit einem Parameter erwartet.

10.5.16   Konstruktor der Klasse »Mensch« erweitern

Um den Fehler zu beheben, müssen Sie in diesem Schritt den Konstruktor der abgeleiteten Klasse *Mensch* erweitern. Öffnen Sie dazu diese Klasse durch einen Doppelklick auf den PACKAGE EXPLORER und erweitern den Konstruktor manuell im Eclipse-Editor. Dazu fügen Sie einen neuen Parameter namens *anrede* des Typs *Anrede* ein und schleifen diesen Parameter über den Aufruf der Methode *super()* zur Basisklasse durch. Der Konstruktor sollte nach dieser Erweiterung wie folgt aussehen:

Listing 10.18 Der erweiterte Konstruktor der Klasse »Mensch«

```
1    public Mensch(String vorname, String nachname, Anrede anrede,
2        int groesse, boolean student) {
3      super(vorname + " " + nachname, anrede);
4      this.vorname = vorname;
5      this.nachname = nachname;
6      this.groesse = groesse;
7      this.student = student;
8    }
```

10.5.17   Klasse »Programmdemo« erweitern

Zum Schluss bleibt nur noch, das Hauptprogramm *Programmdemo* zu erweitern, damit das Programm auch das neue Attribut ausgeben kann. Hierzu erweitern Sie in Zeile 9 den Aufruf des Konstruktors so, dass das Programm ein neues Objekt vom Typ *Mensch* mit einem zusätzlichen Parameter *anrede* erzeugt. In Zeile 11 gibt das Programm dieses Attribut als Anrede aus.

Listing 10.19 Die angepasst Klasse »Programmdemo«

```
 1  package programmierkurs;
 2
 3  class Programmdemo {
 4
 5    public static void main(String[] arguments) {
 6
 7      Mensch roth;
 8
 9      roth = new Mensch("Karsten", "Roth", Anrede.PROFESSOR, 184, false);
10
11      System.out.println("Der " + roth.getAnrede() + " heißt " +
12        roth.getName());
13      System.out.println(roth.getName() + " ist " + roth.getGroesse() +
14        " cm gross");
15      System.out.println("Sein Studentenstatus ist " + roth.isStudent());
16    }
17  }
```

10.5.18 Programm starten

Führen Sie nun einfach einen Rechtsklick auf den Quellcode PROGRAMMDEMO.JAVA des Beispiels im PACKAGE EXPLORER aus und wählen aus dem Kontextmenü, das daraufhin erscheint, folgenden Befehl aus: RUN AS → JAVA APPLICATION. Eclipse zeigt daraufhin in der Eclipse Console folgende Programmausgabe:

```
Der Professor heißt Karsten Roth
Karsten Roth ist 184 cm gross
Sein Studentenstatus ist false
```

Wenn das der Fall ist, ist auch diese Übung beendet, und Sie können das bisher Erlernte in der nachfolgenden Aufgabe vertiefen.

■ 10.6   Aufgaben

Versuchen Sie, folgende Aufgaben zu lösen:

- Wie unterscheiden sich selbstprogrammierte Aufzählungen vor Java 5 von solchen mit dem Schlüsselwort *enum*?
- Welche Variablentypen besitzen Elemente einer Aufzählung mit dem Schlüsselwort *enum*?
- Wie lässt sich bei Enum-Aufzählungen erreichen, dass sich die Bezeichnung der Elemente von deren Namen unterscheidet?
- Verändern Sie die Klasse *Roboter* der letzten Übung so, dass sie das Attribut *anrede* verwendet.
- Ergänzen Sie anschließend das Programm *Programmdemo* dieses Kapitels um ein Objekt *robert*. Das Programm soll das neue Attribut auch beim Objekt *robert* verwenden und hierbei Folgendes ausgeben:

```
Der Professor heißt Karsten Roth
Karsten Roth ist 184 cm gross
Sein Studentenstatus ist false
Der Roboter heißt Robert
Robert ist 190 cm gross
```

Die Lösungen zu den Aufgaben finden Sie in Kapitel 25, »Lösungen«, ab Seite 595.

■ 10.7   Literatur

Enum: *https://docs.oracle.com/javase/tutorial/java/javaOO/enum.html*

11 Arrays

11.1 Einleitung

Arrays (Felder) sind einfache Datencontainer. Sie nehmen eine Reihe von Variablen des gleichen Typs auf. Arrays benötigt man zum Beispiel, um einfache Tabellen zu speichern und auszugeben.

> Felder nennen sich in Java Arrays. Sie sind wichtige Datencontainer und mit einer ein- oder mehrdimensionalen Matrix vergleichbar. Arrays sind in Java im Gegensatz zu anderen Programmiersprachen Objekte und müssen entsprechend deklariert und erzeugt werden.

Abbildung 11.1 Julia führt Sie durch dieses Kapitel.

■ 11.2 Überblick

11.2.1 Zweck von Arrays

Mit Arrays lassen sich Zahlen- oder Objektmengen speichern. Anders als in manchen anderen Programmiersprachen sind Java-Arrays Objekte. Sie werden also aus einer entsprechenden Klasse erzeugt. Arrays beinhalten eine feste Anzahl von Objekten.

11.2.2 Arten von Arrays

Eindimensionale Arrays

Es gibt ein- oder mehrdimensionale Arrays. Eindimensionale Arrays sind vergleichbar mit Aufzählungstypen des letzten Kapitels. Sie beginnen mit 0 und enden beim Element $n-1$ (Abbildung 11.2).

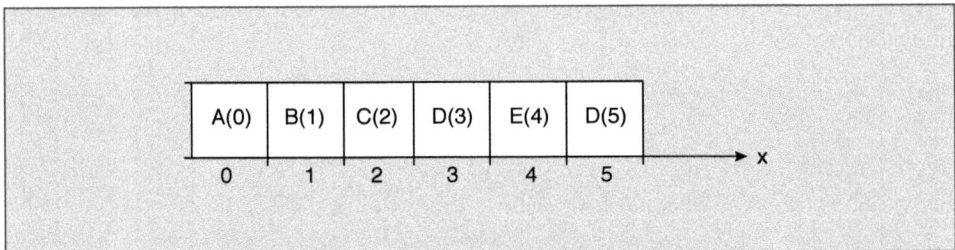

Abbildung 11.2 Eindimensionale Arrays verhalten sich wie eine Aufzählung.

Mehrdimensionale Arrays

Mehrdimensionale Arrays sind vergleichbar mit mehrdimensionalen Matrizen. Sie beginnen ebenfalls in jeder Dimension mit 0 und enden beim Element $n-1$ (Abbildung 11.3).

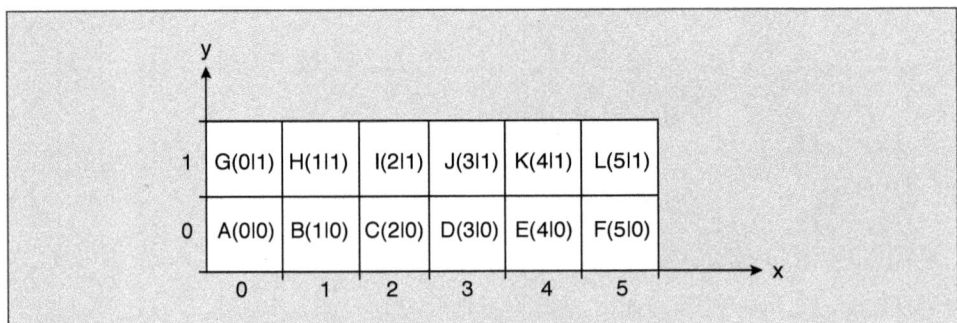

Abbildung 11.3 Mehrdimensionale Arrays verhalten sich wie n-dimensionale Matrizen.

11.2.3 Verwendung von Arrays

Deklaration eines eindimensionalen Arrays

Wie andere Variablen auch, müssen Array-Variablen ebenfalls deklariert werden. Diese Deklaration ist sehr interessant, denn sie beinhaltet noch nicht die Anzahl der Elemente. Aus diesem Grund bezeichnet man Arrays auch als halbdynamisch. Wenn Sie vor der Erzeugung des Arrays innerhalb des Programms ermitteln können, aus wie vielen Elementen es bestehen soll, müssen Sie also erst dann die Anzahl der Elemente einsetzen. Beachten Sie das Paar der eckigen Klammern, das dem Datentyp folgt. Es ist das Kennzeichen eines Java-Arrays. Das Klammerpaar ist bei der Abbildung 11.4 rechts vom Datentyp angeordnet. In diesem Fall müssen Sie bei der Erzeugung nur die Bezeichnung der Variablen ohne Klammer verwenden.

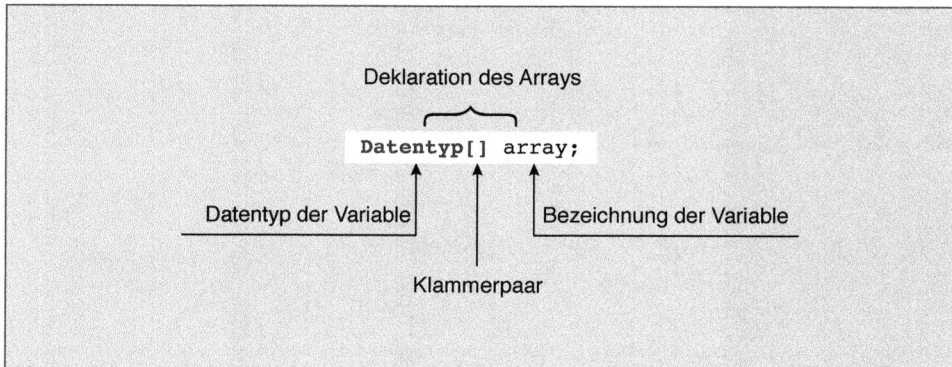

Deklaration des Arrays

```
Datentyp[] array;
```

Datentyp der Variable

Klammerpaar

Bezeichnung der Variable

Abbildung 11.4 Bei dieser Art der Deklaration ist das Klammerpaar mittig.

Es gibt auch noch die Möglichkeit, das Klammerpaar rechts von der Variable anzuordnen (Abbildung 11.5). In diesem Fall erfolgt die Erzeugung ebenfalls wieder mit dieser Bezeichnung. Welche der beiden Möglichkeiten man bevorzugt, ist Geschmackssache. Ich finde persönlich die zweite Art besser, denn bei der Erzeugung wird gleich beim Variablennamen deutlich, dass es sich um ein Array handelt.

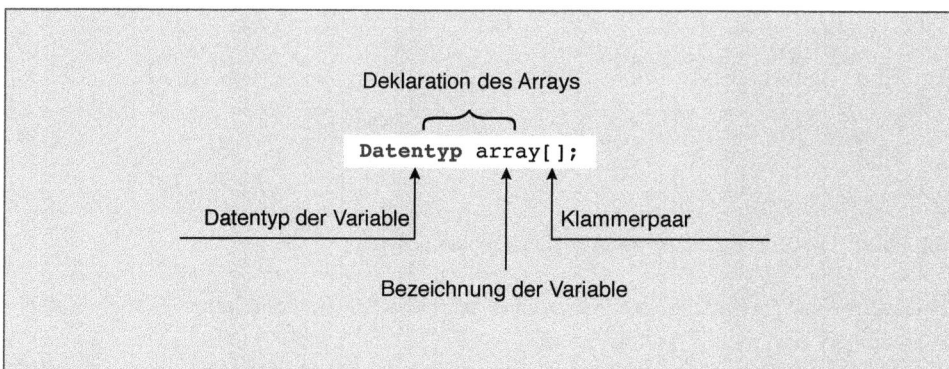

Deklaration des Arrays

```
Datentyp array[];
```

Datentyp der Variable

Klammerpaar

Bezeichnung der Variable

Abbildung 11.5 Bei dieser Art der Deklaration ist das Klammerpaar rechtsbündig.

Deklaration eines mehrdimensionalen Arrays

Mehrdimensionale Arrays werden genauso wie eindimensionale Arrays deklariert. Für jede Dimension wird ein weiteres Klammerpaar benötigt. Für ein zweidimensionales Array sieht das wie in Abbildung 11.6 aus.

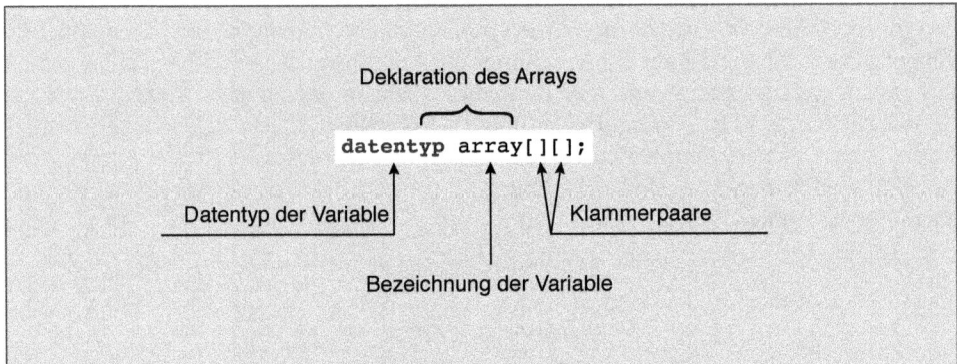

Abbildung 11.6 Ein mehrdimensionales Array besitzt für jede Dimension ein Klammerpaar.

Erzeugung eines Arrays mit dem new-Operator

Für die Erzeugung eines Arrays stehen zwei Verfahren zur Verfügung. Das eine erzeugt eine Array klassisch wie jedes andere Objekt mit dem new-Operator. Das sieht dann wie in Abbildung 11.7 aus. Beachten Sie wieder die Klammerpaare. Das erste Klammerpaar bei der Bezeichnung der Variable muss nur dann genannt werden, wenn Sie sich bei der Deklaration für die zweite Art entschieden haben, bei der das Klammerpaar Bestandteil des Namens ist (Abbildung 11.5).

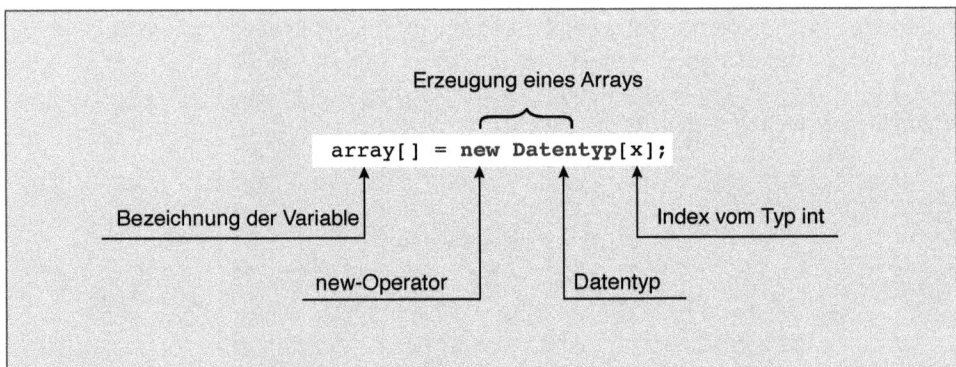

Abbildung 11.7 Erzeugung eines eindimensionalen Arrays

Das zweite Klammerpaar gibt die Größe des Arrays an. Dieser Index eines Arrays muss ein ganzzahliger Wert vom Typ *int* sein (Kapitel 8, »Einfache Datentypen«). Die Anzahl der Elemente können Sie über die Variable *length* ermitteln, die jedes Objekt eines Array-Typs besitzt. Um zu zeigen, wie diese Art von Array in einem Java-Programm eingesetzt wird, werfen Sie einen Blick auf Listing 11.1.

Listing 11.1 Ein Beispiel für ein Array aus Personenobjekten

```
 1  package programmierkurs;
 2
 3  public class PersonenArrayDemo1 {
 4
 5    public static void main(String[] args) {
 6
 7      Person kursmitglied[] = new Person[6];
 8      kursmitglied[0] =
 9          new Person(Anrede.PROFESSOR, "Karsten", "Roth", false);
10      kursmitglied[1] =
11          new Person(Anrede.STUDENTIN, "Anna", "Seitz", true);
12      kursmitglied[2] =
13          new Person(Anrede.STUDENTIN, "Julia", "Lippert", true);
14      kursmitglied[3] =
15          new Person(Anrede.STUDENT, "Lukas", "Wittek", true);
16      kursmitglied[4] =
17          new Person(Anrede.STUDENT, "Florian", "Krause", true);
18      kursmitglied[5] =
19          new Person(Anrede.ROBOTER, "Robert", "", false);
20
21      System.out.println("Der Programmierkurs von Prof. Roth besteht aus "+
22          kursmitglied.length + " Personen:");
23      System.out.println("Professor " + kursmitglied[0].getVorname() +
24          " " + kursmitglied[0].getNachname());
25      System.out.println(kursmitglied[1].getAnrede() +
26          " "+ kursmitglied[1].getVorname());
27      System.out.println(kursmitglied[2].getAnrede() +
28          " "+ kursmitglied[2].getVorname());
29      System.out.println(kursmitglied[3].getAnrede() +
30          " "+ kursmitglied[3].getVorname());
31      System.out.println(kursmitglied[4].getAnrede() +
32          " "+ kursmitglied[4].getVorname());
33      System.out.println(kursmitglied[5].getAnrede() +
34          " "+ kursmitglied[5].getVorname());
35    }
36  }
```

Das Programm erzeugt für den Programmierkurs von Professor Roth in Zeile 7 ein Array mit sechs Elementen. In Zeile 7 sehen Sie dazu eine Kombination aus Deklaration und der Erzeugung des Array-Objekts. Zu diesem Zeitpunkt ist das Array noch leer. Ab Zeile 8 erzeugt das Programm für jedes Mitglied des Programmierkurses ein Objekt des Typs *Person* und weist es einem Element des Arrays zu. In den Zeilen 21 und 22 sehen Sie dann, wie das Programm den Titel des Kurses mit der Anzahl der Mitglieder ausgibt. Hierbei greift das Programm auf die Variable *length* des Arrays zu. Danach folgen weitere Anweisungen, die den Namen der Kursmitglieder ausgeben. Das Beispielprogramm erzeugt folgende Ausgabe:

```
Der Programmierkurs von Prof. Roth besteht aus 6 Personen:
Professor Karsten Roth
Studentin Anna
Studentin Julia
Student Lukas
```

Student Florian
Roboter Robert

In beiden Fällen müssen Sie immer zum Zeitpunkt der Erzeugung eines Arrays wissen, wie groß es ist. Das ist leider bei der Programmierung ein Hindernis, denn oftmals möchte man, dass Tabellen dynamisch wachsen.

Erzeugung eines Arrays mit einer Kurzschreibweise

Arrays können alternativ über eine Kurzschreibweise erzeugt werden. Hierbei geben Sie nach der Deklaration in einem Block von Anweisungen an, aus welchen Elementen das Array bestehen soll (Abbildung 11.8).

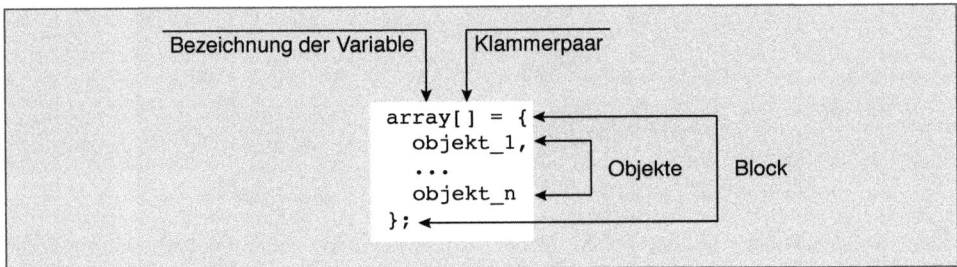

Abbildung 11.8 Erzeugung eines Arrays mithilfe einer Kurzschreibweise

Übertragen auf das vorige Programmbeispiel sieht das dann so aus, wie es Listing 11.2 zeigt. In Zeile 7 deklariert das Programm das Array, um es in den Zeilen 8 bis 13 mit Objekten zu füllen. Die Schreibweise ist deutlich kompakter als die Erzeugung mit dem new-Operator.

Listing 11.2 Ein Beispiel für das Erzeugen eines Arrays mithilfe einer Kurzschreibweise

```
1  package programmierkurs;
2
3  public class PersonenArrayDemo2 {
4
5    public static void main(String[] args) {
6
7      Person kursmitglied[] = {
8        new Person(Anrede.PROFESSOR, "Karsten", "Roth", false),
9        new Person(Anrede.STUDENTIN, "Anna", "Seitz", true),
10       new Person(Anrede.STUDENTIN, "Julia", "Lippert", true),
11       new Person(Anrede.STUDENT, "Lukas", "Wittek", true),
12       new Person(Anrede.STUDENT, "Florian", "Krause", true),
13       new Person(Anrede.ROBOTER, "Robert", "", false)
14     };
15
16     System.out.println("Der Programmierkurs von Prof. Roth besteht aus "+
17         kursmitglied.length + " Personen:");
18     System.out.println("Professor " + kursmitglied[0].getVorname() +
19       " " + kursmitglied[0].getNachname());
20     System.out.println(kursmitglied[1].getAnrede() +
```

```
21          " "+ kursmitglied[1].getVorname());
22          System.out.println(kursmitglied[2].getAnrede() +
23              " "+ kursmitglied[2].getVorname());
24          System.out.println(kursmitglied[3].getAnrede() +
25              " "+ kursmitglied[3].getVorname());
26          System.out.println(kursmitglied[4].getAnrede() +
27              " "+ kursmitglied[4].getVorname());
28          System.out.println(kursmitglied[5].getAnrede() +
29              " "+ kursmitglied[5].getVorname());
30      }
31  }
```

Das Beispielprogramm erzeugt die gleiche Ausgabe wie das Programm zuvor:

```
Der Programmierkurs von Prof. Roth besteht aus 6 Personen:
Professor Karsten Roth
Studentin Anna
Studentin Julia
Student Lukas
Student Florian
Roboter Robert
```

■ 11.3 Zusammenfassung

Arrays sind sehr einfache Datencontainer. Im Gegensatz zu anderen Programmsprachen ist eine Array-Variable ein Objekt. Dieses Objekt besteht aus weiteren Elementen beliebigen Typs. Diese Elemente sind ebenfalls Objekte.

```
Java-Arrays {

   • Ein- oder mehrdimensional
   • Halbdynamisch
   • Arrays sind Objekte
   • Array-Elemente sind Objekte

}
```

Java-Arrays sind sehr einfache Datencontainer. Sie können ein- oder mehrdimensional sein. Java-Arrays lassen sich über den new-Operator oder über eine Kurzschreibweise erzeugen.

Abbildung 11.9 Julia ist von Arrays nicht begeistert, weil sie »nur« halbdynamisch sind.

Erst bei der Erzeugung eines Array-Objekts müssen Sie festlegen, wie viele Elemente es beinhalten soll. Dadurch, dass Sie erst beim Erzeugen des Array-Objekts angeben müssen, wie viele Elemente das Array beinhaltet, bezeichnet man Arrays auch als halbdynamisch.

■ 11.4 Übungen

Diese Übung baut wieder auf der vorhergehenden Übung auf und erweiterte das Programm namens *Programmdemo* mithilfe der Eclipse IDE. Sofern Sie die Eclipse-Entwicklungsumgebung nicht bereits installiert haben, holen Sie das jetzt nach. Die Anleitung dazu befindet sich in Kapitel 4, »Entwicklungsumgebung« unter dem Abschnitt 4.2, »Installation«.

11.4.1 Eclipse starten

Starten Sie die Eclipse IDE, falls Sie die Entwicklungsumgebung nicht bereits geöffnet haben. Die Eclipse IDE sollte Ihnen wieder den ECLIPSE IDE LAUNCHER mit dem letzten Workspace namens *Uebungen* präsentieren. Sofern das der Fall ist, starten Sie Eclipse mit diesem Workspace über einen Klick auf die Schaltfläche LAUNCH (Abbildung 11.10). Falls nicht, wechseln Sie wieder zum Workspace namens *Uebungen*.

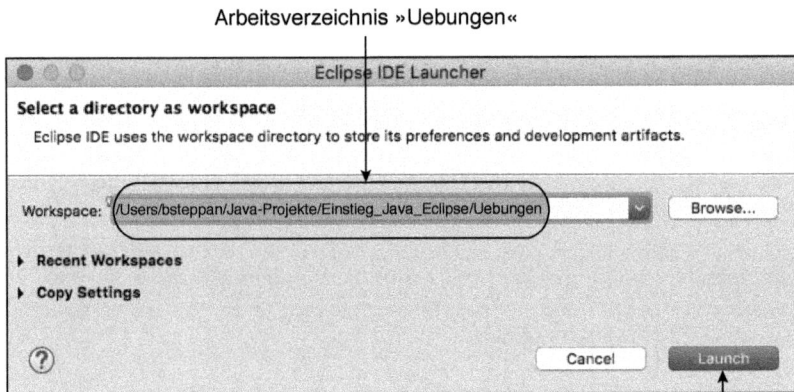

Abbildung 11.10 Starten von Eclipse mit dem vorherigen Workspace

11.4.2 Projekt kopieren

Auch diese Übung baut erneut auf den vorhergehenden Übungen auf. Wie in den Kapiteln zuvor ist es daher erforderlich, das Projekt des letzten Kapitels zu kopieren. Führen Sie dazu einen Rechtsklick auf den Projektknoten des Projekts *Aufzaehlungen* im PACKAGE EXPLORER aus und wählen aus dem Kontextmenü, das daraufhin erscheint, den Befehl COPY aus. Führen Sie dann auf eine freie Fläche im PACKAGE EXPLORER erneut einen Rechtsklick aus und wählen aus dem Kontextmenü diesmal PASTE aus.

Tragen Sie in dem Dialog, der danach erscheint, als neuen Projektnamen *Arrays* ein. Die restlichen Einstellungen des Dialogs können Sie so belassen, wie von Eclipse vorbelegt. Klicken Sie nun auf die Schaltfläche COPY, um die Kopieraktion zu starten. Sie erhalten eine komplette Kopie des Projekts der letzten Übung mit vier Klassen *Anrede, Mensch,*

Programmdemo und *Wesen*. Das Projekt sollte nach dem Kopieren der Abbildung 11.11 entsprechen.

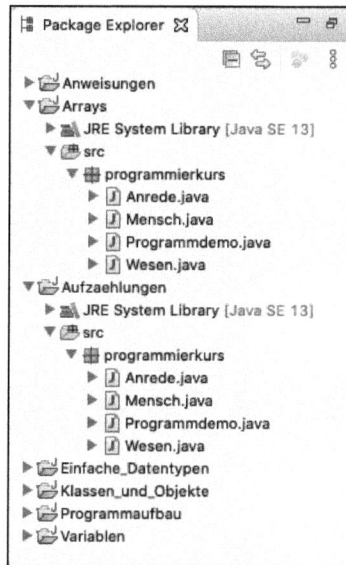

Abbildung 11.11 Die neue Kopie des Projekts

11.4.3 Dateien schließen

Schließen Sie nun sämtliche offenen Dateien im Editor auf der rechten Seite der Entwicklungsumgebung, um Verwechslungen mit dem Projekt *Aufzaehlungen* des vorigen Kapitels zu vermeiden. Wenden Sie dazu wieder die Funktion des Hauptmenüs FILE → CLOSE ALL an. Alternativ können Sie einen Rechtsklick auf die Titelleiste des Editors durchführen und aus dem Kontextmenü CLOSE ALL auswählen (Abbildung 11.12).

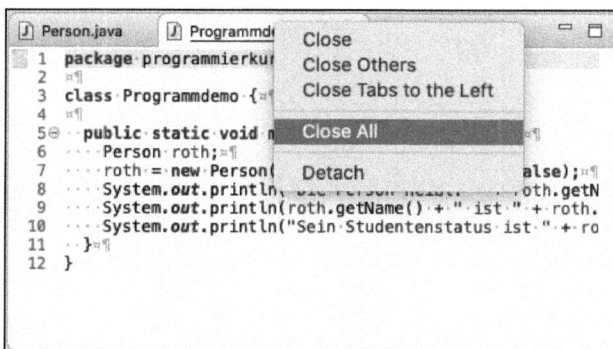

Abbildung 11.12 Schließen der Dateien mithilfe des Befehls »Close All«

11.4.4   Klasse »Roboter« erzeugen

Das neue Programm soll den gesamten Programmierkurs von Professor Roth ausgeben. Er besteht – neben den Ihnen bekannten Personen wie Anna und Julia – auch aus dem Roboter Robert. Sofern Sie die letzten Übungen durchgeführt haben, wissen Sie bereits, wie Sie die Klasse *Roboter* erzeugen, die wir zur Abbildung des gesamten Kurses benötigen. Der Vollständigkeit halber folgt hier nochmals die Beschreibung, wie Sie diese Klasse erzeugen. Führen Sie dazu wieder einen Rechtsklick auf das Package *programmierkurs* des Projekts *Arrays* durch. Wählen Sie aus dem Kontextmenü, das daraufhin erscheint, den Befehl NEW → CLASS aus.

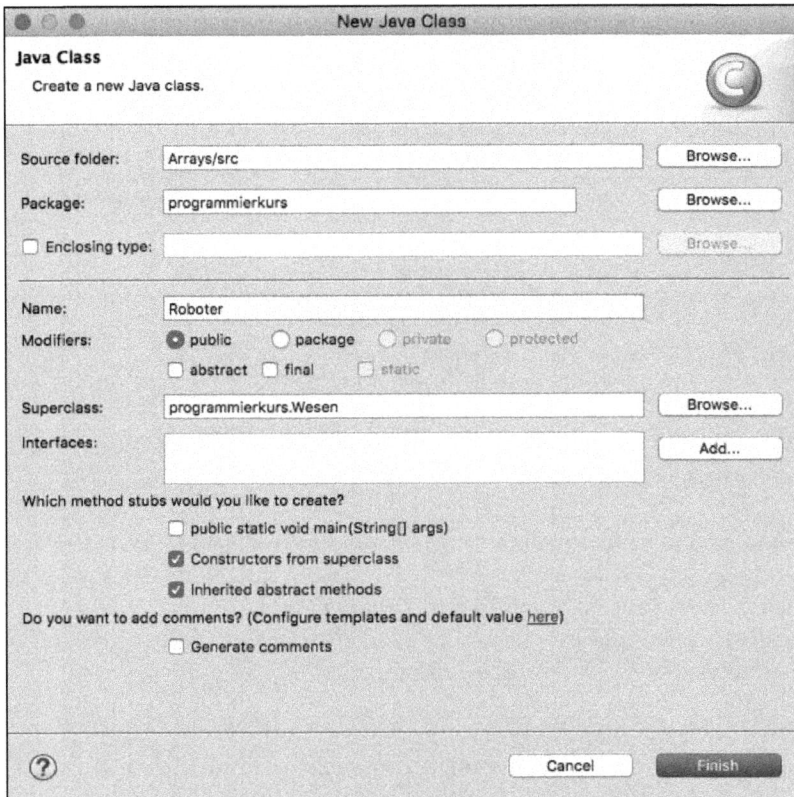

Abbildung 11.13 Mit diesem Dialog erzeugen Sie eine neue Java-Klasse.

Sie wählen in dem Dialog, der daraufhin erscheint, als Namen der Klasse *Roboter* aus (Abbildung 11.13). Geben Sie als Superklasse (Basisklasse) die Klasse *Wesen* an. Das geschieht entweder, indem Sie die volle Bezeichnung der Klasse *programmierkurs.Wesen* in das Feld SUPERCLASS eintragen oder indem Sie über die Schaltfläche *Browse* nach der Klasse suchen. Wenn Sie die zweite Möglichkeit auswählen, öffnet sich ein Dialog, in dem Sie den Namen der Klasse *Wesen* eintippen. Eclipse ergänzt daraufhin die vollständige Bezeichnung der Klasse mit seinem Package, die Sie einfach übernehmen können.

Damit der Dialog fehlerfrei erzeugt wird, müssen Sie unterhalb der Frage WHICH METHOD STUBS WOULD YOU LIKE TO CREATE? die Option CONSTRUCTORS FROM SUPERCLASS anklicken. Ohne diese Option erzeugt die Eclipse IDE nur eine Klassenhülle, bei der im Konstruktor der korrekte Aufruf der Methode *super(name, anrede)* fehlt. Natürlich könnten Sie das auch ergänzen, nur ist es einfach praktischer, schon jetzt festzulegen, dass Eclipse diesen Aufruf gleich in einem Rutsch erzeugen soll. Nachdem Eclipse die Klasse erzeugt hat, entfernen Sie den Kommentar im Konstruktor, da er nicht benötigt wird.

11.4.5   Klasse »Programmdemo« erweitern

Klappen Sie jetzt das Projekt *Array* im PACKAGE EXPLORER aus, sofern das nicht bereits passiert ist. Führen Sie danach einen Doppelklick auf die Datei *Programmdemo.java* aus. Sie müsste daraufhin im rechten Bereich der Eclipse IDE zu sehen sein (Abbildung 11.14).

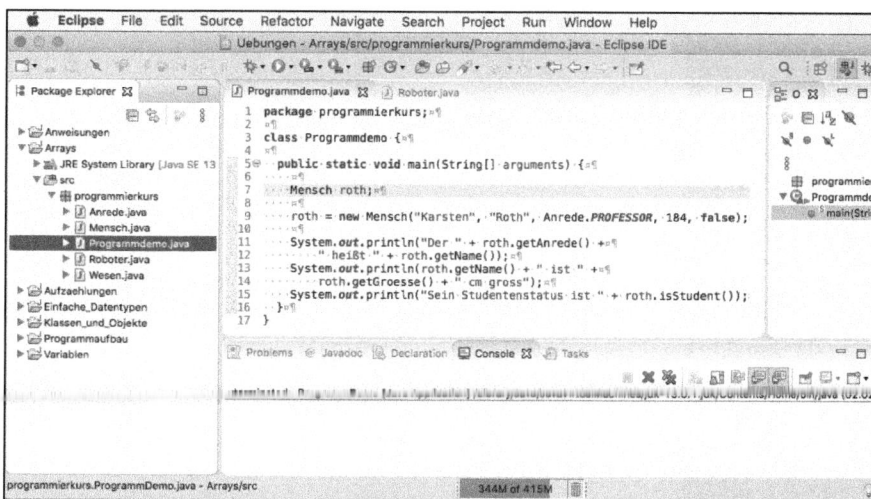

Abbildung 11.14 Die Vorlage der Klasse »Programmdemo«

11.4.6   Vorüberlegungen zum Aufbau des Arrays

Um das neue Array für den Programmierkurs in das bestehende Programm zu integrieren, sind verschiedene Änderungen an der Klasse *Programmdemo* nötig. Der Programmierkurs besteht aus folgenden Personen: Kursleiter Professor Roth, Kursmitglieder Anna, Julia, Florian, Lukas und Robert. Wir benötigen also für sämtliche Personen ein Array mit sechs Elementen. Als Namen der Objekte des Arrays legen wir *kursmitglied* fest. Der Name soll ausdrücken, dass auch der Kursleiter Professor Roth einbezogen ist.

Wie ist die Zusammensetzung des Kurses aus Sicht der Java-Datentypen? Wir haben fünf Menschen und einen Roboter. Das bedeutet, dass das Array aus gemischten Datentypen bestehen müsste, was aber nicht funktioniert. Die Frage stellt sich: Von welchem Typ sollen die Objekte des Arrays sein? Wenn Sie als Typ *Mensch* verwenden, grenzen Sie alle Objekte des Typs *Roboter* aus. Verwenden Sie Wesen, so können Sie die Methode *isStudent()* nicht verwenden. Diese Methode ist schließlich nur in der Klasse *Mensch* definiert.

11.4.7 Deklaration und Zuweisung

Wir entscheiden uns, das Array aus Objekten des Typs *Wesen* als kleinsten gemeinsamen Nenner aufzubauen. Dazu fügen Sie *vor* die Deklaration *Mensch roth* in der Klasse *Programmdemo* folgende Anweisung mithilfe des Eclipse-Editors ein:

Listing 11.3 Deklaration und Definition des Arrays

```
Wesen kursmitglied[] = new Wesen[6];
```

Durch diese Anweisung erzeugen Sie ein Array mit sechs Objekten des Typs *Wesen*. Der nächste Abschnitt zeigt diese Änderungen der Methode *main()* im Überblick.

11.4.8 Array-Objekte erzeugen

Die Methode *main()* sollte ohne Programmausgaben nach dem letzten Schritt wie in Listing 11.4 aussehen.

Listing 11.4 Die Methode »main()« nach dem Einfügen des Arrays in Zeile 14

```
 9  package programmierkurs;
10
11  class Programmdemo {
12
13    public static void main(String[] arguments) {
14      Wesen kursmitglied[] = new Wesen[6];
15      Mensch roth;
16      roth = new Mensch("Karsten", "Roth", Anrede.PROFESSOR, 184, false);
17      (...)
18    }
19  }
```

Was jetzt noch fehlt, ist, das Objekt *roth* als Teil des Arrays umzudefinieren. Beachten Sie: In der Informatik beginnt immer die Zählung mit dem Wert 0, daher ist das Array-Objekt *kursmitglied[0]* das erste Element des Programmierkurses. Ersetzen Sie daher die Bezeichnung *roth* durch die neue Bezeichnung *kursmitglied[0]*. Dieses Kursmitglied wird das ersten Objekt des Programmierkurses. Um das Objekt *roth* neu zu definieren, ersetzen Sie die Zeilen 15 und 16 des Listings 11.4 durch die folgende Anweisung:

Listing 11.5 Die Anweisung ersetzt die Zeilen 15 und 16.

```
kursmitglied[0] =
  new Mensch("Karsten", "Roth", Anrede.PROFESSOR, 184, false);
```

Sie fragen sich vielleicht, warum hier kein Refactoring im Spiel ist. Der Grund ist, dass die Eclipse IDE kein Refactoring anbietet, das ein einfaches Objekt namens *roth* durch ein komplexeres Objekts eines Arrays ersetzt. Zudem wäre die Änderung in einer so kleinen Klasse durch eine Refactoring auch nicht viel einfacher als die nachfolgende manuelle Fehlerbeseitigung.

11.4.9   Fehler mit Suchen und Ersetzen beseitigen

Um die entstandenen Fehler zu beseitigen, ersetzen Sie die nunmehr überholte Variable namens *roth* durch die neue Variable namens *kursmitglied[0]*. Eclipse bietet hierfür einen Suchdialog an, den Sie über STRG-F (Windows, Linux) beziehungsweise CMD-F (MacOS) erreichen (Abbildung 11.15).

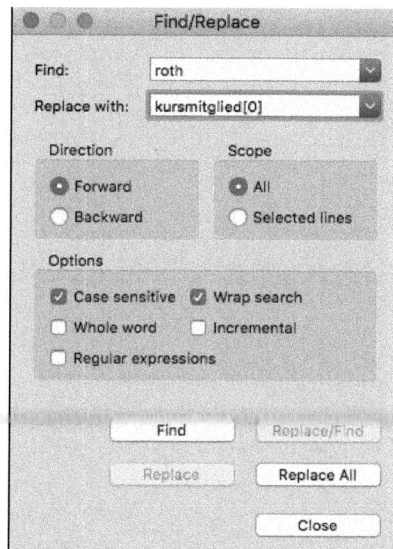

Abbildung 11.15 Eclipse bietet für das Suchen und Ersetzen einen speziellen Dialog an.

Geben Sie in diesem Dialog im Feld FIND den Namen der Variable *roth* und im Feld REPLACE WITH *kursmitglied[]* ein. Wichtig ist, dass Sie die Option CASE SENSITIVE ebenfalls scharf schalten. Durch diese Option berücksichtigt der Dialog die Groß- und Kleinschreibung. Wenn Sie diese Option nicht auswählen würden, würde der Dialog beim Suchen auch den Namen des Professors Roth ersetzen und nicht nur die Objektbezeichnung *roth*.

Klicken Sie danach auf die Schaltfläche REPLACE ALL und beenden den Dialog mit CLOSE. Die Eclipse IDE hat nun alle Vorkommen des Objekts *roth* durch das Array-Objekt *kursmitglied[]* ersetzt. Das ist auch weitgehend gut gegangen – mit einer Ausnahme: der Anweisung, die den Status *isStudent()* ausgibt, schlägt fehl. Der Grund ist, dass das Array Elemente vom Typ *Wesen* erwartet. Die Klasse verfügt aber nicht über die Methode *isStudent()*.

11.4.10 Cast einfügen

Um den Fehler zu beseitigen, bewegen Sie den Mauscursor wieder auf den Fehler im Editor. Der Editor zeigt daraufhin ein Tooltip mit zwei Optionen an (Abbildung 11.16). Der erste Vorschlag von Eclipse ist, die Methode *isStudent()* zur Klasse *Wesen* hinzuzufügen. Als zweite Option bietet die Eclipse IDE an, einen sogenannten Cast durchzuführen.

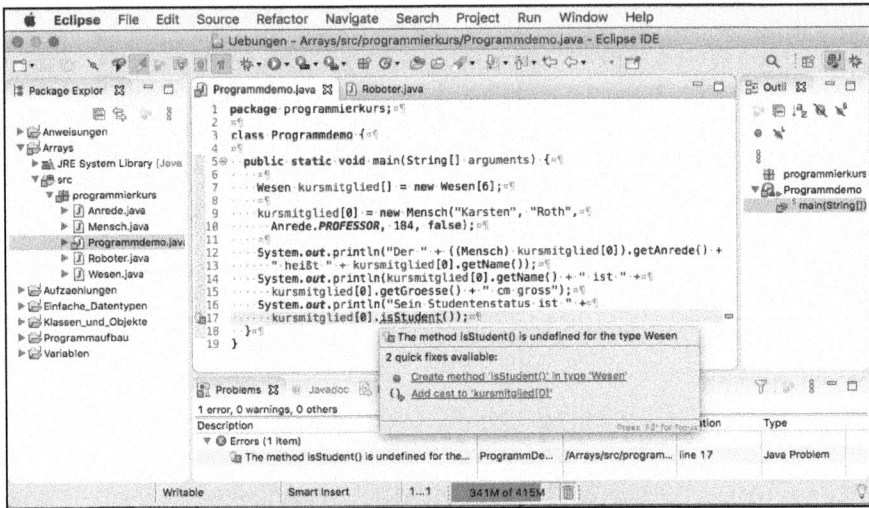

Abbildung 11.16 Eclipse bietet einen Cast zur Fehlerbehebung an.

Die erste Option kommt nicht in Frage, weil es nicht sinnvoll ist, in der Basisklasse *Wesen* eine Methode *isStudent()* einzufügen. Wesen wie Roboter sollen in unserer Klassendefinition nicht studieren können. Die zweite Option wird Ihnen noch nicht viel sagen. Hierzu muss ich kurz auf Kapitel 13, »Operatoren«, vorgreifen:

Ein Cast ist eine Typumwandlung. Hierzu muss man sich die Definition des Arrays nochmals ansehen. Sie besagt, dass das Array aus Elementen des Typs *Wesen* besteht. In der Klasse *Wesen* sind sämtliche Methoden enthalten, die wir zur Programmausgabe benötigen – außer der Methode *isStudent()*. Dadurch, dass das erste Element aber mit dem Konstruktor der Klasse *Mensch* erzeugt wurde, ist es Eclipse möglich, eine Typumwandlung einzufügen. Klicken Sie hierzu auf die Option *Add cast to 'kursmitglied[0]'*, wodurch Eclipse die fehlerhafte Anweisung wie folgt korrigiert:

```
System.out.println("Sein Studentenstatus ist " +
    ((Mensch) kursmitglied[0]).isStudent());
```

Wie Sie sehen, steht nun vor der Bezeichnung des Objekts *kursmitglied[0]* der Typ *Mensch* in Klammern. Dadurch wird dem Compiler mitgeteilt, dass das Programm den Typ *lokal* umwandeln möchte. Das Programm ist damit wieder syntaktisch korrekt. Um eine solche explizite Typumwandlung durchzuführen, setzt man den Zieltyp in Klammern. Die Klammern sind der sogenannte Cast-Operator, den Ihnen erst Kapitel 13, »Operatoren«, genauer vorstellen wird.

11.4.11   Weitere Teammitglieder hinzufügen

Im nächsten Schritt kommt das Teammitglied Anna nach dem Muster des Professors als zweites Teammitglied hinzu. Hierzu müssen Sie ein neues Objekt mit der Bezeichnung *kursmitglied[1]* des Typs *Mensch* erzeugen, ihm die richtigen Werte der Attribute zuweisen (Anrede, Größe und Studentenstatus) und den Text der Programmausgabe etwas verändern. Den entsprechenden Quellcode der Klasse *Programmdemo* entnehmen Sie Listing 11.6.

Listing 11.6 Der Programmierkurs mit den zwei Objekten »Professor Roth« und »Anna«

```
 1  package programmierkurs;
 2
 3  class Programmdemo {
 4
 5    public static void main(String[] arguments) {
 6
 7      Wesen kursmitglied[] = new Wesen[6];
 8
 9      kursmitglied[0] = new Mensch("Karsten", "Roth",
10        Anrede.PROFESSOR, 184, false);
11
12      System.out.println("Der " + kursmitglied[0].getAnrede() +
13        " heißt " + kursmitglied[0].getName());
14      System.out.println(kursmitglied[0].getName() + " ist " +
15        kursmitglied[0].getGroesse() + " cm gross");
16      System.out.println("Sein Studentenstatus ist " +
17        ((Mensch) kursmitglied[0]).isStudent());
18
19      kursmitglied[1] = new Mensch("Anna", "Seitz",
20        Anrede.STUDENTIN, 171, true);
21
22      System.out.println("Die " + kursmitglied[1].getAnrede() +
23        " heißt " + kursmitglied[1].getName());
24      System.out.println(kursmitglied[1].getName() + " ist " +
25        kursmitglied[1].getGroesse() + " cm gross");
26      System.out.println("Ihr Studentenstatus ist " +
27        ((Mensch) kursmitglied[1]).isStudent());
28    }
29  }
```

11.4.12   Programm starten

Führen Sie nun einen Rechtsklick auf den Quellcode PROGRAMMDEMO.JAVA des Projekts *Arrays* im PACKAGE EXPLORER aus. Wählen Sie danach aus dem Kontextmenü, das daraufhin erscheint, den Befehl RUN AS → JAVA APPLICATION aus. Eclipse erzeugt durch diesen Befehl wieder eine neue Startkonfiguration für das Programm und führt es aus. Es sollte im Fenster CONSOLE der Eclipse IDE folgender Text erscheinen:

```
Der Professor heißt Karsten Roth
Karsten Roth ist 184 cm gross
Sein Studentenstatus ist false
Die Studentin heißt Anna Seitz
Anna Seitz ist 171 cm gross
Ihr Studentenstatus ist true
```

Rufen Sie danach den Befehl RUN → RUN CONFIGURATIONS des Hauptmenüs auf und verändern die Startkonfiguration für dieses Projekt zu *Programmdemo (Arrays)* gemäß den Kapiteln zuvor. Wenn Sie das vorgenommen haben, ist auch diese Übung zu Java-Arrays beendet. Versuchen Sie, das bisher Erlernte in folgenden Aufgaben weiter zu festigen.

■ 11.5 Aufgaben

Versuchen Sie, folgende Aufgaben zu lösen:

- Welche Array-Arten gibt es in Java?
- Mit welcher Nummer beginnt das erste Element eines Arrays?
- Warum bezeichnet man Java-Arrays als halbdynamisch?
- Ergänzen Sie das Programm um die restlichen Teammitglieder von Professor Roths Programmierkurs. Das Programm soll Folgendes ausgeben:

```
Der Professor heißt Karsten Roth
Karsten Roth ist 184 cm gross
Sein Studentenstatus ist false
Die Studentin heißt Anna Seitz
Anna Seitz ist 171 cm gross
Ihr Studentenstatus ist true
Die Studentin heißt Julia Lippert
Julia Lippert ist 172 cm gross
Ihr Studentenstatus ist true
Der Student heißt Lukas Wittek
Lukas Wittek ist 186 cm gross
Sein Studentenstatus ist true
Der Student heißt Florian Krause
Florian Krause ist 185 cm gross
Sein Studentenstatus ist true
Der Roboter heißt Robert
Robert ist 190 cm gross
```

- Was müssen Sie bei Robert beachten?

Die Lösungen zu den Aufgaben finden Sie in Kapitel 25, »Lösungen«, ab Seite 596.

12 Methoden

■ 12.1 Einleitung

Bislang haben Sie erfahren, wie ein Java-Programm aufgebaut ist, welche Datentypen man benötigt und wie man Variablen einsetzt. Dies alles gehört zur statischen Seite der Java-Programmierung.

Java unterscheidet eine Vielzahl verschiedener Methoden. Dieses Kapitel stellt Ihnen vor, wie Sie diese Methoden definieren und verwenden.

Abbildung 12.1 Methoden sind für Professor Roth der spannendste Teil der Java-Programmierung.

Methoden gehören zum dynamischen Teil der Programmierung: Sie starten Programme, erzeugen Objekte, führen Berechnungen durch, geben Werte zurück und verändern sie.

Welche Java-Methoden man dafür einsetzt, wie sie aufgebaut sind und wie man sie mit Eclipse programmiert, erfahren Sie in diesem Kapitel.

■ 12.2 Überblick

12.2.1 Zweck von Methoden

Methoden vereinen sämtliche Funktionen eines Java-Programms. Ohne sie wäre ein Java-Programm nur tote Materie. In Abbildung 12.2 sehen Sie am Ablauf der Java-Anwendung *Programmdemo* das Zusammenspiel verschiedener Funktionen. Die Anwendung *Programmdemo* besteht in dieser Grafik vereinfacht nur aus der Klasse *Programmdemo*, einer Klasse *Person* und zwei Objekten.

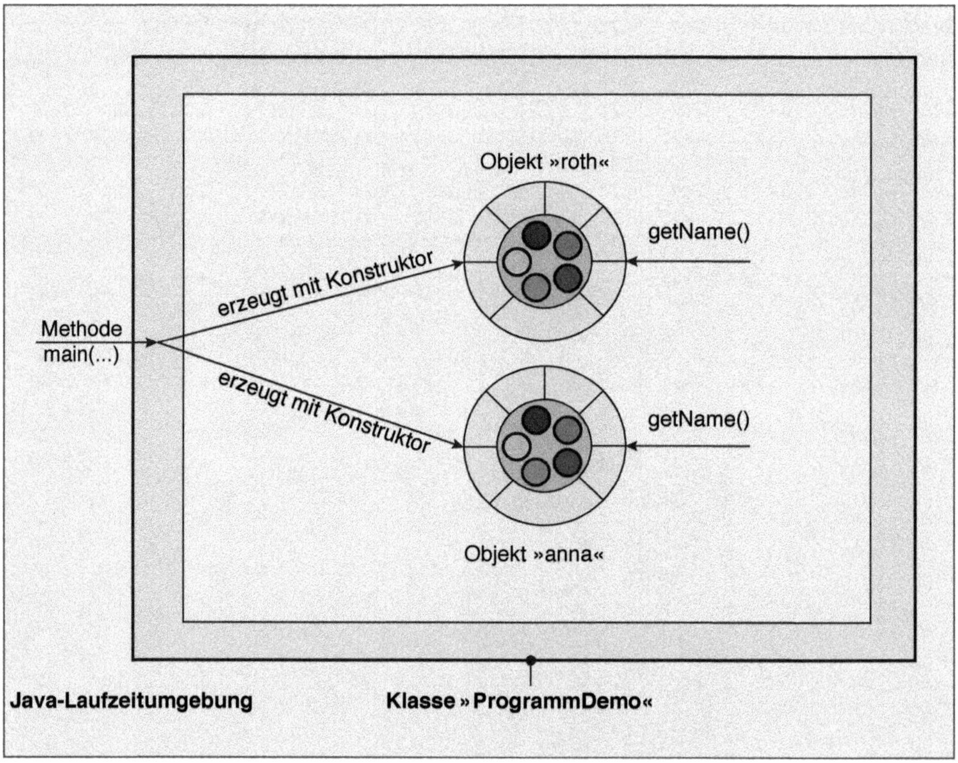

Abbildung 12.2 Vereinfachter Ablauf der Anwendung »Programmdemo«

Der Benutzer startet über die Java-Laufzeitumgebung das Programm und ruft dabei die Methode *main()* der Klasse *Programmdemo* auf. Danach erweckt diese Methode mithilfe der Konstruktoren der Klasse *Person* zwei Personenobjekte zum Leben – die natürlichen Personen »Professor Roth« und »Studentin Anna«. Ab diesem Zeitpunkt können diese Objekte mit anderen Objekten kommunizieren und ihren Namen sowie ihre Berufsbezeichnung ausgeben.

12.2.2 Arten von Methoden

Fachliche Unterschiede

In Java unterscheidet man vier grundlegend verschiedene Java-Methoden (Tabelle 12.1). An erster Stelle steht der Konstruktor. Mithilfe von Konstruktoren erzeugt man aus Klassen Objekte und belegt ihre Attribute. Daher muss jede Klasse, aus der man Objekte erzeugen kann, mindestens über einen Konstruktor verfügen. Operationen sind den Funktionen einer klassischen Programmiersprache am ehesten vergleichbar. Sie dienen zum Beispiel dazu, Programme zu starten, Werte zu berechnen oder Daten auf dem Bildschirm auszugeben.

Tabelle 12.1 Java unterschiedet vier verschiedene Arten von Methoden.

Methodenart	Verwendung
Konstruktor	Erzeugt ein Objekt
Operation	Klassische Funktion
Abfragemethode	Greift auf ein Attribut zu
Änderungsmethode	Ändert ein Attribut

Zusammen mit Operationen bilden Abfrage- und Änderungsmethoden die Schnittstelle eines Objekts. Abfragemethoden geben die Attribute eines Objekts zurück, während Änderungsmethoden dessen Attribute verändern. Stellen Sie sich die genannten Methodenarten wie eine Membran vor, die den Zellkern umgibt, um die Attribute eines Objekts zu schützen (Abbildung 12.3).

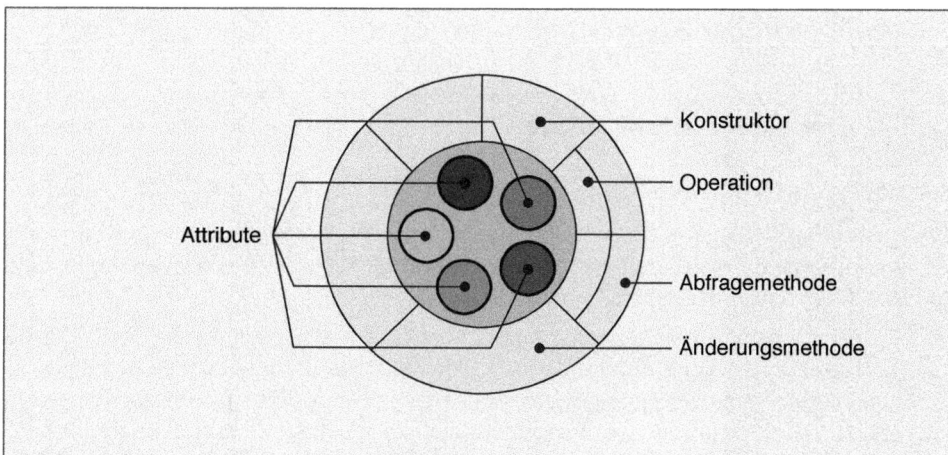

Abbildung 12.3 Methoden bilden die Schnittstelle eines Objekts.

Technische Unterschiede

Von der technischen Warte aus betrachtet, lassen sich Operationen sowie Abfrage- und Änderungsmethoden in zwei Typen unterteilen: Klassen- und Objektmethoden. Klassenmethoden sind wie Klassenvariablen nicht an ein Objekt gebunden. Sie existieren also bereits ab dem Zeitpunkt, an dem eine Klasse von der Java-Laufzeitumgebung geladen wird, bis zum Ende eines Programms. Um eine Klassenmethode aufzurufen, benötigen Sie kein Objekt. Die bekannteste Klassenmethode ist die Startmethode *main()* eines Programms. Um diese Methode auszuführen, benötigt das Programm kein Objekt.

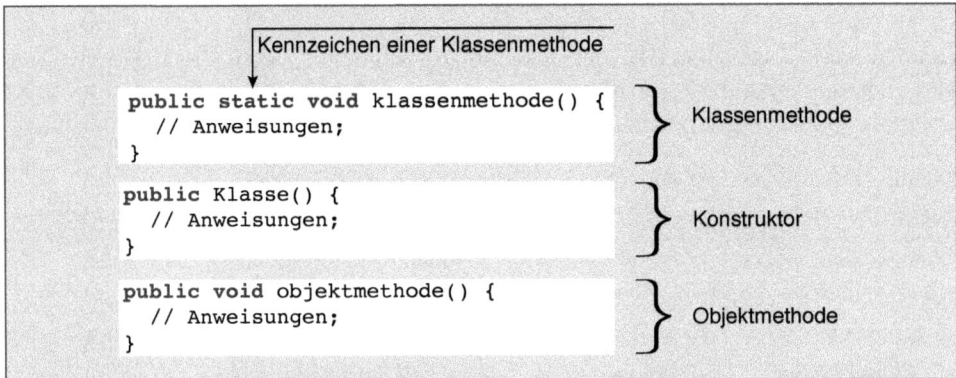

Abbildung 12.4 Vergleich zwischen einer Klassen- und einer Objektmethode

Anders verhält es sich bei Objektmethoden. Sie sind die klassischen objektorientierten Methoden einer Klasse. Sie bilden die Schnittstelle eines Objekts. Je nachdem, wie Sie Ihre Klassen gestalten, ist diese Schutzhülle mehr oder weniger durchlässig. Die Entscheidung darüber, wie gut Sie Ihre Objekte schützen, müssen Sie selbst treffen. In Abbildung 12.4 sehen Sie nochmals den Unterschied zwischen einer Klassen- und einer Objektmethode. Der Konstruktor steht als Sonderfall in der Mitte.

12.2.3   Definition von Methoden

Bezeichnung einer Methode

Im Gegensatz zu manchen anderen Programmiersprachen muss jede Java-Methode Bestandteil einer Klasse sein. Die Definition[1] einer Java-Methode setzt sich aus dem Methodenkopf und ihre Rumpf zusammen (Abbildung 12.5).

Der Kopf einer Methode besteht aus der Angabe ihrer Sichtbarkeit, der Angabe des Rückgabewerts und aus ihrer Signatur (Abbildung 12.6). Unter Signatur versteht man die Bezeichnung der Methode (ihr Name) und ihrer Parameterliste[2]. Der Name einer Java-Methode beginnt wie bei Java-Variablen immer mit einem Kleinbuchstaben. Ausnahme sind Konstruktoren, die immer genauso geschrieben werden, wie die Bezeichnung der Klasse.

---

[1]   Oracle verwendet an dieser Stelle statt »Definition« hin und wieder den Begriff »Declaration«.
[2]   Quelle: Definition von Oracle (siehe Abschnitt 12.11, »Literatur«).

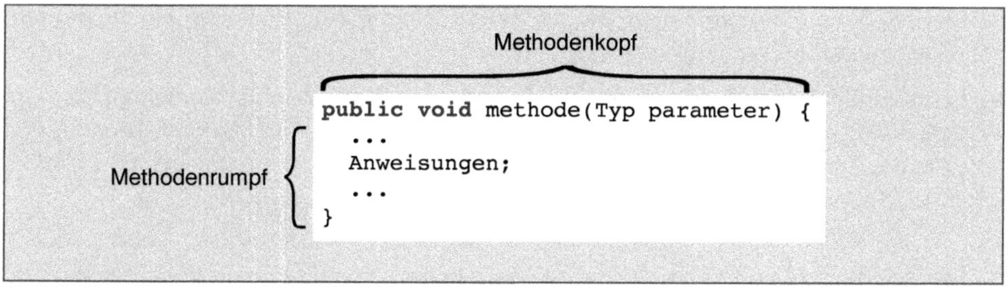

Abbildung 12.5 Der Aufbau einer Methode

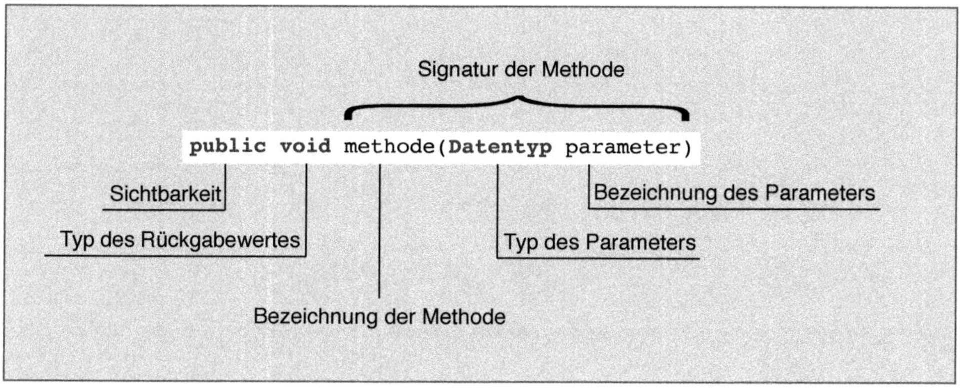

Abbildung 12.6 Der Kopf einer Methode

In einer Klasse darf es nur *eine* Methode mit der gleichen Signatur geben. Da die Methoden-signatur nur den Namen der Methode und ihre Parameterliste umfasst, ist es in Java leider nicht möglich, zwei Methoden gleichen Namens zu definieren, die sich zum Beispiel nur in ihrem Rückgabewert unterscheiden. Zwei Abfragemethoden in einer Klasse, wie in Listing 12.1 zu sehen, führen zu einem Compilerfehler.

Listing 12.1 Doppeldefinitionen mit verschiedenen Rückgabetypen sind in Java verboten.

```
1   public int getGroesse() {
2     return groesse;
3   }
4
5   // Compilerfehler wegen Doppeldefinition:
6   public String getGroesse() {
7     return Integer.toString(groesse);
8   }
```

Parameter

Parameter dienen dazu, Daten an eine Methode zu übergeben. Auch wenn eine Methode über keinen Parameter verfügen sollte wie in Listing 12.1, ist es in Java trotzdem erforderlich, an die Bezeichnung der Methode ein Klammerpaar zu hängen. Das Klammerpaar kennzeichnet eine leere Parameterliste. Anders ist es mit Methoden, die Parameter übergeben. Das zeigt der Vergleich der Abbildung 12.7.

In dieser Abbildung sehen Sie an erster Stelle oben eine Methode ohne Parameter. Die leere Parameterliste wird durch ein Klammerpaar gekennzeichnet. In der Mitte der Abbildung ist eine Methode zu sehen, die nur über einen Parameter verfügt. Ganz unten in der Abbildung erkennen Sie eine Methode, die mehrere Parameter entgegennimmt.

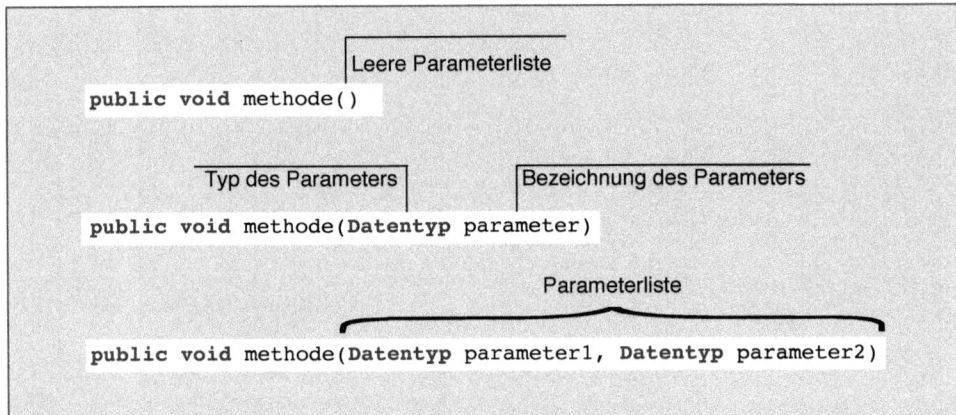

```
                              Leere Parameterliste
public void methode()


          Typ des Parameters            Bezeichnung des Parameters
public void methode(Datentyp parameter)


                                    Parameterliste
public void methode(Datentyp parameter1, Datentyp parameter2)
```

Abbildung 12.7 Vergleich von Methoden ohne und mit Parametern

Eine Parameterliste ist immer so aufgebaut, dass erst der Typ des Werts und dann der Name folgt. Sie erinnern sich vielleicht noch an Kapitel 6, »Variablen«, das Parameter bereits im Abschnitt 6.4 kurz eingeführt hat: Parameter müssen Sie also genauso wie normale Variablen deklarieren. Mehrere Parameter trennen Sie mit Kommata in der Parameterliste.

Rückgabewerte

Alle Java-Methoden – außer Konstruktoren – müssen in ihrem Methodenkopf angeben, ob sie einen Wert zurückliefern, und wenn ja, von welchem Typ er ist. Es gibt also zwei Fälle:

- Die Methode gibt keinen Wert zurück: Rückgabetyp *void* (engl.: leer, unbesetzt).
- Die Methode gibt einen Wert zurück: Datentyp, der dem Rückgabewert entspricht.

In Abbildung 12.8 sehen Sie einen Vergleich zwischen einer Methode ohne Rückgabewert (links) und einer mit Rückgabewert (rechts). In der Abbildung links sehen Sie am Schlüsselwort *void*, dass diese Methode keinen Wert zurückliefert. Bei der Methode rechts sehen Sie an dieser Stelle den Datentyp. Er muss zum Wert passen, den die Methode zurückliefert. Die Rückgabe leitet die Methode durch das Schlüsselwort *return* ein.

Sichtbarkeit

Vor dem Typ des Rückgabewerts steht die Sichtbarkeit der Methode. Die Sichtbarkeit genauer zu behandeln, würde dieses Kapitel sprengen. Nur so viel an dieser Stelle: Es gibt vier Stufen, um die Kapselung einer Methode festzulegen: *public, protected, default* und *private*. Die Kapselung dient dazu, die Methode vor Zugriffen außerhalb des Objekts zu schützen.

```
public void setName(String name) {          public (Datentyp) getName() {
  ...
  Anweisungen;
  ...                                           return (name);
}                                           }
```

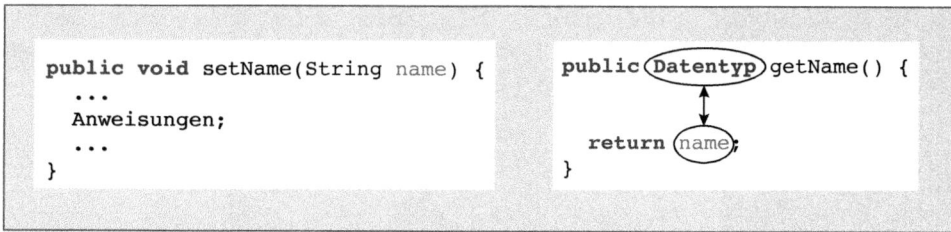

Abbildung 12.8 Vergleich von Methoden ohne und mit Rückgabewert

Sie können durch geschickte Wahl der Kapselungsstärke festlegen, ob Methoden zum Beispiel nur innerhalb eines Objekts sichtbar sind oder vollkommen öffentlich im gesamten Programm. Mehr zu diesem Schutzmechanismus erfahren Sie in Teil III, »Plattform Java« (Kapitel 22, »Gesetzmäßigkeiten«, Abschnitt 22.4, »Sichtbarkeit«).

Implementierung

Der Rumpf einer Methode besteht aus Anweisungen, also der eigentlichen Implementierung der Methode. Diese Implementierung unterscheidet sich von Methodenart zu Methodenart ganz erheblich. Abbildung 12.9 zeigt die vier Java-Methodenarten hierzu im Überblick. Bei Konstruktoren besteht die Implementierung darin, alle für das Objekt notwendigen Daten korrekt zu belegen und danach die Kontrolle über das Programm an andere Objekte zu übertragen. Zur Implementierung von Operationen kann man kaum eine Aussage treffen. Ihre Implementierung ist so universell wie ihr Zweck. In dem Beispiel einer Operation *main()* in der Abbildung erzeugt die Methode ein neues Objekt namens *julia*.

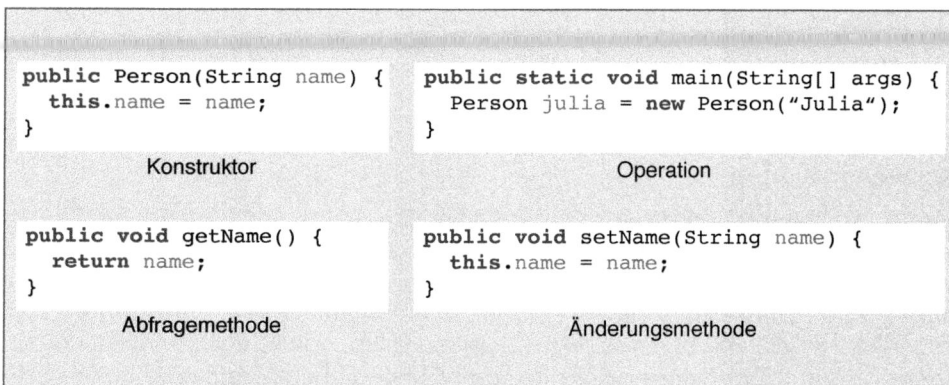

```
public Person(String name) {          public static void main(String[] args) {
  this.name = name;                       Person julia = new Person("Julia");
}                                     }
```
                Konstruktor   Operation

```
public void getName() {               public void setName(String name) {
  return name;                           this.name = name;
}                                     }
```
            Abfragemethode   Änderungsmethode

Abbildung 12.9 Vergleich der Implementierung der vier Methodenarten

Die Implementierung von Abfrage- und Änderungsmethoden ist zumeist sehr einfach. Beide Methodenarten haben nur den Sinn, auf Attribute eines Objekts zuzugreifen. Bei Abfragemethoden besteht die Implementierung daher hauptsächlich aus der Rückgabe von Attributwerten. Änderungsmethoden nehmen ein oder mehrere Parameter entgegen und überschreiben damit den Wert der Attribute eines Objekts.

So, nun haben Sie einen Überblick über die Definition der Methoden bekommen. Aber wie werden die Methoden verwendet? Auch hier muss man wieder zwischen den verschiedenen Methodenarten unterscheiden.

12.2.4   Verwendung von Methoden

Konstruktoren

Konstruktoren tanzen auch bei der Verwendung aus der Reihe der Java-Methoden. Sie dienen dazu, Objekte zu erzeugen. Aufgrund dieses besonderen Vorgangs ist auch der Aufruf eines Konstruktors anders als bei anderen Methoden. Das geschieht mithilfe des new-Operators in Form einer Anweisung (Abbildung 12.10).

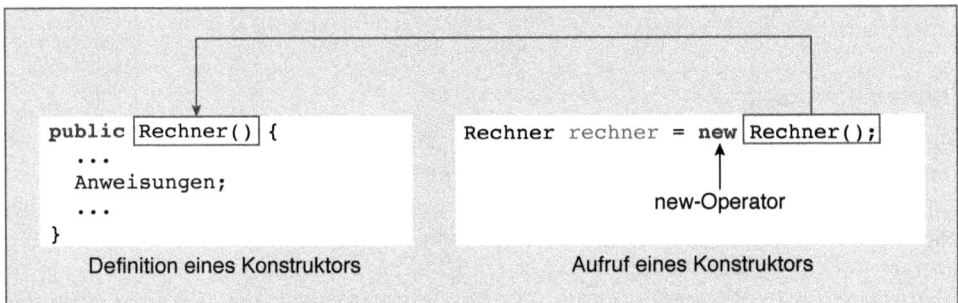

```
public Rechner() {
    ...
    Anweisungen;
    ...
}
```

Definition eines Konstruktors

```
Rechner rechner = new Rechner();
```

new-Operator

Aufruf eines Konstruktors

Abbildung 12.10 Aufruf eines Konstruktors

Im linken Bereich der Abbildung sehen Sie die Definition des Konstruktors der Klasse *Rechner*. Im rechten Bereich sehen Sie den Aufruf des Konstruktors dieser Klasse. Den Aufruf leitet der new-Operator ein, dem die Methode folgt. In diesem Beispiel übergibt der Konstruktor keinen Parameter an den Konstruktor.

Klassenmethoden

Klassenmethoden benötigen kein Objekt. Daher ist der Aufruf im Vergleich zu anderen Methoden an eine Klasse gebunden. Im linken Teil der Abbildung 12.11 ist die Definition einer Klassenmethode *berechneSumme(...)* aufgeführt. Die Klassenmethode trägt als Kennzeichen das Schlüsselwort *static*. Im rechten Teil der Abbildung sehen Sie, wie der Aufruf verläuft: Zuerst gibt man die zugehörige Klasse an, gefolgt von dem Punktoperator. Danach erfolgt der Aufruf der Methode gemäß ihrer Signatur (Name und Parameter).

Objektmethoden

Um Objektmethoden eines konkreten Objekts aufzurufen, benötigen Sie natürlich ein Objekt mit seiner Bezeichnung. Im rechten Teil der Abbildung 12.12 sehen Sie, dass der Aufruf etwas anders als der einer Klassenmethode verläuft: Zuerst kommt die Bezeichnung des konkreten Objekts, dem der Punktoperator folgt. Danach folgt erneut die Methode gemäß ihrer Signatur (Name und Parameter).

```
class Rechner {

    static int berechneSumme(int a, int b) {        Rechner.berechneSumme(1, 2);

        return a + b;
                                                     Klasse Punktoperator
    }
}
```

| Definition einer Klassenmethode | Aufruf einer Klassenmethode |

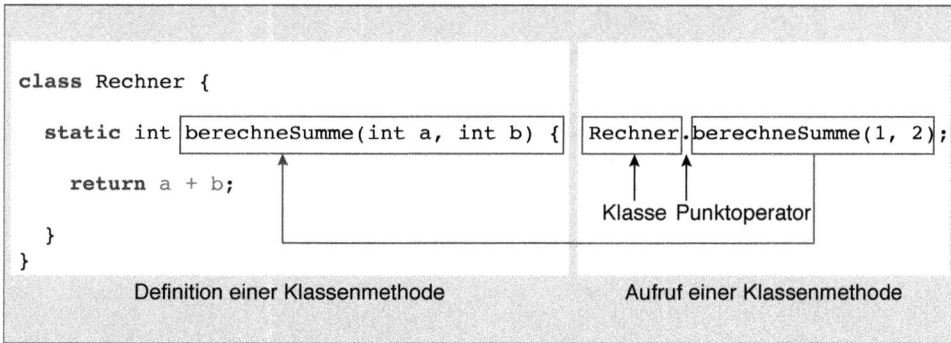

Abbildung 12.11 Aufruf einer Klassenmethode

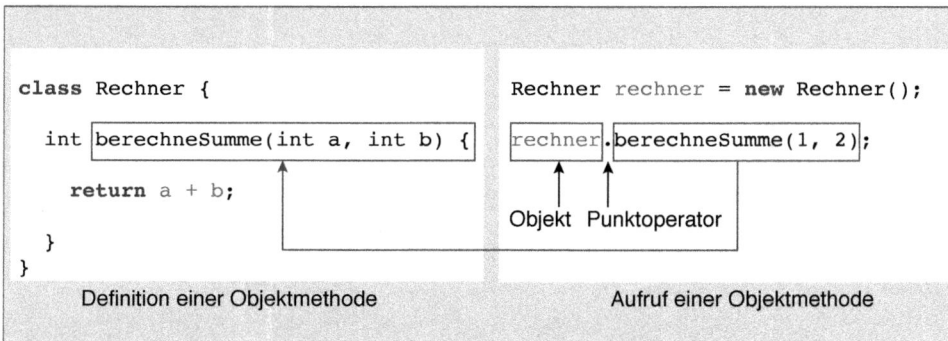

```
class Rechner {                                   Rechner rechner = new Rechner();

    int berechneSumme(int a, int b) {             rechner.berechneSumme(1, 2);

        return a + b;
                                                  Objekt  Punktoperator
    }
}
```

| Definition einer Objektmethode | Aufruf einer Objektmethode |

Abbildung 12.12 Aufruf eines Objektmethode mittels eines konkreten Objekts

Objektmethoden mittels eines anonymen Objekts aufzurufen, ist für viele Programmierer ungewohnt. Es ähnelt sehr dem Aufruf einer Klassenmethode. Die Abbildung 12.13 zeigt, wie der Aufruf abläuft: Zuerst erzeugt man ein anonymes Objekt. Das ist einfach ein Objekt, dem man keine Variable zuweist. Danach folgt der Punktoperator und der Aufruf der Methode gemäß ihrer Signatur (Name und Parameter).

Vielleicht fragen Sie sich, was man mit diesem namenlosen Objekt anfangen kann. Am Beispiel der Methode sieht man, dass es für manchen Service in einem Programm unter Umständen nicht notwendig ist, ein benamtes Objekt zu erzeugen, wenn man nur das Ergebnis einer Operation benötigt. Es ist Ermessensfrage, ob sich hierzu nicht besser eine statische Methode (Klassenmethode) eignet.

Damit ist die Einführung zu den Methoden beendet. Im weiteren Verlauf des Kapitels erfahren Sie nun anhand von Programmbeispielen Genaueres zu den vier Methodenarten.

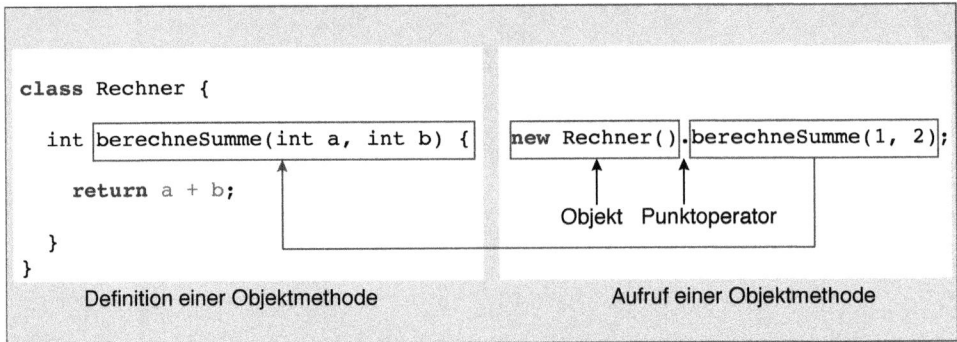

Abbildung 12.13 Aufruf einer Objektmethode mittels eines anonymen Objekts

12.3 Konstruktoren

Die spezielle Methode zum Erzeugen von Objekten nennt sich Konstruktor (Erbauer). Sie dient dazu, ein Objekt zu erzeugen und eventuell sogleich mit definierten Werten zu belegen. Es gibt Standardkonstruktoren sowie Konstruktoren mit und ohne Parameter (Tabelle 12.2).

Tabelle 12.2 Java unterscheidet drei verschiedene Arten von Konstruktoren.

Konstruktorart	Erklärung
Standardkonstruktor	Verdeckter Konstruktor ohne Parameter
Konstruktor ohne Parameter	Selbstdefinierter Konstruktor ohne Parameter
Konstruktor mit Parametern	Selbstdefinierter Konstruktor mit Parametern

12.3.1 Standardkonstruktoren

Wenn Sie eine Klasse ohne Konstruktor definieren, erzeugt der Compiler beim Übersetzen der Klasse automatisch in der übersetzten Class-Datei einen Standardkonstruktor. Das ist ein leerer Konstruktor ohne Parameter. Der Compiler erzeugt diesen Standardkonstruktor, da man sonst kein Objekt dieser Klasse erzeugen könnte. Dieser Konstruktor ist sehr beschränkt, da er über keine Parameter verfügt, mit denen man Attribute mit Werten belegen könnte. Das Listing 12.2 zeigt erneut die Klasse *Person*. Sie hat aber diesmal keinen *sichtbaren* Konstruktor.

Listing 12.2 Die Klasse »Person« ohne einen Konstruktor

```
1  package programmierkurs;
2
3  public class Person {
4
```

```
 5    String name;
 6
 7    public String getName() {
 8      return name;
 9    }
10
11    public void setName(String name) {
12      this.name = name;
13    }
14 }
```

Trotzdem ist es möglich, den Konstruktor aufzurufen, um ein Objekt mit der Bezeichnung *julia* zu erzeugen. Das passiert in Zeile 10 des Programms *StandardkonstruktorDemo* (Listing 12.3). Das Programm ruft hierzu den verdeckten Standardkonstruktor auf und gibt dem Objekt, das dadurch entsteht, die Bezeichnung *julia*. In Zeile 12 ruft das Programm die Änderungsmethode *setName(String name)* auf, um dem Objekt mit der Bezeichnung *julia* seinen Namen zu geben.

Listing 12.3 Die Klasse »Person« enthält keinen sichtbaren Konstruktor.

```
 1 //Beispielprogramme/Methoden
 2
 3 package programmierkurs;
 4
 5 public class StandardkonstruktorDemo {
 6
 7   public static void main(String[] arguments) {
 8
 9     // Aufruf des Standardkonstruktors Person():
10     Person julia = new Person();
11
12     julia.setName("Julia");
13
14     System.out.println("Hallo, ich bin " + julia.getName() + "!");
15   }
16 }
```

In Zeile 14 greift das Programm dann erneut auf die Variable *julia* zu, um den Namen dieses Personenobjekts auszugeben. Hierbei gibt das Programm aus, was Sie in Abbildung 12.14 sehen.

12.3.2 Konstruktoren ohne Parameter

Manchmal möchte man nicht, dass es gestattet ist, ein Objekt ohne Attribute zu erzeugen. Das kann zum Beispiel dann der Fall sein, wenn es verboten sein soll, eine Person ohne Namen zu erzeugen. In diesem Fall muss man den Aufruf des Standardkonstruktors verhindern. Das funktioniert zum Beispiel, indem Sie den Standardkonstruktor als *private* definieren. Sie sehen das in Zeile 8 des Listings 12.4.

Abbildung 12.14 Die Programmausgabe des Personenobjekts »julia«

Listing 12.4 Die Klasse »Person« mit einem privaten Konstruktor

```
1   package programmierkurs;
2
3   public class Person {
4
5     String name;
6
7     // Privater Konstruktor:
8     private Person() {}
9
10    public String getName() {
11      return name;
12    }
13
14    public void setName(String name) {
15      this.name = name;
16    }
17  }
```

Eine andere Möglichkeit ist es, eine Klasse zu definieren, die ausschließlich Konstruktoren mit Parametern enthält. In beiden Fällen kommt es beim Übersetzen einer Klasse, die versucht, einen Konstruktor ohne Parameter aufzurufen, zu einem Fehler (Listing 12.5).

Listing 12.5 Ein privater Konstruktor lässt sich nicht von außen aufrufen.

```
1  //Beispielprogramme/Methoden
2
3  package programmierkurs;
4
5  public class PrivatkonstruktorDemo {
6
7    public static void main(String[] arguments) {
8      // Der Versuch des Aufrufs erzeugt folgenden Compiler-Fehler
9      // im Editor von Eclipse:
10     // "The constructor Person() is not visible"
11     Person julia = new Person();
12   }
13 }
```

12.3.3   Konstruktoren mit Parametern

Für die Aufgabe, Objekte maßgeschneidert zu erzeugen, dabei Parameter zu übernehmen und zu verarbeiten, müssen Sie individuelle Konstruktoren mit unterschiedlichen Parametern schreiben. Die Klasse *Roboter* könnte zum Beispiel einen Konstruktor mit dem Parameter *name* (Zeile 8 bis 11) und einen mit den Parametern *anrede* und *name* (Zeile 13 bis 17) besitzen (Listing 12.6).

Listing 12.6 Die Klasse »Roboter« mit zwei verschiedenen Konstruktoren

```
1  package programmierkurs;
2
3  public class Roboter {
4
5    private Anrede anrede;
6    private String name;
7
8    public Roboter(String name) {
9      super();
10     this.name = name;
11   }
12
13   public Roboter(Anrede anrede, String name) {
14     super();
15     this.anrede = anrede;
16     this.name = name;
17   }
18
19   public Anrede getAnrede() {
20     return anrede;
21   }
22
23   public String getName() {
24     return name;
```

```
25    }
26  }
```

Es ist sinnvoll, eine Klasse mit einer Vielzahl solcher Konstruktoren für die unterschiedlichsten Einsatzbereiche auszustatten. Die Technik nennt sich Überladen von Methoden.
Diese Technik beschreibt Kapitel 22, »Gesetzmäßigkeiten«, im Abschnitt 22.7.1, »Überladen
von Methoden«.

Wenn man aus der Klasse *Roboter* Objekte erzeugen möchte, kann man in einem Fall nur
den Parameter *name* übergeben (Zeile 10) und in dem anderen Fall beide Parameter (Zeile
14). Dadurch, dass im Fall des Roboterobjekts »Roland« nur ein Parameter übertragen wird,
sind die Attribute dieses Objekts nicht vollständig initialisiert. Das heißt, das Objekt ist nicht
vollständig mit sinnvollen Werten belegt. Es hätte in diesem Fall keinen Sinn, die Werte
auszugeben. Das entsprechende Programm sehen Sie in Listing 12.7.

Listing 12.7 Dieses Programm erzeugt zwei Objekte mit unterschiedlichen Konstruktoren.

```
1   //Beispielprogramme/Klassen_und_Objekte
2
3   package programmierkurs;
4
5   public class ParameterkonstruktorDemo {
6
7     public static void main(String[] arguments) {
8
9       // Aufruf mit einem Parameter
10      Roboter roland = new Roboter("Roland");
11      System.out.println("Hallo, ich bin " + roland.getName() + "!");
12
13      // Aufruf mit zwei Parametern
14      Roboter robert = new Roboter(Anrede.ROBOTER, "Robert");
15      System.out.println("Hallo, ich bin der " +
16        robert.getAnrede() + " namens " + robert.getName() + "!");
17    }
18  }
```

Das Programm gibt in Zeile 11 eine Begrüßung des Roboters »Roland« aus und in den Zeilen
15 und 16 einen Gruß des Roboters »Robert« (Abbildung 12.15).

Wie eingangs erwähnt, geben Konstruktoren zwar keine konkreten Werte zurück, sie dürfen
aber trotzdem nicht mit *void* gekennzeichnet werden, um sie von »normalen« Methoden zu
unterscheiden. Eine Definition in der Art

```
public void Roboter(String name) {
   ...
}
```

wird als normale Methode interpretiert, obwohl sie mit einem Großbuchstaben beginnt. Sie
hat eine völlig andere Wirkung als der Konstruktor:

```
public Roboter(String name) {
   ...
}
```

Abbildung 12.15 Programmausgabe des Programms mit zwei unterschiedlichen Konstruktoren

Falls Sie eine Klasse *Roboter* definieren, die nur eine Methode *Roboter()* des Typs *void* enthält, wird diese klaglos ausgeführt, obwohl normale Methoden in Java kleingeschrieben werden. Bei der Erzeugung eines Objekts der Klasse *Roboter* ruft das Programm jedoch nicht die Methode *Person()* auf, sondern den Standardkonstruktor gleichen Namens. Sie erhalten somit möglicherweise einen ganz anderen Programmablauf.

■ 12.4   Destruktoren

Destruktoren (Zerstörer) von Objekten im Sinne von C++ gibt es in Java nicht. Die automatische Java-Speicherverwaltung zerstört automatisch Objekte in Java-Programmen, die nicht mehr benötigt werden, und gibt ihren Speicher wieder frei. Daher sind Destruktoren überflüssig. Es gibt aber eine Methode mit dem Namen *finalize()*, die in der Superklasse *Objekt* definiert ist. Sie lässt sich überschreiben und somit an eigene Bedürfnisse anpassen. Die in einer abgeleiteten Klasse wie *Roboter* überschriebene Methode lässt sich mit individuellem Verhalten ausstatten, wie die Zeile 15 bis 18 des Listings 12.8 zeigen.

Listing 12.8 Die Klasse »Roboter« überschreibt die Methode »finalize()«.

```
1    package programmierkurs;
2
3    public class Roboter {
4
5       String name;
6
7       public Roboter(String name) {
```

```
 8        this.name = name;
 9      }
10
11      public String getName() {
12        return name;
13      }
14
15      @Override
16      protected void finalize() {
17        System.out.print("und komme im letzten \nKapitel wieder!");
18      }
19    }
```

Die Methode *finalize()* ist Bestandteil der Basisklasse *Objekt*, von der alle Java-Klassen abstammen. Sie sollten diese Methode der Basisklasse *Objekt* überschreiben, wenn kritische Abläufe am Ende eines Programms erledigt werden müssen. Wie das funktioniert, zeigt das Programm *DestruktorDemo* (Listing 12.9).

Listing 12.9 Die Klasse »DestruktorDemo« zeigt, wie man »finalize()« verwendet.

```
 1    //Beispielprogramme/Methoden
 2
 3    package programmierkurs;
 4
 5    public class DestruktorDemo {
 6
 7      public static void main(String[] arguments) {
 8
 9        // Der Roboter Roland verabschiedet sich einstweilen:
10        Roboter roland = new Roboter("Roland");
11        System.out.println("Ich heiße " + roland.getName());
12        roland = null;
13        System.gc();
14      }
15    }
```

Das Programm setzt den Wert des Objekts *roland* auf *null*. Das bedeutet für die Java-Laufzeitumgebung, dass dieses Objekt nicht mehr benötigt wird und gelöscht werden kann. Damit das umgehend erfolgt, ruft das Programm in Zeile 13 die Java-Müllabfuhr (Garbage Collector) der Laufzeitumgebung auf. Bevor die Laufzeitumgebung Roland löscht, ruft sie die überschriebene Methode *finalize()* auf, um dem Objekt die Chance zu geben, letzte Aktionen durchzuführen. Das Objekt *roland* kann aus diesem Grund noch darauf hinweisen, dass er im letzten Kapitel wiederkommt (Abbildung 12.16).

■ 12.5 Operationen

Funktionen wie eine Kalkulation oder das Starten eines Programms gehören zu den Methoden, die weder Konstruktoren noch Abfrage- oder Änderungsmethoden sind. Wie die

Ich heiße Roland und komme im letzten Kapitel wieder!

Abbildung 12.16 Programmausgabe des Programms mit der Methode »finalize()«

letztgenannten Methoden können sie Rückgabewerte besitzen oder nicht. Im Gegensatz zu Abfrage- oder Änderungsmethoden verändern sie aber nicht (nur) Attribute, sondern verfügen über komplexere Funktionen. Eines der bekanntesten Beispiele für eine Operation ist die Startmethode eines Java-Programms (Listing 12.10).

Listing 12.10 Die Startmethode eines Programms

```
1  public static void main(String[] arguments) {
2     Anweisungen;
3  }
```

Ein andere Beispiel zeigt Listing 12.11. Es ist die Klasse *Rechner*, die eine Summenberechnung anhand einer Klassenmethode durchführt.

Listing 12.11 Die Klasse »Rechner« mit der Operation »berechneSumme(...)«

```
1  package programmierkurs;
2
3  public class Rechner {
4
5     public static int berechneSumme(int a, int b) {
6        return a + b;
7     }
8  }
```

Das Programm zeigt, wie die Operation verwendet wird. Dadurch, dass sie als Klassenmethode definiert ist, benötigt das Programm kein Objekt, um die Methode aufzurufen.

Listing 12.12 Das Programm »OperationDemo« zeigt den Aufruf der Operation.

```
 1  //Beispielprogramme/Methoden
 2
 3  package programmierkurs;
 4
 5  public class OperationDemo {
 6
 7    public static void main(String[] arguments) {
 8      System.out.println("Die Summe von 1 + 2 = " +
 9        Rechner.berechneSumme(1, 2));
10    }
11  }
```

Das Programm gibt folgendes Ergebnis der Berechnung aus.

```
Die Summe von 1 + 2 = 3
```

▪ 12.6   Abfragemethoden

12.6.1   Definition

Will man Informationen von einem Objekt erhalten, muss man eine Objektmethode aufrufen, die einen Wert zurückliefert. Im Deutschen hat sich für diese Art von Methode der
Ausdruck »Abfragemethode« etabliert. Im Englischen werden sie »Getter Methods« oder
einfach »Getter« genannt. Die englische Bezeichnung müssen Sie sich merken, denn die
Eclipse IDE verwendet sie. Beispiele für Getter-Methoden hat dieses Buch bisher reichlich
geliefert. Schauen Sie sich nochmals die Klasse *Person* in Listing 12.13 an.

Die Klasse *Person* besteht aus fünf Attributen, für die es entsprechende Getter-Methoden
gibt. Der Name jeder Getter-Methode beginnt mit einem »Get«, daher auch ihr Name. Ausnahme von dieser Schreibweise ist nur die Methode *isStudent()* in Zeile 53. Getter-Methoden,
die einen Wahrheitswert zurückgeben, beginnen immer mit »is«. Nach dem Präfix folgt immer der Name des Attributs in Großschreibweise. Aus dem Präfix und der Bezeichnung des
Attributs setzt sich der Name des Getters zusammen. Klassische Getter-Methoden verfügen
über keine Parameter, da sie nur das Attribut eines Objekts zurückliefern.

Listing 12.13 Die Getter-Methoden der Klasse »Person«

```
 1  package programmierkurs;
 2
 3  public class Person {
 4
 5    private Anrede anrede;
 6    private String vorname;
 7    private String nachname;
 8    private String hochschule;
 9    private boolean student;
```

```
10
11    // 1. Konstruktor mit zwei Parametern
12    public Person(String vorname, String nachname) {
13      this.vorname = vorname;
14      this.nachname = nachname;
15    }
16
17    // 2. Konstruktor mit fuenf Parametern
18    public Person(Anrede anrede,
19                  String vorname,
20                  String nachname,
21                  String hochschule,
22                  boolean student) {
23      this.anrede = anrede;
24      this.vorname = vorname;
25      this.nachname = nachname;
26      this.hochschule = hochschule;
27      this.student = student;
28    }
29
30    public Anrede getAnrede() {
31      return anrede;
32    }
33
34    public String getVorname() {
35      return vorname;
36    }
37
38    public String getNachname() {
39      return nachname;
40    }
41
42    public String getName() {
43      return vorname + "␣" + nachname;
44    }
45
46    public String getHochschule() {
47      return hochschule;
48    }
49
50    public boolean isStudent() {
51      return student;
52    }
53
54    //(...)
```

Die Abfragemethoden sind so aufgebaut, dass vor dem Methodennamen der Datentyp des Rückgabewerts steht. In Zeile 30 gibt die Methode *getAnrede()* die Anrede eines Personenobjekts zurück. Die Methoden verwenden hierbei die Anweisung *return*. Sie bewirkt, dass die Methode nachfolgenden Ausdruck zurückliefert. Im Fall der Methode *getAnrede()* ist der Ausdruck das Attribut *anrede*. Im Fall von *getName()* in Zeile 42 ist dies der Wert des Ausdrucks *vorname + " " + nachname*.

12.6.2   Verwendung

Getter-Methoden sind üblicherweise Objektmethoden. Daher ist ein Objekt erforderlich, um eine Getter-Methode aufzurufen. Ein Beispiel zeigt Listing 12.14. In Zeile 8 erzeugt das Programm das Personenobjekt namens *anna*. Beim Erzeugen übergibt das Programm fünf Parameter.

Listing 12.14 Dias Programm »GetterDemo« zeigt, wie man Getter verwendet.

```
 1  //Beispielprogramme/Methoden
 2
 3  package programmierkurs;
 4
 5  public class GetterDemo {
 6
 7    public static void main(String[] arguments) {
 8      Person anna =
 9        new Person(Anrede.STUDENTIN, "Anna", "Seitz",
10          "Hochschule_Mainz", true);
11      System.out.println("Hallo,_\nich_bin_" + anna.getName() + ".");
12      System.out.println("und_" + anna.getAnrede());
13      System.out.println("an_der_\n" +
14        anna.getHochschule() + ".");
15    }
16  }
```

Abbildung 12.17 zeigt, was das Programm ausgibt. Das Attribut *student* ist bei dieser Programmausgabe unterdrückt, da die Anrede diese Information bereits liefert.

Abbildung 12.17 Programmausgabe des Personenobjekts »anna« mit ihren Getter-Methoden

■ 12.7 Änderungsmethoden

12.7.1 Definition

Methoden, die die Attribute eines Objekts ändern, sind das Gegenstück zu den Abfrage-methoden. Dadurch, dass sie Werte ändern, nennen sie sich Änderungsmethoden oder im Englischen »Setter«. Setter-Methoden greifen schreibend auf ein Objekt zu – sie verändern dessen Zustand. Die Eclipse IDE verwendet den englischen Begriff in allen Menüs und Dialogen, weshalb Sie sich den Namen »Getter« einprägen sollten.

Im Gegensatz zu den harmlosen Abfragemethoden können Setter-Methoden in einem Pro-gramm allerhand Schaden anrichten. Aus diesem Grund sollte man sich gut überlegen, welche Attribute man nach außen freigibt und wie man übergebene Parameter auf Kor-rektheit überprüft. Getter- und Setter-Methoden bilden in der Regel für jedes Attribut ein Paar. Die entsprechenden Setter-Methoden für die Klasse *Person* können Sie Listing 12.15 entnehmen.

Listing 12.15 Die Setter-Methoden der Klasse »Person«

```
 1  package programmierkurs;
 2
 3  public class Person {
 4
 5     private Anrede anrede;
 6     private String vorname;
 7     private String nachname;
 8     private String hochschule;
 9
10     public void setAnrede(Anrede anrede) {
11        this.anrede = anrede;
12     }
13
14     public void setVorname(String vorname) {
15        this.vorname = vorname;
16     }
17
18     public void setNachname(String nachname) {
19        this.nachname = nachname;
20     }
21
22     public void setHochschule(String hochschule) {
23        this.hochschule = hochschule;
24     }
25     //(...)
```

Die Änderungsmethoden geben keine Werte zurück, sondern übernehmen einen oder mehrere Werte als Parameter. Parameter sind Werte, die das Programm nach dem Namen der Methode innerhalb eines Klammerpaars übergibt (Zeile 10, 14, 18 und 22). Da Parameter deklariert werden müssen, erfolgt auch die Parameterübergabe wie bei einer Deklaration stets nach dem Schema *Datentyp Bezeichner*.

In Zeile 10 sehen Sie, dass die Klasse *Person* den Parameter *anrede* übernimmt. Danach überschreibt das Programm mit *this.anrede = anrede* den internen Wert des gleichnamigen Attributs. Dadurch, dass Setter-Methoden *keine* Werte zurückliefern, kennzeichnet man derartige Methoden in Java mit dem Schlüsselwort *void* (engl. void: leer).

Durch das Schlüsselwort wird ausgedrückt, dass der Rückgabewert *leer* ist. Setter-Methoden sind auf diese Weise leicht von Getter-Methoden zu unterscheiden, die an dieser Stelle den Datentyp des Rückgabewerts definieren müssen. Ebensogut sind sie von Konstruktoren zu unterscheiden, die an dieser Stelle nichts definieren dürfen.

12.7.2 Verwendung

Listing 12.16 zeigt am Beispiel des Programms *SetterDemo* die Verwendung der Setter-Methoden. Das Programm legt mit dem Standardkonstruktor ein neues Personenobjekt namens *lukas* an. In Zeile 9 bis 11 ruft das Programm die Setter-Methoden der Klasse *Person* auf, um dem Objekt die gewünschten Werte für das Objekt *lukas* zu übergeben.

Listing 12.16 Die Setter-Methoden der Klasse »Person«

```
1   //Beispielprogramme/Methoden
2
3   package programmierkurs;
4
5   public class SetterDemo {
6
7     public static void main(String[] arguments) {
8       Person lukas = new Person();
9       lukas.setAnrede(Anrede.STUDENT);
10      lukas.setVorname("Lukas");
11      lukas.setNachname("Wittek");
12      lukas.setHochschule("Hochschule Mainz");
```

Hi, ich bin Lukas und Student an der Hochschule Mainz.

Abbildung 12.18 Programmausgabe des Personenobjekts »lukas« mit ihren Setter-Methoden

```
13        System.out.print("Hi, ich bin\n" + lukas.getVorname() + " und ");
14        System.out.print(lukas.getAnrede() + "\nan der ");
15        System.out.print(lukas.getHochschule() + ".");
16    }
17 }
```

Abbildung 12.18 zeigt, was das Programm ausgibt.

■ 12.8 Zusammenfassung

In Java unterscheidet man mehrere Arten von Methoden: Konstruktoren erzeugen Objekte, Getter- und Setter-Methoden fragen Werte ab und verändern sie. Operationen sind wie Funktionen einer klassischen Programmiersprache aufgebaut. Mit diesen Methoden startet man zum Beispiel Programme, führt Berechnungen durch oder stellt Datenbankabfragen.

```
Java-Methoden {

  • Konstruktor
  • Operation (Funktion)
  • Abfragemethode (Getter-Methode)
  • Änderungsmethode (Setter-Methode)

}
```

Java stellt Ihnen vier Typen von Methoden zur Verfügung: Mithilfe von Konstruktoren erzeugen Sie Objekte. Mit Getter- und Setter-Methoden fragen Sie Attribute ab und verändern sie. Operationen sind beispielsweise dazu da, Kalkulationen durchzuführen.

Abbildung 12.19 Java verfügt über vier Arten von Methoden

Wie schon bei Variablen unterscheidet Java zwischen Klassen- und Objektmethoden. Klassenmethoden werden durch das Schlüsselwort *static* eingeleitet. Es ist kein Objekt notwendig, um sie auszuführen. Die bekannteste statische Methode ist die Methode *main(...)*, mit der man ein Programm startet. Im Gegensatz dazu benötigen Objektmethoden ein Objekt, damit man sie ausführen kann. Getter- und Setter-Methoden sind Beispiele für Objektmethoden.

■ 12.9   Übungen

Diese Übung baut wie die anderen Übungen zuvor auf dem letzten Kapitel auf. Es erweitert das Programm namens *Programmdemo* mit der Hilfe der Eclipse IDE um weitere Methoden. Sofern Sie Java mit der Eclipse-Entwicklungsumgebung nicht bereits installiert haben, holen Sie das jetzt nach. Die Anleitung dazu befindet sich in Kapitel 4, »Entwicklungsumgebung« unter dem Abschnitt 4.2, »Installation«.

12.9.1   Eclipse starten

Starten Sie die Eclipse IDE, falls die Entwicklungsumgebung nicht bereits geöffnet ist. Die Eclipse IDE sollte Ihnen wieder den ECLIPSE IDE LAUNCHER mit dem letzten Workspace namens *Uebungen* präsentierten. Sofern das der Fall ist, starten Sie Eclipse mit diesem Workspace über einen Klick auf die Schaltfläche LAUNCH (Abbildung 12.20). Falls nicht, wechseln Sie wieder zum Workspace namens *Uebungen*.

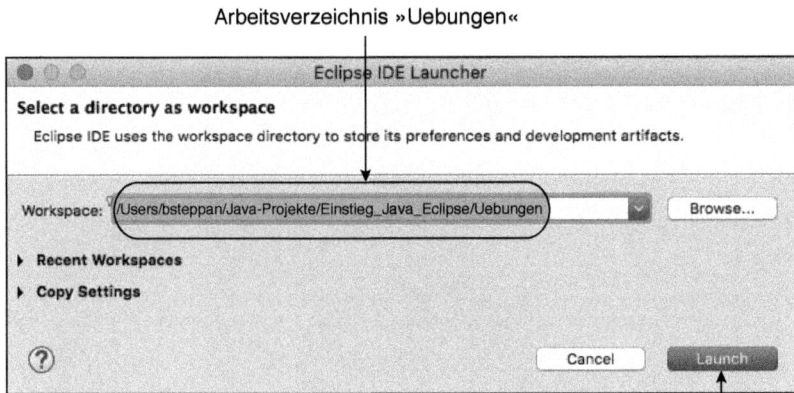

Abbildung 12.20 Starten von Eclipse mit dem vorherigen Workspace

12.9.2   Projekt kopieren

Da diese Übung auf den vorhergehenden Übungen aufbaut, müssen Sie erneut das Projekt des letzten Kapitels kopieren. Führen Sie dazu einen Rechtsklick auf den Projektknoten des Projekts *Arrays* im PACKAGE EXPLORER aus und wählen aus dem Kontextmenü, das daraufhin erscheint, den Befehl COPY aus. Führen Sie dann auf eine freie Fläche im PACKAGE EXPLORER erneut einen Rechtsklick aus und wählen aus dem Kontextmenü PASTE aus.

Tragen Sie danach in dem Dialog, der danach erscheint, als neuen Projektnamen *Methoden* ein. Die restlichen Einstellungen des Dialogs können Sie so belassen. Klicken Sie nun auf die Schaltfläche COPY, um die Kopieraktion zu starten. Sie erhalten auch diesmal eine komplette Kopie des Projekts der letzten Übung. Die Kopie besteht aus den folgenden fünf Klassen: *Anrede, Mensch, Programmdemo, Roboter* und *Wesen*. Das Projekt müsste der Abbildung 12.21 entsprechen.

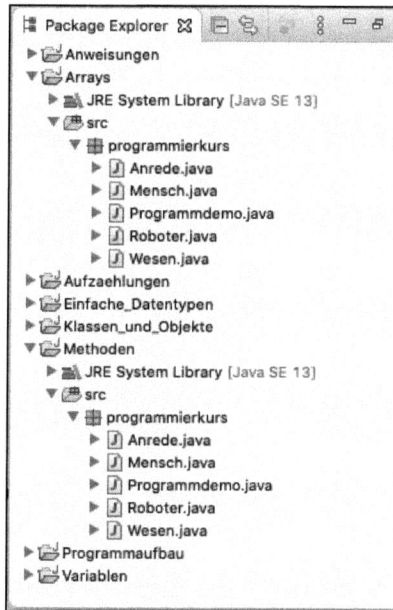

Abbildung 12.21 Die neue Kopie des Projekts

12.9.3   Dateien schließen

Schließen Sie nun sämtliche offenen Dateien im Editor auf der rechten Seite der Entwicklungsumgebung, um Verwechslungen mit dem Projekt des vorigen Kapitels Arrays zu vermeiden (Abbildung 12.22).

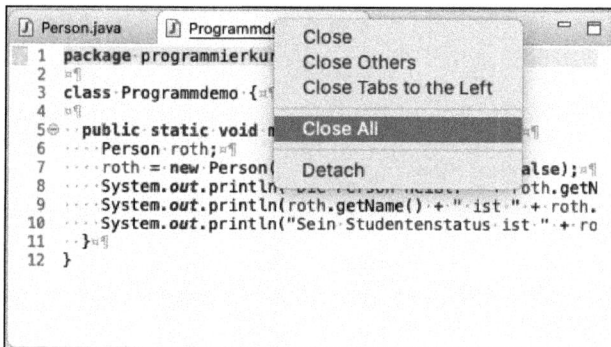

Abbildung 12.22 Schließen der Dateien über »Close All«

Wenden Sie dazu wieder die Funktion des Hauptmenüs FILE → CLOSE ALL an. Oder führen Sie einen Rechtsklick auf die Titelleiste des Editors durch und wählen aus dem Kontextmenü CLOSE ALL aus.

12.9.4   Methoden der Klasse »Wesen« erzeugen

Klappen Sie nun das Projekt METHODEN auf und führen einen Rechtsklick auf die Klasse *Wesen* im Eclipse-Editor durch und wählen aus dem Kontextmenü SOURCE → GENERATE GETTERS AND SETTERS. ... In dem Dialog, der daraufhin erscheint, haben Sie verschiedene Optionen. Unter dem Punkt SELECT GETTERS AND SETTERS TO CREATE sehen Sie bei jedem Aufruf des Dialogs, ob Getter- und Setter-Methoden fehlen. In diesem Fall fehlen die Setter-Methoden für drei Attribute. Wählen Sie diese Attribute aus, damit Eclipse die dazu gehörenden Methoden erzeugt,

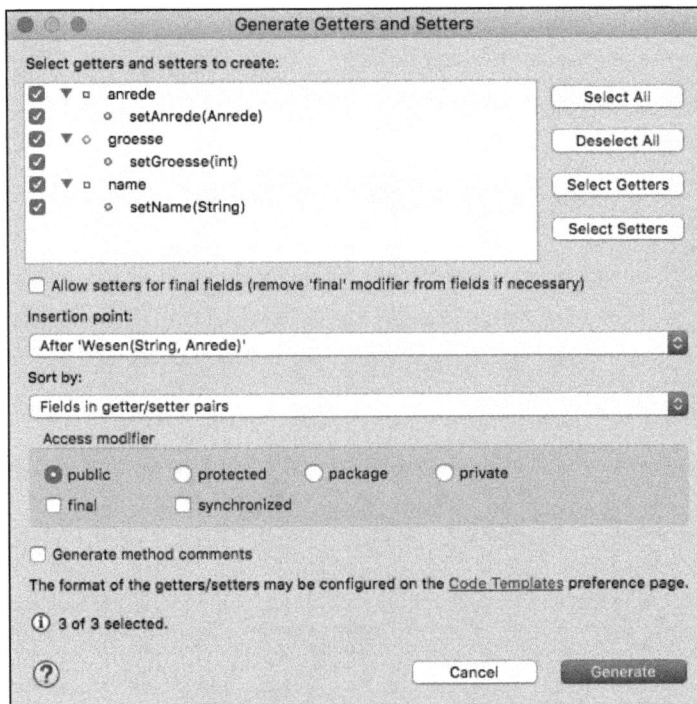

Abbildung 12.23 Getter und Setter erzeugen

Wählen Sie danach unter INSERTION POINT die Position AFTER 'WESEN(STRING, ANREDE)' aus. Eclipse wird danach die fehlenden Setter-Methoden an dieser Stelle einfügen. Durch den Punkt SORT BY legen Sie fest, wie Sie diese Objektmethoden angeordnet haben möchten. Entweder Sie gruppieren pro Attribut jeweils eine Getter- und eine Setter-Methode zusammen oder Sie fassen alle Getter- und danach alle Setter-Methoden zusammen. Der nächste Abschnitt ACCESS MODIFIER betrifft die Kapselung. Hier können Sie die Sichtbarkeit der erzeugten Methoden festlegen. Sie kann so belassen werden. Danach erzeugen Sie die Methoden durch einen Klick auf die Schaltfläche GENERATE.

12.9.5 Quellcode der Klasse »Wesen« kontrollieren

Die komplette Klasse *Wesen* sollte danach wie in Listing 12.17 aussehen.

Listing 12.17 Die erweiterte Klasse »Wesen« mit neuen Methoden

```java
 1  package programmierkurs;
 2
 3  public class Wesen {
 4
 5    private Anrede anrede;
 6    private String name;
 7    protected int groesse;
 8
 9    public Wesen(Anrede anrede, String name) {
10      super();
11      this.anrede = anrede;
12      this.name = name;
13    }
14
15    public Anrede getAnrede() {
16      return anrede;
17    }
18
19    public void setAnrede(Anrede anrede) {
20      this.anrede = anrede;
21    }
22
23    public String getName() {
24      return name;
25    }
26
27    public void setName(String name) {
28      this.name = name;
29    }
30
31    public int getGroesse() {
32      return groesse;
33    }
34
35    public void setGroesse(int groesse) {
36      this.groesse = groesse;
37    }
38  }
```

12.9.6 Sortierung der Klasse gegebenenfalls ändern

Wenn die Sortierung der Klasse *Wesen* bei Ihnen anders sein sollte, ist das nicht tragisch. Gruppieren Sie in diesem Fall die einzelnen Elemente manuell im Editor von Eclipse um. Der Eclipse-Editor funktioniert wie eine Textverarbeitung. Sie können einen Abschnitt ganz einfach mit der Maus markieren (Abbildung 12.24).

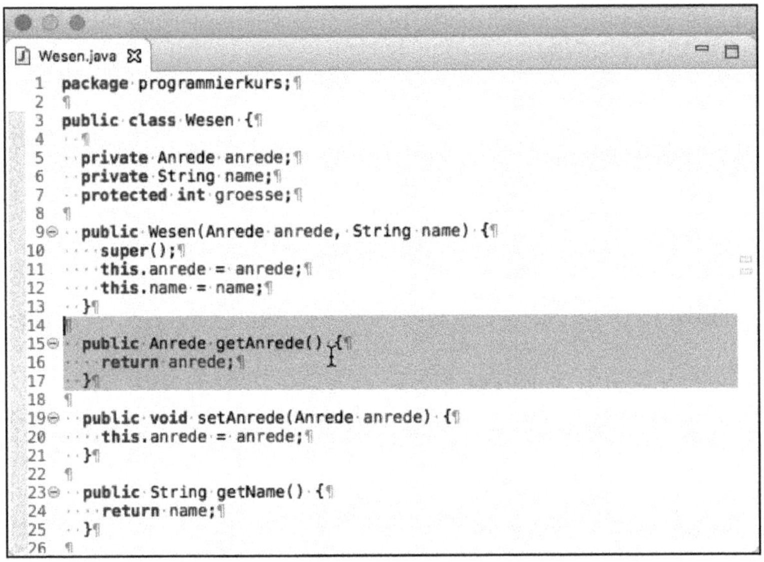

Abbildung 12.24 Der Eclipse-Editor beherrscht Drag&Drop wie eine Textverarbeitung.

Wenn Sie einen Abschnitt markiert haben, klicken Sie mit der Maus in den markierten Bereich und ziehen ihn mit gedrückter Maustaste an die gewünschte Stelle. Der Editor zeigt Ihnen mit einer Textmarke an, wo er den Text einfügt, bevor Sie ihn platzieren. Wenn Sie die gewünschte Stelle erreicht haben, lassen Sie die Maustaste los. Das Gleiche erreichen Sie, wenn Sie den Text markieren, mit CTRL-X (Windows, Linux) oder COMMAND-X (MacOS) ausschneiden und an der gewünschte Stelle wieder einfügen.

Zusätzlich besitzt der Editor die Funktion, den Code zu falten. Sie finden vor jeder Methode ein kleines Minus- oder Pluszeichen auf der linken Seite. Wenn das Symbol ein Minus anzeigt, können Sie die Stelle mit einem Mausklick darauf falten. Dabei klappt der Editor die Methode ein, so dass nur noch der Methodenkopf zu sehen ist. Mit einem weiteren Klick auf das Plussymbol expandiert der Editor die Stelle erneut. So behalten Sie auch in einer größeren Klasse den Überblick.

Hierbei kann nichts zerstört werden, da Sie in Eclipse durch die Undo-Funktionen stufenweise Änderungen wieder aufheben können. Zudem gibt es eine Funktion, mit der Sie sich die Änderungen, die Sie durchgeführt haben, ansehen können. Hierzu führen Sie einen Rechtsklick auf eine Klasse im PACKAGE EXPLORER und wählen aus dem Kontextmenü COMPARE WITH → LOCAL HISTORY. Eclipse zeigt daraufhin im Fenster History die Änderungsschritte an. Wenn Sie auf ein bestimmtes Datum klicken, präsentiert Ihnen der Eclipse-Editor eine Vergleichsansicht.

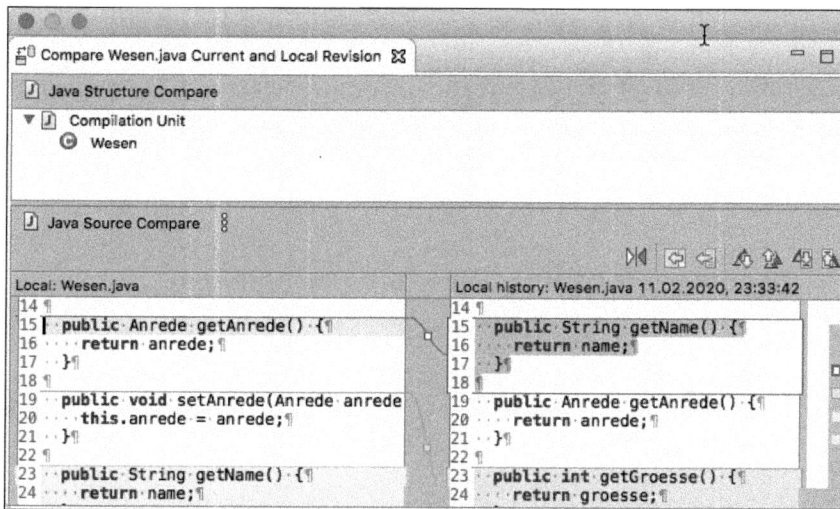

Abbildung 12.25 Über die Vergleichsansicht kontrollieren Sie alle Änderungen einer Klasse.

12.9.7 Konstruktor der Klasse »Mensch« erzeugen

Im nächsten Schritt soll die Klasse *Mensch* einen neuen Konstruktor bekommen. Der bisherige Konstruktor hat fünf Parameter. Der neue Konstruktor soll nur die zwei Parameter *anrede* und *name* wie der Konstruktor der Basisklasse *Wesen* besitzen. Führen Sie dazu einen Rechtsklick auf die Klasse *Mensch* aus und wählen aus dem Kontextmenü SOURCE → GENERATE CONSTRUCTORS FROM SUPERCLASS. Daraufhin erscheint ein spezieller Dialog, bei dem der Konstruktor der Basisklasse *Wesen* ausgewählt ist (Abbildung 12.26).

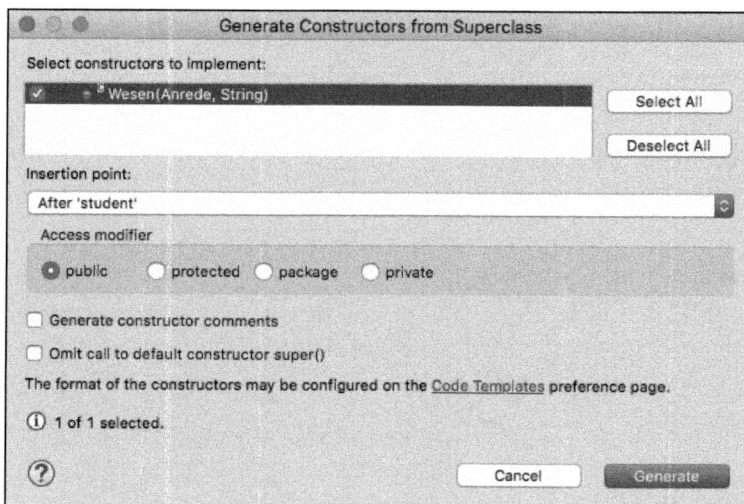

Abbildung 12.26 Dieser Dialog erzeugt einen Konstruktor auf Basis der Klasse »Wesen«.

Wählen Sie unter INSERTION POINT die Option AFTER 'STUDENT' aus und erzeugen den Quellcode mit einen Klick auf GENERATE. Der Dialog erzeugt einen Konstruktor, der auf dem Konstruktor der Basisklasse *Wesen* basiert. Dieser enthält nur die Attribute *anrede* und *name*. Er leitet über den Aufruf der Methode *super(anrede, name)* die beiden Parameter an den Konstruktor der Basisklasse weiter, so dass ein Objekt mit diesen beiden Werten belegt ist.

12.9.8   Quellcode der Klasse »Mensch« vergleichen

Die komplette Klasse *Mensch* sollte danach wie in Listing 12.18 aussehen. Wenn die Sortierung oder der Inhalt bei Ihnen anders sein sollte, gruppieren Sie die einzelnen Elemente manuell um und ergänzen Sie die Klasse entsprechend. Verwenden Sie hierzu wieder die Funktionen des Texteditors wie im vorigen Schritt.

Listing 12.18 Die Klasse »Mensch« mit neuen Methoden

```
 1  package programmierkurs;
 2
 3  public class Mensch extends Wesen {
 4
 5    String vorname;
 6    String nachname;
 7    boolean student;
 8
 9    public Mensch(Anrede anrede, String name) {
10      super(anrede, name);
11    }
12
13    public Mensch(Anrede anrede, String vorname, String nachname,
14        int groesse, boolean student) {
15      super(anrede, vorname + "_" + nachname);
16      this.vorname = vorname;
17      this.nachname = nachname;
18      this.groesse = groesse;
19      this.student = student;
20    }
21
22    public String getVorname() {
23      return vorname;
24    }
25
26    public String getNachname() {
27      return nachname;
28    }
29
30    public boolean isStudent() {
31      return student;
32    }
33  }
```

Wenn Sie den neuen Konstruktor und die Attribute oberhalb näher betrachten, fällt Ihnen vielleicht auf, dass beim Aufruf dieses Konstruktors mit zwei Parametern das Attribut *student* nicht belegt ist. Was wird passieren, wenn der neue Konstruktor in das Programm eingebaut ist und die Person ihren Status ausgibt? Schauen wir uns das an der Klasse *Programmdemo* des Beispiels an.

12.9.9   Konstruktor in »Programmdemo« tauschen

Tauschen Sie nun den Konstruktor, der das Objekt namens »Karsten Roth« erzeugt, gegen den neuen Konstruktor aus, so dass der entsprechende Programmabschnitt wie in Zeile 9 des Listings 12.19 aussieht. Da der neue Konstruktor nur über zwei Parameter verfügt, muss das Programm die Größe der Person des Typs *Mensch* manuell mit der Setter-Methode in der darauf folgenden Zeile übergeben (Zeile 10). Ein Aufruf der Methode *setStudent(...)* fehlt mit Absicht.

Das Programm sollte bei Ihnen jetzt wie in Listing 12.19 aussehen. Der erste Konstruktoraufruf für das Objekt mit dem Namen »Karsten Roth« ist getauscht (Zeile 9). Hier ruft das Programm den neuen Konstruktor mit zwei Parametern auf. Der zweite Konstruktoraufruf für das Objekt mit dem Namen »Anna Seitz« ist gleich geblieben (Zeile 19). Hier ruft das Programm den alten Konstruktor mit fünf Parametern auf. Ein Aufruf der neuen Setter-Methoden ist bei diesem Objekt nicht notwendig, da der Konstruktor diese Aufgabe übernimmt.

Listing 12.19 »Programmdemo« mit dem neuen Konstruktor

```
1  package programmierkurs;
2
3  class Programmdemo {
4
5    public static void main(String[] arguments) {
6
7      Wesen kursmitglied[] = new Wesen[6];
8
9      kursmitglied[0] = new Mensch(Anrede.PROFESSOR, "Karsten Roth");
10     kursmitglied[0].setGroesse(184);
11
12     System.out.println("Der " + kursmitglied[0].getAnrede() +
13       " heißt " + kursmitglied[0].getName());
14     System.out.println(kursmitglied[0].getName() + " ist " +
15       kursmitglied[0].getGroesse() + " cm gross");
16     System.out.println("Sein Studentenstatus ist " +
17       ((Mensch) kursmitglied[0]).isStudent());
18
19     kursmitglied[1] = new Mensch(Anrede.STUDENTIN, "Anna", "Seitz",
20         171, true);
21
22       System.out.println("Die " + kursmitglied[1].getAnrede() +
23         " heißt " + kursmitglied[1].getName());
```

```
24        System.out.println(kursmitglied[1].getName() + " ist " +
25          kursmitglied[1].getGroesse() + " cm gross");
26        System.out.println("Ihr Studentenstatus ist " +
27          ((Mensch) kursmitglied[1]).isStudent());
28    }
29  }
```

12.9.10 Programm starten

Führen Sie nun einen Rechtsklick auf den Quellcode PROGRAMMDEMO.JAVA des Beispiels im PACKAGE EXPLORER aus und wählen aus dem Kontextmenü, das daraufhin erscheint, folgenden Befehl aus: RUN AS → JAVA APPLICATION. Eclipse erzeugt durch diesen Befehl automatisch wieder eine neue Startkonfiguration für das Programm und führt es aus. Im Fenster CONSOLE der Eclipse-Workbench sollte jetzt folgender Text erscheinen:

```
Der Professor heißt Karsten Roth
Karsten Roth ist 184 cm gross
Sein Studentenstatus ist false
Die Studentin heißt Anna Seitz
Anna Seitz ist 171 cm gross
Ihr Studentenstatus ist true
```

Durch den Austausch der Konstruktoren hat sich die Programmausgabe nicht geändert. Das Programm kompensierte den einfacheren Konstruktor mit zwei Parametern durch den Aufruf der Änderungsmethode *setGroesse()*. Ein Aufruf der Methode *setStudent()* war nicht notwendig, denn bool'sche Variablen sind generell mit *false* belegt (Kapitel 8, »Einfache Datentypen«, Abschnitt 8.2.2). Für die Ausgabe des Objekts namens »Anna Seitz« wäre hingegen ein Aufruf der Methode *setStudent()* notwendig, um den Wert auf *true* zu setzen. Das führt uns zu den Aufgaben, die Sie jetzt noch lösen sollten.

12.10   Aufgaben

- Was sind Klassen- und Objektmethoden und wie unterscheiden sie sich?
- Welche Methodenarten gibt es in Java?
- Nennen Sie die Arten von Konstruktoren und ihre Unterscheidungsmerkmale.
- Wie ist die englische Bezeichnung von Abfragemethoden und wie definiert man sie?
- Wie ist die englische Bezeichnung von Änderungsmethoden und wie definiert man sie?
- Schreiben Sie das Programm *Programmdemo* so um, dass es für das Objekt »Anna« den Konstruktor und die entsprechenden Getter-Methoden aufruft. Gehen Sie hierzu genauso vor, wie für das Objekt »Professor Roth«.
- Ergänzen Sie das Programm *Programmdemo* um eine Ausgabe des Roboters »Robert«. Verwenden Sie hierzu den bereits angelegten Konstruktor und die Setter-Methode für die Größe von 190 cm.

Die Lösungen zu den Aufgaben finden Sie in Kapitel 25, »Lösungen«, ab Seite 598.

12.11   Literatur

Methoden: *https://docs.oracle.com/javase/tutorial/java/javaOO/methods.html*

13 Operatoren

■ 13.1 Einleitung

Java-Operatoren sind festgelegte Java-Schlüsselwörter für spezielle Funktionen. Ein Operator ist also nichts anderes als die Kurzschreibweise für eine Methode. Die Schlüsselwörter sind sehr kurz, meistens nur einstellig. Durch Operatoren lassen sich Variablen, Attribute und Objekte zu Ausdrücken verknüpfen. Aus den Ausdrücken werden dann komplette Anweisungen. Wie das funktioniert, stellt Ihnen dieses Kapitel wieder anhand einiger Beispiele vor.

Abbildung 13.1 Für Robert sind Operatoren nichts anderes als eine Werkzeugsammlung.

◼ 13.2   Überblick

Das Spektrum der Java-Operatoren beginnt bei arithmetischen Operatoren wie dem Plus-
und Minus-Operator, geht über vergleichende Operatoren sowie den Zuweisungsoperatoren
und reicht bis zum modernen Lambda-Operator. Tabelle 13.1 zeigt Ihnen, wozu sich Java-
Operatoren einsetzen lassen.

Tabelle 13.1 Übersicht der Java-Operatoren

Operator	Verwendung
Arithmetische Operatoren	Addition, Subtraktion, Division und Multiplikation
Vergleichende Operatoren	Vergleich von Ausdrücken
Logische Operatoren	Vergleich von Wahrheitswerten
Bitweise Operatoren	Bitweise Manipulationen
Zuweisungsoperatoren	Zuweisung von Werten
Fragezeichen-Operator	Ersatz für eine Verzweigung (Kurzschreibweise)
New-Operator	Erzeugen eines Objekts
Cast-Operator	Temporäre Typumwandlung
Zugriffsoperatoren	Zugriff auf anonyme Klassen und Klassenbestandteile

◼ 13.3   Arithmetische Operatoren

Die klassischen mathematischen Operatoren Addition, Subtraktion, Division und Multiplikation sind auch in Java verfügbar. Daneben gibt es auch die Operatoren, die von C/C++
stammen (Tabelle 13.2).

Tabelle 13.2 Arithmetische Operatoren

Operator	Bezeichnung	Beispiel	Erläuterung
+	Positives Vorzeichen	+i	Synonym für i
-	Negatives Vorzeichen	-i	Vorzeichenumkehr von i
+	Summe	i + i	Führt eine Addition durch
-	Differenz	i - i	Führt eine Subtraktion durch
*	Produkt	i * i	Führt eine Multiplikation durch
/	Quotient	i / i	Führt eine Division durch
%	Divisionsrest (Modulo)	i % i	Ermittelt den Divisionsrest
++	Präinkrement	j = ++i	1. Schritt: i = i + 1, 2. Schritt: j = i
++	Postinkrement	j = i++	1. Schritt: j = i, 2. Schritt: i = i + 1
−	Prädekrement	j = −i	1. Schritt: i = i -- 1, 2. Schritt: j = i
−	Postdekrement	j = i−	1. Schritt: j = i, 2. Schritt: i = i -- 1

13.3.1   Positives Vorzeichen

Ein positives Vorzeichen ist stets optional, es muss also nicht extra gesetzt werden. Das Programm in Listing 13.1 erzeugt in Zeile 9 die Person »Anna« mit einer Größe von +171. In Zeile 11 gibt das Programm erneut die Größe der Person aus.

Listing 13.1 Eine Multiplikation mit zwei positiven Werten

```
 1  //Beispielprogramme/Operatoren
 2
 3  package programmierkurs;
 4
 5  class PositivesVorzeichenDemo {
 6
 7    public static void main(String[] arguments) {
 8
 9      Person anna = new Person("Anna", +171);
10
11      System.out.println("Anna ist " + anna.getGroesse() + " cm groß");
12    }
13  }
```

Das Programm gibt Folgendes aus:

```
Anna ist 171 cm groß
```

13.3.2   Negatives Vorzeichen

Ein negatives Vorzeichen bewirkt im Gegensatz dazu einen Vorzeichenwechsel. Die Multiplikation zweier negativer Zahlen ergibt – wie aus der Mathematik bekannt – wieder eine positive Zahl. Das Programm, das in Listing 13.2 zu sehen ist, erzeugt in Zeile 9 die Person namens »Julia« mit einer Größe von -172 – was natürlich Unsinn ist. In Zeile 11 gibt das Programm die falsche Größe der Person »Julia« aus.

Listing 13.2 Eine Multiplikation mit zwei negativen Werten

```
 1  //Beispielprogramme/Operatoren
 2
 3  package programmierkurs;
 4
 5  class NegativesVorzeichenDemo {
 6
 7    public static void main(String[] arguments) {
 8
 9      Person julia = new Person("Julia", -172);
10
11      System.out.println("Julia ist " + julia.getGroesse() + " cm groß");
12    }
13  }
```

13.3.3 Additionsoperator

Der Additionsoperator dient dazu, die Summe zweier Variablen zu bilden (Listing 13.3).

Listing 13.3 Der Additionsoperator addiert zwei Summanden.

```
1  //Beispielprogramme/Operatoren/AdditionsoperatorDemo
2
3  package programmierkurs;
4
5  class AdditionsoperatorDemo {
6
7    public static void main(String[] arguments) {
8
9      int groesseAnna = 171;
10     int groesseJulia =  172;
11
12     int gesamtgroesse = groesseAnna + groesseJulia;
13
14     System.out.println("Anna und Julia sind zusammen = " +
15       gesamtgroesse + " cm groß");
16   }
17 }
```

Das Programm kalkuliert die Summe der Größe der beiden Studentinnen und gibt danach die Summe der beiden Größen aus (Abbildung 13.2).

Abbildung 13.2 Wie groß sind beide Studentinnen zusammen?

13.3.4 Differenzoperator

Mit dem Differenzoperator führen Sie eine Subtraktion durch, hier am Beispiel der Größe der beiden Personen Anna und Julia.

Listing 13.4 Differenzbildung zweier Variablen

```
 1  //Beispielprogramme/Operatoren/DifferenzoperatorDemo
 2
 3  package programmierkurs;
 4
 5  class DifferenzoperatorDemo {
 6
 7    public static void main(String[] arguments) {
 8
 9      int groesseAnna = 171;
10
11      int groesseJulia =  172;
12
13      System.out.println("Ich bin " +
14        (groesseJulia - groesseAnna) + " cm größer als Anna.");
15    }
16  }
```

Das Programm gibt Folgendes aus:

Abbildung 13.3 Um wie viel ist Julia größer als Anna?

13.3.4.1   Produktoperator

Der Produktoperator führt eine Multiplikation durch. Folgendes Beispiel berechnet die Gesamtkapazität an Studenten und Studentinnen der Programmierkurse pro Semester:

Listing 13.5 Differenzbildung zweier Variablen

```
 1  //Beispielprogramme "Operatoren"
 2
 3  package programmierkurs;
 4
 5  class ProduktoperatorDemo {
 6
 7    public static void main(String[] arguments) {
 8      int studentenProProgrammierkurs = 4;
 9      int anzahlProgrammierkurse = 4;
10      int kapazitaet;
11      kapazitaet = studentenProProgrammierkurs * anzahlProgrammierkurse;
12      System.out.println("Kapazität = " + kapazitaet + " StudentInnen");
13    }
14  }
```

Die Ausgabe des Beispielprogramms lautet:

```
Kapazität = 16 StudentInnen
```

13.3.5   Divisionsoperator

Bei der Verwendung des Divisionsoperators ist zu beachten, dass Java-Programme Zwischenergebnisse einer Division ganzer Zahlen als Int-Werte speichern, wenn dies nicht ausdrücklich anders deklariert wird. Hier ein kurzes Beispiel, das zeigt, wie Fehler entstehen und wie man sie vermeidet:

Listing 13.6 Der Divisionsoperator

```
 1  //Beispielprogramme/Operatoren
 2
 3  package programmierkurs;
 4
 5  class DivisionsOperatorDemo {
 6
 7    public static void main(String[] arguments) {
 8      float quotient;
 9      quotient = 1 / 5; // Fehler durch interne Verarbeitung als Int-Wert
10      System.out.println("Division (Fall 1) = " + quotient + " m");
11      quotient = 1F / 5F; // Korrekt durch Deklaration als Float
12      System.out.println("Division (Fall 2) = " + quotient + " m");
13      quotient = (float) 1 / 5; // Korrekt durch den Cast
14      System.out.println("Division (Fall 3) = " + quotient + " m");
15    }
16  }
```

Das Programm gibt Folgendes aus:

```
Division (Fall 1) = 0.0 m
Division (Fall 2) = 0.2 m
Division (Fall 3) = 0.2 m
```

Im ersten Fall erhält man das falsche Ergebnis, da das Programm sowohl den Zähler als auch den Nenner als Integer-Werte interpretiert (Zeile 9 und 10). im zweiten Fall deklariert das Programm Zähler und Nenner als Float-Werte, weswegen das Ergebnis korrekt ist (Zeile 11 und 12).

Im dritten Fall führt das Programm bei der Division eine Umwandlung des Typs der Division in einen Float-Wert durch. Daher ist auch dieses Ergebnis korrekt (Zeile 12 und 14). Abschnitt 13.10, »Cast-Operator«, stellt eine solche Typumwandlung nochmals genauer vor, während Kapitel 22, »Gesetzmäßigkeiten«, auf Fehlerquellen in Java-Programmen ausführlich eingeht.

13.3.6   Modulo-Operator

Der Restwert-Operator, auch Modulooperator genannt, ermittelt den Rest einer ganzzahligen Division. Bei nachfolgendem Beispiel $172 : 171 = 1$ ergibt sich ein Divisionsrest von 1, den das Beispiel auch anzeigt (Listing 13.7).

Listing 13.7 Der Restwert-Operator

```
 1  //Beispielprogramme/Operatoren
 2
 3  package programmierkurs;
 4
 5  class ModuloOperatorDemo {
 6
 7    public static void main(String[] arguments) {
 8      Person anna = new Person("Anna", 171);
 9      Person julia = new Person("Julia", 172);
10      int modulus = julia.getGroesse() % anna.getGroesse();
11      System.out.println("Divisionsrest: " + modulus);
12      modulus = anna.getGroesse() % julia.getGroesse();
13      System.out.println("Divisionsrest: " + modulus);
14    }
15  }
```

13.3.7   Präinkrement-Operator

Die folgenden vier Operatoren sind ein Erbe von C/C++. Sie kombinieren Zuweisungen und Berechnungen. Der Präinkrement-Operator erhöht erst den Wert der Variablen *groesseJulia* und weist ihn danach der Variablen *groesseAnna* zu. Präinkrement bedeutet »vorher erhöhen«.

Listing 13.8 Der Präinkrement-Operator

```
 1  //Beispielprogramme/Operatoren/PraeinkrementOperatorDemo
 2
 3  package programmierkurs;
 4
 5  class PraeinkrementOperatorDemo {
 6
 7    public static void main(String[] arguments) {
 8      int groesseAnna;
 9      int groesseJulia;
10      groesseJulia = 171;
11      groesseAnna = ++groesseJulia;
12      System.out.println("Größe Anna = " + groesseAnna + " cm");
13      System.out.println("Größe Julia = " + groesseJulia + " cm");
14    }
15  }
```

Das Programm gibt Folgendes aus, was natürlich falsch ist, denn die beiden Personen sind eben nicht gleich groß:

```
Größe Anna = 172 cm
Größe Julia = 172 cm
```

13.3.7.1 Postinkrement-Operator

Beim Postinkrement-Operator verhält es sich entgegengesetzt. Er weist den Wert der Variablen *groesseJulia* im ersten Schritt der Variablen *groesseAnna* zu und erhöht danach im zweiten Schritt den Wert von *groesseJulia*.

Listing 13.9 Der Postinkrement-Operator

```
 1  //Beispielprogramme/Operatoren/PostinkrementOperatorDemo
 2
 3  package programmierkurs;
 4
 5  class PostinkrementOperatorDemo {
 6
 7    public static void main(String[] arguments) {
 8      int groesseAnna;
 9      int groesseJulia;
10      groesseJulia = 171;
11      groesseAnna = groesseJulia++;
12      System.out.println("Größe Anna = " + groesseAnna + " cm");
13      System.out.println("Größe Julia = " + groesseJulia + " cm");
14
15    }
16  }
```

Das Programm gibt diesmal die richtigen Werte aus.

```
Größe Anna = 171 cm
Größe Julia = 172 cm
```

13.3.7.2 Prädekrement-Operator

Der Prädekrement-Operator setzt im ersten Schritt den Wert der Variablen *groesseJulia* herab und weist ihn anschließend der Variablen *groesseAnna* zu.

Listing 13.10 Der Prädekrement-Operator

```
1  //Beispielprogramme/Operatoren/PraedekrementOperatorDemo
2
3  package programmierkurs;
4
5  class PraedekrementOperatorDemo {
6
7    public static void main(String[] arguments) {
8      int groesseJulia;
9      int groesseAnna;
10     groesseAnna = 172;
11     groesseJulia = groesseAnna--;
12     System.out.println("Größe Julia = " + groesseJulia + " cm");
13     System.out.println("Größe Anna = " + groesseAnna + " cm");
14   }
15 }
```

Das Programm gibt wieder einen falschen Wert für Julia aus, denn die beiden Personen sind nicht gleich groß.

```
Größe Julia = 171 cm
Größe Anna = 171 cm
```

13.3.7.3 Postdekrement

Der Postdekrement-Operator verhält sich wieder entgegengesetzt. Er weist den Wert der Variablen *groesseJulia* im ersten Schritt der Variablen *groesseAnna* zu und setzt im zweiten Schritt den Wert der Variablen *groesseAnna* herab.

Listing 13.11 Der Postdekrement-Operator

```
1  //Beispielprogramme/Operatoren/PostDekrementOperatorDemo
2
3  package programmierkurs;
4
5  class PostdekrementOperatorDemo {
6
7    public static void main(String[] arguments) {
8      int groesseJulia;
9      int groesseAnna;
10     groesseAnna = 172;
11     groesseJulia = groesseAnna--;
12     System.out.println("Größe Julia = " + groesseJulia + " cm");
13     System.out.println("Größe Anna = " + groesseAnna + " cm");
14   }
15 }
```

Das Ergebnis des Programms sind unterschiedliche Werte und somit korrekt.

```
Größe Julia = 172 cm
Größe Anna = 171 cm
```

Wie die Beispiele zeigen, sollte man mit Inkrement- und Dekrement-Operatoren etwas üben, um Rechenfehler zu vermeiden.

Abbildung 13.4 Bei falscher Anwendung stellen sich leicht Rechenfehler ein.

■ 13.4 Vergleichende Operatoren

Relationale (vergleichende) Operatoren dienen, wie der Name es andeutet, dazu, Ausdrücke miteinander zu vergleichen. Auch hier wieder zunächst eine Übersicht über die verfügbaren Operatoren:

Tabelle 13.3 Vergleichende Operatoren

Operator	Bezeichnung	Beispiel	Erläuterung
==	Gleich	i == j	Vergleich auf Gleichheit
!=	Ungleich	i != j	Vergleich auf Ungleichheit
<	Kleiner	i < j	Vergleich auf kleiner
<=	Kleiner gleich	i <= j	Vergleich auf kleiner oder gleich
>	Größer	i > j	Vergleich auf größer
>=	Größer gleich	i >= j	Vergleich auf größer oder gleich

13.4.0.1 Gleichheitsoperator

Die einfachste Operation ist es zu prüfen, ob zwei Ausdrücke identisch sind. Das Ergebnis der Operation ist ein Wahrheitswert. Falls zwei Werte identisch sind, ergibt sich *true*, falls nicht, *false*.

Listing 13.12 Überprüfung zweier Werte auf Gleichheit

```
 1  //Beispielprogramme/Operatoren
 2
 3  package programmierkurs;
 4
 5  class GleichheitsoperatorDemo {
 6
 7    public static void main(String[] arguments) {
 8      int groesseAnna = 171;
 9      int groesseJulia = 172;
10      System.out.println("Sind Julia und Anna gleich groß? " +
11        (groesseJulia == groesseAnna));
12    }
13  }
```

Das Programm erzeugt die Ausgabe:

```
Sind Julia und Anna gleich groß? false
```

13.4.0.2 Ungleichheitsoperator

Wenn man überprüfen möchte, ob zwei Werte nicht identisch sind, verwendet man den Ungleichheitsoperator.

Listing 13.13 Überprüfung zweier Werte auf Ungleichheit

```
 1  //Beispielprogramme/Operatoren/UngleichheitsoperatorDemo
 2
 3  package programmierkurs;
 4
 5  class UngleichheitsoperatorDemo {
 6
 7    public static void main(String[] arguments) {
 8      int groesseAnna = 171;
 9      int groesseJulia = 172;
10      System.out.println("Sind Julia und Anna gleich groß? " +
11        (groesseJulia != groesseAnna));
12    }
13  }
```

Wie zu erwarten, erzeugt das Programm diesmal die umgekehrte Ausgabe:

```
Sind Julia und Anna gleich groß? true
```

13.4.0.3   Vergleich auf kleiner

Um herauszufinden, ob ein Ausdruck oder Wert kleiner als ein anderer ist, verwenden Sie diesen relationalen Operator. Dazu wieder ein Beispiel:

Listing 13.14 Vergleich, ob ein Wert kleiner als ein anderer ist

```
1   //Beispielprogramme/Operatoren/KleinerOperatorDemo
2
3   package programmierkurs;
4
5   class KleinerOperatorDemo {
6
7     public static void main(String[] arguments) {
8       int groesseAnna = 171;
9       int groesseJulia = 172;
10      System.out.println("Ist Anna kleiner als Julia? " +
11        (groesseAnna < groesseJulia));
12    }
13  }
```

Wie zu erwarten, erzeugt das Programm auch diesmal folgende Ausgabe:

```
Ist Anna kleiner als Julia? true
```

13.4.0.4   Vergleich auf kleiner oder gleich

Anders sieht das vorangegangene Beispiel aus, wenn Sie überprüfen wollen, ob die Werte kleiner oder gleich sind. Es reicht also schon aus, dass die Werte gleich oder kleiner sind, damit die Aussage wahr ist (Listing 13.15).

Listing 13.15 Vergleich, ob ein Wert kleiner oder gleich einem anderen ist

```
1   //Beispielprogramme/Operatoren/KleinerOderGleichOperatorDemo
2
3   package programmierkurs;
4
5   class KleinerOderGleichOperatorDemo {
6
7     public static void main(String[] arguments) {
8       int groesseAnna = 171;
9       int groesseJulia = 172;
10      System.out.println("Ist Anna kleiner gleich Julia? " +
11        (groesseAnna <= groesseJulia));
12    }
13  }
```

Das Programm erzeugt die folgende Ausgabe:

```
Ist Anna kleiner gleich Julia? true
```

13.4.0.5 Vergleich auf größer

Um herauszufinden, ob ein Ausdruck oder Wert größer als ein anderer ist, müssen Sie diesen relationalen Operator einsetzen. Das Beispiel erzeugt diesmal natürlich eine entgegengesetzte Ausgabe, da beide Vergleiche keine wahren Aussagen ergeben:

Listing 13.16 Vergleich, ob ein Wert größer als ein anderer ist

```
1  //Beispielprogramme/Operatoren/GroesserOperatorDemo
2
3  package programmierkurs;
4
5  class GroesserOperatorDemo {
6
7    public static void main(String[] arguments) {
8      int groesseAnna = 171;
9      int groesseJulia = 172;
10     System.out.println("Ist Julia größer als Anna? " +
11        (groesseJulia > groesseAnna));
12   }
13 }
```

13.4.0.6 Vergleich auf größer oder gleich

Wenn Sie überprüfen wollen, ob Werte größer oder gleich sind, verwenden Sie den Größer-Gleich-Operator. Hier reicht es ebenfalls aus, dass die Werte entweder kleiner oder gleich sind, damit die Aussage wahr ist (Listing 13.17).

Listing 13.17 Vergleich, ob Werte größer oder gleich sind

```
1  //Beispielprogramme/Operatoren
2
3  package programmierkurs;
4
5  class GroesserOderGleichOperatorDemo {
6
7    public static void main(String[] arguments) {
8      int groesseAnna = 171;
9      int groesseJulia = 172;
10     System.out.println("Ist Julia größer oder gleich Anna? " +
11        (groesseJulia >= groesseAnna));
12   }
13 }
```

Der Vergleich führt zu folgendem Ergebnis:

```
Ist Julia größer oder gleich Anna? true
```

■ 13.5   Logische Operatoren

Diese Operatoren setzen Sie ein, um Wahrheitswerte miteinander zu vergleichen. Folgende Operatoren sind in Java verfügbar:

Tabelle 13.4 Logische Operatoren

Operator	Bezeichnung	Beispiel	Erläuterung
!	Nicht	!i	Negation
&&	Und	i && i	Und-Verknüpfung
||	Oder	i || i	Oder-Verknüpfung

13.5.1   Nicht-Operator

Um eine wahre Aussage umzukehren, verwendet man den Nichtoperator. Das Beispiel hierzu vergleicht zwei Variablen miteinander. Das Ergebnis dieses Vergleichs ist nicht wahr, da beide unterschiedliche Werte besitzen. Der Nichtoperator stellt diese Aussage auf den Kopf (Inversion), und daher ist das Endergebnis *true*.

Listing 13.18 Der Nicht-Operator invertiert eine Aussage.

```
1   //Beispielprogramme/Operatoren/NichtOperatorDemo
2
3   package programmierkurs;
4
5   class NichtOperatorDemo {
6
7     public static void main(String[] arguments) {
8       int groesseAnna = 171;
9       int groesseJulia = 172;
10      System.out.println("Sind Julia und Anna unterschiedlich groß? " +
11        (!(groesseJulia == groesseAnna)));
12    }
13  }
```

```
Sind Julia und Anna unterschiedlich groß? true
```

13.5.2   Und-Operator

Im ersten Schritt versucht nachfolgendes Programm herauszufinden, ob *groesseAnna* kleiner als *groesseJulia* ist. Das Ergebnis ist eine *wahre* Aussage. Im zweiten Schritt überprüft es nochmals die Variablen *groesseAnna* und *groesseJulia* auf Gleichheit. Das Ergebnis ist eine *falsche* Aussage. Der Und-Operator verknüpft eine wahre und eine falsche Aussage so, dass das Endergebnis *false* entsteht.

Listing 13.19 Eine Und-Verknüpfung zweier Aussagen

```
1   //Beispielprogramme/Operatoren/UndOperatorDemo
2
3   package programmierkurs;
4
5   class UndOperatorDemo {
6
7     public static void main(String[] arguments) {
8   s    int groesseAnna = 171;
9        int groesseJulia = 172;
10       System.out.println(" Ist Anna kleiner Julia UND"
11           + " ist Anna gleich Julia? " +
12           ((groesseAnna < groesseJulia) &&
13           (groesseAnna == groesseJulia)));
14     }
15   }
```

```
Ist Anna kleiner Julia UND ist Anna gleich Julia? false
```

Abbildung 13.5 Robert hasst Logikfehler in Programmen.

13.5.2.1 Oder-Operator

Nochmals dieselbe Konstellation, aber diesmal mit einer Oder-Verknüpfung. Das Ergebnis des ersten Ausdrucks ist eine *falsche* Aussage. Das Ergebnis des zweiten Ausdrucks ist eine *wahre* Aussage. Es reicht, wenn eine der beiden Aussagen wahr ist, damit eine Oder-Verknüpfung ein wahres Ergebnis zurückliefert. Aus diesem Grund entsteht das Endergebnis *true*.

Listing 13.20 Diese Oder-Verknüpfung liefert ein wahres Ergebnis.

```
 1  //Beispielprogramme/Operatoren
 2
 3  package programmierkurs;
 4
 5  class OderOperatorDemo {
 6
 7    public static void main(String[] arguments) {
 8      int groesseAnna = 171;
 9      int groesseJulia = 172;
10      System.out.println(" Ist Anna kleiner Julia ODER"
11          + " ist Anna gleich Julia? " +
12          ((groesseAnna < groesseJulia) ||
13          (groesseAnna == groesseJulia)));
14    }
15  }
```

```
Ist Anna kleiner Julia ODER ist Anna gleich Julia? true
```

■ 13.6 Bitweise Operatoren

Bitweise Operatoren dienen dazu, Manipulationen auf der niedrigsten Ebene einer Speicherzelle, der Bitebene, durchzuführen (Tabelle 13.5). Sie sind für den Einstieg in Java nicht notwendig. Daher möchte ich auf diese Operatoren hier nicht näher eingehen.

Tabelle 13.5 Bitweise Operatoren

Operator	Bezeichnung	Beispiel	Erläuterung
|	Bitweises Oder	i | i	Bitweises Oder
&	Bitweises Und	i & i	Bitweises Und
^	Exklusives Oder	i ^ i	Bitweises exklusives Oder
»	Rechtsschieben mit Vorzeichen	i » 2	Rechtsverschiebung
»>	Rechtsschieben ohne Vorzeichen	i »> 2	Rechtsverschiebung ohne Vorzeichenwechsel
«	Linksschieben mit Vorzeichen	i « 2	Linksverschiebung

■ 13.7 Zuweisungsoperatoren

Zuweisungsoperatoren dienen, wie ihr Name andeutet, dazu, Werte zuzuweisen. Java besitzt im Wesentlichen die von C/C++ bekannten Operatoren, die die Tabelle 13.6 zusammenfasst. Die Zuweisungsoperatoren bieten hier nicht Neues, sondern kombinieren nur die bisher bekannten Operatoren und die Zuweisung, so dass man sich beim Schreiben eines Programms eine Zeile sparen kann. Die Lesbarkeit des Programms lässt jedoch zu wünschen übrig.

Tabelle 13.6 Zuweisungsoperatoren

Operator	Bezeichnung	Beispiel	Erläuterung
=	Zuweisung	i = 1	i erhält den Wert 1.
+=	Additionszuweisung	i += 1	i = i + 1
-=	Subtraktionszuweisung	i -= 1	i = i - 1
*=	Produktzuweisung	i *= 1	i = i * 1
/=	Divisionszuweisung	i /= 1	i = i / 1
%=	Modulozuweisung	i %= 1	i = i % 1
&=	Und-Zuweisung	i &= 1	i = i & 1
|=	Oder-Zuweisung	i |= 1	i = i | 1
^=	Exklusiv-Oder-Zuweisung	i ^= 1	i = i ^1
«=	Linksschiebezuweisung	i <<= 1	i = i << 1
»=	Rechtsschiebezuweisung	i >>= 1	i = i >> 1
»>=	Rechtsschiebezuweisung mit Nullexpansion	i >>>= 1	i = i >>> 1

13.8 Fragezeichenoperator

Der Fragezeichenoperator ist eine extreme Kurzform einer Verzweigung. Verzweigungen stellt Ihnen Kapitel 14, »Verzweigungen«, noch ausführlich vor. Wegen seiner schlechten Lesbarkeit setzt der einzige dreistellige Java-Operator etwas Programmierübung voraus. Ein Beispiel in Listing 13.21 zeigt, wie die Überprüfung eines Ergebnisses mithilfe dieses Operators aussieht.

Listing 13.21 Der Fragezeichenoperator ersetzt eine Verzweigung.

```
//Beispielprogramme/Operatoren

package programmierkurs;

class FragezeichenoperatorDemo {

  public static void main(String[] arguments) {

    // Person "Anna"
    Person anna = new Person("Anna", true);
    // Person "Robert"
    Person robert = new Person("Robert", false);
    String studentenstatus = null; // Zustand in Textform

    // Statustext zuweisen
    studentenstatus =
      (anna.isStudent() ? "ein(e) Student(in)" : "kein(e) Student(in)");
    System.out.println(anna.getName() + " ist " + studentenstatus);

```

```
20      // Statustext zuweisen
21      studentenstatus =
22       (robert.isStudent() ? "ein(e) Student(in)" : "kein(e) Student(in)");
23      System.out.println(robert.getName() + " ist " + studentenstatus);
24    }
25  }
```

Das Programm gibt nacheinander folgende Ergebnisse aus:

```
Anna ist immatrikuliert
Robert ist nicht immatrikuliert
```

Zuerst prüft das Beispielprogramm, ob die Variable *checked* den Wert *true* besitzt. Falls das der Fall ist, weist sie der Variablen *state* das Pluszeichen zu, falls nicht, das Minuszeichen. Die Langform des Programms finden Sie in Kapitel 14, »Verzweigungen«, in Abschnitt 14.3, »If-Verzweigung«.

■ 13.9   New-Operator

Zum Erzeugen von Objekten dient der new-Operator, den bereits ausgiebig alle Beispiele verwendet haben. Ich habe ihn hier der Vollständigkeit halber nochmals aufgeführt. Er führt eine Operation aus, die dazu dient, ein neues Objekt zu erzeugen, und gehört deswegen auch zu den Operatoren. Das nachfolgende Listing definiert eine Klasse für Objekte des Typs *Person*.

Listing 13.22 Die Klasse »Person« definiert eine Person.

```
1  //Beispielprogramme/Operatoren
2
3  package programmierkurs;
4
5  public class Person {
6
7    String name;
8
9    public Person(String name) {
10      this.name = name;
11    }
12
13    public String getName() {
14      return name;
15    }
16  }
```

Folgendes Programm erzeugt erneut das Personen-Objekt namens »Julia« und gibt im Anschluss daran den Namen der Studentin aus.

Listing 13.23 Das Erzeugen eines neuen Objekts mit dem New-Operator

```
 1  //Beispielprogramme/Operatoren
 2
 3  package programmierkurs;
 4
 5  public class NewOperatorDemo {
 6
 7    public static void main(String[] arguments) {
 8      Person julia = new Person("Julia");
 9      System.out.println("Die Person heißt " + julia.getName());
10    }
11  }
```

■ 13.10 Cast-Operator

Das Umwandeln eines Datentyps wird Ihnen Kapitel 22, »Gesetzmäßigkeiten«, genauer vorstellen. An dieser Stelle erfolgt ein kleiner Vorgriff auf dieses Kapitel. Der Cast-Operator wandelt eine Variable in eine andere um (engl. cast: besetzen). Das ist in manchen Situationen erforderlich, wie nachfolgendes Beispiel zeigt. Die Klasse *Wesen* soll als Basis für die Klassen *Mensch* und *Roboter* dienen (Listing 13.24).

Listing 13.24 Die Basisklasse »Wesen«

```
 1  package programmierkurs;
 2
 3  public class Wesen {
 4
 5    private String name;
 6
 7    public Wesen(String name) {
 8      super();
 9      this.name = name;
10    }
11
12    public String getName() {
13      return name;
14    }
15  }
```

Die Klasse *Roboter* erbt das Attribut *name* neben der entsprechenden Abfragemethode (Listing 13.25).

Listing 13.25 Die abgeleitete Klasse »Roboter«

```
1  package programmierkurs;
2
3  public class Roboter extends Wesen {
4
5    public Roboter(String name) {
6      super(name);
7    }
8  }
```

Die Klasse *Mensch* erbt wie die Klasse *Roboter* das Attribut *name* neben der entsprechenden Abfragemethode. Sie erweitert aber die Basisklasse um die Attribute *vorname*, *nachname* und *student* (Listing 13.26).

Listing 13.26 Die abgeleitete Klasse »Mensch«

```
1  package programmierkurs;
2
3  public class Mensch extends Wesen {
4
5    String vorname;
6    String nachname;
7    boolean student;
8
9    public Mensch(String vorname, String nachname, boolean student) {
10     super(vorname + " " + nachname);
11     this.vorname = vorname;
12     this.nachname = nachname;
13     this.student = student;
14   }
15
16   public String getVorname() {
17     return vorname;
18   }
19
20   public String getNachname() {
21     return nachname;
22   }
23
24   public boolean isStudent() {
25     return student;
26   }
27 }
```

Im Programm *CastOperatorDemo* kommen alle Klassen zusammen (Listing 13.27). Um in unserem Programmierkurs Maschinenwesen wie »Robert« und Menschen wie »Anna« zusammen zu verwalten, legt das Programm ein Array aus Objekten des Typs *Wesen* an

(Zeile 9). In Zeile 11 und 12 erzeugt das Programm ein Objekt des Typs *Mensch* und eines des Typs *Roboter* und weist beide dem Array zu.

Listing 13.27 Eine Typkonvertierung von »Wesen« nach »Mensch«

```
1   //Beispielprogramme/Operatoren
2
3   package programmierkurs;
4
5   public class CastOperatorDemo {
6
7     public static void main(String[] arguments) {
8
9       Wesen kursmitglied[] = new Wesen[2];
10
11      kursmitglied[0] = new Mensch("Anna", "Seitz", true);
12      kursmitglied[1] = new Roboter("Robert");
13
14      System.out.println("Die Studentin heißt "
15        + ((Mensch) kursmitglied[0]).getVorname());
16      System.out.println("Ihr Studentenstatus ist "
17        + ((Mensch) kursmitglied[0]).isStudent());
18      System.out.println("Der Roboter heißt "+ kursmitglied[1].getName());
19    }
20  }
```

Ein Objekt des Typs *Wesen* hat jedoch keine Methoden *getVorname()*, *getNachname()* und *isStudent()*. Um auf diese Methoden für die Ausgabe des Vornamens und des Status der Studentin zuzugreifen, führt das Programm mithilfe des Cast-Operators in Zeile 15 und 17 eine Typumwandlung aus. Das ist nichts Unerlaubtes, denn das Objekt ist ja eigentlich vom Typ *Mensch*. Der Zugriff führt daher zu keinem Compiler- oder Laufzeitfehler.

13.11 Zugriffsoperatoren

13.11.1 Punktoperator

Mit dem Punktoperator, den dieses Buch bereits oftmals verwendet hat, lässt sich auf Variablen und Methoden eines Objekts sowie auf Klassenvariablen und -methoden zugreifen. Die Syntax ist dabei wie folgt: Links vom Punktoperator geben Sie das Objekt oder die Klasse an. Rechts vom Punktoperator steht die Variable oder Methode, auf die Sie zugreifen wollen. Am Beispiel der Klasse *Person* und der Klasse *Anrede* wird deutlich, wie man den Operator verwendet (Listing 13.28).

Listing 13.28 Die Verwendung des Punktoperators

```
1   Person roth = new Person(Geschlecht.MAENNLICH, "Karsten Roth");
2   roth.setGroesse(184);
```

Der Programmausschnitt erzeugt ein Objekt des Typs *Person*. Hierbei übergibt der Konstruktor die Anrede der Person. Die Anrede ist ein Aufzählungstyp, dessen Klassendefinition Sie in Listing 13.29 finden. Auf die Elemente der Aufzählung greifen Sie mit dem Punktoperator zu. In der darunter liegenden Zeile ruft das Programm eine Änderungsmethode der Klasse *Person* auf. Auch dies geschieht wieder mit dem Punktoperator, indem zuerst das Objekt, dann der Operator und danach die Methode folgt.

Listing 13.29 Die Verwendung des Punktoperators

```
 1  package programmierkurs;
 2
 3  public enum Geschlecht {
 4    WEIBLICH("Weiblich"),
 5    MAENNLICH("Männlich"),
 6    SAECHLICH("Sächlich");
 7
 8    private String name;
 9
10    Geschlecht(String name) {
11      this.name = name;
12    }
13
14    @Override
15    public String toString() {
16      return name;
17    }
18  }
```

13.11.2 Lambda-Operator

Mit Java 8 führte der Java-Erfinder Sun Microsystems Lambda-Ausdrücke ein. Lambda-Ausdrücke sind eine extreme Kurzschreibweise, um anonyme Klassen zu erzeugen. Um diese zu verwenden, bedarf es eines Lambda-Operators. Folgendes Beispiel ist ein Vorgriff auf Kapitel 14, »Verzweigungen«, Abschnitt 14.5.4, »Lambda-Operator«. Der Operator wird dort anhand der Verzweigung ausführlich erklärt.

Listing 13.30 Der Lambda-Operator ersetzt eine anonyme Klasse.

```
 1  //Beispielprogramme/Verzweigungen
 2
 3  package programmierkurs;
 4
 5  public class LambdaOperatorDemo {
 6
 7    static String ermittlePerson(int groesse) {
 8      return switch(groesse) {
 9        case 171 -> "Anna";
10        case 172 -> "Julia";
11        case 184 -> "Prof. Roth";
```

```
12          default -> "Keine Ahnung";
13        };
14      }
15
16      public static void main(String[] args) {
17        System.out.println("Welche Körpergröße gehört zu welcher Person?");
18        System.out.println("171 cm: " + ermittlePerson(171));
19        System.out.println("172 cm: " + ermittlePerson(172));
20        System.out.println("184 cm: " + ermittlePerson(184));
21        System.out.println("190 cm: " + ermittlePerson(190));
22      }
23    }
```

■ 13.12 Zusammenfassung

Java verfügt über arithmetische, vergleichende, logische und Zuweisungsoperatoren. Weiterhin gibt es Operatoren zur Bitmanipulation, zum Erzeugen von Objekten und zur Typumwandlung. Die Zugriffsoperatoren Punkt- und Lambda-Operator runden das Spektrum der Operatoren ab, die die Programmiersprache Java zur Verfügung stellt.

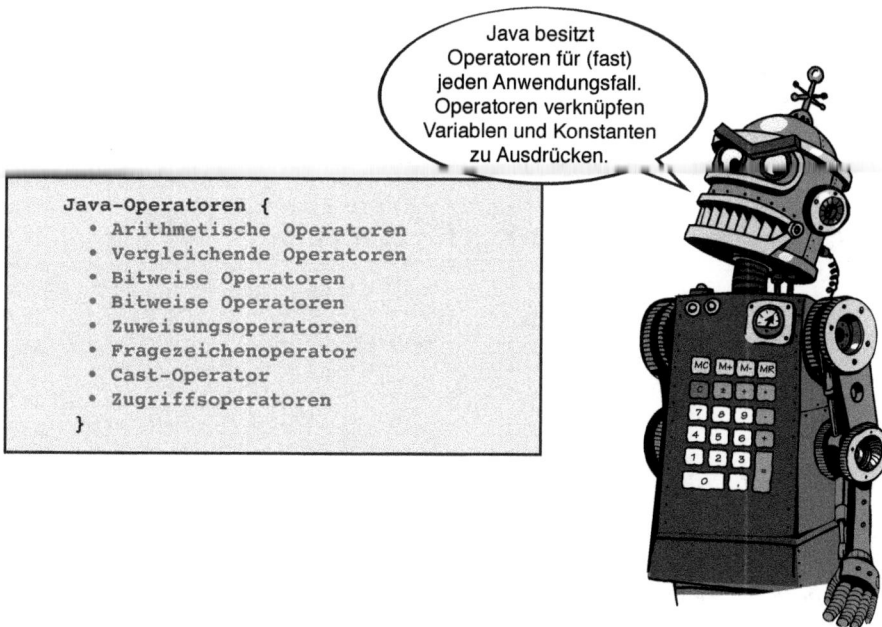

Abbildung 13.6 Robert liebt besonders die maschinennahen Operatoren.

■ 13.13   Übungen

Diese Übung baut wie die anderen Übungen zuvor auf dem letzten Kapitel auf. Es erweitert das Programm namens *Programmdemo* mithilfe der Eclipse IDE um weitere Methoden. Sofern Sie Java mit der Eclipse-Entwicklungsumgebung nicht bereits installiert haben, holen Sie das jetzt nach. Die Anleitung dazu befindet sich in Kapitel 4, »Entwicklungsumgebung«, unter dem Abschnitt 4.2, »Installation«.

13.13.1   Eclipse starten

Starten Sie die Eclipse IDE, falls Sie die Entwicklungsumgebung nicht bereits geöffnet haben. Die Eclipse IDE sollte Ihnen wieder den ECLIPSE IDE LAUNCHER mit den letzten Workspace namens *Uebungen* präsentierten. Sofern das der Fall ist, starten Sie Eclipse mit diesem Workspace über einen Klick auf die Schaltfläche LAUNCH (Abbildung 13.7). Falls nicht, wechseln Sie wieder zum Workspace namens *Uebungen*.

Arbeitsverzeichnis »Uebungen«

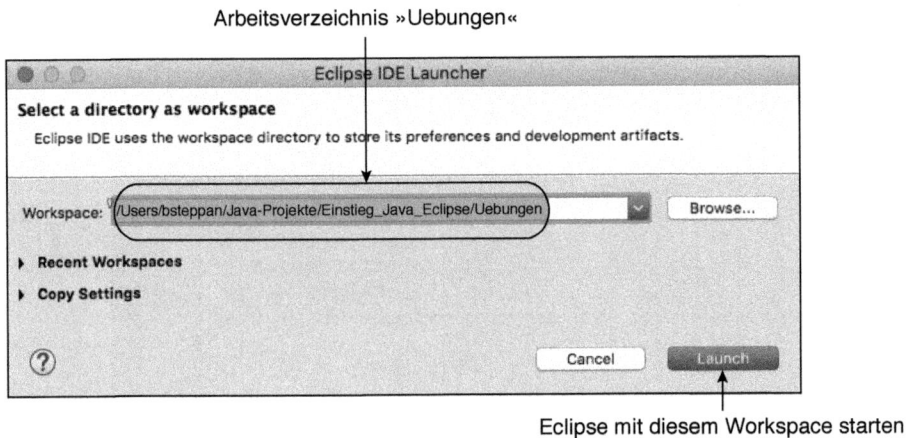

Eclipse mit diesem Workspace starten

Abbildung 13.7 Starten von Eclipse mit dem vorherigen Workspace

13.13.2   Projekt kopieren

Da diese Übung auf den vorhergehenden Übungen aufbaut, ist es erforderlich, das Projekt des letzten Kapitels zu kopieren. Führen Sie dazu einen Rechtsklick auf den Projektknoten des Projekts *Methoden* im PACKAGE EXPLORER aus und wählen aus dem Kontextmenü, das daraufhin erscheint, den Befehl COPY aus. Führen Sie dann auf eine freie Fläche im PACKAGE EXPLORER erneut einen Rechtsklick aus und wählen aus dem Kontextmenü diesmal PASTE aus.

Tragen Sie in dem Dialog, der danach erscheint, als neuen Projektnamen *Operatoren* ein. Die restlichen Einstellungen des Dialogs können Sie erneut so belassen, wie von Eclipse vorbelegt. Klicken Sie nun auf die Schaltfläche COPY, um die Kopieraktion zu starten. Sie erhalten erneut eine komplette Kopie des Projekts der letzten Übung. Dieses Mal sollte es jedoch die fünf Klassen *Anrede, Mensch, Programmdemo, Roboter* und *Wesen* sein. Das Projekt müsste der Abbildung 13.8 entsprechen.

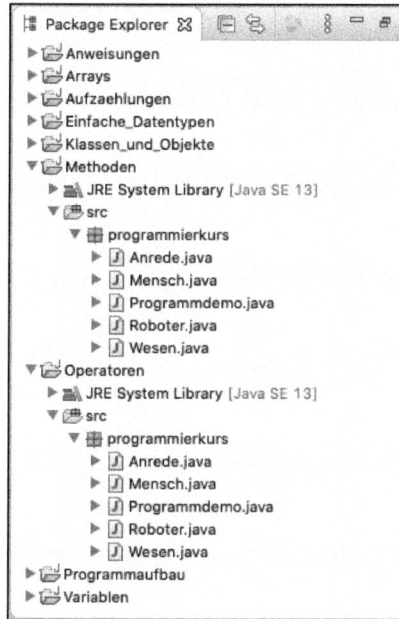

Abbildung 13.8 Die neue Kopie des Projekts

13.13.3 Dateien schließen

Schließen Sie nun sämtliche offenen Dateien im Editor auf der rechten Seite der Entwicklungsumgebung, um Verwechslungen mit dem Projekt des vorigen Kapitels *Methoden* zu vermeiden. Wenden Sie dazu wieder die Funktion des Hauptmenüs FILE → CLOSE ALL an. Oder führen Sie einen Rechtsklick auf die Titelleiste des Editors durch und wählen aus dem Kontextmenü CLOSE ALL aus.

13.13.4 Methode »ermittleStudentenstatus()« erzeugen

Klappen Sie nun das Projekt OPERATOREN auf und führen einen Doppelklick auf die Klasse *Programmdemo* im PACKAGE EXPLORER durch. Die Klasse sollte sich daraufhin rechts im Eclipse-Editor öffnen. Fügen Sie danach die statische Methode *ermittleStudentenstatus(boolean student)* oberhalb der Methode *main()* ein. Sie sollte so aufgebaut sein, wie es Listing 13.31 zeigt.

Listing 13.31 Die Methode »ermittleStudentenstatus()«.

```
5    private static String ermittleStudentenstatus(boolean student) {
6      String studentenstatus =
7          ((student) ? "immatrikuliert" : "nicht immatrikuliert");
8      return studentenstatus;
9    }
```

Die Methode besteht im Prinzip nur aus der Anwendung des Fragezeichenoperators. Sie
bekommt einen bool'schen Wert *student* für den Studentenstatus als Parameter übermittelt. Die Anweisung in Zeile 6 weist der Variablen *studentenstatus* die Zeichenkette *immatrikuliert* zu, falls der Parameter *student* auf *true* gesetzt ist. Im anderen Fall bekommt
studentstatus die Zeichenkette *nicht immatrikuliert* zugewiesen.

13.13.5   Methode »main()« verändern

Verändern Sie danach die Methode *main()* gemäß Listing 13.32. Die Zeilen 20 und 27 rufen
zur Ausgabe des Studentenstatus jetzt die Methode *ermittleStudentenstatus(boolean student)*
auf, die Sie im Abschnitt zuvor implementiert haben. Die Methode bekommt als Parameter
den Studentenstatus der Person übergeben.

Listing 13.32 Die erweiterte Klasse »Wesen« mit neuen Methoden

```
11    public static void main(String[] arguments) {
12
13      Wesen kursmitglied[] = new Wesen[6];
14
15      kursmitglied[0] =
16        new Mensch(Anrede.PROFESSOR, "Karsten Roth");
17
18      System.out.println(kursmitglied[0].getAnrede() + " "
19        + kursmitglied[0].getName() + " ist "
20        + ermittleStudentenstatus(((Mensch) kursmitglied[0]).isStudent()));
21
22      kursmitglied[1] =
23        new Mensch(Anrede.STUDENTIN, "Anna", "Seitz", true);
24
25      System.out.println(kursmitglied[1].getAnrede() + " "
26        + kursmitglied[1].getName() + " ist "
27        + ermittleStudentenstatus(((Mensch) kursmitglied[1]).isStudent()));
28    }
```

Wenn Sie die Änderung genauso umgesetzt haben, stellen Sie fest, dass Eclipse die Zeile 23
bemängelt. Hier erfolgt ein Aufruf des Konstruktors der Klasse *Mensch* mit drei Parametern.

13.13.6   Konstruktor der Klasse »Mensch« erzeugen

Im nächsten Schritt soll die Klasse *Mensch* einen neuen Konstruktor bekommen. Die bisherigen Konstruktoren haben zwei und fünf Parameter. Der neue Konstruktor soll über die

vier Parameter *anrede, vorname, nachname* und *student* verfügen. Bewegen Sie dazu den Mauszeiger auf die Fehlermeldung in der Klasse *Programmdemo*, bis ein Fenster mit »Quick Fixes« erscheint (Abbildung 13.9). Klicken Sie danach auf den Link CREATE CONSTRUCTOR am unteren Ende des Fensters.

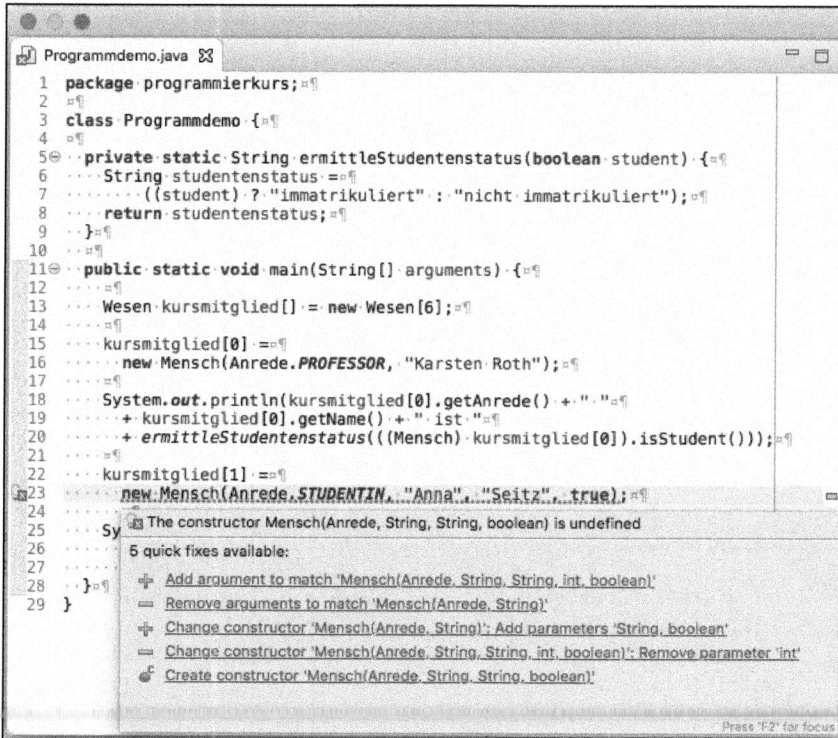

Abbildung 13.9 Konstruktor der Klasse »Mensch« erzeugen

Durch den Klick auf den Link öffnet Eclipse die Klasse *Mensch* und fügt eine rudimentäre Hülle für den neuen Konstruktor ein.

13.13.7 Konstruktor »Mensch« implementieren

Wie schon beim Konstruktor mit fünf Parametern muss auch dieser Konstruktor über *super()* den Konstruktor der Basisklasse aufrufen und die übergebenen Parameter dabei durchschleifen. Fügen Sie zudem in Zeile 16 bis 18 die Anweisungen ein, die die Attribute auf die Werte setzen, die der Methode übergeben worden sind. Ist diese Implementierung erledigt, sollte der Konstruktor der Klasse *Mensch* gemäß Listing 13.33 aussehen.

Listing 13.33 Der neue Konstruktor der Klasse »Mensch« mit vier Parametern

```
13    public Mensch(Anrede anrede, String vorname, String nachname,
14        boolean student) {
15      super(anrede, vorname + " " + nachname);
```

```
16        this.vorname = vorname;
17        this.nachname = nachname;
18        this.student = student;
19    }
```

Speichern Sie nun das komplette Projekt über den Befehl des Hauptmenüs FILE → SAVE ALL. Nach dem Speichern sollte der vorhandene Fehler in der Hauptklasse *Programmdemo* verschwunden sein. Kontrollieren Sie danach eventuelle Abweichungen im Quellcode im nächsten Schritt.

13.13.8 Klasse »Programmdemo« kontrollieren

Führen Sie einen Doppelklick auf die Klasse *Programmdemo* aus und vergleichen Sie den Quellcode Ihrer Klasse mit Listing 13.34. Ist alles korrekt? Ist die Klasse fehlerfrei und die Methode *ermittleStudentenstatus()* an der richtigen Stelle? Wenn ja, können Sie das Programm wie gewohnt starten.

Listing 13.34 Die erweiterte Klasse »Wesen« mit neuen Methoden

```
1    package programmierkurs;
2
3    class Programmdemo {
4
5      private static String ermittleStudentenstatus(boolean student) {
6        String studentenstatus =
7            ((student) ? "immatrikuliert" : "nicht immatrikuliert");
8        return studentenstatus;
9      }
10
11     public static void main(String[] arguments) {
12
13       Wesen kursmitglied[] = new Wesen[6];
14
15       kursmitglied[0] =
16         new Mensch(Anrede.PROFESSOR, "Karsten Roth");
17
18       System.out.println(kursmitglied[0].getAnrede() + " "
19         + kursmitglied[0].getName() + " ist "
20         + ermittleStudentenstatus(((Mensch) kursmitglied[0]).isStudent()));
21
22       kursmitglied[1] =
23         new Mensch(Anrede.STUDENTIN, "Anna", "Seitz", true);
24
25       System.out.println(kursmitglied[1].getAnrede() + " "
26         + kursmitglied[1].getName() + " ist "
27         + ermittleStudentenstatus(((Mensch) kursmitglied[1]).isStudent()));
28     }
29   }
```

13.13.9   Programm starten

Führen Sie nun einen Rechtsklick auf den Quellcode *Programmdemo.java* des Beispiels im Package Explorer oder im Editor aus und wählen aus dem Kontextmenü, das daraufhin erscheint, folgenden Befehl aus: Run As → Java Application. Eclipse erzeugt durch diesen Befehl automatisch eine neue Startkonfiguration für das Programm und führt es aus. Wenn alles wie beschrieben verlaufen ist, sollten im Fenster Console der Eclipse-Workbench folgender Text erscheinen:

```
Professor Karsten Roth ist nicht immatrikuliert
Studentin Anna Seitz ist immatrikuliert
```

Sie haben in diesem Beispiel gesehen, dass man mithilfe des Fragezeichenoperators Fallunterscheidungen durchführen kann. In diesem Beispiel wandelt das Programm eine bool'sche Variable in eine Zeichenkette um. Das Programm führt hierbei eine Unterscheidung durch, ob eine Person immatrikuliert ist oder nicht. In Abhängigkeit diese Zustands hat das Programm die Ausgabe entsprechend verändert.

13.13.10   Startkonfiguration anpassen

Passen Sie zum Schluss wieder die automatisch erzeugte Startkonfiguration an. Rufen Sie dazu unter Run → Run Configurations den entsprechenden Dialog auf und geben der Konfiguration wieder einen eindeutigen Namen wie zum Beispiel *Programmdemo (Operatoren)*. Wenn das der Fall ist, ist diese Übung beendet. Lösen Sie danach noch die abschließenden Aufgaben.

13.14   Aufgaben

- Welche Operatorenarten gibt es in Java?
- Wie ist der Unterschied zwischen Pre- und Postdekrement-Operator?
- Welche Aufgabe hat der new-Operator?
- Welche Zugriffsoperatoren gibt es in Java?

Die Lösungen zu den Aufgaben finden Sie in Kapitel 25, »Lösungen«, ab Seite 600.

13.15   Literatur

Operatoren: *https://docs.oracle.com/javase/tutorial/java/nutsandbolts/opsummary.html*

14 Verzweigungen

■ 14.1 Einleitung

Bis jetzt fehlten den Java-Programmen dieses Buchs sogenannte Verzweigungen. Der Name hört sich irgendwie nach Baumschule an, und daher kommt der Fachbegriff auch. Durch Verzweigungen trifft das Programm die Entscheidung, entweder den einen oder den anderen Ast eines Programms auszuführen. Verzweigungen steuern also den Programmfluss. Wie das funktioniert und welche verschiedenen Verzweigungsarten in Java zur Verfügung stehen, stellt Ihnen dieses Kapitel vor.

Abbildung 14.1 Florian hasst Kontrolle, findet Verzweigungen aber echt cool.

14.2 Überblick

Verzweigungen dienen dazu, den Programmfluss zu steuern. Sie gehören daher – wie Schleifen – zu den Kontrollstrukturen eines Programms. Ein Beispiel für eine Verzweigung sehen Sie in Abbildung 14.2. Hier soll zu Anfang dort, wo sich die grüne Raute befindet, entschieden werden, ob die Person an einer Hochschule eingeschrieben ist. Das Programm unterscheidet in diesem Beispiel zwischen zwei Fällen: Die Person ist ein Student oder eine Studentin, und die Person ist kein Student oder eine Studentin. In jedem Fall soll das Programm unterscheiden können, ob die Person immatrikuliert ist oder nicht.

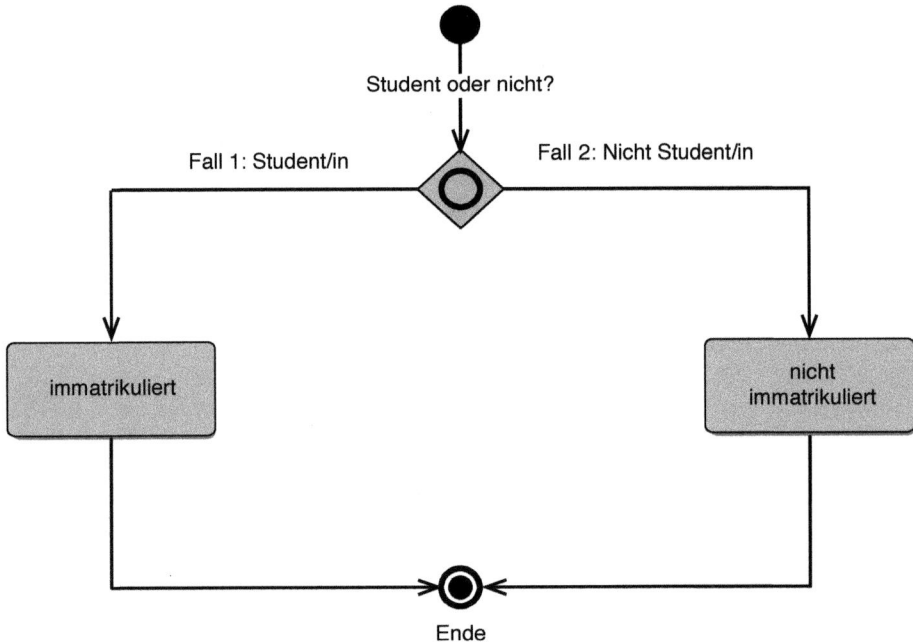

Abbildung 14.2 Ein Beispiel für eine Programmverzweigung

Das Beispiel hat gezeigt, dass eine Programmiersprache über mindestens eine Möglichkeiten verfügen muss, solche Fallunterscheidungen zu treffen, um den Programmfluss zu steuern. Java hat mit der If- und Case-Anweisung zwei Konstrukte von C/C++ übernommen. Die If-Anweisung lässt einfache Unterscheidungen zu, während die Case-Anweisung zwischen mehreren Zuständen differenzieren kann. Nachfolgend erfahren Sie anhand einiger Beispiele, wie Sie beide Konstrukte verwenden.

14.3 If-Verzweigung

Die If-Verzweigung des folgenden Beispiels kommt Ihnen vielleicht bekannt vor und ist tatsächlich fast eine Dublette des Programm aus Abschnitt 13.8 des Kapitels 13, »Operatoren«.

Hier soll überprüft werden, ob der Wert *student* gültig, das heißt wahr ist. Falls das der Fall ist, bekommt die Variable *studentenstatus* den Wert *immatrikuliert* zugewiesen, andernfalls *nicht immatrikuliert.*

Listing 14.1 Zwei If-then-else-Konstrukte

```
1  //Beispielprogramme/Verzweigungen
2
3  package programmierkurs;
4
5  class IfThenElseDemo {
6
7    static String ermittleStudentenstatus(boolean student) {
8      if (student)
9        return "immatrikuliert";
10     else
11       return "nicht immatrikuliert";
12   }
13
14   public static void main(String[] arguments) {
15
16     // Person "Anna"
17     Person anna = new Person("Anna", true);
18     String studentenstatus = ermittleStudentenstatus(anna.isStudent());
19     System.out.println(anna.getName() + " ist " + studentenstatus);
20
21     // Person "Robert"
22     Person robert = new Person("Robert", false);
23     studentenstatus = ermittleStudentenstatus(robert.isStudent());
24     System.out.println(robert.getName() + " ist " + studentenstatus);
25   }
26 }
```

Die Anweisungen werden in diesem Programm zweimal mit unterschiedlichem Ergebnis ausgeführt, da die beiden Personen Anna und Robert jeweils einen anderen Status haben. Das Ergebnis des Programms lautet:

```
Anna ist immatrikuliert
Robert ist nicht immatrikuliert
```

14.4 Fragezeichenoperator-Verzweigung

Hier nochmals das gleiche Beispiel mit dem Fragezeichenoperator. Auch hier soll überprüft werden, ob der Wert *student* gültig, das heißt wahr ist. Falls das der Fall ist, bekommt die Variable *studentenstatus* den Wert *immatrikuliert* zugewiesen, andernfalls *nicht immatrikuliert.*

Listing 14.2 Eine Verzweigung mittels Fragezeichenoperator

```
 1  //Beispielprogramme/Verzweigungen
 2
 3  package programmierkurs;
 4
 5  class FragezeichenOperatorDemo {
 6
 7    static String ermittleStudentenstatus(boolean student) {
 8      String studentenstatus =
 9        ((student) ? "immatrikuliert" : "nicht immatrikuliert");
10      return studentenstatus;
11    }
12
13    public static void main(String[] arguments) {
14
15      // Person "Anna"
16      Person anna = new Person("Anna", true);
17      String studentenstatus = ermittleStudentenstatus(anna.isStudent());
18      System.out.println(anna.getName() + " ist " + studentenstatus);
19
20      // Person "Robert"
21      Person robert = new Person("Robert", false);
22      studentenstatus = ermittleStudentenstatus(anna.isStudent());
23      System.out.println(robert.getName() + " ist " + studentenstatus);
24    }
25  }
```

Die Anweisungen werden in diesem Programm zweimal mit unterschiedlichem Ergebnis ausgeführt, da die beiden Personen Anna und Robert jeweils einen anderen Status haben. Das Ergebnis des Programms lautet erneut:

```
Anna ist immatrikuliert
Robert ist nicht immatrikuliert
```

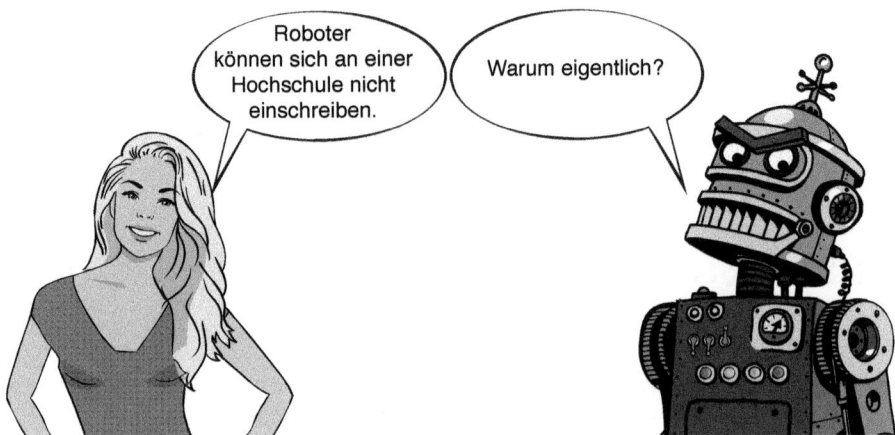

Abbildung 14.3 Roboter sind keine Studenten.

14.5 Switch-Verzweigung

14.5.1 Beschränkung auf wenige Datentypen

Wenn man sehr viele Möglichkeiten einer Programmverzweigung hat, werden If-Verzweigungen als Lösung schnell unübersichtlich. Als Ersatz bietet sich dann die Switch-Anweisung an. Allerdings darf die Variable, die dem Schlüsselwort *switch* folgt, nur vom Typ *char, byte, short, int, enum* oder *String* (seit Java 7) sein. Ein Wahrheitswert ist beispielsweise nicht erlaubt.

Listing 14.3 Das Switch-Konstrukt bis Java 6

```
 1  //Beispielprogramme/Verzweigungen
 2
 3  package programmierkurs;
 4
 5  public class SwitchDemoJava6 {
 6
 7    static String ermittleStudentenstatus(boolean student) {
 8      int status = student ? 1 : 0;
 9      String studentenstatus;
10      switch (status) {
11      case 0:
12        studentenstatus = "nicht immatrikuliert";
13        break;
14      case 1:
15        studentenstatus = "immatrikuliert";
16        break;
17      default:
18        studentenstatus = "";
19        break;
20      }
21      return studentenstatus;
22    }
23
24    public static void main(String[] arguments) {
25
26      // Person "Anna"
27      Person anna = new Person("Anna", true);
28      String status = ermittleStudentenstatus(anna.isStudent());
29      System.out.println(anna.getName() + " ist " + status);
30
31      // Person "Robert"
32      Person robert = new Person("Robert", false);
33      status = ermittleStudentenstatus(robert.isStudent());
34      System.out.println(robert.getName() + " ist " + status);
35    }
36  }
```

Soll eine Case-Anweisung verlassen werden, wenn eine Bedingung erfüllt ist, so *muss* sie mit einem *break* beendet werden. Wird das vergessen, wertet das Programm die nächste

Case-Anweisung aus. In diesem Fall sind alle Breaks vorhanden. Das Programm gibt deshalb Folgendes aus:

```
Anna ist immatrikuliert
Robert ist nicht immatrikuliert
```

14.5.2 Auswahl über Strings

Wie schon mehrfach erwähnt, gibt es mit Java 7 die Neuerung, dass auch Strings als Argument der Switch-Anweisung verwendet werden können – etwas, was bei anderen Programmiersprachen schon seit Jahren gestattet ist. Wie Strings im Zusammenhang mit der Switch-Anweisung verwendet werden, sehen Sie im nächsten Beispiel:

Listing 14.4 Das Switch-Konstrukt ab Java 7

```
 1  //Beispielprogramme/Verzweigungen/SwitchDemoJava7
 2
 3  package programmierkurs;
 4
 5  public class SwitchDemoJava7 {
 6
 7    static String ermittleStudentenstatus(String student) {
 8      switch (student) {
 9      case "Studentin":
10        return "immatrikuliert";
11      case "Kein Student":
12        return "nicht immatrikuliert";
13      default:
14        return "";
15      }
16    }
17
18    public static void main(String[] arguments) {
19
20      // Person "Anna"
21      Person anna = new Person("Anna", "Studentin");
22      String status = ermittleStudentenstatus(anna.getStudent());
23      System.out.println(anna.getName() + " ist " + status);
24
25      // Person "Robert"
26      Person robert = new Person("Robert", "Kein Student");
27      status = ermittleStudentenstatus(robert.getStudent());
28      System.out.println(robert.getName() + " ist " + status);
29    }
30  }
```

Beachten Sie auch die Default-Anweisung. Sie ist wichtig, um nicht alle Fälle, die vorkommen können, berücksichtigen zu müssen. Wenn Sie nur einen oder zwei Fälle im Programm behandeln wollen, aber dafür sorgen wollen, dass alle anderen Fälle ebenfalls berücksichtigt werden, müssen Sie diese Anweisung einfügen. Sie empfiehlt sich generell, um das Programm gegen unerwartete Programmzustände abzusichern. Das Beispielprogramm gibt Folgendes aus:

```
Anna ist immatrikuliert
Robert ist nicht immatrikuliert
```

14.5.3 Yield-Anweisung

Seit Java 12 gibt es auch eine elegante Möglichkeit, in Switch-Verzweigungen die sogenannte Yield-Anweisung einzusetzen. Sie verkürzt die Verarbeitung in einer Switch-Verzweigung deutlich (Listing 14.5).

Listing 14.5 Das Switch-Konstrukt ab Java 12

```
1  //Beispielprogramme/Verzweigungen/YieldDemo
2
3  package programmierkurs;
4
5  public class SwitchDemoJava12 {
6
7    private static String ermittlePerson(int groesse){
8      return switch (groesse){
9        case 171: yield "Anna";
10       case 172: yield "Julia";
11       case 184: yield "Prof. Roth";
12       case 185: yield "Florian";
13       case 186: yield "Lukas";
14       case 190: yield "Robert";
15       default: yield "Keine Ahnung";
16     };
17   }
18
19   public static void main(String[] args) {
20     System.out.println("Welche Körpergröße passt zu welcher Person?");
21     System.out.println("171 cm: " + ermittlePerson(171));
22     System.out.println("172 cm: " + ermittlePerson(172));
23     System.out.println("184 cm: " + ermittlePerson(184));
24     System.out.println("185 cm: " + ermittlePerson(185));
25     System.out.println("186 cm: " + ermittlePerson(186));
26     System.out.println("190 cm: " + ermittlePerson(190));
27     System.out.println("195 cm: " + ermittlePerson(195));
28   }
29 }
```

Das Beispielprogramm gibt Folgendes aus:

```
Welche Körpergröße passt zu welcher Person?
171 cm: Anna
172 cm: Julia
```

```
184 cm: Prof. Roth
185 cm: Florian
186 cm: Lukas
190 cm: Robert
195 cm: Keine Ahnung
```

14.5.4 Lambda-Operator

Seit Java 8 gibt es Lambda-Ausdrücke. Der Lambda-Operator lässt sich seit Java 13 in einer Switch-Verzweigung einsetzen, wodurch sich das Programm nochmals verkürzt. In Listing 14.6 sehen Sie das vorherige Beispiel im neuen Stil.

Listing 14.6 Das Switch-Konstrukt ab Java 13

```java
 1  //Beispielprogramme/Verzweigungen/SwitchDemoJava13
 2
 3  package programmierkurs;
 4
 5  public class SwitchDemoJava13 {
 6
 7    static String ermittlePerson(int groesse) {
 8      return switch (groesse) {
 9        case 171 -> "Anna";
10        case 172 -> "Julia";
11        case 184 -> "Prof. Roth";
12        case 185 -> "Florian";
13        case 186 -> "Lukas";
14        case 190 -> "Robert";
15        default -> "Keine Ahnung";
16      };
17    }
18
19    public static void main(String[] args) {
20      System.out.println("Welche Körpergröße passt zu welcher Person?");
21      System.out.println("171 cm: " + ermittlePerson(171));
22      System.out.println("172 cm: " + ermittlePerson(172));
23      System.out.println("184 cm: " + ermittlePerson(184));
24      System.out.println("185 cm: " + ermittlePerson(185));
25      System.out.println("186 cm: " + ermittlePerson(186));
26      System.out.println("190 cm: " + ermittlePerson(190));
27      System.out.println("195 cm: " + ermittlePerson(195));
28    }
29  }
```

Das Beispielprogramm gibt erneut Folgendes aus:

```
Welche Körpergröße passt zu welcher Person?
171 cm: Anna
172 cm: Julia
184 cm: Prof. Roth
185 cm: Florian
186 cm: Lukas
190 cm: Robert
195 cm: Keine Ahnung
```

■ 14.6 Zusammenfassung

Verweigungen sind in einem Programm unentbehrlich, um den Programmfluss zu steuern. Die Entscheidung, in welche Richtung das Programm verzweigt, trifft es anhand von Vergleichen. Java stellt hierfür zwei verschiedene Arten von Verzweigungen bereit: If- und Case-Verzweigungen. Für einfach Fälle, in denen das Programm zwischen zwei Zuständen unterscheiden muss, reicht die If-Verzweigung vollkommen aus.

Verzweigungen steuern anhand von Bedingungen, wie der Programmfluss verläuft. In Java gibt es If-und Case-Verzweigungen. If-Verzweigungen reichen für Entscheidungen zwischen zwei oder drei Zuständen, während Case-Verzweigungen mehrere Fälle abdecken.

```
Java-Verzweigungen {
  • If-then-else-Verzweigungen
  • Case-Verzweigungen
}
```

Abbildung 14.4 Verzweigungen steuern den Programmfluss

In Fällen, in denen das Programm zwischen vielen verschiedenen Zuständen unterscheiden muss, wird es unübersichtlich, viele If-Verzweigungen zu kombinieren. Hierfür ist die Case-Anweisung die bessere Lösung. Java 12 und 13 hat für diese Anweisung einige Neuerungen gebracht, die in bestimmten Fällen sehr praktisch sind.

■ 14.7 Übungen

Diese Übung baut genauso wie die anderen Übungen zuvor auf dem letzten Kapitel auf. Es erweitert das Programm namens *Programmdemo* diesmal um einige Verzweigungen. Sofern Sie Java mit der Eclipse-Entwicklungsumgebung nicht bereits installiert haben, holen Sie das jetzt nach. Die Installation ist in Kapitel 4, »Entwicklungsumgebung«, unter dem Abschnitt 4.2, »Installation« beschrieben.

14.7.1 Eclipse starten

Starten Sie die Eclipse IDE, falls Sie nicht ohnehin bereits geöffnet ist. Die Eclipse IDE sollte Ihnen wieder den ECLIPSE IDE LAUNCHER mit dem letzten Workspace namens *Uebungen* präsentierten. Sofern das der Fall ist, starten Sie Eclipse mit diesem Workspace über einen Klick auf die Schaltfläche LAUNCH (Abbildung 14.5). Falls nicht, wechseln Sie wieder zum Workspace namens *Uebungen*.

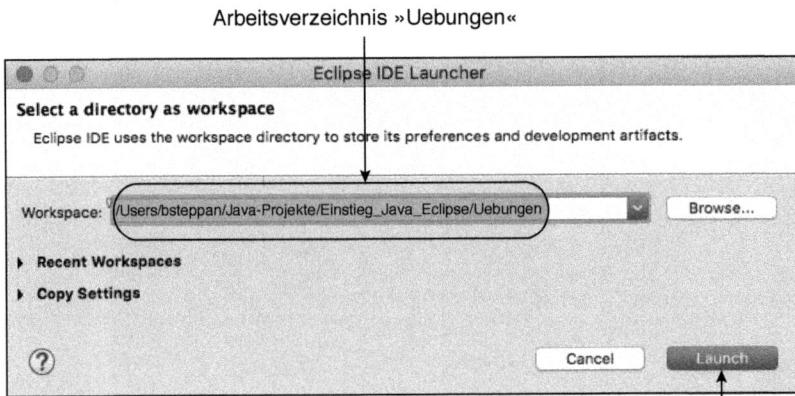

Abbildung 14.5 Starten von Eclipse mit dem vorherigen Workspace

14.7.2 Projekt kopieren

Da diese Übung auf den vorhergehenden Übungen aufbaut, ist es wieder erforderlich, das Projekt des letzten Kapitels zu kopieren. Führen Sie dazu einen Rechtsklick auf den Projektknoten des Projekts *Operatoren* im PACKAGE EXPLORER aus und wählen aus dem Kontextmenü, das daraufhin erscheint, den Befehl COPY aus. Führen Sie dann auf eine freie Fläche im PACKAGE EXPLORER erneut einen Rechtsklick aus und wählen aus dem Kontextmenü diesmal PASTE aus. Tragen Sie in dem Dialog, der danach erscheint, als neuen Projektnamen *Verzweigungen* ein.

14.7.3   Dateien schließen

Schließen Sie danach sämtliche offenen Dateien im Editor. Verwenden Sie dazu wieder die Funktion des Hauptmenüs FILE → CLOSE ALL an. Oder führen Sie einen Rechtsklick auf die Titelleiste des Editors durch und wählen aus dem Kontextmenü CLOSE ALL aus.

14.7.4   Klasse »Anrede« verändern

Klappen Sie nun das Projekt *Verzweigungen* auf und führen einen Doppelklick auf die Enum-Klasse *Anrede* im PACKAGE EXPLORER durch. Ändern Sie die Klasse wie in Listing 14.7 zu sehen. Passen Sie hierzu die Namen der Konstanten und ihre Werte an.

Listing 14.7 Die Klasse »Anrede«.

```
 1  package programmierkurs;
 2
 3  public enum Anrede {
 4    FRAU("Frau"),
 5    HERR("Herr"),
 6    ROBOTER("Roboter");
 7
 8    private String name;
 9
10    Anrede(String name) {
11      this.name = name;
12    }
13
14    @Override
15    public String toString() {
16      return name;
17    }
18  }
```

14.7.5   Klasse »Anrede« kopieren

Bislang haben Sie nur gesehen, dass man Projekte in Eclipse kopieren kann. Dies funktioniert aber auch praktischerweise mit Klassen. Führen Sie hierzu im PACKAGE EXPLORER auf die Klasse *Anrede* einen Rechtsklick aus und wählen den Befehle COPY. Führen Sie danach erneut auf das Package *programmierkurs* einen Rechtsklick aus und wählen diesmal PASTE.

Die Eclipse IDE zeigt nun einen Dialog an, in welchem Sie als Namen der kopierten Klasse *Geschlecht* eintragen. Öffnen Sie diese Klasse mit einem Doppelklick auf ihren Namen im Package Explorer und verändern Sie die Klasse gemäß Listing 14.8. Passen Sie hierzu erneut die Namen der Konstanten und ihre Werte an.

Listing 14.8 Die neue Klasse »Geschlecht«

```
1  package programmierkurs;
2
3  public enum Geschlecht {
4    WEIBLICH("Weiblich"),
5    MAENNLICH("Männlich"),
6    SAECHLICH("Sächlich");
7
8    private String name;
9
10   Geschlecht(String name) {
11     this.name = name;
12   }
13
14   @Override
15   public String toString() {
16     return name;
17   }
18 }
```

Nachdem Sie die Änderung so umgesetzt haben, können Sie sich den Fehlern zuwenden, die Eclipse in der Klasse *Programmdemo* bemängelt.

14.7.6   Fehlerhafte Klasse »Programmdemo« aufrufen

In diesem Schritt beseitigen Sie die Fehler, die durch das Umbenennen und Erzeugen der Klassen *Anrede* und *Geschlecht* erschienen sind. Führen Sie dazu im PACKAGE EXPLORER einen Doppelklick auf die Klasse *Programmdemo* aus. Werfen Sie danach einen Blick auf den Editor von Eclipse mit dieser Klasse (Abbildung 14.6). Eclipse bemängelt in Zeile 9 und 19 die falsche Verwendung der Anrede.

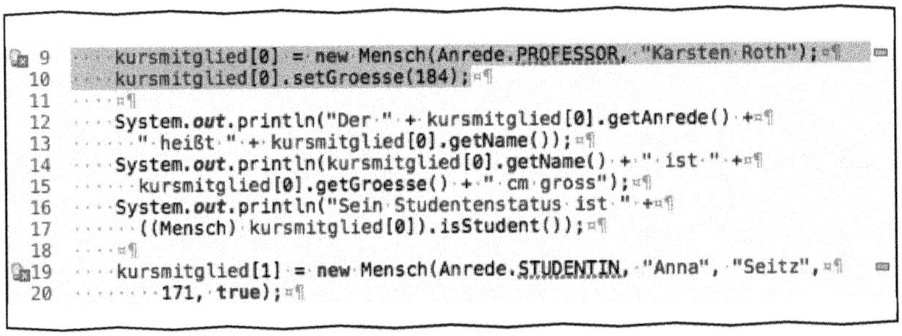

```
 9    kursmitglied[0] = new Mensch(Anrede.PROFESSOR, "Karsten Roth");
10    kursmitglied[0].setGroesse(184);
11
12    System.out.println("Der " + kursmitglied[0].getAnrede() +
13       " heißt " + kursmitglied[0].getName());
14    System.out.println(kursmitglied[0].getName() + " ist " +
15       kursmitglied[0].getGroesse() + " cm gross");
16    System.out.println("Sein Studentenstatus ist " +
17       ((Mensch) kursmitglied[0]).isStudent());
18
19    kursmitglied[1] = new Mensch(Anrede.STUDENTIN, "Anna", "Seitz",
20       171, true);
```

Abbildung 14.6 Die Klasse »Programmdemo« enthält zwei Fehler.

14.7.7   Aufzählungstyp »Geschlecht« einfügen

Als Nächstes soll die Klasse *Geschlecht* in die Klasse *Programmdemo* Einzug halten. Überschreiben Sie im Editor an den beiden Stellen den Ausdruck *Anrede* mit *Geschlecht*. Wenn

Sie hinter Geschlecht einen Punkt setzen, kommt eine Funktion in Eclipse zum Vorschein, die zu den zeitsparendsten Funktionen überhaupt gehört: die Programmierhilfe.

Wie Sie in Abbildung 14.7 sehen, bietet der Editor von Eclipse in dem Moment, wenn Sie nach einem Objekt oder einer Klasse den Punktoperator setzen, die zum Objekt oder zu der Klasse passenden Methoden beziehungsweise Variablen an. In diesem Fall bietet die Programmierhilfe alle Konstanten und Methoden an, die für die Klasse *Geschlecht* passend sind. Verwenden Sie beim Objekt mit dem Namen Professor Roth den Wert *Geschlecht.MAENNLICH* und beim Objekt mit dem Namen Anna den Wert *Geschlecht.WEIBLICH*.

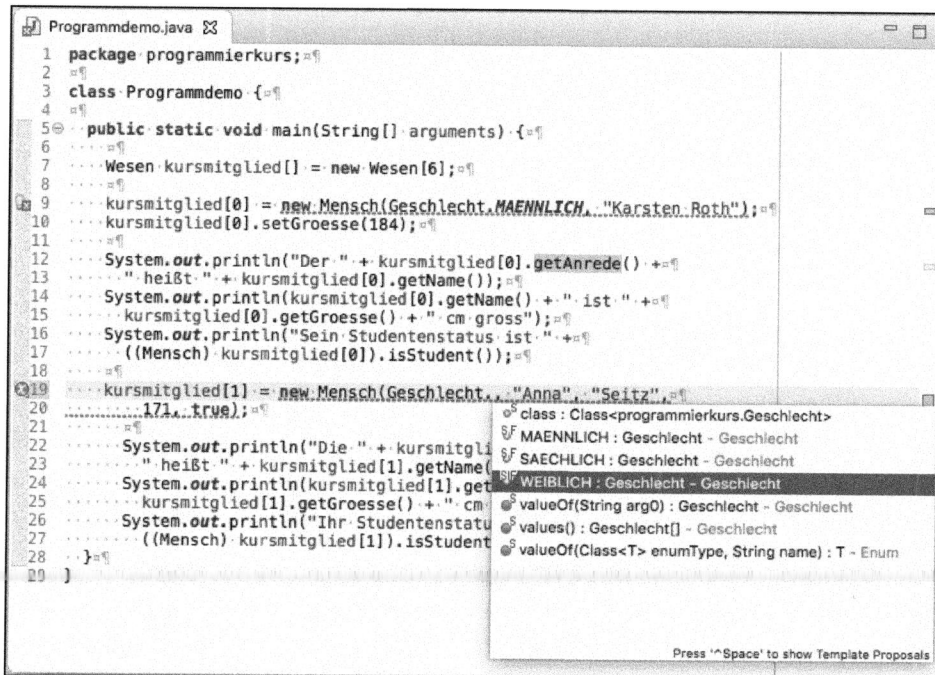

```
   Programmdemo.java  ⊠
 1  package programmierkurs;
 2
 3  class Programmdemo {
 4
 5⊖    public static void main(String[] arguments) {
 6
 7        Wesen kursmitglied[] = new Wesen[6];
 8
 9        kursmitglied[0] = new Mensch(Geschlecht.MAENNLICH, "Karsten Roth");
10        kursmitglied[0].setGroesse(184);
11
12        System.out.println("Der " + kursmitglied[0].getAnrede() +
13            " heißt " + kursmitglied[0].getName());
14        System.out.println(kursmitglied[0].getName() + " ist " +
15            kursmitglied[0].getGroesse() + " cm gross");
16        System.out.println("Sein Studentenstatus ist " +
17            ((Mensch) kursmitglied[0]).isStudent());
18
19        kursmitglied[1] = new Mensch(Geschlecht., "Anna", "Seitz",
20            171, true);
21
22        System.out.println("Die " + kursmitgli        ○ᶜ class : Class<programmierkurs.Geschlecht>
23            " heißt " + kursmitglied[1].getName(       §ᶠ MAENNLICH : Geschlecht - Geschlecht
24        System.out.println(kursmitglied[1].get        §ᶠ SAECHLICH : Geschlecht - Geschlecht
25            kursmitglied[1].getGroesse() + " cm       §ᶠ WEIBLICH : Geschlecht - Geschlecht
26        System.out.println("Ihr Studentenstatu       ●ˢ valueOf(String arg0) : Geschlecht - Geschlecht
27            ((Mensch) kursmitglied[1]).isStudent      ●ˢ values() : Geschlecht[] - Geschlecht
28    }                                                ●ˢ valueOf(Class<T> enumType, String name) : T - Enum
29  }
                                                       Press '^Space' to show Template Proposals
```

Abbildung 14.7 Einfügen des neuen Aufzählungstyps »Geschlecht«

Natürlich ist Eclipse nach dieser Änderung nicht restlos zufrieden, da wir mit dieser Änderung die Klassendefinition der Klasse *Mensch* in Frage gestellt haben.

14.7.8 Konstruktoren der Klasse »Mensch« verändern

Um den Quellcode wieder in Balance zu bringen, setzen Sie den Mauszeiger auf einen der Fehler und warten auf die Hilfe des Programmierassistenten (Abbildung 14.8). Wählen Sie aus den Optionen, die die Programmierhilfe anzeigt, CHANGE CONSTRUCTOR, so dass Eclipse die beiden Konstruktoren anpassen kann. Entscheiden Sie sich beim ersten Konstruktoraufruf für *kursmitglied[0]* für den Konstruktor mit zwei Parametern. Beim zweiten Konstruktoraufruf für *kursmitglied[1]* lassen Sie Eclipse die Änderung am Konstruktor mit fünf Parametern durchführen.

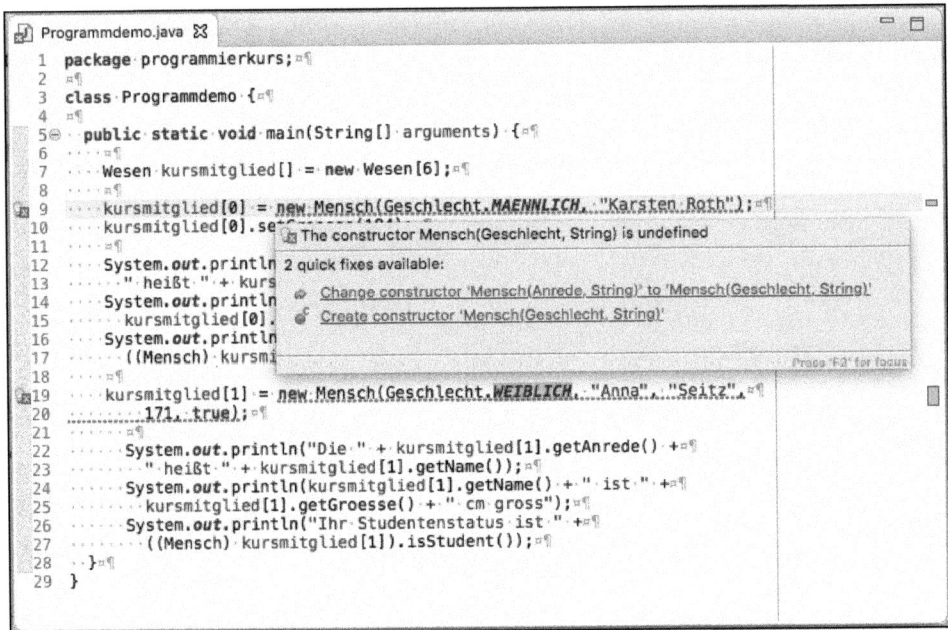

```
Programmdemo.java ☒
  1  package programmierkurs;
  2
  3  class Programmdemo {
  4
  5⊖   public static void main(String[] arguments) {
  6
  7      Wesen kursmitglied[] = new Wesen[6];
  8
  9      kursmitglied[0] = new Mensch(Geschlecht.MAENNLICH, "Karsten.Roth");
 10      kursmitglied[0].se
 11                          The constructor Mensch(Geschlecht, String) is undefined
 12      System.out.println
 13          " heißt " + kurs   2 quick fixes available:
 14      System.out.println         Change constructor 'Mensch(Anrede, String)' to 'Mensch(Geschlecht, String)'
 15          kursmitglied[0].        Create constructor 'Mensch(Geschlecht, String)'
 16      System.out.println
 17          ((Mensch) kursmi                                              Press 'F2' for focus
 18
 19      kursmitglied[1] = new Mensch(Geschlecht.WEIBLICH, "Anna", "Seitz",
 20          171, true);
 21
 22      System.out.println("Die " + kursmitglied[1].getAnrede() +
 23          " heißt " + kursmitglied[1].getName());
 24      System.out.println(kursmitglied[1].getName() + " ist " +
 25          kursmitglied[1].getGroesse() + " cm gross");
 26      System.out.println("Ihr Studentenstatus ist " +
 27          ((Mensch) kursmitglied[1]).isStudent());
 28    }
 29  }
```

Abbildung 14.8 Ändern der Konstruktoren der Klasse »Mensch«

Speichern Sie nach diesen Änderungen das komplette Projekt durch den Befehl FILE →
SAVE ALL. Erst danach wird Eclipse mögliche Fehler im Projekt anzeigen. Eclipse markiert
nach dem Speichern, dass die beiden Aufrufe *super()* fehlerhaft sind. Wie kommt es dazu?
Der Grund liegt darin, dass die Basisklasse *Wesen* über ein Attribut *Anrede* verfügt, das wir
gerade mit den zurückliegenden Änderungen torpediert haben. Es ist an dieser Stelle sehr
wichtig, dass Sie verstehen, wie eine Entwicklungsumgebung Fehler anzeigt. Hier erscheint
der Fehler in der Klasse *Mensch*, aber die Ursache ist die Änderung, die sich auf die Klasse
Wesen niedergeschlagen hat. Ergo – Sie müssen die Klasse *Wesen* anpassen.

14.7.9   Klasse »Wesen« anpassen

Öffnen Sie die Klasse *Wesen* mit einem Doppelklick auf das entsprechende Symbol im PA-
CKAGE EXPLORER. Sie müssen in dieser Klasse alle Vorkommen der Anrede durch Geschlecht
ersetzen. Leider würde das mit einem Refactoring nicht sauber funktionieren. Eine solche
Typänderung führen Sie besser mit dem Dialog »Suchen und Ersetzen« der Eclipse IDE
durch. Rufen Sie hierzu diesen Dialog durch EDIT → FIND/REPLACE auf (Abbildung 14.9).

Ersetzen Sie danach die Klasse *Anrede* im Feld FIND durch *Geschlecht* im Feld REPLACE.
Achten Sie darauf, dass die Option CASE SENSITIVE des Dialogs gesetzt ist. Dadurch unterscheidet die Suche zwischen Groß- und Kleinschreibung. Beim zweiten Durchlauf ersetzen
Sie alle Vorkommen von *anrede* durch *geschlecht* – auch in Zusammensetzungen. Sie können
dies wieder mit der Refactoring-Funktion vornehmen, aber Suchen und Ersetzen ist bei
dieser Klasse das einfachere Vorgehen, obwohl danach noch kleine Nacharbeiten in den
abhängigen Klassen notwendig sind.

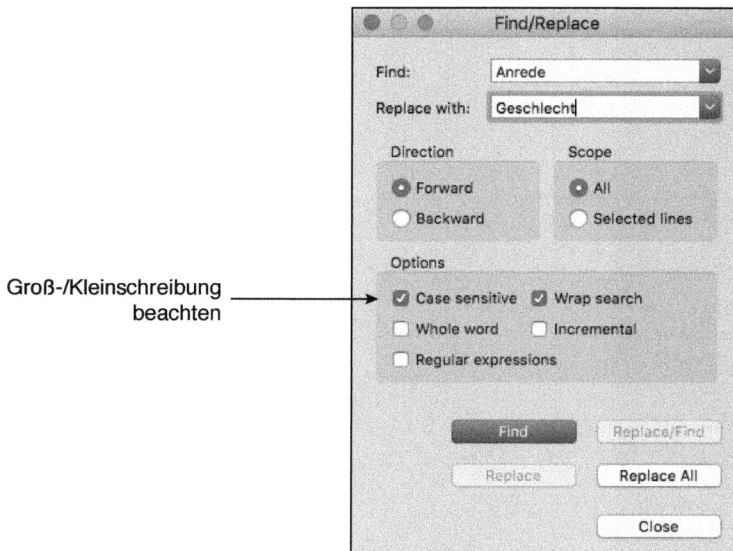

Abbildung 14.9 Ändern der Konstruktoren der Klasse »Mensch«

14.7.10   Klasse »Wesen« kontrollieren

Nach den Änderungen sollte die Klasse *Wesen* wie in Listing 14.9 aussehen: Die Klasse *Geschlecht* hat die Klasse *Anrede* vollständig ersetzt, die Attributliste und alle Methoden sind entsprechend anpasst. Wenn Sie nun wieder das Gesamtprojekt speichern, zeigt Eclipse die restlichen Fehler an, die diese Änderung nach sich zieht.

Listing 14.9 Die neue Klasse »Wesen«

```
1  package programmierkurs;
2
3  public class Wesen {
4
5    private Geschlecht geschlecht;
6    private String name;
7    protected int groesse;
8
9    public Wesen(Geschlecht geschlecht, String name) {
10     super();
11     this.geschlecht = geschlecht;
12     this.name = name;
13   }
14
15   public Geschlecht getGeschlecht() {
16     return geschlecht;
17   }
18
19   public void setAnrede(Geschlecht geschlecht) {
20     this.geschlecht = geschlecht;
```

```
21    }
22
23    public String getName() {
24      return name;
25    }
26
27    public void setName(String name) {
28      this.name = name;
29    }
30
31    public int getGroesse() {
32      return groesse;
33    }
34
35    public void setGroesse(int groesse) {
36      this.groesse = groesse;
37    }
38  }
```

14.7.11   Klasse »Roboter« anpassen

Passen Sie im nächsten Schritt die Klasse *Roboter* an, so dass sie Listing 14.10 entspricht.

Listing 14.10 Die geänderte Klasse »Roboter«

```
1    package programmierkurs;
2
3    public class Roboter extends Wesen {
4
5      public Roboter(Geschlecht geschlecht, String name) {
6        super(geschlecht, name);
7      }
8    }
```

14.7.12   Klasse »Mensch« anpassen

Trotz des Refactorings zu Anfang dieser Übung ist die Klasse *Mensch* durch die Änderungen nicht vollständig in Balance. Öffnen Sie diese Klasse im Editor und passen Sie sie so an, dass sie Listing 14.11 entspricht. Ändern Sie in Zeile 9 den ersten Parameter des Konstruktors von *Geschlecht maennlich* auf *Geschlecht geschlecht*. Führen Sie dazu einen Rechtsklick auf die Variable *geschlecht* aus und wählen aus dem Kontextmenü *RefactorRename*. Eclipse markiert daraufhin die Variable, die Sie einfach mit dem Wert *geschlecht* überschreiben. Der Editor ersetzt daraufhin alle weiteren Vorkommen der Variable durch diese neue Bezeichnung.

Beim Konstruktor in Zeile 13 ändern Sie danach die Klassenbezeichnung mit dem Editor. Die Variable *anrede* ersetzen Sie wieder mit der Refactoring-Funktion von Eclipse durch *geschlecht*, wie gerade zuvor geschehen. In Zeile 21 hat Eclipse beim Refactoring den ersten Parameter *weiblich* genannt, was natürlich Unsinn ist. Korrigieren Sie das mit der Refactoring-Funktion ebenfalls auf *geschlecht*.

Ein kleiner Typ für die Refactoring-Funktion: Es passiert jedem einmal, dass man sich beim Refactoring vertippt. Sie können bei Fehleingaben die Rename-Funktion natürlich beliebig hintereinander wiederholen. Eclipse ersetzt jedes Mal zuverlässig alle Vorkommen der Variable. Wenn diese Änderungen erfolgt sind, speichern Sie wieder das Projekt.

Listing 14.11 Die geänderte Klasse »Mensch«

```
 1  package programmierkurs;
 2
 3  public class Mensch extends Wesen {
 4
 5    String vorname;
 6    String nachname;
 7    boolean student;
 8
 9    public Mensch(Geschlecht geschlecht, String name) {
10      super(geschlecht, name);
11    }
12
13    public Mensch(Geschlecht geschlecht, String vorname, String nachname,
14        boolean student) {
15      super(geschlecht, vorname + " " + nachname);
16      this.vorname = vorname;
17      this.nachname = nachname;
18      this.student = student;
19    }
20
21    public Mensch(Geschlecht geschlecht, String vorname, String nachname,
22        int groesse, boolean student) {
23      super(geschlecht, vorname + " " + nachname);
24      this.vorname = vorname;
25      this.nachname = nachname;
26      this.groesse = groesse;
27      this.student = student;
28    }
29
30    public String getVorname() {
31      return vorname;
32    }
33
34    public String getNachname() {
35      return nachname;
36    }
37
38    public boolean isStudent() {
39      return student;
40    }
41  }
```

14.7.13 Klasse »Programmdemo« kontrollieren

Nach dem Speichern des Projekts enthält die Klasse *Programmdemo* leider noch weitere
Fehler, die durch die Umstellung ausgelöst wurden. Und zwar funktionieren die Methodenaufrufe *getAnrede()* in Zeile 18 und 25 des Programms nicht mehr, da die Klasse *Wesen* nicht
mehr über diese Methode verfügt (Listing 14.12).

Listing 14.12 Die fehlerhafte Klasse »Programmdemo«

```
1  package programmierkurs;
2
3  class Programmdemo {
4
5    private static String ermittleStudentenstatus(boolean student) {
6      String studentenstatus =
7        ((student) ? "immatrikuliert" : "nicht immatrikuliert");
8      return studentenstatus;
9    }
10
11   public static void main(String[] arguments) {
12
13     Wesen kursmitglied[] = new Wesen[6];
14
15     kursmitglied[0] =
16       new Mensch(Geschlecht.MAENNLICH, "Karsten Roth");
17
18     System.out.println(kursmitglied[0].getAnrede() + " "
19       + kursmitglied[0].getName() + " ist "
20       + ermittleStudentenstatus(((Mensch) kursmitglied[0]).isStudent()));
21
22     kursmitglied[1] =
23       new Mensch(Geschlecht.WEIBLICH, "Anna", "Seitz", true);
24
25     System.out.println(kursmitglied[1].getAnrede() + " "
26       + kursmitglied[1].getName() + " ist "
27       + ermittleStudentenstatus(((Mensch) kursmitglied[1]).isStudent()));
28   }
29 }
```

14.7.14 Methode »ermittleAnrede()« einfügen

Um den Fehler zu beheben, öffnen Sie nun die Klasse *Programmdemo* im Editor und fügen
Sie unterhalb der Methode *ermittleStudentenstatus()* die Methode *ermittleAnrede()* ein. Die
Methode soll dazu dienen, in Abhängigkeit des Geschlechts eines Wesens die richtige Anrede
zu finden. Dazu bekommt die Methode den Parameter *geschlecht* des Aufzählungstyps
Geschlecht. Die Methode besteht aus einer Switch-Anweisung, die vier Fälle unterscheidet.

Falls das Geschlecht weiblich ist, gibt die Methode den String *Frau* zurück, in den anderen Fällen *Herr* oder *Roboter*. Ist kein Geschlecht gesetzt, liefert die Methode neutral *Frau/Herr*.

Listing 14.13 Die neue Methode »ermittleAnrede«()

```
 1    private static String ermittleAnrede(Geschlecht geschlecht) {
 2      switch (geschlecht) {
 3      case WEIBLICH:
 4        return "Frau";
 5      case MAENNLICH:
 6        return "Herr";
 7      case SAECHLICH:
 8        return "Roboter";
 9      default:
10        return "Frau/Herr";
11      }
12    }
```

14.7.15 Methode »main()« ändern

In diesem Schritt müssen Sie die Methode *main()* der Klasse *Programmdemo* an die neue Methode *ermittleAnrede()* anpassen. Fügen Sie dazu in Zeile 30 des Listings 14.14 den neuen Methodenaufruf ein. Er gibt das Ergebnis an die Variable *anrede* zurück, die den Typ *String* besitzt. Damit das Programm den Methodenaufruf korrekt durchführt, ist es wichtig, dass Sie die richtige Person übergeben. Im Fall von Professor Roth ist es das *kursmitglied[0]*.

In Zeile 31 und 32 sehen Sie ebenfalls einen Methodenaufruf, und zwar von der Methode *ermittleStudentenstatus()*. Der Aufruf des Cast-Operators in Zeile 32 ist weiterhin erforderlich, da sonst die Methode *isStudent()* nicht aufgerufen werden kann. Den Rückgabewert speichert die Variable *studentenstatus*. Beide Variablen müssen Sie nun in die Programmausgabe in Zeile 34 und 35 statt der Methodenaufrufe einbauen. Die Programmausgabe sollte durch diese Maßnahme viel übersichtlicher werden. Vergleichen Sie danach nochmals mit dem Listing.

Listing 14.14 Die veränderte Methode »main«()

```
24    public static void main(String[] arguments) {
25
26      Wesen kursmitglied[] = new Wesen[6];
27
28      kursmitglied[0] = new Mensch(Geschlecht.MAENNLICH, "Karsten Roth");
29
30      String anrede = ermittleAnrede(kursmitglied[0].getGeschlecht());
31      String studentenstatus =
32          ermittleStudentenstatus(((Mensch) kursmitglied[0]).isStudent());
33
```

```
34      System.out.println(anrede + " " + kursmitglied[0].getName()
35          + " ist " + studentenstatus);
36
37      kursmitglied[1] = new Mensch(Geschlecht.WEIBLICH, "Anna", "Seitz",
38          true);
39
40      anrede = ermittleAnrede(kursmitglied[1].getGeschlecht());
41      studentenstatus =
42          ermittleStudentenstatus(((Mensch) kursmitglied[1]).isStudent());
43
44      System.out.println(anrede + " " + kursmitglied[1].getName()
45          + " ist " + studentenstatus);
46    }
47 }
```

14.7.16 Programm starten

Wenn alles geändert ist, sollte das Programm fehlerfrei sein. Sie können das Programm in diesem Fall wieder mit einem Rechtsklick auf den Quellcode ausführen. Es müsste Folgendes ausgeben:

```
Herr Karsten Roth ist nicht immatrikuliert
Frau Anna Seitz ist immatrikuliert
```

14.7.17 Startkonfiguration anpassen

Passen Sie zum Schluss wieder die automatisch erzeugte Startkonfiguration so an, dass der eindeutige Name *Programmdemo (Verzweigungen)* entsteht. Damit ist auch diese Übung beendet. Lösen Sie wieder die nachfolgenden Aufgaben, um Ihr Wissen über Verzweigungen zu vertiefen.

■ 14.8 Aufgaben

- Wozu dienen Verzweigungen in einem Programm?
- Wo liegt der Unterschied zwischen einer If-then-else-und einer Switch-Anweisung?
- Ergänzen Sie die Klasse *Programmdemo* um eine Ausgabe des restlichen Programmier-kurses mit Julia, Florian, Lukas und Robert. Das Programm sollte nach der Änderung Folgendes ausgeben:

```
Herr Karsten Roth ist nicht immatrikuliert
Frau Anna Seitz ist immatrikuliert
Frau Julia Lippert  ist immatrikuliert
Herr Lukas Wittek ist immatrikuliert
Herr Florian Krause ist immatrikuliert
Roboter Robert ist nicht immatrikuliert
```

- Was müssen Sie beim Einfügen eines Wesens vom Typ *Roboter* beachten?

Die Lösungen zu den Aufgaben finden Sie in Kapitel 25, »Lösungen«, ab Seite 601.

■ 14.9 Literatur

Verzweigungen: *https://docs.oracle.com/javase/tutorial/java/nutsandbolts/flow.html*

15 Schleifen

■ 15.1 Einleitung

Bis jetzt hat Ihnen dieses Buch nur eine Menge relativ »lebloser« Datentypen und Operatoren als Teile der Programmiersprache Java vorgestellt. Etwas mehr Dynamik kommt in Java-Programme, wenn Daten dynamisch eingelesen oder ausgegeben werden. Dazu benötigt man entsprechende Programmstrukturen – kurz: all das, was man in der Informatik pauschal unter »Schleifen« versteht.

Fast jedes Programm muss Dateien einlesen oder Daten in tabellarischer Form wieder ausgeben. Dazu benötigt man Schleifen. Java verfügt über alle möglichen Arten von Schleifen, dio dioooo Kapitol Ihnon vorstellt.

Abbildung 15.1 Schleifen gehören zu den wichtigsten Anweisungen jeder Programmiersprache.

■ 15.2   Überblick

15.2.1   Zweck von Schleifen

Schleifen gehören wie Verzweigungen zu den Kontrollstrukturen einer Programmiersprache. Sie erlauben, ein oder mehrere Anweisungen solange zu wiederholen, bis eine Abbruchbedingung erfüllt ist. Ohne Abbruchbedingung würden die Anweisungen in einer unendlichen Schleife gefangen sein. Schleifen kombinieren also die Verzweigungen des letzten Kapitels mit den Anweisungen des Kapitels 7, »Anweisungen«.

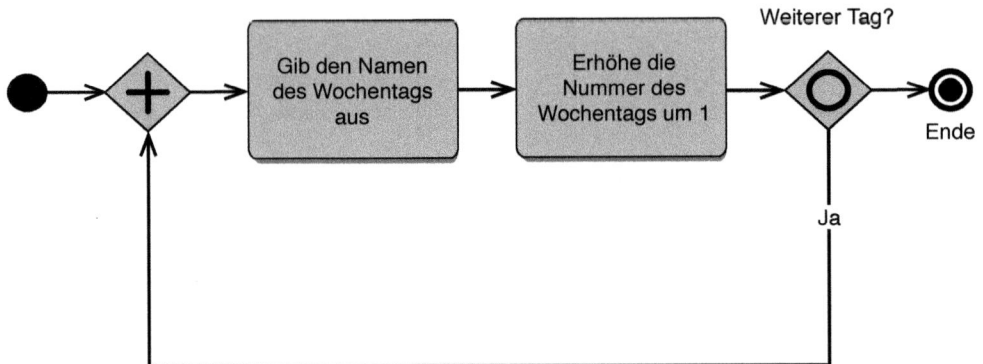

Abbildung 15.2 Diese Schleife gibt die Namen der Wochentage aus.

Ein Beispiel für eine Schleife sehen Sie in Abbildung 15.2. Die Schleife hat die Aufgabe, den Namen sämtlicher Wochentage auszugeben. Zu Beginn ist die Nummer des aktuellen Wochentags die Nummer eins. Das Programm gibt zu Beginn den Namen dieses Wochentags aus. Im Anschluss erhöht das Programm die aktuelle Nummer des Wochentags um eins und überprüft danach, ob noch weitere Wochentage vorliegen. Falls das der Fall ist, gibt das Programm den Namen des nächsten Wochentags aus. Im anderen Fall endet das Programm.

15.2.2   Arten von Schleifen

Java definiert drei verschiedene Arten von Schleifen, wobei die For-Schleife in zwei Unterarten existiert (Tabelle 15.1).

Tabelle 15.1 Arten von Schleifen

Schleifenart	Beschreibung
While-Schleife	Anzahl der Durchläufe vorher unbekannt, abweisend
Do-Schleife	Anzahl der Durchläufe vorher unbekannt, nicht abweisend
Einfache For-Schleife	Anzahl der Durchläufe vorher bekannt, sehr schnelle Ausgabe
Erweiterte For-Schleife	Anzahl der Durchläufe vorher bekannt, sehr schnelle Ausgabe

■ 15.3 While-Schleife

Diese Schleifenart gehört zum Typ der sogenannten kopfgesteuerten Schleifen. Die While-Schleife ist abweisend, falls der Ausdruck im Schleifenkopf *false* sein sollte. Die Schleife wird also nicht durchlaufen, falls die Abbruchbedingung im Schleifenkopf *false* ist (Abbildung 15.3).

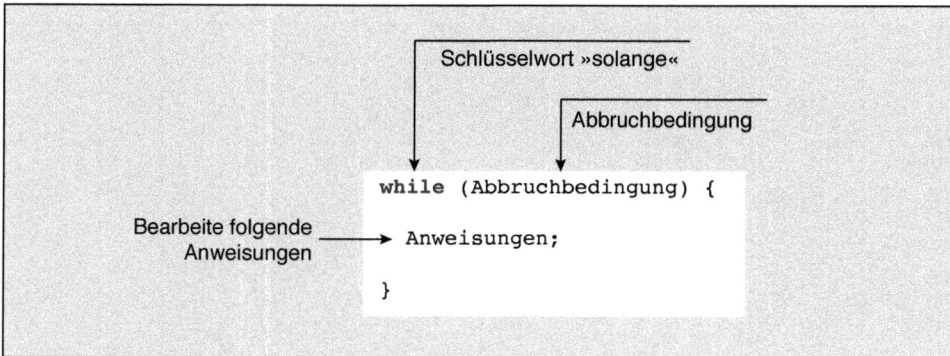

Abbildung 15.3 Aufbau der While-Schleife

Listing 15.1 zeigt ein Beispiel für eine While-Schleife. Das nachfolgende Beispiel gibt nacheinander die Tage der Woche aus, die in einem String-Array festgelegt wurden. Da die Nummerierung eines Arrays immer bei null beginnt, startet die Schleife auch damit. Im Kopf der Schleife (Zeile 16) fragt das Programm ab, ob *wochentag* kleiner als die Länge des Array *wochentage* ist. Ist das der Fall, wird die Schleife das erste Mal ausgeführt. Danach wiederholt sich der Vorgang, bis der Ausdruck im Schleifenkopf *true* ist, was bedeutet, dass die Schleife das Ende des Arrays erreicht hat.

Listing 15.1 Eine While-Schleife

```
 1  //Beispielprogramme/Schleifen/WhileSchleifeDemo
 2
 3  package programmierkurs;
 4
 5  class WhileSchleifeDemo {
 6
 7    static String[] wochentage = { "Montag", "Dienstag", "Mittwoch",
 8        "Donnerstag", "Freitag", "Samstag", "Sonntag" };
 9
10    public static void main(String[] arguments) {
11      byte wochentag = 0;
12      System.out.println("Die Tage einer Woche:");
13      while (wochentag < wochentage.length) {
14        System.out.println(wochentage[wochentag]);
15        wochentag++;
16      }
17    }
18  }
```

■ 15.4 Do-Schleife

Die Do-Schleife gehört zu den »fußgesteuerten« Schleifen. Dieser Schleifentyp ist nicht abweisend. Sie prüft vor dem ersten Durchlauf *nicht,* ob der Wert des Ausdrucks *true* oder *false* ist. Das bedeutet, dass die Schleife auch dann durchlaufen wird, wenn die Abbruchbedingung zu Beginn erfüllt ist. Nach dem ersten Durchlauf wird die Schleife natürlich korrekt abgebrochen, sollte die Abbruchbedingung erfüllt sein (Abbildung 15.4).

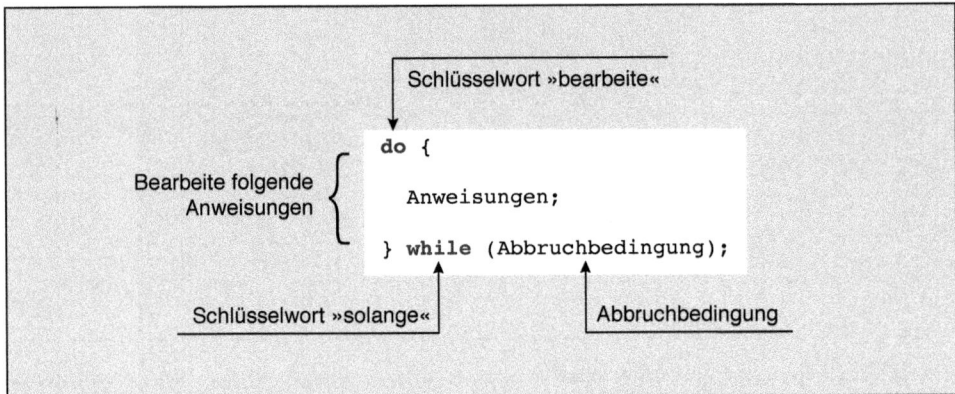

Abbildung 15.4 Der Aufbau der Do-Schleife

Das Programm in Listing 15.2 zeigt ein Beispiel für die Verwendung der Do-Schleife. Es gibt erneut nacheinander die Tage der Woche aus, die in einem String-Array festgelegt wurden.

Listing 15.2 Ein Beispiel für eine Do-Schleife

```
 1  //Beispielprogramme/Schleifen/DoSchleifeDemo
 2
 3  package programmierkurs;
 4
 5  class DoSchleifeDemo {
 6
 7    static String[] wochentage = { "Montag", "Dienstag", "Mittwoch",
 8        "Donnerstag", "Freitag", "Samstag", "Sonntag" };
 9
10    public static void main(String[] arguments) {
11
12      byte wochentag = 0;
13
14      System.out.println("Die Tage einer Woche:");
15
16      do {
17        System.out.println(wochentage[wochentag]);
18        wochentag++;
19      } while (wochentag < wochentage.length);
20    }
21  }
```

15.5 Einfache For-Schleife

Die For-Schleife ist ebenfalls eine abweisende Schleifenart. In ihrem Kopf werden sämtliche Ablaufbedingungen festgelegt. Der erste Ausdruck bestimmt den Anfangswert, der zweite die Abbruchbedingung, und der dritte ist eine Anweisung zur Steuerung der Abbruchbedingung.

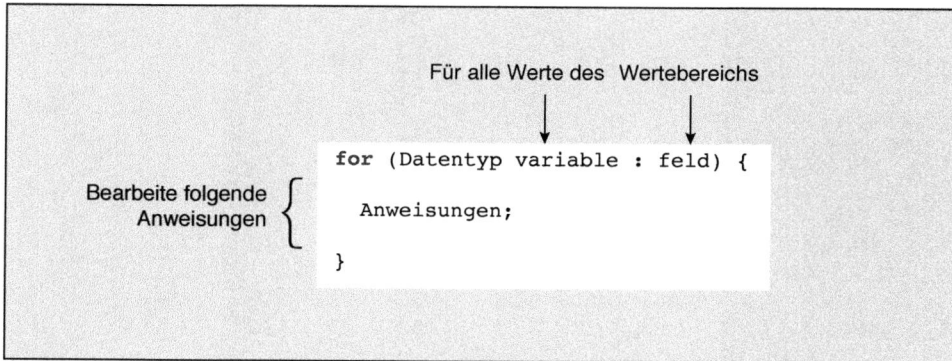

Abbildung 15.5 Aufbau einer einfachen For-Schleife

Das nachfolgende Beispiel gibt wieder nacheinander die Tage der Woche aus, die in einem String-Array festgelegt wurden. Da die Nummerierung eines Arrays immer bei null beginnt, startet die Schleife auch damit. Die Schleife endet, wenn das Ende des Arrays erreicht wurde. Das stellt die Schleife über die Methode *day.length* fest. Solange dieser Wert nicht überschritten wird, gibt die Schleife die Wochentage aus (Listing 15.3).

Listing 15.3 Eine einfache For-Schleife

```
1  //Beispielprogramme/Schleifen/EinfacheForSchleifeDemo
2
3  package programmierkurs;
4
5  class EinfacheForSchleifeDemo {
6
7    static String[] wochentage = { "Montag", "Dienstag", "Mittwoch",
8        "Donnerstag", "Freitag", "Samstag", "Sonntag" };
9
10   public static void main(String[] arguments) {
11     System.out.println("Die Tage einer Woche:");
12     for (int wochentag = 0; wochentag < wochentage.length; wochentag++)
13       System.out.println(wochentage[wochentag]);
14   }
15 }
```

15.6 Erweiterte For-Schleife

Manchem Java-Entwickler war die Programmierung einer For-Schleife in bestimmten Fällen zu umständlich. Das gilt vor allen dann, wenn Enums, Listen oder Vektoren ausgegeben werden sollen. Aus diesem Grund gibt es seit Java 5 die erweiterte For-Schleife. Den Aufbau dieser Schleife entnehmen Sie Abbildung 15.6.

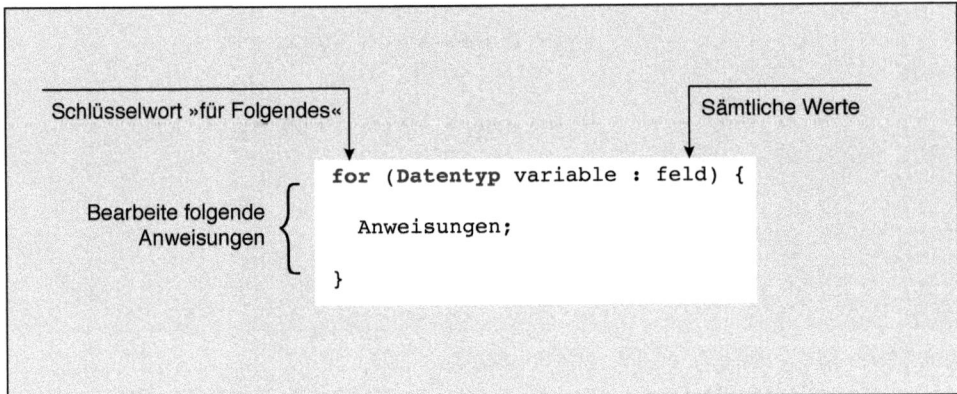

Abbildung 15.6 Aufbau der erweiterten For-Schleife

Die erweiterte Form der Schleife benötigt keinen Index mehr. Diese Schleifenart besteht nur aus Typ, Bezeichner und Feld. Übersetzt lautet die Schleife: »Gib für alle Tage der Woche innerhalb der Enum-Klasse *Wochentage* deren Namen aus.«

Listing 15.4 Eine erweiterte For-Schleife

```
1  //Beispielprogramme/Schleifen/ErweiterteForSchleifeDemo
2
3  package programmierkurs;
4
5  public class ErweiterteForSchleifeDemo {
6
7    private enum Wochentage {
8      Montag, Dienstag, Mittwoch, Donnerstag, Freitag, Samstag, Sonntag
9    }
10
11   public static void main(String[] args) {
12     System.out.println("Die Tage einer Woche:");
13     for (Wochentage wochentag : Wochentage.values()) {
14       System.out.println(wochentag);
15     }
16   }
17 }
```

Die For-Schleife kann, wie alle anderen Schleifenarten, mit *break* unterbrochen und mit *continue* wieder fortgesetzt werden.

15.7 Zusammenfassung

Schleifen erlauben es, wiederkehrende Vorgänge zu automatisieren. Klassische Beispiele sind das Einlesen oder Ausgeben von Daten. Java verfügt über drei Schleifenarten: Die While-, die For- und die Do-Schleife. Die kopfgesteuerte While-Schleife und die For-Schleife sind abweisend. Dass heißt, sie prüfen ihr Abbruchkriterium vor dem Durchlauf und weisen einen Durchlauf somit ab, wenn das Abbruchkriterium bereits erreicht ist.

Es gibt drei Hauptarten von Java-Schleifen. Sie dienen dazu, wiederkehrende Anweisungen bis zum Erfüllen einer Abbruchbedingung auszuführen.

```
Java-Schleifen {
    • While-Schleife (abweisend)
    • Do-Schleife (nicht abweisend)
    • For-Schleife (abweisend)
        • Einfache For-Schleife
        • Erweiterte For-Schleife
}
```

Abbildung 15.7 Java verfügt über drei prinzipiell verschiedene Schleifenarten.

Die fußgesteuerte Do-Schleife ist hingegen nicht abweisend. Die Do-Schleife prüft also erst nach dem ersten Durchlauf, ob das Abbruchkriterium erreicht wurde. Von der For-Schleife gibt es zwei Ausprägungen. Seit Java 5 ist es möglich, die erweiterte For-Schleife einzusetzen. Diese Schleife kann zum Beispiel einen Aufzählungstyp ohne Index automatisch durchlaufen.

■ 15.8 Übungen

In dieser Übung erhält das Programm, das den Programmierkurs von Professor Roth ausgibt, seine endgültige Gestalt in Form einer Schleife. Sofern Sie Java mit der Eclipse-Entwicklungsumgebung nicht bereits installiert haben, holen Sie das jetzt nach. Die Anleitung dazu steht in Kapitel 4, »Entwicklungsumgebung«, unter dem Abschnitt 4.2, »Installation«.

15.8.1 Vorüberlegungen

In dieser Übung steht die Schleife in Abbildung 15.8 im Mittelpunkt. Bei dieser Schleife ist zu Beginn die momentane Nummer des Mitglieds unseres Programmierkurses von Professor Roth die Nummer eins. Danach gibt das Programm den Namen des momentanen Kursmitglieds aus. Im nächsten Schritt erhöht das Programm die momentane Mitgliedsnummer um eins. Danach überprüft sie als Abbruchbedingung, ob die Gesamtanzahl der Teilnehmer größer ist als die momentane Teilnehmernummer. Falls das nicht der Fall ist, kehrt das Programm an den Anfang zurück und gibt den Namen des nächsten Kursmitglieds aus. Im anderen Fall endet das Programm.

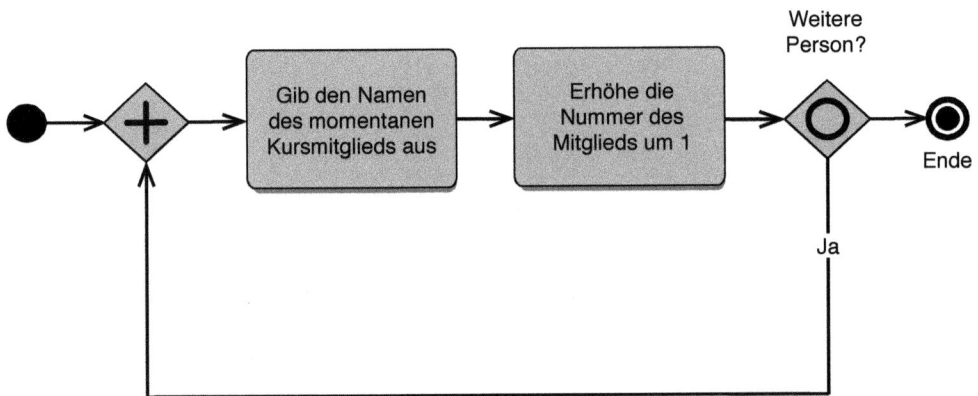

Abbildung 15.8 Vorüberlegungen zur Erweiterung der »Programmdemo«

15.8.2 Eclipse starten

Starten Sie Eclipse wieder wie gewohnt mit dem Workspace namens *Uebungen*. Sollten Sie in der Zwischenzeit den Workspace gewechselt haben, navigieren Sie wieder zum Verzeichnis *Uebungen* und starten die Eclipse IDE mit diesem Workspace.

15.8.3 Projekt kopieren

Wenn Sie möchten, können Sie zur Arbeitserleichterung wieder das Projekt des letzten Kapitels kopieren. Führen Sie dazu einen Rechtsklick auf den Projektknoten des Projekts

Verzweigungen im PACKAGE EXPLORER aus und wählen aus dem Kontextmenü, das daraufhin erscheint, den Befehl COPY aus. Führen Sie dann auf eine freie Fläche im PACKAGE EXPLORER erneut einen Rechtsklick aus und wählen aus dem Kontextmenü diesmal PASTE aus. Tragen Sie in dem Dialog, der danach erscheint, als neuen Projektnamen *Schleifen* ein.

15.8.4 Dateien im Editor schließen

Schließen Sie danach erneut sämtliche offenen Dateien des letzten Projekts. Öffnen Sie im Anschluss das neue Projekt *Schleifen* im PACKAGE EXPLORER und führen Sie einen Doppelklick auf die Datei *Programmdemo* aus.

15.8.5 Erzeugen der Personenobjekte ergänzen

Stellen Sie den ersten Teil der Methode *main()* so um, dass das Programm die fünf Personenobjekte und ein Objekt des Typs *Roboter* erzeugt. Entfernen Sie danach die Konstruktoraufrufe der Personen im restlichen Teil der Methode *main()*, so dass der Quellcode nur die Konstruktoraufrufe wie in Listing 15.5 enthält.

Listing 15.5 Die fünf Objekte werden erzeugt.

```
 1  Wesen kursmitglieder[] = new Wesen[5];
 2
 3  showstringspaces=false, extendedchars=true]
 4  kursmitglieder[0] =
 5    new Person(Geschlecht.MAENNLICH, "Karsten", "Roth", false);
 6  kursmitglieder[1] =
 7    new Person(Geschlecht.WEIBLICH, "Anna", "Seitz", true);
 8  kursmitglieder[2] =
 9    new Person(Geschlecht.WEIBLICH, "Julia", "Lippert", true);
10  kursmitglieder[3] =
11    new Person(Geschlecht.MAENNLICH, "Lukas", "Wittek", true);
12  kursmitglieder[4] =
13    new Person(Geschlecht.MAENNLICH, "Florian", "Krause", true);
```

15.8.6 Redundanzen erkennen

Einer der schlimmsten Fehler beim Programmieren ist es, Quellcode redundant zu kopieren. Die Methode *main()* enthält eine Reihe von Redundanzen, wie das Listing 15.6 zeigt.

Listing 15.6 Dieser Quellcode ist redundant.

```
 1  String anrede = ermittleAnrede(kursmitglieder[0].getGeschlecht());
 2  String studentenstatus =
 3    ermittleStudentenstatus(((Person) kursmitglieder[0]).isStudent());
 4
```

```
5  System.out.println(anrede + " " + kursmitglieder[0].getName()
6    + " ist " + studentenstatus);
```

Löschen Sie nun alle bis auf ein einzelnes Vorkommen dieser Programmausgabe, so dass nur ein Codefragment des Listings 15.6 in der Methode *main()* verbleibt.

15.8.7 Schleife erzeugen

Markieren Sie nun den gesamten Codeblock und führen einen Rechtsklick durch. Wählen Sie aus dem Kontextmenü SURROUND WITH → 2 FOR (ITERATE OVER ARRAY) aus.

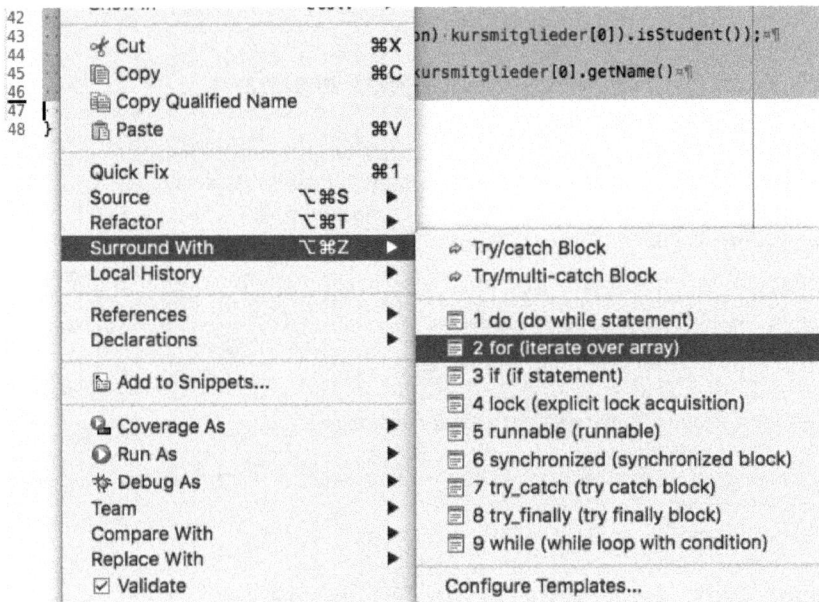

Abbildung 15.9 Die For-Schleife wird erzeugt.

15.8.8 Index in den Schleifenkörper übertragen

Die Schleife, die entstanden ist, ist nicht schlecht, erfordert jedoch noch etwas Nacharbeit (Listing 15.7). Eclipse hat den Index zwar eingefügt, aber die Schleife iteriert nicht über die Gesamtzahl der Mitglieder des Programmierkurses, sondern gibt immer die gleiche Person mit dem Index 0 aus.

Listing 15.7 Die von der Eclipse IDE erzeugte Schleife.

```
1  for (int i = 0; i < kursmitglieder.length; i++) {
2    String anrede = ermittleAnrede(kursmitglieder[0].getGeschlecht());
3    String studentenstatus = ermittleStudentenstatus(((Person)
        kursmitglieder[0]).isStudent());
```

```
4        System.out.println(anrede + " " + kursmitglieder[0].getName()
5            + " ist " + studentenstatus);
6  }
```

Ändern Sie den Index nun an den Stellen, wo das Array aufgerufen wird, und tragen dort statt der Null die Indexvariable *i* ein, die im Schleifenkopf steht.

15.8.9   Schleife optimieren

Zudem müssen Sie die Deklaration der Variablen *anrede* und *studentenstatus* vor die Schleife ziehen. Die Anweisungen erzeugen sonst bei jedem Durchlauf der Schleife zwei neue String-Objekte, was überflüssig ist und nur Speicher kostet.

Listing 15.8 Die komplette Klasse »Programmdemo«

```
1  package programmierkurs;
2
3  class Programmdemo {
4
5    private static String ermittleStudentenstatus(boolean student) {
6      String studentenstatus = ((student) ? "immatrikuliert"
7          : "nicht immatrikuliert");
8      return studentenstatus;
9    }
10
11   private static String ermittleAnrede(Geschlecht geschlecht) {
12     switch (geschlecht) {
13     case WEIBLICH:
14       return "Frau";
15     case MAENNLICH:
16       return "Herr";
17     case SAECHLICH:
18       return "Roboter";
19     default:
20       return "Frau/Herr";
21     }
22   }
23
24   public static void main(String[] arguments) {
25
26     Wesen kursmitglieder[] = new Wesen[5];
27
28     kursmitglieder[0] =
29         new Person(Geschlecht.MAENNLICH, "Karsten", "Roth", false);
30     kursmitglieder[1] =
31         new Person(Geschlecht.WEIBLICH, "Anna", "Seitz", true);
32     kursmitglieder[2] =
33         new Person(Geschlecht.WEIBLICH, "Julia", "Lippert", true);
34     kursmitglieder[3] =
35         new Person(Geschlecht.MAENNLICH, "Lukas", "Wittek", true);
```

```
36        kursmitglieder[4] =
37            new Person(Geschlecht.MAENNLICH, "Florian", "Krause", true);
38
39        String anrede = null;
40        String studentenstatus = null;
41        System.out.println("Der Programmierkurs von Prof. Roth:");
42
43        for (int i = 0; i < kursmitglieder.length; i++) {
44          anrede = ermittleAnrede(kursmitglieder[i].getGeschlecht());
45          studentenstatus =
46            ermittleStudentenstatus(((Person) kursmitglieder[i]).isStudent())
                 ;
47          System.out.println(anrede + " " + kursmitglieder[i].getName()
48            + " ist " + studentenstatus);
49        }
50    }
51  }
```

Fügen Sie zudem noch eine Titelzeile für die Liste ein, die *Der Programmierkurs von Prof. Roth:* ausgibt. Wenn Sie die Optimierung des Quellcodes durchgeführt haben, müsste die Methode *main()* wie in Listing 15.8 aussehen. Ist das Fall, können Sie das Programm starten.

15.8.10 Programm starten

Führen Sie nun einfach einen Rechtsklick auf den Quellcode des Beispiels aus und wählen *Run As → Java Application* aus. Das Programm sollte im Fenster CONSOLE der Eclipse IDE folgenden Text ausgeben:

```
Herr Karsten Roth ist nicht immatrikuliert
Frau Anna Seitz ist immatrikuliert
Frau Julia Lippert ist immatrikuliert
Herr Lukas Wittek ist immatrikuliert
Herr Florian Krause ist immatrikuliert
```

15.8.11 Startkonfiguration anpassen

Passen Sie nun die automatisch erzeugte Startkonfiguration wieder so an, dass der eindeutige Name *Programmdemo (Schleifen)* entsteht. Wenn Sie das durchgeführt haben, ist auch dieses Tutorial beendet. Wenn Sie möchten, können Sie noch die folgenden Aufgaben durchführen.

15.9 Aufgaben

- Wozu dienen Schleifen?
- Was ist der Unterschied zwischen einer fuß- und einer kopfgesteuerten Schleife?
- Was bedeutet der Ausdruck »die Schleife ist abweisend«?
- Ergänzen Sie eine Anweisung in der Schleife, die die Nummer des Kursmitglieds wie folgt ausgibt:

```
1.) Herr Karsten Roth ist nicht immatrikuliert
2.) Frau Anna Seitz ist immatrikuliert
3.) Frau Julia Lippert ist immatrikuliert
4.) Herr Lukas Wittek ist immatrikuliert
5.) Herr Florian Krause ist immatrikuliert
```

Die Lösungen zu den Aufgaben finden Sie in Kapitel 25, »Lösungen«, ab Seite 602.

15.10 Literatur

Control Flow: *https://docs.oracle.com/javase/tutorial/java/nutsandbolts/flow.html*

16 Pakete und Module

■ 16.1 Einleitung

Um größere Softwaresysteme zu strukturieren, gibt es unterschiedliche Konzepte. In Java löst man die Aufteilung der Programme über *Pakete* und *Module*. Hierbei beinhalten Pakete ein oder mehrere Klassen, während Module ein oder mehrere Pakete zusammenfassen. Während das Paket schon seit der ersten Version von Java Sprachbestandteil ist, ist das Modul im Java-Bereich sehr neu. Es ist erst seit Java 9 Bestandteil des Sprachumfangs.

Abbildung 16.1 Professor Roth wird Ihnen helfen, Java-Pakete und -Module besser zu verstehen.

■ 16.2   Überblick

Pakete und Module sind Mittel, um Java-Programme zu strukturieren. Pakete fassen ein oder mehrere Klassen zusammen, während Module ein oder mehrere Pakete zusammenfassen. Abbildung 16.2 zeigt das Modul *java.base* aus Java SE, das die Pakete *java.lang*, *java.math*, *java.net*, *java.io* und *java.nio* sowie deren Unterpakete bündelt.

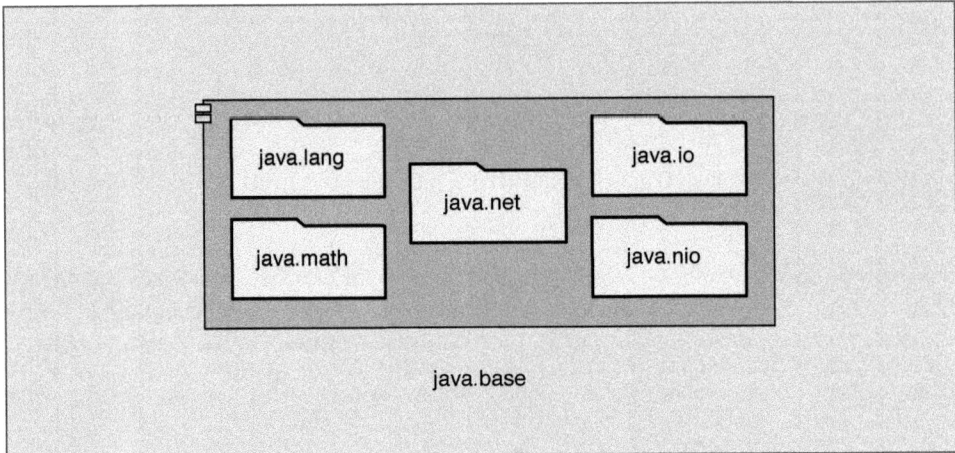

Abbildung 16.2 Java-Module wie »java.base« fassen ein oder mehrere Pakete zusammen.

■ 16.3   Pakete

Pakete definiert man in Java über das Schlüsselwort *package*. Ein einzelnes Paket »verpackt« hierbei ein oder mehrere Java-Klassen. Das Package sollte hierbei Klassen beinhalten, die in *starker* Beziehung zueinander stehen. Um Klassen außerhalb des eigenen Packages verwenden zu können, muss man sie importieren.

16.3.1   Klassenimport

Dynamische Importe

Packages sind Gültigkeitsbereiche für Klassen, die sich in ihnen befinden. Auch öffentliche Klassen sind so lange für andere Pakete unbekannt, bis sie über eine Importanweisung übernommen werden. Der Begriff *import* ist hierbei leider unglücklich gewählt. Die Klasse wird nicht importiert, sondern lediglich *verwendet*.

Der Import von Klassen kann entweder einzeln für jede Klasse eines Packages ausgeführt werden oder für ein ganzes Package. Im letzteren Fall verwendet man eine Wildcard (Abbildung 16.3). Es hat einige Vorteile, jede Klasse einzeln zu importieren. Dadurch kann der Programmierer leichter nachvollziehen, welche Klasse verwendet wurde.

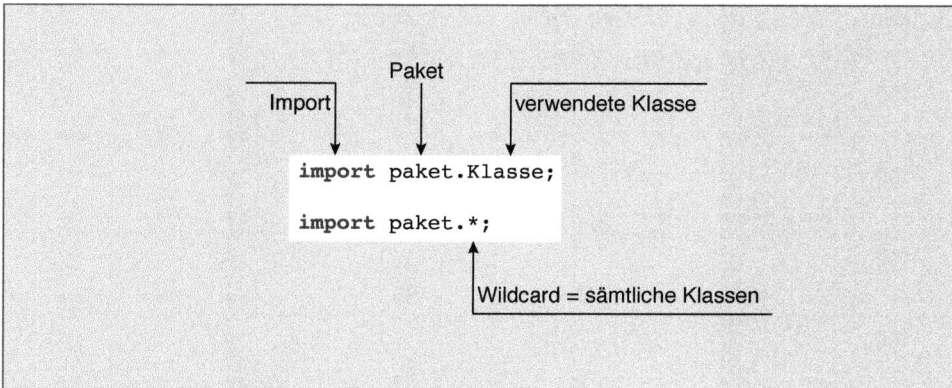

Abbildung 16.3 Aufbau eines dynamischen Imports

Ein Beispiel dazu: Stellen Sie sich die Familie Roth vor, die aus dem Vater Karsten Roth besteht, der in Trennung von seiner Ex-Frau Katrin lebt. In Roths »Haus«, dem Package *familieroth*, lebt die Tochter Katharina, in dem anderen Package *familieex* der Sohn Max aus erster Ehe. Beide gehören zur Klasse *Kind*.

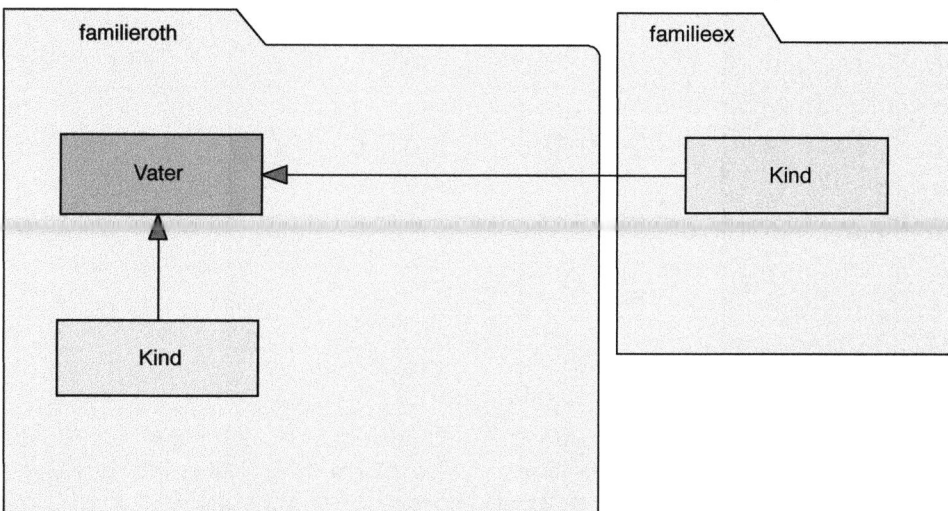

Abbildung 16.4 Die Klasse »Kind« hat zwei Bedeutungen.

Wie Sie an Abbildung 16.4 erkennen können, ist die Klasse *Kind* zweimal vorhanden. Im linken Package *familieroth* hat sie die Bedeutung eines Kindes mit starken Beziehungen zum Vater, im rechten Package *familieex* hingegen den Status eines Kindes mit schwachen Beziehungen zum Vater. In Listing 16.2 erkennen Sie in Zeile 5 eine Importanweisung. Durch diese Anweisung hat die Klasse *Kind* Zugriff auf die Klasse *Vater*. Dazu muss das Package mit dem vollständigen Namen angegeben werden.

Listing 16.1 Die Klasse »Vater« wird importiert und erweitert.

```
 1  //Beispielprogramme/Pakete_und_Module/Kind
 2
 3  package familieex;
 4
 5  import familieroth.Vater;
 6
 7  public class Kind extends Vater {
 8
 9    public Kind(String name) {
10      super(name);
11    }
12  }
```

In Listing 16.2 sieht die Sache anders aus. Die Klasse *Kind* hat automatisch ohne eine Importanweisung Zugriff auf die Klasse *Vater*. Das kommt daher, dass sie sich im selben Package befindet.

Listing 16.2 Die Klasse »Kind« ist Teil des Packages »familieroth«.

```
 1  //Beispielprogramme/Pakete_und_Module/DynamischerImportDemo
 2
 3  package familieroth;
 4
 5  public class Kind extends Vater {
 6
 7    public Kind(String name) {
 8      super(name);
 9    }
10  }
```

16.3.2 Namensräume

Java stört die doppelte Definition von Klassen nicht, solange sich jede Klasse gleichen Namens in einem anderen Paket befindet. Daher nennt man ein Paket in verschiedenen Programmiersprachen allgemein »Namensraum«. Er schränkt die Sichtbarkeit einer Klasse für andere Klassen ein (Kapitel 22, »Gesetzmäßigkeiten«, Abschnitt 22.4, »Sichtbarkeit«). Wie zwei Klassen gleichen Namens in einem Hauptprogramm verwendet werden, zeigt Listing 16.3.

Listing 16.3 Beide Klassen des Typs »Kind« werden unterschiedlich importiert.

```
 1  //Beispielprogramme/Pakete_und_Module/DynamischerImportDemo
 2
 3  package main;
 4
 5  import familieroth.Vater;
 6
```

```
7  public class PackageDemo {
8
9    public static void main(String[] args) {
10
11      Vater karsten = new Vater("Karsten");
12
13      familieex.Kind max = new familieex.Kind("Max");
14
15      familieroth.Kind katharina = new familieroth.Kind("Katharina");
16
17      System.out.println("Vaters Name ist " + karsten.getName());
18
19      System.out.println("Tocherts Name ist " + katharina.getName());
20
21      System.out.println("Sohns Name ist " + max.getName());
22    }
23  }
```

Das Programm zeigt in Zeile 13 und 15, wie die beiden Klassen des Typs »Kind« vollqualifiziert heißen. Es kann die Klassen ohne Importanweisung verwenden, weil das Programm den vollqualifizierten Klassennamen verwendet. Der vollqualifizierte Klassenname besteht aus dem vollständigen Package-Pfad samt Klassennamen.

Statische Importe

Bei den konventionellen Importanweisungen muss der Klassenbezeichner auch dann immer bei der Verwendung einer Methode vorangestellt werden, wenn diese statisch ist (Klassenmethode). Will man zum Beispiel mathematische Funktionen wie die Wurzeloperation anwenden, stört dies etwas, wie das folgendes Beispiel in Listing 16.4 zeigt.

Listing 16.4 Der konventionelle Import einer Klasse

```
1  //Beispielprogramme/Pakete_und_Module/DynamischerImportDemo
2
3  package programmierkurs;
4
5  import java.lang.Math;
6
7  public class DynamischerImportDemo {
8
9    public static void main(String[] args) {
10
11      System.out.println("Die Quadratwurzel ist " + Math.sqrt(9));
12    }
13  }
```

Der Grund für diese Schreibweise ist klar: Java gestattet nur die Definition von Methoden, die an eine Klasse gebunden sind. Methoden können nicht losgelöst von einer Klasse existieren. Und da es keine globalen Methoden gibt, muss auf sie immer in Verbindung mit der Klasse zugegriffen werden.

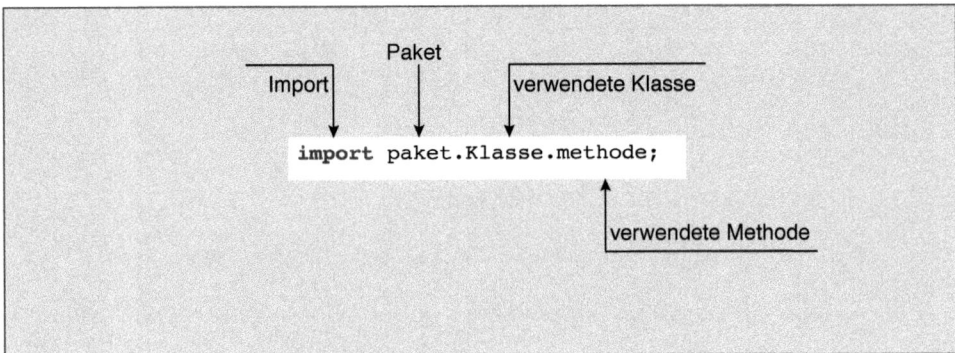

Abbildung 16.5 Aufbau eines statischen Imports

Das hat auch weiter Gültigkeit, nur dass sich die Schreibweise seit Java 5.0 durch statische Importe vereinfacht hat. Jetzt lassen sich auch Methoden einzeln oder über Wildcards statisch importieren (Listing 16.5).

Listing 16.5 Der statische Import einer Klasse

```
 1  //Beispielprogramme/Pakete_und_Module/StatischerImportDemo
 2
 3  package programmierkurs;
 4
 5  import static java.lang.Math.sqrt;
 6
 7  public class StatischerImportDemo {
 8
 9    public static void main(String[] args) {
10
11      System.out.println("Die Quadratwurzel ist " + sqrt(9));
12    }
13  }
```

Die Schreibweise führt dazu, dass die Methode ohne die dazu gehörende Klasse aufgerufen werden kann. Der Schreibweise erinnert sehr an klassische prozedurale Programmiersprachen.

■ 16.4 Module

Module gibt es erst seit Java 9. Oracle hat den Erscheinungstermin mehrfach verschoben, weil es nicht so einfach war, die historisch gewachsene Java-Plattform in einzelne Module zu zerlegen. Java 9 führte mit dem Begriff Module einer der wichtigsten Änderungen der Sprache Java ein. Die offizielle Bezeichnung des neuen Modulsystems lautet Java Platform Module System (JPMS).

Warum ist ein solcher Mechanismus so wichtig? Was steckt hinter einem dynamischen Modulsystem? Ein dynamischer Modulmechanismus ist dazu da, *unterschiedliche* Versionen eines Moduls in einem Programm zu verwalten, Module kontrolliert zur Laufzeit zu laden und auch wieder zu entfernen.

An einem einfachen Beispiel wird die Verwendung von Modulen besser verständlich. Wenn Module in einem Projekt verwendet werden sollen, ist selbst nicht mehr jede öffentliche Klasse nach außen hin sichtbar. Die öffentliche Klasse *Ware* befindet sich beispielsweise im Modul *programmierkurs.produkt* des Projekts *ModulExportDemo* (Listing 16.6).

Listing 16.6 Die Klasse »Ware« gehört zum Modul »programmierkurs.produkt«.

```
1  //Beispielprogramme/Pakete_und_Module/ModulExportDemo
2
3  package programmierkurs.produzent;
4
5  public class Ware {
6
7    public void getName() {
8      System.out.println("Ware vom Modul 'programmierkurs.produkt'");
9    }
10 }
```

Die Klasse ist durch das Modul *programmierkurs.produkt* zusätzlich geschützt. Setzen wir voraus, dass von diesem Projekt die Klasse *Ware* unter vielen anderen freigegeben werden soll. Damit sie wieder öffentlich verfügbar ist, benötigen wir eine Modul-Info-Datei, die diese Klasse exportiert (Listing 16.7). Der Export hebt den Zugriffsschutz des Moduls auf und exportiert das Package *programmierkurs.produzent* aus dem Modul.

Listing 16.7 Package »programmierkurs.produzent« mit der Klasse »Ware« wird exportiert.

```
1  //Beispielprogramme/Pakete_und_Module/ModulExportDemo
2
3  module programmierkurs.produkt {
4
5    exports programmierkurs.produzent; // Exportiertes Package
6
7  }
```

Um das exportierte Package *programmierkurs.produzent* zu verwenden, benötigt ein anderes Projekt ebenfalls eine Modul-Info-Datei. Diese fordert das Modul *programmierkurs.produkt* an und bekommt somit Zugriff auf die Klasse »Ware« (Listing 16.8).

Listing 16.8 Die Datei »modul-info.java« verwendet ein Package.

```
1  //Beispielprogramme/Pakete_und_Module/ModulImportDemo
2
3  module programmierkurs.konsument {
4
5    requires programmierkurs.produkt; // Verwendetes Modul
6
7  }
```

Zum Schluss sehen Sie die Verwendung der Klasse *Ware* in einem Hauptprogramm (Listing 16.9). Das Programm ruft die Klasse *Ware* aus dem anderen Projekt so auf, als wäre sie Bestandteil des eigenen Projekts.

Listing 16.9 Die Klasse »ModuleImportDemo« importiert ein Package.

```
 1  //Beispielprogramme/Pakete_und_Module/ModulImportDemo
 2
 3  package programmierkurs.konsument;
 4
 5  import programmierkurs.produzent.Ware;
 6
 7  public class ModuleImportDemo {
 8
 9    public static void main(String[] args) {
10      new Ware().getName();
11    }
12  }
```

■ 16.5 Zusammenfassung

Mithilfe von Paketen und Modulen lassen sich Java-Programme in überschaubare Einheiten strukturieren. Pakete beinhalten hierbei ein oder mehrere verwandte Klassen, während Module ein oder mehrere Pakete bündeln.

> Pakete sind wichtige Strukturierungsmittel, um Java-Programme übersichtlich zu gestalten. Das langerwartete Modulsystem wird hingegen momentan hauptsächlich eingesetzt, um die Java SE zu strukturieren.

Abbildung 16.6 Zur Strukturierung von Java-Programmen sind Pakete unentbehrlich.

■ 16.6 Übungen

In dieser Übung restrukturieren Sie Schritt für Schritt das bisher entwickelte Programm namens *Programmdemo* mit Eclipse. Sofern Sie Java mit der Eclipse-Entwicklungsumgebung nicht bereits installiert haben, holen Sie das jetzt nach. Die Anleitung dazu befindet sich in Kapitel 4, »Entwicklungsumgebung«, unter dem Abschnitt 4.2, »Installation«.

16.6.1 Eclipse starten

Starten Sie Eclipse wieder wie gewohnt mit dem Workspace namens *Uebungen*. Sollten Sie in der Zwischenzeit den Workspace gewechselt haben, kehren Sie wieder zum Verzeichnis *Uebungen* zurück und laden Eclipse mit diesem Workspace.

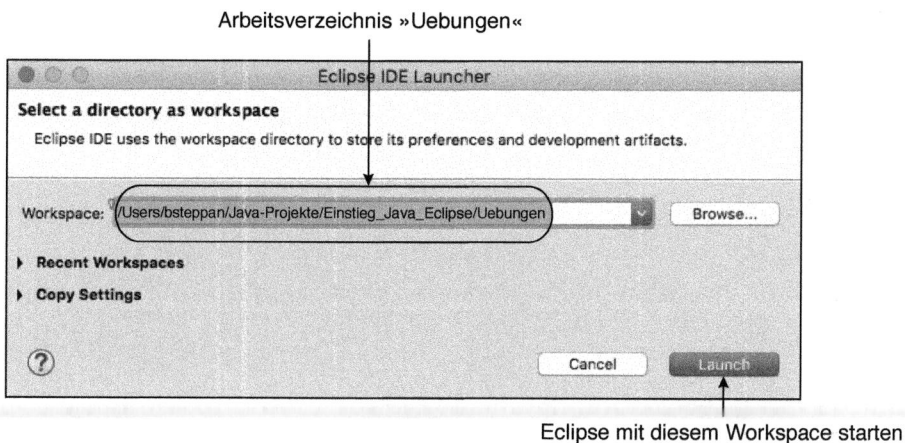

Abbildung 16.7 Eclipse mit dem Workspace »Uebungen« starten

16.6.2 Projekt kopieren

Auch diesmal müssen Sie das letzte Projekt zur Arbeitserleichterung kopieren. Führen Sie dazu einen Rechtsklick auf den Projektknoten des Projekts *Verzweigungen* im PACKAGE EXPLORER aus und wählen aus dem Kontextmenü, das daraufhin erscheint, den Befehl COPY aus. Führen Sie dann auf eine freie Fläche im PACKAGE EXPLORER erneut einen Rechtsklick aus und wählen aus dem Kontextmenü diesmal PASTE aus. Tragen Sie in dem Dialog, der danach erscheint, als neuen Projektnamen *Pakete_und_Module* ein.

16.6.3 Dateien im Editor schließen

Schließen Sie erneut sämtliche offenen Dateien des letzten Projekts über FILE → CLOSE ALL. Öffnen Sie danach das neue Projekt *Pakete_und_Module* im PACKAGE EXPLORER und klappen es so weit aus, dass Sie das Package *programmierkurs* erkennen können.

16.6.4   Dialog »Rename Package« aufrufen

Der ersten Schritt bei der Neustrukturierung des Projekts ist es, das Package *programmier-kurs* umzubenennen. Auch hierfür verfügt Eclipse über eine Refactoring-Funktion. Um an diese zu gelangen, führen Sie auf das Package *programmierkurs* einen Rechtsklick aus und wählen aus dem Kontextmenü, das daraufhin erscheint, den Befehl Refactor → Rename aus (Abbildung 16.8).

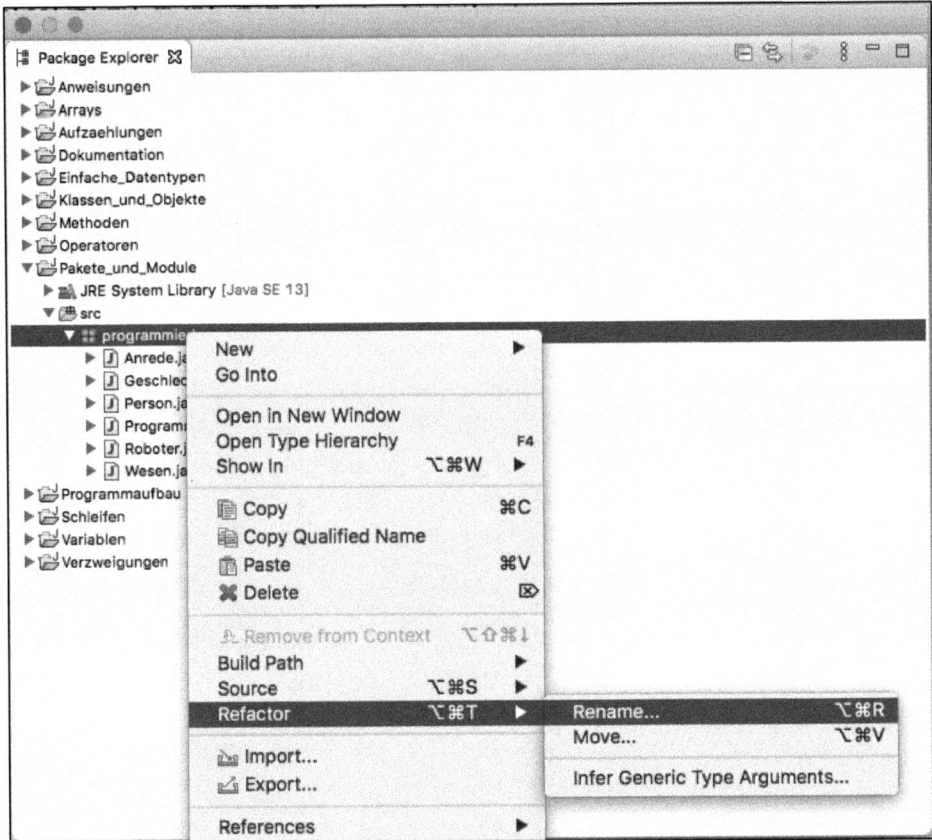

Abbildung 16.8 Das Umbenennen eines Pakets über die Refactoring-Funktionen

16.6.5   Paket »programmierkurs« umbenennen

Durch den Befehl startet ein Dialog, mit dessen Hilfe Sie das Paket umbenennen. Gemäß den Java-Konventionen muss dieses Package durchgehend aus Kleinbuchstaben bestehen. Versuchen Sie, gegen diese Konventionen zu verstoßen, indem Sie einen führenden Groß-buchstaben wählen, zum Beispiel *Programmdemo*. Sie werden sehen, dass sofort die Na-mensvalidierung von Eclipse anschlägt und am unteren Ende des Dialogs eine Warnung erscheint. Geben Sie jetzt den korrekt geschriebenen Namen *programmdemo* ein und kli-cken auf Preview >, um sich die Auswirkung der Änderung anzusehen.

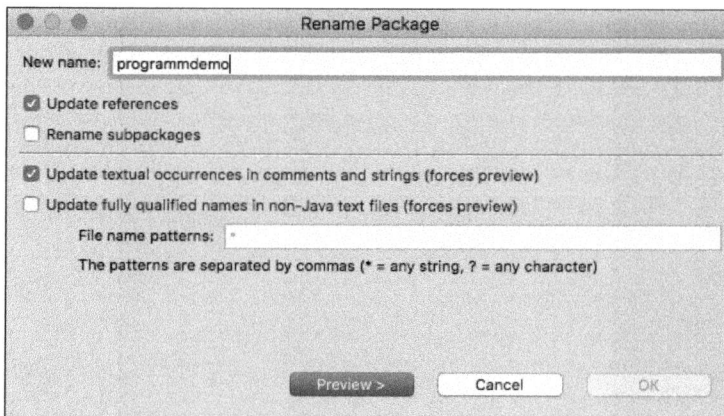

Abbildung 16.9 Das vorhandene Paket wird umbenannt.

Eclipse warnt vor der Änderung, da die Klasse eine Methode *main()* enthält. Klassen, die main-Methoden enthalten, sind Anwendungen. Da Java-Anwendungen in der Regel über Skripte gestartet werden, könnte es durch das Refactoring passieren, dass die Startskripte der Anwendung nicht mehr funktionieren. Führen Sie das Refactoring trotzdem durch, da die Anwendung momentan noch nicht über Skripte, sondern über Eclipse gestartet wird. Eclipse wird die Startkonfiguration im Rahmen des Refactorings ebenfalls anpassen. Welche Änderungen waren notwendig?

16.6.6 Auswirkungen des Refactorings kontrollieren

Klappen Sie das umbenannte Package auf und klicken auf die einzelne Klasse. Jede Klasse führt als oberste Anweisung in ihrem Titel nun die veränderte Anweisung *package programmdemo*. Eclipse hat automatisch sämtliche Klassen und Einstellungen geändert, die das Package *programmierkurs* enthalten haben, und diese in *programmdemo* umbenannt.

Listing 16.10 Eclipse hat durch das Refactoring sämtliche Paket-Anwendungen geändert.

```
1  package programmdemo;
2
3  public enum Anrede {
4    FRAU("Frau"),
5    HERR("Herr"),
6    ROBOTER("Roboter");
7    (...)
8  }
```

16.6.7 Dialog »New Package« aufrufen

Ein neues Paket legen Sie ganz einfach über einen Rechtsklick entweder auf den Source-Ordner *src* oder auf ein Paket an und wählen NEW → PACKAGE aus. Wenn Sie ein Paket durch einen Rechtsklick auf den Source-Ordner *src* erzeugen, entsteht immer ein Basispaket wie das Paket *programmdemo*. Sollten Sie einen Rechtsklick auf ein vorhandenes Paket durchführen, geht Eclipse davon aus, dass Sie ein Unterpaket erzeugen wollen – genau das haben wir jetzt vor. Führen Sie also auf das Paket *programmdemo* einen Rechtsklick aus und wählen aus dem Menü, das daraufhin erscheint, NEW → PACKAGE aus (Abbildung 16.10).

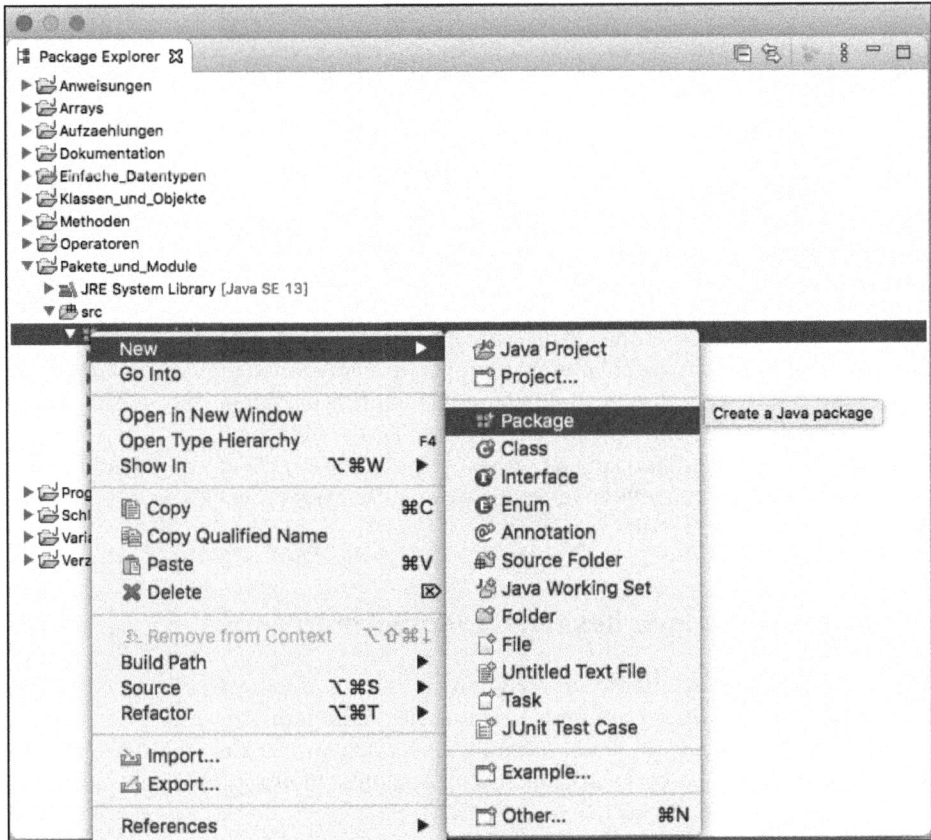

Abbildung 16.10 Aufrufen des Dialogs »New Package«

16.6.8 Neues Paket erzeugen

Der Dialog, der daraufhin erscheint, enthält unter SOURCE FOLDER schon den korrekt gefüllten Ordner, in dem sich der Quellcode des Projekts befindet. Hier müssen Sie nichts eintragen. Im zweiten Feld mit der Bezeichnung NAME steht *programmdemo*. Wenn Sie einen weiteren Unterordner anlegen möchten, müssen Sie diesen einfach mit einem Punkt abtrennen. Hintergrund ist, dass Package genauso wie Internetdomänen benannt werden. Auch diese trennt man mit einem Punkt ab. Führen Sie diese Aktion aber jetzt nicht durch, sondern brechen den Dialog mit einem Klick auf CANCEL ab.

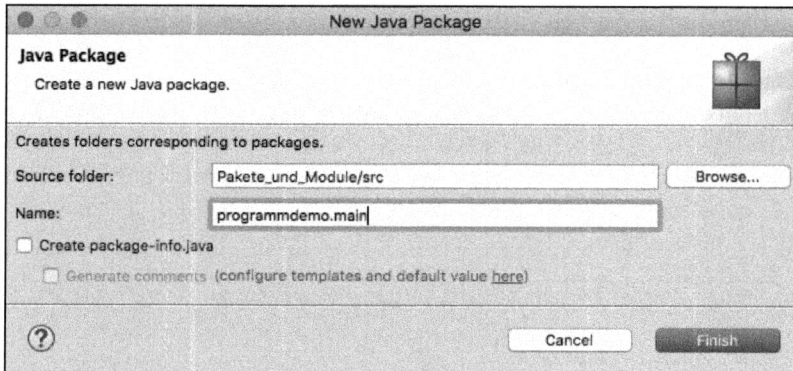

Abbildung 16.11 Ein neues Subpaket wird erzeugt.

Führen Sie stattdessen auf die Datei *Programmdemo.java* im PACKAGE EXPLORER einen Rechtsklick aus und wählen über den Befehl REFACTOR → MOVE ein weiteres Refactoring. Danach öffnet sich ein Dialog, in dem Sie festlegen können, wohin Eclipse die Klasse verschieben soll. Im rechten oberen Bereich sehen Sie eine Schaltfläche CREATE PACKAGE – klicken Sie jetzt darauf, um an den gleichen Dialog wie zuvor zu gelangen.

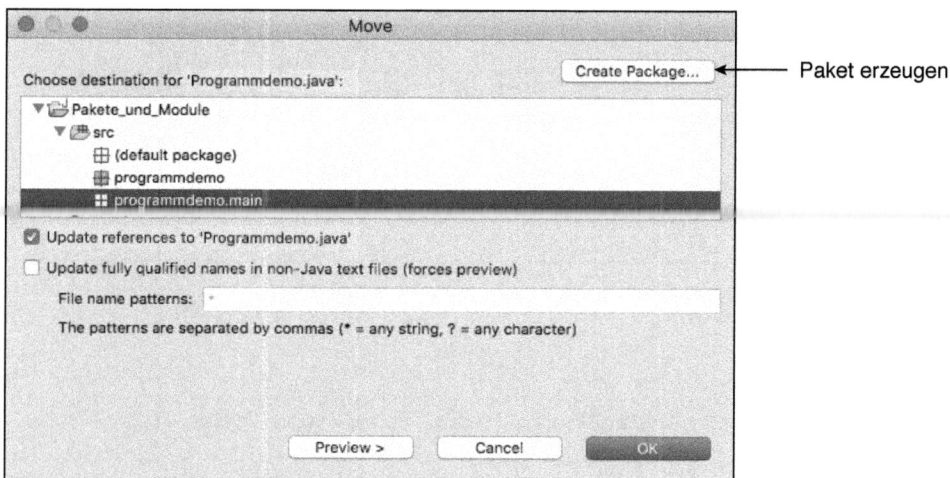

Abbildung 16.12 Die Klasse »Programmdemo« wird verschoben.

Geben Sie unter NAME *programmdemo.main* ein, damit Eclipse ein Subpaket erzeugt und beenden den Dialog mit OK. Der übergeordnete Dialog zeigt nun *programmdemo.main* als Zielpaket für die Klasse *Programmdemo* an (Abbildung 16.12). Ist das der Fall, klicken Sie auf OK, um das Refactoring durchzuführen.

16.6.9 Restliche Klassen in ein neues Paket verschieben

Klappen Sie jetzt das gesamte Projekt im PACKAGE EXPLORER auf der linken Seite von Eclipse auf. Eclipse hat das Unterpaket *main* erzeugt und die Klasse *Programmdemo* dorthin verschoben. Markieren Sie die restlichen Klasse so wie in Abbildung 16.13 zu sehen. Führen Sie danach einen Rechtsklick auf die Klassen aus und wählen erneut den Befehl REFACTOR → MOVE... aus dem Kontextmenü aus. Erzeugen Sie diesmal das Unterpaket *programmdemo.model* und verschieben die Klassen dorthin.

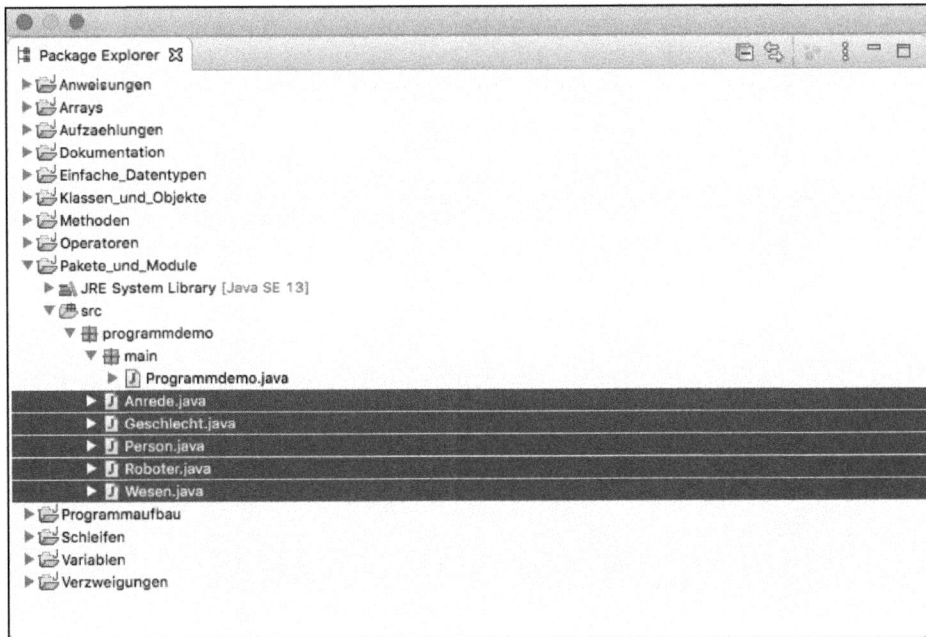

Abbildung 16.13 Diese fünf Java-Klassen sollen verschoben werden.

16.6.10 Refactoring im »Package Explorer« kontrollieren

Kontrollieren Sie jetzt die gesamten Änderungen am Projekt. Es sollte so wie in Abbildung 16.14 aussehen.

16.6.11 Änderungen an der Klasse »Programmdemo« kontrollieren

Was hat Eclipse alles geändert? Sie sehen das am besten an der Hauptklasse *Programmdemo*. Führen Sie einen Doppelklick auf diese Klasse aus, so dass sie im Editor rechts erscheint. Sie sehen in der Zeile 1 die Anweisung *package programmdemo.main*. Sie bedeutet, dass es ein Hauptpaket namens *programmdemo* gibt, in dem sich das Paket *main* befindet. Die Klasse *Programmdemo* ist Teil dieses Subpakets namens *main*.

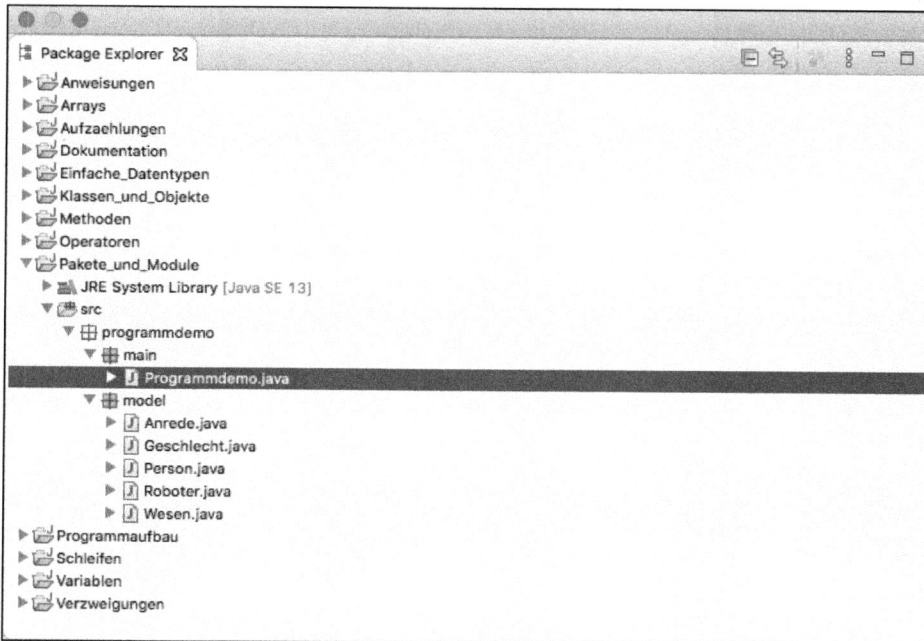

Abbildung 16.14 Sämtliche Java-Klassen befinden sich jetzt in den gewünschten Zielpaketen.

Listing 16.11 Die Paketanweisungen und Importe der Klasse »Programmdemo«

```
1  package programmdemo.main;
2
3  import programmdemo.model.Geschlecht;
4  import programmdemo.model.Person;
5  import programmdemo.model.Wesen;
```

Die Anweisungen in Zeile 3 bis 5 importieren die Klassen *Geschlecht, Person* und *Wesen,* die das Programm zum Ausführen benötigt. Die Klasse lauten mit ihrem vollqualifizierten Namen *programmdemo.model.Geschlecht, programmdemo.model.Person* und *programm-demo.model.Wesen.* Alternativ könnte man auch schreiben *import programmdemo.model.*,* um sämtliche Klassen des Pakets *programmdemo.model* in einem Rutsch zu importieren. Die Schreibweise, die Eclipse verwendet, ist besser. Sie zeigt, welche Klassen das Programm tatsächlich verwendet.

16.6.12   Programm starten

Führen Sie nun einfach einen Rechtsklick auf den Quellcode *Programmdemo.java* des Beispiels im PACKAGE EXPLORER aus und starten das Programm. Es sollte trotz der umfang-reichen Restrukturierung folgender Text erscheinen:

```
Der Programmierkurs von Prof. Roth:
Herr Karsten Roth ist nicht immatrikuliert
Frau Anna Seitz ist immatrikuliert
```

```
Frau Julia Lippert ist immatrikuliert
Herr Lukas Wittek ist immatrikuliert
Herr Florian Krause ist immatrikuliert
```

16.6.13   Startkonfiguration anpassen

Zum Schluss geben Sie der Startkonfiguration den sprechenden Namen *Programm-demo(Pakete und Module)*. Wenn Sie einen Blick auf die Startkonfiguration werfen, erkennen Sie, dass Eclipse diese automatisch angepasst hat (Abbildung 16.15). Eclipse prüft bei jedem Refactoring, ob diese Konfiguration betroffen ist, und ändert sie, falls notwendig.

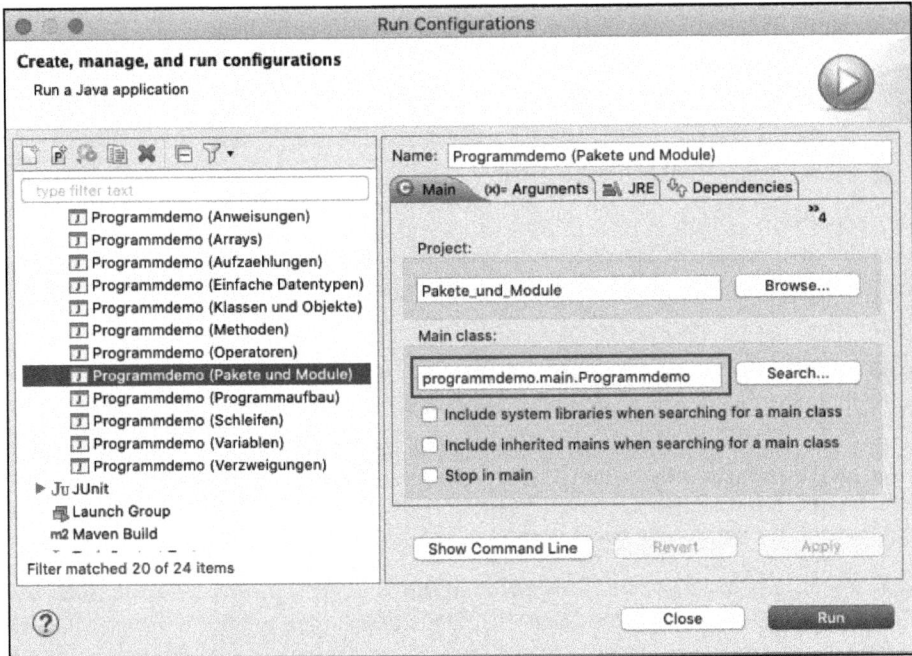

Abbildung 16.15 Die Startkonfiguration enthält den vollqualifizierten Namen der Startklasse.

◼ 16.7   Aufgaben

- ◾ Wozu dienen Pakete?
- ◾ Wozu dienen Module?
- ◾ Was ist der Unterschied zwischen Pakete und Modulen?
- ◾ Was bewirkt eine Importanweisung?
- ◾ Was bedeutet der Ausdruck »vollqualifizierter Name einer Klasse«?

Die Lösungen zu den Aufgaben finden Sie in Kapitel 25, »Lösungen« ab Seite 603.

17 Fehlerbehandlung

■ 17.1 Einleitung

Keiner mag Fehler – schon gar nicht in Computerprogrammen. Aber was passiert, wenn sie trotzdem auftreten? Wie kann man diese Fehler abfangen und weiter behandeln? In klassischen Programmiersprachen behilft man sich mit Fehlernummern. Im Gegensatz dazu funktioniert Fehlerbehandlung in Java rein objektorientiert.

Fehler entstehen in Java-Programmen aus verschiedenen Gründen: Zum Beispiel wegen Programmierfehlern oder aufgrund einer Fehlbedienung des Anwenders oder wegen Speichermangel. Java bietet Ihnen ein ausgeklügeltes System, um Fehler zu behandeln.

Abbildung 17.1 Wer mag schon Fehler? Aber wenn sie auftreten, sollte man sie souverän behandeln.

Das sogenannte »Exception Handling« ist Anlass für viele Missverständnisse. Daher stellt Ihnen dieses Kapitel die »Fehlerbehandlung« in Java-Programmen als eine der wichtigsten Eigenschaften der Programmiersprache sehr ausführlich vor. Ein gutes Verständnis des Exception Handlings ist der Schlüssel für sehr robuste Java-Programme.

■ 17.2 Überblick

17.2.1 Motivation

Exception Handling (engl. für Ausnahmebehandlung) ist ein in Java verankertes Prinzip, auf Ausnahmezustände in einem Programm zu reagieren. Das ist notwendig, um Fehler innerhalb eines Programms sauber abzufangen und darauf zu reagieren. Solche Ausnahmezustände einer Anwendung lassen sich in zwei Kategorien unterteilen: fachliche und technische Fehler.

17.2.2 Arten von Fehlern

Fachliche Fehler treten zum Beispiel dann auf, wenn der Anwender eine fachlich falsche Aktion durchführt. Ein Beispiel für einen fachlichen Fehler ist die Eingabe eines Buchstabens in ein Zahlenfeld oder die Eingabe einer zu großen Zahl. Die Fehleingaben sollten nicht zu einer Instabilität des Programms führen, sondern vom Programm souverän über fachliche Prüfungen abgefangen werden. Das Programm sollte zudem mit sinnvollen Hinweisen auf Fehleingaben reagieren. Abbildung 17.2 zeigt, wie ein Java-Rechenprogramm auf die Eingabe eines Buchstabens reagiert.

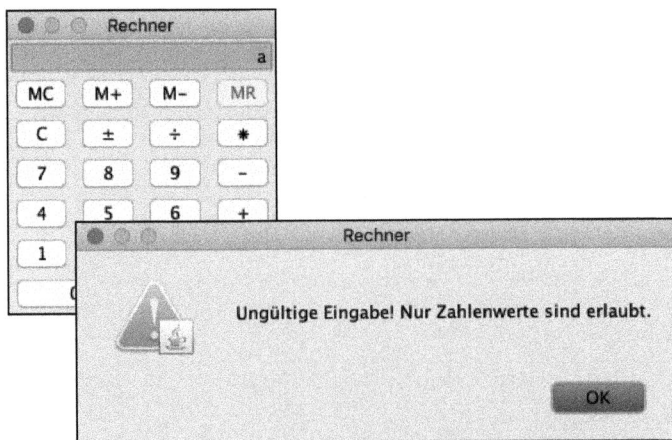

Abbildung 17.2 Ein Programm sollte mit sinnvollen Hinweisen auf Fehleingaben reagieren

Technische Fehler sind zum Beispiel dann gegeben, wenn zu wenig Speicherplatz zur Verfügung steht, eine Klasse von der Laufzeitumgebung nicht gefunden wurde oder ein Schreib-/Lesefehler aufgetreten ist. Auch hierfür ein Beispiel: Angenommen, Sie wollen ein Programm schreiben, das ein anderes Programm aufruft. Wenn Sie ein Java-Programm schreiben, würden Sie eine entsprechende Methode aufrufen. Diese Methode könnte scheitern, wenn die Datei, die ausgeführt werden soll, verschoben wurde und daher vom Programm nicht gefunden wird oder zerstört ist.

17.2.3 Verwendung des Exception Handlings

Die Fehlerbehandlung in Java läuft objektorientiert ab (Abbildung 17.3). Ausgangspunkt ist immer, dass das Java-Programm *versucht*, eine Methode auszuführen (Punkt 1). Dadurch, dass hier lediglich ein Versuch unternommen wird, von dem unklar ist, ob er gelingt, ist dieser Aufruf von einem Try-Block umgeben. Falls die Aktion gut verläuft, wird der Block verlassen, und das Programm läuft einfach weiter.

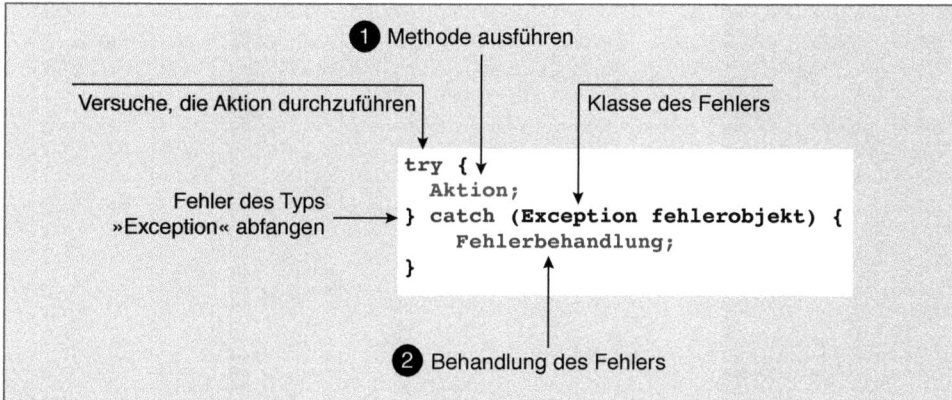

Abbildung 17.3 Prinzipieller Ablauf der Fehlerbehandlung

Falls diese Aktion jedoch fehlschlägt, verschickt die Methode ein Objekt. Dieses Objekt gehört zu der Klasse *Exception* oder einer abgeleiteten Klasse. Das Programm »fängt« diesen Objekt in einem Catch-Block mit einer Fehlerbehandlung ab (Punkt 2). Da der Fehler eine »Ausnahme« (engl. Exception) sein sollte, spricht man von »Ausnahmebehandlung« (engl. Exception Handling). Alle daran beteiligten Klassen nennen sich »Exceptions«.

Ein Try-Block kann mehrere Anweisungen umgeben, und es können auch mehrere Catch-Blöcke hintereinander geschaltet werden. Zudem gibt es eine Finally-Anweisung. Sie dient dazu, Anweisungen aufzunehmen, die auf jeden Fall abgearbeitet werden müssen. Hier können wichtige Aufräumarbeiten platziert werden, um Schäden zu vermeiden.

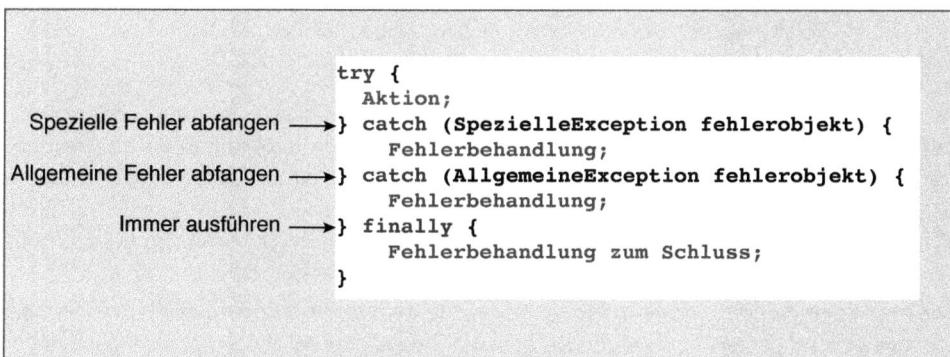

Abbildung 17.4 Die erweiterte Fehlerbehandlung mit Finally-Block

Wenn es mehrere Ausnahmezustände in dem Try-Block geben kann, müssen Sie auch mehrere Exception-Objekte abfangen. Wichtig ist hierbei die *richtige Reihenfolge* der Catch-Blöcke. Fangen Sie zunächst die speziellen Exceptions ab, und stellen Sie die allgemeine Exception (sofern sie benötigt wird) an den Schluss (Abbildung 17.4). Das folgende Beispiel zeigt, warum die Reihenfolge der Abarbeitung so wichtig ist.

Listing 17.1 Die Reihenfolge der Catch-Blöcke ist sehr wichtig.

```
1  try {
2      // Schritt 1: Datei öffnen - kann FileNotFoundException auslösen;
3      // Schritt 2: Datei analysieren - kann allgemeine Exception auslösen;
4  } catch (FileNotFoundException fileNotFound) {
5      // Dialog mit der Nachricht zeigen, dass
6      // eine Datei nicht gefunden wurde;
7  } catch (AllgemeineException allgemeineException) \
8      // Allgemeine Anweisungen zur Fehlerbehandlung;
9  } finally {
10     // Anweisungen, die unbedingt noch erledigt werden müssen
11 }
```

Im *Schritt 1* soll das Programm eine Datei einlesen. Diese Aktion kann dazu führen, dass ein Fehler auftritt, wenn die Datei nicht existiert. In diesem Fall soll das Programm den Anwender durch einen Dialog darauf aufmerksam machen. Wenn die Aktion gut verlaufen ist, wird hingegen planmäßig *Schritt 2* ausgeführt. Wenn die Reihenfolge der Catch-Blöcke vertauscht wird, sieht das Listing wie folgt aus:

Listing 17.2 Ablauf mit vertauschten Catch-Blöcken

```
1  try {
2      // Schritt 1: Datei öffnen - kann FileNotFoundException auslösen;
3      // Schritt 2: Datei analysieren - kann allgemeine Exception auslösen;
4  } catch (AllgemeineException allgemeineException) {
5      // Allgemeine Anweisungen zur Fehlerbehandlung;
6  } catch (FileNotFoundException fileNotFound) {
7      // Fehler anzeigen, dass eine Datei nicht gefunden wurde;
8  } finally {
9      // Anweisungen, die unbedingt noch erledigt werden müssen
10 }
```

Wenn das Programm die *Anweisung 1* ausgeführt und dabei eine Datei nicht findet, greift der erste Catch-Block. Der Ausnahmezustand wird schon vom ersten Block abgefangen, weil das Fehlerobjekt des Typs *FileNotFoundException* auch ein Objekt des Typs *Exception* ist. Die Klasse *Exception* ist die Basisklasse für alle Exceptions, darunter auch *FileNotFoundException*. Was ist die Konsequenz? Anstatt den Anwender korrekt zu informieren, kann das Programm nur ausgeben, dass irgendein Fehler passiert ist.

Wie entstehen Fehlerobjekte? Die Erzeugung von Ausnahmen ist in einer Klasse definiert. Der Entwickler dieser Klasse hat vorhergesehen, dass eine Methode seiner Klasse einen Fehler hervorrufen kann. Abbildung 17.5 zeigt ein Beispiel einer Methode. Im Methodenkopf steht das Schlüsselwort *throws*, um ein Fehlerobjekt zu deklarieren (Punkt 1). Dies ist eine

Information für den Entwickler, der diese Funktion verwenden möchte. Sie weist darauf hin, welche Exception(s) das Programm beim Aufruf der Methode abfangen muss.

In Punkt 2 der Abbildung sehen Sie, wie die Klasse prüft, ob ein Fehler aufgetreten ist. Ist das der Fall, erzeugt sie durch die Anweisung *throw* ein neues Fehlerobjekt. Sie ruft hierbei den Konstruktor einer Fehlerklasse wie gewohnt mit dem new-Operator auf.

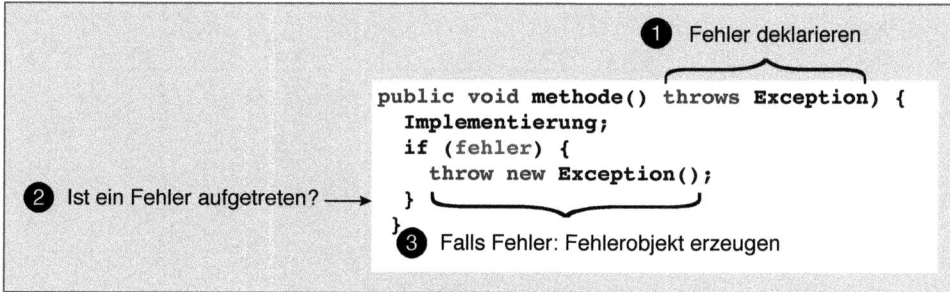

Abbildung 17.5 Jede Java-Klasse kann im Bedarfsfall Fehlerobjekte versenden.

Das Exception Handling ist entwickelt worden, um Programme gegen Fehler zu schützen. Durch das Verfahren ist eine Entwicklungsumgebung in der Lage, den Programmierer zu zwingen, potenzielle Exceptions in einem Programm zu behandeln. Abbildung 17.6 zeigt dies. Das Programm versucht hier, die Methode *pruefeZustand(int zustand)* aufzurufen. Diese Methode kann eine Exception auslösen, die das Programm in diesem Beispiel nicht behandelt. Solange der Programmierer dies nicht ändert und eine ausreichende Try-Catch-Anweisung eingefügt hat, übersetzt Eclipse das Programm nicht.

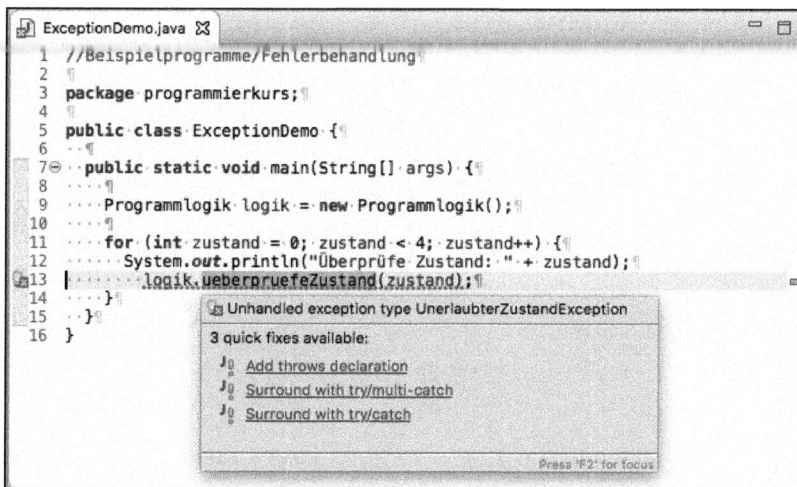

Abbildung 17.6 Eclipse warnt vor unbehandelten Exceptions.

■ 17.3   Basisklasse »Throwable«

Innerhalb der Java Standard Edition gibt es einen weit verzweigten Baum von Exception-Klassen, die von anderen Java-Klassen verwendet werden, um Fehlerobjekte zu erzeugen. Die Klassen haben ihren Ursprung in der Klasse *Throwable*, die, wie alle Java-Klassen, von der Superklasse namens *Object* abstammt. Von *Throwable* leiten sich die Basisklassen *Exception* und *Error* ab (Abbildung 17.7).

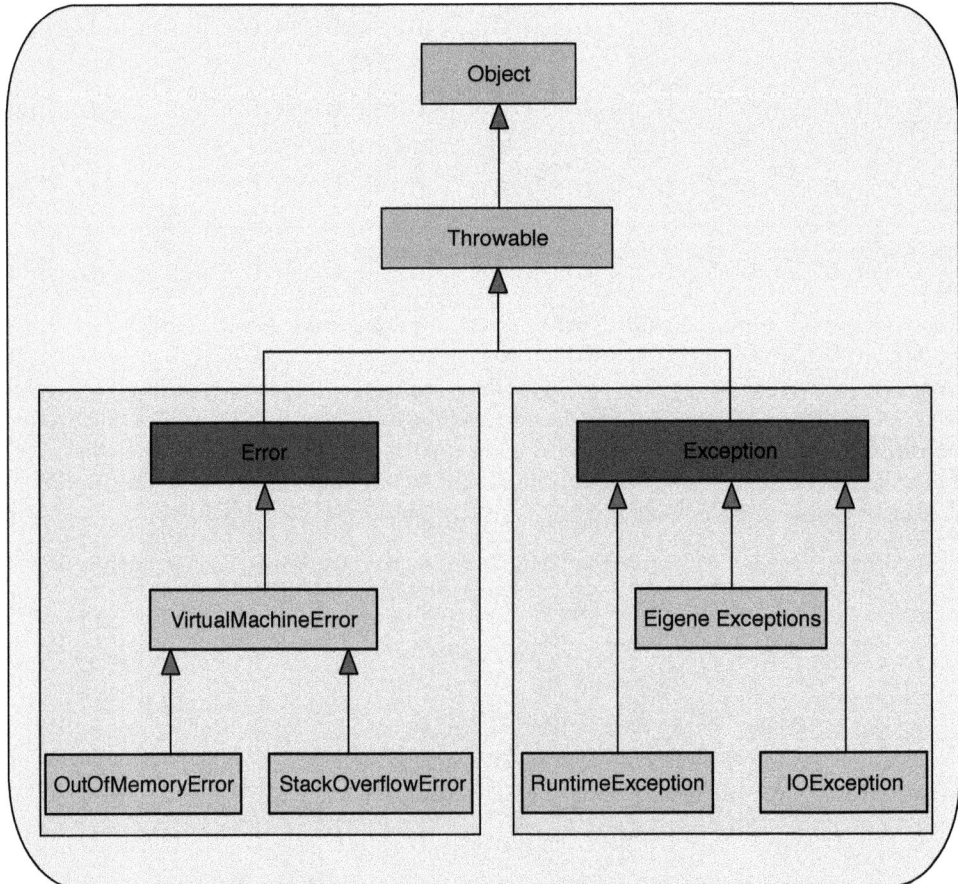

Abbildung 17.7 Sämtliche Fehler lassen sich den Basisklassen »Error« und »Exception« zuordnen.

Exceptions, die zum *Error*-Zweig des Klassenbaums gehören, werden dann ausgelöst, wenn ein kritischer Zustand der Java-Laufzeitumgebung aufgetreten ist. Es hat wenig Sinn zu versuchen, diese Fehler während der Programmlaufzeit abzufangen. Stattdessen sollten Sie solche Fehler beim Design des Programms ausschließen. Im Gegensatz dazu handelt es sich beim *Exception*-Unterbaum um Klassen, deren Fehler man zur Laufzeit abfangen und behandeln kann. Tauchen wir etwas weiter in den Klassenbaum ein und beginnen mit Fehlern, die der Klasse *Error* und den zugrunde liegenden Klassen zuzuordnen sind.

17.4 Klasse »Error«

Fehler des Typs *Error* deuten auf einen schweren Fehler innerhalb eines Java-Programms beziehungsweise der Konfiguration des Java-Programms hin. Wie bereits zuvor erwähnt, ist es nicht sonderlich sinnvoll zu versuchen, diese Fehler während der Laufzeit eines Programms zu beheben. Stattdessen müssen Sie vor der Auslieferung eines Programms dafür sorgen, dass solche Fehler keinesfalls auftreten. Abbildung 17.8 zeigt einen Ausschnitt aus den wichtigsten Fehlerklassen unterhalb der Basisklasse *Error*.

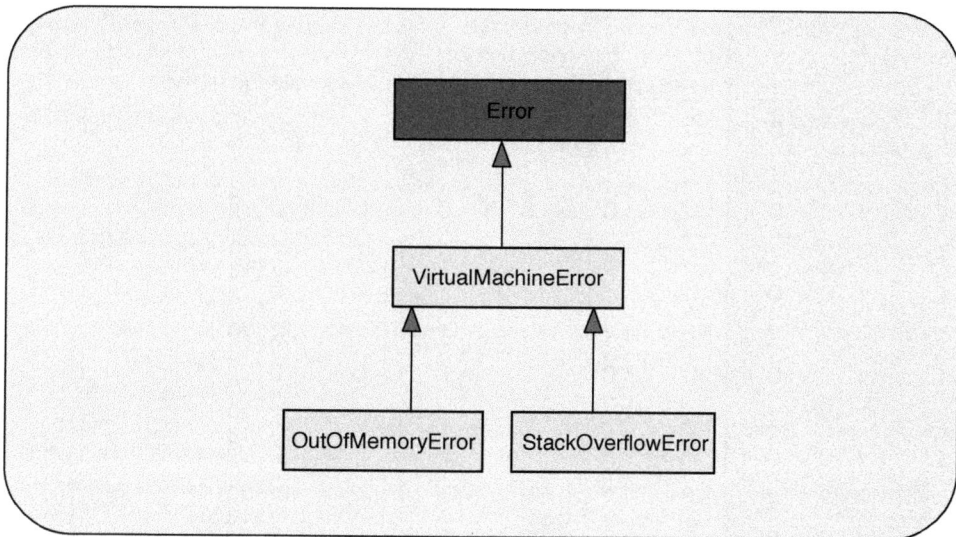

Abbildung 17.8 Die Basisklasse »Error« und ein Ausschnitt der wichtigsten abgeleiteten Klassen

Die beiden von *VirtualMachineError* abgeleiteten Klassen *OutOfMemoryError* und *Stack-OverflowError* können bei Java-Programmen in seltenen Fällen auftreten. Das passiert dann, wenn es dem Java-Programm und der Java Virtual Machine (JVM) an Speicher mangelt. Die Ursache für diesen Speichermangel kann zum Beispiel daran liegen, dass ein Programmier- oder Konfigurationsfehler vorliegt. Um die Gründe für diesen Speichermangel besser zu differenzieren, unterscheidet die Java Virtual Machine zwischen *OutOfMemoryError* und *StackOverflowError*.

17.4.1 Subklasse »OutOfMemoryError«

Fehler des Typs *OutOfMemoryError* haben die in Tabelle 17.1 genannten sehr technischen Gründe. Diese Programmier- oder Konfigurationsfehler sollte man vor der Programmauslieferung vermeiden. Ein Programmierfehler liegt zum Beispiel dann vor, wenn das Programm so konstruiert ist, dass es immer mehr Speicher beansprucht, ohne dass der Garbage Collector der JVM diesen wieder freigeben kann (»Requested Array Size Exceeds VM Limit«).

Ein Konfigurationsfehler kann bei größeren Java-Programmen durchaus vorliegen, wenn das Programm schon beim Normalbetrieb Speichermangel meldet (»Java Heap Space«). Wenn der Anwender aber zum Beispiel sehr viele Fenster öffnen oder Grafiken laden kann, muss man überlegen, ob man das einschränken möchte oder dem Programm generell mehr Speicher zugesteht. In letzteren Fall muss man der JVM mehr Speicher zu Verfügung stellen. Kapitel 20, »Laufzeitumgebung«, Abschnitt 20.8, »JVM-Konfiguration«, geht auf diese Einstellungen ausführlich ein.

Tabelle 17.1 Arten von OutOfMemory-Fehlern

Fehlermeldung	Grund	Gegenmaßnahme
Java Heap Space	Es steht nicht genügend Speicher im Heap zur Verfügung	Heap-Größe erhöhen (Parameter beim Start der JVM)
GC Overhead Limit Exceeded	Der Garbage Collector wird zu häufig ausgeführt	Heap-Größe erhöhen (Parameter beim Start der JVM)
Requested Array Size Exceeds VM Limit	Das VM-Limit für die Größe eines Arrays ist überschritten	Entweder Heap-Größe erhöhen (Konfiguration) oder Programmzuweisung überprüfen (Programmfehler)
Metaspace	Es steht nicht mehr genügend Speicher für Klassenmetadaten zur Verfügung	Heap-Größe verringern, falls möglich. Dadurch erhöht sich der Speicher für Metadaten
Request Size Bytes For Reason. Out of swap space?	Zuordnung zum nativen Heap fehlgeschlagen	Hier müssen Sie überprüfen, ob der Computer generell genügend Hauptspeicher zur Verfügung stellt
Compressed Class Space	Speicher für komprimierten Klassen erschöpft	CompressedClassSpaceSize stufenweise erhöhen
Reason Stack_Trace_With_Native_Method	Bei einer nativen Methode ist ein Zuordnungsfehler aufgetreten	Im Fall einer solchen Fehlers sollten Sie die Oracle-Anleitung zu Rate ziehen (siehe Abschnitt 17.9, »Literatur«).

Um Ihnen einen besseren Eindruck zu vermitteln, wie solche Fehler in Java-Programmen entstehen können, ein paar Beispiele. Ich möchte mit einem Programm beginnen, das einen Fehler des Typs *OutOfMemoryError* aufgrund von zu wenig Java Heap Space provoziert (17.3).

Listing 17.3 Dieses Programm löst einen »OutOfMemoryError« aus.

```
1  //Beispielprogramme/Fehlerbehandlung/OutOfMemoryErrorHeapSpaceDemo
2  package programmierkurs;
3
4  public class OutOfMemoryErrorHeapSpaceDemo {
5
6    public static void main(String[] args) {
7      int[] array = new int[1000000000];
8      System.out.println(array[0]);
9    }
10 }
```

Wenn Sie das Programm ausführen, erhalten Sie nach kurzer Zeit folgende Meldung:

```
Exception in thread "main" java.lang.OutOfMemoryError: Java heap space
        at programmierkurs.OutOfMemoryErrorHeapSpaceDemo.main(
            OutOfMemoryErrorHeapSpaceDemo.java:6)
```

Die Meldung bedeutet, dass die Java Virtual Machine (JVM) in Zeile 6 des Programms einen Out-Of-Memory-Fehler mangels »Java Heap Space« ausgelöst hat. Die Ursache ist, dass das Programm vollkommen sorglos versucht, ein riesiges Array zu erzeugen. Bei dieser Programmkonstruktion hat der Garbage Collector der JVM keinerlei Chance, nicht mehr benötigten Speicher wieder freizusetzen. Mit anderen Worten: Hier liegt ein schlimmer Programmierfehler vor – genauso wie in dem nächsten Beispiel, das die Speichergrenze der JVM leichtsinnig ausreizt.

Listing 17.4 Dieses Programm löst einen »OutOfMemoryError« aus.

```
 1  //Beispielprogramme/Fehlerbehandlung/OutOfMemoryErrorVMLimitDemo
 2  package programmierkurs;
 3
 4  public class OutOfMemoryErrorVMLimitDemo {
 5
 6    public static void main(String[] args) {
 7      int[] array = new int[Integer.MAX_VALUE];
 8      System.out.println(array[0]);
 9    }
10  }
```

Wenn Sie das Programm ausführen, erhalten Sie sofort folgenden Fehler:

```
Exception in thread "main" java.lang.OutOfMemoryError: Requested array size
    exceeds VM limit
        at programmierkurs.OutOfMemoryErrorVMLimitDemo.main(
            OutOfMemoryErrorVMLimitDemo.java:6)
```

Was ist passiert? Das Programm hat diesmal versucht, ein noch größeres Feld als im Beispiel zuvor zu erzeugen. Das Feld ist diesmal sogar größer, als es die JVM gestatten würde, selbst wenn man dem Programm extrem viel Speicher zuweist. Leider hat die Eclipse-Entwicklungsumgebung diesen Fehler nicht auf Anhieb erkannt, so dass ein ärgerlicher Laufzeitfehler entstanden ist.

17.4.2 Subklasse »StackOverflowError«

Fehler vom Typ *StackOverflowError* entstehen, wenn der Stapelspeicher der virtuellen Maschine aus den Fugen gerät. Bei jedem Methodenaufruf reserviert ein Java-Programm Daten auf einem sogenannten Call Stack. Die Daten beinhalten zum Beispiel die Parameter der Methode. Ruft eine Methode sich selbst wieder auf (Rekursion), kann es bei zu viel Aufrufen passieren, dass der Speicher des Stacks überschritten wird und das Programm einen Fehler des Typs *StackOverflowError* auslöst, wie das Beispiel in Listing 17.5 zeigt.

Listing 17.5 Dieses Programm löst einen »OutOfMemoryError« aus.

```
1  //Beispielprogramme/Fehlerbehandlung/StackOverflowErrorDemo
2  package programmierkurs;
3
4  public class StackOverflowErrorDemo {
5
6    public static void kehreZurueck(int nummer) {
7      System.out.println("Rückkehr: " + nummer);
8
9      if (nummer == 0)
10       return;
11     else
12       kehreZurueck(++nummer);
13   }
14
15   public static void main(String[] args) {
16     StackOverflowErrorDemo.kehreZurueck(1);
17   }
18 }
```

■ 17.5 Klasse »Exception«

Exceptions bedeutet wortwörtlich Ausnahmen. Es sind Ereignisse, die im Fall von Fehlern auftreten. Das können Laufzeitfehler oder andere Fehler innerhalb eines Programms sein. Abbildung 17.9 zeigt Ihnen wieder einen Ausschnitt aus der Klassenhierarchie mit den wichtigsten Fehlern, die zur Basisklasse *Exception* zählen.

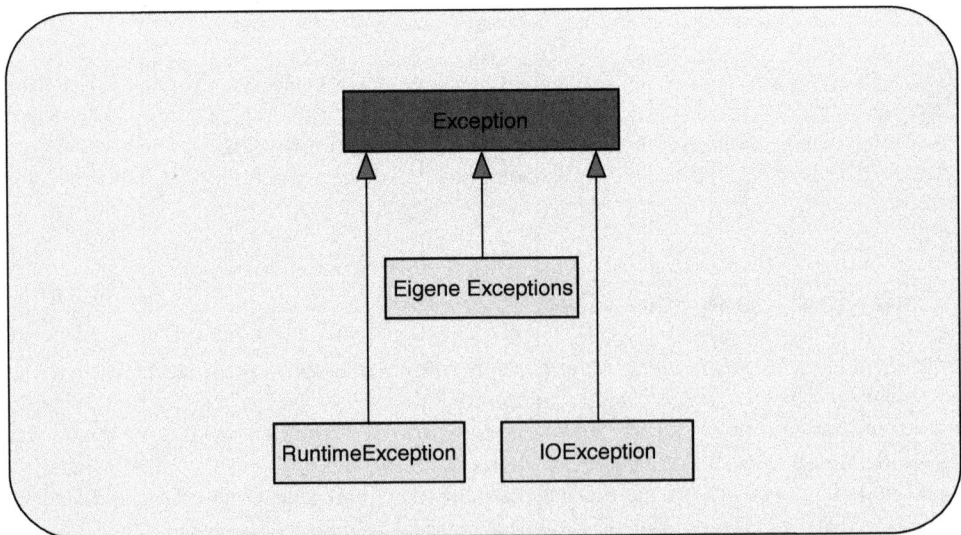

Abbildung 17.9 Die Basisklasse »Exception« und ein Ausschnitt der wichtigsten abgeleiteten Klassen

17.5.1 Subklasse »RuntimeException«

Fehler des Typs *RuntimeException* entstehen, wenn Programmierfehler unbemerkt geblieben sind. Zur Laufzeit des Programms, daher der Name der Klasse *RuntimeException*, kommen diese Fehler dann ans Tageslicht. Sie können diese Fehler zur Laufzeit sinnvoller nicht abfragen. Stattdessen sollten Sie dafür sorgen, dass Ihr Programm erst gar nicht solche Fehler erzeugt.

17.5.2 Subklasse »IOException«

Im Gegensatz zu Fehlern des Typs *RuntimeException* sind Fehler des Typs *IOException* in vielen Java-Programmen nahezu unvermeidlich. Sie treten auf, wenn zum Beispiel ein Gerät versagt, ein Laufwerk nicht verfügbar ist oder eine Datei nicht existiert, obwohl sie existieren müsste. Daher lassen sich diese Fehler auch während der Laufzeit abfragen. Wie das funktioniert, zeigt ein Vorgriff auf die Klasse *Runtime*. Sie wird erst in Kapitel 21, »Klassenbibliotheken«, eingeführt. Sie erlaubt unter anderem, ein externes Programm von einem Java-Programm aus zu starten. Wenn Sie unter Windows zum Beispiel das Programm *Notepad.exe* starten wollen, können Sie das so realisieren, wie in Listing 17.6 aufgeführt.

Listing 17.6 Ablauf einer Fehlerbehandlung in einem Java-Programm

```
 1  //Beispielprogramme/Fehlerbehandlung/IOExceptionDemo
 2
 3  package programmierkurs;
 4
 5  import java.io.IOException;
 6
 7  class IOExceptionDemo {
 8
 9    public static void main(String[] arguments) {
10
11      // Versuche, den Notepad zu starten (nur unter Windows moeglich)
12      try {
13        Runtime.getRuntime().exec("notepad.exe");
14      }
15      catch (IOException fehler) {
16        System.out.println(fehler);
17      }
18    }
19  }
```

Das Beispielprogramm besteht aus einer Methode *main()*, in der die Methode *exec* mit dem Parameter *'notepad.exe'* aufgerufen wird. Der Aufruf der Funktion befindet sich in einem Try-Catch-Block. Dieser Block steckt die »Problemzone« des Programms ab: Die Methode *exec()* kann fehlschlagen, weil das Programm *Notepad.exe* unter Umständen nicht gefunden wird. Daher muss der Aufruf aufgrund des Risikos abgesichert werden.

17.5.3 Eigene Exceptions

Sie können nicht nur Exceptions in Ihren Programmen verarbeiten, die von fremden Klassen ausgelöst werden. Stattdessen können Sie auch eigene Exceptions definieren. Das nachfolgende Programm *ExceptionDemo* zeigt, wie jeweils eine Exception ausgelöst wird, wenn sich der Zustand *zustand* außerhalb eines gültigen Rahmens bewegt. Beträgt der Zustand den Wert 0 oder 1, ist alles in Ordnung. Beträgt der Zustand den Wert 2, wird eine *KritischerZustandException* ausgelöst. Für alle anderen Werte löst die Klasse eine *UnbekannterZustandException* aus.

Listing 17.7 Diese Klasse kann zwei Exceptions auslösen.

```
1   //Beispielprogramme/Fehlerbehandlung
2
3   package programmierkurs;
4
5   public class Programmlogik {
6
7     public void ueberpruefeZustand(int zustand)
8         throws UnbekannterZustandException,
9         KritischerZustandException {
10      switch (zustand) {
11        case 0:
12          System.out.println("Zustand ist unkritisch.");
13          break;
14        case 1:
15          System.out.println("Zustand ist unkritisch.");
16          break;
17        case 2:
18          throw new KritischerZustandException();
19        default:
20          throw new UnbekannterZustandException();
21      }
22    }
23  }
```

Die Klasse verwendet zwei einfache Exceptions. Die erste unserer beiden Klassen heißt *KritischerZustandException*.

Listing 17.8 Diese Klasse definiert eine Exception für einen unerlaubten Zustand.

```
1   //Beispielprogramme/Fehlerbehandlung/ExceptionDemo
2
3   package programmierkurs;
4
5   public class KritischerZustandException extends Exception {
6
7     private static final long serialVersionUID = 1L;
8
9     public KritischerZustandException(String message) {
10      super(message);
```

```
11    }
12
13    public KritischerZustandException() {
14      super("Zustand ist kritisch.");
15    }
16  }
```

Die zweite Klasse wird dann benötigt, wenn ein unbekannter Zustand eingetreten ist.

Listing 17.9 Diese Klasse definiert eine Exception für einen unbekannten Zustand.

```
1   //Beispielprogramme/Fehlerbehandlung/ExceptionDemo
2
3   package programmierkurs;
4
5   public class UnbekannterZustandException extends Exception {
6
7     private static final long serialVersionUID = 1L;
8
9     public UnbekannterZustandException() {
10      super("Zustand ist unbekannt.");
11    }
12  }
```

Die drei Klassen werden in einem einfachen Programm verwendet, das den bereits erwähnten Try-Catch-Block enthält:

Listing 17.10 Diese Klasse demonstriert, wie Exceptions gefangen werden.

```
1   //Beispielprogramme/Fehlerbehandlung/ExceptionDemo
2
3   package programmierkurs;
4
5   public class ExceptionDemo01 {
6
7     public static void main(String[] args) {
8
9       Programmlogik logik = new Programmlogik();
10
11      try {
12        for (int zustand = 0; zustand < 4; zustand++) {
13          System.out.print("Überprüfe Zustand " + zustand + ": ");
14          logik.ueberpruefeZustand(zustand);
15        }
16      } catch (KritischerZustandException fehlerobjekt) {
17        System.out.println(fehlerobjekt.getMessage());
18      } catch (UnbekannterZustandException fehlerobjekt) {
19        System.out.println(fehlerobjekt.getMessage());
20      }
21    }
22  }
```

Das Programm verändert in einer Schleife den Wert von *zustand* und übermittelt an die Methode *ueberpruefeZustand()*. Kommt es hierbei zu einer Bereichsüberschreitung, löst die Methode eine Exception aus, wie die Programmausgabe für den Wert 2 zeigt:

```
Überprüfe Zustand 0: Zustand ist unkritisch.
Überprüfe Zustand 1: Zustand ist unkritisch.
Überprüfe Zustand 2: Zustand ist kritisch.
```

Eine Exception für Zustand 3 kommt nicht zustande, da die Schleife nach der ersten Exception verlassen wird. Das lässt sich durch einen sogenannten Multi-Catch-Block verhindern. Auch hierzu ein Beispiel:

Listing 17.11 Ein Beispiel für einen Multi-Catch-Block

```java
//Beispielprogramme/Fehlerbehandlung/ExceptionDemo

package programmierkurs;

public class ExceptionDemo02 {

  public static void main(String[] args) {

    Programmlogik logik = new Programmlogik();

      for (int zustand = 0; zustand < 4; zustand++) {
        System.out.print("Überprüfe Zustand " + zustand + ": ");
        try {
          logik.ueberpruefeZustand(zustand);
        } catch (UnbekannterZustandException
            | KritischerZustandException fehlerobjekt) {
          System.out.println(fehlerobjekt.getMessage());
        }
      }
  }
}
```

Das Programm verändert wieder in einer Schleife den Wert von *zustand* und übermittelt ihn an die Methode *ueberpruefeZustand()*. Kommt es zu einer Bereichsüberschreitung, fängt auch dieses Programm die ausgelöste Exception ab. Durch das Multi-Catch wird die Schleife jedoch diesmal nicht durch die ersten Exception abgebrochen, so dass sämtliche Fehlerzustände zu sehen sind:

```
Überprüfe Zustand 0: Zustand ist unkritisch.
Überprüfe Zustand 1: Zustand ist unkritisch.
Überprüfe Zustand 2: Zustand ist kritisch.
Überprüfe Zustand 3: Zustand ist unbekannt.
```

17.6 Zusammenfassung

Fehlerbehandlung ist eines der wichtigsten Aspekte der Programmierung. In Java ist die Behandlung von Fehlern zweigeteilt. Über einen Try-Block versucht man, Methoden aufzurufen, die im Fehlerfall zu einer Exception führen, die man im Catch-Block »abfängt«. Um korrekt zwischen den Fehlertypen unterscheiden zu können, ist es wichtig, Fehler vom Feinen zum Groben, vom Spezifischen zum Unspezifischen abzuarbeiten.

```
try {
  Aktion;
  } catch (SpezielleException fehlerobjekt) {
  Spezielle Fehlerbehandlung;
  } catch (AllgemeineException fehlerobjekt) {
  Allgemeine Fehlerbehandlung;
  }
}
```

Exception Handling in Java ist zweigeteilt: Über den Try-Block ruft das Programm eine Methode auf. Scheitert diese Aktion, verzweigt das Programm in den Catch-Block, wo die eigentliche Fehlerbehandlung stattfindet. Wichtig ist die Abfolge: Sie muss immer vom Speziellen zum Allgemeinen verlaufen.

Abbildung 17.10 Anna hasst Programme, die Fehler unter den Teppich kehren.

Java hat bereits sehr viele vorgefertigte Exception-Klassen, die sich in eigenen Programmen einsetzen lassen. Wo das nicht ausreicht, entwickelt man seine eigenen Exception-Klassen für Fehlerzustände, die programmspezifisch sind. Wie das mit Eclipse funktioniert, erfahren Sie in der nachfolgenden Übung.

■ 17.7 Übungen

In dieser Übung erweitern Sie das Programm *Programmdemo* mit Eclipse um eine Fehlerbe-handlung. Sofern Sie Java mit der Eclipse-Entwicklungsumgebung nicht bereits installiert haben, holen Sie das jetzt nach. Die Anleitung dazu befindet sich in Kapitel 4, »Entwicklungsumgebung«, unter dem Abschnitt 4.2, »Installation«.

17.7.1 Vorüberlegungen

Fehler können aus den verschiedensten Gründen in einem Programm entstehen. Wie eingangs erwähnt, kann ein Teil technischer Natur, ein anderer fachlicher Natur sein. In diesem Beispiel soll es um einen fachliche Fehler gehen. Und zwar müssen an der Hochschule, an der Anna, Julia, Florian und Lukas studieren, sämtliche Studentinnen und Studenten pro Kurs ein Wahlpflichtfach belegt haben. Die Erweiterung des Programms *Programmdemo* soll Studierende deutlich hervorheben, die noch kein Fach gewählt haben. Das lässt sich auf verschiedene Arten lösen, zum Beispiel durch eine entsprechende Exception.

17.7.2 Eclipse starten

Starten Sie Eclipse wieder wie gewohnt mit dem Workspace namens *Uebungen*. Sollten Sie in der Zwischenzeit den Workspace gewechselt haben, kehren Sie wieder zum Verzeichnis *Uebungen* zurück und laden Eclipse mit diesem Workspace.

17.7.3 Projekt kopieren

Auch diesmal müssen Sie das letzte Projekt zur Arbeitserleichterung kopieren. Führen Sie dazu einen Rechtsklick auf den Projektknoten des Projekts *Pakete_und_Module* im PACKAGE EXPLORER aus und wählen aus dem Kontextmenü, das daraufhin erscheint, den Befehl COPY aus. Führen Sie dann auf eine freie Fläche im PACKAGE EXPLORER erneut einen Rechtsklick aus und wählen aus dem Kontextmenü diesmal PASTE aus. Tragen Sie in dem Dialog, der danach erscheint, als neuen Projektnamen *Fehlerbehandlung* ein.

17.7.4 Dateien im Editor schließen

Um eine Verwirrung mit gleichnamigen Dateien zu vermeiden, schließen Sie sämtliche offenen Dateien des letzten Projekts über FILE → CLOSE ALL. Öffnen Sie danach das neue Projekt *Fehlerbehandlung* im PACKAGE EXPLORER und klappen es so weit aus, dass Sie das Package *model* erkennen können.

17.7.5 Neue Java-Klasse anlegen

Führen Sie einen Rechtsklick auf das Package *model* aus. Wählen Sie danach den Menübefehl NEW → CLASS aus. Darauf startet Eclipse einen Dialog zum Erzeugen einer neuen Klasse (Abbildung 17.11). Belassen Sie sämtliche Einstellungen bis auf den Namen und die Bezeichnung der Superklasse. Im Feld NAME tragen Sie *WahlpflichtfachNichtBelegtException* und im Feld SUPERCLASS *java.lang.Exception* ein.

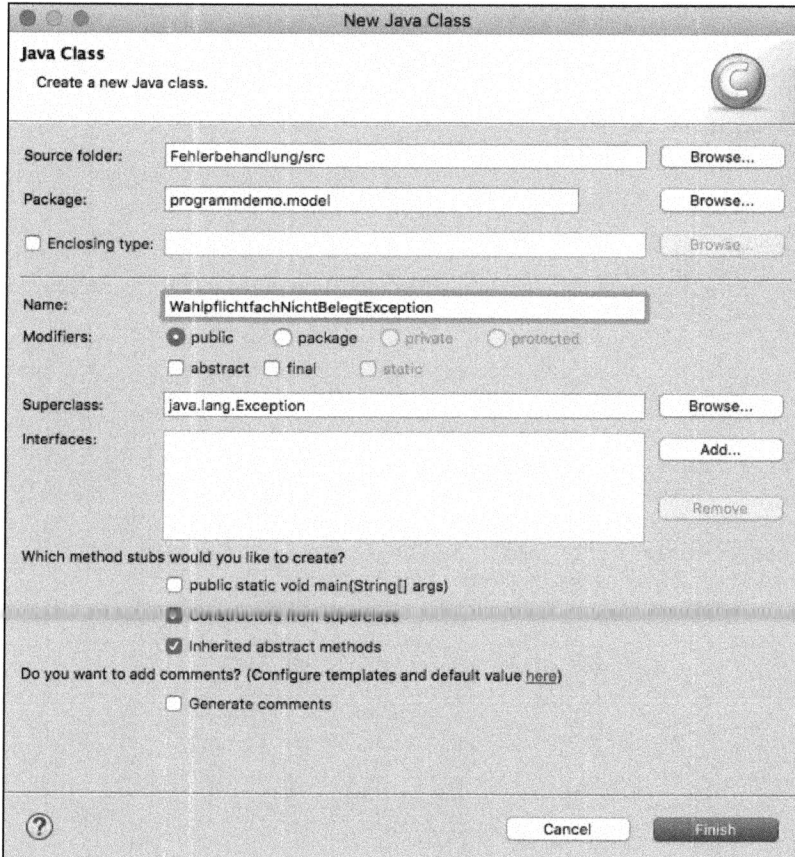

Abbildung 17.11 Dialog zum Erzeugen einer neuen Java-Klasse aufrufen

17.7.6 Klasse »WahlpflichtfachNichtBelegtException« kontrollieren

Um die von Eclipse erzeugte Klasse frei von Warnungen zu bekommen, sollten Sie in Zeile 7 eine ID einfügen, wie es bei allen Klassen Vorschrift ist, die serialisiert werden können (Listing 17.12). Die Serialisierung wird in Java eingesetzt, um eine Klasse auf der Festplatte zu speichern und von dort wieder zu laden. Für unsere Aufgabe benötigen wir den Konstruktor in Zeile 11, denn er ist in der Lage, eine Nachricht zu übermitteln.

Listing 17.12 Diese drei Zeilen komplettieren die Klasse »Programmdemo«.

```
 1  package programmdemo.model;
 2
 3  public class WahlpflichtfachNichtBelegtException extends Exception {
 4
 5    private static final long serialVersionUID = 1L;
 6
 7    public WahlpflichtfachNichtBelegtException() {
 8      // TODO Auto-generated constructor stub
 9    }
10
11    public WahlpflichtfachNichtBelegtException(String message) {
12      super(message);
13      // TODO Auto-generated constructor stub
14    }
15
16    public WahlpflichtfachNichtBelegtException(Throwable cause) {
17      super(cause);
18      // TODO Auto-generated constructor stub
19    }
20
21    public WahlpflichtfachNichtBelegtException(String message,
22        Throwable cause) {
23      super(message, cause);
24      // TODO Auto-generated constructor stub
25    }
26
27    public WahlpflichtfachNichtBelegtException(String message,
28        Throwable cause, boolean enableSuppression,
29        boolean writableStackTrace) {
30      super(message, cause, enableSuppression, writableStackTrace);
31      // TODO Auto-generated constructor stub
32    }
33  }
```

17.7.7 Klasse »Person« erweitern

Um die neue Exception-Klasse überhaupt einsetzen zu können, erweitern Sie im nächsten Schritt die bestehende Klasse *Person*. Öffnen Sie diese Klasse über einen Doppelklick im *Package Explorer*. Die Klasse bekommt ein neues Attribut *wahlpflichtfach*, was vom Typ *String* sein soll. Fügen Sie das Attribut mithilfe des Eclipse-Editors ein (Listing 17.13).

Listing 17.13 Das neue Attribut »wahlpflichtfach«

```
 1  package programmierkurs;
 2
 3  public class Person extends Wesen {
 4
 5    String vorname;
```

```
6    String nachname;
7    boolean student;
8    String wahlpflichtfach;
9    (...)
10   }
```

17.7.8 Konstruktor auf fünf Parameter erweitern

Erweitern Sie danach wieder mit dem Eclipse-Editor die Parameterliste des Konstruktors mit vier Parametern um dieses neue Attribut. Tragen Sie dazu das Attribut in die Liste der Parameter ein und setzen danach mit der Anweisung *this.wahlpflichtfach = wahlpflichtfach* den Wert innerhalb des Konstruktors.

Listing 17.14 Konstruktor um das Attribut »wahlpflichtfach« erweitern

```
1    public Person(Geschlecht geschlecht, String vorname, String nachname,
2        boolean student, String wahlpflichtfach) {
3      super(geschlecht, vorname + " " + nachname);
4      this.vorname = vorname;
5      this.nachname = nachname;
6      this.student = student;
7      this.wahlpflichtfach = wahlpflichtfach;
8    }
9  }
```

17.7.9 Getter-Methode erzeugen

Erzeugen Sie im nächsten Schritt mit einem Rechtsklick auf den Quellcode der Klasse einen neuen Getter über den Befehl SOURCE → GENERATE GETTERS AND SETTERS. Lassen Sie diese Methode von Eclipse ganz am Ende der Klasse einfügen. Die Methode ist natürlich nicht vollständig. Sie müssen sie danach im Eclipse-Editor komplettieren. Der Code, den Sie in Listing 17.15 sehen, entspricht der fachlichen Logik, nach der die Klasse eine Exception auslösen soll. Sollte ein Wahlpflichtfach nicht belegt und sollte die Person ein Studierender sein, löst die Methode eine Exception des Typs *WahlpflichtfachNichtBelegtException* aus. Andernfalls gibt die Methode das belegte Fach zurück.

Listing 17.15 Konstruktor um das Attribut »wahlpflichtfach« erweitern

```
1    public String getWahlpflichtfach() throws
         WahlpflichtfachNichtBelegtException {
2      if (wahlpflichtfach == "-" && student)
3        throw new WahlpflichtfachNichtBelegtException("Kein Fach belegt!");
4      else
5        return wahlpflichtfach;
6    }
```

17.7.10 Klasse »Programmdemo« erweitern

Im letzten Schritt erweitern Sie die Klasse *Programmdemo* so, dass das Programm die neue Exception auslösen wird (Listing 17.16). Hier ist der neue Konstruktor in Zeile 33 bis 44 einzusetzen. Das Programm übergibt den Personenobjekten an dieser Stelle einen neuen Parameter. Ein Minuszeichen als Parameter bedeutet, dass die Person kein Wahlpflichtfach belegt hat.

Listing 17.16 Die Klasse »Programmdemo« mit der neuen Exception

```
1   package programmdemo.main;
2
3   import programmdemo.model.Geschlecht;
4   import programmdemo.model.Person;
5   import programmdemo.model.WahlpflichtfachNichtBelegtException;
6   import programmdemo.model.Wesen;
7
8   class Programmdemo {
9
10    private static String ermittleStudentenstatus(boolean student) {
11      String studentenstatus = ((student) ? "immatrikuliert"
12          : "nicht immatrikuliert");
13      return studentenstatus;
14    }
15
16    private static String ermittleAnrede(Geschlecht geschlecht) {
17      switch (geschlecht) {
18      case WEIBLICH:
19        return "Frau";
20      case MAENNLICH:
21        return "Herr";
22      case SAECHLICH:
23        return "Roboter";
24      default:
25        return "Frau/Herr";
26      }
27    }
28
29    public static void main(String[] arguments) {
30
31      Wesen kursmitglieder[] = new Wesen[5];
32
33      kursmitglieder[0] =
34        new Person(Geschlecht.MAENNLICH, "Karsten", "Roth", false, "-");
35      kursmitglieder[1] =
36        new Person(Geschlecht.WEIBLICH, "Anna", "Seitz",
37          true, "Geschichte");
38      kursmitglieder[2] =
39        new Person(Geschlecht.WEIBLICH, "Julia", "Lippert",
40          true, "Biologie");
41      kursmitglieder[3] =
```

```
42        new Person(Geschlecht.MAENNLICH, "Lukas", "Wittek", true, "-");
43    kursmitglieder[4] =
44        new Person(Geschlecht.MAENNLICH, "Florian", "Krause", true, "-");
45
46    String anrede = null;
47    String studentenstatus = null;
48    String wahlpflichtfach = "";
49    System.out.println("Der Programmierkurs von Prof. Roth:");
50
51    for (int i = 0; i < kursmitglieder.length; i++) {
52      anrede = ermittleAnrede(kursmitglieder[i].getGeschlecht());
53      studentenstatus =
54        ermittleStudentenstatus(((Person)kursmitglieder[i]).isStudent());
55      try {
56        wahlpflichtfach =
57          ((Person) kursmitglieder[i]).getWahlpflichtfach();
58      } catch (WahlpflichtfachNichtBelegtException fehler) {
59        wahlpflichtfach = fehler.getMessage();
60      }
61      System.out.println(anrede + " " + kursmitglieder[i].getName()
62        + " ist " + studentenstatus + "; Wahlpflichtfach: "+
              wahlpflichtfach);
63    }
64  }
65 }
```

In Zeile 55 bis 60 fügen Sie die neue Anweisung ein, die von einem Personenobjekt den Status seiner Pflichtfächer ermittelt. Hier müssen Sie nur die Anweisung in Zeile 56 und 57 einfügen. Eclipse wird hervorheben, dass ein Try-Catch-Block fehlt. Sie können wieder die Programmierhilfe verwenden, um diesen Block zu erzeugen. Beachten Sie, dass das Programm zur Ausgabe eines nicht belegten Kurses die Fehlermeldung aus der Exception einsetzt (Zeile 59). Zum Schluss müssen Sie ab Zeile 61 die Programmausgabe etwas anpassen, damit in der Liste der korrekte Wert der Belegung eines Studierenden zu sehen ist.

17.7.11   Programm starten

Wenn Sie die Änderungen durchgeführt haben, ist die Klasse zum ersten Probelauf bereit. Führen Sie nun einfach einen Rechtsklick auf den Quellcode *Programmdemo.java* des Beispiels im PACKAGE EXPLORER aus und starten das Programm. Es sollte folgenden Text ausgeben:

```
Der Programmierkurs von Prof. Roth:
Herr Karsten Roth ist nicht immatrikuliert; Wahlpflichtfach: -
Frau Anna Seitz ist immatrikuliert; Wahlpflichtfach: Geschichte
Frau Julia Lippert ist immatrikuliert; Wahlpflichtfach: Biologie
Herr Lukas Wittek ist immatrikuliert; Wahlpflichtfach: Kein Fach belegt!
Herr Florian Krause ist immatrikuliert; Wahlpflichtfach: Kein Fach belegt!
```

Wie zu sehen ist, unterscheidet das Programm sauber zwischen einem Studierenden und dem Professor. Im ersten Fall wird bei einem nichtbelegten Wahlpflichtfach ein Fehler ausgegeben, im zweiten Fall wird nur ein Bindestrich angezeigt. Auf diese Weise ist es dem Sekretariat sehr leicht möglich, die »schwarzen Schafe« unter den Studenten anzuschreiben, die noch kein Fach belegt haben.

17.7.12 Startkonfiguration anpassen

Denken Sie daran, erneut die Startkonfiguration anzupassen. Wenn das erfolgt ist, ist die erste Übung beendet, und Sie können wieder die nachfolgenden Aufgaben lösen.

■ 17.8 Aufgaben

- Was ist der Zweck von Exceptions?
- Was ist der Unterschied zwischen der Klasse *Error* und der Klasse *Exception*?
- Wer löst eine Exception aus?
- Was löst eine Exception aus?
- Wie ist der Ablauf beim »Fangen« von Exceptions?
- Erklären Sie kurz, wie eine eigene Exception definiert wird.

Die Lösungen zu den Aufgaben finden Sie in Kapitel 25, »Lösungen«, ab Seite 603.

■ 17.9 Literatur

Trouble Shooting:
https://docs.oracle.com/en/java/javase/13/troubleshoot/general-java-troubleshooting.html

18 Dokumentation

■ 18.1 Einleitung

Auch wenn Ihnen das Thema vielleicht langweilig erscheint: Programme müssen dokumentiert werden. Dies dient nicht nur dazu, dass *andere* Ihre Programme verstehen. Es dient auch dazu, dass Sie *selbst* nach einer gewissen Zeit noch Ihr Programm verstehen. Das mag paradox erscheinen, aber gerade bei größeren Projekten mit viel Zeitdruck ist es wichtig, dass man auch für sich selbst dokumentiert, um das Programm später leichter pflegen zu können.

Kaum ein Entwickler dokumentiert gerne. Um das zu ändern, erleichtert Java das Dokumentieren mit drei verschiedenen Kommentararten. Um diese drei Kommentararten geht es in diesem Kapitel.

Abbildung 18.1 Java erleichtert das Dokumentieren eines Programms mit drei Kommentararten.

■ 18.2 Überblick

Java hat wie vieles aus der Zeit von C/C++ auch die Dokumentation innerhalb und außerhalb eines Programms sanft revolutioniert. Es gibt daher gleich drei verschiedene Kommentararten (Tabelle 18.1).

Tabelle 18.1 Arten von Kommentaren

Dokumentarart	Beschreibung
Zeilenkommentare	Kommentiert eine Zeile
Blockkommentare	Kommentiert einen Abschnitt
Dokumentationskommentare	Erzeugt Javadoc

■ 18.3 Zeilenkommentare

Dieser Kommentartyp wird durch doppelte Schrägstriche eingeleitet, die den Rest der Zeile als Kommentar markieren. Sie beziehen sich also jeweils nur auf eine einzelne Zeile (Abbildung 18.2).

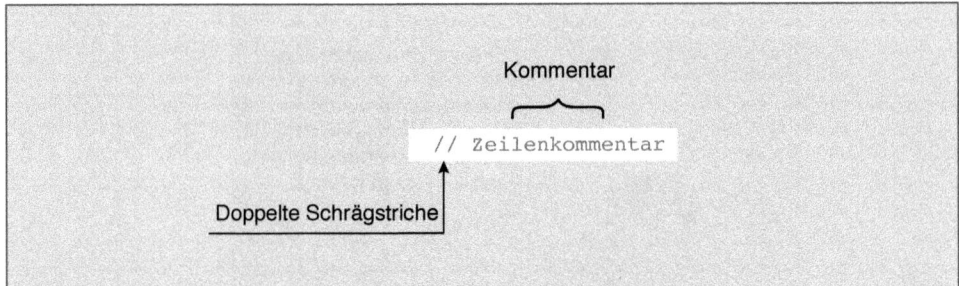

Abbildung 18.2 Bei Zeilenkommentaren ist ab den Schrägstrichen der Zeilenrest Kommentar

Listing 18.1 zeigt ein Codebeispiel für einen Zeilenkommentar.

Listing 18.1 Ein zeilenbezogener Kommentar

```
1  (...)
2  // Zeilenbezogener Kommentar vor einer Anweisung
3  Anweisungen  // Zeilenbezogener Kommentar hinter einer Anweisung
4  (...)
```

18.4 Blockkommentare

Im Gegensatz zu den zeilenbezogenen Kommentaren lassen sich mit abschnittsbezogenen Kommentaren (Blockkommentare) weite Teile des Quellcodes für den Compiler ausblenden und als Kommentar markieren. Sie werden wie in der Programmiersprache C/C++ mit einem Schrägstrich, gefolgt von einem Sternchen (Asterisk), begonnen und enden in der umgekehrten Reihenfolge (Abbildung 18.3).

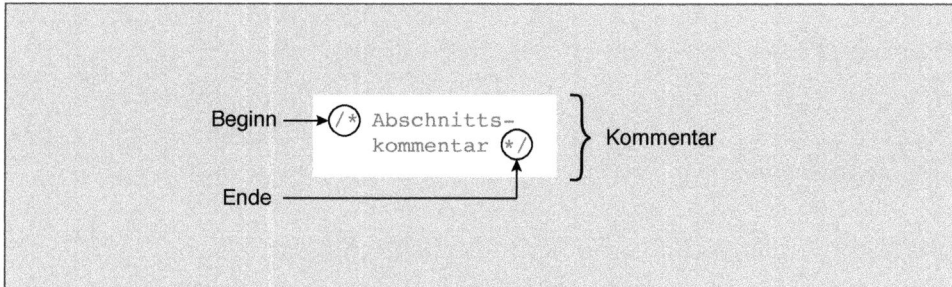

Abbildung 18.3 Abschnittkommentare sind für mehrzeilige Kommentare gedacht

Zu diesem Kommentar zeigt Listing 18.2 ein Beispiel.

Listing 18.2 Ein abschnittsbezogener Kommentar

```
1   /* Dieser Kommentar
2       erstreckt
3       sich über
4       mehrere Zeilen */
```

Der Blockkommentar kann aber auch dazu verwendet werden, mitten im Quellcode Kommentare einzufügen.

Listing 18.3 Ein weiterer abschnittsbezogener Kommentar

```
1   (...)
2   Anweisungen
3   /* Dieser Kommentar bezieht sich auf einen Abschnitt */
4   Anweisungen
5   (...)
```

18.5 Dokumentationskommentare

Dieser interessante Kommentartyp dient dazu, aus Kommentaren, die im Quellcode eingefügt werden, HTML-Dokumente zu erzeugen. Auch diese Kommentare können sich über mehrere Zeilen erstrecken, enden wie die abschnittsbezogenen Kommentare, beginnen aber mit einem zusätzlichen Sternchen (18.4).

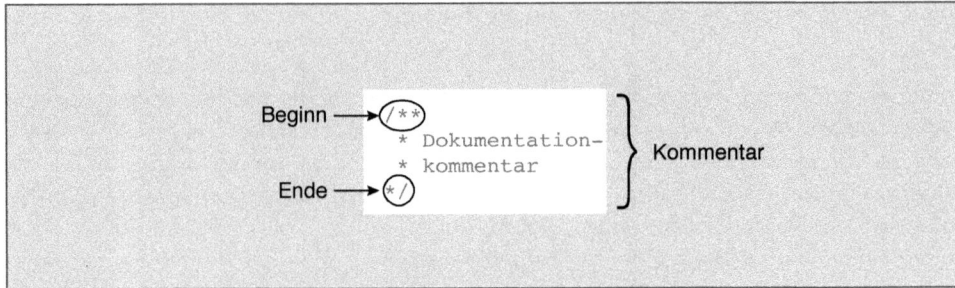

Abbildung 18.4 Dokumentationskommentar erzeugen Javadoc

Listing 18.4 zeigt eine Anwendung anhand eines Kommentars aus dem Programmbeispiel *KursstatistikApp* am Ende dieses Buchs.

Listing 18.4 Ein Dokumentationskommentar mit Autoren und Version

```
24  /**
25   * Projekt: KursstatistikApp
26   * Beschreibung: Buch "Einstieg in Java mit Eclipse"
27   * @Copyright (c) 2020 by Bernhard Steppan
28   * @author Bernhard Steppan
29   * @version 1.0
30   */
```

Das @-Zeichen leitet reservierte Schlüsselwörter ein. Die Tabelle 18.2 gibt Ihnen eine Übersicht über die wichtigsten Tags und Parameter.

Tabelle 18.2 Die wichtigsten Tags und Parameter

Tag und Parameter	Beschreibung	Verwendung
@author name	Autorenname	Klasse, Interface
@version version	Versionseintrag (maximal einmal pro Klasse oder Interface)	Klasse, Interface
@since jdk-version	Seit wann die Funktionalität existiert	Klasse, Interface, Objektvariable, Methode
@param name description	Beschreibung des Parameters einer Methode	Methode
@return description	Beschreibung des Rückgabewerts einer Methode	Methode

Eclipse erzeugt aus den Tags Java-Dokumentation. Wenn das nicht ausreichen sollte, gibt es auch Java-Werkzeuge, die aus den Dokumentationskommentaren vollautomatisch eine anspruchsvollere Dokumentation erzeugen können.

■ 18.6 Zusammenfassung

Java bietet Ihnen drei verschiedene Kommentararten an: Zeilenbezogene Kommentare werden durch zwei Schrägstriche eingeleitet. Sie gelten ab dem Moment, wo man sie einfügt, bis zum Rest der Zeile. Sie eignen sich gut für einzeilige Kommentare wie Zwischenüberschriften. Sollen sich Kommentare über mehrere Zeilen erstrecken, kommt ein abschnittsbezogener Kommentar zum Einsatz. Er beginnt mit einem Schrägstrich, dem ein Asterisk folgt, und endet mit einem Asterisk, dem ein Schrägstrich folgt.

> Java hat nicht nur die Softwareentwicklung stark verändert, sondern auch die Art des Dokumentierens: Drei verschiedene Kommentararten helfen Ihnen, Ihre Programme so zu beschreiben, dass sie selbsterklärend sind.

```
Dokumentation {
    • Zeilenkommentare
    • Blockkommentare
    • Dokumentationskommentare
}
```

Abbildung 18.5 Java erleichtert das Dokumentieren eines Programms mit drei Kommentararten.

Die dritte Kommentarart, die Java zur Verfügung stellt, ist Javadoc. Hinter diesem Begriff verbirgt sich eine besondere Dokumentationsart, die die Entwicklungsumgebung auslesen kann, um dem Entwickler Informationen zu einer Klasse oder Methode zur Verfügung stellen. Es gibt spezielle Werkzeuge, die aus Javadoc statische Webseiten erzeugen können, wie Sie das von der offiziellen Java-Dokumentation kennen.

■ 18.7   Übungen

Diese Übung beschließt den ersten Teil der Tutorials mit Eclipse. Hier geht es darum, das Programm zu dokumentieren, das den Programmierkurs von Professor Roth ausgibt. Sofern Sie Java mit der Eclipse-Entwicklungsumgebung nicht bereits installiert haben, holen Sie das jetzt nach. Die Anleitung dazu befindet sich in Kapitel 4, »Entwicklungsumgebung«, unter dem Abschnitt 4.2, »Installation«.

18.7.1   Eclipse starten

Starten Sie Eclipse wieder wie gewohnt mit dem Workspace namens *Uebungen*. Sollten Sie in der Zwischenzeit den Workspace gewechselt haben, kehren Sie wieder zum Verzeichnis *Uebungen* zurück und laden Eclipse mit diesem Workspace.

18.7.2   Projekt kopieren

Kopieren Sie jetzt das Projekt *Fehlerbehandlung* des letzten Kapitels im PACKAGE EXPLORER. Tragen Sie in dem Eclipse-Dialog, der beim Kopiervorgang erscheint, als neuen Projektnamen *Dokumentation* ein.

18.7.3   Dateien im Editor schließen

Schließen Sie erneut sämtliche offenen Dateien des letzten Projekts. Öffnen Sie danach das neue Projekt *Dokumentation* im PACKAGE EXPLORER.

18.7.4   Javadoc erzeugen

Suchen Sie die Klasse *Programmdemo* und führen einen Doppelklick darauf aus. Setzen Sie den Cursor direkt vor die Klassendefinition der Klasse *Programmdemo*, am besten direkt eine Zeile oberhalb. Tippen Sie danach die Zeichenfolge /** ein und drücken Sie die Eingabetaste. Eclipse erzeugt daraufhin ein Grundgerüst eines Javadoc-Kommentars, den Sie ergänzen können.

Listing 18.5 Der Javadoc-Kommentar der Klasse »Programmdemo«

```
1  /**
2   * Klasse: Programmdemo
3   * Zweck: Gibt den Programmierkurs aus
4   * @author Bernhard Steppan
5   *
6   */
```

18.7.5   Autorenname

Wenn Sie mithilfe von Eclipse Javadoc-Kommentare einfügen, greift die Entwicklungsumgebung auf Codevorlagen zurück. In einer dieser Codevorlagen ist auch der Name des Autors einer Klasse enthalten. Er wird über eine Variable gesetzt, die den Anmeldenamen des Betriebssystems ausliest. Manche Anwendernamen eines Betriebssystems enthalten jedoch nicht den kompletten Namen des Anwenders, sondern eine Abkürzung. Wenn Sie den Autorennamen ändern möchten, den Eclipse vom Betriebssystem erhält, müssen Sie die entsprechende Codevorlage in den Eclipse-Voreinstellungen ändern (Abbildung 18.6).

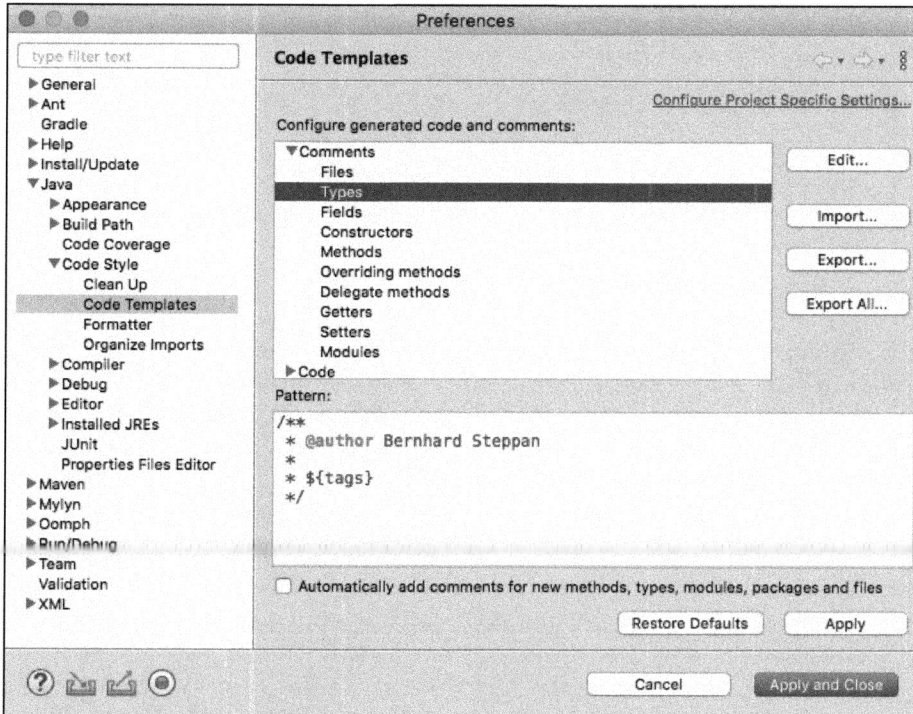

Abbildung 18.6 Ändern des Autorennamens

18.7.6   Javadoc in Eclipse anzeigen

Wenn Sie die Javadoc-Kommentare erzeugt und ergänzt haben, speichern Sie das Projekt. Klicken Sie danach auf den Reiter Javadoc im unteren Bereich der Eclipse IDE. Eclipse zeigt die bisher geschriebene Dokumentation in diesem Fenster unmittelbar an. Das gilt nicht nur für selbstentwickelte Klassen. Zu jeder Klasse, auf die Sie innerhalb der Eclipse IDE mit der Maus klicken, zeigt diese Javadoc an, sofern die Klasse entsprechend dokumentiert ist.

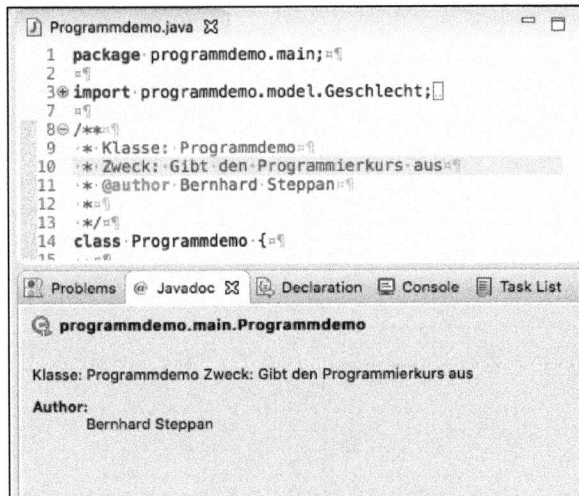

Abbildung 18.7 Eclipse zeigt Javadoc jeder Klasse unmittelbar an

18.7.7 Blockkommentar erzeugen

Um einen abschnittsbezogenen Kommentar zu erzeugen, gibt es mehrere Möglichkeiten. Sie können zum Beispiel den Cursor an eine Stelle des Quellcodes setzen, danach die Zeichenfolge /* eintippen und zum Schluss die Eingabetaste drücken. Eclipse erzeugt auch in diesem Fall ein Grundgerüst eines abschnittsbezogenen Kommentars mit führenden Sternchen. Eine andere Methode ist es, einen Block zu markieren und über den Menübefehl *Source → Add Block Comment* einen Blockkommentar einzufügen.

Listing 18.6 Ein Beispiel für einen Blockkommentar

```
1  /* Ausgabe der Mitglieder des Programmierkurses von Prof. Roth
2   * ueber eine Schleife. Die Schleife gibt saemtliche Mitglieder des
3   * des Programmierkurses aus. Die Mitte der Schleife enthaelt einen
4   * Try-Catch-Block. Diese Anweisung behandelt eine Exception, die die
5   * Methode 'getWahlPflichtfach()' im Fehlerfall ausloest.
6   */
```

18.7.8 Zeilenbezogenen Kommentar erzeugen

Um einen zeilenbezogenen Kommentar einzufügen, reicht es aus, am Ende einer Zeile zwei Schrägstriche einzufügen und den Kommentar zu schreiben.

18.7.9 Tasks

Innerhalb der Dokumentation können Sie Aufgaben verankern. Dazu öffnen Sie die Klasse *WahlpflichtfachNichtBelegtException*. In dieser Datei finden Sie viele zeilenbezogene Kommentare, die ein TODO-Flag enthalten. Über WINDOW → SHOW VIEW → TASK können Sie sich eine vollständige Liste anzeigen lassen (Abbildung 18.8).

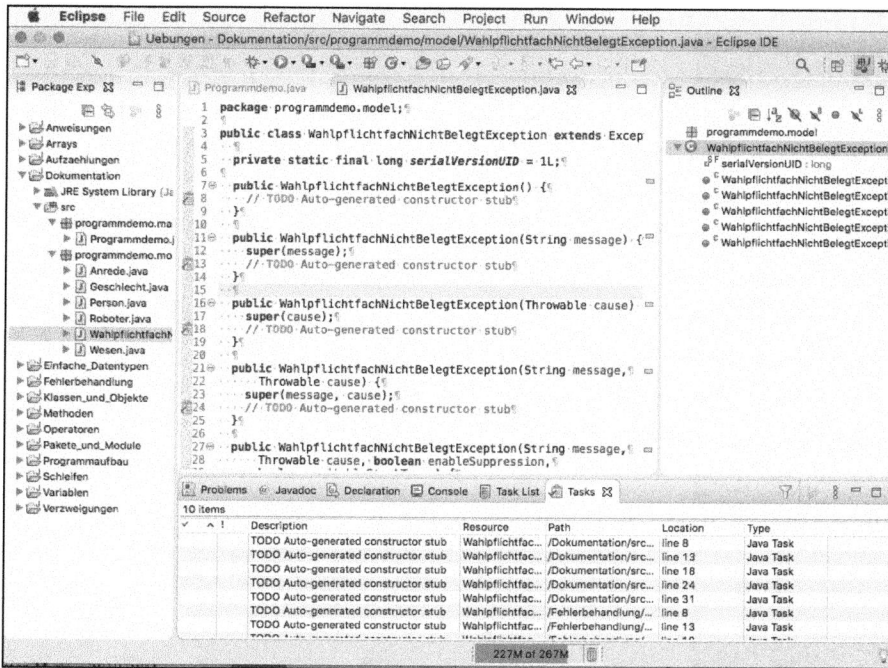

Abbildung 18.8 Mithilfe von Tasks legen Sie fest, welche Aufgaben noch offen sind.

Damit ist die letzte Übung dieses Buchteils beendet. Versuchen Sie noch, nachfolgende Aufgaben zu lösen.

18.8　Aufgaben

- Für wen ist die Dokumentation eines Programms wichtig?
- Welche Arten von Kommentaren gibt es in Java?
- Was ist die Besonderheit bei Javadoc?

Die Lösungen zu den Aufgaben finden Sie in Kapitel 25, »Lösungen«, ab Seite 604.

18.9　Literatur

Javadoc: *https://docs.oracle.com/javase/8/docs/technotes/tools/windows/javadoc.html*

TEIL III

Plattform Java

Die Technologie Java unterscheidet sich von reinen Programmiersprachen wie zum Beispiel C/C++ dadurch, dass die Java-Erfinder nicht »nur« eine Sprachdefinition zur Verfügung gestellt haben. Java besitzt neben seinen Spracheigenschaften auch Plattformcharakter. Die Plattform ist der Teil des Gesamtkonzepts, der für die hohe Portabilität von Java-Programmen sorgt. Dazu gehören die virtuelle Maschine und das Zwischenformat namens Bytecode.

Abbildung 18.9 Die Java-Plattform ist die Basis Ihrer Java-Programme.

Sie lernen in diesem Buchteil die verschiedenen Bestandteile der Plattform kennen. Der Buchteil beginnt mit dem Kapitel »Entwicklungsprozesse«, das Compiler und Debugger genauer erklärt. Dann geht es weiter mit dem Kernbestandteil der Plattform, der »Laufzeitumgebung«, die Ihre Java-Programme ausführt. Die Kapitel »Klassenbibliotheken«, »Gesetzmäßigkeiten« und »Algorithmen« runden den Streifzug durch die Java-Plattform ab.

19 Entwicklungsprozesse

■ 19.1 Einleitung

Dieses Kapitel beleuchtet die Prozesse, die bei der Entwicklung von Java-Programmen ablaufen. Der Bogen spannt sich von der Planung, Programmierung und Test eines neues Programms bis zur Auslieferung der fertigen Java-Software.

> Die Java-Plattform unterstützt die Entwicklung von Programmen auf die unterschiedlichsten Arten. Die Eclipse IDE ergänzt das mit weiteren nützlichen Werkzeugen für den Entwickler. Mit diesen Werkzeugen lassen sich Programme leichter entwickeln, testen und ausliefern.

Abbildung 19.1 Eclipse unterstützt die Softwareentwicklung durch diverse Werkzeuge.

Sie lernen in diesem Kapitel, wie Sie aus den Anforderungen Klassen ableiten, ein Programm gestalten und Fehler mithilfe des Eclipse-Debuggers beseitigen. Das Kapitel schließt damit, wie Sie ein Programm mit Eclipse verpacken und ausliefern.

■ 19.2   Überblick

Entwicklungsprozesse sind immer wiederkehrende Arbeitsabläufe bei der Softwareentwicklung. Um einen besseren Überblick über die verschiedenen Arbeitsabläufe zu bekommen, teilt man den Gesamtprozess in zusammengehörende Teilprozesse ein. Manche Firmen zerlegen den Gesamtprozess in drei, andere in vier Abschnitte.

Um den Rahmen dieses Buchs nicht zu sprengen, möchte ich mich auf einen dreiteiligen Ablauf beschränken, der für die meisten Projekte ausreichend genau ist. Der Gesamtprozess besteht dann aus folgenden Teilen (Phasen): Planungsphase, Konstruktionsphase und Betriebsphase (Abbildung 19.2).

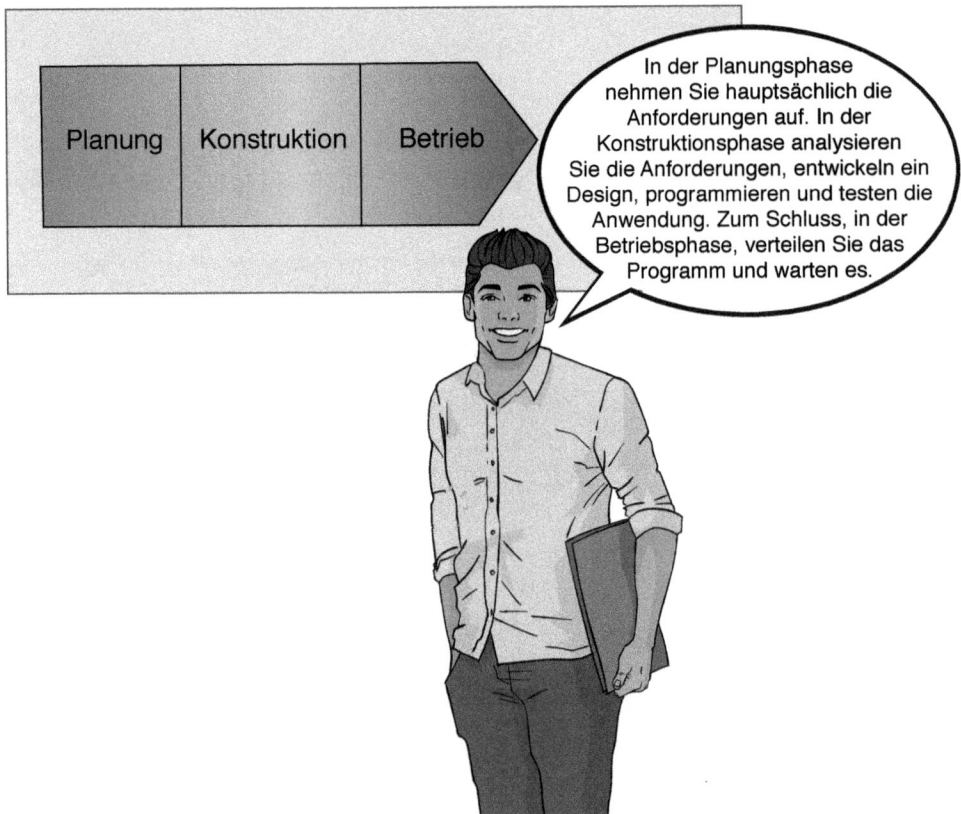

In der Planungsphase nehmen Sie hauptsächlich die Anforderungen auf. In der Konstruktionsphase analysieren Sie die Anforderungen, entwickeln ein Design, programmieren und testen die Anwendung. Zum Schluss, in der Betriebsphase, verteilen Sie das Programm und warten es.

Abbildung 19.2 Die Phasen der Softwareentwicklung

In der Planungsphase liegt der Schwerpunkt auf der Planung, was genau entwickelt werden soll. In der Konstruktionsphase liegt der Schwerpunkt auf der Entwicklung (Programmierung) des Softwareprodukts. Und in der Betriebsphase werden Teile des Produkts oder das fertige Produkt installiert und danach betrieben. Auf den ersten Blick scheint der Gesamtprozess völlig geradlinig zu verlaufen. Das ist aber ein Trugschluss.

19.2.1 Zusammenhang zwischen Phasen und Aktivitäten

Bei einem agilen Vorgehen teilt man die Phasen in Abschnitte von zwei bis drei Wochen ein – den sogenannten Sprints. In jedem Sprint laufen in der Softwareentwicklung die Aktivitäten »Anforderungsaufnahme«, »objektorientierte Analyse und Design«, »Implementierung« und »Test« nacheinander ab. Wie kompliziert der Gesamtprozess ist, wird deutlich, wenn man die einzelnen Phasen einmal mit der Lupe betrachtet (Abbildung 19.3).

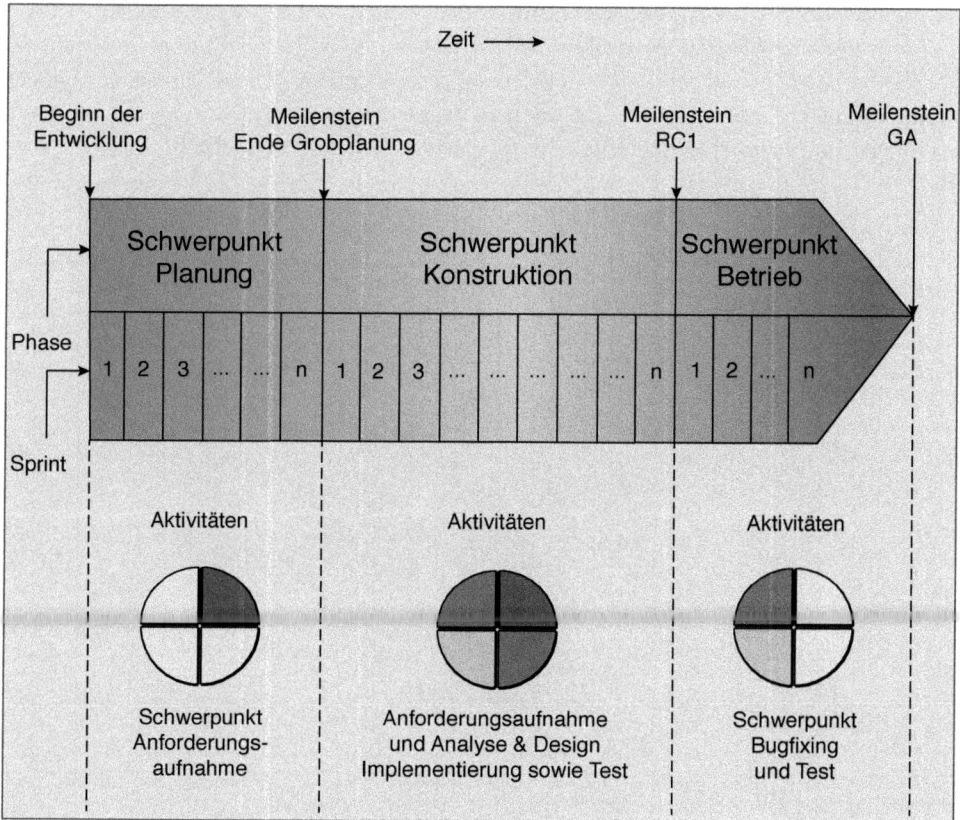

Abbildung 19.3 Zusammenhang zwischen Phasen und Aktivitäten

In der Abbildung sehen Sie die einzelnen Sprints in der Mitte. Sie laufen in der Planungsphase von Sprint 1 bis n, in der Konstruktionsphase und in der Betriebsphase ebenso. Von links nach rechts wird das Softwareprodukt durch die verschiedenen Aktivitäten im Rahmen der Sprints (Anforderungsaufnahme, Analyse & Design, Implementierung und Test) immer kompletter, bis die Auslieferung und damit der Betrieb erreicht ist. Vor der Auslieferung stellt man dem Kunden noch einen sogenannten Release Candidate (RC) zur Verfügung, danach ist die Software »General Available« (GA), also als Produkt verfügbar.

19.2.2 Aktivitäten

In jeder Phase beschäftigt sich das Team mit einer Reihe unterschiedlicher Aktivitäten:

- Anforderungsaufnahme: Ein Teammitglied bespricht zusammen mit dem Kunden neue Anforderungen.
- Analyse & Design: Ein Analytiker analysiert bestehende Anforderungen und bringt die Teile in ein sinnvolles Programmdesign.
- Implementierung: Ein Entwickler ist währenddessen schon dabei, die Software mithilfe eines Grobdesigns zu programmieren.
- Test: Ein weiteres Teammitglied prüft, ob fertig gestellte Programmteile wunschgemäß funktionieren. Ist der Test nach Ansicht des Teams erfolgreich verlaufen, stellt ein Team-mitglied zum Ende jedes Sprints die fertiggestellte Software zusammen.

Danach zeigt man dem Kunden in einem Review am Ende eines Sprints die bereits fertigge-stellte Software. Er kann sie danach annehmen oder ablehnen (Abbildung 19.4).

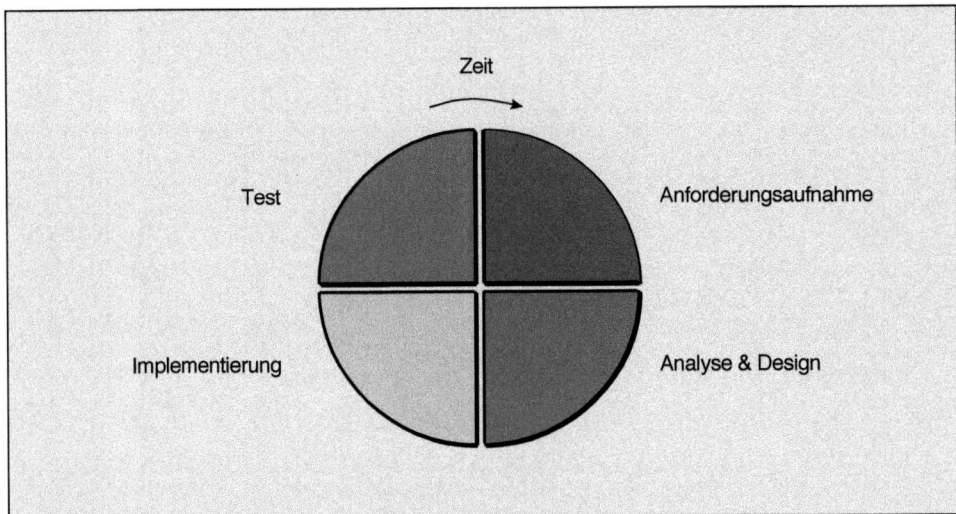

Abbildung 19.4 Der Ablauf der Aktivitäten bei der Softwareentwicklung

Die Prozesse verlaufen nicht geradlinig, sondern eher kreisförmig, daher auch die Art der Darstellung. Alle Aktivitäten müssen x-mal durchlaufen werden, bis das Gesamtprodukt fertiggestellt ist. Wendet man agiles Vorgehen auf Java an, so beginnt man in einem Sprint zunächst mit der Aufnahme der Anforderungen. Danach leitet man Java-Klassen ab und bringt sie in ein sinnvolles Programmdesign. Anschließend beginnen die eigentliche Java-Programmierung und der Test des Java-Programms. Diese kreisförmigen Prozesse dauern so lange, bis das Projekt beendet ist.

Die Phasen *Planung*, *Konstruktion* und *Betrieb* fassen bestimmte Aktivitäten zusammen. Beispielsweise ist ein Team in der Planungsphase hauptsächlich mit der Planung beschäftigt (daher der Name der Phase). Das bedeutet, dass der *Schwerpunkt* dieser Phase auf der Anforderungsaufnahme liegt. Es kann aber sein, dass in der Planungsphase auch schon Java-Code geschrieben wird, um beispielsweise einen Prototyp fertigzustellen.

Genauso verhält es sich mit der Konstruktionsphase. Hier liegt der Schwerpunkt darauf, die Anforderungen zu analysieren, Java-Klassen zu finden, Java-Code zu programmieren und diesen Code zu testen. Es kann aber auch sein, dass man in Gesprächen mit dem Kunden neue Anforderungen entdeckt. Dann muss wieder geschätzt werden, wie lange es dauert, diese Anforderungen einzuarbeiten. Danach setzt man die geänderten Anforderungen in Java-Code um, testet danach das Programm und stellt es erneut dem Kunden vor.

19.2.3 Werkzeuge

Ein guter Entwickler muss nicht nur diesen komplizierten Gesamtprozess kennen und beherrschen. Er muss auch noch Entwicklungswerkzeuge auswählen und deren Bedienung erlernen. Von der Auswahl und Integration geeigneter Werkzeuge ist die Produktivität des Entwicklers abhängig. Neben einem agilen Entwicklungsprozess und gut ausgebildeten Entwicklern führen gute Werkzeuge und Klassenbibliotheken ohne Zweifel zu weniger Stress und spürbar geringeren Entwicklungskosten.

Zu den Klassenbibliotheken kommt dieser Buchteil in Kapitel 21, »Klassenbibliotheken«. Was die Werkzeuge angeht, reicht es vollkommen aus, wenn Sie jetzt das bereits installierte Eclipse verwenden. Sie sollten die Eclipse-Entwicklungsumgebung installiert haben, damit Sie die Übungen dieses Kapitels durchführen können. Eine Beschreibung und Installationsanleitung finden Sie in Kapitel 4, »Entwicklungsumgebung«.

■ 19.3   Planungsphase

In der Planungsphase entsteht ein Vertrag zwischen dem Softwarehersteller und dem Auftraggeber (Kunden oder Endanwender). In diesem Vertrag steht unter anderem, was hergestellt werden soll, wie teuer das ganze Projekt werden darf und welche Risiken das Projekt birgt. Ansprechpartner für den Softwareentwickler ist zum Beispiel ein Endanwender, ein Geschäftsführer, der Projekt- oder Teamleiter, der IT-Chefdesigner oder IT-Chefarchitekt. Von einem dieser Ansprechpartner erfährt der Softwareentwickler, welche Aufgaben er übernehmen soll.

19.3.1   Auftragsklärung

Die Auftragsklärung verursacht einerseits einen Großteil der Schwierigkeiten beim Entwickeln der Software, weil Endanwender und Softwareentwickler nicht die gleiche Sprache sprechen. Deshalb ist es notwendig, genau zu ermitteln, welche Wünsche der Auftraggeber hat, damit das Risiko vermindert wird, etwas Falsches zu entwickeln. Bestimmte Techniken wie ein agiles Vorgehen helfen hierbei.

19.3.2 Anforderungsaufnahme

Folgendes Beispiel: Unser Programmierkurs mit Anna, Julia, Florian und Lukas soll im Rahmen ihres Praktikums ein Programm entwickeln, das die Studierenden ihrer Hochschule mit den belegten Kursen und Wahlpflichtfächern ausgibt. In Gesprächen mit einer Dozentin Silvia Lenz versucht Julia herauszubekommen, was der Inhalt der Praktikumsarbeit sein soll (Abbildung 19.5).

Wir möchten einen schnellen Überblick bekommen, welches Wahlpflichtfach die Studentinnen und Studenten unserer Hochschule belegt haben. Ich denke, das ist eine gute Praktikumsarbeit, die das nächste Semester fortführen kann.

Abbildung 19.5 Julia klärt mit der Dozentin Silvia Lenz den Auftrag.

Wenn man agil vorgeht, schreibt man die Anforderungen danach in Form von Stories nieder. Die Stories enthalten möglichst alle Kriterien des Auftraggebers an die Lieferungen und Leistungen der Studentinnen und Studenten des Programmierkurses. In den Stories sind die Anforderungen aus Anwendersicht einschließlich aller Randbedingungen beschrieben. In der Praxis sind die Stories oftmals nur eine grobe Richtlinie, denn vielen Endanwender ist nicht unbedingt klar, was sie wirklich benötigen.

■ 19.4 Konstruktionsphase

19.4.1 Analyse

Nach der Klärung der Angaben mit der Dozentin leitet unser Quartett von Studenten eine genauere Beschreibung in Form von Stories ab. Dabei besprechen sie die Stories mit der Dozentin und klären damit die Anforderungen der Hochschule an das Programm. Anna entwickelt aus den Anforderungen ein erstes Analysemodell. Annas Vorschlag besteht aus drei Klassen: einer Klasse *Kursstatistik*, einer Klasse *Student* und einer Klasse *Kurs*. Die Kursstatistik ist das Hauptprogramm und zeigt die Statistik der Kurse an. Die Klasse *Student* bildet eine Studentin oder einen Studenten mit Matrikelnummer, Vor- und Nachname sowie den belegten Kurs ab. Zum Schluss ist noch eine Klasse *Kurs* notwendig, um den belegten Kurs mit Kursnummer und Titel zu erfassen (Abbildung 19.6).

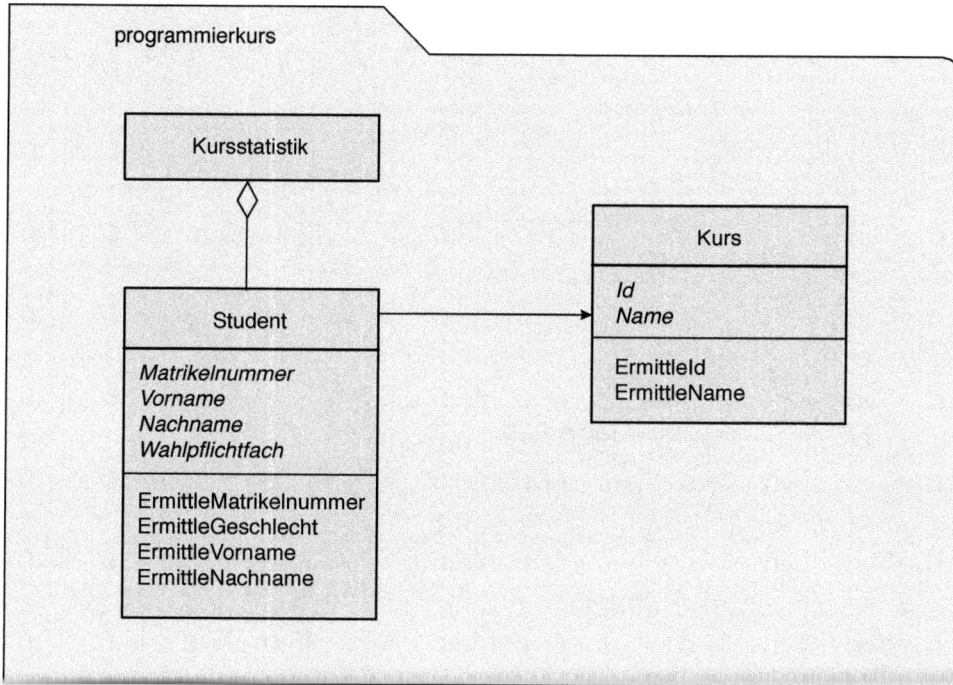

Abbildung 19.6 Anna hat ein fachliches Analysemodell entwickelt.

Rein fachlich gibt es zwar zwei Ausprägungen des Kurses an der Hochschule: Pflichtfach und Wahlpflichtfach. Anna hat gemäß den Anforderungen daher die allgemeine Klasse *Kurs* modelliert, die sich bei später für Pflicht- und Wahlpflichtfächer verwenden lässt.

19.4.2 Design

Die fachlichen Anforderungen an das Programm zur Verwaltung der Studentinnen und Studenten müssen im nächsten Abschnitt der Entwicklung in eine technische Richtung verfeinert werden. Der Bauplan eines Java-Programms, der nun entsteht, ist das sogenannte objektorientierte Designmodell. Das Designmodell enthält bei einem Java-Programm unter anderem Klassenmodelle. Beim objektorientierten Design entwickelt der Softwaredesigner eine sinnvolle technische Form der Klassen, die für das Programm erforderlich sind.

In Abbildung 19.7 sehen Sie den Vorschlag von Lukas für das Designmodell. Lukas hat Annas Entwurf technisch verfeinert und Getter-Methoden eingefügt. Alle privaten Attribute hat er mit einem Minuszeichen gekennzeichnet, die Methoden der öffentlichen Schnittstelle mit einem Pluszeichen. Jede der in diesem Modell aufgeführten Klassen muss im nächsten Abschnitt des Prozessablaufs, der »Implementierung«, als Java-Quellcode beschrieben werden.

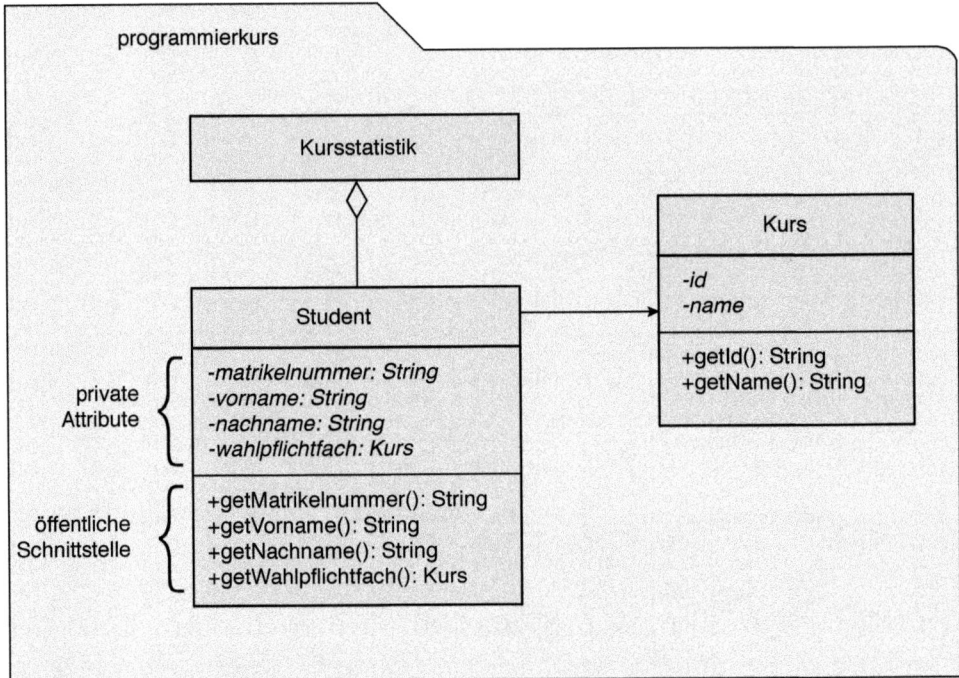

Abbildung 19.7 Lukas wandelt Annas Entwurf in ein Designmodell um.

19.4.3 Implementierung

Bei der Implementierung setzt ein Java-Entwickler das Design der Software mithilfe der Programmiersprache Java um (engl. to implement: einbauen). Mit welcher Klasse man sinnvollerweise die Implementierung beginnt, ist eine Frage des Geschmacks. Wenn man in der Eclipse IDE möglichst wenig Konflikte auslösen möchte, beginnt man bei den Klassen, die am wenigsten Abhängigkeiten zu anderen Klassen besitzen.

Die Klasse *Kurs* lässt sich einfach und ohne Fehlermeldung implementieren. Danach würde man die Klasse *Student* implementieren und erst zum Schluss die Klasse *Kursstatistik* in Angriff nehmen. Nicht lehrbuchmäßig ist zwar die umgekehrte Methode: So provoziert man jedoch Eclipse, die fehlenden Klassen automatisch anzulegen. Genau das möchte ich Ihnen auf den nächsten Seiten zeigen.

Workspace wechseln

Um mit der Implementierung zu beginnen, starten Sie nun die Eclipse IDE wieder mit dem Workspace *Uebungen*.

Neues Projekt

Um die Klassen *Kursstatistik*, *Student* und *Kurs* zu erzeugen, benötigen Sie wieder ein neues Java-Projekt. Starten Sie hierzu den Eclipse-Assistenten über den Menübefehl FILE → NEW → JAVA PROJECT oder über das Symbol NEW → JAVA PROJECT auf der äußersten linken Seite der Toolbar. Tragen Sie in dem Dialog, der daraufhin erscheint, den Projektnamen *Entwicklungsprozesse* ein, damit Sie das Projekt diesem Kapitel zuordnen können.

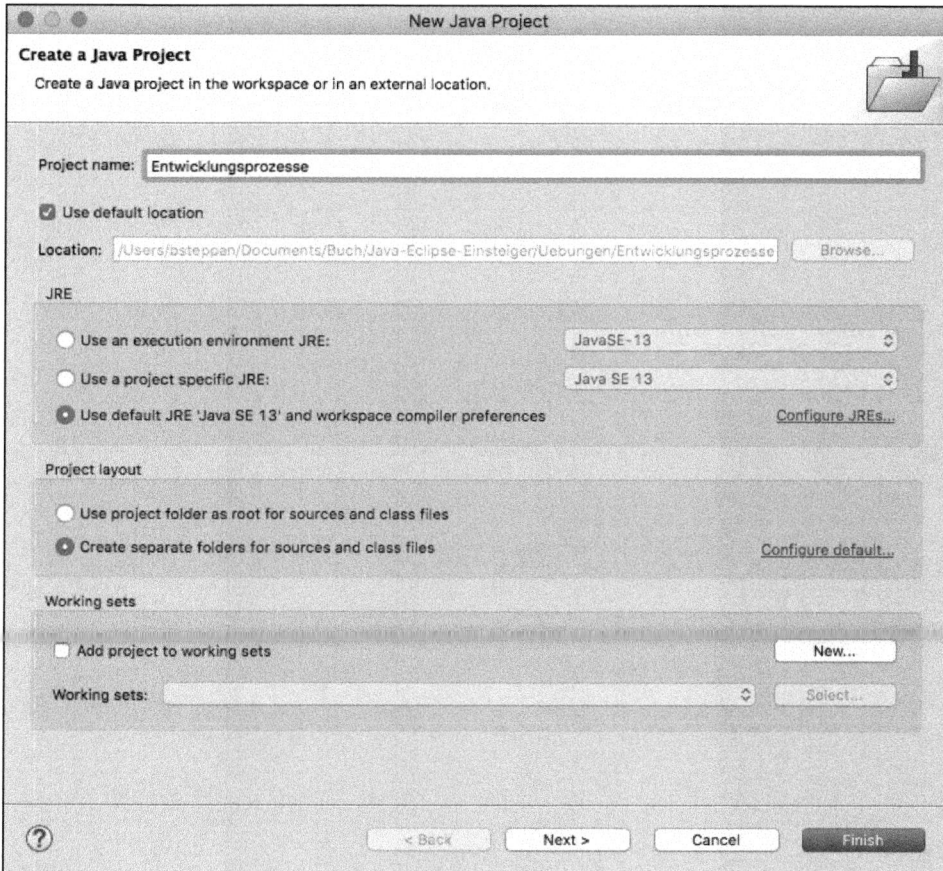

Abbildung 19.8 Erzeugen des neuen Projekts »Entwicklungsprozesse«

Lassen Sie die Option USE DEFAULT LOCATION gesetzt. Sie sorgt dafür, dass Eclipse das Projekt im Workspace erzeugt und nicht an einem anderen Ort auf der Festplatte. Kontrollieren Sie im Anschluss daran, ob die richtige Java-Version unter dem Bereich JRE ausgewählt ist. Es sollte mindestens Java 13 sein. Wählen Sie auf der zweiten Seite des Dialogs die Option CREATE MODULE-INFO.JAVA FILE ab. Die restlichen Einstellungen des Dialogs können Sie genauso belassen, wie von der Entwicklungsumgebung vorbelegt. Danach erzeugen Sie das Projekt durch einen Klick auf FINISH.

Neue Klasse »Kursstatistik«

Sie erzeugen die neue Klasse *Kursstatistik* wieder mit dem Eclipse-Assistenten für neue Klassen (Abbildung 19.9). Rufen Sie dazu den Menübefehl FILE → NEW → CLASS auf oder klicken Sie auf das grüne Symbol NEW JAVA CLASS in der Mitte der Toolbar. In dem Dialog, der daraufhin erscheint, ist bereits das korrekte Verzeichnis für den Quellcode mit *Entwicklungsprozesse/src* ausgefüllt. Dort speichert Eclipse den Quellcode des Projekts. Tragen Sie den Klassennamen *Kursstatistik* und den Paketnamen *programmierkurs* ein.

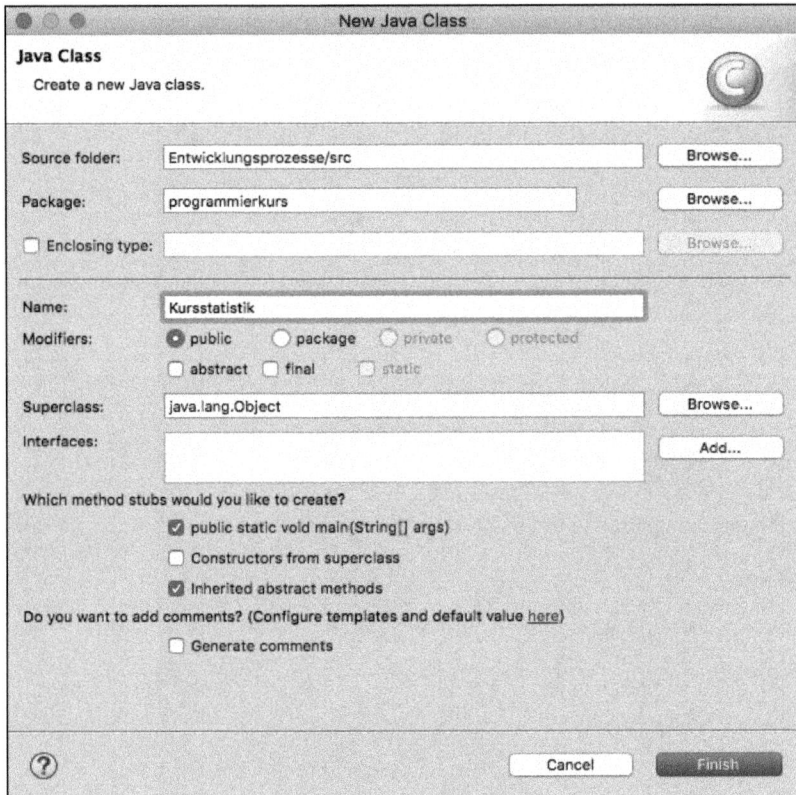

Abbildung 19.9 Erzeugen der neuen Klasse »Kursstatistik«

Die Option des MODIFIERS können Sie auf der Voreinstellung PUBLIC belassen. Eclipse wird daraufhin eine öffentliche Klasse erzeugen. Beenden Sie danach den Dialog mit FINISH. Eclipse hat die leere Klasse *Kursstatistik* in einer Datei namens *Kursstatistik.java* erzeugt. Als Nächstes implementieren Sie die Ausgabe der Liste von Studenten. Dazu verwenden Sie wieder den Texteditor von Eclipse. Fügen Sie mithilfe des Eclipse-Editors dazu die Attribute in die Klasse ein, wie in Listing 19.1 zu sehen.

Listing 19.1 Der erste Entwurf des Programms »Kursstatistik«

```
1  package programmierkurs;
2
3  class Kursstatistik {
```

```
 4
 5     public static void main(String[] arguments) {
 6
 7       Student studenten[] = new Student[4];
 8
 9       Kurs englisch = new Kurs(01-SS/2020, "Englisch");
10       Kurs biologie = new Kurs(02-SS/2020, "Biologie");
11       Kurs geschichte = new Kurs(03-SS/2020, "Geschichte");
12       Kurs erdkunde = new Kurs(04-SS/2020, "Erdkunde");
13
14       studenten[0] = new Student("100010", "Anna", "Seitz", englisch);
15       studenten[1] = new Student("100011", "Julia", "Lippert", biologie);
16       studenten[2] = new Student("100012", "Lukas", "Wittek", geschichte);
17       studenten[3] = new Student("100013", "Florian", "Krause", erdkunde);
18
19     }
20   }
```

Die Klasse besteht aus einem Array von Kursmitgliedern sowie vier Wahlpflichtfächern. Natürlich hat die neue Implementierung zur Folge, dass Eclipse die zwei fehlenden Klassen *Student* und *Kurs* moniert (Abbildung 19.10).

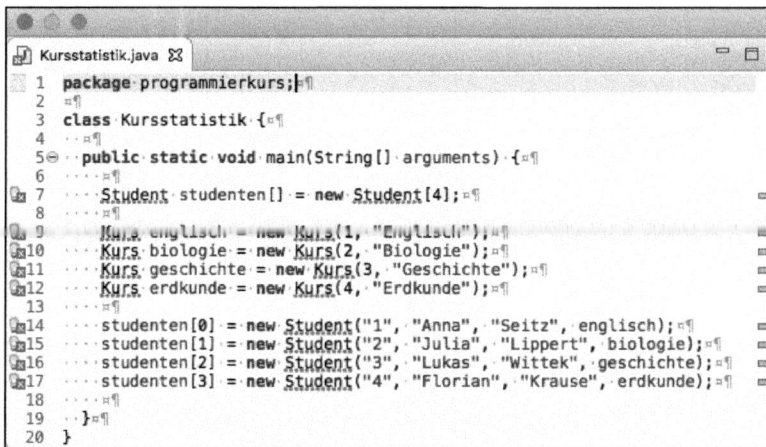

Abbildung 19.10 Eclipse markiert die beiden Klassen »Kurs« und »Student« als fehlend.

Um die Fehler zu beseitigen, klicken Sie jetzt auf die mit Schlangenlinien unterstrichene Klasse *Student* und wählen aus dem Kontextmenü, das daraufhin erscheint, den Befehl CREATE CLASS 'STUDENT' (Abbildung 19.11). Daraufhin zeigt Eclipse einen Dialog, den Sie mit FINISH direkt beenden können, da alles schon perfekt ausgefüllt ist. Eclipse erzeugt daraufhin eine Klassenhülle und öffnet diese neue Klasse im Editor auf der rechten Seite der Entwicklungsumgebung. Lassen Sie diese neue Klasse erst einmal so, wie sie ist, und klicken stattdessen wieder auf den Reiter der Klasse *Kursstatistik*. Klicken Sie erneut auf die fehlerhaft markierte Klasse *Kurs* und erzeugen diese Klasse auf die gleiche Weise wie zuvor die Klasse *Student*.

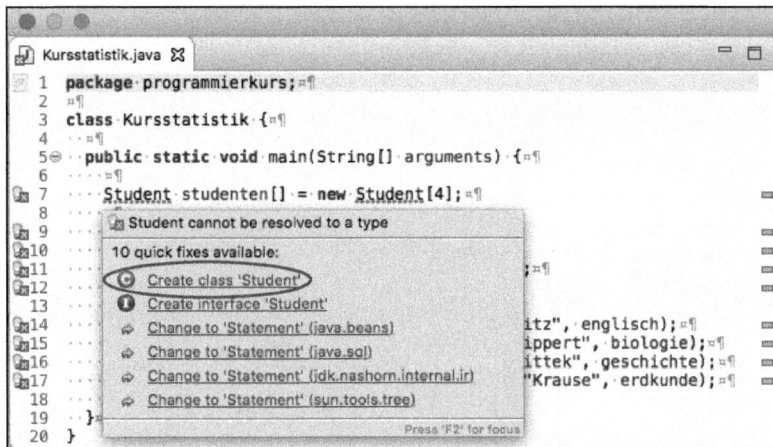

Abbildung 19.11 Über die Programmierhilfe erzeugen Sie die neue Klasse *Student*.

Gehen Sie danach erneut zurück zur Klasse *Kursstatistik*. Eclipse präsentiert diese Klasse nun etwas anders als zuvor. Was fällt Ihnen an der neuen Darstellung auf (Abbildung 19.12)? Auffällig ist, dass die Unterstreichungen bei den Klassen *Student* und *Kurs* verschwunden sind. Eclipse erkennt die Datentypen *Student* und *Kurs*, da Sie die entsprechenden Klassen erzeugt haben. Die Eclipse IDE markiert aber die Konstruktoren als fehlerhaft. Das liegt daran, dass die Klassen noch leer sind und die Konstruktoren fehlen.

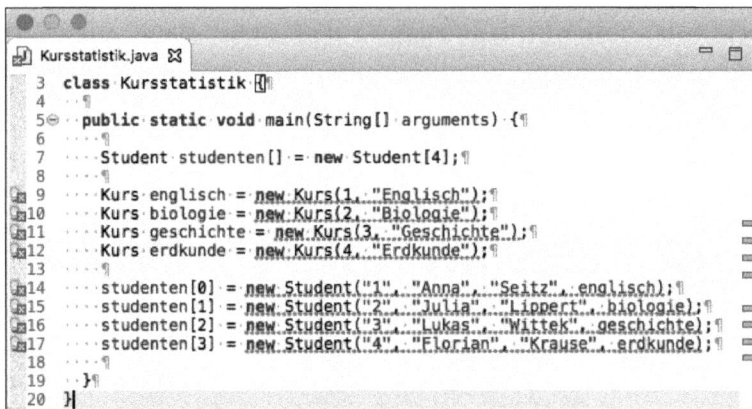

Abbildung 19.12 Eclipse kennzeichnet die Konstruktoren als fehlerhaft.

Um das zu ändern, klicken Sie auf unterstrichenen Konstruktor der Klasse *Kurs* innerhalb der Klasse *Kursstatistik* und wählen aus dem Kontextmenü, das daraufhin erscheint, CREATE CONSTRUCTOR 'KURS(INT, STRING)' (Abbildung 19.13). Verfahren Sie mit der Klasse *Student* in der gleichen Weise und wählen den Befehl CREATE CONSTRUCTOR 'STUDENT(STRING, STRING, STRING, KURS)'.

Nach der Erzeugung der Konstruktoren sollte Eclipse die Klasse *Kursstatistik* fehlerfrei darstellen. Im nächsten Schritt müssen Sie die beiden Klassen *Student* und *Kurs* vollständig

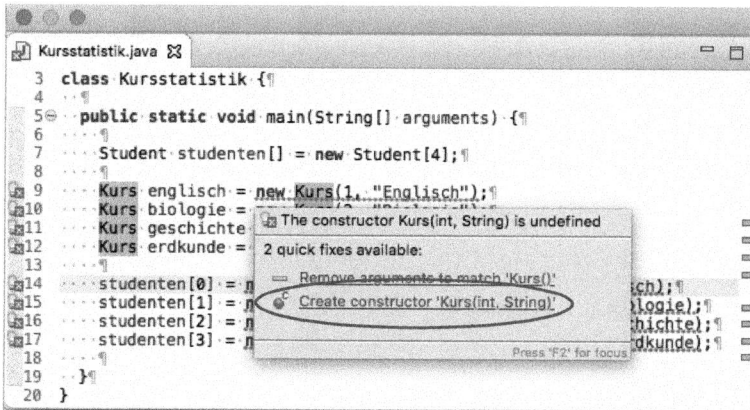

Abbildung 19.13 Mithilfe der Programmierhilfe erzeugen Sie die Konstruktoren.

implementieren. Verwenden Sie diesmal keine Eclipse-Assistenten, sondern korrigieren die Klasse nach folgender Vorlage per Hand mit dem Eclipse-Editor:

Listing 19.2 Die Attribute der Klasse »Student«

```
 1  package programmierkurs;
 2
 3  public class Student {
 4
 5    String matrikelnummer;
 6    String vorname;
 7    String nachname;
 8    Kurs wahlpflichtfach;
 9
10    public Student(String matrikelnummer, String vorname,
11                   String nachname, Kurs wahlpflichtfach) {
12      super();
13      this.matrikelnummer = matrikelnummer;
14      this.vorname = vorname;
15      this.nachname = nachname;
16      this.wahlpflichtfach = wahlpflichtfach;
17    }
18
19    public String getMatrikelnummer() {
20      return matrikelnummer;
21    }
22
23    public void setMatrikelnummer(String matrikelnummer) {
24      this.matrikelnummer = matrikelnummer;
25    }
26
27    public String getVorname() {
28      return vorname;
29    }
```

```
30
31    public void setVorname(String vorname) {
32      this.vorname = vorname;
33    }
34
35    public String getNachname() {
36      return nachname;
37    }
38
39    public void setNachname(String nachname) {
40      this.nachname = nachname;
41    }
42
43    public Kurs getWahlpflichtfach() {
44      return wahlpflichtfach;
45    }
46
47    public void setWahlpflichtfach(Kurs wahlpflichtfach) {
48      this.wahlpflichtfach = wahlpflichtfach;
49    }
50  }
```

Gehen Sie danach auf die markierte Klasse *Kurs* und komplettieren Sie diese Klassen ebenfalls mithilfe des Eclipse-Editors nach folgender Vorlage:

Listing 19.3 Die Klasse »Kurs«

```
1   package programmierkurs;
2
3   public class Kurs {
4     String id;
5     String name;
6
7     public Kurs(String id, String name) {
8       super();
9       this.id = id;
10      this.name = name;
11    }
12
13    public String getId() {
14      return id;
15    }
16
17    public void setId(String id) {
18      this.id = id;
19    }
20
21    public String getName() {
22      return name;
23    }
24
25    public void setName(String name) {
```

```
26        this.name = name;
27    }
28  }
```

Was jetzt noch fehlt, ist die Ausgabe des Kurses mit den belegten Fächern im Hauptprogramm. Es soll eine Programmausgabe wie in Listing 19.4 bekommen. Ergänzen Sie die Klasse *Kursstatistik* entsprechend. Die Ausgabe erzeugt eine Tabelle. Die Zeichenfolge \t bewirkt einen Tabulatorvorschub und sorgt dafür, dass eine spaltenweise Ausgabe entsteht.

Listing 19.4 Die komplette Klasse »Kursstatistik«

```
1  package programmierkurs;
2
3  /**
4   * Klasse "Kursstatistik"
5   * @author Programmierkurs Prof. Roth
6   *
7   */
8  class Kursstatistik {
9
10   public static void main(String[] arguments) {
11
12     Student studenten[] = new Student[4];
13
14     Kurs englisch = new Kurs("01-SS/2020", "Englisch");
15     Kurs biologie = new Kurs("02-SS/2020", "Biologie");
16     Kurs geschichte = new Kurs("03-SS/2020", "Geschichte");
17     Kurs erdkunde = new Kurs("04-SS/2020", "Erdkunde");
18
19     studenten[0] = new Student("100010", "Anna", "Seitz", englisch);
20     studenten[1] = new Student("100011", "Julia", "Lippert", biologie);
21     studenten[2] = new Student("100012", "Lukas", "Wittek", geschichte);
22     studenten[3] = new Student("100013", "Florian", "Krause", erdkunde);
23
24     System.out.println(
25       "Vorname\tName\tMatrikelnummer\tWahlpflichtfach\tKursnummer");
26     System.out.println(
27       "==========================================================");
28     for (int i = 0; i < studenten.length; i++) {
29       System.out.println(studenten[i].getVorname() + "\t" +
30         studenten[i].getNachname()   + "\t" +
31         studenten[i].getMatrikelnummer()   + "\t\t" +
32         studenten[i].getWahlpflichtfach().getName() + "\t" +
33         studenten[i].getWahlpflichtfach().getId());
34     }
35   }
36 }
```

Übersetzen

Im nächsten Schritt übersetzt Eclipse die Datei *Kursstatistik.java* mit dem Java-Compiler von Eclipse. Man sagt statt »Übersetzen« auch »Kompilieren«. Ein gesamten Projekt zu kompilieren, bezeichnet man als Build. Beim Build-Vorgang entsteht aus dem Quellcode sogenannter *Bytecode*. Bytecode ist eine spezielle Form des Binärcodes für die virtuelle Maschine. Er ist kein Maschinencode für einen speziellen Prozessor und enthält auch keine Aufrufe von Betriebssystemfunktionen.

Bytecode ist ein Zwischenformat, auf das Kapitel 20, »Laufzeitumgebung«, Abschnitt 20.3, »Bytecode«, ausführlich eingeht. An dieser Stelle ist nur wichtig, dass der Compiler für jede Klasse, die er übersetzt, eine Datei des gleichen Titels, aber mit der Endung *class* erzeugt. Aus *Kursstatistik.java* wird demnach also *Kursstatistik.class* (Abbildung 19.14).

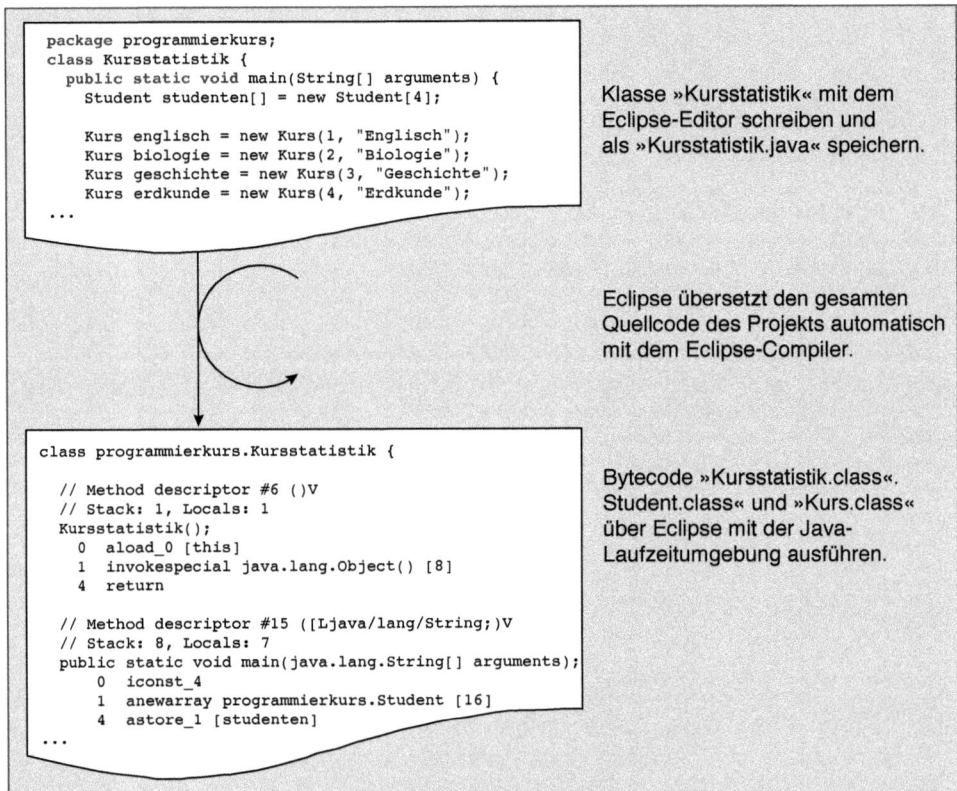

```
package programmierkurs;
class Kursstatistik {
    public static void main(String[] arguments) {
        Student studenten[] = new Student[4];

        Kurs englisch = new Kurs(1, "Englisch");
        Kurs biologie = new Kurs(2, "Biologie");
        Kurs geschichte = new Kurs(3, "Geschichte");
        Kurs erdkunde = new Kurs(4, "Erdkunde");
    ...
```

Klasse »Kursstatistik« mit dem Eclipse-Editor schreiben und als »Kursstatistik.java« speichern.

Eclipse übersetzt den gesamten Quellcode des Projekts automatisch mit dem Eclipse-Compiler.

```
class programmierkurs.Kursstatistik {

    // Method descriptor #6 ()V
    // Stack: 1, Locals: 1
    Kursstatistik();
        0  aload_0 [this]
        1  invokespecial java.lang.Object() [8]
        4  return

    // Method descriptor #15 ([Ljava/lang/String;)V
    // Stack: 8, Locals: 7
    public static void main(java.lang.String[] arguments);
        0  iconst_4
        1  anewarray programmierkurs.Student [16]
        4  astore_1 [studenten]
    ...
```

Bytecode »Kursstatistik.class«. Student.class« und »Kurs.class« über Eclipse mit der Java-Laufzeitumgebung ausführen.

Abbildung 19.14 Der Eclipse-Compiler übersetzt den Quellcode zu Bytecode.

Bei vielen Entwicklungsumgebungen müssen Sie den Build-Vorgang manuell über einen Menübefehl oder eine Tastenkombination auslösen. In der Standardeinstellung von Eclipse übersetzt die Entwicklungsumgebung das gesamte Projekt immer automatisch im Hintergrund. Dieses Verhalten legen Sie im Eclipse-Menü PROJECT fest, wo ein Haken bei der Option BUILD AUTOMATICALLY gesetzt ist, wenn Eclipse das Projekt automatisch übersetzen soll. Welche Vorteile bringt diese Funktion? Sie hat den Vorteil, dass Sie das Projekt sofort ausführen können, wenn das Projekt gespeichert und fehlerfrei vorliegt.

Ausführen

Führen Sie nun einen Rechtsklick auf die Klasse *Kursstatistik* aus und starten das Programm über den Befehl RUN AS → JAVA APPLICATION. Es sollte Folgendes ausgeben:

```
Vorname Name    Matrikelnummer Wahlpflichtfach Kursnummer
===========================================================
null    Seitz   100010         Englisch        01 - SS/2020
null    Lippert 100011         Biologie        02 - SS/2020
null    Wittek  100012         Geschichte      03 - SS/2020
null    Krause  100013         Erdkunde        04 - SS/2020
```

Bis auf die Vornamen sieht alles einwandfrei aus. Was ist der Grund für die Ausgabe des Wertes *null*?

19.4.3.1 Debugging

Um dem Fehler auf die Spur zu kommen, verwendet man einen Debugger. Das JDK enthält einen sehr einfachen Debugger. Weit leistungsfähiger ist der Eclipse-Debugger, mit dem Sie sehr effizient Fehler suchen können. Da etwas mit der Ausgabe der Methode *getVorname()* nicht zu stimmen scheint, ist es sinnvoll, die Klasse *Student* aufzurufen, in der diese Methode definiert ist. Setzen Sie in dieser Klasse einen Breakpoint, indem Sie links am Rand doppelklicken. Daraufhin sollte ein blauer Punkt erscheinen (Abbildung 19.15).

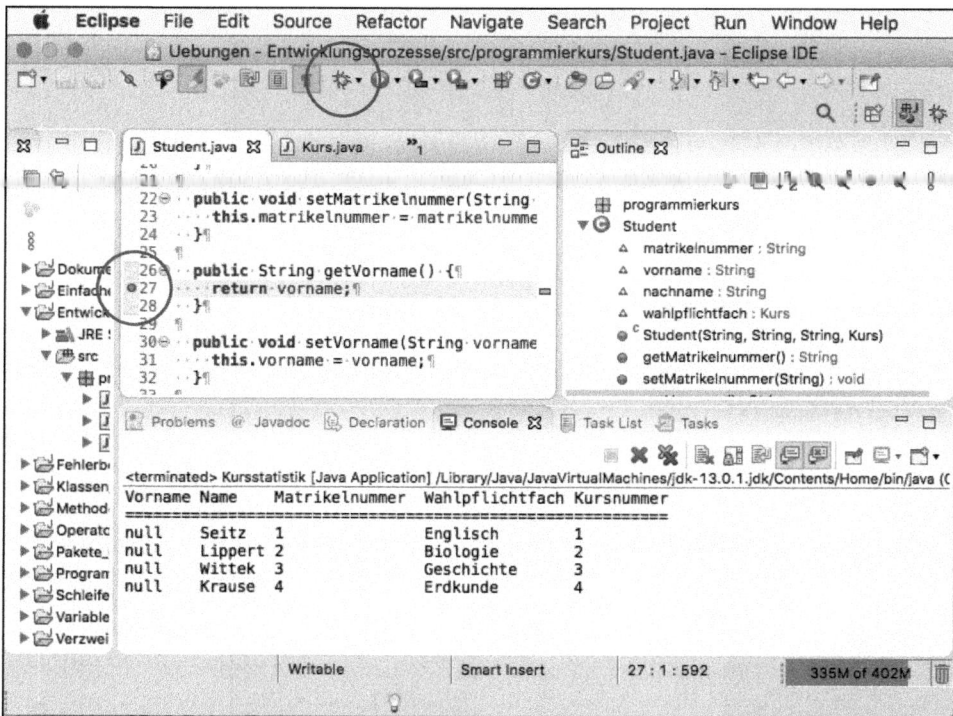

Abbildung 19.15 Ein Breakpoint wird gesetzt.

Starten Sie danach das Programm, indem Sie auf das Symbol eines Käfers in der Symbolleiste der Eclipse IDE klicken. Daraufhin erscheint ein Dialog der Entwicklungsumgebung
mit der Nachfrage, ob Eclipse einen Wechsel zur Debugging-Perspektive durchführen soll.
Quittieren Sie den Dialog durch einen Klick auf die Schaltfläche SWITCH. Daraufhin ändert
die Entwicklungsumgebung komplett ihre Gestalt. Eclipse hat den Lauf des Programms an
dem blau markierten Breakpoint (Haltepunkt) angehalten. Im rechten Bereich sehen Sie
eine Anzeige der Variablen mit ihrem momentanen Wert (Abbildung 19.16).

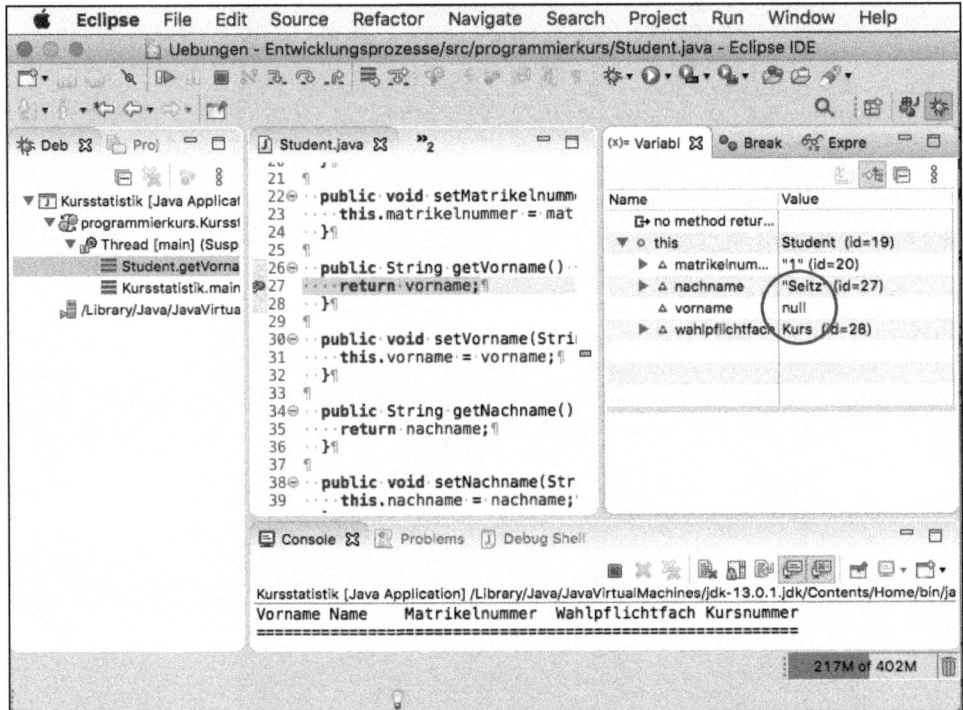

Abbildung 19.16 Der Wert der Variablen »vorname« ist »null«.

Klappen Sie die Darstellung vollkommen auf, damit Sie die Einzelheiten erkennen. Sie
müssten daraufhin erkennen können, dass die Variable *vorname* den Wert *null* besitzt.
Brechen Sie jetzt den Lauf des Programms ab, indem Sie im Fenster CONSOLE rechts unten
auf das rote Rechteck klicken. Damit beenden Sie sofort den Programmlauf.

Da die Klasse *Student* nicht sonderlich kompliziert ist, gibt es nicht viele Fehlermöglichkei-
ten. Scrollen Sie jetzt in der Klasse *Student* bis zur Stelle des Konstruktors und setzen Sie
einen weiteren Breakpoint, wo der Aufruf *super()* zu sehen ist. Starten Sie nun erneut das
Programm, das genau an dieser Stelle im Konstruktor angehalten wird. Auf der rechten Seite
können Sie den Wert der Variablen beobachten. Mit der Taste F6 arbeiten Sie Instruktion
für Instruktion des Programms ab. Durch das Debugging des Konstruktors wird deutlich,
dass der korrekte Wert des Vornamens übergeben wird. Allerdings fehlt im Konstruktor
die Anweisung, die den Wert für den Vornamen an das Klassenattribut namens *vorname*
übergibt.

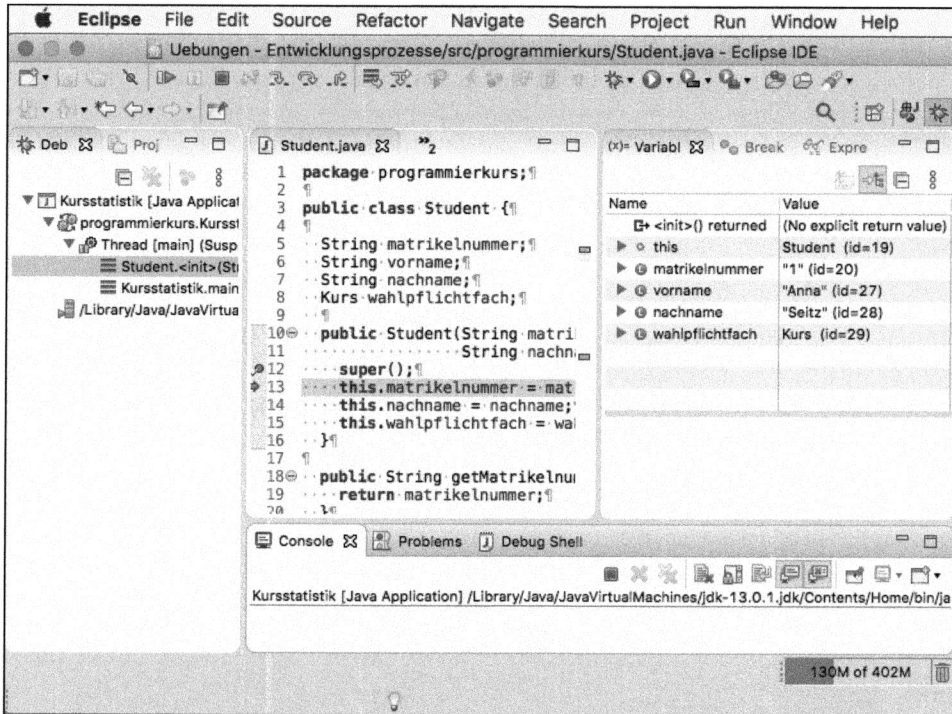

Abbildung 19.17 Die Zuweisung »this.vorname = vorname« fehlt.

Fügen Sie während des Debuggings folgende Anweisung in den Konstruktor ein:

```
this.vorname = vorname;
```

Sie müssen dazu den Programmlauf nicht anhalten, sondern einfach in den Editor die neue Anweisung eintragen. Speichern Sie danach die Klasse. Eclipse übersetzt die Klasse, tauscht sie während des Laufs aus und beginnt den Programmlauf wieder beim Breakpoint. Die Funktion, eine Klasse während des Programmlaufs auszutauschen, nennt sich Hot-Swap-Debugging. Sie können nun einfach F8 drücken oder in der Toolbar auf RESUME klicken, um das Programm durchlaufen zu lassen. Das Programm wird bei jeder Ausgabe in der Getter-Methode stehen bleiben. Sie sehen, dass der Lauf des Programms diesmal erfolgreich ist, und bekommen folgende korrekte Programmausgabe:

```
Vorname Name    Matrikelnummer Wahlpflichtfach Kursnummer
============================================================
Anna    Seitz   100010         Englisch        01 - SS/2020
Julia   Lippert 100011         Biologie        02 - SS/2020
Lukas   Wittek  100012         Geschichte      03 - SS/2020
Florian Krause  100013         Erdkunde        04 - SS/2020
```

19.4.4 Test

Der Start des Programms und die Kontrolle der Programmausgabe ist der erste einfache Entwicklertest. Weit aufwendiger und sicherer ist der sogenannter Unit-Test. Hierzu schreibt ein Entwickler für jede seiner Klassen eine Testklasse auf Basis der Klassenbibliothek »JUnit«. Eclipse unterstützt Unit-Tests mit einer ganzen Reihe von Funktionen. Um die Wirkung des Tests besser nachvollziehen zu können, löschen Sie wieder die folgende Anweisung aus dem Konstruktor:

```
this.vorname = vorname;
```

Um danach Testfälle zu Ihrem Projekt hinzuzufügen, führen Sie auf der Klasse *Student* im PACKAGE EXPLORER einen Rechtsklick aus. Wählen Sie danach aus dem Kontextmenü den Befehl NEW → JUNIT TEST CASE aus. Eclipse startet daraufhin einen Dialog zum Anlegen eines neuen JUnit-Tests (Abbildung 19.18).

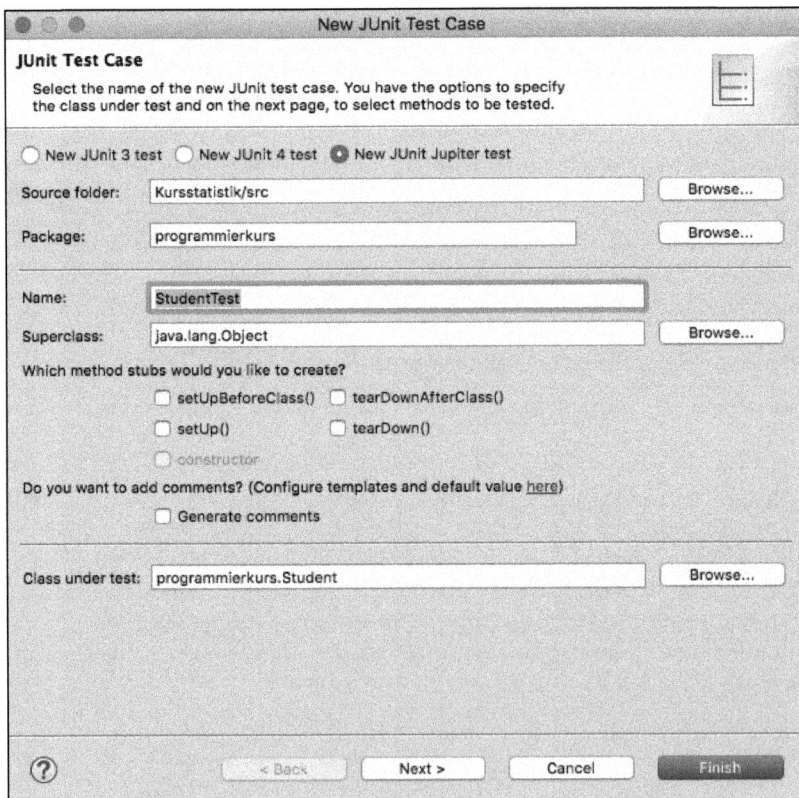

Abbildung 19.18 Mithilfe dieses Dialogs erzeugen Sie einen neuen JUnit-Test.

Lassen Sie sämtliche Einstellungen wie von Eclipse belegt und klicken danach auf NEXT. Auf der zweiten Seite des Dialogs wählen Sie danach die Methoden aus, zu denen Eclipse Testfälle erzeugen soll. Wählen Sie die Methoden *getMatrikelnummer()*, *getVorname()*, *get-Nachname()* und *getWahlpflichtfach()* aus (Abbildung 19.19).

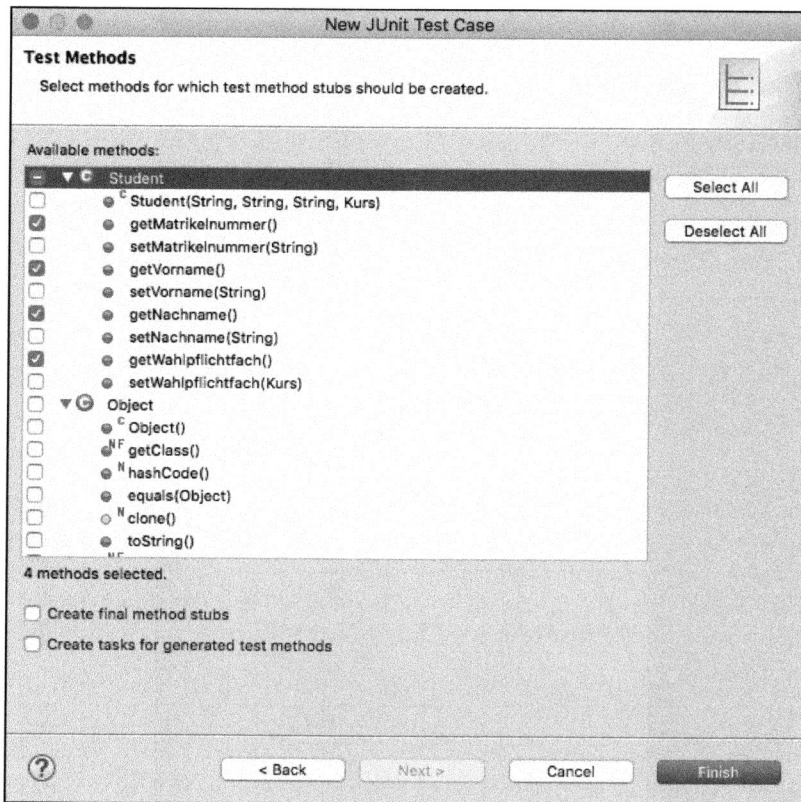

Abbildung 19.19 Hier wählen Sie die Methoden aus, zu denen Eclipse Testfälle erzeugen soll.

Beenden Sie danach den Dialog mit einem Klick auf die Schaltfläche *Finish*. Eclipse blendet daraufhin einen Dialog mit der Frage ein, ob die Bibliothek *JUnit* zum »Build Path« hinzugefügt werden soll. Schließen Sie den Dialog mit einem Klick auf die Schaltfläche OK, damit Eclipse diese Bibliothek zu dem Projekt hinzufügt. Schließen Sie danach den Hauptdialog mit FINISH. Eclipse erzeugt daraufhin eine minimale Testklasse (19.5).

Listing 19.5 Die von Eclipse erzeugte Testklasse »StudentTest«

```
package programmierkurs;

import static org.junit.jupiter.api.Assertions.*;

import org.junit.jupiter.api.Test;

class StudentTest {

  @Test
  void testGetMatrikelnummer() {
    fail("Not yet implemented");
  }
```

```
13
14    @Test
15    void testGetVorname() {
16      fail("Not yet implemented");
17    }
18
19    @Test
20    void testGetNachname() {
21      fail("Not yet implemented");
22    }
23
24    @Test
25    void testGetWahlpflichtfach() {
26      fail("Not yet implemented");
27    }
28  }
```

Die Klasse enthält vier Methodenvorlagen für die Implementierung von Tests. Alle Methoden enthalten einen Aufruf namens *fail()*. Dies ist nichts anderes als eine Erinnerung für den Entwickler, die Methode zu implementieren. Speichern Sie die Klasse und klicken Sie im Menü RUN auf den Befehl RUN, damit Eclipse diesen Test durchführt. Daraufhin öffnet Eclipse ein weiteres Fenster neben dem PACKAGE EXPLORER mit den Testergebnissen (Abbildung 19.20).

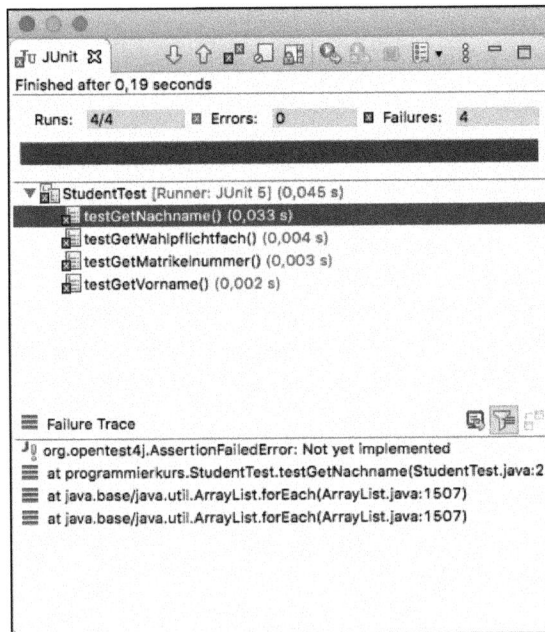

Abbildung 19.20 Die Testergebnisse nach dem ersten Start

Der Test der vier Methoden ist laut Eclipse fehlgeschlagen. Das ist kein Wunder, weil bislang nichts implementiert wurde. Verändern Sie jetzt die Klasse *StudentTest* wie folgt, speichern die Klasse und lassen den Test nochmals durchlaufen:

Listing 19.6 Die komplette Klasse »StudentTest«

```
 1  package programmierkurs;
 2
 3  import static org.junit.jupiter.api.Assertions.*;
 4
 5  import org.junit.jupiter.api.Test;
 6
 7  class StudentTest {
 8
 9    private String kursId = "01-SS2020";
10    private String kursname = "Englisch";
11    private Kurs kurs = new Kurs(kursId, kursname);
12    private String matrikelnummer = "1000010";
13    private String vorname = "Lukas";
14    private String nachname = "Wittek";
15    private Student student =
16        new Student(matrikelnummer, vorname, nachname, kurs);
17
18
19    @Test
20    final void testGetMatrikelnummer() {
21      assertEquals(matrikelnummer, student.getMatrikelnummer());
22    }
23
24    @Test
25    final void testGetVorname() {
26      assertEquals(vorname, student.getVorname());
27    }
28
29    @Test
30    final void testGetNachname() {
31      assertEquals(nachname, student.getNachname());
32    }
33
34    @Test
35    final void testGetWahlpflichtfach() {
36      assertEquals(kurs, student.getWahlpflichtfach());
37    }
38  }
```

Diesmal sollte Eclipse anzeigen, dass sich in der Methode *getVorname()* ein Fehler befindet. Das ist im Prinzip das gleiche Ergebnis, das wir schon durch den normalen Programmtest ermittelt haben. Das Beispiel sollte zeigen, wie Sie bei komplizierteren Programmen mithilfe von Eclipse Unit-Tests schreiben. Diese Art von Test ist sehr wichtig, damit Sie wissen, ob Ihre Implementierung die Anforderungen erfüllt.

19.4.4.1   Dokumentation

Nachdem die Fehler beseitigt sind, muss das Team sämtliche Klassen und ihre Methoden dokumentieren. Das geschieht in der Art und Weise wie in Kapitel 18, »Dokumentation«, beschrieben. Ich will hier nicht nochmals darauf eingehen.

19.4.4.2   Integration

Im nächsten Schritt muss das Team sämtliche Klassen zentral speichern, versionieren und daraus eine Version bauen. In einem größeren Projekt würden parallel zu den Klassen *Kursstatistik*, *Student* und *Kurs* noch weitere Klassen entstehen. Zu einem bestimmten Zeitpunkt baut das Team eine Version der Software aus den Klassen zusammen, die an den unterschiedlichen Arbeitsplätzen entstanden sind. Weil hierbei alle Klassen »integriert« werden, spricht man bei diesem Vorgang von Integration.

Nach jeder Integration bekommt das Programm *Kursstatistik* eine neue, fortlaufende Versionsnummer. Zum Beispiel kann man mit der Version 0.1 beginnen, danach auf 0.2 erhöhen, bis man zum Schluss eine Version 1.0 erreicht hat. Für die Integration kopiert ein Teammitglied die Klassen auf seinen Integrationsrechner. In diesem Fall übernimmt Florian diese Aufgabe auf seinem Rechner (Abbildung 19.21).

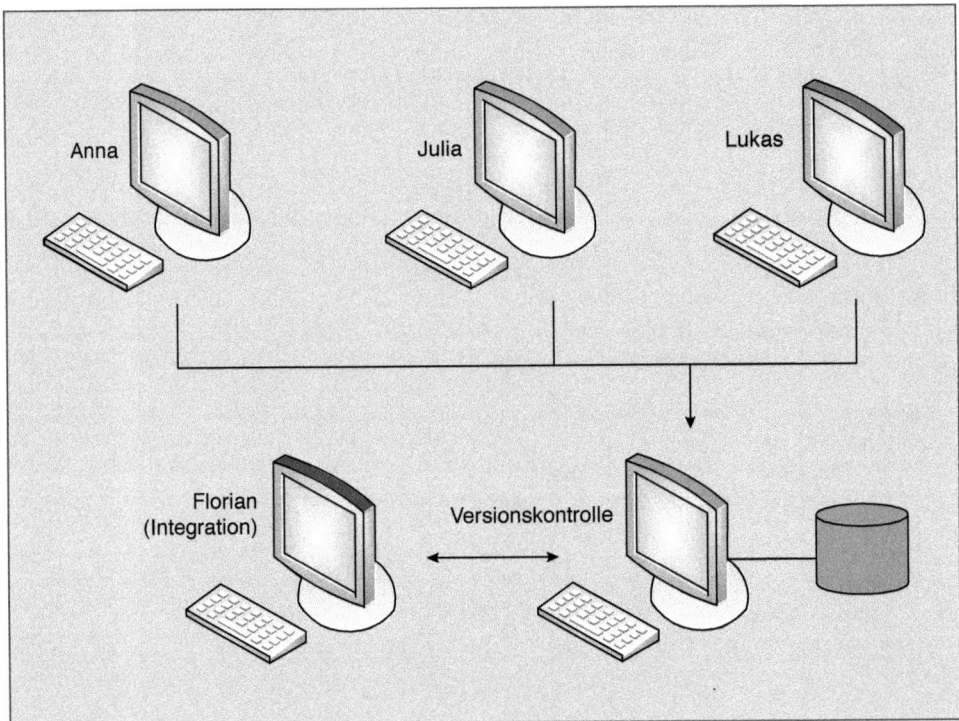

Abbildung 19.21 Auf der Integrationsumgebung findet der Bau einer Version des Programms statt.

Die integrierte Version muss mit bestimmten Werkzeugen nochmals einer Qualitätssicherung unterzogen werden (Integrationstest). Erst wenn dieser Test erfolgreich verlaufen ist, kann das Team diese Version des Programms *Kursstatistik* verpacken, um es der Hochschule als »Release Candidate Nr. 1« zur Verfügung zu stellen. Der Release Candidate Nr. 1 ist die Version, die man dem Kunden vorstellt. Vielleicht hat der Kunde noch den einen oder anderen Verbesserungsvorschlag. Dann ändert man das und baut einen »Release Candidate Nr. 2«. In der Praxis sollten drei Release Candidates reichen, um die Software ausliefern zu können.

■ 19.5 Betriebsphase

19.5.1 Verteilung

Es wäre sehr unpraktisch, den Bytecode in Form von vielen Einzeldateien an den Kunden auszuliefern. Stattdessen verpackt man das Programm entweder in ein Java-Archiv (JAR) oder konvertiert es in ein natives Programm. Beides kann der Kunde ohne Entwicklungsumgebung ausführen. Ein Werkzeug, mit dem Sie Klassen zu Java-Archiven verpacken können, ist auch im JDK enthalten und nennt sich *JAR*. Eclipse stellt Ihnen ein deutlich komfortableres Programm zur Verfügung. Sie starten dieses Eclipse-Werkzeug über das Menü *File* durch den Befehl *Export* (Abbildung 19.22).

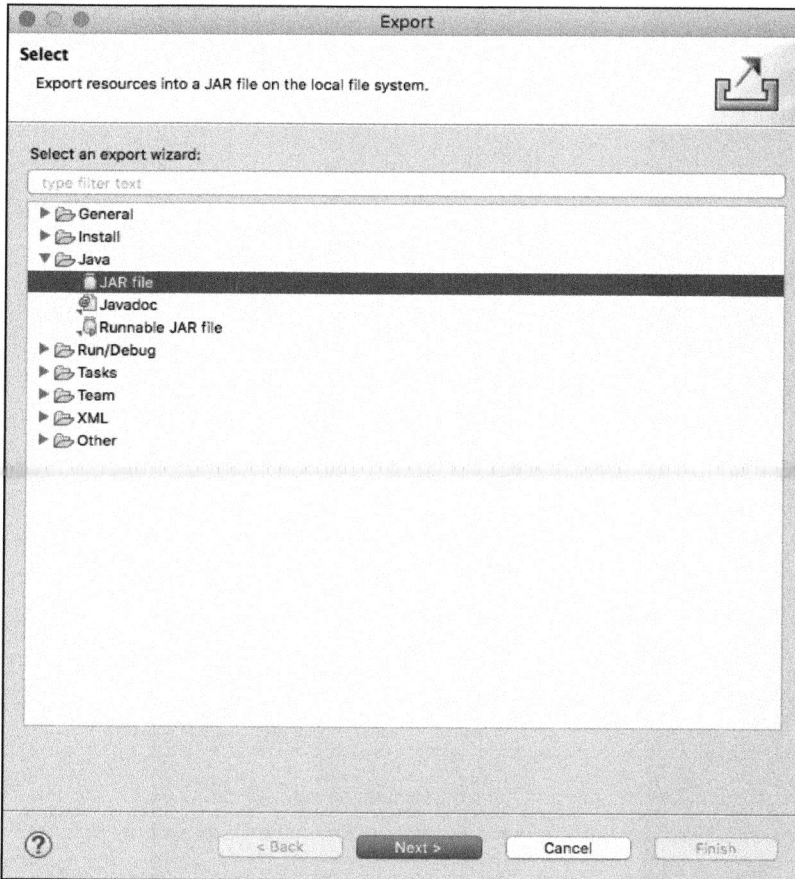

Abbildung 19.22 Mithilfe dieses Dialogs exportieren Sie das Programm »Kursstatistik«.

Klappen Sie in dem Dialog, der daraufhin erscheint, den Unterpunkt JAVA aus, wählen JAR FILE und klicken danach auf die Schaltfläche NEXT >. Auf der zweiten Seite des Dialogs werden sämtliche Projekte des Workspaces *Uebungen* angezeigt. Klicken Sie im linken Bereich des Dialogs unter SELECT THE RESOURCES TO EXPORT auf das Projekt *Entwicklungsprozesse* und klappen Sie den Teilbaum dieses Projekts auf. Wählen Sie aus den Projektressourcen nur den Ordner *src* aus. Dadurch erreichen Sie, dass Eclipse nur die Class-Dateien exportiert, die zu diesem Quellcode gehören (Abbildung 19.23).

Auf der rechten Seite des Dialogs sollte nichts ausgewählt sein. Unterhalb des Projektbaums können Sie mehrere Optionen auswählen. Hier sollte bereits EXPORT GENERATED CLASS FILES AND RESOURCES ausgewählt sein. Unter SELECT THE EXPORT DESTINATION wählen Sie das Verzeichnis und den Namen der JAR-Datei aus. Darunter können Sie noch festlegen, ob das Archiv komprimiert werden soll. Das ist auf jeden Fall empfehlenswert, um Speicherplatz zu sparen.

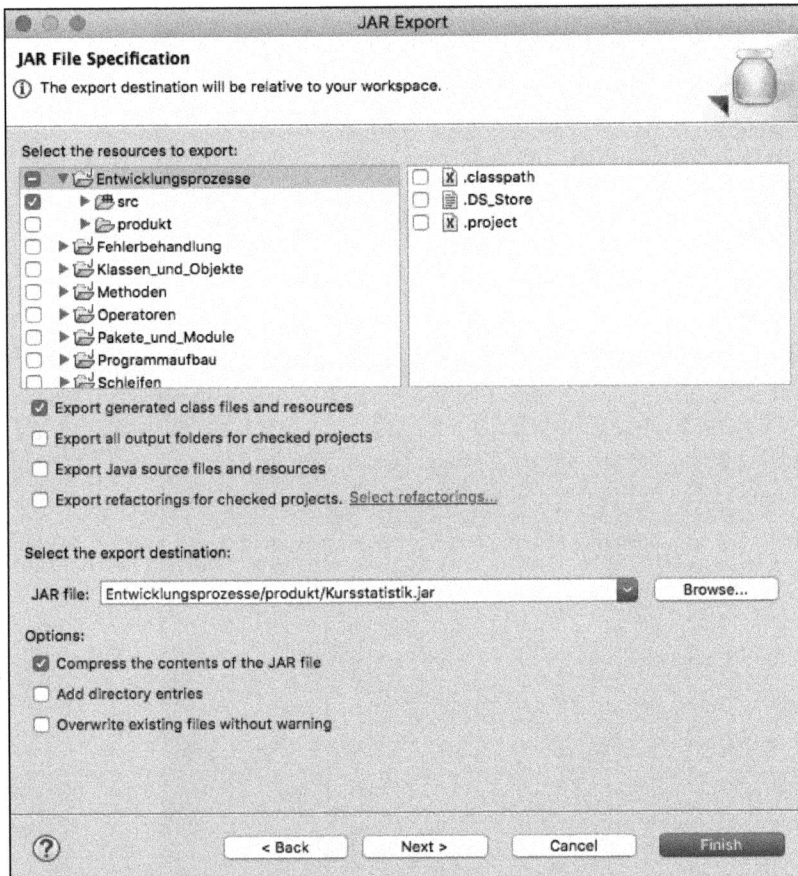

Abbildung 19.23 Auf dieser Seite legen Sie fest, was exportiert werden soll.

Klicken Sie danach auf NEXT >, um zur nächsten Seite zu gelangen. Auf dieser Seite legt man fest, wie man mit Compiler-Fehlern und -Warnungen bei der Zusammenstellung des Java-Archivs umgeht. Es ist eigentlich nicht üblich, Klasse auszuliefern, die Compiler-Fehler beinhalten, weswegen Sie die erste Option ausschalten können. Die zweite Option auszuschalten, ist risikoreich, denn bei vielen Projekten gibt es Warnungen. Wenn Sie diese Option ausschalten, kann es passieren, dass das Archiv unvollständig bleibt, sofern Warnungen im

Projekt bestehen. Klicken Sie nach der getroffenen Auswahl auf die Schaltfläche Next >, um zur nächsten Seite zu gelangen.

Auf der letzten Seite stellt Eclipse das sogenannte Manifest zusammen. Es legt fest, wie das Programm gestartet wird. Sie können die Vorauswahl so belassen. Im unteren Bereich können Sie das Archiv versiegeln. Der Hintergrund dieser Funktion ist, dass man bei der Auslieferung von professionellen Programmen in der Regel den Bytecode verschlüsselt. Damit ist es der Konkurrenz nur schwer möglich, den Quellcode des Programms zu dekompilieren. Für unser Programm ist die Funktion irrelevant. Wichtiger ist das letzte Feld ganz unten: Geben Sie hier *Kursstatistik* als Hauptklasse an und erzeugen Sie danach die JAR-Datei mit einem Klick auf Finish.

Wenn alles geklappt hat, finden Sie in dem Verzeichnis, das Sie auf der zweiten Seite des Dialogs ausgewählt haben, eine Datei namens *Kursstatistik.jar*. Die Datei ist eine ZIP-Datei, die Java-Klassen in Form von Bytecode enthält. Mithilfe eines solchen Java-Archivs lässt sich ein Java-Programm über die Windows-Eingabeaufforderung oder ein Unix-Terminal über folgenden Befehl starten:

```
java --enable-preview -jar Kursstatistik.jar
```

Hierzu ist notwendig, dass Sie, wie in Kapitel 4, »Entwicklungsumgebung«, beschrieben, Java korrekt installiert haben. Die Option *–enable-preview* ist bei älteren Java-Versionen notwendig, weil Eclipse das Programm mit den Preview-Funktionen von Java 13 übersetzt hat. Mit Java 14 sollte es nicht mehr notwendig sein, diese Option beim Ausführen des Programms zu setzen.

Wenn der Start des Programms erfolgreich war, sehen Sie im Terminal die Kursstatistik genauso, wie sie zuvor innerhalb der Entwicklungsumgebung zu sehen war (Abbildung 19.24). Wenn das der Fall ist, ist die Entwicklung sowie Verteilung des Programms beendet. Wir kommen damit zur letzten Phase im Lebenszyklus eines Programms – dem Betrieb.

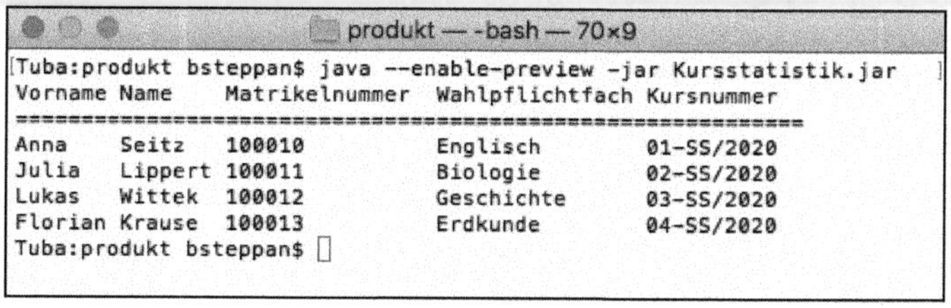

Abbildung 19.24 Die Ausgabe des Programms beim Start vom Terminal.

19.5.2 Pflege

Ist das Projekt beendet und das Programm *Kursstatistik* in seiner endgültigen Form in der Hochschule installiert, beginnt der Teil der Betriebsphase, den man Pflege nennt. Das bedeutet in der Praxis zumeist, dass kleine Fehler vom Kunden gerügt werden oder der Kunde einige Verbesserungen durchgeführt haben möchte. Im Fall von Softwarefehlern müsste unser Team das Programm *Kursstatistik* ändern, testen, verpacken und erneut ausliefern. Im Fall von Verbesserungswünschen müsste die Hochschule im Gegenzug überlegen, ob sie unserem Team einen Folgeauftrag erteilt.

■ 19.6   Zusammenfassung

Der Softwareentwicklungsprozess verläuft in den drei Hauptphasen Planung, Konstruktion und Betrieb. In der Planungsphase dominiert die Anforderungsaufnahme. Die Konstruktionsphase besteht aus Analyse und Design, Implementierung und Test der Software, während der Betrieb von der Verteilung und Pflege bestimmt wird.

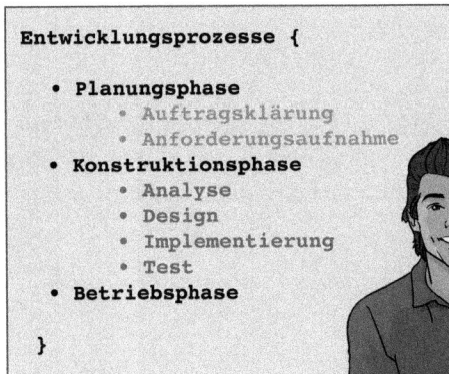

```
Entwicklungsprozesse {

    • Planungsphase
        • Auftragsklärung
        • Anforderungsaufnahme
    • Konstruktionsphase
        • Analyse
        • Design
        • Implementierung
        • Test
    • Betriebsphase

}
```

Die Entwicklung von Programmen verläuft nach den Phasen »Planung«, »Konstruktion« und »Betrieb«. Die Anforderungsaufnahme legt den Grundstein. In der Konstruktionsphase durchläuft die Software Analyse, Design, Implementierung und Test. Die letzte Phase gehört dem Betrieb der Software.

Abbildung 19.25 Die Entwicklung eines Programms durchläuft drei Phasen.

■ 19.7   Aufgaben

- ■ In welchen Phasen verläuft der Entwicklungsprozess?
- ■ Nennen Sie die Hauptaktivitäten der einzelnen Phasen.
- ■ Welche Aufgaben hat ein Compiler?
- ■ Welche Aufgaben hat ein Debugger?
- ■ Wozu dient die Verteilung eines Java-Programms mithilfe einer JAR-Datei?

Die Lösungen zu den Aufgaben finden Sie in Kapitel 25, »Lösungen«, ab Seite 604.

■ 19.8   Literatur

Bernhard Steppan: »Verpackungskünstler«; Codewrapper für Java-Anwendungen; *https://shop.heise.de/katalog/verpackungskunstler-2*

20 Laufzeitumgebung

■ 20.1 Einleitung

Die Java-Laufzeitumgebung ist der Kernbestandteil der Java-Plattform. Sie sorgt zusammen mit dem Bytecode für die hohe Portabilität von Java-Programmen. In diesem Kapitel stehen die virtuelle Maschine, der sogenannte Bytecode und der Java-Compiler im Mittelpunkt. Sie erfahren, wie die virtuelle Maschine aufgebaut ist, wie Bytecode entsteht und warum Java-Programme so leicht von einem Betriebssystem auf ein anderes übertragen werden können.

> Die Java-Laufzeitumgebung führt Ihre Java-Programme aus. Sie sorgt dafür, dass Java-Programme leicht von einem auf ein anderes Computersystem übertragen werden können.

Abbildung 20.1 Auch in Robert arbeitet eine Java-Laufzeitumgebung.

■ 20.2 Überblick

Ein Java-Programm, das Sie entwickelt haben, können Sie dem Endanwender unmöglich in der Form übergeben, wie es in der Entwicklungsumgebung vorliegt. Schließlich erwartet der Endanwender, dass er Ihr Programm ohne Eclipse ausführen kann. Er erwartet, dass sich Ihr Programm nicht anders verhält als andere Programme seines Betriebssystems.

Im letzten Kapitel haben Sie gesehen, wie Sie ein Java-Programm ausliefern. Dazu haben Sie das Java-Programm mithilfe von Eclipse als Java-Archiv verpackt. Dieses Java-Programm ließ sich danach einfach von einem Terminal des Betriebssystems mit dem Befehl *java -jar Kursstatistik.jar* aus starten. Das war noch nicht optimal, aber immerhin besser als ein Start mit einer Entwicklungsumgebung.

Wie hat das funktioniert? Um das Verfahren besser zu verstehen, kehren wir kurz zum Ausgangspunkt dieses Buchs in Kapitel 2, »Technologieüberblick«, zurück. Die Java-Installation auf Ihrem Computer nennt sich Java Development Kit (JDK). Wie der Name dieses Softwarepakets bereits sagt, besteht die Installation aus diversen Werkzeugen zur Softwareentwicklung. Mit dabei ist auch das Java Runtime Environment (Abbildung 20.2).

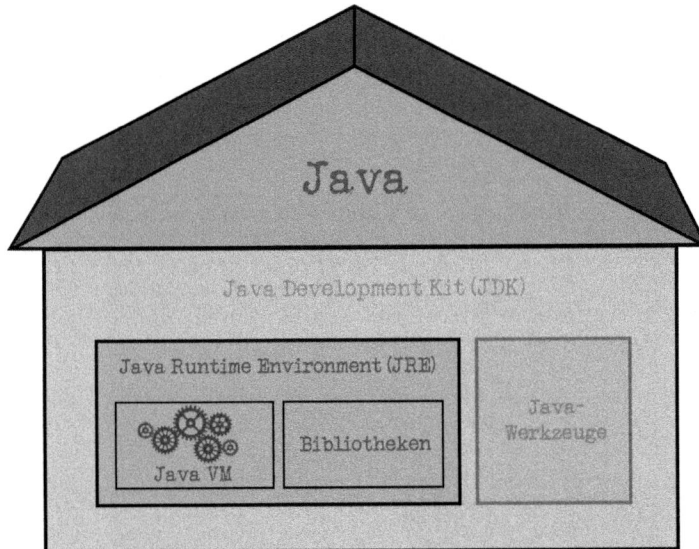

Abbildung 20.2 Die Java-Laufzeitumgebung besteht aus Bibliotheken und der Java-VM.

Den Werkzeugen des Java Development Kits haben wir bisher die kalte Schulter gezeigt. Der Grund dieses Desinteresses lag darin, dass Eclipse als universelles Werkzeug sämtliche JDK-Werkzeuge im Rahmen seiner integrierten Entwicklungsumgebung ersetzt. Compiler, Debugger, Editor – für alles hat Eclipse einen mehr als adäquaten Ersatz. Wozu also die Installation des Java Development Kits? Was Eclipse von dieser Java-Installation benötigt, ist das Java Runtime Environment (JRE). Ohne diese Java-Laufzeitumgebung könnte Eclipse nicht starten, da es ja selbst ein Java-Programm ist. Zudem könnte Eclipse auch Ihre Java-Programme nicht ausführen.

Diese Java-Laufzeitumgebung besteht im Wesentlichen aus der sogenannten Java Virtual Machine (JVM) und diversen Bibliotheken. Die Bibliotheken haben Sie bisher schon oft verwendet, denn sie enthalten unter anderem Klassen wie die Klasse *String* zur Darstellung von Zeichenketten oder die Klasse *System* zur Programmausgabe. Bleibt noch zu klären, was es mit der virtuellen Maschine und mit dem Bytecode auf sich hat.

■ 20.3 Bytecode

Um zu verstehen, warum die Java-Erfinder eine virtuelle Maschine entwickelt haben, ist es notwendig, sich etwas mit dem Bytecode zu beschäftigen. Starten Sie dazu Eclipse mit dem Workspace *Uebungen*. Kopieren Sie danach das Projekt *Entwicklungsprozesse* des vorigen Kapitels und nennen das neue Projekt nach diesem Kapitel *Laufzeitumgebung*. Schließen Sie danach wieder sämtliche Dateien im Editor von Eclipse.

Suchen Sie jetzt das neue Projektverzeichnis auf der Festplatte Ihres Computers. Sie können das Verzeichnis relativ einfach mithilfe von Eclipse finden. Führen Sie dazu einen Rechtsklick auf den Projektnamen im PACKAGE EXPLORER von Eclipse durch. Im Menü, das Eclipse daraufhin einblendet, wählen Sie den Befehl PROPERTIES aus. Auf diese Weise erscheint ein Dialog mit den Projekteigenschaften (Abbildung 20.3).

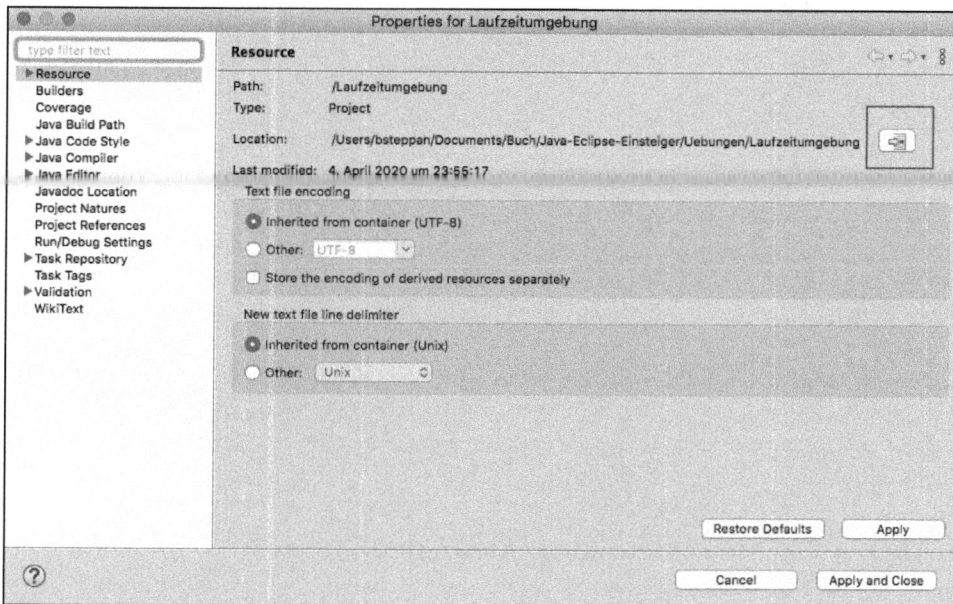

Abbildung 20.3 Die Projekteigenschaften zeigen auch den Speicherort auf der Festplatte.

In diesem Dialog ist das Element RESOURCE der Baumstruktur auf der linken Seite ausgewählt. Auf der rechten Seite ist unter dem Punkt LOCATION der Pfad gelistet, unter der Eclipse das Projekt gespeichert hat. Wenn Sie am Ende der Pfadangabe auf das Symbol klicken, öffnet Eclipse eine Ansicht der Betriebssystems, das die Struktur des Projektverzeichnisses zeigt. Er sollte, abgesehen vom Verzeichnis namens *produkt*, der folgenden Abbildung 20.4 gleichen.

Ganz oben befindet sich das Projektverzeichnis namens *Laufzeitumgebung*. Danach kommt das Verzeichnis *bin*, in dem sich das Paket *programmierkurs* befindet. Dieses Paket enthält den Bytecode der vier Klassen des Programms. Spiegelbildlich ist das Verzeichnis mit dem Quellcode namens *src* aufgebaut. Auch in diesem Verzeichnis befindet sich das gleiche Paket mit den vier Klassen im Quellcode.

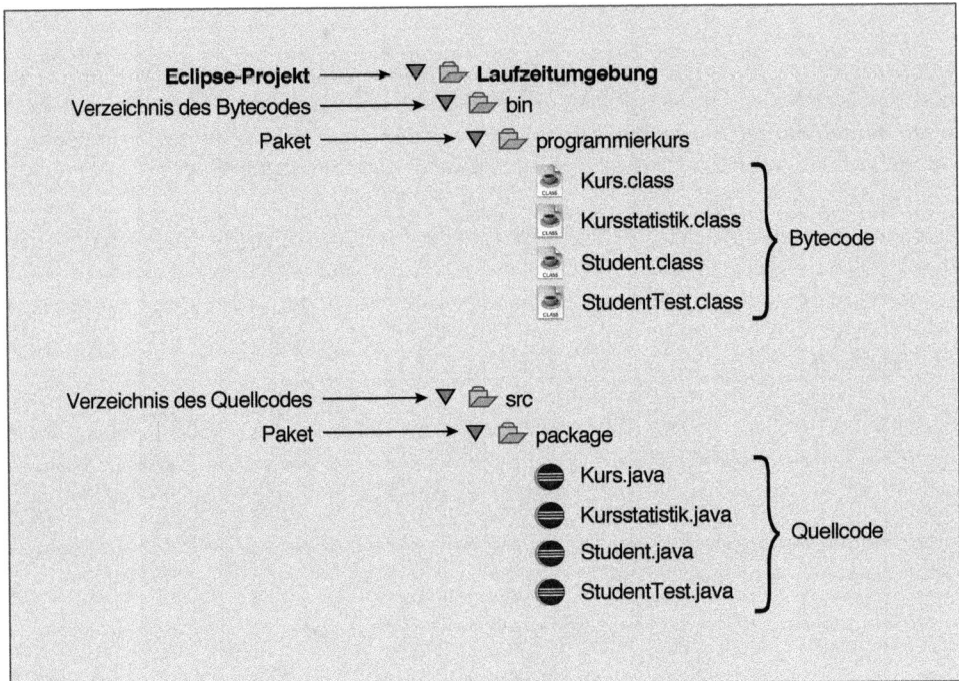

Abbildung 20.4 Quellcode und der Bytecode des Projekts

Klicken Sie nun in das Eclipse-Menü FILE und wählen Sie aus dem Menü den Befehl OPEN FILE aus. Navigieren Sie danach zum Verzeichnis *bin* des Projekts *Laufzeitumgebung* und öffnen die Datei *Kurs.class*. Eclipse zeigt danach den Binärcode dieser Klasse im Editor an (Listing 20.1).

Listing 20.1 Ausschnitt aus dem Bytecode der Klasse »Kurs«.

```
1  / Compiled from Kurs.java (version 13 : 57.65535, super bit)
2  public class programmierkurs.Kurs {
3
4    // Field descriptor #6 Ljava/lang/String;
5    java.lang.String id;
6
7    // Field descriptor #6 Ljava/lang/String;
8    java.lang.String name;
```

```
 9
10    // Method descriptor #9 (Ljava/lang/String;Ljava/lang/String;)V
11    // Stack: 2, Locals: 3
12    public Kurs(java.lang.String id, java.lang.String name);
13       0  aload_0 [this]
14       1  invokespecial java.lang.Object() [11]
15       4  aload_0 [this]
16       5  aload_1 [id]
17       6  putfield programmierkurs.Kurs.id : java.lang.String [14]
18       9  aload_0 [this]
19      10  aload_2 [name]
20      11  putfield programmierkurs.Kurs.name : java.lang.String [16]
21      14  return
22        Line numbers:
23          [pc: 0, line: 8]
24          [pc: 4, line: 9]
25          [pc: 9, line: 10]
26          [pc: 14, line: 11]
27        Local variable table:
28          [pc: 0, pc: 15] local: this index: 0 type: programmierkurs.Kurs
29          [pc: 0, pc: 15] local: id index: 1 type: java.lang.String
30          [pc: 0, pc: 15] local: name index: 2 type: java.lang.String
31
32  (...)
33
34    // Method descriptor #23 ()Ljava/lang/String;
35    // Stack: 1, Locals: 1
36    public java.lang.String getName();
37       0  aload_0 [this]
38       1  getfield programmierkurs.Kurs.name : java.lang.String [16]
39       4  areturn
40        Line numbers:
41          [pc: 0, line: 22]
42        Local variable table:
43          [pc: 0, pc: 5] local: this index: 0 type: programmierkurs.Kurs
44
45    // Method descriptor #25 (Ljava/lang/String;)V
46    // Stack: 2, Locals: 2
47    public void setName(java.lang.String name);
48       0  aload_0 [this]
49       1  aload_1 [name]
50       2  putfield programmierkurs.Kurs.name : java.lang.String [16]
51       5  return
52        Line numbers:
53          [pc: 0, line: 26]
54          [pc: 5, line: 27]
55        Local variable table:
56          [pc: 0, pc: 6] local: this index: 0 type: programmierkurs.Kurs
57          [pc: 0, pc: 6] local: name index: 1 type: java.lang.String
58  }
```

Der Bytecode besteht aus einer Folge von Bytes – daher sein Name. Jedes Byte entspricht einer Anweisung (Opcode) für die virtuelle Maschine. Die virtuelle Maschine verfügt im Gegensatz zu einer physischen Maschine nicht über Register. Stattdessen legt sie alle Variablen auf einem Stapel ab, den Operanden-Stack. Der Stapel dient beim Ausführen des Programms als Kurzzeitgedächtnis für Zahlenwerte, mit denen die virtuelle Maschine gerade jongliert.

Wie der Bytecode aufgebaut ist und wie ihn die virtuelle Maschine ausführt, wird deutlich, wenn man Quellcode und Bytecode gegenüberstellt (Abbildung 20.5). Im oberen Teil sehen Sie die Methode *setName()* als Quellcode der Klasse *Kurs*, im unteren Teil den vom Java-Compiler erzeugten Bytecode. Die Ziffern vor dem Bytecode sind die Adressen der Anweisungen.

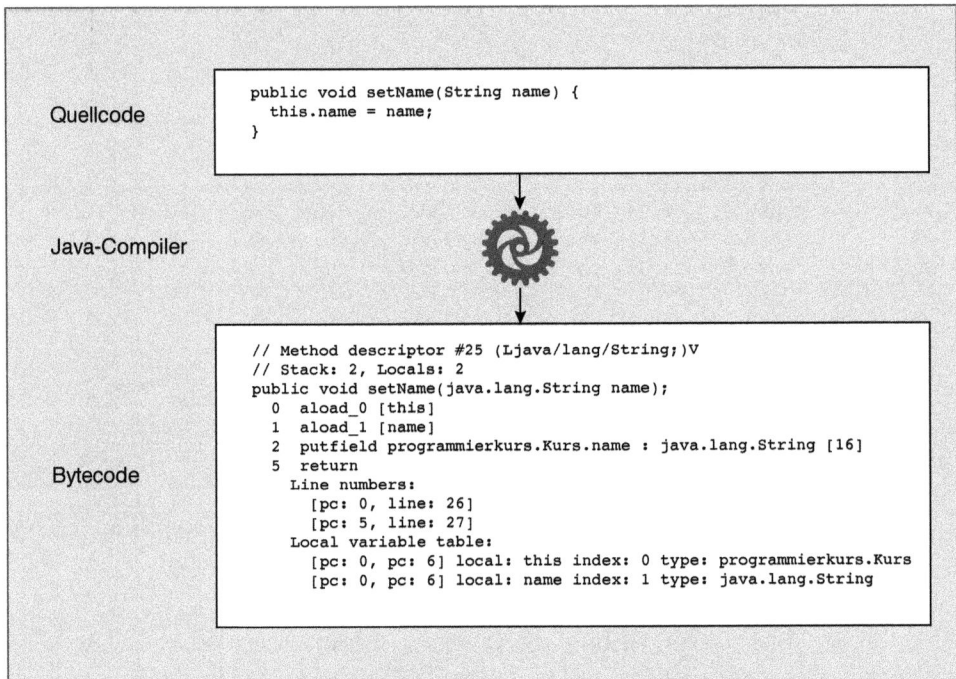

Quellcode

```
public void setName(String name) {
   this.name = name;
}
```

Java-Compiler

Bytecode

```
// Method descriptor #25 (Ljava/lang/String;)V
// Stack: 2, Locals: 2
public void setName(java.lang.String name);
  0  aload_0 [this]
  1  aload_1 [name]
  2  putfield programmierkurs.Kurs.name : java.lang.String [16]
  5  return
    Line numbers:
      [pc: 0, line: 26]
      [pc: 5, line: 27]
    Local variable table:
      [pc: 0, pc: 6] local: this index: 0 type: programmierkurs.Kurs
      [pc: 0, pc: 6] local: name index: 1 type: java.lang.String
```

Abbildung 20.5 Der Compiler übersetzt den Quellcode zu Bytecode.

Die erste Anweisung des Bytecodes *aload_0* bewirkt, dass die virtuelle Maschine den Wert für *this* auf den Operanden-Stapel legt. Die nachfolgende Anweisung hat zur Folge, dass der Wert der lokalen Variable *name* ebenfalls auf diesen Stapel gelegt wird. Am Ende folgt die Zuweisung des Werts der lokalen Variable *name* zu dem Attribut *this.name*.

Damit soll der Ausflug in den Welt des Bytecodes auch enden. Als Java-Programmierer müssen Sie sich glücklicherweise mit Bytecode nicht auseinandersetzen. Sie sollten aber verstehen, dass der Bytecode nicht anderes als ein Zwischenformat ist. Dieser Zwischencode ist irgendwo zwischen dem Java-Quellcode und dem Maschinencode eines realen Computers angesiedelt. Diesen Zwischencode führt die virtuelle Maschine aus.

■ 20.4 Java Virtual Machine

20.4.1 Künstlicher Computer

Das Herz der Plattform Java ist die sogenannte Java Virtual Machine (JVM) oder einfach nur virtuelle Maschine. Hinter diesem Begriff verbirgt sich ein Computerprogramm, das für alle möglichen Betriebssysteme und Computerhardware als Teil der Java-Installation existiert. Diese Software ahmt einen physischen Computer nach. Da es eine solche Maschine nur nachahmt, nennt man diese Software »virtuelle Maschine«. Diese virtuelle Maschine ist ein ziemlich komplexes Stück Software (Abbildung 20.6).

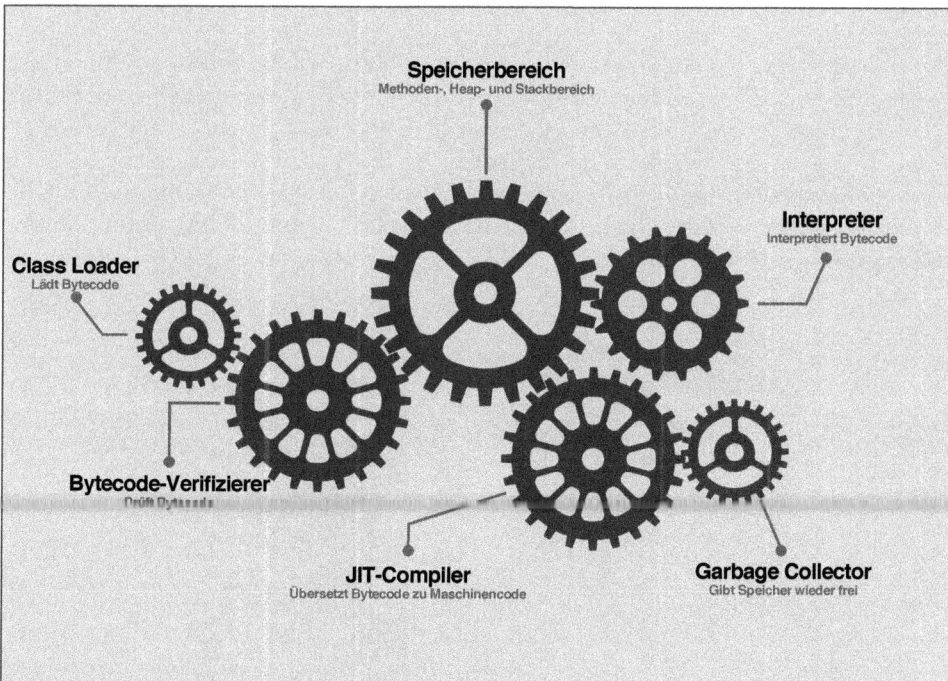

Abbildung 20.6 Der sehr vereinfachte dargestellte Aufbau einer modernen Hotspot-VM

Eine moderne Java VM besteht (vereinfacht dargestellt) aus dem Class Loader, dem Bytecode-Verifizierer, dem Speicherbereich, einem JIT-Compiler, dem Interpreter und dem Garbage Collector. Beim Programmstart lädt die virtuelle Maschine mithilfe des Class Loaders die Klassen eines Programms in ihren Speicherbereich, prüft danach den Bytecode mithilfe des Bytecode-Verifizierers und führt nach einer erfolgreichen Prüfung das Java-Programm aus. Dieses Ausführen kann auf verschiedene Arten geschehen: im reinen Interpreter-Modus, im reinen Modus mit einem JIT-Compiler oder über einen gemischten Modus, der beide Ansätze kombiniert.

20.4.2   Interpreter-Modus

Die langsamste Art, ein Java-Programm auszuführen, ist der reine Interpreter-Betrieb. In diesem Modus interpretiert die virtuelle Maschine jede Instruktion des Bytecodes und führt ihn selbst aus. Dadurch, dass sie jede Instruktion des Bytecodes selbst verarbeitet, findet keine Umwandlung des Bytecodes in nativen Maschinencode statt. In neueren virtuellen Java-Maschinen ist dieser Modus aufgrund der langsamen Verarbeitungsgeschwindigkeit deaktiviert. Sie können ihn durch die Anweisung *java -Xint* einschalten (Abschnitt 20.8, »JVM-Konfiguration«).

20.4.3   JIT-Compiler-Modus

Bis zu 40-mal schneller als im reinen Interpreter-Modus führt die virtuelle Maschine Java-Programme aus, wenn sie ihren Just-in-Time-Compiler (JIT-Compiler) einsetzt. Der JIT-Compiler übersetzt in diesem Modus den Bytecode schrittweise in echten Maschinencode. Dadurch ist ein Java-Programm in der Regel deutlich schneller im Vergleich zum Interpreter-Modus. Nur dort, wo Teile des Programms sehr selten durchlaufen werden, hat die JIT-Technik gegenüber dem Interpreter-Betrieb Nachteile bei der Ausführungsgeschwindigkeit eines Java-Programms.

Abbildung 20.7 Neue Java VMs beschleunigen die Ausführung von Java-Programmen.

Da die Geschwindigkeitsvorteile der JIT-Technologie gegenüber dem Interpreter-Betrieb überwiegen, war der reine JIT-Betrieb bis zum JDK 1.2 die Technik der Wahl, wenn man Java-Programme optimal beschleunigen wollte. Mittlerweile führt eine moderne Java VM Bytecode in einem Mischbetrieb aus.

20.4.4 Hotspot-Modus

Zwischen dem Erscheinen der Java-Version 1.2 und der Version 1.3 stellte der damalige Java-Eigentümer Sun Microsystems ein neues Verfahren zur Beschleunigung von Java-Programmen vor: die Hotspot-VM. Diese moderne Java VM verbindet die Vorteile der Interpretertechnik mit denen eines JIT-Compilers.

Die Hotspot-VM übersetzt nicht die gesamte Anwendung in Maschinencode, sondern nur die Teile, bei denen sich Optimierungen wirklich lohnen. Diese Stellen sind die »heißen Stellen« des Programms (daher der Name »Hotspot«). Die Hotspot-VM ist auch noch heute noch der Stand der Technik in Sachen Java VM.

20.4.5 Garbage Collector

Die virtuelle Maschine stellt Java-Programmen eine automatische Speicherverwaltung zur Verfügung. Jedes Objekt bekommt von der virtuellen Maschine automatisch den Speicher zur Verfügung gestellt, den es benötigt. Der Java-Entwickler muss sich nicht um die Speicherverwaltung seines Programms kümmern.

Abbildung 20.8 Robert beseitigt seinen Müll wie ein Garbage Collector.

Wenn Objekte nicht mehr benötigt werden, entsorgt sie der Garbage Collector (engl. Garbage Collection: Müllabfuhr). In regelmäßigen Abständen überprüft er, ob er Speicherplatz freigeben kann. Nicht mehr benötigte Objekte sind sozusagen der Müll, der vom Garbage Collector »entsorgt« wird.

■ 20.5 Bibliotheken

20.5.1 Native Bibliotheken

Die Java-Laufzeitumgebung besteht nicht nur aus der virtuellen Maschine, sondern auch aus diversen nativen Bibliotheken, die die virtuelle Maschine benötigt.

20.5.2 Klassenbibliotheken

Im Gepäck der Laufzeitumgebung befinden sich auch diverse Klassenbibliotheken. Sie haben deren Klassen bereits mehrfach verwendet. Kapitel 21, »Klassenbibliotheken«, stellt diese Bibliotheken ausführlich vor.

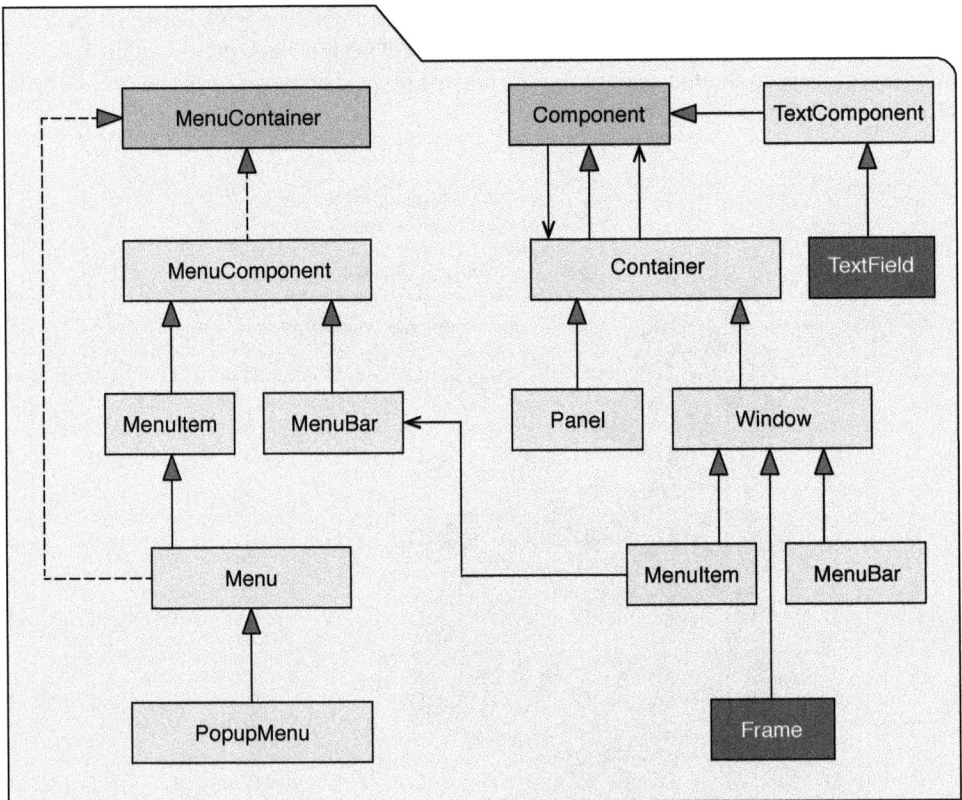

Abbildung 20.9 Die Java VM wird mit diversen Klassenbibliotheken ausgeliefert (hier: AWT).

20.5.3 Ressourcen und Property-Dateien

Zudem beinhaltet die Java VM Mauscursor, Zeichensätze und eine Reihe von Property-Dateien.

20.6 Portabilität eines Java-Programms

20.6.1 Binärkompatibler Bytecode

Java-Programme sind aufgrund ihres Bytecodes und der virtuellen Maschine portabel. Derselbe Bytecode lässt sich von einer virtuellen Maschine unter Windows, Linux und unter MacOS ohne Änderungen ausführen. Die Java VMs stellen für jedes Java-Programm einen einheitlichen virtuellen Computer bereit (Abbildung 20.10).

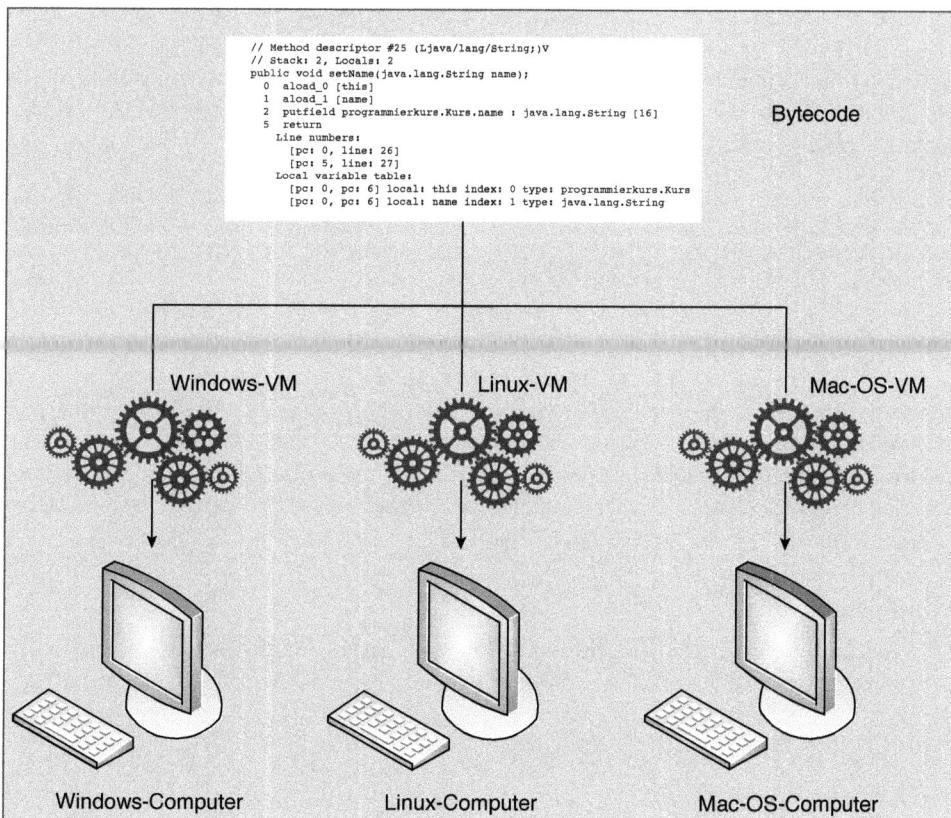

Abbildung 20.10 Ein Java-Programm lässt sich unverändert auf diversen Systemen ausführen.

20.6.2 Voraussetzungen beim Portieren

Korrekte Java-Version

Geben Sie eine minimale Java-Version an, die Ihr Programm voraussetzt. Ist auf dem Ziel-computer nicht diese Minimalversion vorhanden, sollte Ihr Programm die Ausführung abbrechen. Wie man beim Start diese Voraussetzungen prüft, erklärt der Abschnitt 20.7, »Programmstart«.

Korrekte Java-Klassenbibliotheken

Da Speicherplatz immer weniger eine Rolle spielt, liefern manche professionelle Programme eine Java VM mit aus. Dadurch, dass diese JRE weitergegeben werden darf, entstehen keine Zusatzkosten. Vorteil: Ihr Programm enthält in jedem Fall eine Java VM mit den passenden Java-Klassenbibliotheken.

Sämtliche Klassen

Neben einer kompatiblen virtuellen Maschine ist die wichtigste Voraussetzung einer gelun-genen Portierung, dass sämtliche Klassen komplett exportiert werden. Das sollte selbstver-ständlich sein, ist aber bei großen Programmen nicht trivial. Entwicklungsumgebungen wie die Eclipse helfen bei der Auswahl der benötigten Klassen und verpacken sie in JAR-Archive, so dass auch dieser kritische Vorgang entschärft wird.

■ 20.7 Programmstart

20.7.1 Startskript

Damit der Endanwender ein Java-Programm, das aus JAR-Archiven besteht, problemlos starten kann, sollten Sie Ihr Programm mit einem Startskript ausliefern. Dieses Startskript kann der Endanwender wieder mit einem Doppelklick ausführen. Diese Skripte unterschei-den sich in Aufbau und von der Dateiendung von Betriebssystem zu Betriebssystem. Daher ist es notwendig, dass Sie für jedes Betriebssystem ein spezielles Skript ausliefern.

Windows

Für Windows reicht zum Starten eines Java-Programms eine Batch-Datei aus. Sie muss die Endung *bat* oder *cmd* tragen. Ein Beispiel eines sehr einfachen Skripts zeigt Listing 20.2.

Listing 20.2 Ein einfaches Startskript für Windows

```
1  @echo off
2  clear
3  REM "Bitte Pfad anpassen:"
4  cd /Users/bsteppan/Uebungen/Laufzeitumgebung/produkt
5  java --enable-preview -jar Kursstatistik.jar
6  @echo on
```

Unix

Unter Linux oder MacOS startet man das Programm ebenfalls über ein Skript. Ein Beispiel für ein sehr einfaches Shell-Skript zeigt Listing 20.3.

Listing 20.3 Ein einfaches Startskript für Unix

```
1  #!/bin/sh
2  clear
3  # "Bitte Pfad anpassen:"
4  cd /Users/bsteppan/Uebungen/Laufzeitumgebung/produkt
5  java --enable-preview -jar Kursstatistik.jar
```

20.7.2 Nativer Wrapper

Es gibt Programme wie zum Beispiel »Launch4j« oder »JWrapper«, die eine JAR-Datei so verpacken können, dass das Archiv einem nativen Programm gleicht. Folgendes Beispiel zeigt für Windows, wie das Verfahren mit Launch4j funktioniert. Um den gewünschten Effekt zu erzielen, müssen Sie das Programm *Kursstatistik* etwas anpassen. Öffnen Sie dazu die Klasse *Kursstatistik* innerhalb des Projekts *Laufzeitumgebung* und fügen in Zeile 3 folgende Importanweisung für die Klasse *Scanner* ein:

```
import java.util.Scanner;
```

Ergänzen Sie danach die Klasse *Kursstatistik* ab Zeile 32, wie in Listing 20.4 zu sehen. Durch die Anweisung ab Zeile 32 wartet das Programm auf das Drücken der Return-Taste durch den Anwender. Würden diese Anweisungen fehlen, würde das Programm zwar starten, aber so schnell wieder enden, dass Sie die Programmausgabe nicht sehen würden.

Listing 20.4 Diese Anwendungen sorgen dafür, dass das Programm nicht automatisch endet.

```
32     Scanner input = new Scanner(System.in);
33     System.out.print("Schließen mit <Return> ...");
34     input.nextLine();
35     input.close();
```

Erzeugen Sie danach nochmals ein JAR-Archiv nach den Anweisungen des Kapitels Entwicklungsprozesse (Abschnitt 19.5.1, »Verteilung«, Seite 437) und speichern die JAR-Datei wieder unter dem Namen *Kursstatistik.jar* im Ordner *produkt* des Projekts. Überschreiben Sie hierbei die alte Version, die vom vorherigen Kapitel stammt.

Laden Sie danach »Launch4j« als Zip-Archiv von der Programm-Homepage *https://sourceforge.net/projects/launch4j* herunter. Wenn Sie das Archiv entpacken, finden Sie dort ein Programm namens *Launch4j.exe*, das sich ohne Installation starten lässt. Das Programm hat sehr viele Einstellmöglichkeiten, die auf dem Reiter des Hauptfenster nach Kategorien angeordnet sind.

Auf dem ersten Reiter namens BASIC legen Sie den Namen der ausführbaren Datei fest und wo Launch4j die Datei speichern soll. Darunter geben Sie das mit Eclipse erzeugte

JAR-Archiv und den Pfad dorthin an. Zudem können Sie ein Windows-Icon angeben, das die Datei erhalten soll. Es muss im ICO-Format vorliegen.

Unter COMMAND LINE ARGS geben Sie Parameter an, die beim Aufruf des Programms übermittelt werden sollen. In Abschnitt 20.8, »JVM-Konfiguration«, erfahren Sie mehr darüber. Wichtig kann die Option JAVA DOWNLOAD AND SUPPORT sein, wenn Sie Ihr Programm auf einem unbekannten Computer installieren möchten. Sie legen mit dieser Option fest, was passieren soll, wenn auf dem Zielcomputer keine Java-Installation vorhanden ist (Abbildung 20.11).

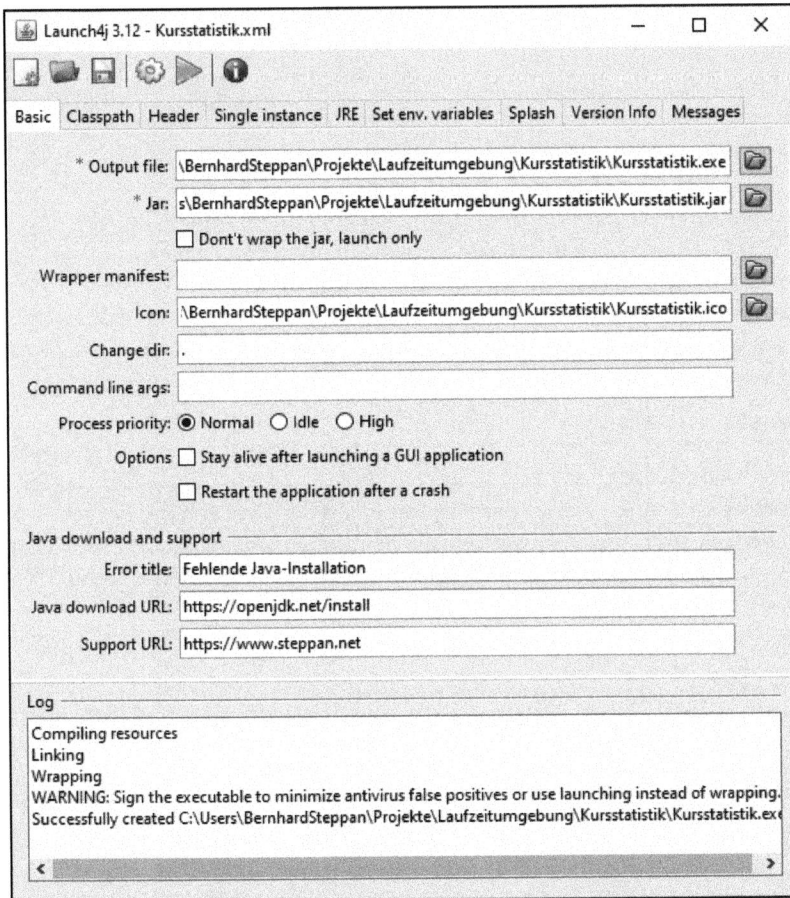

Abbildung 20.11 Die ersten Seite des Programms »Launch4j« mit den Grunddaten.

Die Reiter CLASSPATH, HEADER und SINGLE INSTANCE können Sie überspringen. Wichtig ist hingegen der Reiter JRE. Dort können Sie eine Java-Laufzeitumgebung spezifizieren, die Sie mit Ihrem Programm ausliefern. Darunter legen fest, welche minimale und maximale Java-Version Ihr Programm benötigt. Geben Sie hier Version 13 an. Die nächsten Optionen werden erst durch den nächsten Abschnitt 20.8, »JVM-Konfiguration«, klarer.

Speichern Sie danach die Konfiguration durch einen Klick auf das Diskettensymbol der Symbolleiste. Klicken Sie im Anschluss auf das Zahnrad neben dem Diskettensymbol, um das Programm *Kursstatistik.exe* zu erzeugen. Wenn alles geklappt hat, sollte sich im gewünschten Zielverzeichnis ein Windows-Programm namens *Kursstatistik.exe* befinden. Sie können es durch einen Doppelklick vom Windows-Explorer aus starten.

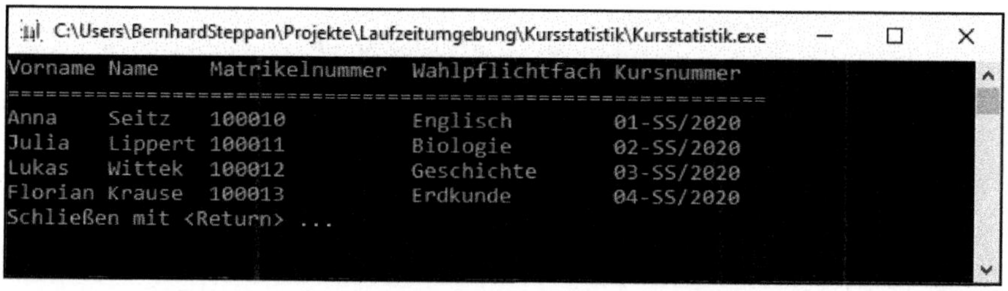

```
C:\Users\BernhardSteppan\Projekte\Laufzeitumgebung\Kursstatistik\Kursstatistik.exe    —    □    ×
Vorname Name      Matrikelnummer   Wahlpflichtfach Kursnummer
===============================================================
Anna    Seitz    100010           Englisch        01-SS/2020
Julia   Lippert  100011           Biologie        02-SS/2020
Lukas   Wittek   100012           Geschichte      03-SS/2020
Florian Krause   100013           Erdkunde        04-SS/2020
Schließen mit <Return> ...
```

Abbildung 20.12 Die Programmausgabe des Programms »Kursstatistik.exe« unter Windows.

Das Programm öffnet ein Windows-Terminal und gibt die Kursstatistik auf die gleiche Weise wie zuvor mit einem Startskript aus (Abbildung 20.12). Wenn Sie danach auf die Return-Taste klicken, schließt sich das Fenster wieder.

■ 20.8　JVM-Konfiguration

Die Java VM bietet viele Basisoptionen zum Programmstart an. Tabelle 20.1 zeigt eine Auswahl der wichtigsten Parameter. Die Option *-cp* bedeutet »Class Path« und wird eingesetzt, wenn Sie ein Programm aus Einzelklassen ohne JAR-Archiv starten möchten. Wichtig ist auch noch die Option *-version*. Wir haben sie in Kapitel 4, »Entwicklungsumgebung«, eingesetzt, um die Java-Version mittels *java -version* zu ermitteln.

Tabelle 20.1 Die wichtigsten Basisoptionen zum Start eines Java-Programms

Optionen	Bedeutung
-cp <Pfad>	Pfad zu Java-Klassen
-D<Name>=<Wert>	Systemeinstellungen festlegen
-jar [-Optionen]<Dateiname>	Programm aus Jar-Archiv starten
-verbose [:Klasse|gc|jni]	Ausführliche Informationen zu geladenen Klassen, zum Garbage Collector und zum Java Native Interface
-version	Version anzeigen und beenden
-showversion	Version anzeigen und nicht beenden
-?, -help	Gibt diese (und weitere) Optionen aus
-X	Zeigt Meldungen an, die nicht zum Standard gehören

Neben den Basisoptionen gibt es eine Reihe erweiterter Optionen. Tabelle 20.2 führt die wichtigsten auf. Besonders wichtig für größere Programme sind die Parameter *-Xms* und *-Xmx*, die die Größe des Hauptspeichers für Ihr Programm bestimmen. Mit dem ersten Wert legen Sie die anfängliche Heap-Größe fest, mit dem zweiten die maximale. Eclipse setzt den ersten Wert auf *-Xms256m* und den zweiten auf *-Xmx1024m*.

Tabelle 20.2 Die wichtigsten erweiterten Optionen zum Start eines Java-Programms

Optionen	Bedeutung
-Xint	Reiner Interpreter-Modus
-Xbootclasspath:/a >Pfad>	Suchpfad für die Initialisierung
-Xincgc	Schaltet die inkrementelle Garbage Collection ein
-Xmixed	Gemischter Modus (HotSpot = Standard)
-Xms <Größe>	Anfängliche Heap-Größe
-Xmx <Größe>	Maximale Heap-Größe
-Xnoclassgc	Schaltet den Klassen Garbage Collector aus

■ 20.9   Zusammenfassung

Java ist nicht nur eine objektorientierte Programmiersprache, sondern auch eine Plattform. Diese Plattform, die im Kern aus der virtuellen Maschine besteht, führt Programme aus, die aus Bytecode bestehen. Bytecode ist ein spezielles Binärformat eines Programms für einen künstlichen Computer, eine Software namens virtuelle Maschine.

Java-Bytecode kann unverändert von jeder Java-Laufzeitumgebung (JRE) ausgeführt werden. Ist eine passende Laufzeitumgebung für ein Betriebssystem vorhanden, lässt sich darauf auch ein Java-Programm ausführen.

```
Java-Laufzeitumgebung {

    • Java Virtual Machine
        ⊗ Class Loader
        ⊗ Bytecode-Verifizierer
        ⊗ Speicherbereich
        ⊗ JIT-Compiler
        ⊗ Interpreter
        ⊗ Garbage Collector
    • Klassenbibliotheken
}
```

Abbildung 20.13 Der Bytecode kann unverändert von jeder virtuellen Maschine ausgeführt werden.

Die Verfügbarkeit der virtuellen Maschine für verschiedene Computerhardware und Betriebssysteme verhilft den Java-Programmen zu ihrer hohen Portabilität. Um ein Java-Programm auf beliebigen Computern ausführen zu können, benötigt es nur ein spezielles Startskript, das der Entwickler mitliefern muss.

■ 20.10 Aufgaben

- Was unterscheidet Bytecode von nativem Maschinencode?
- Warum ist der Bytecode portabel?
- Aus welchen Teilen besteht die Java Runtime Environment (JRE)?
- Was ist eine virtuelle Maschine, und wie funktioniert sie?
- Auf welche Arten kann die virtuelle Maschine Java-Programme ausführen?
- Wie funktioniert die Speicherverwaltung von Java-Programmen?
- Was ist bei der Verteilung von Java-Programmen zu beachten?

Die Lösungen zu den Aufgaben finden Sie in Kapitel 25, »Lösungen«, ab Seite 605.

■ 20.11 Literatur

Wikipedia: Java bytecode instruction listings;
https://en.wikipedia.org/wiki/Java_bytecode_instruction_listings

Wikipedia: HotSpot; *https://de.wikipedia.org/wiki/HotSpot*

Bernhard Steppan: Verpackungskünstler; Codewrapper für Java-Anwendungen;
https://shop.heise.de/katalog/verpackungskunstler-2

21 Klassenbibliotheken

■ 21.1 Einleitung

Java-Klassenbibliotheken enthalten vorgefertigte Klassen für die verschiedensten Anwendungsbereiche. Sie erweitern den Leistungsumfang der Sprache Java und erhöhen die Produktivität eines Softwareentwicklers. Dieses Kapitel erklärt, wie Klassenbibliotheken aufgebaut sind, und stellt Ihnen die wichtigsten Klassen der Java Standard Edition an Beispielen vor.

Abbildung 21.1 Klassenbibliotheken weisen viele Ähnlichkeiten mit realen Bibliotheken auf.

■ 21.2 Überblick

Klassenbibliotheken sind Sammlungen erprobter Programmierlösungen. Sie bestehen aus thematisch zusammengehörenden Klassen, zum Beispiel zur Programmierung grafischer Oberflächen oder zum Zugriff auf Datenbanken. Klassenbibliotheken enthalten jedoch keine eigenständigen Programme, sondern nur Bausteine für Ihre Programme. Die Ähnlichkeit zu klassischen Bibliotheken ist augenfällig: Der Autor einer Klasse stellt seine Lösung wie ein Buch anderen Programmierern zur Verfügung. Die Programmierer »leihen« sich sozusagen die Klasse für ihre Zwecke aus. Nicht nur die Ausleihe erinnert an klassischen Bibliotheken, auch der thematische Rahmen. Daher kam es zur Bezeichnung »Klassenbibliothek«.

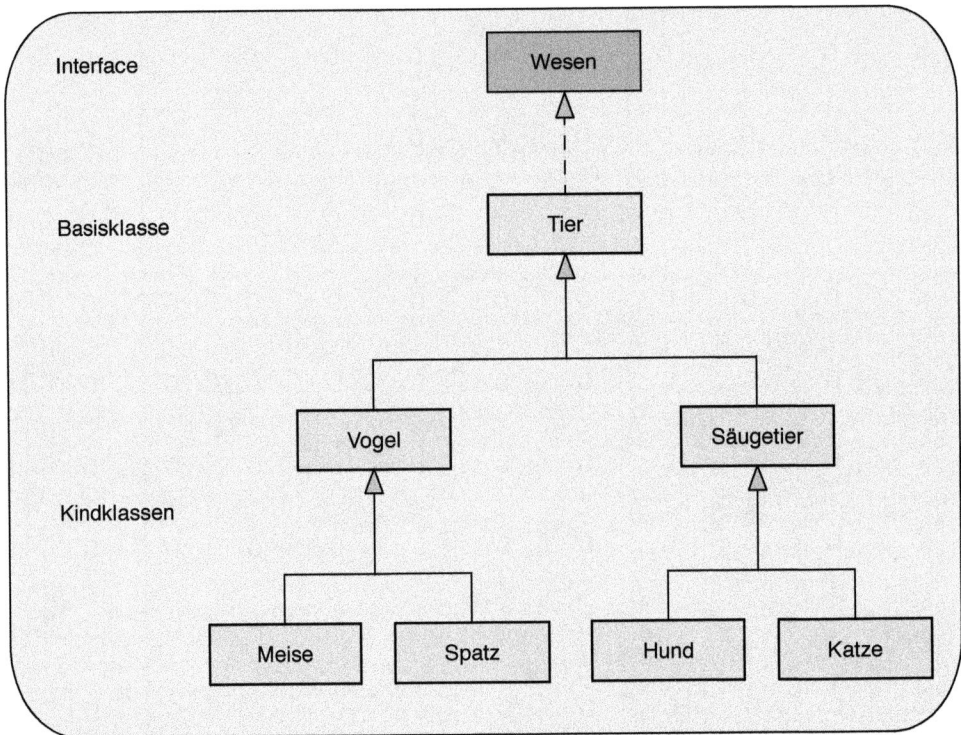

Abbildung 21.2 Klassenbibliotheken sind baumartig und thematisch organisiert

Die ersten Java-Klassenbibliotheken waren sehr stark über Vererbung organisiert. Moderne Klassenbibliotheken bestehen hingegen aus locker gekoppelten Klassen, die nur mehr thematisch miteinander in Beziehung stehen. Durch die Mischung von abstrakten Klassen, Interfaces und konkreten sowie generischen Klassen lassen sich Java-Klassenbibliotheken anspruchsvoll gestalten. Ein oder mehrere Interfaces sowie Basisklassen bilden die Grundlage für davon abgeleitete Klassen. Als Grafik erinnert eine Klassenbibliothek an einen auf dem Kopf stehenden Baum. Programmierer bezeichnen solche Grafiken daher als Klassenbaum (Abbildung 21.2).

21.2.1 Einsatzbereiche

Klassenbibliotheken gibt es für alle erdenklichen Anwendungsfälle. Beispielsweise existieren Bibliotheken für mathematische Berechnungen, für Bildverarbeitung und Mustererkennung.

21.2.2 Wiederverwendung

Sie verwenden diese Klassenbibliotheken als Baukasten und suchen sich die Bausteine heraus, die Sie für Ihr Programm sinnvoll sind. Sie können sich dank dieser Klassen auf das Wesentliche in Ihrem Programm konzentrieren und steigern so Ihre Produktivität. Klassenbibliotheken laden Sie einfach vom Anbieter herunter. Anschließend konfigurieren Sie Ihre Entwicklungsumgebung Eclipse so, dass Sie mit Ihren Programmen auf die gewünschten Klassen zugreifen können.

21.2.3 Dokumentation

Eine Dokumentation existiert für sämtliche Bibliotheken in Form von JavaDoc. JavaDoc ist direkt in einer integrierten Entwicklungsumgebung wie Eclipse über die Online-Hilfe verfügbar. Da JavaDoc oftmals etwas zu dürftig ist, existiert für viele Bibliotheken weitere Literatur. Zum Beispiel bietet Oracle über das Internet weitere technische Dokumentation an: *https://www.oracle.com/technetwork/java/javase/documentation/index.html*

21.2.4 Spracherweiterung

Java ist wie jede objektorientierte Sprache so aufgebaut, dass Klassenbibliotheken einen relativ kleinen Sprachkern (Teil II, »Sprache Java«) ergänzen. Jeder Java-Entwickler kann seine eigenen Klassen ebenfalls zu Bibliotheken zum eigenen Gebrauch oder für andere zusammenstellen. Dadurch, dass Java bereits seit über 20 Jahren existiert, sind im Laufe der Jahre Tausende von Java-Klassen entstanden.

21.2.5 Arten von Klassenbibliotheken

Viele Softwarehäuser und Beratungsunternehmen bieten kostenpflichtige Java-Klassenbibliotheken an. Weitaus populärer sind Open-Source-Bibliotheken, die viele Organisationen wie Apache und Eclipse zur Verfügung stellen. Die von Oracle bereitgestellten Java-Klassenbibliotheken sind mittlerweile ebenfalls quelloffen.

■ 21.3 Java Standard Edition

Java teilt sich in drei Editionen auf: Java Standard Edition (JSE), Java Enterprise Edition (JEE) und Java Micro Edition (JME). Der Schwerpunkt dieses Buchs liegt auf der Java Standard Edition. Die Bibliotheken dieser Edition bilden das Rückgrat jedes Java-Programms. Sie sind Teil der Java-Laufzeitumgebung. Die Klassenbibliotheken der Java Standard Edition sind seit Java 9 in Modulen organisiert. Viele Module, die Sie auf der Java-Homepage finden, sind als »deprecated« gekennzeichnet. Das bedeutet, dass man sie nicht mehr verwenden sollte, da sie der Java-Hersteller aus dem Java-Kern entfernen wird. Von Dauer sind die Module, die Sie in Abbildung 21.3 sehen und die in den nächsten Jahren relativ stabil bleiben werden.

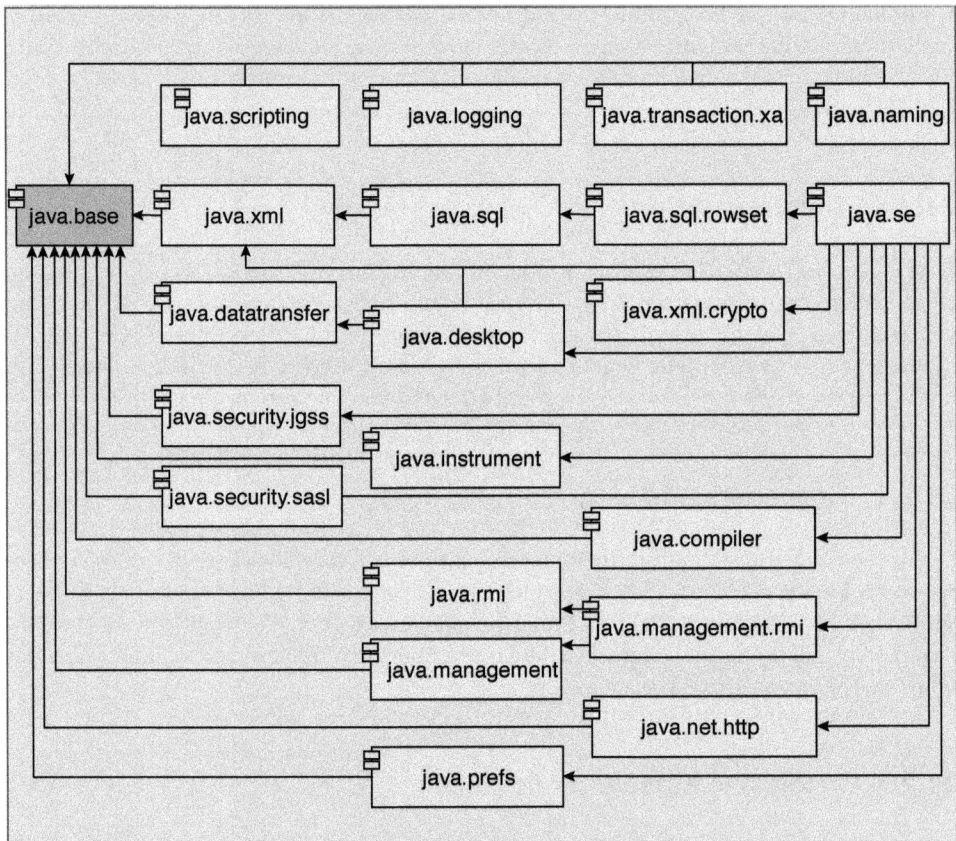

Abbildung 21.3 Die Module der Java-Standardbibliothek der Version 13

Wie Sie aus der Grafik erkennen können, laufen die »Fäden« beim Modul *java.base* zusammen. Wie der Name andeutet, bildet dieses Modul direkt oder indirekt die Basis aller weiteren Module. Alle anderen Module hängen direkt oder indirekt von *java.base* ab.

21.3.1 Basisklassen

Das wichtigste Paket des Moduls *java.base* ist *java.lang*. Hinter dem Paket *java.lang* des Moduls *java.base* verbirgt sich die Java-Sprachbibliothek. Ihre Klassen bilden die Basis für alle weiteren Java-Klassen. Sie nehmen eine Sonderstellung unter allen Java-Bibliotheken ein, denn sie werden automatisch geladen. Zudem sind sie so stark an den Sprachkern gebunden, dass für sie bestimmte Sprachregeln außer Kraft gesetzt sind. Was das bedeutet, sehen Sie gleich an den verschiedenen Klassen.

Klasse »Object«

Die wichtigste Klasse des Pakets *java.lang* ist die Klasse mit dem etwas seltsamen Namen *Object*. Sämtliche Java-Klassen, die Sie erzeugen, haben in der Vererbungshierarchie diese Klasse als Superklasse (Abbildung 21.4).

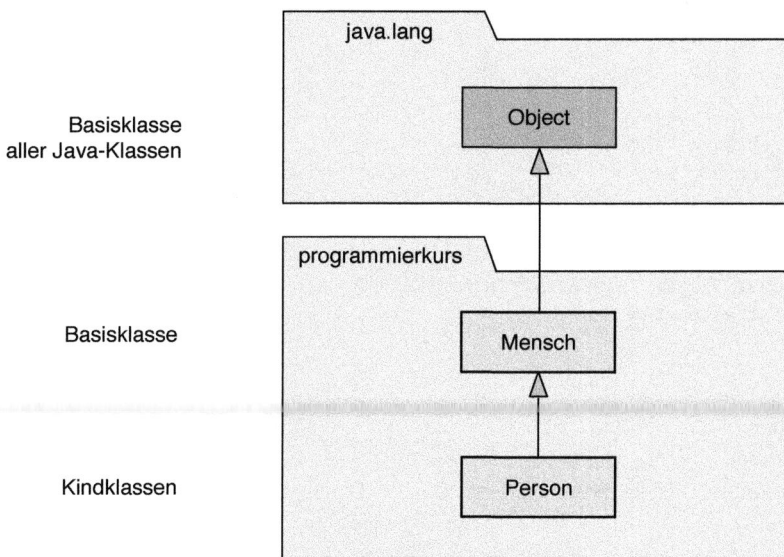

Abbildung 21.4 Die Klasse »Object« ist Basis aller Java-Klassen.

Sie denken jetzt sicher, dass Sie diese Klasse bisher niemals gesehen haben, weder in einem Klassendiagramm noch im Quellcode. Das können Sie auch nicht, denn die Klasse ist immer automatisch vorhanden. Sie wird sozusagen zwangsweise vererbt. Wozu das Ganze? Der Grund ist, dass über die Basisklasse *Object* einige für sämtliche Java-Klassen nützliche Methoden vererbt werden sollen.

Die Klasse *Object* verfügt zum Beispiel über die Methode *clone()* und die Methode *toString()*. Mit der Methode *clone()* klonen Sie das bestehende Objekt, und mit der Methode *toString()* geben Sie einen Wert für das Objekt in Form einer Zeichenkette aus. Um das am Beispiel der Methode *toString()* zu verdeutlichen, ein Beispiel dazu:

Es soll eine Hierarchie von drei Klassen entstehen. Die Klasse *Wesen* soll erneut als Basis der Klasse *Mensch* dienen. In Abbildung 21.4 finden Sie *Object* als Basisklasse. Ein Objekt dieser

Klasse wird automatisch im Hintergrund erzeugt, obwohl sie im Quellcode der Basisklasse nicht auftaucht (Listing 21.1). Die Klasse besteht nur aus einem Attribut *name*, und einem entsprechenden Konstruktor sowie jeweils einer Methode zum Ermitteln und einer zum Setzen des Namens.

Listing 21.1 Die Basisklasse »Mensch« erweitert ohne Anweisung die Basisklasse »Object«.

```
 1  package programmierkurs;
 2
 3  public abstract class Mensch /* extends Object */ {
 4
 5    // Name des Menschen:
 6    String name;
 7
 8    //Konstruktor mit Parameter name:
 9    public Mensch(String name) {
10      this.name = name;
11    }
12
13    // Abfragemethode:
14    public String getName() {
15      return name;
16    }
17
18    // Aenderungsmethode:
19    public void setName(String name) {
20      this.name = name;
21    }
22  }
```

Die von der Klasse *Mensch* abgeleitete Klasse *Person* besteht nur einem Konstruktor und einer Methode *toString()* (Listing 21.2). Die implementierte Methode *toString()* überschreibt die Basismethode der Superklasse *Object*.

Listing 21.2 Die abgeleitete Klasse »Person«

```
 1  package programmierkurs;
 2
 3  class Person extends Mensch {
 4
 5    //Konstruktor:
 6    public Person(String name) {
 7      super(name);
 8    }
 9
10    // Uberschreiben der Methode toString() von Object
11    public String toString() {
12      return " ist eine Person";
13    }
```

Sie können das Programm mithilfe der Klasse *ObjectDemo* starten (Listing 21.3).

Listing 21.3 Die Klasse »ObjektDemo«

```
1  package programmierkurs;
2
3  public class ObjectDemo {
4
5    public static void main(String[] arguments) {
6      Person julia = new Person("Julia");
7      System.out.print(julia.getName() + julia.toString());
8    }
9  }
```

Das Programm erzeugt die Ausgabe:

```
Julia ist eine Person
```

Da die Basisklasse *Person* die Methode *toString()* mit einer eigenen Implementierung überschreibt, liefert das Programm eine sinnvolle Ausgabe. Wenn Sie die Methode *toString()* in der Klasse *Person* löschen, erhalten Sie als Ausgabe die Objekt-ID. Sie zeigt, dass die Basisklasse *Object* zwangsvererbt wurde und Methoden wie *toString()* demzufolge Bestandteil jeder Java-Klasse sind. Wollen Sie das Verhalten dieser Methode ändern, müssen Sie sie überschreiben.

Klasse »String«

Um Zeichenketten in Programmen zu verwenden, sind die entsprechenden Char-Datentypen meistens nicht flexibel genug (Kapitel 8, »Einfache Datentypen«). Als Alternative steht im Package *java.lang* eine Klasse namens *String* zur Verfügung. Objekte des Typs *String* können ganz einfach deklariert und erzeugt werden (Abbildung 21.5).

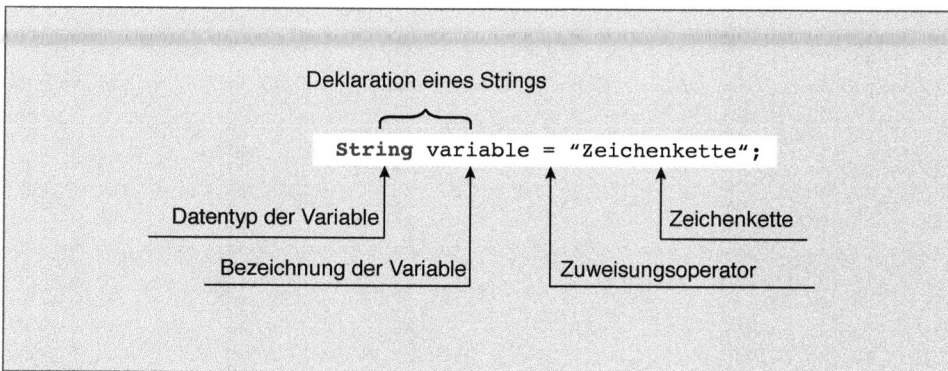

Abbildung 21.5 Deklaration, Erzeugen und Zuweisen einer Zeichenkette

Listing 21.4 zeigt den Unterschied zur normalen Erzeugung eines Objekts. Wie das Beispiel in den Zeilen 9 und 10 zeigt, lassen sich neue Objekte des Typs *String* wie andere Objekte konventionell mit dem new-Operator erzeugen. Hierzu deklariert man im ersten Schritt die Variable, im zweiten Schritt erzeugt man sie mit dem new-Operator und weist ihnen abschließend eine Zeichenkette zu. Das wäre aber sehr umständlich. Weit schneller geht es, wenn man Deklaration, Erzeugung und Zuweisung in einer Anweisung verbindet, wie das in Zeile 13 zu sehen ist.

Listing 21.4 Ein erstes Beispiel für die Verwendung von Strings

```
 1  //Beispielprogramme/Klassenbibliotheken
 2
 3  package programmierkurs;
 4
 5  public class StringDemo {
 6
 7    public static void main(String[] arguments) {
 8
 9      String professor = new String(); // Erzeugung
10      professor = "Professor_Roth"; // Zuweisung
11
12      // Deklaration + Erzeugung + Zuweisung:
13      String roboter = "Robert";
14
15      System.out.println("Professor:_" + professor);
16      System.out.println("Roboter:_" + roboter);
17    }
18  }
```

Da die Verarbeitung von Zeichen und größeren Texten enorm wichtig für jedes Programm ist, sind Zeichenketten auch extrem bedeutend für die Java-Programmierung. Die Klasse *String* ist deshalb sehr umfangreich und leistungsfähig. Einen Eindruck von der Leistungsvielfalt vermittelt Tabelle 21.1. Sie gibt einen Überblick über die Konstruktoren der Klasse *String*.

Tabelle 21.1 Konstruktoren der Klasse »String«

Konstruktor	Bedeutung
String()	Erzeugt eine leere Zeichenkette.
String(byte[] bytes)	Erzeugt eine Zeichenkette und konvertiert das Byte-Array.
String(byte[] ascii, int hibyte)	Diese Methode ist veraltet und sollte nicht verwendet werden.
String(byte[] bytes, int offset, int length)	Erzeugt eine Zeichenkette aus dem Byte-Array. *offset* gibt den Startpunkt innerhalb des Arrays an und *length* die Länge.
String(byte[] ascii, int hibyte, int offset, int count)	Diese Methode ist veraltet und sollte nicht verwendet werden.
String(byte[] bytes, int offset, int length, String enc)	Erzeugt eine Zeichenkette aus dem Byte-Array. *offset* gibt den Startpunkt innerhalb des Arrays an, *length* die Länge und *enc* die Kodierung.
String(byte[] bytes, String enc)	Erzeugt eine Zeichenkette aus dem Byte-Array. *enc* gibt die Kodierung an.
String(char[] value)	Erzeugt eine Zeichenkette aus dem Char-Array.
String(char[] value, int offset, int count)	Erzeugt eine Zeichenkette aus dem Char-Array. *offset* gibt den Startpunkt innerhalb des Arrays an und *count* die Anzahl der Zeichen.
String(String original)	Erzeugt eine Kopie der übergebenen Zeichenkette.
String(StringBuffer buffer)	Erzeugt eine Zeichenkette aus einem StringBuffer.

Wie Sie aus der Tabelle erkennen können, handelt es sich *nur* um Konstruktoren der Klasse *String*, also um Methoden, mit deren Hilfe Sie eine Zeichenkette erzeugen können. Einige von diesen Konstruktoren sind *deprecated*, also veraltet, und sollten nicht mehr verwendet werden. Sie stammen aus der Anfangszeit von Java und werden möglicherweise bald aus der Bibliothek entfernt.

Die restlichen Konstruktoren stehen Ihnen zur Verfügung, wenn Sie eine neue Zeichenkette erzeugen möchten. Darüber hinaus stehen Ihnen sehr viele Methoden der Klasse zur Verfügung, die ich hier aus Platzgründen nicht auflisten möchte – das ist aber auch nicht notwendig, da die Java-Dokumentation aller Klassenbibliotheken entweder in Ihrer Entwicklungsumgebung enthalten oder über das Internet verfügbar ist.

Alle grafischen Oberflächen verarbeiten praktisch ausschließlich Zeichenketten. Auch Zahleneingaben werden von einem Java-Programm zunächst als String entgegengenommen. Um innerhalb des Programms damit rechnen zu können, müssen sie natürlich wieder in Ganzzahlen oder Kommazahlen konvertiert werden. Als Brücke für die Konvertierung dienen spezielle Wrapper-Klassen: die einfachen Klassentypen.

Wrapper-Klassen

Kapitel 8, »Einfache Datentypen«, hat Ihnen acht einfache Datentypen vorgestellt. Variablen, die auf diesen Datentypen basieren, sind keine Objekte und besitzen daher auch keine Methoden. Manchmal wäre es jedoch erforderlich, diese Werte zu konvertieren oder zu verändern. Um diese einfachen Datentypen wie Objekte verwenden zu können, gibt es acht dazu passende Klassen, die sie verpacken – sie umhüllen einen einfachen Datentyp mit einer objektorientierten Schale.

Tabelle 21.2 Die einfachen Klassentypen umhüllen einfache Datentypen.

Konstruktor	Bedeutung
Byte	byte
Short	short
Integer	int
Long	long
Double	double
Float	float
Boolean	boolean
Character	char

Ein Anwendungsbeispiel für die Wrapper-Klassen ist, Zeichenketten in Zahlenwerte umzuwandeln und umgekehrt. Wie schon erwähnt, verarbeiten grafische Java-Oberflächen alle Zahlenwerte im String-Format. Um mit den Zahlenwerten kalkulieren zu können, ist es erforderlich, die Zeichenketten, die der Anwender eingegeben hat, wieder in ein Zahlenformat zu verwandeln (Abbildung 21.6).

Danach können mit den Zahlenwerten mathematische Kalkulationen durchgeführt werden, die aus einleuchtenden Gründen mit Zeichenketten nicht möglich sind (sin(), cos(), Addition etc.). Nach der Kalkulation tritt wieder die Situation auf, dass der Anwender das Endergebnis sehen möchte. Um die Zahlenwerte anzeigen zu können, müssen sie erneut in einen String konvertiert werden (Abbildung 21.7).

```
public int stringToInt(String text) {
    return Integer.valueOf(text);
}
```

Abbildung 21.6 Umwandlung einer Zeichenkette in eine Zahl

Die Umwandlung kann *nicht* so erfolgen, wie sie in Kapitel 22, »Gesetzmäßigkeiten«, in Abschnitt 22.6, » Typkonvertierung«, anhand von einfachen Datentypen gezeigt wurde. Diese einfachen Datentypen sind zwar vom Wertebereich verschieden, aber einander sehr ähnlich: Sie sind einfache Speicherzellen, verfügen nicht über Methoden und sind somit auch keine Klassen. Daher kann die Typkonvertierung eines einfachen Datentyps in einen komplexen Datentyp wie eine Klasse nur über Wrapper-Klassen erfolgen.

```
public String intToString(int nummer);
    return Integer.toString(nummer)
}
```

Abbildung 21.7 Umwandlung einer Zahl in eine Zeichenkette

Ein Programmbeispiel (Listing 21.5) zeigt, was passiert, wenn man versucht, mithilfe einer Zeichenkette zu kalkulieren. Das Programm weist zu Anfang einer Zahl, die als *String* erzeugt wurde, den Wert 200 zu und erhöht ihn anschließend.

Listing 21.5 Ein erstes Beispiel für die Umwandlung von Strings

```
1  //Beispielprogramme/Klassenbibliotheken
2
3  package programmierkurs;
4
5  class StringKonvertierungDemo {
6
7    public static void main(String[] arguments) {
8
9      String text; // Deklaration des Textes
10     int nummer; // Deklaration des Zahlenwertes
11
12     // Erster Versuch ohne Konvertierung:
13
```

```
14        // Wert 200 zuweisen:
15        text = "200";
16
17        // Pseudokalkulation: text++ nicht erlaubt:
18        text = text + 1;
19
20        // Das Ergebnis ist falsch:
21        System.out.println("Der Wert lautet: " + text);
22
23        // Zweite Variante mit Konvertierung:
24
25        // Wert 200 erneut zuweisen:
26        text = "200";
27
28        // Konvertierung von String -> int:
29        nummer = Integer.valueOf(text);
30
31        // Zahl erhoehen: entspricht number++:
32        nummer = nummer + 1;
33
34        // Das Ergebnis ist jetzt korrekt:
35        System.out.println("Der Wert lautet: " + nummer);
36    }
37 }
```

Das Programm erzeugt folgende Ausgabe:

```
Der Wert lautet: 2001
```

Bei der Variante konvertiert das Programm die als *String* gespeicherte Zahl in einen Text, erhöht ihn anschließend und gibt ihn danach aus. Es erscheint diesmal

```
Der Wert lautet: 201
```

Ohne die Hilfe der Wrapper-Klasse *Integer* wäre es nicht möglich gewesen, diese Konvertierung vorzunehmen und den korrekten Wert zu berechnen.

Klasse »StringBuffer«

Strings mit einem Pluszeichen miteinander zu verketten ist eine wunderbar einfache Art, Zeichenketten zu verbinden – aber sie steht im Ruf, sehr langsam zu sein. Zudem hat die Klasse *String* eine Reihe von Einschränkungen. Als Konsequenz daraus sollten Sie überall dort, wo Zeichenketten häufig verbunden und verändert werden müssen, die Klasse *StringBuffer* einsetzen (Listing 21.6).

Listing 21.6 Das Programm »StringBufferDemo«

```
1 //Beispielprogramme/Klassenbibliotheken/StringBufferDemo
2
3 package programmierkurs;
4
5 class StringBufferDemo {
```

```
 6
 7    public StringBuffer string() {
 8      StringBuffer str = new StringBuffer("String");
 9      for (int i = 0; i <= 10; i++)
10        str.append(str);
11      return str;
12    }
13
14    public static void main(String[] arguments) {
15      StringBufferDemo stretch = new StringBufferDemo();
16      StringBuffer str = new StringBuffer();
17      str = stretch.string();
18      System.out.println("Ergebnis: " + str);
19    }
20  }
```

Das Programm »*StringBufferDemo*« zeigt eine Anwendung der Klasse *StringBuffer*. Es verkettet in einer Schleife eine Zeichenkette und gibt sie anschließend auf die Konsole aus. Dieser Vorgang läuft sehr schnell ab. Das Ergebnis ist ein Zeichenfeld.

21.3.2   Klasse »System«

Neben der String-Klasse und den Wrapper-Klassen ist die Klasse *System* ein Dreh- und Angelpunkt jedes Java-Programms. Sie hat vielfältige Aufgaben, unter anderem:

- Zeicheneingabe und -ausgabe auf die Konsole
- Aufruf des Garbage Collectors
- Programmbeendigung
- Setzen von Grundeinstellungen des Systems
- Abfragen von Grundeinstellungen des Systems

Die Ausgabe von Zeichen haben Sie schon in vielen Beispielen des Buchs gesehen. Über den Einsatz des Garbage Collectors wurde in Kapitel 20, »Laufzeitumgebung«, berichtet (Abschnitt 20.4.5, »Garbage Collector«). Neu ist hingegen, dass das Programm durch eine Methode der Klasse *System* beendet wird. Dazu reicht der Aufruf *System.exit(status);*.

Über die Int-Variable *status* übergeben Sie den Zustand des Programms. Sie sollten null übergeben, wenn das Programm normal beendet wurde. Einen definierten anderen Wert können Sie ebenfalls ausgeben, um anzuzeigen, dass das Programm nach einem kritischen Zustand beendet wurde.

Eine weitere, häufig sehr nützliche Funktion der Klasse *System* ist das Ein- oder Auslesen von Systemeinstellungen. Wie das Auslesen der Systeminformationen (System Properties) prinzipiell funktioniert, zeigt Listing 21.7.

Listing 21.7 Auslesen einiger Systemeigenschaften

```
1    //Beispielprogramme/Klassenbibliotheken/SysteminfoDemo
2
3    package programmierkurs;
```

```
4
5   class SysteminfoDemo {
6
7     public static void main(String[] arguments) {
8
9       System.out.println(
10          "Java-Version: " + System.getProperty("java.version") + "\n" +
11          "Java-Home: " + System.getProperty("java.home") + "\n" +
12          "JVM-Version: " + System.getProperty("java.vm.version") + "\n" +
13          "JVM-Name: " + System.getProperty("java.vm.name") + "\n" +
14          "Betriebssystem: " + System.getProperty("os.name") + " " +
15            System.getProperty("os.version") + "\n" +
16          "Anwendername: "+ System.getProperty("user.name") + "\n" +
17          "Anwenderverzeichnis: "+ System.getProperty("user.home"));
18    }
19  }
```

Sie verwenden dazu die Zugriffsmethode *getProperty()*, der Sie eine bestimmte Zeichenkette als Parameter übergeben. Diese Zeichenketten sind in der Java-Dokumentation vordefiniert. Um zum Beispiel herauszufinden, wie das Betriebssystem heißt, unter dem das Java-Programm ausgeführt wird, verwenden Sie die Property *os.name*. Das Programm erzeugt in Abhängigkeit der installierten Java- und Betriebssystemversion unterschiedliche Ausgaben. Auf meinem Entwicklungsrechner sieht die Ausgabe folgendermaßen aus:

```
Java-Version: 13.0.1
Java-Home: /Library/Java/JavaVirtualMachines/jdk-13.0.1.jdk/Contents/Home
JVM-Version: 13.0.2+8
JVM-Name: Java HotSpot(TM) 64-Bit Server VM
Betriebssystem: Mac OS X 10.15.3
Anwendername: bsteppan
Anwenderverzeichnis: /Users/bsteppan
```

Mithilfe dieser Systemgrundeinstellungen erhalten Sie wichtige Informationen, die Ihr Programm nutzen kann. Zum Beispiel ist es in der Lage, auf Basis des Anwendernamens benutzerspezifische Daten im Verzeichnis des Anwenders abzulegen.

Eine weitere Anwendung der Klasse *System* sind Zeitmessungen. Um diese durchzuführen, verwenden Sie die Methode *currentTimeMillis*. Sie gibt einen Long-Typ zurück, den Sie elegant als Stoppuhr einsetzen können. In Listing 21.8 sehen Sie die Messung der Geschwindigkeit Ihres Computers. Es ist keine vollständige Messung, sondern vor allem die Messung der Geschwindigkeit des Prozessors und der Bildschirmausgabe.

Listing 21.8 Ein Beispiel für eine Zeitmessung

```
1   //Beispielprogramme/Klassenbibliotheken/ZeitDemo
2
3   package programmierkurs;
4
5   public class ZeitDemo {
6
7     public static void main(String[] args) {
8
```

```
 9       long startzeit = System.currentTimeMillis();
10
11       for (int durchlauf = 0; durchlauf <= 1000; durchlauf++) {
12         System.out.println("Durchlaufnummer: " + durchlauf);
13       }
14
15       long stoppzeit = System.currentTimeMillis();
16       long gesamtzeit = stoppzeit - startzeit;
17       System.out.println("Zeit aller Durchläufe: " + gesamtzeit + " ms");
18     }
19   }
```

Das Programm *ZeitDemo* ruft zu Beginn die Methode *currentTimeMillis* der Klasse *System* auf und speichert den Rückgabewert in einer Variablen namens *startzeit*. Danach führt das Programm eine Berechnung in einer längeren Schleife aus. Die dafür verwendete Zeit misst das Programm nach der Schleife und weist sie der Variablen *stoppzeit* zu. Anschließend bildet das Programm die Differenz beider Zeiten und gibt den errechneten Wert aus. Mein derzeit schnellster Computer gibt die Schleife wie folgt aus:

```
Durchlaufnummer: 1
(...)
Durchlaufnummer: 1000
Zeit aller Durchläufe: 12 ms
```

21.3.2.1 Runtime

Die Klasse *Runtime* hat unter anderem die Aufgabe, andere Programme aus Java-Programmen heraus zu starten. Das funktioniert, wie in Listing 21.9 gezeigt.

Listing 21.9 Das erweiterte Beispiel eines Programmstarts

```
 1  //Beispielprogramme/Klassenbibliotheken/RuntimeDemo
 2
 3  package programmierkurs;
 4
 5  import java.io.BufferedReader;
 6  import java.io.IOException;
 7  import java.io.InputStreamReader;
 8
 9  class RuntimeDemo {
10
11    public static void main(String[] arguments) {
12
13      Process process = null;
14      try {
15        //Unix
16        process = Runtime.getRuntime().exec("ls -l");
17        //Win9x
18        //process = Runtime.getRuntime().exec("command /c dir");
19        //WinNT
20        //process = Runtime.getRuntime().exec("cmd /c dir");
```

```
21          BufferedReader input = new BufferedReader(
22            new InputStreamReader(process.getInputStream()));
23          String output;
24          while ((output = input.readLine()) != null) {
25            System.out.println(output);
26          }
27        }
28        catch (IOException fehler) {
29          System.out.println(fehler);
30        }
31      }
32  }
```

Das Programm ist in der Lage, den Verzeichnisinhalt aufzulisten. Dazu bedient es sich einer Konsole. Für ein Unix-Terminal reicht es aus, das entsprechende Unix-Kommando aufzurufen. Bei der Windows-Familie ist die Behandlung etwas anders. Hier muss die DOS-Eingabeaufforderung entweder mit *cmd* oder mit *command* gestartet werden.

Im Gegensatz zur ersten Variante des Programms wertet dieses Beispiel diesmal das Rückgabeobjekt vom Typ *Process* aus, um die Ausgabe der Konsole entgegenzunehmen. Die Zeichen dieses Ausgabestroms gibt das Programm anschließend wieder auf der Konsole aus. Auf meinem Mac (Unix) erzeugt das Programm zum Beispiel folgende Informationen:

```
total 0
drwxr-xr-x  3 bsteppan  staff   96 Feb 16 15:55 bin
drwxr-xr-x  4 bsteppan  staff  128 Feb 17 19:19 src
```

21.3.3 Threads

In manchen Situationen ist es notwendig, dass ein Programm nicht nur eine Aufgabe erledigt, sondern mehrere parallel. In diesem Programm laufen dann mehrere Handlungsfäden ab, sogenannte *Threads* (engl. für Faden). Damit nicht jeder Java-Programmierer solche schwierigen nebenläufigen Programme von Grund auf selbst entwickeln muss, gibt es auch dafür Hilfe in der Java-Klassenbibliothek.

Die Hilfe kommt von einer Klasse namens *Thread* und einem Interface namens *Runnable*. Die Klasse *Thread* implementiert dieses Interface und bietet jedem Java-Programmierer wichtige Funktionen, mit denen er Miniprogramme innerhalb seines Programms starten, stoppen und synchronisieren kann. Dazu ein Beispiel, das aus drei Klassen besteht. Die Klasse *ThreadDemo* ist das Hauptprogramm mit der Startmethode *main* (Listing 21.10).

Listing 21.10 Das Hauptprogramm startet die »Nähmaschine«.

```
1  //Beispielprogramme/Klassenbibliotheken/ThreadDemo
2
3  package programmierkurs;
4
5  public class ThreadDemo {
6
7    public static void main(String[] arguments) {
```

```
 8      Thread up = new Thread(new RechtsThread());
 9      up.start();
10      Thread down = new Thread(new LinksThread());
11      down.start();
12    }
13  }
```

Die Klassen *LinksThread* und *RechtsThread* haben beide die Klasse *Thread* als Basisklasse. Die Klasse *LinksThread* gibt ein Kleinerzeichen aus. Das Zeichen zeigt nach links und gibt der Klasse ihren Namen (Listing 21.11).

Listing 21.11 Das ist der eine Faden ...

```
 1  //Beispielprogramme/Klassenbibliotheken/ThreadDemo
 2
 3  package programmierkurs;
 4
 5  public class LinksThread extends Thread {
 6
 7    public void run() {
 8      for (int i = 0; i < 100; i++) {
 9        System.out.print("<");
10      }
11    }
12  }
```

Die Klasse *RechtsThread* gibt ein Größer-Zeichen aus. Das Zeichen zeigt nach rechts, daher der Name der Klasse (Listing 21.12).

Listing 21.12 ... und das der andere.

```
 1  //Beispielprogramme/Klassenbibliotheken/ThreadDemo
 2
 3  package programmierkurs;
 4
 5  public class RechtsThread extends Thread {
 6
 7    public void run() {
 8      for (int i = 0; i < 100; i++) {
 9        System.out.print(">");
10      }
11    }
12  }
```

Würde das Programm die Methoden *run* der beiden Klassen streng wechselweise ausführen, müsste sich ein interessantes Strickmuster aus Kleiner- und Größer-Zeichen ergeben. In diesem Fall jedoch ist die Verarbeitung nebenläufig und erzielt einen Effekt, den Sie von modernen Betriebssystemen kennen:

Mehrere Programme können nebeneinander ausgeführt werden, obwohl nur eine CPU zur Verfügung steht. Bei Betriebssystemen nennt sich das Multitasking. Multitasking innerhalb eines Programms nennt sich Multithreading. Thread-Programmierung basiert auf einer

Bewusstseinstäuschung: Es ist eine scheinbare Parallelverarbeitung. Das Programm schaltet in mehr oder weniger regelmäßigen Abständen von einem Thread zum anderen, wie die Ausgabe des Programms zeigt.

```
>>>>>>>>><<<<<<<<<<<<<<<<<<<<<<<<<<<<<<<<<<<<<<<<<<<<<<<<<<<<<
<<<<<<<<<<<<<<<<<<<<<<<<<<<<<<<<<<<<<<<<<<>>>>>>>>>>>>>>>>>>>>>><<<<<<>>
>>>>>>>>>>>>>>>>>>>>>>>>>>>>>>>>>>>>>>>>>>>>>>>>>>>>>>>>>>>>>>>
```

Das Strickmuster zeigt eine ziemlich unregelmäßige Handschrift. Die Programmausgabe weist freundlich, aber entschieden darauf hin, dass es notwendig ist, sich mit dieser schwierigen Technik der nebenläufigen Programmierung intensiver auseinanderzusetzen. Dies erfolgt in Abschnitt 21.8, »Aufgaben«.

21.3.4 Streams

Für das Lesen und Schreiben von Dateien steht innerhalb der Java SE ein Paket namens *java.io* zur Verfügung, das sogenannte *Streams* enthält. *Streams* sind spezielle Klassen, die Dateiströme erzeugen, die Sie nutzen können, um Daten einzulesen oder auszugeben, wie die folgenden Beispiele zeigen.

Klasse »FileReader«

Das Einlesen von Dateien erfolgt in drei Schritten. Zunächst legen Sie ein Objekt des Typs *FileReader* an, das die Aufgabe übernimmt, eine Datei einzulesen. Der Aufruf des Konstruktors dieser Klasse ist nicht risikolos und muss deshalb von einem Try-Catch-Block umgeben werden – schließlich könnte die Datei nicht vorhanden oder zerstört sein.

Listing 21.13 Dieses Programm gibt den Inhalt einer Datei aus.

```java
1   //Beispielprogramme/Klassenbibliotheken/FileReaderDemo
2
3   package programmierkurs;
4
5   import java.io.BufferedReader;
6   import java.io.FileNotFoundException;
7   import java.io.FileReader;
8   import java.io.IOException;
9
10  public class FileReaderDemo {
11
12    public static void main(String[] arguments) {
13
14      BufferedReader rezept = null;
15      String text;
16
17      try {
18        rezept = new BufferedReader(new FileReader("Filet.txt"));
19      } catch (FileNotFoundException fehler) {
20        System.out.println("Fehler: " + fehler);
```

```
21        }
22        try {
23          while ((text = rezept.readLine()) != null) {
24            System.out.println(text);
25          }
26        } catch (IOException fehler) {
27          System.out.println("Fehler: " + fehler);
28        }
29      }
30  }
```

Das Ergebnis dieser Aktion ist ein Strom aus Zeichen, der wenig hilft, denn der Sinn des Programms ist es, Text *auszugeben*. Aus diesem Grund muss der Zeichenstrom einem Objekt des Typs *BufferedReader* übergeben werden. Dieses Objekt ist über eine While-Schleife in der Lage, die Zeichen wieder *auszugeben*, was wie folgt geschieht:

```
Filet mit Salat
Man nehme ein 3 cm dickes Filet, salze und pfeffere
es von einer Seite, brate es in der Pfanne 5 Minuten,
wende es anschließend, salze und pfeffere es erneut,
brate es wieder 5 Minuten und serviere es mit Salat.
```

Klasse »FileWriter«

Genauso problemlos und schnell, wie ein paar Zeilen Java-Code eine Datei eingelesen haben, funktioniert das Erzeugen einer neuen Datei. Dazu legen Sie ein Objekt des Typs *FileWriter* an, dessen Konstruktor Sie den Namen der Datei übergeben.

Listing 21.14 Dieses Programm schreibt den Inhalt eines Textes in eine Datei.

```
1   //Beispielprogramme/Klassenbibliotheken/FileWriterDemo
2
3   package programmierkurs;
4
5   import java.io.FileWriter;
6   import java.io.IOException;
7
8   public class FileWriterDemo {
9
10    public static void main(String[] arguments) {
11
12      FileWriter rezept = null;
13
14      // Versuche, die Datei zu schreiben:
15      try {
16        // Vergabe des Dateinames:
17        rezept = new FileWriter("Filet.txt");
18
19        // Der Text in Form eines Strings:
20        String text = "Filet_mit_Salat\n"
21            + "Man_nehme_ein_3_cm_dickes_Filet,_"
```

```
22              + "salze⎵und⎵pfeffere\n"
23              + "es⎵von⎵einer⎵Seite,⎵brate⎵es⎵"
24              + "in⎵der⎵Pfanne⎵5⎵Minuten,\n"
25              + "wende⎵es⎵anschlie\u00dfend,⎵"
26              + "salze⎵und⎵pfeffere⎵es⎵erneut,\n"
27              + "brate⎵es⎵wieder⎵5⎵Minuten⎵und⎵"
28              + "serviere⎵es⎵mit⎵Salat.";
29        rezept.write(text);// String -> Datei
30        rezept.close();// Datei schließen
31     } catch (IOException fehler) {// Fehler
32        System.out.println("Fehler:⎵" + fehler);
33     }
34   }
35 }
```

Das Objekt, das in diesem Programm *file* heißt, verfügt über mehrere Methoden. Mit *write* schreiben Sie Text in diese Datei, und mit *close* schließen Sie die Datei wieder, so dass sie auf dem Dateisystem erscheint – mehr ist nicht zu programmieren, außer der obligatorischen Ausnahmebehandlung für den Fall, dass es zu Schreibfehlern kommt.

21.3.5 Properties

Manchmal müssen Grundeinstellungen eines Programms gelesen und dauerhaft auf der Festplatte gespeichert werden. Unter Windows verwenden Programme Ini-Dateien oder speichern ihre Informationen in der Registrierdatenbank. Um unabhängig von der Plattform zu sein, haben sich die Java-Erfinder ein anderes Konzept überlegt: das Konzept der Property-Dateien.

Diese Property-Dateien sind trivial aufgebaut und bestehen aus einem Schlüssel und einem oder mehreren dazu passenden Werten (Abbildung 21.8). Schlüssel und Wert(e) können Sie entweder über ein Leerzeichen, über einen Doppelpunkt oder über ein Gleichheitszeichen trennen. Sie lesen die Werte aus, indem Sie eine Methode der Klasse *Properties* aufrufen und als Rückgabewert eine Zeichenkette mit dem Wert oder der Werteliste erhalten.

Das hört sich sehr nach den Stream-Beispielen an, und so verwundert es auch nicht, dass die Property-Klasse auf der Stream-Bibliothek aufbaut. Im Gegensatz zu den bereits gezeigten Zeichenströmen erlauben Properties es, strukturierte Dateien ein- und auszulesen. Wie das funktioniert, zeigt das folgende Beispiel (Listing 21.15).

Listing 21.15 Dieses Programm liest den Inhalt einer strukturierten Datei.

```
1  //Beispielprogramme/Klassenbibliotheken/PropertiesDemo
2
3  package programmierkurs;
4
5  import java.io.FileInputStream;
6  import java.io.IOException;
7  import java.util.Properties;
8
9  public class PropertiesDemo {
```

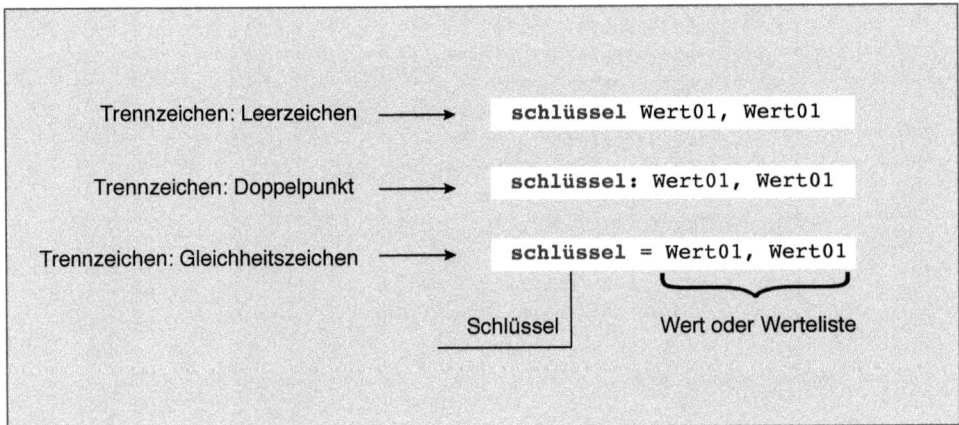

Abbildung 21.8 Aufbau einer Properties-Datei

```
10
11    public static void main(String[] arguments) {
12
13      Properties wochentage = new Properties();
14      String propertyName = null;
15
16      // Versuche, die Datei zu oeffnen
17      try {
18        if (arguments[0].equals("en"))
19          propertyName = "Week_en.properties";
20        else
21          propertyName = "Week_de.properties";
22        wochentage.load(new FileInputStream(propertyName));
23      } catch (IOException ex) {
24        System.out.println(ex);// Fehler
25      }
26
27      // Ausgabe der Datei:
28      System.out.println(wochentage.getProperty("Monday", "Montag"));
29    }
30  }
```

Das Programm legt ein neues Objekt namens *wochentage* des Typs *Properties* an und lädt anschließend den Inhalt der Datei *Week_en.properties* oder *Week_de.properties*. Welche der beiden Dateien das Programm einliest, hängt von einem Kommandozeilenparameter ab. Mittels der Zugriffsfunktion *getProperty* können Sie gezielt den Inhalt der Werteliste auslesen (Zeile 22).

Listing 21.16 Der Inhalt dieser Properties-Datei sind die deutschen Wochentage.

```
1   Monday = Montag
2   Tuesday = Dienstag
3   Wednesday = Mittwoch
```

```
4   Thursday = Donnerstag
5   Friday = Freitag
6   Saturday = Samstag
7   Sunday = Sonntag
```

21.3.6   Container-Klassen

Ein weiterer wichtiger Bereich der Hilfsklassen ist die Aufnahme von beliebigen Werten und Objekten. Während einfache Arrays (Kapitel 11, »Arrays«) »nur« halbdynamisch waren, erlauben es die mächtigen Container-Klassen *Vector* und *Hashtable*, beliebig viele Objekte dynamisch anzulegen.

Das Beispiel zeigt deutlich den Unterschied zwischen Arrays und Vektoren. Zu Beginn der Methode *main* legt das Programm ein String-Array mit den sechs Personen des Programmierkurses an. Diese Zeichenketten werden einem Vektor übergeben, der nicht »weiß«, wie viele Elemente er in seine Mitgliederliste aufnehmen soll.

Listing 21.17 Ein Vektor verwaltet Objekte völlig dynamisch.

```
1   //Beispielprogramme/Klassenbibliotheken/VectorDemo
2
3   package programmierkurs;
4
5   import java.util.Vector;
6
7   public class VectorDemo {
8
9     public static void main(String[] arguments) {
10
11       int index;
12       String programmierkurs[] =
13         new String[] {"Karsten", "Anna", "Julia",
14                       "Lukas", "Florian", "Robert"};
15
16       Vector<String> mitgliederliste = new Vector<String>();
17
18       System.out.println("Die Vornamen der Mitglieder des"
19           + " Programmierkurses:");
20       for (index = 0; index < programmierkurs.length - 1; index++) {
21         mitgliederliste.addElement(programmierkurs[index]);
22         System.out.print(mitgliederliste.get(index) + ", ");
23       }
24       mitgliederliste.addElement(programmierkurs[index]);
25       System.out.print(mitgliederliste.get(index));
26     }
27   }
```

Eine einfache For-Schleife legt neue Mitglieder mit der Methode *addElement* in die Mitgliederliste ab. Abschließend verwendet das Programm die Methode *get*, um die Strings der

Mitgliederliste wieder auszugeben. Die Methode *get* möchte dabei als Parameter den Index des Elements bekommen, den sie ausgeben soll. Das Programm erzeugt folgende Ausgabe:

```
Die Vornamen der Mitglieder des Programmierkurses:
Karsten, Anna, Julia, Lukas, Florian, Robert
```

21.3.7 Abstract Windowing Toolkit

Das Abstract Windowing Toolkit (AWT) und Swing sind Bestandteil von Java. Sie waren lange Zeit die Standardbibliotheken zur Programmierung von grafischen Oberflächen (GUI) von Java-Programmen. Erst später kamen andere GUI-Bibliotheken wie SWT und JFace sowie JavaFX hinzu. Das Abstract Windowing Toolkit diente in der Anfangszeit von Java vorwiegend dazu, grafische Oberflächen komplett zu gestalten (Abbildung 21.9). Dazu gehören keineswegs nur die Oberflächenkomponenten, sondern auch Zeichensätze, Farben und die Verarbeitung von Nachrichten.

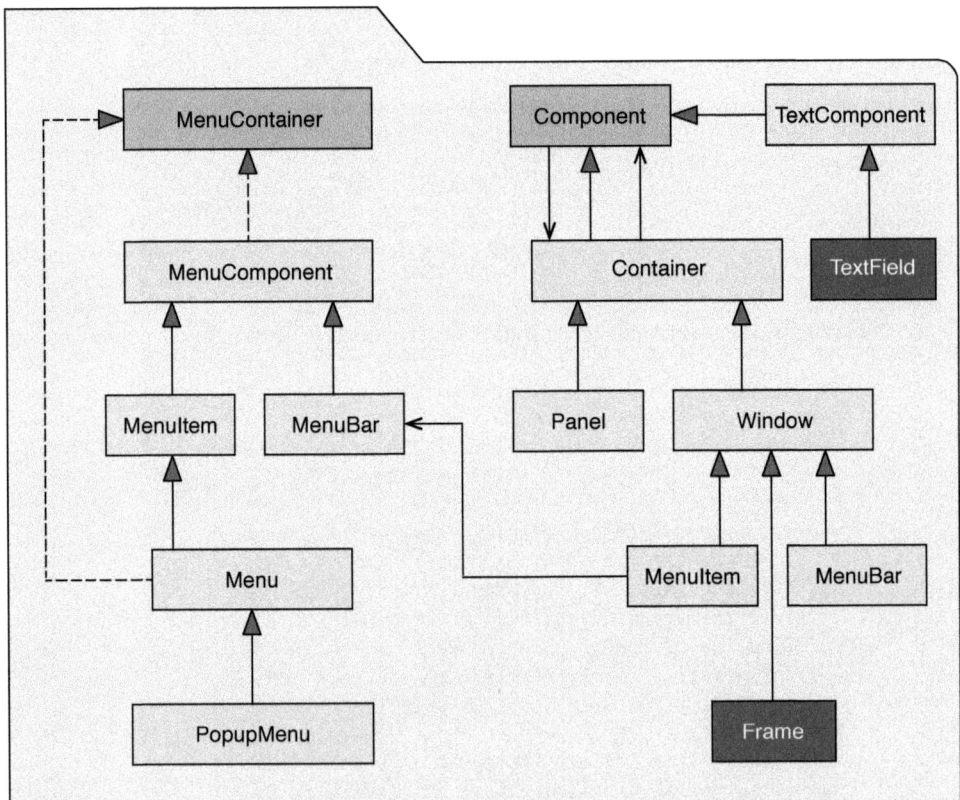

Abbildung 21.9 Die wichtigsten GUI-Klassen der AWT-Bibliothek

Mit AWT entwickelte Oberflächen sehen exakt so aus wie native Oberflächen, da das AWT die Funktionen des Betriebssystems zur Darstellung verwendet. Leider enthielt das AWT viele Fehler und Unzulänglichkeiten. Das führte dazu, dass die Programmierung von reinen AWT-Oberflächen heute keine Bedeutung mehr hat.

Heute gestaltet man Java-GUIs entweder aus einer Kombination aus AWT und der Bibliothek Swing oder mit JavaFX. Als weitere Alternative steht vom Eclipse-Konsortium die Bibliothek Standard Widget Toolkit mit JFace sowie die Eclipse Rich Client Platform zur Verfügung. Die Eclipse-Entwicklungsumgebung basiert auf dieser GUI-Plattform.

Trotz der Tatsache, dass die Oberflächenkomponenten des AWT heute praktisch keine Rolle mehr spielen, hat das AWT weiterhin eine große Bedeutung in der Java-Welt. Es wird gebraucht, um Zeichensätze oder Farben zu verwenden. Weitere wichtige Aufgaben sind Layout-Manager und die Ereignisbehandlung innerhalb von Java-Programmen.

Ereignisbehandlung

Die Programmierung grafischer Oberflächen verläuft ereignisgesteuert. Das bedeutet, dass jeder Mausklick, jeder Tastendruck, das Verschieben, Vergrößern und Verkleinern von Fenstern Ereignisse auslöst. Es gibt bei der Ereignissteuerung drei Beteiligte:

- Auslöser
- Nachricht
- Empfänger

Abbildung 21.10 zeigt den Ablauf in vier Stufen. In Schritt 1 vergrößert der Anwender das Fenster des Programms (*Auslöser*). Daraufhin sendet die Java-Laufzeitumgebung (JRE) eine Reihe von Signalen aus, zum Beispiel die Nachricht *ComponentResized*.

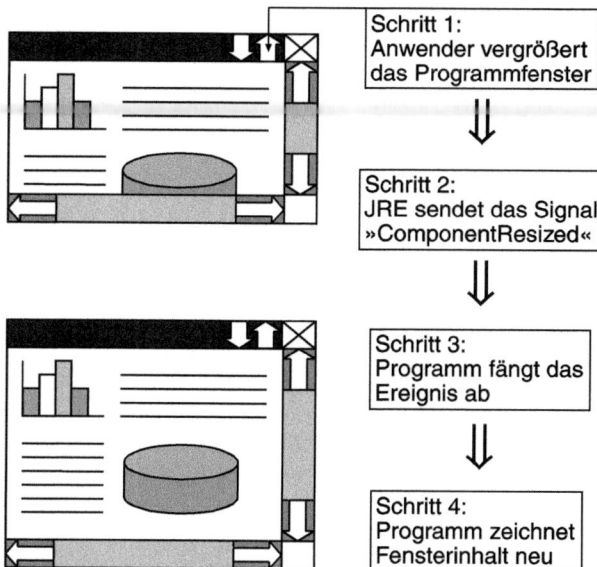

Abbildung 21.10 Ereignisbehandlung innerhalb eines Programms

Wenn das Programm (*Empfänger*) auf dieses Ereignis speziell reagieren möchte, fängt es diese Nachricht ab und zeichnet anschließend den Inhalt des Fensters neu. Das folgende Beispiel (Listing 21.18) zeigt die Funktionsweise nochmals an einem AWT-Fenster. Der

Konstruktor des Programmfensters erzeugt zunächst eine anonyme Klasse auf Basis der AWT-Klasse *ComponentAdapter*. Diese AWT-Klasse lässt zu, die Ereignisse von Komponenten, zu denen auch das Hauptfenster zählt, zu überwachen. Das funktioniert deshalb, weil die neue Fensterklasse *EventDemo* von *Frame* erbt, die wiederum von der AWT-Klasse *Component* abgeleitet ist.

Listing 21.18 Das Hauptprogramm legt ein neues AWT-Fenster an.

```
1   //Beispielprogramme/Klassenbibliotheken/EventDemo
2
3   package programmierkurs;
4
5   import java.awt.BorderLayout;
6   import java.awt.Frame;
7   import java.awt.TextField;
8   import java.awt.event.ComponentEvent;
9   import java.awt.event.WindowAdapter;
10  import java.awt.event.WindowEvent;
11
12  public class EventDemo extends Frame {
13
14    private static final long serialVersionUID = 1L;
15
16    public EventDemo() {
17      addWindowListener(new WindowAdapter() {
18        public void windowClosing(WindowEvent e) {
19          dispose();
20          System.exit(0);
21        }
22      });
23      setSize(500, 200);
24      setLayout(new BorderLayout());
25      TextField information = new TextField("");
26      add("Center", information);
27
28      addComponentListener(new java.awt.event.ComponentAdapter() {
29
30        public void componentMoved(ComponentEvent e) {
31          information.setText("Fenster verschoben");
32        }
33
34        public void componentResized(ComponentEvent e) {
35          information.setText("Fenstergröße verändert");
36        }
37      });
38    }
39
40    public static void main(String[] arguments) {
41      EventDemo eventDemo = new EventDemo();
42      eventDemo.setVisible(true);
43    }
44  }
```

Da das Programm seine eigene individuelle Reaktion auf die Ereignisse *componentMoved* und *componentResized* installieren möchte, ist es erforderlich, die gleichnamigen Methoden zu überschreiben. Das Programm ersetzt die Implementierung der Basisklasse durch seine eigene. Die »Implementierung« sieht allerdings nur so aus, dass das Programm zu Demonstrationszwecken ausgibt, dass es die Nachricht erkannt hat. Es verarbeitet die Nachricht nicht mehr weiter.

In größeren ereignisgesteuerten Programmen laufen viele dieser Aktionen über die grundlegende Methode *paint* ab, die überschrieben werden muss, wenn man den grafischen Inhalt des Fensters selbst neu zeichnen möchte. Falls das nicht der Fall ist und man Oberflächenkomponenten wie Textfelder, Listen oder Schaltflächen verwendet, sollte man aber auch auf die Größenänderung eines Fensters reagieren. Dies geschieht mithilfe von Layout-Managern.

Verwendung von Layout-Managern

Layout-Manager dienen dazu, auf Größenveränderungen eines Fensters nach einer bestimmten Strategie zu reagieren. Die Strategie bestimmt, welche Anordnung die Oberflächenkomponenten wie Textfelder, Schaltflächen etc. nach der Neuausrichtung bekommen. In primitiven GUI-Bibliotheken ordnet man einzelne GUI-Bausteine durch absolute Koordinaten an. Das hat zur Folge, dass sich Fenster nicht in der Größe anpassen lassen oder nicht wie erwartet reagieren. Abbildung 21.11 zeigt ein Beispiel dafür. Hier liegt, wie in allen Fenstersystemen, der Koordinatenursprung links oben. Wenn der Anwender das Fenster vergrößert, bleiben die Oberflächenkomponenten in der linken oberen Ecke (Koordinatenursprung) und verändern ihre Größe nicht.

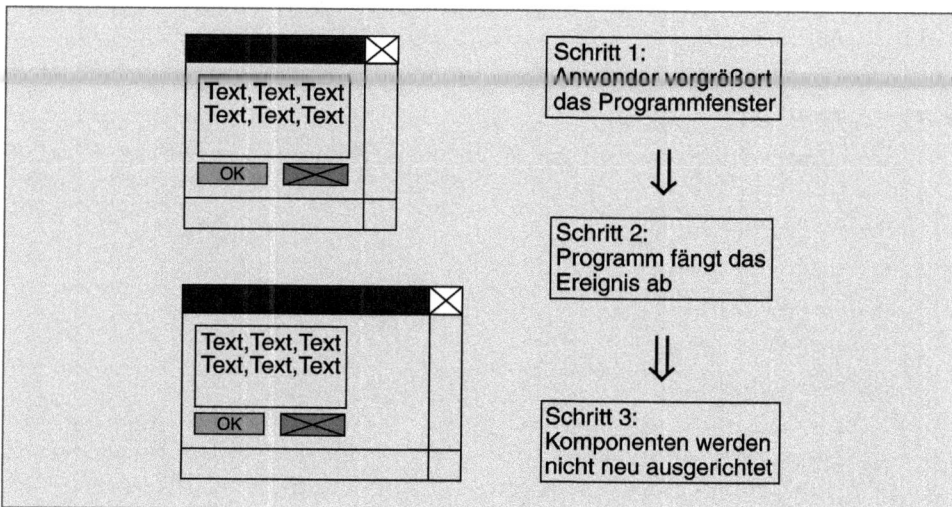

Abbildung 21.11 Ohne Layout-Management richten sich die Komponenten nicht neu aus.

In Java-Programmen liegt der Koordinatenursprung ebenfalls links oben, aber man verwendet fast ausschließlich relative Koordinaten sowie Maximal- und Minimalgrößen von Komponenten. Die Abbildung zeigt, was das bewirkt, wenn zusätzlich Layout-Manager die

Aufgabe übernehmen, automatisch alle Komponenten auszurichten. Die Größe des Textfeldes ist angepasst worden, und wir haben seine Lage entsprechend der neuen Fenstergröße ausgerichtet (Abbildung 21.12).

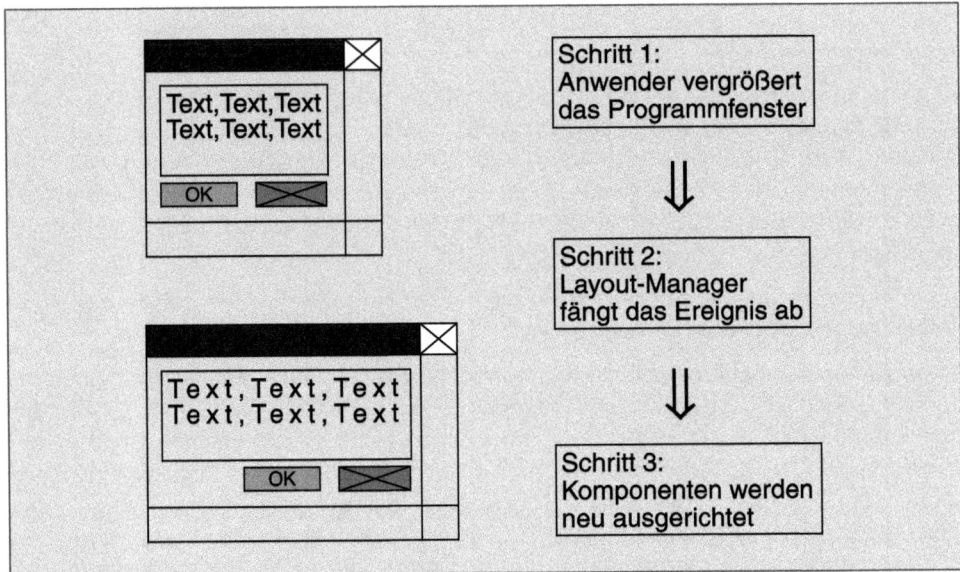

Abbildung 21.12 Mit Layout-Management richten sich die Komponenten neu aus.

Zwei Layout-Manager sind für das Verständnis vieler Java-Programme sehr wichtig: »Border Layout« und »GridBag Layout«.

Border Layout

Das Border Layout richtet die Oberflächenkomponenten am Rand des Fensters (engl. Border) aus. Es gibt fünf Bereiche, nach denen eine Komponente ausgerichtet werden kann:

- North: oberer Fensterrand
- South: unterer Fensterrand
- West: linker Fensterrand
- East: rechter Fensterrand
- Middle: Fenstermitte

Wie diese Parameter innerhalb eines Programms verwendet werden, demonstriert das Beispiel in Listing 21.19. Das Programm ist von der AWT-Basisklasse *Frame* abgeleitet (Abbildung 21.9). Das Fenster enthält fünf Textfelder. Diese fünf Textfelder sind Objekte des Typs *TextField*. Jedes Fenster des Typs *Frame* besitzt eine Methode *add(String name, Component comp)*. Die Methode stammt aus der Basisklasse *Container*. Sie erwartet als Parameter die gewünschte Ausrichtung der Komponente und das Objekt, das dargestellt werden soll.

Listing 21.19 Beispiel für ein Border-Layout

```
1  //Beispielprogramme/Klassenbibliotheken/BorderLayoutDemo
2
3  package programmierkurs;
4
5  // Importieren der AWT-Klassen:
6  import java.awt.BorderLayout;
7  import java.awt.Frame;
8  import java.awt.TextField;
9  import java.awt.event.WindowAdapter;
10 import java.awt.event.WindowEvent;
11
12 public class BorderLayoutDemo extends Frame {
13
14   private static final long serialVersionUID = 1L;
15
16   public BorderLayoutDemo() {
17
18     addWindowListener(new WindowAdapter() {
19       public void windowClosing(WindowEvent e) {
20         dispose();
21         System.exit(0);
22       }
23     });
24
25     setSize(500, 300);
26     setLayout(new BorderLayout());
27
28     try {
29       add("North", new TextField("Nord"));
30       add("South", new TextField("Süd"));
31       add("West", new TextField("West"));
32       add("East", new TextField("Ost"));
33       add("Center", new TextField("Mitte"));
34     } catch (IllegalArgumentException Fehler) {
35       System.out.println("Falscher Parameter: " + Fehler);
36     }
37   }
38
39   public static void main(String[] arguments) {
40     BorderLayoutDemo borderLayoutDemo = new BorderLayoutDemo();
41     borderLayoutDemo.setVisible(true);
42   }
43 }
```

Zwischen Zeile 29 und 33 des Listings sehen Sie, wie das Programm die fünf Textfelder mit ihrer Ausrichtung hinzufügt. Wichtig: Falls eines der Argumente zu Problemen führt, weil zum Beispiel ein Objekt nicht korrekt initialisiert ist oder eine Ausrichtung angegeben wird, die nicht existiert, verschickt das Programm eine *IllegalArgumentException*. Diese muss nicht unbedingt abgefangen werden. Falls ein solcher Fehler aber auftritt, führt das dazu, dass die Programmoberfläche nicht sichtbar ist.

In Abbildung 21.13 sehen Sie, wie das Beispielprogramm dargestellt wird. Der Layout-Manager richtet alle Komponenten gemäß ihrem Parameter (*North, South, West, East, Middle*) korrekt am Rand aus.

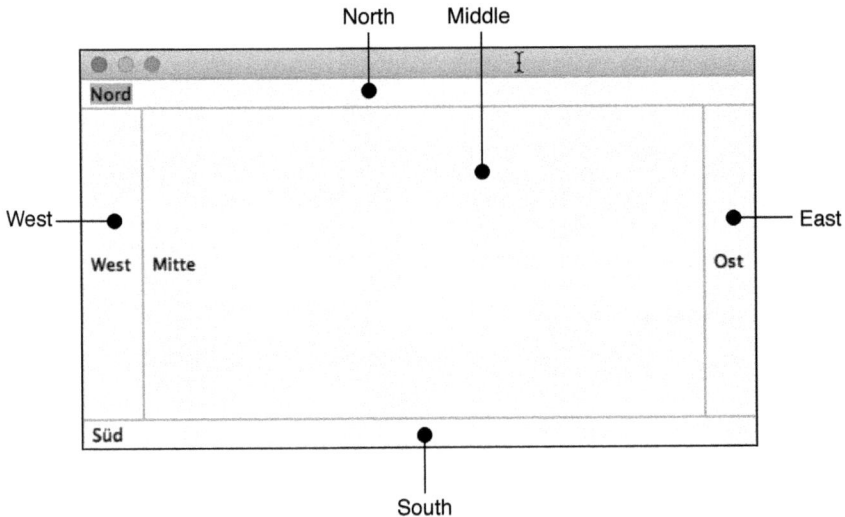

Abbildung 21.13 Das Border-Layout richtet Komponenten am Rand aus.

GridBag Layout

Das GridBag Layout gehört zu den flexibelsten Layouts. Weil es so flexibel ist, ist es schwer zu programmieren und bei Java-Entwicklern wegen seines (scheinbar) unberechenbaren Verhaltens gefürchtet. Im Gegensatz zum vorher vorgestellten Border Layout richten sich die Komponenten, die über ein GridBag Layout positioniert werden, nicht am Rand, sondern an einem imaginären Gitternetz (daher der Name des Layouts) aus. In Listing 21.20 ist ein Beispiel für ein Programm mit fünf Textfeldern zu sehen, das ein GridBag Layout verwendet.

Listing 21.20 Beispiel für ein GridBag Layout

```
1  //Beispielprogramme/Klassenbibliotheken/GridBagLayoutDemo
2
3  package programmierkurs;
4
5  // Importieren der AWT-Klassen:
6  import java.awt.Frame;
7  import java.awt.GridBagConstraints;
8  import java.awt.GridBagLayout;
9  import java.awt.Insets;
10 import java.awt.TextField;
11 import java.awt.event.WindowAdapter;
12 import java.awt.event.WindowEvent;
13
14 public class GridBagLayoutDemo extends Frame {
15     private static final long serialVersionUID = 1L;
```

```
16    GridBagLayout gridBagLayout = new GridBagLayout();
17    TextField textField00 = new TextField();
18    TextField textField10 = new TextField();
19    TextField textField20 = new TextField();
20    TextField textField01 = new TextField();
21    TextField textField02 = new TextField();
22
23    public GridBagLayoutDemo() {
24      this.addWindowListener(new WindowAdapter() {
25        public void windowClosing(WindowEvent e) {
26          dispose();
27          System.exit(0);
28        }
29      });
30      try {
31        initialize();
32      } catch (Exception e) {
33        e.printStackTrace();
34      }
35    }
36
37    private void initialize() throws Exception {
38      setSize(500, 200);
39      setLayout(gridBagLayout);
40      setBackground(java.awt.Color.lightGray);
41      textField00.setText("Zelle (0|0), Höhe 1");
42      textField10.setText("Zelle (1|0), Höhe 1");
43      textField20.setText("Zelle (2|0), Höhe 2");
44      textField01.setText("Zelle (0|1), Höhe 1");
45      textField02.setText("Zelle (0|2), Höhe 1");
46      add(textField00, new GridBagConstraints(0, 0, 1, 1, 0.0, 0.0,
47        GridBagConstraints.CENTER, GridBagConstraints.NONE,
48          new Insets(0, 0, 0, 0), 0, 0));
49      add(textField10, new GridBagConstraints(1, 0, 1, 1, 0.0, 0.0,
50        GridBagConstraints.CENTER, GridBagConstraints.NONE,
51          new Insets(0, 0, 0, 0), 0, 0));
52      add(textField20, new GridBagConstraints(2, 0, 1, 2, 0.0, 0.0,
53        GridBagConstraints.CENTER, GridBagConstraints.VERTICAL,
54          new Insets(0, 0, 0, 0), 0, 0));
55      add(textField01, new GridBagConstraints(0, 1, 1, 1, 0.0, 0.0,
56        GridBagConstraints.CENTER, GridBagConstraints.NONE,
57          new Insets(0, 0, 0, 0), 0, 0));
58      add(textField02, new GridBagConstraints(1, 1, 1, 1, 0.0, 0.0,
59        GridBagConstraints.CENTER, GridBagConstraints.NONE,
60          new Insets(0, 0, 0, 0), 0, 0));
61    }
62
63    public static void main(String[] arguments) {
64      GridBagLayoutDemo gridBayLayoutDemo = new GridBagLayoutDemo();
65      gridBayLayoutDemo.setVisible(true);
66    }
67  }
```

In Abbildung 21.14 sehen Sie das Programm des Listings 21.20. Der Konstruktor des Fensters ruft eine Initialisierungsmethode auf, in der die Textfelder erzeugt und in einem Gitternetz positioniert werden. Von Zeile 17 bis 21 legt das Programm fünf Textfelder des Typs *TextField* an. Von Zeile 46 bis 60 ordnet das Programm den Textfeldern ihre Position im Gitternetz zu.

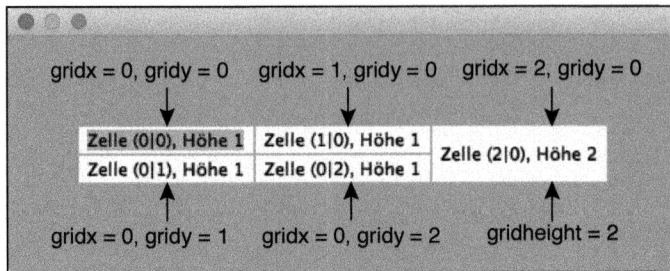

Abbildung 21.14 Das GridBag Layout richtet Komponenten in Form eines Gitters aus.

Das Gitternetz besteht aus Objekten des Typs *GridBagConstraint*. Der Konstruktor der Klasse erwartet diverse Parameter, die zur Ausrichtung der Komponenten dienen (Tabelle 21.3). Mit *gridx* und *gridy* legen Sie fest, an welcher Rasterposition die Komponente platziert wird. Zum Beispiel bewirken die Koordinaten (0 | 0), dass sich die Komponente in der ersten Zeile und in der ersten Spalte befindet. Wie bei allen Java-Grafikbibliotheken liegt der Koordinatenursprung links oben. Es wird also von links oben nach rechts unten durchnummeriert.

Tabelle 21.3 Parameter des Konstruktors der Klasse »GridBagConstraint«

Datentyp	Bezeichung	Bedeutung
int	*gridx*	Rasterposition x
int	*gridy*	Rasterposition y
int	*gridwidth*	Gitterweite
int	*gridheight*	Gitterhöhe
double	*weightx*	x-Gewichtung
double	*weighty*	y-Gewichtung
int	*anchor*	Verankerung (NW, W, SW, N, Z, S, NO, O, SO)
int	*fill*	Füllart (ohne, horizontal, vertikal, beide)
insets	*insets*	Zwischenraum
int	*ipadx*	Zwischenabstand
int	*ipady*	Zwischenabstand

Durch die Einstellung Breite (*gridwidth*) und Höhe (*gridheight*) legen Sie die Anzahl der von der Komponente verwendeten Zellen fest. Bei diesem Wert handelt es sich um eine Festkommazahl, die sich auf die Anzahl der Zellen in einer Spalte oder Zeile bezieht. Beim Textfeld 3 des Beispielprogramms beträgt zum Beispiel die Breite 1, aber die Höhe 2. Das heißt, das Textfeld belegt zwei Zellen in der Höhe. Die Parameter (*weightx*) und (*weighty*) legen die horizontale und vertikale Gewichtung der Komponente fest. Durch diese Parameter lässt sich steuern, wie viel vom freien Platz innerhalb eines Fensters für die Komponenten reserviert wird, wenn sich die Größe des Fensters ändert.

Jede Komponente muss an einer bestimmten Stelle verankert werden. Der Ankerpunkt *anchor* bestimmt, in welcher Richtung sich die Komponente ausdehnt, wenn das Fenster verändert wurde. Ähnlich dem Border-Layout stehen für die Verankerung folgende Konstanten zur Verfügung: *NORTHWEST, NORTH, NORTHEAST, WEST, CENTER, EAST, SOUTHWEST, SOUTH* und *SOUTHEAST*.

Durch die Füllart legen Sie fest, wie die Komponente den freien Platz nutzen wird. Als Konstanten stehen wie zuvor *NORTHWEST, NORTH, NORTHEAST, WEST, CENTER, EAST, SOUTHWEST, SOUTH* und *SOUTHEAST* zur Verfügung, die als Parameter für ein Objekt des Typs *GridBagConstraints* genutzt werden. Im Programmbeispiel sehen Sie, dass das Textfeld 3 mittels der Einstellung *GridBagConstraints.VERTICAL* ausgerichtet wird. Das bedeutet, dass die Komponente den maximalen Platz in vertikaler Richtung einnimmt.

Auch an den Zwischenraum haben die Entwickler des GridBag-Layouts gedacht. Mithilfe des Parameters *insets* können Sie den minimalen externen Rand der Komponente angeben. Die Werte müssen in Pixeleinheiten (Bildpunkte) angegeben werden. Die Parameter *ipadx* und *ipady* legen im Gegensatz dazu den minimalen internen Rand fest. Auch dieser Wert muss wieder in Pixeleinheiten angegeben werden.

21.3.8 Swing

Seit Java 2 existiert neben dem AWT eine weitere GUI-Bibliothek namens Swing innerhalb der Java SE. Sie finden die meisten Klassen dieser Bibliothek im Package *javax.swing*. Für alle GUI-Komponenten gibt es Swing-Klassen, die die AWT-Klassen mehr als adäquat ersetzen (Abbildung 21.16).

Swing zeichnet alle Oberflächenelemente selbst und bietet daher kein echtes natives Look-and-Feel auf allen Plattformen, sondern versucht, dieses mittels der Klasse *UIManager* nachzuempfinden, die sich im Paket *javax.swing* befindet. Das Verfahren hat den Nachteil, dass die Oberfläche nicht immer so aussieht, wie man das von nativen Programmen kennt, und – verglichen mit nativen Oberflächen – relativ langsam gezeichnet wird. Es hat den Vorteil, dass die üblichen Probleme bei der Portierung von grafischen Oberflächen nahezu ausgeschaltet sind.

Die Probleme entstehen durch das unterschiedliche Aussehen und die unterschiedlichen Dimensionen gleichartiger Oberflächenkomponenten. Erschwerend kommt hinzu, dass unterschiedliche Betriebssysteme über unterschiedliche Schriften und Schriftensysteme verfügen. Dadurch besitzt eine beschriftete Schaltfläche unter Windows eine andere Ausdehnung als unter MacOS.

Swing ist nach einer Variante des Entwurfsmusters »Model View Controller« (MVC) konzipiert worden. Das bedeutet im Wesentlichen, dass Inhalt und die Darstellung der Daten getrennt werden. Alle Oberflächenelemente von Swing sind wesentlich angenehmer zu programmieren als ihre Verwandten aus der Bibliothek AWT. Das liegt vor allem daran, dass sie weitaus weniger Fehler haben und bei der Portierung eines Programms besser kalkulierbar sind.

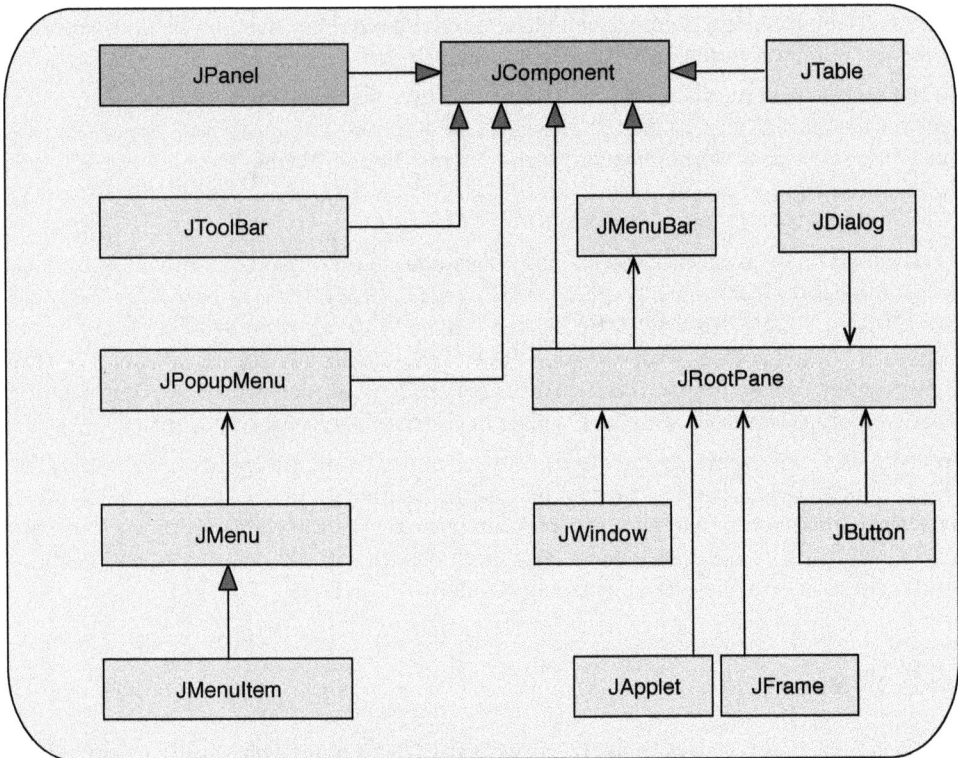

Abbildung 21.15 Die wichtigsten GUI-Klassen der Swing-Bibliothek

In Listing 21.21 sehen Sie ein Beispielprogramm für die Auswahl von verschiedenen installierten Look-and-Feels. Im ersten Fall wird immer das »richtige« Look-and-Feel gesetzt und werden die Komponenten so gezeichnet, wie es der Anwender erwartet. Im zweiten Fall setzt das Programm explizit das Windows-Look-and-Feel, im dritten Fall das Metal-Look-and-Feel und im letzten Fall das Motif-Look-and-Feel.

Listing 21.21 Beispiel für das Auswählen eines Look-and-Feels

```
 1  //Beispielprogramme/Klassenbibliotheken/LookAndFeelDemo
 2
 3  package programmierkurs;
 4
 5  // Importieren der AWT-Klassen:
 6  import java.awt.BorderLayout;
 7  import java.awt.GridBagConstraints;
 8  import java.awt.GridBagLayout;
 9  import java.awt.Insets;
10  import javax.swing.JFrame;
11  import javax.swing.JPanel;
12  import javax.swing.JTextField;
13  import javax.swing.UIManager;
```

```
14
15   public class LookAndFeelDemo extends JFrame {
16     private static final long serialVersionUID = 1L;
17     JPanel panel = new JPanel();
18     JTextField textField1 = new JTextField();
19     JTextField textField2 = new JTextField();
20     JTextField textField3 = new JTextField();
21     JTextField textField4 = new JTextField();
22     JTextField textField5 = new JTextField();
23     GridBagLayout gridBagLayout = new GridBagLayout();
24
25     public LookAndFeelDemo() {
26       try {
27         init();
28       } catch (Exception fehler) {
29         fehler.printStackTrace();
30       }
31     }
32
33     private void init() throws Exception {
34       setSize(200, 150);
35       this.setBackground(java.awt.Color.lightGray);
36       textField1.setText("Text 1");
37       textField2.setText("Text 2");
38       textField3.setText("Text 3");
39       textField4.setText("Text 4");
40       textField5.setText("Text 5");
41       panel.setLayout(gridBagLayout);
42       getContentPane().add(panel, BorderLayout.CENTER);
43       panel.add(textField1, new GridBagConstraints(0, 0, 1, 1, 0.0, 0.0,
44         GridBagConstraints.CENTER, GridBagConstraints.NONE,
45           new Insets(0, 0, 0, 0), 0, 0));
46       panel.add(textField2, new GridBagConstraints(1, 0, 1, 1, 0.0, 0.0,
47         GridBagConstraints.CENTER, GridBagConstraints.NONE,
48           new Insets(0, 0, 0, 0), 0, 0));
49       panel.add(textField3, new GridBagConstraints(2, 0, 1, 2, 0.0, 0.0,
50         GridBagConstraints.CENTER, GridBagConstraints.VERTICAL,
51           new Insets(0, 0, 0, 0), 0, 0));
52       panel.add(textField4, new GridBagConstraints(0, 1, 1, 1, 0.0, 0.0,
53         GridBagConstraints.CENTER, GridBagConstraints.NONE,
54           new Insets(0, 0, 0, 0), 0, 0));
55       panel.add(textField5, new GridBagConstraints(1, 1, 1, 1, 0.0, 0.0,
56         GridBagConstraints.CENTER, GridBagConstraints.NONE,
57           new Insets(0, 0, 0, 0), 0, 0));
58     }
59
60     public static void main(String[] arguments) {
61       try {
62         // 1. Systemunabhaengig: Natives Look + Feel
63         UIManager
64           .setLookAndFeel(UIManager.getSystemLookAndFeelClassName());
65         // 2. Windows-Look + Feel
```

```
66      //UIManager.setLookAndFeel(
67      //    "com.sun.java.swing.plaf.windows.WindowsLookAndFeel");
68      // 3. Metal-Look + Feel
69      //UIManager
70      //    .setLookAndFeel("javax.swing.plaf.metal.MetalLookAndFeel");
71      // 4. Motif-Look + Feel
72      //UIManager.setLookAndFeel(
73      //    "com.sun.java.swing.plaf.motif.MotifLookAndFeel");
74    } catch (Exception e) {
75      e.printStackTrace();
76    }
77    LookAndFeelDemo fenster = new LookAndFeelDemo();
78    fenster.setDefaultCloseOperation(JFrame.EXIT_ON_CLOSE);
79    fenster.setLocationRelativeTo(null); // Fenster zentrieren
80    fenster.setVisible(true);
81  }
82
83 }
```

Sie sollten es vermeiden, das Look-and-Feel explizit zu setzen, da nicht jede virtuelle Maschine aus lizenzrechtlichen Gründen über alle Look-and-Feels verfügt. Zum Beispiel gibt es das Aqua-Look-and-Feel nur unter MacOS. Ausnahmen bilden das Metal- und das Motif-Look-and-Feel, die auf jeder Plattform verfügbar sind, aber selten die Erwartung der Anwender trifft.

Abbildung 21.16 zeigt die verschiedenen möglichen Programmausgaben unter den verschiedenen, von Java unterstützten Betriebssystemen. Neben dem speziellen Look-and-Feels namens »Metal« lässt sich ein Programm auch so starten, dass es das Look-and-Feel verwendet, das man als nativ bezeichnet. Unter nativ versteht man hier, dass Swing das Erscheinungsbild der Originaloberfläche des Betriebssystems möglichst originalgetreu wiederzugeben versucht. In den meisten Fällen klappt das sehr gut.

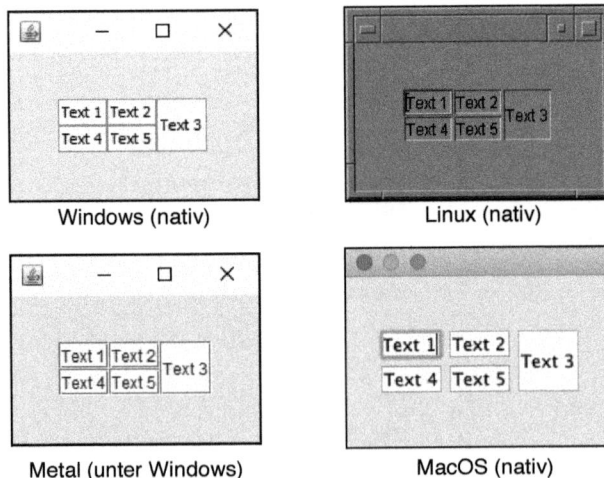

Windows (nativ)   Linux (nativ)

Metal (unter Windows)   MacOS (nativ)

Abbildung 21.16 Swing unterstützt verschiedene Look-and-Feels.

21.3.9   JavaBeans

JavaBeans sind Java-Komponenten mit standardisierten Schnittstellen und einem einfachen Programmiermodell. Es gibt zwei Arten dieser Komponenten: visuelle und nicht visuelle JavaBeans. Visuelle Komponenten dienen zur Gestaltung von grafischen Oberflächen, nicht visuelle JavaBeans könnten zum Beispiel Klassen sein, die den Zugriff auf Datenbanken erleichtern.

Jede JavaBean zeichnet sich durch folgende Besonderheiten aus:

- Lassen sich durch spezielle Werkzeuge auslesen
- Lassen sich durch Entwicklungswerkzeuge anpassen
- Verfügen über die Fähigkeit zur Ereignissteuerung
- Verfügen über Attribute für die Anpassung
- Lassen sich serialisieren (speichern)

JavaBeans haben Sie in den zurückliegenden Kapitels kennengelernt, ohne dass dieses Buch darüber ein Wort verloren hat. Es sind Java-Klassen mit Getter- und Setter-Methoden. Wenn grafischen Komponenten über solche Schnittstellen verfügen, lassen sich auslesen und sehr einfach von Entwicklungswerkzeugen darstellen.

21.3.10   Applets

Applets sind kleine Java-Programme, die sich in Webseiten einbetten und von einem Browser ausführen lassen. Diese Miniprogramme sind nicht mehr Stand der Technik. Oracle hat diese Technologie aus diesem Grund abgekündigt und die Unterstützung neuerer Java-Versionen nicht mehr fortgesetzt. Mit anderen Worten: Sie sollten Applets keinesfalls mehr verwenden. Es gibt zum Beispiel mit HTML 5 weit bessere Technologien.

21.3.11   Java Database Connectivity (JDBC)

Die Java Database Connectivity (JDBC) bietet eine einheitliche Schnittstelle zu relationalen Datenbanken. In der Regel können relationale Datenbanken via SQL programmiert werden. Mittels der Datenbanksprache SQL lassen sich in relationalen Datenbanken Informationen einfügen, verändern und löschen. Die Java Database Connectivity stellt dem Programmierer hierfür verschiedene Klassen zur Verfügung, die sich im Package *java.sql* befinden. Abbildung 21.17 zeigt die wichtigsten Klassen.

Der Vorteil des JDBC ist, dass es den Entwickler von der Programmierung für eine spezielle Datenbank wie zum Beispiel DB2, Oracle und HSQLDB befreit. Sie können gegen eine Standardschnittstelle programmieren und brauchen sich nicht um Spezialitäten der einzelnen relationalen Datenbanken zu kümmern.

JDBC-Treiber

Für die konkrete Anbindung an die Datenbank sorgt ein JDBC-Treiber, der meistens vom Datenbankhersteller entwickelt wird. Er entkoppelt das Java-Programm von der Datenbank. Es gibt vier Klassen von JDBC-Treibern:

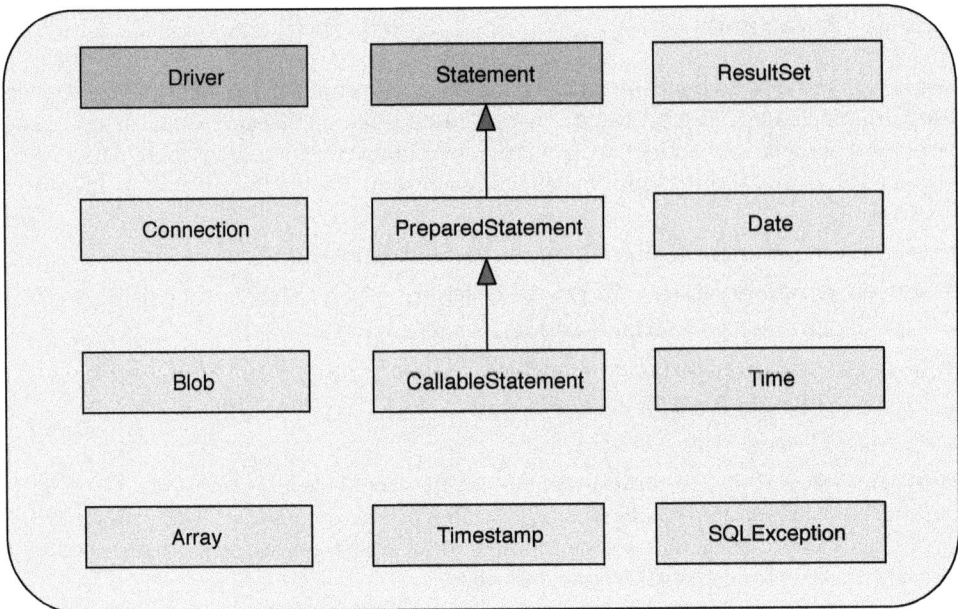

Abbildung 21.17 Die wichtigsten Klassen des SQL-Packages

- Typ 1: JDBC-ODBC-Bridge: Dies ist die langsamste Treiberart. Sie sollte nur dann verwendet werden, wenn relationale Datenbanken verwendet werden müssen, die nicht über eine SQL-Schnittstelle verfügen.

- Native-API-Treiber: Diese Treiberart setzt die JDBC-Aufrufe in native API-Aufrufe der Datenbank um. Daher können Sie direkt mit der Datenbank kommunizieren.

- Net-Treiber: Wie der Name schon andeutet, setzt diese Treiberart JDBC-Aufrufe in datenbankneutrale Netzwerkaufrufe um. Eine Zwischenschicht zwischen Treiber und Datenbank nimmt die endgültige Umwandlung vor.

- Dünne Treiber: Diese Treiberart wird meistens von den Datenbankherstellern selbst geliefert und setzt direkt auf der Datenbank-API auf. Es ist sehr ratsam, sich bei der Datenbankprogrammierung eingehend mit diesen Typen auseinanderzusetzen, denn mit den Treibern steht und fällt die Qualität der DB-Verbindung. Entsprechend teuer sind manche Treiber.

Welchen Treiber sollte man verwenden? Aus den genannten Gründen sind die Treibertypen 3 und 4 vorzuziehen.

21.3.12 Java Native Interface

Das Java Native Interface (JNI) ist eine Programmierschnittstelle, über die Sie Bibliotheken, die als native Bibliotheken vorliegen, von Java aus nutzen können. Native Bibliotheken bestehen aus Maschinencode, der speziell für ein bestimmtes Betriebssystem und einen bestimmten Prozessor entwickelt wurde. Das JNI hat drei Aufgaben:

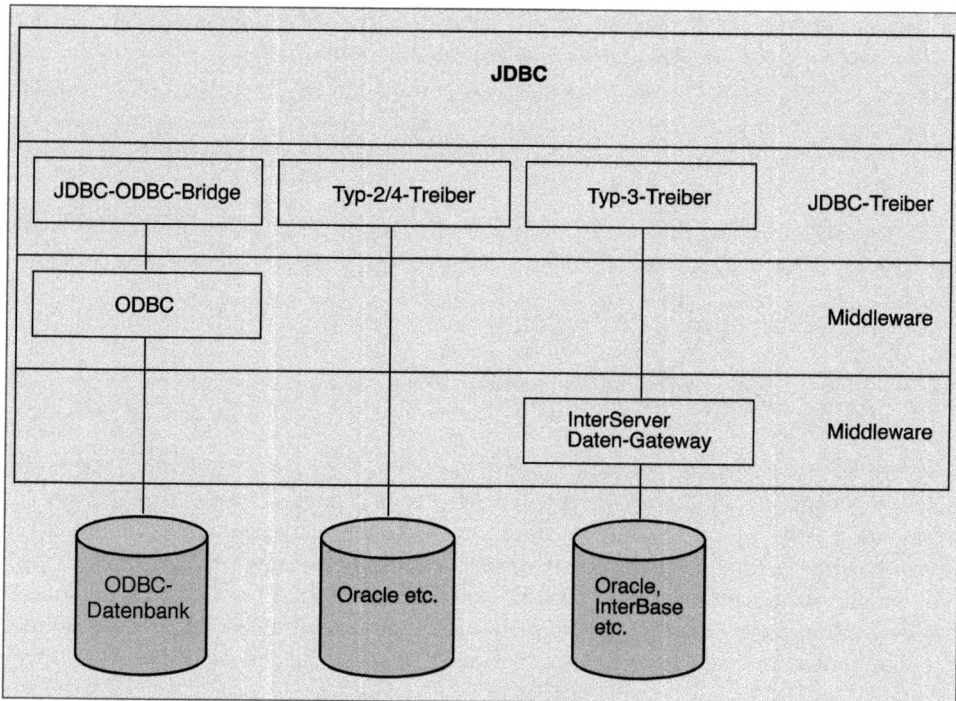

Abbildung 21.18 Die verschiedenen Arten von JDBC-Treibern

- Zugriff auf betriebssystemspezifische Eigenschaften
- Zugriff auf bestehende Bibliotheken
- Geschwindigkeitsoptimierung

Besonders in der Anfangszeit von Java, in der Programme noch nicht so performant waren, schien es reizvoll, Teile, die von der Ausführungszeit her kritisch waren, in C oder C++ umzusetzen. Heute ist es eher interessant, spezielle Bibliotheken über das JNI zu verwenden, die nur als native Bibliotheken vorliegen. Beachten Sie, dass ein Java-Programm mit einem einzigen JNI-Aufruf seine Portabilität verliert.

21.3.13   Remote Method Invocation

Die Remote Method Invocation (RMI) ist eine Architektur zum Zugriff auf Methoden entfernter Objekte (Remote Methods). Mit ihr können sehr einfach verteilte Java-Anwendungen geschrieben werden. Das liegt daran, dass im Gegensatz zu konkurrierenden Architekturen wie CORBA kein zusätzliches Produkt notwendig ist.

Die RMI-Architektur legt vier Zugriffsschichten fest:

- Applikationsschicht: Diese Schicht repräsentiert Client- sowie Serveranwendungen und enthält den auszuführenden Code.

- Remote-Schicht: Die Remote-Schicht könnte man auch als Vermittlungsschicht zwischen der Proxy-Schicht und der zugrunde liegenden Transportschicht bezeichnen.

- Proxy-Schicht: Ein Proxy ist ein Stellvertreter. Somit bildet die Proxy-Schicht den lokalen Stellvertreter von Objekten, die auf einem entfernten Computer ausgeführt werden. Das geschieht über sogenannte Stubs (Rümpfe) und Skeletons (Skelette), die mit einem speziellen Compiler erzeugt werden.

- Transportschicht: Die Schicht bedarf wohl keiner großen Erklärungen mehr. Sie sorgt für den eigentlichen Transport und bildet das Pendant zu einer Socket-Kommunikation.

■ 21.4 Java Enterprise Edition

Im Gegensatz zur Java SE ist die *Java Enterprise Edition* (J2EE oder JEE) eine Sammlung von Spezifikationen. Zu diesen Spezifikationen gibt es Anbieter wie die Apache Software Foundation (ASF) oder die Eclipse Community, die Klassenbibliotheken auf Basis der JEE-Spezifikationen anbieten. Die JEE wendet sich an größere Unternehmen, die verteilte Anwendungen entwickeln möchten. Verteilte Anwendungen sind Programme, die nicht nur auf einem Computer ablaufen, sondern auf mehreren. Damit die Objekte verschiedener Computer miteinander kommunizieren können, gibt es verschiedene Techniken. Eine Technik basiert auf Servlets und JavaServer Pages, eine andere auf der Komponentenarchitektur Enterprise JavaBeans. Die *Common Object Request Broker Architecture* (CORBA) ist eine weitere Möglichkeit, verteilte Anwendungen zu entwickeln.

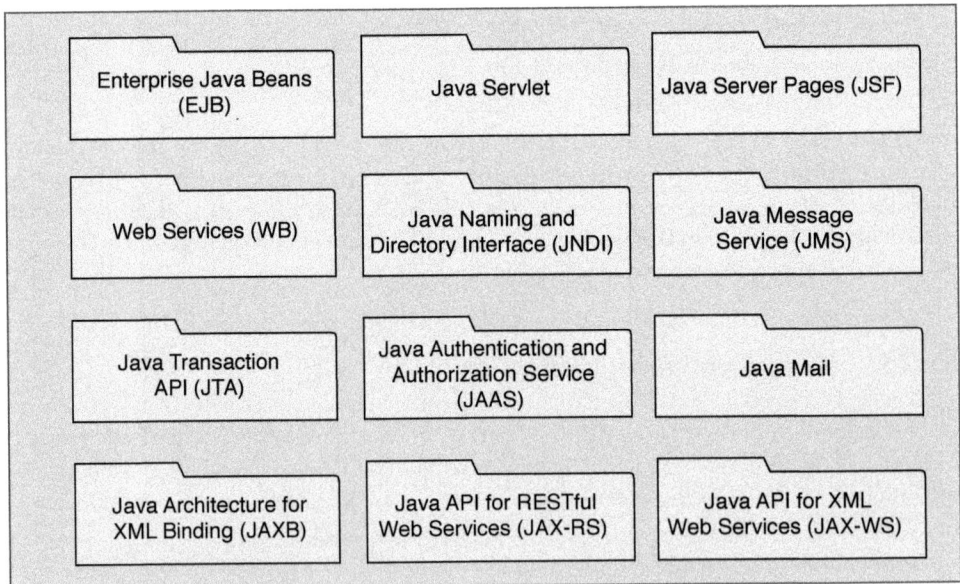

Abbildung 21.19 Die wichtigsten Spezifikationen der Java Enterprise Edition

Enterprise JavaBeans (EJB) sind wie JavaBeans Komponenten. Das Programmiermodell ist aber viel mächtiger, jedoch auch schwieriger zu verstehen. Das Modell ist eine weit entwickelte Architektur zur Kapselung von Unternehmensdaten und Geschäftslogik in standardisierten Komponenten. Diese Standardkomponenten benötigen als Laufzeitumgebung einen Applikationsserver mit integriertem EJB-Container. Die JRE als Laufzeitumgebung reicht nicht aus. Das Komponentenmodell EJB ist wie folgt aufgebaut. Es gibt zwei Typen von Beans:

- Entity Beans
- Session Beans
- Message Driven Beans

Die Entity Beans sind primär Datenträger und kapseln die Geschäftsdaten, wobei auch hier zwei Typen unterschieden werden:

- Entity Beans mit Container-managed Persistence (CMP)
- Entity Beans mit Bean-managed Persistence (BMP)

21.4.1 Entity Beans

Ein Beispiel für Entity Beans könnte eine Person aus einer Personaldatenbank sein. Entity Beans können aber auch in einfachen Dateien oder relationalen Datenbanken gespeichert werden. Der Speicherort ist für den Java-Programmierer nicht relevant.

21.4.2 Session Beans

Session Beans sind die Repräsentanten der Geschäftslogik. Sie bieten einen Dienst an und können nicht gespeichert werden. Man unterscheidet zwei Arten:

- Stateless Session Beans
- Stateful Session Beans

Stateless Session Beans sind sehr kurzlebige, zustandslose Services, die von einem Methodenaufruf zum nächsten keine Daten speichern. Sie besitzen alle die gleiche Identität, und es gibt keine Möglichkeit, sie zu unterscheiden.

Stateful Session Beans hingegen besitzen einen Zustand und speichern ihre Daten zwischen mehreren Methodenaufrufen. Sie sind aber nicht persistent. Nach dem Abschalten des Servers geht ihr Zustand verloren, wenn er nicht explizit persistent gemacht wurde.

21.4.3 Message Driven Beans

Message Driven Beans sind dafür gedacht, asynchrone Kommunikation zum Beispiel mit Message Brokern zu unterstützen. Will man seine Anwendung nicht zu stark mit einem anderen System koppeln, bietet sich diese Art einer EJB an.

21.4.4 Schnittstellen

Enterprise JavaBeans besitzen zwei Schnittstellen, über die man auf sie zugreifen kann:

- Remote Interface
- Home Interface

Das Remote Interface dient dazu, auf die eigentliche Komponentenschnittstelle zuzugreifen, zum Beispiel den Namen einer Person zu ermitteln, während das Home Interface dazu gebraucht wird, den Lebenszyklus einer Bean zu beeinflussen. Die Enterprise-JavaBean-Architektur ist ein buchfüllendes Thema, das ich hier nicht weiter vertiefen möchte.

■ 21.5 Java Micro Edition

Für Java-Anwendungen, die in Mobilgeräten und sogenannten Embedded Systems laufen sollen, ist die *Java Micro Edition* gedacht. Sie richtet sich an Programmierer von Mobilgeräten und Embedded Systems und verwirrt den Einsteiger mit einer fast noch größeren Zahl von Abkürzungen, als das in den beiden anderen Editionen der Fall ist.

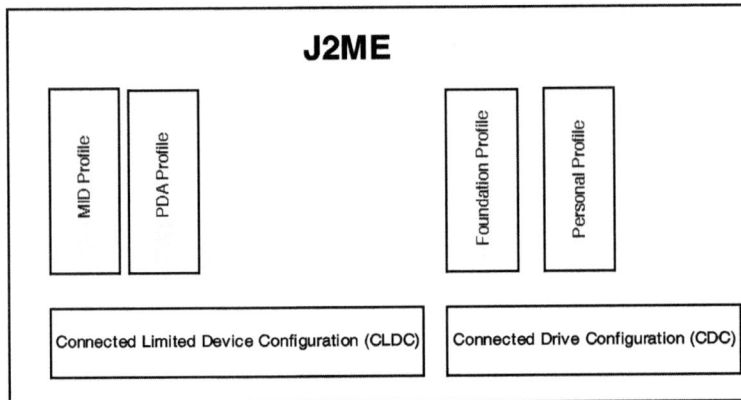

Abbildung 21.20 Java Micro Edition

Die Edition besteht aus zwei Teilen: der Connected Limited Device Configuration (CLDC) und der Connected Drive Configuration (CDC). Programme, die die CLDC verwenden, werden von einer speziellen virtuellen Maschine ausgeführt, der Kilobyte Virtual Machine (KVM)). Sie ist sehr klein, sehr eingeschränkt und verfügt beispielsweise nicht über Kommazahlen. CDC-Programme werden dagegen von einer vollständigen, aber kompakten virtuellen Maschine (CVM) ausgeführt.

Auf die Connected Limited Device Configuration setzen zwei Profile auf: das MID Profile und das PDA Profile. MID steht für Mobile Information Device, womit Mobilfunkgeräte gemeint sind. Für diese Geräte gibt es analog zu Servlets und Applets eine spezielle Applikationsart, die MIDlets. Diese werden in Archiven ausgeliefert und mit diversen Klassenbibliotheken entwickelt. Diese Bibliotheken befinden sich in folgenden Paketen:

- *javax.microedition.io*
- *javax.microedition.lcdui*
- *javax.microedition.midlet*
- *javax.microedition.rms*

Darüber hinaus stehen noch die Basisbibliotheken *java.io*, *java.lang* und *java.util* zur Verfügung, die aber aufgrund der eingeschränkten virtuellen Maschine keine Gleitkommatypen anbieten. Java-Programme, die mithilfe der Java SE oder gar der JEE konzipiert wurden, sind nicht auf Mobilgeräte übertragbar. Aufgrund der vielen Einschränkungen hat die Java Micro Edition heute kaum mehr Bedeutung.

■ 21.6 Externe Klassenbibliotheken

Außerhalb der Java-Editionen gibt es eine unüberschaubare Menge an anderen Klassenbibliotheken. Die drei wichtigsten Quellen hierfür sind die Apache Software Foundation, die Eclipse Community sowie SourceForge.

21.6.1 Apache Software Foundation

Die Apache Software Foundation (ASF) beinhaltet die größte Sammlung von frei verfügbaren Bibliotheken für die Java-Programmierung. Frei verfügbar bedeutet, dass die Software nicht nur quelloffen ist, sondern dass Sie die Software auch ohne Gebühren verwenden dürfen. Die Apache-Lizenz ist so ausgelegt, dass dies auch für kommerzielle Software gilt. Sie finden in der ASF vor allem Lösungen für professionelle Java-Programme. Die Apache-Bibliotheken werden daher von vielen Firmen verwendet, die Java-Software entwickeln. Näheres erfahren Sie auf der ASF-Homepage (*https://www.apache.org*).

21.6.2 Eclipse Community

Die Eclipse Community ist eine Gründung der IBM. Alles begann mit der Entwicklung der quelloffenen Eclipse-Entwicklungsumgebung (Eclipse IDE). Aus dieser entwickelte IBM die quelloffene Eclipse Rich Client Platform (Eclipse RCP). Die Eclipse Community wurde im Jahr 2004 gegründet, um diese quelloffene Plattform weiter zu entwickeln. Heute können Sie nicht nur die Eclipse IDE und die dazu gehörende Plattform von der Eclipse Community beziehen, sondern auch viele weitere quelloffene und kostenfreie Java-Klassenbibliotheken. Wie bei der ASF lässt sich die Software der Eclipse Community kostenfrei einsetzen, auch für kommerzielle Anwendungen. Näheres erfahren Sie auf der Homepage der Eclipse Community (*https://www.eclipse.org*).

21.6.3   SourceForge

SourceForge ist keine gemeinnützige Organisation wie ASF oder die Eclipse Community, sondern in Privathand. Das Webportal wird von vielen freien Softwareentwicklern genutzt, um ihre quelloffenen Produkte zu vertreiben. Hier finden sich Java-Klassenbibliotheken, die nicht auf professionelle Programme zugeschnitten sind. Näheres erfahren Sie auf der Homepage von SourceForge (*https://www.sourceforge.net*).

21.6.4   Weitere quelloffene Software

Die Website Java-Source bietet einen guten Überblick über viele quelloffene Java-Klassenbibliotheken. Näheres erfahren Sie auf der Homepage von SourceForge (*https://java-source.net/*).

21.6.5   Kommerzielle Software

Neben den bekannten Anbietern von quelloffenen Java-Klassenbibliotheken gibt es viele kommerzielle Industrielösungen. Fast alle großen Softwarehäuser wie SAP, Software AG, RedHat, Amazon oder Tibco haben kommerzielle Java-Bibliotheken entwickelt, die sie mit ihren Produkten vertreiben.

■ 21.7   Zusammenfassung

Java besitzt einen kleinen Sprachkern, der durch sogenannte Klassenbibliotheken erweitert wird. Java-Klassenbibliotheken sind nichts anderes als Sammlungen von zusammengehörigen Java-Klassen. Java-Klassenbibliotheken lassen sich in die offiziellen Java-Klassenbibliotheken, quelloffene Klassenbibliotheken von Entwicklergemeinschaften und Privatanbietern sowie kommerzielle Klassenbibliotheken unterteilen. Die offiziellen Java-Klassenbibliotheken sind Bestandteil von Java und in drei Editionen organisiert: Java Standard Edition (JSE), Java Enterprise Edition (JEE) und Java Micro Edition (JME).

Die bedeutendste unter den drei Editionen ist die Java Standard Edition. Sie entspricht in etwa dem Java Development Kit (JDK). In dieser Edition sind nicht nur die JDK-Werkzeuge und die Java Runtime Environment (JRE) enthalten, sondern mehrere tausend nützliche Klassen für grafische Oberflächen, Dateieingabe und -ausgabe, Zeichenketten, Ereignis- und Fehlerbehandlung sowie Komponenten.

Die Java Enterprise Edition ist vor allem eine Sammlung von Spezifikationen. Diese Spezifikationen setzten diverse Firmen und Organisationen in Form von Java-Klassenbibliotheken um. Die Klassenbibliotheken richten sich vor allem an professionelle Softwareentwickler, die verteilte Anwendungen entwickeln möchten. Die Programmierung von Kleingeräten unterstützt die Java Micro Edition. Diese Edition hat heute kaum mehr Bedeutung.

> Java besteht aus einem kleinen Sprachkern, den Sie im Teil II dieses Buchs kennengelernt haben. Java lässt sich mithilfe von Klassenbibliotheken erweitern. Diese Bibliotheken teilen sich in Java-Standard sowie freie und kommerzielle Bibliotheken von Drittanbietern auf.

```
Java-Klassenbibliotheken {

    • Java-Standard
      - Java Standard Edition (JSE)
      - Java Enterprise Edition (JEE)
      - Java Micro Edition
    • Andere quelloffene Klassenbibliotheken
      - Apache Software Foundation
      - Eclipse Community
      - SourceForge
      - ...
    • Kommerzielle Bibliotheken
}
```

Abbildung 21.21 Julia findet es gut, dass es so viele frei verfügbare Klassenbibliotheken gibt.

■ 21.8 Aufgaben

- Was sind Klassenbibliotheken?
- Welche Vorteile besitzen sie?
- Welche Aufgabe hat das Paket *java.lang*?

Die Lösungen zu den Aufgaben finden Sie in Kapitel 25, »Lösungen« ab Seite 605.

■ 21.9 Literatur

Java API Specification: *https://docs.oracle.com/javase/10/docs/api/overview-summary.html*

Steppan, Bernhard: Eclipse Rich Clients und Plug-ins – Modulare Desktop-Anwendungen mit Java entwickeln, Hanser Verlag

22 Gesetzmäßigkeiten

■ 22.1 Einleitung

Wie bei jeder Programmiersprache gibt es auch für Java-Programme bestimmte Regeln. Manche Regeln sind weich – sie haben keine negativen Auswirkungen auf die Ausführung des Programms. Andere Regeln führen dazu, dass sich das Programm nicht übersetzen lässt. Wieder andere Regeln haben zur Konsequenz, dass das Programm zu funktionieren scheint – aber leider vollkommen anders, als Sie sich das vorstellen.

> Die Gesetzmäßigkeiten von Java sind der Schlüssel zu stabilen und standardkonformen Programmen. In diesem Kapitel erfahren Sie alles von Schreibweisen über die Kapselung von Objekten bis zum Verdecken von Variablen.

Abbildung 22.1 Die Beziehungen der Familie Roth liefern anschauliche Beispiele für Java-Regeln.

Mit anderen Worten: Es kann nicht schaden, sich etwas intensiver mit Regeln und Gesetzmäßigkeiten der Java-Programmierung zu beschäftigen. Dieses Kapitel stellt Ihnen sämtliche Regeln vor, deren Kenntnis dafür sorgt, dass Ihre Programme so funktionieren, wie sie sollen.

■ 22.2 Überblick

Bei der Entwicklung von Java-Programmen müssen Sie viele Regeln beachten. Das fängt bei Schreibweisen von Packages, Klassen, Interface, Methoden, Variablen und Konstanten an und setzt sich bei den Regeln zur Sichtbarkeit von Klassen, Methoden und Variablen fort. Zudem gibt es Regeln bezüglich der Auswertungsreihenfolge, Regeln zur Typkonvertierung und Regeln zur Polymorphie.

Schreibregeln und -konventionen sind weiche Regeln. Sie sind nur notwendig, damit man Programme besser lesen kann und haben keine Auswirkung auf die Ausführung von Programmen. Anders sieht es mit der Sichtbarkeit aus. Die Schlüsselwörter *public, protected, private* sowie die Default-Sichtbarkeit haben erhebliche Auswirkungen auf die Gestaltung von Programmen.

Abbildung 22.2 Programmierregeln sind langweilig, aber notwendig.

Ein weiterer Stolperstein beim Entwickeln von Java-Programmen ist die Auswertungsreihenfolge von Ausdrücken. Genauso unangenehm sind Verwechslungen bei der impliziten und expliziten Typenkonvertierung. Nicht zuletzt sind die Regeln zur Polymorphie, zum Überladen und Überschreiben von Methoden extrem wichtige Programmierregeln.

Eclipse kann ohne Erweiterungen nur einen Teil dieser vielen Regeln überwachen. Wenn Sie sich mehr Unterstützung von der Entwicklungsumgebung wünschen, werfen Sie einen Blick auf meine Homepage. Dort sind einige sinnvolle Eclipse-Erweiterungen aufgeführt, deren Erklärung den Rahmen dieses Buchs gesprengt hätten (Abschnitt 22.10, »Literatur«).

◼ 22.3 Schreibweisen

Beginnen wir mit den einfachsten Regeln beim Programmieren, den Schreibweisen. Es gibt eine Reihe von Empfehlungen zur Schreibweise von Bezeichnern in Java-Programmen. Grund dieser Schreibkonventionen war, Java-Programme dadurch einheitlicher zu gestalten und die Lesbarkeit des Quellcodes zu erhöhen. Tabelle 22.1 fasst die in Java-Programmen international anerkannten Regeln zusammen.

Tabelle 22.1 Schreibkonventionen

Sprachelement	Schreibweise	Beispiel
Packages	Generell schreiben sich Packages in Kleinbuchstaben. Die Idee war, sie wie Internetadressen aufzubauen. Hierbei ist das Basis-Package eine Top-Level-Domain, danach folgte der Firmenname, danach der Projektname und so weiter.	net.steppan.transfer; edu.programmierkurs.kursstatistik
Klassen	Klassen schreiben sich wie Substantive. Der erste Buchstabe wird stets groß geschrieben. Wird das Substantiv gekoppelt geschrieben, empfiehlt sich eine sogenannte Camel-Back-Schreibweise, bei der jeder Wortanfang mit einem Großbuchstaben eingeleitet wird. Die Schreibweise muss in jedem Fall exakt wie der Dateiname der Klasse lauten.	class Student; class StudentTest;
Interfaces	Wie Klassen	interface Wesen;
Methoden	Methoden schreiben sich wie Verben mit einem führenden Kleinbuchstaben. In manchen Fällen ist auch hier eine Camel-Back-Schreibweise sinnvoll, zum Beispiel bei Gettern und Settern. Hier verwendet man ein Präfix, gefolgt vom Attributnamen.	setName(); isStudent;
Variablen	Der erste Buchstabe von Variablen schreibt sich klein, auch hier kann die Camel-Back-Schreibweise verwendet werden.	String vorname; String nachname;
Konstanten	Generell schreiben sich Konstanten in Großbuchstaben. Zusammengesetzte Begriffe trennt man mit einem Unterstrich.	public static final int ANZAHL_BEINE = 2;

Die Namen von Bezeichnern sollten keine nationalen Sonderzeichen enthalten und dürfen zudem keine Leerzeichen enthalten. Außerdem ist es nicht gestattet, Sonderzeichen für Klassennamen und Bezeichner zu verwenden, die anderen Java-Sprachelementen vorbehalten sind.

■ 22.4 Sichtbarkeit

22.4.1 Vier Sichtbarkeitsbereiche

Java lässt zu, dass sich Objekte, Methoden und Attribute schützen lassen. Dies geschieht entweder über die Kapselung oder über die Regeln für den Gültigkeitsbereich von Bezeichnern. Zwei verschiedene Sichtbarkeitsbereiche dürfen Sie bei Klassen festlegen: *public* und *default*. Wichtig bei den Klassendefinitionen ist, dass nur eine der Klassen einer Klassendatei *public*, also öffentlich sein darf. Für Methoden und Attribute stehen dem Java-Programmierer sogar vier Sichtbarkeitsbereiche zur Verfügung (Tabelle 22.2).

Tabelle 22.2 Java verfügt über vier Sichtbarkeitsbereiche.

Schlüsselwort	Sichtbarkeit	Auswirkung
private	Klasse	Nur innerhalb der *aktuellen* Klasse sichtbar.
default	Package	Nur innerhalb des Packages sichtbar.
protected	Vererbung & Package	Nur für Kindklassen und im Paket sichtbar.
public	Öffentlich	Im gesamten Programm sichtbar.

Die Stufen *private*, *protected* und *public* legen Sie über das gleichnamige Schlüsselwort fest. Wollen Sie die Sichtbarkeit auf den Bereich *default* beschränken, lassen Sie einfach das führende Schlüsselwort für die Sichtbarkeit weg. Daraufhin kommt der zweithöchste Schutz zum Tragen. Abbildung 22.3 zeigt die Auswirkungen der Sichtbarkeitsregeln anhand eines Klassendiagramms.

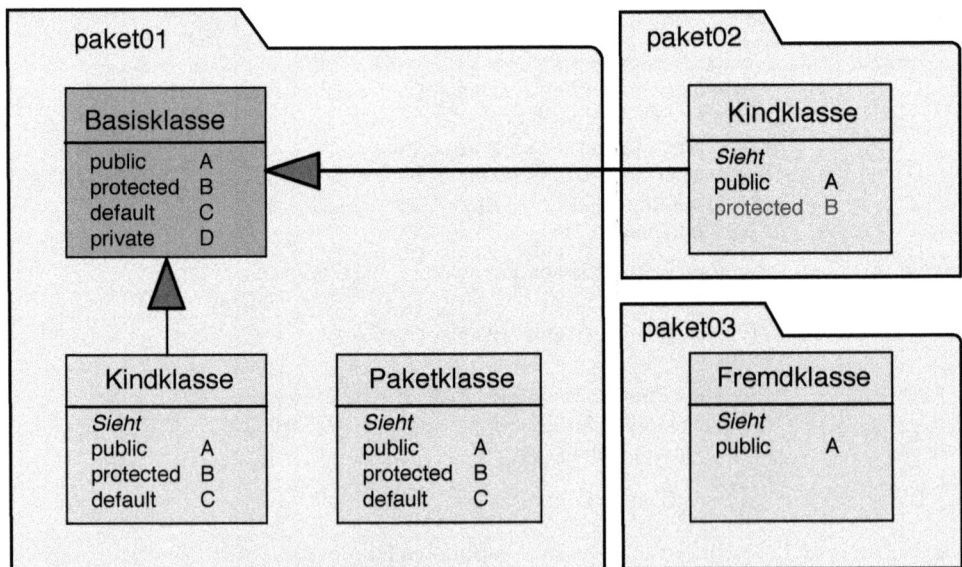

Abbildung 22.3 Sichtbarkeit von Java-Klassen

Das Diagramm zeigt fünf Klassen in drei Packages. Zwei Kindklassen sind von einer Basisklasse abgeleitet. Eine der beiden Kindklassen befindet sich innerhalb des Pakets, in dem sich die Basisklasse befindet. Die andere Kindklasse liegt außerhalb. Innerhalb des Pakets befindet sich zudem eine Klasse, die ich aus diesem Grund *Paketklasse* genannt habe. Außerhalb des Pakets liegt eine Fremdklasse.

22.4.2 Sichtbarkeit »private«

Die Verwendung des Schlüsselworts *private* garantiert den stärksten Schutz vor dem Zugriff von anderen Objekten. Nur Objekte der gleichen Klasse dürfen auf private Methoden und Variablen zugreifen. Klassen lassen sich aus naheliegenden Gründen natürlich nicht mit diesem Schlüsselwort ausstatten, da die Klasse sonst nicht mehr auffindbar wäre.

22.4.3 Sichtbarkeit »default«

Die zweithöchste Kapselungsstärke ist der Default-Bereich. Auf Bezeichner des *Default*-Bereichs haben nur die Klassen Zugriff, die sich im gleichen Package befinden. In Abbildung 22.3 können Sie erkennen, dass die *Kindklasse* und die *Paketklasse* Zugriff auf die Methoden der Basisklasse bekommen.

22.4.4 Sichtbarkeit »protected«

Die nächst schwächere Sicherheitsstufe erreicht man durch Verwendung des Schlüsselworts *protected*. In Abbildung 22.3 erkennen sie, dass auf diesen vertraulichen Bereich nur Objekte einer Klasse zugreifen können, die entweder abgeleitet sind oder sich im gleichen Package befinden. Auf Elemente dieser Klasse können nur Objekte zugreifen, die sich innerhalb des gleichen Packages befinden oder abgeleitet sind.

22.4.5 Sichtbarkeit »public«

Das Schlüsselwort *public* bietet die schwächste Form der Kapselung. Alle Informationen sind öffentlich. Aus Abbildung 22.3 können Sie erkennen, dass sämtliche Klassen des Diagramms auf die als *public* definierte Methode A der *Basisklasse* zugreifen können.

Die als *public* deklarierte Methode *A* ist allen anderen Klassen zugänglich, auch außerhalb des Pakets. Die geschützte Methode *B* kann hingegen nur von den beiden Kindklassen und der Fremdklasse verwendet werden. Die Methode *C* (default) ist sogar nur für die Kindklasse innerhalb des Pakets und die Fremdklasse sichtbar, während die private Methode nur ihr selbst gehört. Soweit allgemein die Regeln.

22.4.6   Fallbeispiel

Um die Kapselung in einem Java-Programm umzusetzen, nehmen wir als Fallbeispiel das private Umfeld von Professor Karsten Roth. Er ist in zweiter Ehe mit seiner Frau Sophie verheiratet. Seine Tochter Katharina und sein Sohn Max sind aus erster Ehe. Katharina wohnt beim Vater und trägt seinen Namen. Max wohnt hingegen bei seiner Mutter und trägt deren Nachnamen. Zudem hat Professor Roth noch eine Reihe von Studenten und Studentinnen in seinem Semester an seiner Universität, zum Beispiel Anna, die Sie bereits aus dem Programmierkurs kennen.

Auf Basis dieser Informationen lässt sich ein Klassendiagramm als Vorlage für ein Java-Programm zeichnen (Abbildung 22.4). Das Diagramm zeigt die Umsetzung mit genau den gleichen Paketen wie zuvor. Die Klassen tragen hingegen schon Namen, die speziell auf das Fallbeispiel zugeschnitten sind.

Beachten Sie, dass die Klasse *Kind* zweimal existiert. Die Namensgleichheit ist kein Fehler oder Widerspruch. Java lässt Klassen gleichen Namens zu, sofern sich in unterschiedlichen Paketen befinden. Warum wird deutlich, wenn wir den Namen einer Klasse voll qualifziert ausschreiben: Die Klasse *Kind* heißt auf der linken Seite der Abbildung *famlieroth.Kind* und auf der rechten Seite *familieex.Kind*.

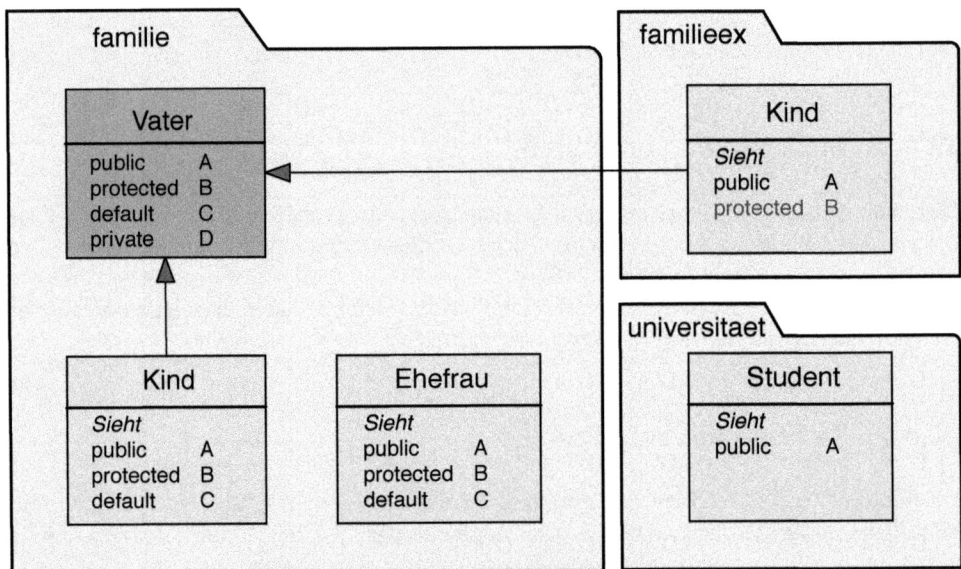

Abbildung 22.4 Sichtbarkeit am Beispiel einer beliebigen Familie

Von diesem Klassendiagramm leiten wir im nächsten Schritt ein Objektdiagramm ab. Aus der Klasse *Vater* entsteht hierbei das Objekt *karsten* (Professor Roth) und aus der Klasse *Kind* des Pakets *familie* das Kind-Objekt *katharina*. Professor Roths Sohn-Objekt *max* entsteht aus der Kindklasse des Pakets *familieex*. Das Personen-Objekt *sophie* entsteht aus der Klasse *Ehefrau*. Das Objekt *anna* entsteht aus der Klasse *Student*. Das entsprechende Szenario sehen Sie in Abbildung 22.5.

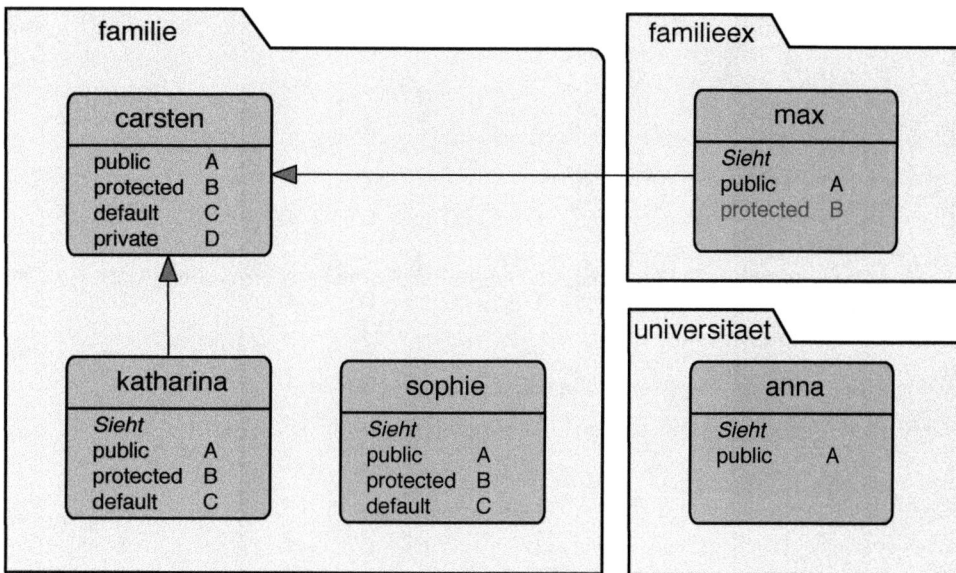

Abbildung 22.5 Sichtbarkeit am Beispiel der Familie Roth

Im nächsten Schritt erfolgt die Implementierung der Klassen und Objekte in Java. In Listing 22.1 sehen Sie eine Klasse *Vater*. Sie besitzt vier Methoden, um mitzuteilen, durch welchen Bereich sie geschützt ist.

Listing 22.1 Die Klasse »Vater« als Vorlage für das Objekt »karsten«.

```
 1  //Beispielprogramme/Gesetzmaessigkeiten/Sichtbarkeitsdemo
 2
 3  package familieroth;
 4
 5  public class Vater {
 6
 7
 8    public String getPublicBereich() {
 9      return "Public";
10    }
11
12    protected String getProtectedBereich() {
13      return "Protected";
14    }
15
16    String getDefaultBereich() {
17      return "Default";
18    }
19
20    private String getPrivateBereich() {
21      return "Private";
22    }
```

```
23
24   public String getBereich() {
25     return getPrivateBereich()  + " / " +
26            getDefaultBereich() + " / " +
27            getProtectedBereich() + " / " +
28            getPublicBereich();
29   }
30 }
```

Als Nächstes setzen wir die Klasse *Kind* aus dem Paket *familieroth* um, die Vorlage für das Objekt *katharina*.

Listing 22.2 Die Klasse »Kind« ist Vorlage für das Objekt »katharina«.

```
1  //Beispielprogramme/Gesetzmaessigkeiten/Sichtbarkeitsdemo
2
3  package familieroth;
4
5  /**
6   * Klasse fuer Objekte wie Katharina
7   */
8  public class Kind extends Vater {
9
10   public String getBereich() {
11     return super.getDefaultBereich() + " / " +
12            super.getProtectedBereich() + " / " +
13            super.getPublicBereich();
14   }
15 }
```

Wie Sie aus dem Listing erkennen können, hat die Tochter die günstigsten Voraussetzungen von allen Beteiligten: Da sie ein direkter Nachfahre der Mutter ist, muss sie nur das Schlüsselwort *super* verwenden, um auf diese Methoden zugreifen zu können. Das Schlüsselwort *super* ist für den Zugriff auf die Superklasse, also die Basisklasse, reserviert.

Die Ehefrau hat es ähnlich gut. Um auf die geschützten und Default-Methoden ihres Ehemanns zugreifen zu können, muss sie lediglich ein neues Objekt des Vaters (aus ihrer Sicht des Ehemanns) anlegen (Listing 22.3).

Listing 22.3 Die Klasse »Ehefrau« ist Vorlage für das Objekt »sophie«

```
1  //Beispielprogramme/Gesetzmaessigkeiten/Sichtbarkeitsdemo
2
3  package familieroth;
4
5  /**
6   * Vorlage fuer Ehefrau-Objekte wie Sophie
7   */
8  public class Ehefrau {
9
10    public String getBereich() {
11      Vater carsten = new Vater();
```

```
12
13            return carsten.getDefaultBereich() + " / " +
14                    carsten.getProtectedBereich() + " / " +
15                    carsten.getPublicBereich();
16      }
17  }
```

An diesem Beispiel mit der Ehefrau sehen Sie, wie wichtig es auch in Java ist, genau zu prüfen, zu wem man innige Beziehungen wünscht. In Java genießen Klassen des gleichen Packages fast vollständigen Zugriff auf die gesamten Informationen der Mitbewohner des Packages. Dagegen sieht es für Professor Roths Sohn vergleichsweise schlecht aus. Er bekommt nicht einmal den Zugriff der Ehefrau von Karsten Roth, da er nicht mehr mit dem Vater zusammenwohnt (Listing 22.4).

Listing 22.4 Der Sohn hat durch »super« Zugriff auf den Protected-Bereich.

```
 1  //Beispielprogramme/Gesetzmaessigkeiten/Sichtbarkeitsdemo
 2
 3  package familieex;
 4
 5  import familieroth.Vater;
 6
 7  /**
 8   * Vorlage fuer Kind-Objekte wie Max
 9   */
10  public class Kind extends Vater {
11
12    public String getBereich() {
13        return super.getProtectedBereich() + " / " +
14                super.getPublicBereich();
15
16        //Nicht erlaubt:
17        //return new Vater().getProtectedBereich();
18    }
19  }
```

Der Sohn kann nicht auf den Default-Bereich zugreifen, da er aus einem fremden Haushalt (Package) stammt. Er hat aber zumindest Zugriff auf den geschützten Bereich der Klasse *Vater*, den er über das Schlüsselwort *super* zu sehen bekommt. Er muss also kein neues Objekt des Vaters anlegen, wie es bei der Ehefrau der Fall war. Ist er jedoch beim Zugriff nicht geschickt, sieht es für ihn noch schlechter aus. Folgender Zugriff über ein neues Objekt der Klasse *Vater* wäre ihm trotz Vererbungsbeziehung verwehrt:

```
new Vater().getProtectedBereich();
```

Im Vergleich zum Sohn hat die Studentin Anna nur sehr eingeschränkten Zugriff auf die Klasse *Vater* und somit auf das Objekt *karsten*. Sie steht weder in einer verwandtschaftlichen Beziehung zu Professor Roth, noch wohnt sie mit ihm unter einem Dach (Package). Pech für sie, denn sie wird wie ein Fremder behandelt und bekommt nur Zugriff auf den Public-Bereich (Listing 22.5).

Listing 22.5 Die Studentin Anna hat nur Zugriff auf den Public-Bereich.

```
1  //Beispielprogramme/Gesetzmaessigkeiten/Sichtbarkeitsdemo
2
3  package universitaet;
4
5  import familieroth.Vater;
6
7  /**
8   * Vorlage fuer Personen-Objekte wie Anna
9   */
10 public class Student {
11
12   public String getBereich() {
13     return new Vater().getPublicBereich();
14   }
15 }
```

Zum Schluss fasst folgendes Hauptprogramm die ganzen Beziehungen von Professor Roth, seiner Ehefrau, den beiden Kindern und der Studentin Anna zusammen (Listing 22.6).

Listing 22.6 Die Zusammenfassung der Zugriffsmöglichkeiten

```
1  //Beispielprogramme/Gesetzmaessigkeiten/Sichtbarkeitsdemo
2
3  package familieroth;
4
5  import universitaet.Student;
6
7  public class Familie {
8
9    public static void main(String[] args) {
10
11     // Objekte erzeugen:
12     Vater karsten = new Vater();
13     Ehefrau sophie = new Ehefrau();
14     Kind katharina = new Kind();
15     familieex.Kind max = new familieex.Kind();
16     Student anna = new Student();
17     // Bereiche ausgeben:
18     System.out.println("\nZugriff auf die Bereiche der Klasse Vater:\n");
19     System.out.println("Karsten (Vater): "
20       + karsten.getBereich() + "\n");
21     System.out.println("Katharina (Tochter): "
22       + katharina.getBereich() + "\n");
23     System.out.println("Sophie (Ehefrau): "
24       + sophie.getBereich() + "\n");
25     System.out.println("Max (Sohn): "
26       + max.getBereich() + "\n");
27     System.out.println("Anna (Studentin): "
28       + anna.getBereich() + "\n");
29   }
30 }
```

In diesem Beispielprogramm sind einige Besonderheiten enthalten. Die erste Besonderheit ist, dass das Programm die beiden Kindklassen mit ihrem vollständigen, das heißt voll qualifizierten Namen, importiert. Der voll qualifizierte Name ist bei der Verwendung gleichnamiger Klassen aus verschiedenen Packages notwendig. In diesem Fall wird er gebraucht, damit der Compiler das Kind aus dem Package *familieroth* und das andere aus dem Package *familieex* unterscheiden kann. Aus dem einen Kind soll schließlich das Tochter-Objekt werden, aus dem anderen der Sohn.

Die zweite Besonderheit ist, dass sämtliche Klassen über eine öffentliche Methode namens *getBereich()* verfügen. In dieser Methode rufen alle Klassen die Methoden der Klasse *Vater* auf, auf die sie maximal zugreifen können. Konsequenterweise besitzt auch die Klasse *Vater* selbst diese Methode. Sie verwendet diese Methode, um auf ihre eigene private Methode *getBereich()* zuzugreifen. Nur ihr ist das gestattet. Die verzwickten Sichtbarkeitsbereiche lassen sich an der Programmausgabe ablesen:

```
Zugriff auf die Bereiche der Klasse Vater:
Karsten (Vater): Private / Default / Protected / Public
Katharina (Tochter): Default / Protected / Public
Sophie (Ehefrau): Default / Protected / Public
Max (Sohn): Protected / Public
Anna (Studentin): Public
```

22.4.7 Gültigkeitsbereich von Variablen

Jetzt wäre es schön, wenn wir mit den Beziehungen der Familie Roth die Sichtbarkeit von Klassen, Methoden und Variablen abhaken könnten. Das ist aber nicht so, denn Java kennt vier verschiedene Arten von Variablen. Einige von diesen können von anderen Variablen verdeckt werden – und dies ohne Anwendung der Kapselung (Tabelle 22.3).

Tabelle 22.3 Verdeckung von Variablen

Variable	Verdeckung
Klassenvariablen	Möglich
Objektvariablen	Möglich
Parameter	Unmöglich
Lokale Variablen	Unmöglich

Was versteht man unter der Verdeckung von Variablen? Darunter versteht man, dass eine Variable des gleichen Namens eine andere in einem Block überlagert. Um das zu zeigen, soll als Beispiel erneut die Klasse *Vater* dienen. Sie bekommt diesmal als Attribut eine Objektvariable namens *privateBereich*. Diese Variable ist für das gesamte Objekt gültig, da sie in keinem lokalen Block deklariert wurde, sondern für die gesamte Klasse und damit auch für *jedes* Objekt. Diese Objektvariable wird sogleich mit »Private« belegt (Listing 22.7). Aufgrund dieser Belegung gibt die Klasse beim Zugriff auf die Methode *getPrivateBereich()* wie erwartet »Private« zurück.

Listing 22.7 Die Klasse »Vater« mit Objektvariable und Methode

```
1  //Beispielprogramme/Gesetzmaessigkeiten/Objektvariabledemo
2
3  package familieroth;
4
5  public class Vater {
6
7    private String privateBereich = "Private";
8
9    public String getPublicBereich() {
10     return "Public";
11   }
12
13   protected String getProtectedBereich() {
14     return "Protected";
15   }
16
17   String getDefaultBereich() {
18     return "Default";
19   }
20
21   private String getPrivateBereich() {
22     return privateBereich;
23   }
24
25   public String getBereich() {
26     return getPrivateBereich()  + " / " +
27            getDefaultBereich() + " / " +
28            getProtectedBereich() + " / " +
29            getPublicBereich();
30   }
31 }
```

Anders sieht es aus, wenn man eine lokale Variable namens *privateBereich* einführt und diese in Zeile 22 des Listings 22.8 mit dem Wert *Local* belegt. In diesem Fall bekommt man beim Aufruf der Methode *getPrivateBereich()* den Wert *Local* zurück. Das liegt daran, dass die lokale Variable namens *Private* die gleichnamige Objektvariable temporär im Block der Methode *getPrivateBereich()* überlagert hat.

Listing 22.8 Die Klasse »Vater« mit Objektvariable und Methode

```
1  //Beispielprogramme/Gesetzmaessigkeiten/LokaleVariabledemo
2
3  package familieroth;
4
5  public class Vater {
6
7    private String privateBereich = "Private";
8
9    public String getPublicBereich() {
10     return "Public";
```

```
11     }
12
13     protected String getProtectedBereich() {
14       return "Protected";
15     }
16
17     String getDefaultBereich() {
18       return "Default";
19     }
20
21     private String getPrivateBereich() {
22       String privateBereich = "Local";
23       return privateBereich;
24     }
25
26     public String getBereich() {
27       return getPrivateBereich()   + " / " +
28             getDefaultBereich() + " / " +
29             getProtectedBereich() + " / " +
30             getPublicBereich();
31     }
32   }
```

Katharina ist verwirrt und möchte wissen, was mit der globalen Objektvariable geschehen ist und wann sie wieder auftaucht.

Abbildung 22.6 Katharina möchte Genaueres zur Überlagerung von Variablen wissen.

Zunächst: Die Objektvariable ist nicht völlig verschwunden. Ihre *Bezeichnung* ist nur überdeckt worden, weswegen sich auch niemand ihren Wert merken muss. Die Objektvariable und die lokale Variable leben einträchtig nebeneinander. Es ist kein Problem, sie im gleichen Block zu verwenden. Dazu muss man sie nur entsprechend aufrufen – wie, das zeigt Listing 22.9.

Listing 22.9 Variable und Objektvariable in Eintracht

```
 1   //Beispielprogramme/Gesetzmaessigkeiten/ThisZugriffDemo
 2
 3   package familieroth;
 4
 5   public class Vater {
 6
 7     private String privateBereich = "Private";
 8
 9     public String getPublicBereich() {
10       return "Public";
11     }
12
13     protected String getProtectedBereich() {
14       return "Protected";
15     }
16
17     String getDefaultBereich() {
18       return "Default";
19     }
20
21     private String getPrivateBereich() {
22       String privateBereich = "Local";
23       return this.privateBereich;
24     }
25
26     public String getBereich() {
27       return getPrivateBereich()  + " / " +
28             getDefaultBereich() + " / " +
29             getProtectedBereich() + " / " +
30             getPublicBereich();
31     }
32   }
```

Das Programm verwendet in Zeile 23 das Schlüsselwort *this*, um auf das aktuelle Objekt und somit auch auf die globale Variable *privateBereich* zuzugreifen. Damit ist die Klasse wieder im Lot: Die Methode *getPrivateBereich()* gibt bestimmungsgemäß *Private* als Bereich zurück. Unschön an dem letzten Beispiel ist nur, dass die lokale Variable vollkommen überflüssig geworden ist. Eclipse markiert die Variable mit der Warnung *The value of the local variable privateBereich is not used*. Mit anderen Worten: Die Variable hat keine Auswirkung.

Um das zu ändern, ein weiteres Beispiel: Die Klasse *Vater* soll über eine Methode verfügen, um den Wert des Attributs für den privaten Bereich festzulegen. Dazu soll die Methode auf die Objektvariable *privateBereich* zugreifen (Listing 22.10).

Listing 22.10 Variable und Objektvariable in Eintracht

```
 1   //Beispielprogramme/Gesetzmaessigkeiten/SetterDemo
 2
 3   package familieroth;
 4
 5   public class Vater {
```

```
 6
 7    private String privateBereich = "Private";
 8
 9    public String getPublicBereich() {
10      return "Public";
11    }
12
13    protected String getProtectedBereich() {
14      return "Protected";
15    }
16
17    String getDefaultBereich() {
18      return "Default";
19    }
20
21    private String getPrivateBereich() {
22      return privateBereich;
23    }
24
25    public void setPrivateBereich(String privateBereich) {
26      this.privateBereich = privateBereich;
27    }
28
29    public String getBereich() {
30      return getPrivateBereich()   + " / " +
31            getDefaultBereich() + " / " +
32            getProtectedBereich() + " / " +
33            getPublicBereich();
34    }
35  }
```

Wie Sie anhand der Methode *setPrivateBereich()* in den Zeilen 25 bis 27 sehen, koexistieren Parameter (lokale Variable) und Objektvariable wieder einträchtig. Da keine lokale Variable in der Getter-Methode in Zeile 21 bis 23 vorhanden ist, reicht die Anweisung *return privateBereich* wieder aus, um auf die globale Variable zuzugreifen. Wenn Sie das Programm starten, gibt die Methode Folgendes aus:

```
Zugriff auf die Bereiche der Klasse Vater:
Karsten (Vater): Private / Default / Protected / Public
Katharina (Tochter): Default / Protected / Public
Sophie (Ehefrau): Default / Protected / Public
Max (Sohn): Protected / Public
Anna (Studentin): Public
```

Damit ist der Ausflug in die Welt der Sichtbarkeitsregeln abgeschlossen.

■ 22.5   Auswertungsreihenfolge

Bei der Auswertungsreihenfolge eines Java-Programms gelten die aus Teil II, »Sprache Java«, bekannten Regeln. Eigentlich könnte man das Thema ad acta legen, wenn man glaubte, die Auswertungsreihenfolge verlaufe genauso, wie aus der Mathematik gewohnt. Dass dies nicht immer der Fall sein muss und es sehr empfehlenswert ist, Klammern zu setzen, zeigen die zwei folgenden Beispiele.

22.5.1   Punkt vor Strich

Zu Anfang des Kalkulationsbeispiels (Listing 22.11) werden vier Variablen als Integer-Werte vereinbart (Zeile 8 bis 11). Anschließend verwendet das Programm sie in einer gemischten Addition und Multiplikation in fünf unterschiedlichen Fällen.

Listing 22.11 Addition und Multiplikation gemischt

```
 1  //Beispielprogramme/Gesetzmaessigkeiten/PunktVorStrichDemo
 2
 3  package programmierkurs;
 4
 5  public class PunktVorStrichDemo {
 6
 7    public static void main(String[] arguments) {
 8      int a = 4;
 9      int b = 4;
10      int c = 3;
11      int d = 4;
12      int ergebnis;
13      ergebnis = a + b * c + d;
14      System.out.println("Fall 1:    4 +  4  * 3 + 4  = " + ergebnis);
15      ergebnis = a + (b * c) + d;
16      System.out.println("Fall 2:    4 + (4  * 3) + d  = " + ergebnis);
17      ergebnis = (a + b) * c + d;
18      System.out.println("Fall 3:   (4 +  4) * 3 + d  = " + ergebnis);
19      ergebnis = ((a + b) * c) + d;
20      System.out.println("Fall 4: ((4 +  4) * 3) + 4  = " + ergebnis);
21      ergebnis = (a + b) * (c + d);
22      System.out.println("Fall 5:   (4 +  4) * (3 + 4) = " + ergebnis);
23    }
24  }
```

Das Programm gibt folgende Werte aus:

```
Fall 1:    4 +  4  * 3 + d  = 20
Fall 2:    4 + (4  * 3) + d  = 20
Fall 3:   (4 +  4) * 3 + d  = 28
Fall 4: ((4 +  4) * 3) + 4  = 28
Fall 5:   (4 +  4) * (3 + 4) = 56
```

Die Erklärung der Ergebnisse erscheint nicht weiter schwierig.

Keine Klammerebenen

Im ersten Fall verzichtet das Programm auf Klammerebenen. Das Ergebnis 1 ist aus diesem Grund mit dem Fall 2 identisch, denn zuerst führt das Programm die Multiplikation aus, erhält 12 als Zwischenergebnis, addiert zweimal 4 und erhält schließlich 20. Im zweiten Fall ist das durch die Klammerebenen nur noch deutlicher.

Von innen nach außen

Im dritten und vierten Fall erzwingt das Programm, dass die linke Addition vor der Multiplikation durchgeführt wird. Der Ausdruck wird also von innen nach außen verarbeitet. Die Regel, dass ein Ausdruck immer von links nach rechts abgearbeitet werden muss, ist außer Kraft gesetzt.

Strich vor Punkt

Im fünften und letzten Fall erfolgt die Verarbeitung der beiden Additionen zuerst, da sie geklammert sind. Danach multipliziert das Programm sie miteinander. Durch die Klammern erreicht das Programm, dass Strich vor Punkt gilt und nicht Punkt vor Strich. Diese Regel sollte aus der Mathematik bekannt sein.

22.5.2 Punkt vor Punkt

Etwas anders sieht es aus, wenn verschiedene Punktrechnungsarten (*, /, %) gemischt verwendet werden. Listing 22.12 zeigt ein Beispiel dafür.

Listing 22.12 Addition, Division und Multiplikation gemischt

```
 1  //Beispielprogramme/Gesetzmaessigkeiten/PunktVorPunktDemo
 2
 3  package programmierkurs;
 4
 5  public class PunktVorPunktDemo {
 6
 7    public static void main(String[] arguments) {
 8      int a = 4;
 9      int b = 4;
10      int c = 3;
11      int d = 4;
12      int ergebnis;
13      ergebnis = a + b * c / d;        // Fall 1
14      System.out.println("Fall 1:    4 + 4  *  3  / 4   = " + ergebnis);
15      ergebnis = a + (b * c) / d;      // Fall 2
16      System.out.println("Fall 2:    4 + (4  *  3) / 4   = " + ergebnis);
17      ergebnis = a + (c * b) / d;      // Fall 3
18      System.out.println("Fall 3:    4 + (4  *  3) / 4   = " + ergebnis);
19      ergebnis = a + b * (c / d);      // Fall 4
20      System.out.println("Fall 4:    4 + 4  * (3  / 4)  = " + ergebnis);
21      ergebnis = a + (b * (c / d));    // Fall 5
22      System.out.println("Fall 5:    4 + (4  * (3  / 4)) = "+ ergebnis);
```

```
23      ergebnis = (a + b) * c / d;    // Fall 6
24      System.out.println("Fall 6:  (4 + 4) * 3 / 4   = " + ergebnis);
25      ergebnis = ((a + b) * c) / d; // Fall 7
26      System.out.println("Fall 7: ((4 + 4) * 3) / 4   = " + ergebnis);
27      ergebnis = (a + b) * (c / d); // Fall 8
28      System.out.println("Fall 8:  (4 + 4) * (3 / 4)  = " + ergebnis);
29    }
30  }
```

Wie beim vorangegangenen Beispiel vereinbart das Kalkulationsprogramm vier Variablen als Integer-Werte. Anschließend verwendet es sie in einer gemischten Addition, Division und Multiplikation in acht Fällen. Das Ergebnis dieser Kalkulation auf vier verschiedene Arten sieht so aus:

```
Fall 1:   4 +  4  * 3  / 4   = 7
Fall 2:   4 + (4  * 3) / 4   = 7
Fall 3:   4 + (4  * 3) / 4   = 7
Fall 4:   4 +  4  * (3 / 4)  = 4
Fall 5:   4 + (4  * (3 / 4)) = 4
Fall 6:  (4 +  4) * 3  / 4   = 6
Fall 7: ((4 +  4) * 3) / 4   = 6
Fall 8:  (4 +  4) * (3 / 4)  = 0
```

Das Ergebnis ist auf den ersten Blick wieder einleuchtend. Die Auswertungsreihenfolge verläuft von links nach rechts, wobei Punkt vor Strich bevorzugt wird. Zu beachten ist, dass das Divisionszeichen hierbei als Punktoperator (wie in der Mathematik) geführt wird.

Punkt vor Strich

Im ersten Fall versucht das Programm, zunächst die Addition durchzuführen, darf dies aber wegen der Regel »Punkt vor Strich« nicht. Aus diesem Grund führt es zunächst die Multiplikation durch und erhält 12 als Resultat. Diesen Wert dividiert es durch b und erhält 3. Die abschließende Addition 3 plus 4 ergibt danach wieder 7.

Überflüssige Klammerebenen

Beim zweiten Fall ändern die gesetzten Klammern nichts an dem Ergebnis, da sie die Auswertungsreihenfolge nicht beeinflussen. Die Kalkulation verläuft also identisch.

Vertauschung

Im dritten Fall tritt ein Mathematikgesetz in Kraft, das sogenannte Vertauschungsgesetz (Kommutativgesetz). Das bedeutet, dass gleichwertige Operanden (Argumente) vertauscht werden können. Ob $b * c$ zuerst bearbeitet wird oder $c * b$, spielt bei gleichwertigen Rechenoperationen also zunächst keine Rolle. Die Kalkulation verläuft also auch hier identisch.

Verlorener Divisionsrest

Was ist im 4. Fall passiert? Die Klammerung des Ausdrucks c / d führt im Gegensatz zum ersten Fall dazu, dass hier ein Zwischenergebnis gebildet werden muss. Dies ist auch im fünften und achten Fall geschehen, da der Ausdruck nicht sofort multipliziert werden konnte.

Im Fall der Division erfolgt eine Typkonvertierung (Abschnitt 22.6, »Typkonvertierung«). Da das Resultat 0,75 kein Integer-Wert ist, gehen die Nachkommastellen (Divisionsrest) verloren. Was bleibt, ist nur noch der Wert 0, und der ergibt als Multiplikator im siebten Fall als Resultat ebenfalls 0.

Von innen nach außen

In den Fällen 6 und 7 verläuft die Bearbeitung des Ausdrucks von innen nach außen. Zuerst wird die Addition berechnet, danach die Multiplikation und schließlich die Division.

■ 22.6   Typkonvertierung

Java ist im Gegensatz zu manchen anderen Sprachen streng typisiert. Wenn ein Bezeichner als ein bestimmter Typ deklariert wurde, so ist dies für den gesamten Ablauf des Programms gültig. Der Compiler prüft bei Zuweisungen, ob die Datentypen zueinander passen. Folgendes wird nicht kompiliert:

```
long a = 1;
int b = 1;
b = a; // wird nicht kompiliert
```

Der Compiler überprüft, ob ein Datenverlust auftreten kann. Da die Variable *a* einen größeren Wertebereich belegen kann als *b*, weigert er sich, den Ausdruck abzusegnen. Folgendes ist hingegen erfolgreich:

```
long a = 1;
int b = 1;
a = b; // wird kompiliert
```

Dass ein Bezeichner lebenslang an seinen Typ gekettet ist, bedeutet allerdings nicht, dass es nicht möglich wäre, diese Fesseln *temporär* zu sprengen. Die Typkonvertierung erlaubt es, Werte zwischen Variablen unterschiedlicher Typs auszutauschen, wie folgendes Fragment zeigt:

```
long a = 1;
int b = 1;
int c = 1;
b = (int)a; // wird kompiliert
c = a; // wird nicht kompiliert
```

Wie das Beispiel zeigt, führt das Programm durch den Cast-Operator eine temporäre Konvertierung von *a* durch, um den Wert an *b* zu übergeben. Dass diese Vereinbarung nur zeitweise gilt, sehen Sie an der darauf folgenden Zeile. Hier versucht das Programm erneut, einen Wert des Typs *long* an eine Variable des Typs *int* zu übergeben, und scheitert erneut am Compiler, der das zu Recht unterbindet.

Die Programmiersprache Java verfügt über zwei Arten von Typkonvertierung. Die implizite Typkonvertierung wird automatisch durchgeführt. Hier ist der Entwickler passiv. Bei der expliziten Konvertierung führen Sie ausdrücklich eine Konvertierung durch.

22.6.1   Implizite Konvertierung

Tückisch ist die implizite Konvertierung, bei der eine schleichende Wertumwandlung stattfindet. Der Compiler weist nicht darauf hin, wenn ein Datenverlust droht, wie die folgenden Beispiele zeigen.

Verengung des Wertebereichs

Das Programm in Listing 22.13 wird von allen Entwicklungsumgebungen anstandslos übersetzt. Als Ergebnis erscheint 0, was auf einen deutlichen Informationsverlust hinweist, denn das Ergebnis müsste 0,75 sein.

Listing 22.13 Implizite Typkonvertierung mit Datenverlust

```
 1   //Beispielprogramme/Gesetzmaessigkeiten/VerengungImplizit1Demo
 2
 3   package programmierkurs;
 4
 5   public class VerengungImplizit1Demo {
 6
 7     public static void main(String[] arguments) {
 8       int a = 3;
 9       int b = 4;
10       float ergebnis;
11       ergebnis = a / b;
12       System.out.println("Ergebnis = " + ergebnis);
13     }
14   }
```

Das Programm führt bei der Division eine leicht zu übersehende implizite Konvertierung in einen Int-Wert durch. Da dieser Datentyp nur Festkommazahlen speichern kann, schneidet das Programm den Divisionsrest einfach ab. Übertragen wird nur die Vorkommastelle. Somit erscheint 0 als Ergebnis.

Das zweite Beispiel (Listing 22.14) testet die Grenze des Wertebereichs aus. Das Programm belegt zwei Integer-Werte mit ihrem Maximalwert und versucht im Anschluss daran, diese zu addieren und das Ergebnis in der Variable *ergebnis* zu speichern.

Listing 22.14 Ein Programm läuft Amok.

```
 1   //Beispielprogramme/Gesetzmaessigkeiten/VerengungImplizit2Demo
 2
 3   package programmierkurs;
 4
 5   public class VerengungImplizit2Demo {
 6
 7     public static void main(String[] arguments) {
 8       int a = 2147483647;
 9       int b = 2147483647;
10       int ergebnis;
11       ergebnis = a + b;
```

```
12        System.out.println("Ergebnis = " + ergebnis);
13    }
14  }
```

Wer vermutet, das Programm würde abstürzen, täuscht sich. Es passiert das Schlimmste: Durch die Addition wird das Zwischenergebnis wieder als Integer gespeichert, überschreitet aber diesmal den maximalen Wertebereich. Das führt nicht dazu, dass das Programm abbricht. Stattdessen erhält man einfach nur ein völlig falsches Ergebnis; das Programm arbeitet munter weiter.

Erweiterung des Wertebereichs

Bei der impliziten Typkonvertierung kann nicht nur eine gefährliche Verengung des Wertebereichs mit einem Datenverlust entstehen, sondern auch eine Erweiterung des Wertebereichs (Listing 22.15). Diesmal bleibt das Programm auf dem Teppich.

Listing 22.15 Implizite Typkonvertierung mit Bereichserweiterung

```
1  //Beispielprogramme/Gesetzmaessigkeiten/ErweiterungImplizitDemo
2
3  package programmierkurs;
4
5  public class ErweiterungImplizitDemo {
6
7    public static void main(String[] arguments) {
8      byte a = 127;
9      byte b = 127;
10     int ergebnis;
11     ergebnis = a + b;
12     System.out.println("Ergebnis = " + ergebnis);
13   }
14 }
```

Das Beispiel belegt zwei Byte-Variablen mit Werten dicht unterhalb des Maximalbereichs dieses Datentyps. Die Addition führt aber durch die implizite Konvertierung nicht dazu, dass das Programm kollabiert. Das Programm wandelt die beiden Werte stattdessen in einen Int-Wert um, der korrekt an die Variable *ergebnis* übergeben wird.

22.6.2 Explizite Konvertierung

Für die explizite Typkonvertierung müssen Sie aktiv in das Programm eingreifen und mit dem Cast-Operator eine ausdrückliche Konvertierung durchführen. Insofern ist die explizite Konvertierung lange nicht so tückisch wie die implizite Variante. Hier gibt es wieder zwei Unterarten: die Verengung und die Erweiterung des Wertebereichs.

Verengung des Wertebereichs

Die Verengung des Wertebereichs (engl. narrowing) sollte nur dann durchgeführt werden, wenn kein Informationsverlust auftritt. Es ist eine Vereinbarung zwischen Programmierer und Compiler, die heißt: »Schon gut, es ist gefährlich, aber ich weiß, was ich tue.«

Das Beispiel in Listing 22.16 zeigt, wie man den Wertebereich durch eine explizite Typkonvertierung verengen kann. Das Programm verwendet den Cast-Operator, um sicherzustellen, dass das Ergebnis der Addition als *short* interpretiert wird. Das Resultat liegt knapp unterhalb des maximalen Wertebereichs. Deshalb verläuft alles gut.

Listing 22.16 Verengung des Wertebereichs durch explizite Typkonvertierung

```
 1  //Beispielprogramme/Gesetzmaessigkeiten/VerengungExplizitDemo
 2
 3  package programmierkurs;
 4
 5  public class VerengungExplizitDemo {
 6
 7    public static void main(String[] arguments) {
 8      int a = 30000;
 9      int b = 2700;
10      short ergebnis;
11      ergebnis = (short) (a + b);
12      System.out.println("Ergebnis = " + ergebnis);
13    }
14  }
```

Erweiterung des Wertebereichs

Unter der Erweiterung des Wertebereichs versteht man die Typkonvertierung in Richtung von Datentypen, die mehr Speicherplatz beanspruchen (Abbildung 22.7). Vorsicht ist geboten, wenn Sie Festkommazahlen (*byte, short, int, long*) in Gleitkommazahlen konvertieren wollen.

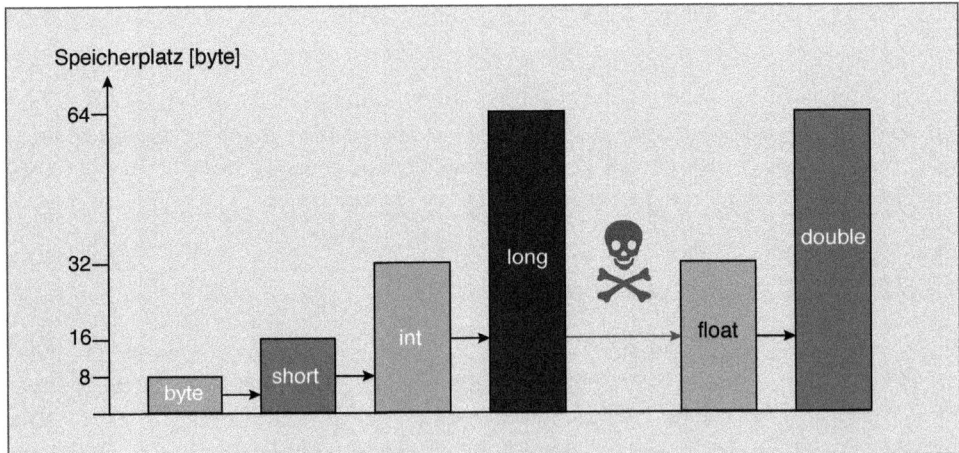

Abbildung 22.7 Bei der Umwandlung von Ganzzahlen in Kommazahlen ist Vorsicht geboten.

Der Totenkopf in der Grafik weist darauf hin, dass der Übergang von Fest- zu Gleitkommazahlen gefährlich ist. Das kommt daher, dass Festkommazahlen prinzipiell immer nur bis zu einer bestimmten Nachkommastelle gespeichert werden können. Bei der Konvertierung kann es also zu Datenverlusten kommen. Zwei Beispiele dazu: Das erste Beispiel zeigt, wie eine Erweiterung des Wertebereichs den Ablauf des Programms retten kann (Listing 22.17).

Listing 22.17 Erweiterung des Wertebereichs durch explizite Typkonvertierung

```
 1  //Beispielprogramme/Gesetzmaessigkeiten/ErweiterungExplizit1Demo
 2
 3  package programmierkurs;
 4
 5  public class ErweiterungExplizit1Demo {
 6
 7    public static void main(String[] arguments) {
 8      int a = 2147483647;
 9      int b = 2147483647;
10      long result;
11      result = (long) a + (long) b;
12      System.out.println("Ergebnis = " + result);
13    }
14  }
```

Während das vorangegangene Beispiel in Listing 22.14 durch eine implizite Typkonvertierung kollabiert, zieht dieses Beispiel vorher die Notbremse. Das Programm führt eine explizite Konvertierung der beiden Summanden durch und erzielt die gewünschte Wirkung: Das Ergebnis ist diesmal korrekt.

Dass das nicht immer so gut laufen muss, zeigt das folgende Beispiel. Es demonstriert die schon erwähnte unangenehme Seite der Java-Typkonvertierung. Die Erweiterung des Wertebereichs führt diesmal zu einem Datenverlust (Listing 22.18).

Listing 22.18 Datenverlust durch Erweiterung des Wertebereichs

```
 1  //Beispielprogramme/Gesetzmaessigkeiten/ErweiterungExplizit2Demo
 2
 3  package programmierkurs;
 4
 5  public class ErweiterungExplizit2Demo {
 6
 7    public static void main(String[] arguments) {
 8      long a = 1234567890123456789L;
 9      float b = a;
10      double c = a;
11      System.out.println("Festkommazahl   (64 Bit) = " + a);
12      System.out.println("Gleitkommazahl (32 Bit) = " + b);
13      System.out.println("Gleitkommazahl (64 Bit) = " + c);
14    }
15  }
```

Das Programm gibt folgende Werte aus:

```
Festkommazahl   (64 Bit) = 1234567890123456789
Gleitkommazahl (32 Bit) = 1.23456794E18
Gleitkommazahl (64 Bit) = 1.2345678901234567E18
```

Die erste Zeile der Ausgabe zeigt den Originalwert, während die zweite Zeile den in eine Gleitkommazahl des Typs *float* konvertierten Wert darstellt. Die letzte Zeile zeigt, was passiert, wenn man den Originalwert in eine Gleitkommazahl des Typs *double* umwandelt. Wie Sie an Ausgaben erkennen können, ist der Verlust an Genauigkeit in Abhängigkeit des Speicherbereichs der Gleitkommazahlen mehr oder weniger erheblich.

■ 22.7 Polymorphie

Polymorphie bedeutet, dass ein Objekt situationsbedingt verschieden reagieren kann. In Java lässt sich Polymorphie durch das Überladen und Überschreiben von Methoden einer Klasse realisieren.

22.7.1 Überladen von Methoden

Um das Überladen von Methoden zu demonstrieren, möchte ich nochmals auf die Klasse Vater zurückgreifen. Sie soll diesmal über zwei Methoden, um den Namen des Objekts festzulegen. Die Methoden sollen beide den gleichen Namen tragen, aber unterschiedliche Übergabeparameter verfügen. In einem Fall ist der Parameter ein Char-Feld, im anderen Fall ein String (Listing 22.19).

Listing 22.19 Überladen einer Methode

```
 1  //Beispielprogramme/Gesetzmaessigkeiten/Ueberladen1Demo
 2
 3  package familieroth;
 4
 5  public class Vater {
 6
 7    private String name;
 8
 9    public void setName(char[] privateBereich) {
10      this.name = new String(privateBereich);
11    }
12
13    public void setName(String privateBereich) {
14      this.name = privateBereich;
15    }
16
17    public String getName() {
18      return name;
19    }
20  }
```

Die Java-Laufzeitumgebung unterscheidet während der Programmausführung, welche der beiden Methoden verwendet wird. Wird das Char-Feld übergeben, führt das Programm die entsprechende Methode aus. Es erscheint: »Meine Name ist Karsten.« Wird hingegen der String übergeben, führt das Programm die Methode mit dem String-Parameter aus. Es erscheint daraufhin: »Meine Name ist Prof. Karsten Roth.«

Listing 22.20 Zwei Ausgaben durch Überladen der Methoden

```
 1  //Beispielprogramme/Gesetzmaessigkeiten/Ueberladen1Demo
 2
 3  package familieroth;
 4
 5  public class Ueberladen1Demo {
 6
 7    public static void main(String[] args) {
 8      char namePrivat[] = {'K','a', 'r', 's', 't','e', 'n'};
 9      String nameBeruflich = "Prof. Karsten Roth";
10      // Objekte erzeugen:
11      Vater karsten = new Vater();
12      karsten.setName(namePrivat);
13      System.out.println("Mein Name ist " + karsten.getName() + ".");
14
15      karsten.setName(nameBeruflich);
16      System.out.println("Mein Name ist " + karsten.getName() + ".");
17    }
18  }
```

Wenn also eine Methode gleichen Namens innerhalb einer Klasse definiert wird, spricht man davon, dass man sie überlädt. Es lassen sich beliebige Methoden gleichen Typs überladen, also auch Konstruktoren. Es ist jedoch nicht erlaubt, Methoden unterschiedlichen Typs zu überladen, wenn die Parameterliste vollständig übereinstimmt. Eclipse wertet folgenden Versuch als doppelte Definition und reagiert mit der Fehlermeldung *Duplicate method getName() in type Vater* (Listing 22.21).

Listing 22.21 Das Überladen der Methode »getName()« ist nicht gestattet.

```
 1  //Beispielprogramme/Gesetzmaessigkeiten/Ueberladen2Demo
 2
 3  package familieroth;
 4
 5  public class Vater {
 6
 7    private String nameBeruflich;
 8    private char namePrivat[];
 9
10    public void setName(char[] privateBereich) {
11      this.nameBeruflich = new String(privateBereich);
12    }
13
14    public void setName(String privateBereich) {
15      this.nameBeruflich = privateBereich;
16    }
17
18    public char[] getName() { // Compilerfehler
```

```
19        return namePrivat;
20    }
21
22    public String getName() { // Compilerfehler
23        return nameBeruflich;
24    }
25 }
```

Das Überladen von Methoden unterschiedlichen Typs ist nicht erlaubt, da die Java VM sonst zur Laufzeit nicht mehr unterscheiden könnte, welche Methode gemeint ist.

22.7.2 Überschreiben von Methoden

Ein wichtiger Aspekt bei der biologischen Vererbung sind Mutationen. Auch in Java müssen Erbinformationen nicht einfach so übernommen werden. Wenn man in einer abgeleiteten Klasse das Verhalten einer Methode ändern möchte, kann man sie einfach überschreiben (überlagern). Das Überschreiben geschieht durch eine Neudefinition der Methode. Dabei muss die Signatur exakt der Basismethode entsprechen. Methoden können nur dann nicht überschrieben werden, wenn die Basismethode als *private*, *finale* oder *static* definiert ist (Abbildung 22.8).

Abbildung 22.8 Auch das Überschreiben ist an bestimmte Regeln gebunden.

22.7.2.1   Normale Methoden überschreiben

Dazu wieder ein Beispiel mit Vater und Sohn. Die Klasse *Vater* soll über eine öffentliche Methode namens *signatur()* verfügen. Sie gibt Titel, Namen und Arbeitgeber aus (Listing 22.22).

Listing 22.22 Die Klasse »Vater« definiert eine Methode »signatur()«.

```
 1  //Beispielprogramme/Gesetzmaessigkeiten/Ueberschreibendemo
 2
 3  package familieroth;
 4
 5  public class Vater {
 6
 7    protected String name;
 8    protected String titel;
 9    protected String arbeitgeber;
10
11    public String getArbeitgeber() {
12      return arbeitgeber;
13    }
14
15    public void setArbeitgeber(String arbeitgeber) {
16      this.arbeitgeber = arbeitgeber;
17    }
18
19    public String getTitel() {
20      return titel;
21    }
22
23    public void setTitel(String titel) {
24      this.titel = titel;
25    }
26
27    public String getName() {
28      return name;
29    }
30
31    public void setName(String name) {
32      this.name = name;
33
34    }
35
36    public String signatur() {
37      return titel + " " + name + ", " + arbeitgeber;
38    }
39  }
```

Die Kindklasse soll die Signatur in einem leicht anderen Format darstellen. Im Vergleich zur Signatur der Klasse *Vater*, ist diese Signatur deutlich kürzer und verzichtet auf den Titel (Listing 22.23).

Listing 22.23 Die Klasse »Kind« überschreibt die Methode »signatur()«.

```
1   //Beispielprogramme/Gesetzmaessigkeiten/Ueberschreibendemo
2
3   package familieroth;
4
5   /**
6    * Klasse fuer Objekte wie Katharina
7    */
8   public class Kind extends Vater {
9
10    public String signatur() {
11      return name + " +++ " + arbeitgeber + " +++";
12    }
13  }
```

Folgendes Programm erzeugt die beiden Objekte, belegt Namen und Arbeitgeber und gibt die Signatur des Objekts aus (Listing 22.24).

Listing 22.24 Die Tochterklasse überschreibt die Basismethode »signatur()«.

```
1   //Beispielprogramme/Gesetzmaessigkeiten/Sichtbarkeitsdemo
2
3   package familieroth;
4
5   public class Familie {
6
7     public static void main(String[] args) {
8
9       // Objekte erzeugen:
10      Vater karsten = new Vater();
11      karsten.setName("Karsten Roth");
12      karsten.setTitel("Prof.");
13      karsten.setArbeitgeber("Universität Mainz");
14      Kind katharina = new Kind();
15      katharina.setName("Max Roth");
16      katharina.setArbeitgeber("Frankfurter Allgemeine");
17      // Bereiche ausgeben:
18      System.out.println("Die unterschiedlichen Signaturen:");
19      System.out.println("Karsten (Vater): "
20        + karsten.signatur());
21      System.out.println("Max (Sohn): "
22        + katharina.signatur());
23    }
24  }
```

Das Programm erzeugt folgende Ausgabe:

```
Die unterschiedlichen Signaturen:
Karsten (Vater): Prof. Karsten Roth, Universität Mainz
Max (Sohn): Max Roth +++ Frankfurter Allgemeine +++
```

Im ersten Fall ruft das Programm die Originalmethode der Vaterklasse auf und im zweiten Fall die überschriebene Methode der Kindklasse. Wie zu sehen ist, erreicht die abgeleitete

Klasse durch das Überschreiben der Basismethode eine vollkommen andere Programmausgabe.

22.7.2.2 Überschreiben verhindern

Wenn Sie das Überschreiben einer Methode zuverlässig verhindern wollen, müssen Sie die Methode als *final* kennzeichnen. Am Beispiel der Methode *signatur()* funktioniert das wie in Listing 22.25 zu sehen.

Listing 22.25 Überschreiben durch Verwendung von »final« verhindern

```
 1  //Beispielprogramme/Gesetzmaessigkeiten/Ueberschreibendemo
 2
 3  package familieroth;
 4
 5  public class Vater {
 6
 7    protected String name;
 8    protected String titel;
 9    protected String arbeitgeber;
10
11    public String getArbeitgeber() {
12      return arbeitgeber;
13    }
14
15    public void setArbeitgeber(String arbeitgeber) {
16      this.arbeitgeber = arbeitgeber;
17    }
18
19    public String getTitel() {
20      return titel;
21    }
22
23    public void setTitel(String titel) {
24      this.titel = titel;
25    }
26
27    public String getName() {
28      return name;
29    }
30
31    public void setName(String name) {
32      this.name = name;
33
34    }
35
36    public final String signatur() {
37      return titel + " " + name + ", " + arbeitgeber;
38    }
39  }
```

Durch das Schlüsselwort *final* werden Methoden vor dem Überschreiben geschützt.

■ 22.8 Zusammenfassung

Die Sichtbarkeit von Klassen lässt sich in zwei Stufen, die von Methoden und Variablen in vier Stufen festlegen. Neben diesen Sichtbarkeitsstufen wird der Gültigkeitsbereich von Variablen durch Blöcke beeinflusst. Hier kann eine Verdeckung auftreten, die Klassen- und Objektvariablen überlagert.

Java erfordert als typisierte Sprache eine explizite Umwandlung des Wertebereichs, wenn Datentypen nicht zueinander passen. Bei dieser expliziten Umwandlung kann es zu Datenverlusten kommen, weswegen hier Vorsicht geboten ist.

Tückischer als die explizite Umwandlung ist die automatische (implizite) Umwandlung des Typs, bei der ebenfalls Informationen verloren gehen können. Sie schützen sich gegen eine automatische Umwandlung, indem Sie Zwischenergebnisse explizit konvertieren.

Abbildung 22.9 Auch Prof. Roth kennt nicht alle Regeln und Gesetzmäßigkeiten.

Das Überladen und Überschreiben von Methoden erlaubt Ihnen, vordefinierte Klassen über das Mittel der Vererbung abzuändern. Unter Überladen versteht man, gleichnamige Methode mit unterschiedlichen Parametern zu definieren. Beim Überschreiben von Methoden definiert man diese neu. Sie müssen hierzu über exakt dieselbe Signatur verfügen.

■ 22.9 Aufgaben

- Welche Sichtbarkeitsstufen gibt es in Java?
- Welchen Zugriff bietet der Default-Bereich?
- Welchen Zugriff bietet der Protected-Bereich?
- Was bedeutet das Schlüsselwort *super*?
- Was bedeutet das Schlüsselwort *this*?
- Wie lässt sich die Auswertungsreihenfolge eines Ausdrucks beeinflussen?
- Warum ist eine Typkonvertierung notwendig?
- Was bewirkt sie?
- Was müssen Sie dabei beachten?
- Wozu dient das Überladen von Methoden?
- Welche Voraussetzungen gelten dabei?
- Welche Methoden können Sie überschreiben, welche nicht?
- Wozu dient das Verfahren?

Die Lösungen zu den Aufgaben finden Sie in Kapitel 25, »Lösungen«, ab Seite 606.

■ 22.10 Literatur

Bernhard Steppan: Eclipse-Erweiterungen; *https://www.steppan.net*

23 Algorithmen

■ 23.1 Einleitung

Im vorangegangenen Kapitel haben Sie gesehen, aus welchen Teilen ein Java-Programm besteht. Setzt man bestimmte Teile eines Programms so zusammen, dass ein Verfahren zur Lösung eines Problems entsteht, spricht man von einem Algorithmus. Wie man ein solches Verfahren entwickelt, welche Arten von Algorithmen es gibt und welche in Java schon vorhanden sind, darum geht es in diesem Kapitel.

Ein Programm ohne Algorithmus ist wie ein Fisch ohne Wasser. Algorithmen sind Verfahren, wie das Suchen nach einer Datei oder das Sortieren von Zahlen – kurz: Sie sind unentbehrlich. Das Gute ist: Java-Klassenbibliotheken bieten Ihnen vorgefertigte Lösungen. Und die sehe ich mir mit Ihnen gleich an!

Abbildung 23.1 Anna führt Sie durch die Welt der Algorithmen.

■ 23.2 Überblick

23.2.1 Algorithmen entwickeln

Wie entwickelt man Algorithmen? Um vom Problem zielgerichtet zu einer Lösung, dem Algorithmus, zu kommen, sollte man nach einem Lösungsverfahren vorgehen. Ein solcher Plan könnte beispielsweise wie in Abbildung 23.2 aussehen.

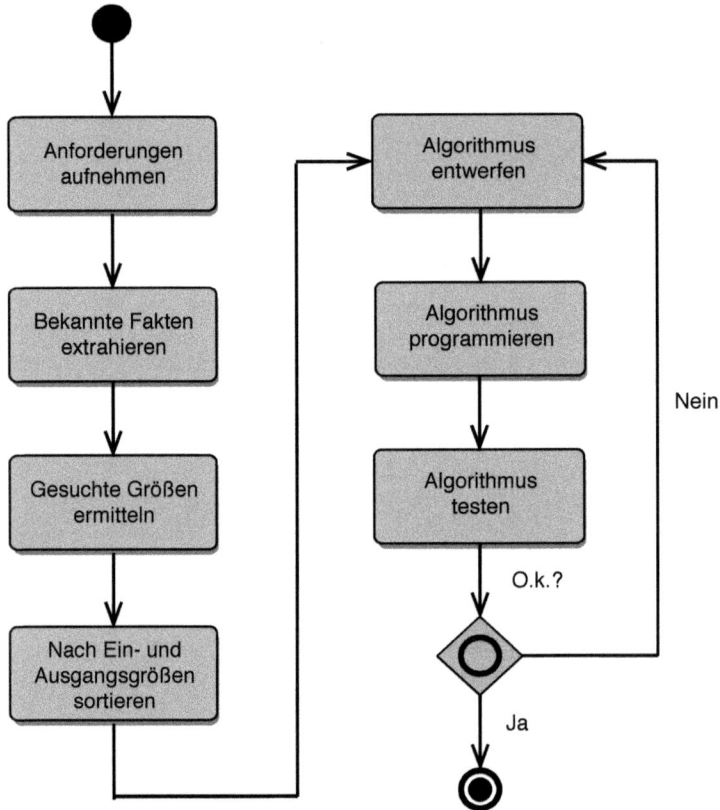

Abbildung 23.2 Ablauf der Entwicklung eines Algorithmus

Schritt 1 wird üblicherweise als »Anforderungsaufnahme« bezeichnet. Die Schritte 2 bis 5 nennen sich »Analyse und Design«, Schritt 6 kennen Sie als »Implementierung«, Schritt 7 als Test, Schritt 8 als Analyse, Schritt 9 als nochmaliges Design, Schritt 10 als Implementierung, Schritt 11 als Test und so weiter. Wie Sie sehen, wiederholt sich der gesamte Ablauf ständig. Die Schritte werden zyklisch in folgender Reihenfolge durchlaufen: Anforderungsaufnahme – Analyse und Design – Implementierung – Test.

Das Bild kommt Ihnen sicher aus Kapitel 19, »Entwicklungsprozesse«, bekannt vor. Es ist nichts anderes als der dort vorgestellte Entwicklungsprozess. Was ich Ihnen hier also gerade vorgestellt habe, ist ein Verfahren zur Entwicklung von Algorithmen. Im Prinzip läuft die gesamte Entwicklung eines Programms so ab: Was für den Algorithmus im Kleinen gilt, trifft auch für das Programm im Großen zu.

23.2.2 Algorithmenarten

Algorithmen gibt es für jeden Einsatzzweck. Damit man die Fülle von Algorithmen besser unterscheiden kann, klassifiziert man sie nach verschiedenen Arten (Abbildung 23.3).

```
Algorithmenarten {
    • Sortieralgorithmen
    • Suchalgorithmen
    • Graphen
    • Mustererkennungsalgorithmen
    • Mathematische Aufgaben
    • Lösung geometrischer Probleme
}
```

Algorithmen benötigt man für die unterschiedlichsten Anwendungsfälle wie zum Beispiel zum Sortieren oder zum Suchen eines Elements in einem Array. Manche Algorithmen muss man selbst entwickeln, für andere lassen sich vorgefertigten Java-Klassen verwenden.

Abbildung 23.3 Arten von Algorithmen

23.2.3 Algorithmen verwenden

Algorithmen lassen sich entweder selbst implementieren oder man verwendet vorgefertigte Klassen, die über einen geeigneten Algorithmus verfügen. Für beide Fälle möchte ich Ihnen nachfolgend einige Beispiele vorstellen.

■ 23.3 Algorithmen entwickeln

23.3.1 Sortieralgorithmen

Es kommt in einem Programm ständig vor, dass Werte sortiert werden müssen. Das können Zahlenwerte sein oder Zeichenketten. Entscheidend bei Sortieralgorithmen ist vor allem deren Geschwindigkeit. Einer der einfachsten Sortieralgorithmen ist der *Selection Sort*.

Listing 23.1 Eines der einfachsten Sortierverfahren ist der »Selection Sort«.

```
 1  //Beispielprogramme/Algorithmen/Sortieralgorithmen
 2
 3  package programmierkurs;
 4
 5  public class SelectionSortDemo {
 6
 7    public static void main(String[] arguments) {
 8
 9      int groessen[] = { 185, 190, 171, 186, 184, 172 };
10
11      int zwischenspeicher, index;
12
13      for (index = 0; index <= (groessen.length); index++) {
14        for (int j = index; j < (groessen.length); j++) {
15          if (groessen[index] > groessen[j]) { // Vergleich
16            // Zwischenspeichern des Minimums:
17            zwischenspeicher = groessen[index];
18            groessen[index] = groessen[j]; // Minimum wird ueberschrieben
19            // Vertauschung durch temp. Wert:
20            groessen[j] = zwischenspeicher;
21          }
22        }
23      }
24      System.out.println("Die Größen der Mitglieder des "
25        + "Programmierkurses aufsteigend sortiert:");
26      for (index = 0 ; index < groessen.length - 1; index++)
27        System.out.print(groessen[index] + ", ");
28      System.out.print(groessen[index]);
29    }
30  }
```

Das Programm sucht erst nach dem kleinsten Element des Feldes, tauscht es gegen das erste Element aus, findet das zweitkleinste Element, tauscht es gegen das zweite Element aus und so weiter, bis das gesamte Feld sortiert ist. In der innersten Schleife findet über eine If-Anweisung der Vergleich zwischen den Elementen statt. Ist ein Minimum gefunden, speichert das Programm es in einer temporären Variablen und vertauscht es. Danach finden weitere Durchläufe statt, bis das gesamte Feld sortiert ist. Das Programm gibt Folgendes aus:

```
Die Größen der Mitglieder des Programmierkurses aufsteigend sortiert:
171, 172, 184, 185, 186, 190
```

23.3.2   Grafikalgorithmen

Es gibt verschiedene Arten von Diagrammen, die zum Beispiel in Statistikprogrammen oder Tabellenkalkulationen eingesetzt werden. Einer dieser Diagrammtypen nennt sich Balkendiagramm und eignet sich sehr gut, um absolute Werte zu beurteilen. Für diesen Diagrammtyp möchte ich hier mit Ihnen einen einfachen Algorithmus entwickeln. Das Balkendiagramm soll die Größen der Mitglieder unseres Programmierkurses darstellen.

Für das Zeichnen von Grafiken mithilfe der Klassenbibliotheken von Java sind einige Vorkenntnisse notwendig. Zunächst ist wichtig zu wissen, dass das Abstract Windowing Toolkit (AWT) eine Reihe von einfachen Grundfiguren für das Zeichnen bereithält. Darunter befinden sich Kreise, Ellipsen und Rechtecke. Die Figuren können gefüllt oder in Umrissen dargestellt werden. Sie befinden sich in der Klasse *Graphics* des Pakets *java.awt*.

23.3.2.1   Eigene Grafikkomponente

Um diese Figuren verwenden zu können, müssen Sie kein Objekt der Klasse *Graphics* erzeugen. Stattdessen leiten Sie eine Fensterkomponente des Typs *JComponent* ab, die die Methode *paint()* für das Zeichnen in einem Fenster bereithält. Diese Methode bekommt als Parameter ein Objekt der Klasse *Graphics* geliefert. Dieses Objekt verfügt über die Methode *fillRect()*, mit der sich Rechtecke (Balken) zeichnen lassen. Um eigene Diagramme zeichnen zu können, überschreiben Sie einfach die Methode *paint()* der Basisklasse *JComponent*. Durch das Überschreiben der Methode ersetzen Sie das Verhalten der Basisklasse durch eine eigene Implementierung – den neuen Grafikalgorithmus. Die zweite wichtige Voraussetzung, um erfolgreich einen Grafikalgorithmus implementieren zu können, ist die Kenntnis des Java-Koordinatensystems. Der Ursprung des Koordinatensystems liegt in der linken oberen Ecke. Das bedeutet, dass das bekannte Koordinatensystem aus der Mathematik, bei dem man im ersten Quadranten zeichnet, an der x-Achse gespiegelt vorliegt (Abbildung 23.4).

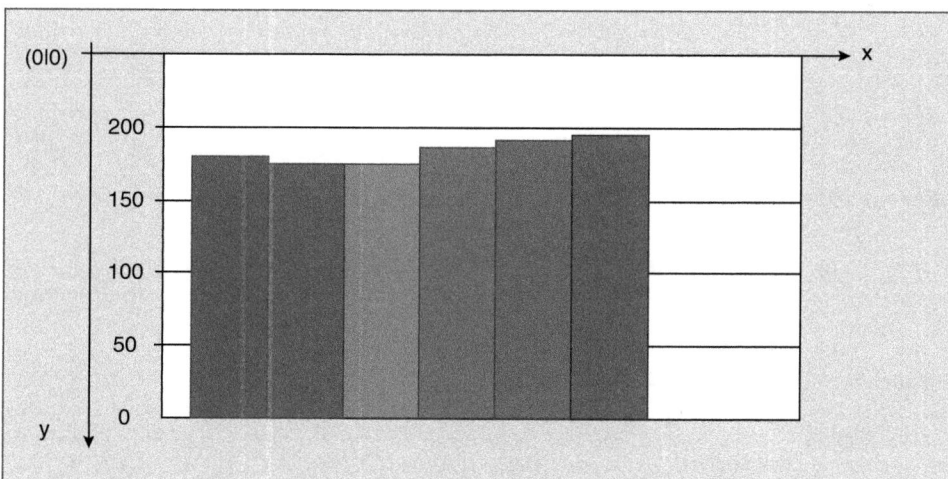

Abbildung 23.4 Der Koordinatenursprung liegt in der linken oberen Ecke.

23.3.2.2   Eigener Grafikalgorithmus

Abbildung 23.5 zeigt noch genauer, wo das Problem beim Zeichnen eines Balkendiagramms besteht: Durch das gekippte Koordinatensystem zeichnet die Methode *fillRect()* immer von oben nach unten. Ein Betrachter des Diagramms erwartet genau das umgekehrte Verhalten. Damit es so aussieht, als ob alle Balken an einer gemeinsamen Stelle nach oben wachsen, müssen Sie die Diagrammposition auf der y-Achse richtig berechnen. Sie muss größer als der maximale Wert sein, den ein Balken anzeigen soll. Die Abbildung zeigt die Diagrammposition für Werte, die nicht größer als 250 sind.

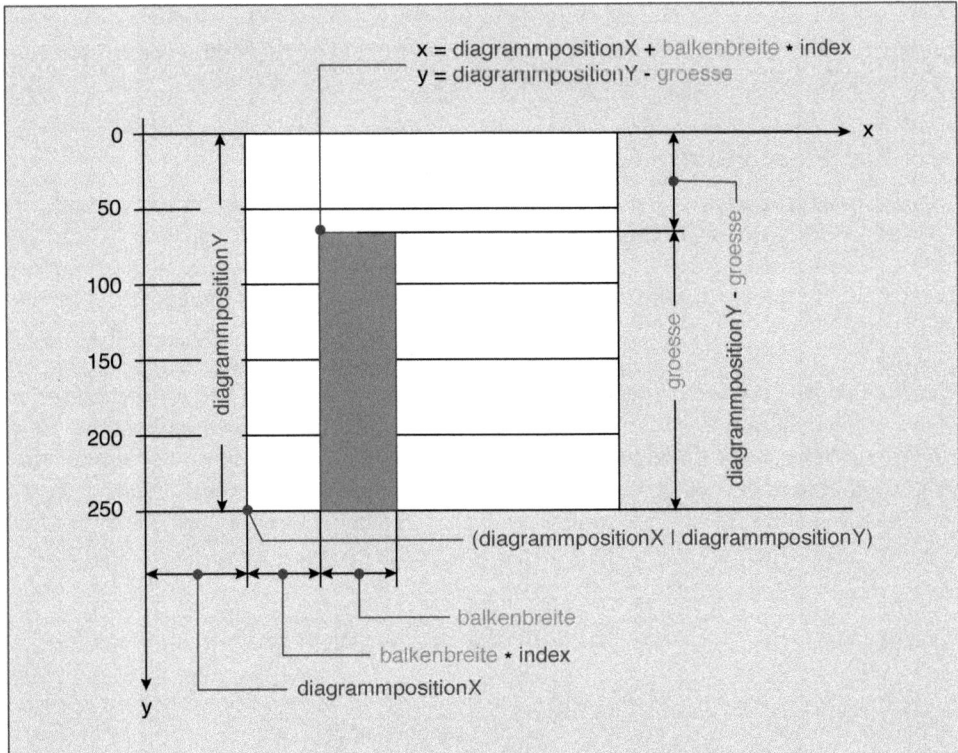

Abbildung 23.5 Die Berechnung der x- und y-Koordinaten des Balkendiagramms

Die Methode *fillRect()*, mit der das Programm die Balken zeichnet, benötigt zum Zeichnen vier Parameter. Tabelle 23.1 listet diese Parameter auf und zeigt Ihnen, wie das Programm sie berechnet.

Tabelle 23.1 Die Parameter für die Zeichenmethode »fillRect()«

Parameter	Zweck	Formel / Variable
x	Zeichenursprung in x-Richtung	diagrammpositionX + balkenbreite * index
y	Zeichenursprung in y-Richtung	diagrammpositionY - groesse
Breite	Breite des Balkens	balkenbreite
Höhe	Größe eines Mitglieds	groesse

In x-Richtung lässt sich der Index und die Balkenbreite verwenden, um die Balken geordnet nebeneinander zu stellen. Beim Index = 0 beginnt das Zeichnen des ersten Balkens an dem Wert für *diagrammpositionX*, bei *index = 1* um die Balkenbreite versetzt nach rechts und so weiter. Die Balken lassen sich am besten nebeneinander zeichnen, indem man den Index mit der Balkenbreite multipliziert. Der x-Parameter lässt sich nach folgender Formel berechnen:

```
x = diagrammpositionX + balkenbreite * index
```

Da die Balken in y-Richtung in negativer Richtung gezeichnet werden müssen, berechnet sich die y-Koordinate des Zeichenursprungs nach folgender Formel:

```
y = diagrammpositionY - groesse
```

Durch diese Formeln sind zwei Probleme gelöst. In x-Richtung platziert der Algorithmus den ersten Balken am Anfang des Diagramms, weil der Index mit dem Wert 0 startet. Alle weiteren Balken versetzt der Algorithmus um die Breite eines Balkens in x-Richtung. In y-Richtung platziert der Algorithmus die Balken so, dass sie auf einer Linie stehen.

23.3.2.3 Implementierung

Zunächst benötigen wir erneut eine Klasse *Person* zum Speichern der Mitglieder des Programmierkurses. Das Balkendiagramm verwendet diese Klasse, um daraus eine Liste von Objekten zu erzeugen, die dem Programmierkurs entspricht. Die Klasse ist wie in den anderen Beispielen des vorigen Buchteils aufgebaut und enthält die Attribute *name* und *groesse*, die das Balkendiagramm später anzeigen wird. Entsprechend den beiden Attributen gibt es einen Konstruktor, der die Attribute initialisiert, und zwei Abfragemethoden, um die Werte der Person zu ermitteln (Listing 23.2).

Listing 23.2 Diese Klasse liefert den Bauplan für die Mitglieder des Programmierkurses.

```
 1  //Beispielprogramme/Algorithmen/Grafikalgorithmus
 2  package programmierkurs;
 3
 4  public class Person {
 5    String name;
 6    int groesse;
 7
 8    /**
 9     * Konstruktor
10     * @param name der Name der Person
11     * @param groesse die Groesse der Person
12     */
13    public Person(String name, int groesse) {
14      super();
15      this.name = name;
16      this.groesse = groesse;
17    }
18
19    public String getName() {
20      return name;
```

```
21     }
22
23     public int getGroesse() {
24       return groesse;
25     }
26   }
```

Das Listing 23.3 zeigt die Implementierung der Grafikkomponente. Die Klasse *Balkendiagramm* erweitert die Swing-Klasse *JComponent* und überschreibt dabei die Methode *paint()*. Der Konstruktor ab Zeile 26 legt die Standardwerte für *diagrammPositionX*, *diagrammPositionY* sowie der *balkenbreite* fest. Danach baut der Konstruktor ein Feld aus Objekten des Typs *Person* für die Mitglieder des Programmierkurses zusammen.

Ab Zeile 43 beginnt die überschriebene Methode *paint()*, die das Zeichnen des Diagramms übernimmt. Zu Beginn legt die Methode den Zeichensatz mit der Methode *setFont()* des Objekts *graphics* der Klasse *Graphics* und die Titelfarbe fest (Zeile 45 und 46). Danach gibt die Methode in Zeile 49 den Titel des Diagramms aus. Die Implementierung des Grafikalgorithmus beginnt ab Zeile 52 mit einer For-Schleife. Die Schleife benutzt als Grenzwert die Länge des gerade angelegten Personen-Arrays. Innerhalb der Schleife variiert das Programm die Farbe der Balken, so dass sie sich farblich voneinander absetzen (Zeile 53). Dazu verwendet das Programm ein Array mit vordefinierten Farbwerten (Zeilen 19 bis 22).

In Zeile 55 ermittelt das Programm die Größe der Personen und zeichnet in den darauf folgenden Zeilen 56 und 57 die Balken. Für das Zeichnen der Balken verwendet das Programm die bereits erwähnte Methode *fillRect()* der Klasse *Graphics*. Die Methode bekommt die schon erwähnten Parameter x, y, Breite und Höhe, die nach den Formeln aus der Abbildung 23.5 berechnet werden. Die Beschriftung der Balken erledigt die Methode *drawString()* in den Zeilen 59 bis 61.

Listing 23.3 Die Klasse »Balkendiagramm« ist die neue Grafikkomponente.

```
1   //Beispielprogramme/Algorithmen/Grafikalgorithmus
2
3   package programmierkurs;
4
5   import java.awt.Color;
6   import java.awt.Font;
7   import java.awt.Graphics;
8   import javax.swing.JComponent;
9
10  public class Balkendiagramm extends JComponent {
11    private static final long serialVersionUID = 1L;
12    private int diagrammpositionX;
13    private int diagrammpositionY;
14    private int balkenbreite;
15    private Color titelfarbe;
16    Person programmierkurs[] = new Person[6]; // Programmierkurs
17
18    private Color[] farben = {
19      Color.red, Color.magenta, Color.green,
20      Color.blue, Color.orange, Color.gray
21    };
```

```
22
23      /**
24       * Der Konstruktor der Komponente
25       */
26      public Balkendiagramm() {
27        diagrammpositionX = 0;
28        diagrammpositionY = 0;
29        balkenbreite = 80;
30        programmierkurs[0] = new Person("Karsten", 184); // 184 cm
31        programmierkurs[1] = new Person("Anna", 171); // 171 cm
32        programmierkurs[2] = new Person("Julia", 172); // 172 cm
33        programmierkurs[3] = new Person("Lukas", 186); // 186 cm
34        programmierkurs[4] = new Person("Florian", 185); // 185 cm
35        programmierkurs[5] = new Person("Robert", 190); // 190 cm
36      }
37
38      /**
39       * Die Methode paint() ist ueberschrieben von der Basisklasse.
40       * Dies ist die Methode, in der sich der Grafikalgorithmus
41       * befindet, der das Diagramm zeichnet.
42       */
43      public synchronized void paint(Graphics grafik) {
44        //Titelzeichensatz:
45        grafik.setFont(new Font("Arial", Font.PLAIN, 12));
46        grafik.setColor(titelfarbe); // Titelfarbe
47        //Titel der Grafik:
48        grafik.drawString("Größenvergleich der Mitglieder des "
49        + "Programmierkurses", 145, 20);
50        int groesse;
51        //Der Algorithmus zum Zeichnen der Rechtecke:
52        for (int index = 0; index < programmierkurs.length; index++) {
53          grafik.setColor(farben[index]);
54          groesse = programmierkurs[index].getGroesse();
55          // Zeichnen des Rechtecke:
56          grafik.fillRect(diagrammpositionX + balkenbreite * index,
57            diagrammpositionY - groesse, balkenbreite, groesse);
58          // Beschriftung mit dem Namen der Mitglieder:
59          grafik.drawString(programmierkurs[index].getName(),
60            diagrammpositionX + 20 + balkenbreite * index,
61            diagrammpositionY + 20);
62        } //for
63      } //paint
64
65      public void setTitelfarbe(Color titelfarbe) {
66        this.titelfarbe = titelfarbe;
67      }
68
69      public void setBalkenbreite(int balkenbreite) {
70        this.balkenbreite = balkenbreite;
71      }
72
73      public void setDiagrammpositionX(int diagrammpositionX) {
```

```
74       this.diagrammpositionX = diagrammpositionX;
75   }
76
77   public void setDiagrammpositionY(int diagrammpositionY) {
78       this.diagrammpositionY = diagrammpositionY;
79   }
80 }
```

Nun wäre noch wünschenswert, dass die Grafikklasse eine kleine Schnittstelle bekäme, um einige Parameter von außen ändern zu können. Sie kommt in Form von drei Zugriffsmethoden, die es erlauben, den Zeichenursprung, die Höhe des Diagramms und die Breite des Balkens zu variieren:

```
public void setBalkenbreite(int balkenbreite)
public void setDiagrammpositionX(int diagrammpositionX)
public void setDiagrammpositionY(int diagrammpositionY)
```

Die Klasse *Grafikfenster* bettet die Grafikkomponente in eine Swing-Klasse ein (Listing 23.4). Hierzu erzeugt es in Zeile 16 ein neues Objekt namens *Balkendiagramm*. In der Initialisierungsmethode des Fensters (ab Zeile 30) holt sich das Programm eine Zeichenfläche und setzt ein Border-Layout. Im Anschluss daran legt das Fenster seine Größe und den Fenstertitel fest. Mit der Methode *setDiagrammpositionX()* versetzt das Fenster den Ursprung des Balkendiagramms auf der x-Achse etwas nach rechts, mit der Methode *setDiagrammpositionY()* gibt es die maximale Gesamthöhe des Diagramms vor und legt damit die Linie fest, auf der sämtliche Balken stehen. Zum Schluss fügt die Klasse das Diagramm in die *zeichenflaeche* mit der Methode *add()* ein (Zeile 38).

Listing 23.4 Die Klasse »Grafikfenster« bettet das Balkendiagramm in ein Fenster ein.

```
1  //Beispielprogramme/Algorithmen/Grafikalgorithmus
2
3  package programmierkurs;
4
5  import java.awt.AWTEvent;
6  import java.awt.BorderLayout;
7  import java.awt.Dimension;
8  import javax.swing.JFrame;
9  import javax.swing.JPanel;
10
11
12 public class Grafikfenster extends JFrame {
13   private static final long serialVersionUID = 1L;
14   private JPanel zeichenflaeche;
15   private BorderLayout layout = new BorderLayout();
16   private Balkendiagramm balkendiagramm = new Balkendiagramm();
17
18   //Das Grafikfenster erzeugen
19   public Grafikfenster() {
20     enableEvents(AWTEvent.WINDOW_EVENT_MASK);
21     try {
22       init();
```

```
23      }
24      catch(Exception e) {
25        e.printStackTrace();
26      }
27    }
28
29    //Initialisierung der Komponenten
30    private void init() throws Exception  {
31      zeichenflaeche = (JPanel) getContentPane();
32      zeichenflaeche.setLayout(layout);
33      setSize(new Dimension(600, 400));
34      setTitle("GrafikApp");
35      balkendiagramm.setAlignmentX((float) 0.5);
36      balkendiagramm.setDiagrammpositionX(55);
37      balkendiagramm.setDiagrammpositionY(300);
38      zeichenflaeche.add(balkendiagramm,  BorderLayout.CENTER);
39      setDefaultCloseOperation(JFrame.EXIT_ON_CLOSE);
40    }
41  }
```

Das Hauptprogramm kann jetzt das fertiggestellte Hauptfenster erzeugen. Das geschieht direkt am Anfang seines Konstruktors in Zeile 14. Das Objekt namens *fenster* verfügt über die diverse Methoden, mit denen sich Fenster gestalten lassen. Eine Methode ist *setResizeable()*, die das Programm in Zeile 21 aufruft und die bewirkt, dass der Anwender die Größe des Fensters nicht ändern kann. Danach wird das Fenster auf dem Bildschirm mit der Methode *setLocationRelativeTo(null)* zentriert (Zeile 22) und mit der Methode *setVisible(true)* sichtbar geschaltet (Zeile 23).

Listing 23.5 Die Klasse »GrafikApp« ist das Grafikprogramm.

```
1   //Beispielprogramme/Algorithmen/Grafikalgorithmus
2
3   package programmierkurs;
4
5   import javax.swing.UIManager;
6
7   public class GrafikApp {
8     boolean packFrame = false;
9
10    /**
11     * Der Konstruktor des Programms
12     */
13    public GrafikApp() {
14      Grafikfenster fenster = new Grafikfenster();
15      if (packFrame) {
16        fenster.pack();
17      }
18      else {
19        fenster.validate();
20      }
21      fenster.setResizable(false);
```

```
22        fenster.setLocationRelativeTo(null); // Fenster zentrieren
23        fenster.setVisible(true);
24      }
25
26      /**
27       * Die Main-Methode ist der Einstiegspunkt des Programms
28       * @param args die Argumente werden nicht ausgewertet
29       */
30      public static void main(String[] args) {
31        try {
32          UIManager.setLookAndFeel(UIManager.getSystemLookAndFeelClassName());
33        }
34        catch(Exception e) {
35          e.printStackTrace();
36        }
37        new GrafikApp();
38      }
39    }
```

Wenn Sie das Programm übersetzen und starten, zeigt sich das Hauptfenster, in dem sich das neue Balkendiagramm befindet (Abbildung 23.6). Im oberen Bereich der Grafik erkennen Sie den Titel, in der Mitte die Balkengrafik und im unteren Bereich die Beschriftung jedes Balkens mit dem Namen der Person.

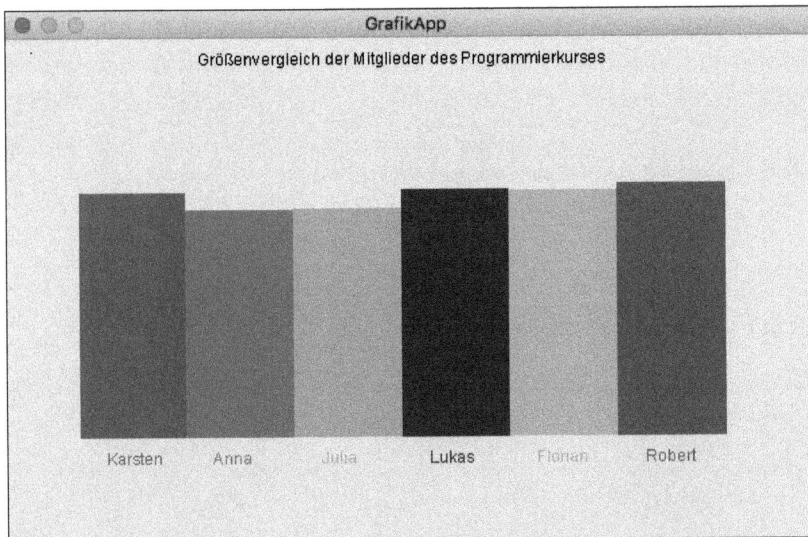

Abbildung 23.6 Die Größen der Mitglieder des Programmierkurses im Vergleich

■ 23.4 Algorithmen verwenden

Viele Algorithmen müssen Sie als Java-Programmierer nicht selbst entwickeln. Sie haben in Kapitel 21, »Klassenbibliotheken«, gesehen, dass Ihnen die Klassenbibliotheken der Java Standard Edition die Programmierung erleichtern können. Innerhalb dieser Klassenbibliotheken befinden sich Klassen, die zum Beispiel Sortieralgorithmen enthalten. Man muss bloß wissen, ob sie für den Einsatzzweck geeignet ist. Aber auch dazu ein Beispiel.

23.4.1   Sortieralgorithmen

23.4.1.1   Collections

In Kapitel 21 wurde Ihnen eine Reihe von Klassenbibliotheken vorgestellt, darunter auch die Collection-Klassen, die sich im Util-Paket der Java Standard Edition befinden. Es gibt eine ganze Reihe verschiedener Verfahren. Zum Thema Sortieren möchte ich Ihnen die Klasse *Collections* vorstellen. Sie enthält eine Methode, die sich ausgezeichnet zum Sortieren von Feldern eignet, wie das folgende Beispiel zeigt.

Listing 23.6 Sortierung mittels der Collections-Klasse

```
 1  //Beispielprogramme/Algorithmen/Sortieralgorithmen
 2
 3  package programmierkurs;
 4
 5  import java.util.Arrays;
 6  import java.util.Collections;
 7  import java.util.List;
 8
 9  public class CollectionsSortDemo {
10
11    public static void main(String[] arguments) {
12
13      List<String> programmierkurs =
14        Arrays.asList(new String[] {"Karsten", "Anna", "Julia",
15                                    "Lukas", "Florian", "Robert"});
16      Collections.sort(programmierkurs);
17      System.out.println("Die Vornamen der Mitglieder des "
18        + "Programmierkurses alphabetisch sortiert:");
19      int index;
20      for (index = 0 ; index < programmierkurs.size() - 1; index++)
21        System.out.print(programmierkurs.get(index) + ", ");
22      System.out.print(programmierkurs.get(index));
23    }
24  }
```

Das Programm erzeugt ein Objekt namens *programmierkurs*, dem ein String-Array mit den Namen der Mitglieder des Programmierkurses übergeben wird. Die Klasse sortiert dieses Array mithilfe der Klasse *Collections* und präsentiert die alphabetisch sortierte Liste. Im

Gegensatz zum Beispiel des Listings 21.17 aus Kapitel 21 gibt das Programm diesmal die Namen der Mitglieder des Programmierkurses geordnet aus:

```
Die Vornamen der Mitglieder des Programmierkurses alphabetisch sortiert:
Anna, Florian, Julia, Karsten, Lukas, Robert
```

23.4.1.2 Arrays

Wie sehr sich das Sortierprogramm des Listings 23.1 vereinfachen lässt, wenn man die mächtigen Java-Klassenbibliotheken kennt, zeigt das Listing 23.7.

Listing 23.7 Sortierung mithilfe der Klasse »Arrays«

```
1   //Beispielprogramme/Algorithmen/Sortieralgorithmen
2
3   package programmierkurs;
4
5   import java.util.Arrays;
6
7   public class ArraysSortDemo {
8
9     public static void main(String[] arguments) {
10
11      int groessen[] = { 185, 190, 171, 186, 184, 172 };
12      int index;
13
14      Arrays.sort(groessen); //Sortieren des Felds
15      System.out.println("Die Größen der Mitglieder des "
16        + "Programmierkurses aufsteigend sortiert:");
17      for (index = 0 ; index < groessen.length - 1; index++)
18        System.out.print(groessen[index] + ", ");
19      System.out.print(groessen[index]);
20    }
21  }
```

Wie Sie erkennen können, ersetzt ein einfacher Methodenaufruf der Klasse *Arrays* das gesamte Schleifennest des Listings 23.1. Es gibt genau dieselbe sortierte Liste der Größen der Mitglieder des Programmierkurses aus:

```
Die Größen der Mitglieder des Programmierkurses aufsteigend sortiert:
171, 172, 184, 185, 186, 190
```

Das Beispiel zeigt gut, dass Sie sich nur Algorithmen selbst ausdenken müssen, für die Java keine vorgefertigten Lösungen bereitstellt. Das trifft zum Beispiel auch für das Suchen zu, wie das folgende Beispiel zeigen wird.

23.4.2 Suchalgorithmen

Wer große Listen von Objekten verwaltet, möchte einzelne Objekte natürlich wieder problemlos finden. Das nachfolgende Listing 23.8 ist eine Erweiterung des vorangegangenen

Beispiels. Dieses Programm legt zunächst wieder unseren Programmierkurs mit den einzelnen Mitgliedern an (Zeilen 12 und 13). Danach sortiert das Programm die Liste und setzt dazu erneut die Klasse *Collections* ein (Zeile 16).

Listing 23.8 Die Suche nach »Florian« innerhalb des Programmierkurses

```
1  //Beispielprogramme/Algorithmen/Suchalgorithmus
2
3  package programmierkurs;
4
5  import java.util.Arrays;
6  import java.util.Collections;
7  import java.util.List;
8
9  public class CollectionsSearchDemo {
10
11    public static void main(String[] arguments) {
12      // Erzeugen des Programmierkurses mit seinen Mitgliedern
13      List<String> programmierkurs =
14        Arrays.asList(new String[] {"Karsten", "Anna", "Julia",
15                                    "Lukas", "Florian", "Robert"});
16      // Sortieren des Programmierkurses
17      Collections.sort(programmierkurs);
18
19      int index; // Laufindex fuer Schleife und Suche
20
21      // Ausgabe der sortierten Liste der Mitglieder:
22      System.out.println("Die Vornamen der Mitglieder des "
23        + "Programmierkurses alphabetisch sortiert:");
24          for (index = 0 ; index < programmierkurs.size() - 1; index++)
25        System.out.print(programmierkurs.get(index) + ", ");
26      System.out.print(programmierkurs.get(index) +"\n");
27
28      // Suche nach dem Mitglied "Florian":
29      index = Collections.binarySearch(programmierkurs, "Florian");
30
31      // Ermittlung des Elements mittels Index und Ausgabe seines Namens:
32      System.out.print("Mitglied gefunden: " + programmierkurs.get(index));
33    }
34  }
```

Die Klasse *Collections* verfügt über eine statische Methode *binarySearch()*, der das Programm die Liste der Mitglieder des Programmierkurses und das Mitglied übergibt, das sie suchen soll (Zeile 27). In diesem Beispiel soll das Programm ermitteln, ob es im Programmierkurs eine Person namens »Florian« gibt und den *index* dieser Person ausgeben. Um die Person anzuzeigen, verwendet das Programm die Methode *get()* des Objekts *programmkurs*. Das Programm gibt Folgendes aus:

```
Die Vornamen der Mitglieder des Programmierkurses alphabetisch sortiert:
Anna, Florian, Julia, Karsten, Lukas, Robert
Mitglied gefunden: Florian
```

◼ 23.5 Zusammenfassung

Ein Verfahren zur Lösung eines Problems nennt sich Algorithmus. In diesem Kapitel haben Sie mehrere Beispiele für selbstentwickelte Verfahren gesehen. Das erste Beispiel zeigte einen komplizierten Sortieralgorithmus, den man mithilfe von Java-Klassenbibliotheken viel einfacher implementieren kann.

```
//Der Algorithmus zum Zeichnen der Rechtecke:
for (int index = 0; index < programmierkurs.length; index++) {
    grafik.setColor(farben[index]);
    // Zeichnen des Rechtecke:
    grafik.fillRect(diagrammpositionX + balkenb
        diagrammpositionY - programmierkurs[inde
        balkenbreite, programmierkurs[index].ge
    // Beschriftung mit dem Namen der Mitglie
    grafik.drawString(programmierkurs[index].
        diagrammpositionX + 20 + balkenbreite *
        diagrammpositionY + 20);
} // for
```

> In diesem Kapitel haben Sie gesehen, wie man Algorithmen selbst entwickelt und vorgefertigte Algorithmen verwendet. In manchen Fällen gibt es keine fertige Lösung. Dann muss man sich einen Algorithmus selbst ausdenken. In allen anderen Fällen kann man vorgefertigte Java-Lösungen einfach übernehmen.

Abbildung 23.7 Die Java-Klassenbibliotheken stellen viele vorgefertigte Algorithmen zur Verfügung.

Der nachfolgende Grafikalgorithmus hat gezeigt, wie ein eigenes Verfahren zum Zeichnen eines Balkendiagramms aussieht. Für die meisten derartigen Probleme gibt es jedoch vorgefertigte Lösungen in Form von Klassenbibliotheken. Daher ist es gut, sich vor der Programmierung komplexer Verfahren einen Überblick über mögliche ausgereifte Lösungen zu verschaffen.

■ 23.6   Aufgaben

- Was ist ein Algorithmus?
- Skizzieren Sie, wie ein Algorithmus entwickelt wird.
- Welche Arten von Algorithmen gibt es?
- Versuchen Sie, das Collections-Programm (Listing 23.8) so umzuschreiben, dass es Integer-Werte mit den Größen der Mitglieder des Programmierkurses sortiert.

Die Lösungen zu den Aufgaben finden Sie in Kapitel 25, »Lösungen«, ab Seite 606.

■ 23.7   Literatur

Robert Sedgwick, Kevin Wayne: Algorithmen in Java, Pearson Studium, 4. Auflage, 2014, Hallbergmoos

TEIL IV

Java-Projekte

Java-Einsteiger haben meiner Erfahrung nach häufig das Problem, dass sie zwar sehr einfache Beispielprogramme verstehen, aber nicht wissen, wie man größere Programme aufbaut. Die meisten Projekte, denen man in Unternehmen begegnet, sind zum Erlernen von Java viel zu groß und zu schlecht dokumentiert.

Abbildung 23.8 KursstatistikApp, ein Programm zur Ausgabe der Kursbelegung eines Semesters

Ideal wären also ein überschaubares Java-Projekt, das ein Einsteiger verstehen kann – genau das stellt Ihnen dieser Buchteil an einem einzigen Projekt vor. Der Buchteil besteht nur aus einem Projekt namens »KursstatistikApp«, das von A bis Z mit Eclipse entwickelt wird. Sie lernen an diesem überschaubaren Beispiel nochmals alle Elemente eines Java-Programms im Zusammenhang kennen.

24 Swing-Programme

■ 24.1 Einleitung

Den Abschluss dieses Buchs bildet ein größeres Programm mit einer grafischen Oberfläche. Es soll erneut eine Kursstatistik unseres Programmierkurses tabellarisch darstellen. Das Projekt ist mit vier Klassen viel größer als die bisherigen Beispiele, aber trotzdem für Einsteiger geeignet. Es zeigt Ihnen, wie größere Java-Programm aufgebaut sind. Die Oberfläche besteht aus Elementen, die aus der Klassenbibliothek Swing stammen, die Sie bereits aus Kapitel 21, »Klassenbibliotheken«, kennen. Swing hat den Vorteil, dass es Bestandteil Ihrer Java-Installation ist und Sie nichts zusätzlich installieren müssen.

> Dies ist das letzte Kapitel. Wir verabschieden uns nun von Ihnen und hoffen, es hat Ihnen Spaß gemacht. Wenn Sie noch Fragen haben, schreiben Sie an java_eclipse@steppan.net

Abbildung 24.1 Professor Roth und sein Programmierkurs verabschieden sich.

■ 24.2   Anforderungen

Das Programm *KursstatistikApp* soll eine Liste von Studenten eines Semesters tabellarisch darstellen. Das Programm soll nur über ein Menü DATEI mit den Befehlen ÖFFNEN und BEENDEN verfügen. Unterhalb des Dateimenüs soll sich ein Eingabefeld befinden, mit dem sich die Liste filtern lässt. Das Feld soll erlauben, die Liste durch einen Suchbegriff zu reduzieren. Unterhalb des Feldes soll sich eine Tabelle mit fünf Spalten befinden (Abbildung 24.2).

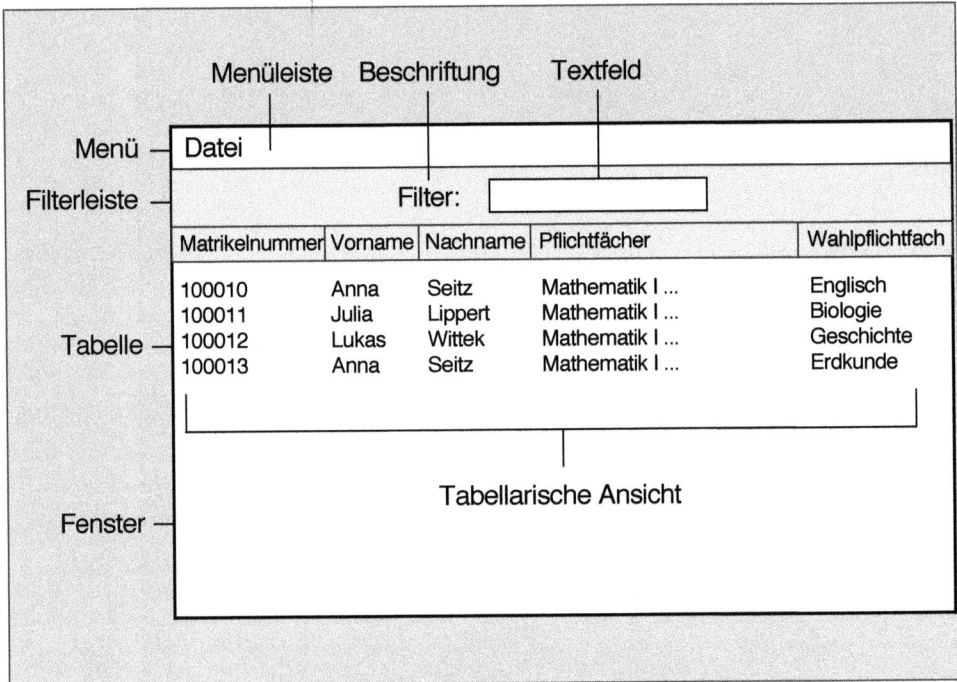

Abbildung 24.2 Die »KursstatistikApp« zeigt die Kursstatistiken im CSV-Format an.

Die ersten Spalte enthält die Matrikelnummer der Studentin oder des Studenten, die zweite den Vornamen, die dritte den Nachnamen, die vierte die Hauptfächer und die letzte Spalte das Wahlpflichtfach. Die Liste ist in Form einer CSV-Datei auf einer Festplatte gespeichert. In CSV-Dateien sind die Werte mit einem Trennzeichen voneinander separiert. Im deutschen Sprachraum verwendet man das Semikolon hierfür. Das Programm soll in der Lage sein, die Datei einlesen und die Werte in der zuvor genannten Weise in tabellarischer Form darstellen.

■ 24.3   Analyse und Design

Das Programm zerfällt in zwei fachlich unterschiedliche Bereiche: den Programmaufbau mit seiner grafischen Oberfläche und die Programmfunktionen wie das Einlesen einer CSV-Datei und die Filterfunktion. Beginnen wir mit dem Programmaufbau.

24.3.1 Programmaufbau

Die Oberfläche des Programms besteht aus einem einzigen Fenster. Der Aufbau dieses Hauptfensters ähnelt einem Bild mit einem Rahmen (Abbildung 24.3). Das Fenster selbst ist der Rahmen mit einem Hintergrund. Darauf wird eine Menüleiste und zwei größere Elemente integriert. Die Menüleiste besteht aus einem Dateimenü, das zwei Menübefehle enthält. Mit dem ersten Menübefehl ÖFFNEN... lässt sich eine Datei öffnen. Nach dem Wort ÖFFNEN folgt eine sogenannte Ellipse. Diese drei Punkte signalisieren, dass sich durch den Befehl ein Dialog öffnen wird. Der zweite Befehl BEENDEN beendet das Programm.

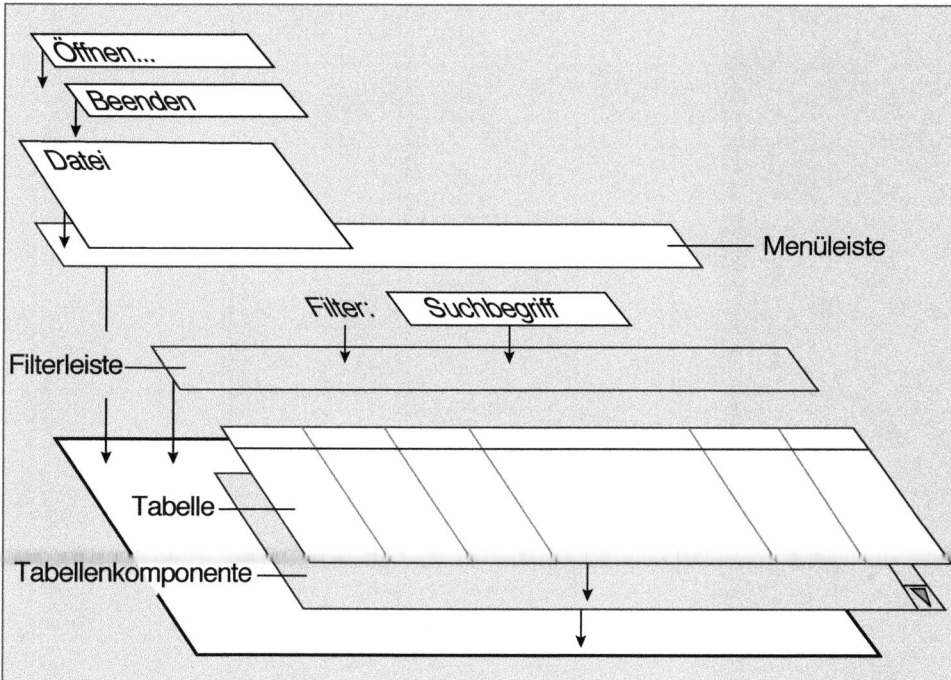

Abbildung 24.3 Das Layout des Hauptfensters besteht aus zwei Teilen.

Das erste Element im oberen Bereich des Fensters ist eine Leiste. Es dient dazu, ein Textfeld für einen Filter und die dazu gehörende Beschriftung in das Hauptfenster zu integrieren. Im unteren Bereich des Fensters befindet sich ein Element, das wörtlich übersetzt Bildlaufscheibe heißt. Auf diesem Element wird die Tabelle platziert. Es ist eine Eigenheit der Klassenbibliothek Swing, dass Tabellen zu einem Bildlaufelement hinzugefügt werden müssen. Unterlässt man das, lässt sich deren Inhalt nicht scrollen.

24.3.2 Programmfunktionen

Überblick

Abbildung 24.4 zeigt einen Überblick über den gesamten Programmablauf. Wenn Sie das Programm starten, wartet es auf eine Eingabe. Zwei Arten von Eingaben sind möglich:

Entweder Sie öffnen eine Datei oder beenden das Programm. Mit dem Menübefehl ÖFFNEN öffnen Sie eine Datei. Es zeigt sich daraufhin ein Dialog, mit dem Sie nach einer CSV-Datei suchen können, die das Programm anzeigen soll.

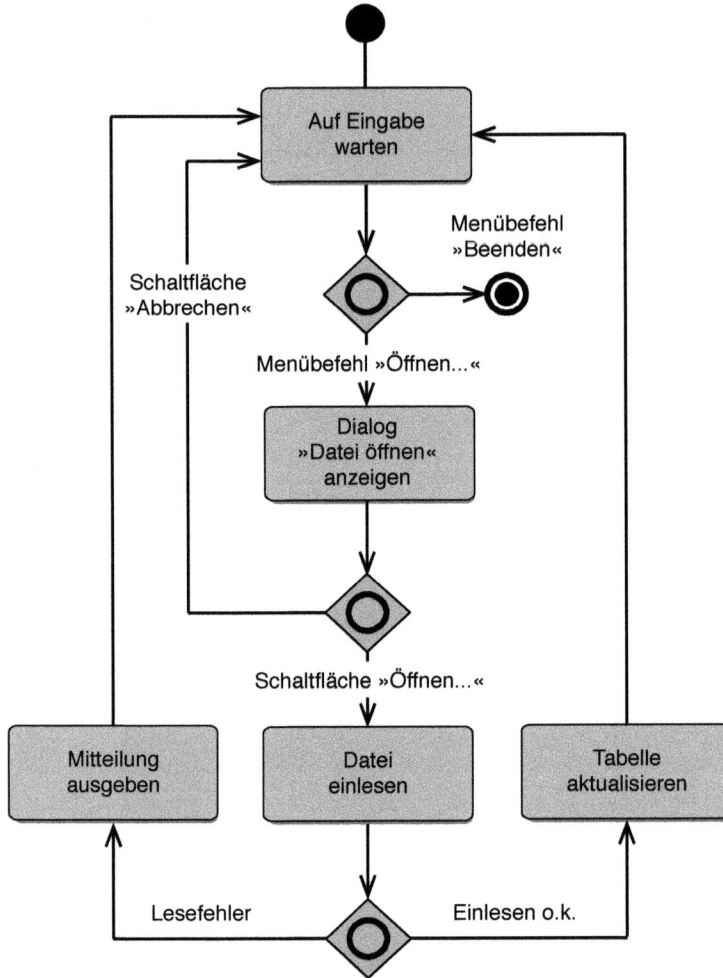

Abbildung 24.4 Das Prozessdiagramm des Gesamtablaufs

Haben Sie eine Datei gefunden und ausgewählt, können Sie über die Schaltfläche ÖFFNEN diese Datei laden. Ist das erfolgreich verlaufen, aktualisiert das Programm die Tabellenansicht. Falls nicht, gibt das Programm eine Fehlermeldung aus und wartet danach auf eine neue Eingabe. Auf eine Eingabe wartet das Programm auch, wenn Sie auf die Schaltfläche ABBRECHEN des Dialogs DATEI ÖFFNEN klicken.

Datei einlesen

Eine CSV-Datei ist eine sehr einfach aufgebaute Textdatei. Sie ist wie eine Tabelle organisiert. Die Zeilen dieser Tabelle nennen sich Datensätze. Jeder Datensatz besteht aus einzelnen Datenfeldern, den Spalten einer Tabelle (Abbildung 24.5). Die Datensätze sind mit einem oder zwei Umbruchzeichen voneinander getrennt (das hängt vom Betriebssystem ab). Üblich sind die Zeichen mit den englischen Bezeichnungen *Carriage Return* und *Line Feed*, die noch aus der Schreibmaschinenzeit kommen.

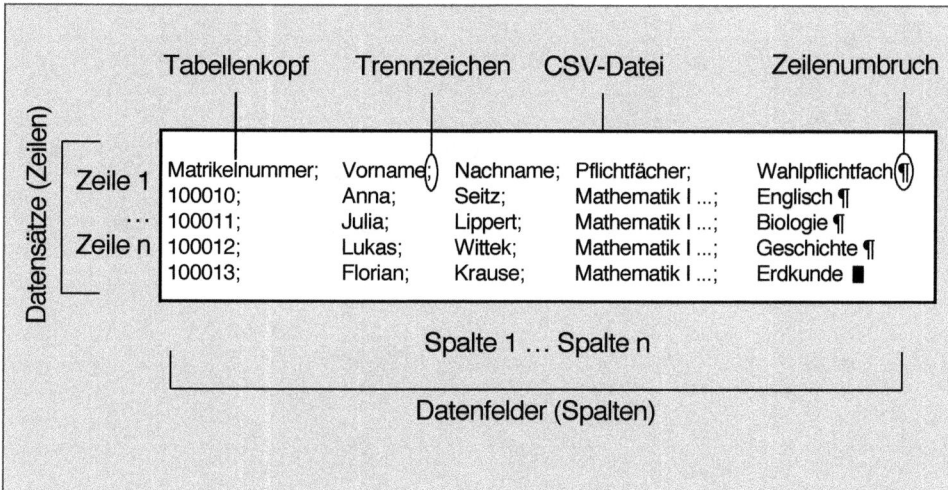

Abbildung 24.5 Der Aufbau einer CSV-Datei

Damit ein Programm beim Einlesen der CSV-Datei die Datenfelder eines Datensatzes voneinander unterscheiden kann, müssen diese mit einem Zeichen getrennt werden, das dem Programm vor dem Einlesen bekannt ist. Im Prinzip lassen sich viele Zeichen wie ein Komma, Doppelpunkt oder Semikolon verwenden. Wichtig ist nur, dass das Zeichen nicht in den Werten der Datenfelder enthalten ist. Im englischen Sprachraum hat sich als Trennzeichen ein Komma etabliert. Dieses Trennzeichen erklärt auch die ursprüngliche Bedeutung der Abkürzung CSV, die für »Comma-separated values« steht.

CSV-Dateien dienen oftmals zum Austausch von Zahlenwerten. Leider ist die Darstellung von Kommazahlen international nicht normiert. Zum Beispiel trennt man in den Vereinigten Staaten die Nachkommastellen mit einem Punkt ab, im deutschen Sprachraum hingegen mit einem Komma. Kommazahlen nach deutscher Formatierung könnten mit einem Komma als Trennzeichen nicht korrekt interpretiert werden, weswegen sich bei uns ein Semikolon als Trennzeichen für Datenfelder etabliert hat. Dieses soll auch für den Aufbau der Kursliste gelten.

Das Einlesen einer CSV-Datei setzt einen sogenannten Parser voraus (englisch: to parse = analysieren, zerlegen). Ein Parser zerlegt eine Datei in ihre einzelnen Bestandteile. Hierzu liest der Parser jede Zeile einer Datei ein. Mithilfe des Trennzeichens für die einzelnen Werte splittet der Parser jede Zeile in ihre Bestandteile auf. Durch die Zuordnung der Werte entstehen die Zeilen und Spalten einer Tabelle. Den Vorgang des Einlesens wiederholt der Parser so lange, bis er das Dateiende erreicht hat.

Datenmodell entwickeln

Um die CSV-Datenstruktur auf Java-Klassen abzubilden, ist es sinnvoll, vor der Implementierung des Java-Programms ein Datenmodell zu entwickeln. Die CSV-Datei besteht aus einer unbekannten Anzahl von Datensätzen, den Zeilen der späteren Tabelle. Jede dieser Zeilen besteht wiederum aus einer unbekannten Anzahl von Datenfeldern, den Spalten der späteren Tabelle (Abbildung 24.6).

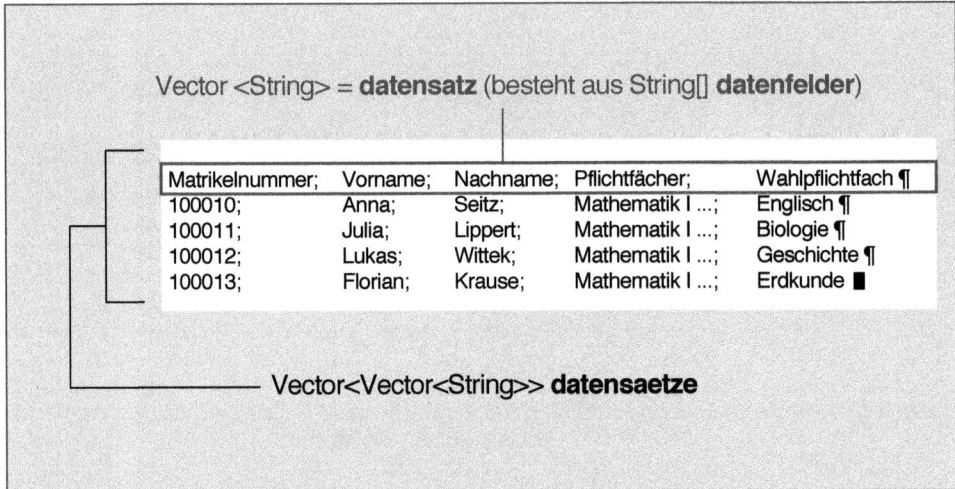

Abbildung 24.6 Das Datenmodell der Kursstatistik

Ist nicht klar, wie groß eine Tabelle in x- oder y-Richtung wachsen kann, muss man ein dynamisches Array für das Datenmodell der Tabelle verwenden. Dynamische Arrays lassen sich zum Beispiel mit der Klasse *Vector* umsetzen. Die Klasse *Vector* harmoniert zudem sehr gut mit Swing-Tabellen. Jedes Datenfeld einer solchen Swing-Tabelle ist ein Element des Typs *String*. Zusammen ergeben sie einen Datensatz vom Typ *Vector<String>* (eindimensionales Array). Sämtliche Datensätze ergeben schließlich eine Variable namens *datensaetze*, die vom Typ *Vector<Vector<String»* ist – ein zweidimensionales Array.

Tabelle filtern

Wenn die CSV-Datei eingelesen und als Tabelle dargestellt ist, möchte der Anwender oftmals Informationen zu einer bestimmten Person oder zu einem bestimmten Kurs eines Semesters bekommen. Hier gibt es zwei Möglichkeiten: die Suche und das Filtern. Bei einer Suche würde das Programm eine gefundene Textstelle lediglich markieren, den Rest der Tabelle aber weiterhin anzeigen. Ein Filter blendet hingegen sämtliche Zeilen aus, in denen kein Treffer vorliegt. Aus diesem Grund soll das Programm *KursstatistikApp* mit einem Filter ausgestattet werden.

■ 24.4 Implementierung

24.4.1 Eclipse mit dem Workspace »Uebungen« starten

Starten Sie Eclipse wieder wie gewohnt mit dem Workspace namens *Uebungen*. Sollten Sie in der Zwischenzeit den Workspace gewechselt haben, kehren Sie wieder zum Verzeichnis *Uebungen* zurück und laden Eclipse mit diesem Workspace.

24.4.2 Neues Java-Projekt »Swing-Programme« erzeugen

Rufen Sie danach den Assistenten zum Anlegen eines neuen Java-Projekts auf. Geben Sie in diesem Dialog als Projektname den Titel dieses Kapitels *Swing-Programme* ein. Kontrollieren Sie danach erneut, ob der Dialog mindestens Java 13 als Java-Laufzeitumgebung (JRE) anzeigt und wählen auf der zweiten Seite die Option CREATE MODULE-INFO.JAVA FILE ab.

24.4.3 Neue Klasse »KursstatistikApp« erzeugen

Klappen Sie jetzt das neue Projekt im PACKAGE EXPLORER auf der linken Seite von Eclipse auf. Innerhalb des Projekts befindet sich der Knoten *src*. Führen Sie danach einen Rechtsklick auf das Verzeichnis aus und wählen den Menübefehl NEW → CLASS aus. Darauf startet Eclipse einen Dialog zum Erzeugen einer neuen Klasse. Tragen Sie im Feld PACKAGE den Namen des Pakets *net.programmierkurs.kursstatistik.main* ein.

Füllen Sie das Textfeld NAME mit dem Namen der Klasse *KursstatistikApp*. Danach wählen Sie aus, dass Eclipse die Methode *main* erzeugt. Zum Schluss klicken Sie auf FINISH, um den Dialog zu beenden und die Klasse von Eclipse erzeugen zu lassen. Die Klasse ist natürlich noch praktisch leer. Sie müssen sie im nächsten Schritt implementieren.

24.4.4 Klasse »KursstatistikApp« implementieren

Implementieren Sie die Klasse so, wie sie Listing 24.1 zeigt. In Zeile 17 muss hierzu ein neues Objekt des Typs *Hauptfenster* erzeugt werden. Die Klasse *Hauptfenster* leiten wir später von der Swing-Klasse *JFrame* ab und erben damit sämtliche Methoden, die wir im nächsten Abschnitt aufrufen. Dieses Fenster übernimmt später die Rolle der grafischen Oberfläche des Programms.

Listing 24.1 Das Hauptprogramm der Kursstatistik

```
1  package net.programmierkurs.kursstatistik.main;
2
3  import java.awt.Dimension;
4
5  import javax.swing.JFrame;
6
7  import net.programmierkurs.kursstatistik.ui.Hauptfenster;
```

```
 8
 9  /**
10   * Das Hauptprogramm zur Anzeige der Kursstatistik
11   * @author Bernhard Steppan
12   *
13   */
14  public class KursstatistikApp {
15
16    public static void main(String[] args) {
17      Hauptfenster fenster = new Hauptfenster();
18      // Titel des Hauptfensters festlegen:
19      fenster.setTitle("Kursstatistik");
20      // Groesse des Hauptfensters festlegen:
21      fenster.setSize(new Dimension(800, 600));
22      // Fenster zentrieren:
23      fenster.setLocationRelativeTo(null);
24      // Festlegen, dass das Programm beim Schliessen des Fensters endet:
25      fenster.setDefaultCloseOperation(JFrame.EXIT_ON_CLOSE);
26      // Fenster anzeigen:
27      fenster.setVisible(true);
28    }
29  }
```

Den Titel des Fensters setzen Sie mit den Aufruf der Methode *setTitle("Kursstatistik")* des Objekts *fenster* in Zeile 19. Der Aufruf der Methode *setLocationRelativeTo(null)* in Zeile 23 zentriert das Fenster auf dem Bildschirm. Sie können das Fenster auch relativ zu einer anderen Komponente platzieren. Übergeben Sie den Parameter *null*, zentriert sich das Fenster auf dem Bildschirm.

Der Aufruf der Methode *setDefaultCloseOperation(JFrame.EXIT_ON_CLOSE)* sorgt dafür, dass das Programm durch einen Klick auf das Schließkreuz des Fensters beendet wird. Dieses Verhalten ist nicht in jedem Fall wünschenswert. In diesem Fall, bei dem das Programm nur aus dem Hauptfenster besteht, ist es aber notwendig.

Zum Schluss in Zeile 27 ruft das Programm die Methode *setVisible(true)* auf, damit das Fenster auf dem Bildschirm erscheint. Wenn Sie alles gemäß Listing 24.1 implementiert haben, speichern Sie jetzt das Projekt.

24.4.5   Neue Klasse »Hauptfenster« erzeugen

Eclipse wird danach die Klasse *Hauptfenster* im Editor als unbekannt markieren. Setzen Sie den Cursor auf die Bezeichnung der Klasse im Eclipse-Editor und warten, bis der Editor ein Pop-up einblendet (Abbildung 24.7). Wählen Sie aus dem Pop-up CREATE CLASS 'HAUPTFENSTER'. Eclipse startet danach einen Dialog zum Erzeugen dieser Klasse.

Tragen Sie in das Feld PACKAGE des Dialogs den Namen *net.programmierkurs.kursstatistik.ui* ein. Das soll das Paket sein, in dem sich später alles befindet, was mit der grafischen Oberfläche des Programms zusammenhängt. Die Klasse *Hauptfenster* muss von der Swing-Klasse *JFrame* abgeleitet werden. Die Klasse *JFrame* ist in der Klassenbibliothek Swing die Klasse, mit der man Fenster dieser Art erzeugt. Sie erreichen die Vererbung, indem Sie im Feld *Superclass* des Dialogs *javax.swing.JFrame* einfügen.

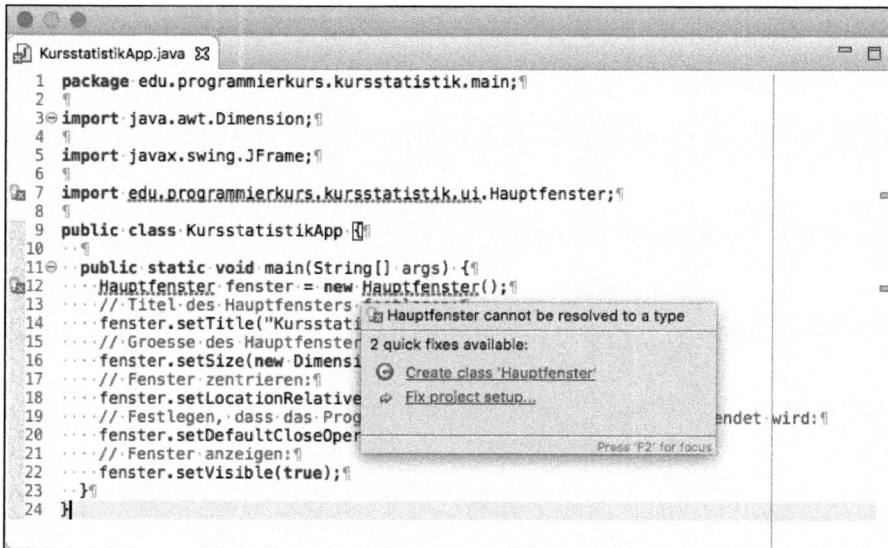

Abbildung 24.7 Die neue Klasse »Hauptfenster« erzeugen

Sollten Sie die genaue Bezeichnung der Klasse einmal nicht kennen, können Sie durch einen Klick auf die Schaltfläche *Browse...* nach ihr suchen. Wenn alles komplett ist, klicken Sie auf FINISH, damit Eclipse die Klasse erzeugt. Der Eclipse-Editor im rechten Teil der Entwicklungsumgebung sollte den Quellcode des Listings 24.2 anzeigen. Auch diese Klasse ist nahezu leer und muss noch implementiert werden.

Listing 24.2 Die von Eclipse erzeugte Klasse »Hauptfenster«.

```
1  package net.programmierkurs.kursstatistik.ui;
2
3  import javax.swing.JFrame;
4
5  public class Hauptfenster extends JFrame {
6
7  }
```

24.4.6   Klasse »Hauptfenster« implementieren

Konstruktor und Initialisierungsmethode einfügen

Fügen Sie nun im Texteditor von Eclipse den Konstruktor des Hauptfensters und eine Initialisierungsmethode ein (Listing 24.3). Der Konstruktor besteht aus dem Aufruf des Konstruktors der Klasse *JFrame* mittels *super()* in Zeile 12. Danach kommt ein Logging-Befehl, auf den ich später eingehen möchte. In Zeile 14 folgt eine Methode, die die grafische Oberfläche des Fensters erzeugt. Man spricht bei diesem Vorgang von Initialisierung, daher der Name *init()* dieser Methode. In Zeile 17 und 18 sehen Sie den Rumpf dieser Methode, den die nächsten Abschnitte dieses Kapitels mit Oberflächenelementen füllen werden.

Listing 24.3 Der Konstruktor des Hauptfensters mit dem Rumpf der Methode »init()«

```
 1  package net.programmierkurs.kursstatistik.ui;
 2
 3  import java.util.logging.Logger;
 4  import javax.swing.JFrame;
 5
 6  public class Hauptfenster extends JFrame {
 7
 8    private static final long serialVersionUID = 1L;
 9    private static final Logger logger = Logger.getLogger("Kursstatistik");
10
11    public Hauptfenster() {
12      super();
13      logger.info("Hauptfenster wird erzeugt.");
14      init();
15    }
16
17    private void init() {
18    }
19  }
```

Das Logging ist für professionelle Programme unverzichtbar für die Fehlersuche. Es legt eine Art von Logbuch des Programms an. Java stellt hierfür die Klasse *Logger* zur Verfügung, die in Zeile 3 importiert wird. Ergänzen Sie diese Importanweisung und die statische Variable in Zeile 9. Damit sollte die Klasse bis auf eine Warnung fehlerfrei sein.

Die Warnung zeigt Eclipse an, weil der Klasse eine ID für die Serialisierung fehlt. Jede Java-Klasse, die sich serialisieren lässt, muss eine solche ID enthalten. Durch eine Serialisierung kann die Klasse auf einer Festplatte abgelegt und wieder geladen werden. Ergänzen Sie die statische Variable so, wie in Zeile 8 zu sehen. Damit sollte die Klasse auch frei von Fehlern und Warnungen sein.

Starten Sie jetzt das Programm erneut. Es zeigt sich wieder ein leeres Fenster, aber mit dem Unterschied, dass im Fenster CONSOLE von Eclipse der Text *Hauptfenster wird erzeugt.* erscheint. Die Logging-Informationen erscheinen wie zuvor Befehle des Typs *System.out.println* im Konsolenfenster von Eclipse. Damit das Logging bei der Fehlersuche hilfreich ist, muss der Programmierer an sinnvollen Stellen Logging-Befehle in seinen Quellcode einfügen. Wie das genau funktioniert, zeigt dieses Kapitel im weiteren Verlauf.

Methode »init()« implementieren

Komplettieren Sie nun die Methode *init()* gemäß Listing 24.4. Ergänzen Sie dazu die Logging-Anweisung in Zeile 33. Sie erzeugt eine Information, dass das Programm die grafische Oberfläche erzeugt. Die Zeile darunter legt über die Methode *setJMenuBar()* die Menüleiste des Programms fest. Die Methode wurde von der Basisklasse *JFrame* vererbt. Ungewöhnlich ist hier der Parameter, der ein Methodenaufruf ist. Die Methode *erzeugeMenuleiste()* erzeugt die komplette Menüleiste und gibt sie als Parameter für die Methode *setJMenuBar()* zurück. Diese Methode komplettieren Sie im Anschluss an die Initialisierungsmethode.

Listing 24.4 Die Methode »init()« erzeugt die Komponenten der Programmoberfläche.

```
 1  package net.programmierkurs.kursstatistik.ui;
 2
 3  import java.awt.BorderLayout;
 4  import java.util.logging.Logger;
 5
 6  import javax.swing.JFrame;
 7
 8  /**
 9   * Hauptfenster des Programms "Kursstatistik"
10   * Zeigt das Hauptfenster des Programms "Kursstatistik" an
11   *
12   * @author Programmierkurs Prof. Roth
13   *
14   */
15  public class Hauptfenster extends JFrame {
16
17    private static final long serialVersionUID = 1L;
18    private static final Logger logger = Logger.getLogger("Kursstatistik");
19
20    /**
21     * Konstruktor des Hauptfensters
22     */
23    public Hauptfenster() {
24      super();
25      logger.info("Hauptfenster wird erzeugt.");
26      init();
27    }
28
29    /**
30     * Methode, um die grafische Oberflaeche zu erzeugen
31     */
32    private void init() {
33      logger.info("Grafische Oberfläche wird initialisiert.");
34      setJMenuBar(erzeugeMenuleiste());
35      add(erzeugeTabellenkomponente(), BorderLayout.CENTER);
36      add(erzeugeFilterleiste(), BorderLayout.NORTH);
37    }
38  }
```

Auch die nächsten zwei Methodenaufrufe sind der Basisklasse *JFrame* zu verdanken. Mit der universellen Methode *add()* fügen Sie Komponenten zu einem Fenster hinzu, in diesem Fall zum Hauptfenster. Die erste der Methoden bekommt als ersten Parameter den Tabellenbereich übergeben, als zweiten die Orientierung innerhalb des Fensters. Der erste Parameter ist erneut eine Methode. Sie gibt die Tabellenkomponente zurück und wird wie die Methode *erzeugeMenuleiste()* erst im Anschluss komplettiert.

Am Ende der Methode *init()* fügen Sie die Filterleiste zum Hauptfenster hinzu (Zeile 36). Dazu rufen Sie erneut die Methode *add()* auf und übergeben als ersten Parameter die Filterleiste und als zweiten die Orientierung. Auch hier ist der erste Parameter ein Methodenaufruf, der die Filterleiste erzeugt. Auch diese Methode wird erst im Anschluss komplettiert. Was jetzt noch fehlt, ist die Importanweisung in Zeile 3 und die Kommentare zu der Klasse und den Methoden. Ergänzen Sie alles nach Vorgabe des Listings.

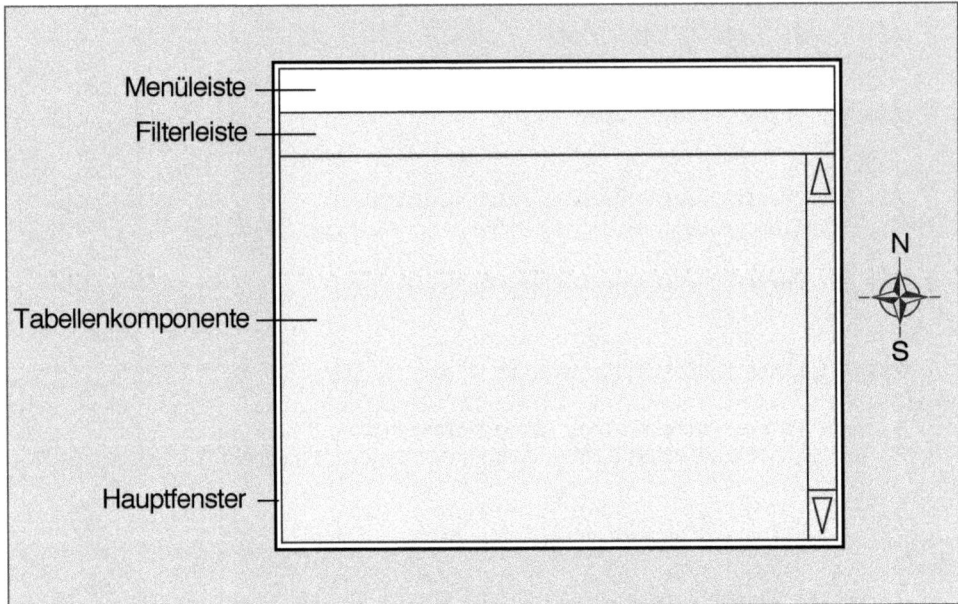

Abbildung 24.8 Das Border Layout richtet die Komponenten am Fensterrand aus.

In Abbildung 24.8 sehen Sie den momentanen Arbeitsstand des Hauptfensters mit der Ausrichtung der Komponenten. Wie bei einer gerichteten Landkarte befindet sich der Norden im oberen Bereich und der Süden im unteren Bereich des Fensters. Das Border Layout richtet sämtliche Komponenten nach dem Rand einer anderen Komponente aus, das in diesem Fall das Hauptfenster ist. Der Parameter *BorderLayout.NORTH* sorgt dafür, dass sich die Filterleiste im »Norden« des Fensters befinden wird.

Bei der Tabellenkomponente sorgt der Parameter *BorderLayout.CENTER* dafür, dass die Tabellenkomponente den gesamten verbliebenen Innenraum einnehmen wird. Bleibt abschließend die Frage, warum die Menüleiste oberhalb der Filterleiste erscheinen wird. Das liegt daran, dass sie der Methodenaufruf *setJMenuBar()* unabhängig vom Layout immer an der richtigen Stelle am oberen Fensterrand anordnet, wie das bei fast allen Betriebssystemen der Fall ist. Hierzu ist kein spezielles Layout notwendig.

Um die Klasse *Hauptfenster* syntaktisch fehlerfrei zu bekommen, müssen Sie wenigstens die Hüllen der drei Methoden erzeugen, die in der Methode *init()* aufgerufen werden. Die Arbeit können Sie wieder Eclipse überlassen. Hierzu setzen Sie den Mauszeiger erneut auf die fehlenden Methoden und warten, bis der Editor ein Pop-up mit der Programmierhilfe anzeigt. Wählen Sie nacheinander für jede der drei fehlenden Methoden CREATE METHOD aus, indem Sie auf den entsprechenden Link des Pop-ups klicken.

Speichern Sie danach das gesamte Projekt. Es sollte jetzt syntaktisch fehlerfrei sein. Allerdings sollten Sie es jetzt noch nicht starten, da die Implementierung der drei Methoden fehlt. Eclipse hat in den Methodenrümpfen als Rückgabewert jeweils nur *null* eingesetzt.

Das würde beim Start des Programms zu einer *NullPointerException* führen. Statt einem Programmstart beginnen wir mit der Komplettierung der Methode *erzeugeMenueleiste()*.

Methode »erzeugeMenueleiste()« implementieren

Die Menüleiste nach dem Bauplan zu Beginn des Kapitels nur aus einem Dateimenü bestehen. Dieses soll über zwei Menüeinträge verfügen. Gehen Sie bei der Implementierung der Menüleiste wieder genauso vor wie bei der Methode *init()* und weisen den einzelnen Schritten beim Aufbau der Programmoberfläche erneut eigene Methoden mit sprechenden Namen zu. So erreichen Sie, dass das Programm sauber strukturiert wird und der Quellcode gut verständlich ist.

Die Methode *erzeugeMenueleiste()* ist im Listing 24.5 zu sehen. Sie beginnt erneut mit einer Logging-Anweisung. Danach folgt das Erzeugen eines Objekts namens *menueleiste* vom Swing-Typ *JMenuBar*. Ergänzen Sie auch die dafür notwendige Importanweisung *import javax.swing.JMenuBar;* zum Dateianfang.

Wie bei der Fensterkomponente des Typs *JFrame* lassen sich zu Objekten des Typs *JMenuBar* mit der Methode *add()* neue Bausteine hinzufügen. In diesem Fall ist die neue Komponente das bisher noch fehlende Dateimenü. Es wird durch die Methode *erzeugeDateimenue()* in Zeile 4 des Listings erzeugt. Zum Schluss ersetzen Sie die von Eclipse erzeugte Return-Anweisung der Methode, indem Sie stattdessen das fertige Objekt namens *menueleiste* per Return-Anweisung zurückgeben.

Listing 24.5 Die Methode »erzeugeMenueleiste()« erzeugt die Menüleiste des Programms.

```
1    private JMenuBar erzeugeMenueleiste() {
2       logger.info("Menüleiste wird erzeugt.");
3       JMenuBar menueleiste = new JMenuBar();
4       menueleiste.add(erzeugeDateimenue());
5       return menueleiste;
6    }
```

Wenn Sie den Java-Code so eingegeben haben und danach speichern, wird Eclipse die Methode *erzeugeDateimenue()* als unbekannt bezeichnen. Setzen Sie erneut den Mauszeiger auf diese Methode, warten, bis die Programmierhilfe erscheint, und klicken auf CREATE METHOD 'ERZEUGEDATEIMENUE()', um erneut einen Methodenrumpf zu erzeugen.

Methode »erzeugeDateimenue()« implementieren

Die Implementierung dieser Methode ist wieder verschachtelt aufgebaut, wie Sie dem Listing 24.6 entnehmen können.

Listing 24.6 Die Methode »erzeugeDateimenue()« erzeugt das Dateimenü des Programms.

```
1    private JMenu erzeugeDateimenue() {
2       logger.info("Dateimenu wird erzeugt.");
3       JMenu dateimenue = new JMenu();
4       dateimenue.setText("Datei");
5       dateimenue.add(erzeugeDateiOeffnenMenuebefehl());
6       dateimenue.add(erzeugeBeendenMenuebefehl());
```

```
7        return dateimenue;
8    }
```

Die Implementierung beginnt erneut mit einer Logging-Anweisung. Danach folgt die Erzeugung des Dateimenüs (Zeile 3). Ergänzen Sie hierfür wieder die Importanweisung *import javax.swing.JMenu;* am Dateianfang. In der nächsten Zeile geben Sie dem Menü über die Methode *setText()* den Namen *Datei*. Die nächsten zwei Anweisungen erzeugen über entsprechende Methoden die beiden Menübefehle. Zum Schluss der Methode überschreiben Sie wieder die Return-Anweisung und geben das Dateimenü an die Menüleiste zurück.

Speichern Sie jetzt das gesamte Projekt. Eclipse sollte die beiden Methode *erzeugeDateiOeffnenMenuebefehl()* und *erzeugeBeendenMenuebefehl()* als unbekannt markieren. Setzen Sie den Mauszeiger auf die erste der beiden Methoden und erzeugen mit der Eclipse Programmierhilfe einen Methodenrumpf wie zuvor.

Methode »erzeugeDateiOeffnenMenuebefehl()« implementieren

Die Implementierung der Methode ist im Listing 24.7 zu sehen. In Zeile 2 der Methode erzeugen Sie ein neues Objekt namens *dateiOeffnenMenuebefehl* des Swing-Typs *JMenuItem*. Fügen Sie am Anfang der Datei auch hierfür wieder einen Importbefehl ein, der die Klasse *javax.swing.JMenuItem* importiert. Geben Sie im Anschluss dem Menübefehl für das Öffnen der Datei die Bezeichnung *Öffnen....* Danach schließt sich die Installation eines Action Listeners über die Methode *addActionListener()* an. Fügen Sie abschließend für diese Klasse die Importanweisung *java.awt.event.ActionListener* am Anfang der Datei ein.

Listing 24.7 Diese Methode erzeugt den Menübefehl »Datei öffnen...« des Dateimenüs.

```
1    private JMenuItem erzeugeDateiOeffnenMenuebefehl() {
2      JMenuItem dateiOeffnenMenuebefehl = new JMenuItem();
3      dateiOeffnenMenuebefehl.setText("Öffnen...");
4      dateiOeffnenMenuebefehl.addActionListener(new ActionListener() {
5        public void actionPerformed(ActionEvent e) {
6          //zeigeDateiOeffnenDialog();
7        }
8      });
9      return dateiOeffnenMenuebefehl;
10   }
```

Dem Action Listener wird als Parameter ein anonymes Objekt übergeben. Dazu verwenden wir in Zeile 5 bis 8 eine anonyme Klasse, die die Methode *actionPerformed()* überschreibt. Die Methode *actionPerformed()* wird immer dann ausgelöst, wenn der Anwender den Menübefehl auslöst. Dann soll ein Dialog erscheinen, mit dem der Anwender eine CSV-Datei öffnen kann. Insofern folgt danach die Methode *zeigeDateiOeffnenDialog()*, die erst später implementiert wird und daher im Listing noch auskommentiert ist.

Speichern Sie jetzt erneut das Projekt. Eclipse sollte als einzigen Fehler momentan den Aufruf der Methode *erzeugeBeendenMenuebefehl()* anzeigen. Lassen Sie Eclipse mit der Programmierhilfe den Rumpf dieser Methode erzeugen.

Methode »erzeugeBeendenMenuebefehl()« implementieren

Die Implementierung der Klasse zeigt Listing 24.8. Sie beginnt mit dem Erzeugen des Menü-eintrags in Zeile 2. Danach geben Sie dem Menübefehl den Namen *Beenden*.

Listing 24.8 Diese Methode erzeugt den Menübefehl »Beenden...« des Dateimenüs.

```
 1    private JMenuItem erzeugeBeendenMenuebefehl() {
 2      JMenuItem beendenMenuebefehl = new JMenuItem();
 3      beendenMenuebefehl.setText("Beenden");
 4      beendenMenuebefehl.addActionListener(new ActionListener() {
 5        public void actionPerformed(ActionEvent e) {
 6          System.exit(0); // Exit 0 = normales Programmende
 7        }
 8      });
 9      return beendenMenuebefehl;
10    }
```

Die Anweisung in Zeile 4 installiert erneut einen Action Listener. Die anonyme Klasse über-schreibt auch hier die Methode *actionPerformed()* der Basisklasse. Wird der Menübefehl aus-gelöst und die Methode *actionPerformed()* aufgerufen, führt das Programm die Anweisung *System.exit(0)* aus. Diese Anweisung entspricht einem normalen Programmende. Sofern Sie die Implementierung dieser Methode abgeschlossen haben, speichern Sie jetzt Ihre Arbeit. Eclipse sollte zufrieden sein und keine syntaktischen Fehler mehr anzeigen. Damit Sie das Programm aber fehlerfrei ausführen können, ist es erforderlich, die Tabellenkomponente und Filterleiste zu implementieren.

Methode »erzeugeTabellenkomponente()« implementieren

Starten wir mit der Implementierung der Tabellenkomponente. Die Implementierung dieser Methode zeigt Listing 24.9. Beginnen Sie mit der Korrektur des Typs des Rückgabewerts. Korrigierten Sie ihn so, dass ein Objekt der Klasse *JScrollPane* zurückgegeben wird. In der zweiten Zeile des Listings ist die übliche Logging-Ausgabe des Programms zu sehen. Daran schließt sich die Erzeugung des Tabellenmodells, eines Objekts namens *kursstatistik* an. Diese Variable ist ein Attribut der Klasse und muss daher global angelegt werden. Gehen Sie nach dem Einfügen der Anweisung hierzu auf die von Eclipse markierte Variable und wählen aus dem Pop-up der Programmierhilfe CREATE FIELD 'KURSSTATISTIK'. Dadurch erzeugt Eclipse ein Attribut (Objektvariable).

Listing 24.9 Diese Methode erzeugt die Tabellenkomponente.

```
 1    private JScrollPane erzeugeTabellenkomponente() {
 2      logger.info("Tabellenkomponente wird erzeugt.");
 3      kursstatistik = new DefaultTableModel();
 4      kursstatistikTabelle = new JTable(kursstatistik);
 5      kursstatistikTabelle.getTableHeader().setFont(new Font("SansSerif",
 6        Font.BOLD, 12));
 7      return new JScrollPane(kursstatistikTabelle);
 8    }
```

In Zeile 4 sehen Sie, wie die eigentliche Tabelle für die Kursstatistik erzeugt wird. Im Konstruktoraufruf bekommt sie das (leere) Tabellenmodell übergeben. In Zeile 5 ruft das Programm die Methode *setFont()* auf, nachdem es vorher die Tabellenköpfe über die Methode *getTableHeader()* ermittelt hat. Mit der Methode *setFont()* legt man die Schrift für die Titel der Tabellenspalten fest. Zum Schluss, in Zeile 7, erzeugt das Programm ein anonymes Objekt des Typs *JScrollPane* und gibt diese Tabellenkomponente an die Methode *init()* zurück.

Zum Schluss ergänzen Sie die fehlenden Importanweisungen für die Klassen *JScrollPane*, *DefaultTableModel*, *JTable* und *Font*. Ergänzen Sie ebenfalls die Attribute für *kursstatistik* und *kursstatistikTabelle*. Gehen Sie dazu ebenfalls auf die markierten Fehler im Eclipse-Editor und warten, bis die Programmierhilfe erscheint. Wählen Sie bei den Importen IMPORT aus, damit Eclipse die entsprechende Anweisung anzeigt. Für die fehlenden Attribute wählen Sie CREATE FIELD aus. Bei der Tabelle müssen Sie leider den Typ korrigieren, da ihn Eclipse falsch erzeugt. Das Objekt muss vom Typ *JTable* sein. Nach dem Speichern des Projekts sollte die Klasse erneut fehlerfrei sein.

Methode »erzeugeFilterleiste()« implementieren

Abschließend müssen Sie noch die Methode *erzeugeFilterleiste()* implementieren. Den Quellcode dazu entnehmen Sie Listing 24.10. Beginnen Sie auch hier mit der Korrektur des Typs des Rückgabewerts. Korrigieren Sie ihn so, dass die Methode ein Objekt der Klasse *JPanel* zurückgibt. Wie schon bei den anderen Methoden steht an erster Stelle die Logging-Ausgabe, die darüber informiert, welchen Zweck diese Methode verfolgt. Danach legt das Programm die Bezeichnung für das Filterfeld an. Das Filterfeld entsteht in Zeile 4 einstweilen als einfaches Textfeld. Es wird später durch ein spezielles Feld ersetzt. Im Anschluss daran entsteht die eigentliche Leiste, zu der das Programm die Filterbezeichnung und das Filterfeld hinzufügt.

Listing 24.10 Diese Methode erzeugt die Tabellenkomponente.

```
1    private JPanel erzeugeFilterleiste() {
2      logger.info("Filterleiste wird erzeugt.");
3      JLabel filterbezeichnung = new JLabel("Filter: ");
4      JTextField filterfeld = new JTextField("Suchbegriff");
5      JPanel filterleiste = new JPanel();
6      filterleiste.add(filterbezeichnung);
7      filterleiste.add(filterfeld);
8      return filterleiste;
```

Wenn Sie den Quellcode gemäß Listing 24.10 in den Editor von Eclipse eingegeben haben, müssen Sie noch die fehlenden Importanweisungen ergänzen. Setzen Sie dazu den Mauszeiger erneut auf die Stellen, die Eclipse als Fehler markiert, warten, bis die Programmierhilfe erscheint, und wählen danach IMPORT aus. Ist alles komplett, speichern Sie jetzt das Projekt und starten das Programm erneut. Ist alles gut gelaufen, sollte sich ein Fenster mit einer Menüleiste und einer Filterleiste zeigen. Die Tabelle wird nicht angezeigt, weil das Programm bisher noch keine Datei eingelesen hat und das Tabellenmodell daher noch leer ist.

Methode »zeigeDateiOeffnenDialog()« implementieren

Um die Klasse zu komplettieren, kehren Sie zur Methode *erzeugeDateiOeffnenMenuebefehl()* zurück. Wenn Sie in Eclipse im Fenster OUTLINE auf diese Methode klicken, setzt Eclipse den Cursor des Editors auf den Anfang der Methode. Entfernen Sie in dieser Methode den Zeilenkommentar vor dem Aufruf der Methode *zeigeDateiOeffnenDialog()*. Da diese Methode noch nicht implementiert ist, wird sie Eclipse danach als Fehler markieren. Setzen Sie den Mauszeiger wieder auf den Fehler und warten, bis Eclipse die Programmierhilfe einblendet. Sie enthält zwei Optionen (Abbildung 24.9).

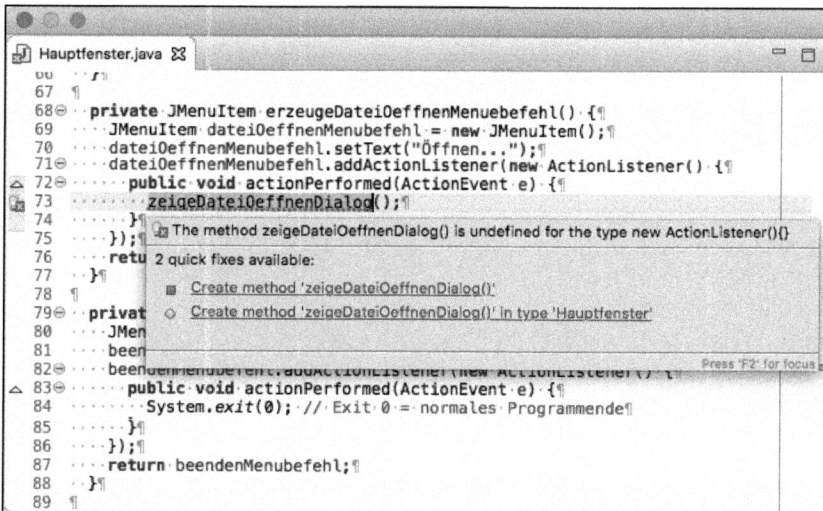

```
  Hauptfenster.java ⊠
   oo  ·· ฦๅ
   67  ¶
 68⊖ ·· private JMenuItem erzeugeDateiOeffnenMenuebefehl() ·{¶
   69  ···· JMenuItem dateiOeffnenMenuebefehl = new JMenuItem();¶
   70  ···· dateiOeffnenMenuebefehl.setText("Öffnen...");¶
 71⊖ ···· dateiOeffnenMenuebefehl.addActionListener(new ActionListener() ·{¶
 72⊖ ········ public void actionPerformed(ActionEvent e) ·{¶
   73  ·········· zeigeDateiOeffnenDialog();¶
   74  ········ }¶
   75  ····}); ¶
   76  ····retu  The method zeigeDateiOeffnenDialog() is undefined for the type new ActionListener(){}
   77  ··}¶       2 quick fixes available:
   78  ¶          ▪ Create method 'zeigeDateiOeffnenDialog()'
 79⊖ ·· privat    ○ Create method 'zeigeDateiOeffnenDialog()' in type 'Hauptfenster'
   80  ···· JMen
   81  ···· been
 82⊖ ···· beenuenmenuvererit.uuuActionListener(new ActionListener() {
 83⊖ ········ public void actionPerformed(ActionEvent e) ·{¶
   84  ·········· System.exit(0); // · Exit · 0 · = · normales · Programmende¶
   85  ········ }¶
   86  ····});¶
   87  ····return beendenMenuebefehl;¶
   88  ··}¶
   89  ¶
```

Abbildung 24.9 Eclipse bietet zwei Möglichkeiten, die unbekannte Methode zu implementieren.

Mit der ersten Option erzeugt Eclipse eine Methode *zeigeDateiOeffnenDialog()*, deren Sichtbarkeit lokal auf den Action Listener begrenzt ist. Die zweite Option erzeugt hingegen eine Methode, die in der gesamten Klasse sichtbar ist. Wenn Sie im Programm diesen Dialog noch von einer anderen Stelle aufrufen möchten, ist die erste Option besser. Wählen Sie jetzt diese Option aus und lassen Eclipse einen Methodenrumpf erzeugen. Ergänzen Sie danach die Implementierung, wie in Listing 24.11 zu sehen.

Der Quellcode der Methode beginnt mit einer Logging-Ausgabe, die ausgibt, dass der Dialog aufgerufen wird. Danach erzeugt die Methode ein Objekt der Klasse *JFileChooser* – das ist der Dialog zum Öffnen der Datei. Ergänzen Sie die entsprechende Importanweisung. Bewegen Sie dazu den Mauszeiger auf die Klasse und wählen aus der Programmierhilfe IMPORT 'JFILECHOOSER' (JAVAX.SWING) aus. In der Zeile danach ruft das Programm die Methode *setDialogTitle()* auf, um dem Dialog einen Titel zu geben.

Um dafür zu sorgen, dass der Anwender möglichst nur die Dateien auswählt, die das Programm auch verarbeiten kann, gibt es eine Swing-Klasse namens *FileNameExtensionFilter*. In Zeile 6 legt die Methode CSV-Dateien für den Filter fest. In Zeile 7 übergibt die Methode ein Objekt dieser Klasse über die Methode *setFileFilter()*. Ergänzen Sie die Importanweisung für diese Klasse wieder mit der Programmierhilfe von Eclipse wie zuvor beschrieben.

Listing 24.11 Diese Methode startet den Dialog zum Öffnen einer Datei.

```
 1   private void zeigeDateiOeffnenDialog() {
 2     logger.info("Datei-Öffnen-Dialog wird aufgerufen.");
 3     JFileChooser dateiOeffnenDialog = new JFileChooser();
 4     dateiOeffnenDialog.setDialogTitle("Kursstatistik öffnen");
 5     FileNameExtensionFilter dateifilter =
 6       new FileNameExtensionFilter("CSV-Dateien", "csv");
 7     dateiOeffnenDialog.setFileFilter(dateifilter);
 8     File csvVerzeichnis = new File(System.getProperty("user.dir") +
 9        System.getProperty("file.separator") + "csv");
10     dateiOeffnenDialog.setCurrentDirectory(csvVerzeichnis);
11     int returnVal = dateiOeffnenDialog.showOpenDialog(Hauptfenster.this);
12     if (returnVal == JFileChooser.APPROVE_OPTION) {
13       File datei = dateiOeffnenDialog.getSelectedFile();
14       oeffneCsvDatei(datei);
15     }
16   }
```

Es nervt viele Anwender, wenn sie beim Öffnen einer Datei in einem vollkommen fremden Verzeichnis landen. Aus diesem Grund ermittelt die Methode in Zeile 8 das Verzeichnis, in dem sich die CSV-Beispieldateien dieses Projekts befinden. Im ersten Schritt ermittelt die Methode das Verzeichnis, von dem das Programm gestartet wird. Danach setzt die Methode den Pfad für das Verzeichnis innerhalb des Projekts zusammen. In Zeile 10 übergibt die Methode dieses Verzeichnis schlussendlich an den Dialog. Wichtig ist, dass Sie für die Swing-Klasse *File* die entsprechende Importweisung *java.io.File* mit der Programmierhilfe von Eclipse ergänzen.

Über die Methode *showOpenDialog()* in der Zeile 11 erscheint der Dialog auf dem Bildschirm. Als Parameter erwartet die Methode den Parent des Dialogs – das ist die aufrufende Komponente. Von diesem Parameter hängt ab, wo der Dialog auf dem Bildschirm erscheinen wird. Geben Sie beispielsweise *null* an, zentriert das Programm den Dialog zur Bildschirmmitte, was unüblich ist. Geben Sie, wie im Listing zu sehen, das Hauptfenster an, zentriert das Programm den Dialog relativ zum aufrufenden Fenster des Programms, was korrekt ist.

In Zeile 12 fragt die Methode ab, ob der Dialog mit OK geschlossen wurde. Ist das der Fall, ist klar, dass eine Datei eingelesen werden muss. Daher ermittelt die Methode die Datei (Zeile 13) und öffnet die CSV-Datei über die Methode *oeffneCsvDatei()*. Da diese Methode noch nicht existiert, wird sie als Fehler markiert.

Methode »oeffneCsvDatei()« implementieren

Erzeugen Sie daher wieder einen Methodenrumpf mit der Programmierhilfe von Eclipse. Implementieren Sie danach die Methode nach der Vorlage des Listings 24.12. Die ersten beiden Zeilen des Listings setzen die Meldung für die Logging-Ausgabe aus dem Dateipfad zusammen. Danach folgt in Zeile 4 die eigentliche Logging-Ausgabe.

Zeile 5 bereitet danach das Dateimodell in Form eines Vektors vor. Die Vektor-Datenstruktur entspricht dem Aufbau einer CSV-Datei aus *n* Datensätzen mit *n* Datenfeldern. Der nachfolgende Try-/Catch-Block ruft die Methode *parseCsvDatei()* der Klasse *CsvReader* auf. Die Klasse dient dazu, die CSV-Datei einzulesen und als Vektor auszugeben. Der Vektor enthält momentan noch sämtliche Datensätze inklusive der Tabellenüberschrift gemäß der Analyse in Abschnitt 24.3.2, »Datei einlesen«.

Listing 24.12 Diese Methode öffnet eine CSV-Datei.

```
 1    private void oeffneCsvDatei(File datei) {
 2      String pfad = datei.getAbsolutePath();
 3      String meldung = "Öffne CSV-Datei " + pfad;
 4      logger.info(meldung);
 5      try {
 6        CsvParser csvReader = new CsvParser();
 7        Vector<Vector<String>> datensaetze =
 8          csvReader.parseCsvDatei(pfad);
 9        Vector<String> spaltentitel = datensaetze.elementAt(0);
10        datensaetze.remove(0);
11        kursstatistik.setDataVector(datensaetze, spaltentitel);
12        setTitle(datei.getName());
13      } catch (FileNotFoundException e) {
14        logger.info(e.getLocalizedMessage());
15        String nachricht =
16          "Die Datei ist nicht mehr vorhanden. Bitte überprüfen\n" +
17          "Sie das Verzeichnis, in dem sich die Datei befindet\n" +
18          "und versuchen danach nochmals, die Datei zu öffnen.";
19        zeigeFehler(nachricht);
20      } catch (IOException e) {
21        logger.info(e.getLocalizedMessage());
22        String nachricht =
23          "Die Datei ist beschädigt. Bitte überprüfen\n" +
24          "Sie die Datei und versuchen danach nochmals,\n" +
25          "die Datei zu öffnen.";
26        zeigeFehler(nachricht);
27      } catch (ArrayIndexOutOfBoundsException e) {
28        logger.info(e.getLocalizedMessage());
29        String nachricht =
30          "Die Datei ist leer und kann\n" +
31          "deshalb nicht angezeigt werden.";
32        zeigeFehler(nachricht);
33      }
34    }
```

Danach legt die Methode ein neues Objekt für die Spaltentitel an (Zeile 9) und entfernt diese danach aus dem Vektor. Auf dieser Weise trennt die Methode Spaltenüberschriften von den eigentlichen Werten. In der nächsten Zeile setzt die Methode nun die ermittelten Werte für die Spaltentitel und den Tabelleninhalt als Objekt namens *kursstatistik* (Zeile 11). Vielleicht ist Ihnen aufgefallen, dass fast alle Objekte dieser Klasse lokale Variablen waren. Hier ist das nicht der Fall, denn das Objekt *kursstatistik* ist ein echtes Attribut der Klasse, auf das von mehreren Stellen zugegriffen wird.

In der nächsten Zeile der Methode setzt die Methode den Namen der Klasse als den Namen des Hauptfensters (Zeile 12). Danach folgen drei Catch-Blöcke. Hintergrund ist, dass beim Einlesen einer Datei mehrere Fehler auftreten können. Zum einen kann die Datei während des Einlesens gelöscht worden sein oder sie ist beschädigt oder leer. Sämtliche dieser Ausnahmezustände »fängt« die Methode sauber hier ab.

Wenn Sie die Methode nach der Listing-Vorlage implementiert haben, fügen Sie jetzt die Dateiimporte der Klassen *Vector*, *FileNotFoundException*, *IOException* und *ArrayIndexOut-*

OfBoundsException über die Programmierhilfe von Eclipse ein. Im Anschluss erzeugen Sie den Methodenrumpf für die Methode *zeigeFehler()* ebenfalls über die Programmierhilfe von Eclipse.

Methode »zeigeFehler()« implementieren

Beginnen Sie danach mit der Implementierung der Methode *zeigeFehler()* gemäß Listing 24.13. Die Methode ruft ein Swing-Fenster der Klasse *JOptionPane* auf und gibt eine Fehlermeldung aus. Damit diese Methode fehlerfrei ist, müssen Sie die Importanweisung für die Klasse *JOptionPane* ergänzen.

Listing 24.13 Diese Methode zeigt Fehlermeldungen des Programms an.

```
1    private void zeigeFehler(String nachricht) {
2      JOptionPane.showConfirmDialog(this, nachricht, "Kursstatistik",
3        JOptionPane.DEFAULT_OPTION, JOptionPane.WARNING_MESSAGE);
4    }
```

Danach ist das Projekt dummerweise immer noch nicht fehlerfrei, weil die Klasse *CsvParser* fehlt. Setzen Sie den Mauszeiger auf diesen Klassenaufruf und wählen aus der Programmierhilfe CREATE CLASS 'CSVPARSER' aus. Geben Sie in dem Dialog, der danach erscheint, den Package-Pfad *net.programmierkurs.kursstatistik.model* für die neue Klasse an. Eclipse erzeugt danach eine weitere Klasse, die Sie im nächsten Abschnitt komplettieren.

24.4.7   Klasse »CsvParser« implementieren

Die Klasse *CsvParser* hat die Aufgabe, eine CSV-Datei einzulesen und als Vektor auszugeben. Implementieren Sie die Methode mithilfe des Eclipse-Editors, wie in Listing 24.14 zu sehen. Um CSV-Dateien zu parsen, verfügt die Klasse über die Methode *parseCsvDatei()*. Zu Beginn der Methode erzeugt sie ein Stream-Objekt zum Einlesen der Datei (Zeile 19) und ein Objekt für die Datensätze (Zeile 20).

Der Aufbau des Vektorobjekts spiegelt exakt den Aufbau einer CSV-Datei wider: Jeder Datensatz (Zeile) ist ein Vektor aus Datenfeldern (Spalten). Die gesamte Datei ist wiederum ein Vektor aus Datensätzen und ergibt somit eine Matrix (Tabellenstruktur). Warum die Klasse *Vector*?

Wie im Abschnitt 24.3.2, »Datenmodell entwickeln«, erwähnt, sind Vektoren ideal für diesen Anwendungsfall, denn sie wachsen dynamisch beim Einlesen einer Datei. Die Anzahl der Zeilen und Spalten muss also bei der Initialisierung der Tabelle noch nicht bekannt sein. Zudem haben Vektoren noch den Vorteil, dass sich eine Swing-Tabelle damit leicht aktualisieren lässt: Sie verfügt über eine Methode, die einen Vektor als Parameter erwartet.

Listing 24.14 Die Klasse »CsvReader« liest eine CSV-Datei ein.

```
1    package net.programmierkurs.kursstatistik.model;
2
3    import java.io.BufferedReader;
4    import java.io.FileNotFoundException;
```

```
 5  import java.io.FileReader;
 6  import java.io.IOException;
 7  import java.util.Arrays;
 8  import java.util.Vector;
 9  import java.util.logging.Logger;
10
11  public class CsvParser {
12
13    private static final Logger logger = Logger.getLogger("Kursstatistik");
14    private String trennzeichen = ";";
15
16    public Vector<Vector<String>> parseCsvDatei(String csvDatei)
17        throws FileNotFoundException, IOException {
18      logger.info("URL der CSV-Datei:" + csvDatei);
19      BufferedReader dateileser = null;
20      Vector<Vector<String>> datensaetze = new Vector<Vector<String>>();
21      try {
22        String zeile = "";
23        dateileser = new BufferedReader(new FileReader(csvDatei));
24        while ((zeile = dateileser.readLine()) != null) {
25          String[] datenfelder = zeile.split(trennzeichen);
26          Vector<String> datensatz =
27            new Vector<String>(Arrays.asList(datenfelder));
28          datensaetze.add(datensatz);
29          logger.info("Datensatz gelesen und hinzugefügt.");
30        }
31        logger.info("Einlesen der Datensaetze beendet.");
32      } finally {
33        if (dateileser != null)
34          dateileser.close();
35      }
36      return datensaetze;
37    }
38  }
```

Nach dem Aufbau der Datenstrukturen folgt ein Try-/Catch-Block. Dieser ist notwendig, weil das File-Reader-Objekt, das für das Öffnen der CSV-Datei notwendig ist, zwei Exceptions auslösen kann: eine *FileNotFoundException* und eine *IOException*. Die *FileNotFoundException* tritt in dem (unwahrscheinlichen) Fall auf, dass jemand die Datei löscht, nachdem sie über den Dialog des Programms ausgewählt wurde. Eine *IOException* entsteht, wenn es zum Beispiel Lesefehler gibt.

Es ist sehr wichtig, die Exceptions nicht in dieser Klasse zu behandeln, sondern zur Oberfläche weiterzureichen. Würde die Klasse diese Exceptions behandeln, kämen sie nicht zur Oberfläche, und der Anwender würde sich wundern, warum im Fehlerfall nichts angezeigt wird. Dieses Verhalten kennen Sie sicher von vielen Anwendungen. Es ist nichts anderes als ein Zeichen schlechter Programmierung. Sie müssen bei solchen Programmen wie der Kursstatistik genau überlegen, was der Anwender erwartet, und die Exceptions entsprechend behandeln.

Innerhalb des Try-/Catch-Blocks befindet sich eine While-Schleife, die jede Zeile der Datei solange einliest, bis das Dateiende erreicht ist. Hierbei splittet die Methode sämtliche Zeilen der Datei in einzelne Datenfelder auf (Zeile 24) und verwendet hierzu das Trennzeichen, das als Semikolon definiert ist. Danach setzt die Methode die Datenfelder zu einem Datensatz-Vektor zusammen (Zeile 25/26) und fügt sie in das gesamte Vektorobjekt ein (Zeile 27).

Der Try-/Catch-Block hat noch einen Finally-Zweig. Dieser ist wichtig, um den Stream nach dem Einlesen der Datei wieder zu schließen. Das wird aber nur dann durchgeführt, wenn die Datei überhaupt geöffnet werden konnte und das Objekt nicht *null* ist. Zum Schluss übergibt die Methode die Datensätze an die aufrufende Methode (Zeile 36). Damit ist die Implementierung der Klasse beendet. Es fehlt jetzt nur noch nur der Tabellenfilter, den der nächste Abschnitt komplettiert.

24.4.8 Klasse »Tabellenfilter« implementieren

Um die Klasse *Tabellenfilter* zu implementieren, rufen Sie im Editor von Eclipse die Klasse *Hauptfenster* auf. Markieren Sie danach im Fenster OUTLINE die Methode *erzeugeFilterleiste()*, worauf der Editor den Cursor auf diese Methode setzt. Schreiben Sie die Zeilen 4 und 5 dieser Methode so um, dass ein Tabellenfilter aufgerufen wird, wie in Listing 24.15 zu sehen.

Listing 24.15 Die Methode »erzeugeFilterleiste« mit dem Aufruf der Klasse »Tabellenfilter«.

```
1    private JPanel erzeugeFilterleiste() {
2      logger.info("Filterleiste wird erzeugt.");
3      JLabel filterbezeichnung = new JLabel("Filter: ");
4      JTextField filterfeld =
5        Tabellenfilter.erzeugeFilterfeld(kursstatistikTabelle);
6      JPanel filterleiste = new JPanel();
7      filterleiste.add(filterbezeichnung);
8      filterleiste.add(filterfeld);
9      return filterleiste;
10   }
```

Nach dieser Aktion markiert Eclipse die Klasse *Tabellenfilter* umgehend als fehlerhaft, weil sie im Projekt fehlt. Setzen Sie den Mauszeiger auf diesen fehlerhaften Klassenaufruf, warten auf die Programmierhilfe und lassen Eclipse erneut einen Klassenrumpf im Package *net.programmierkurs.kursstatistik.ui* erzeugen. Überschreiben Sie danach die Klasse mit der Implementierung, die in Listing 24.16 aufgeführt ist.

Die sehr einfache Filterklasse besteht vollständig aus der statischen Methode *erzeugeFilterfeld()*. Die Methode ist statisch, weil der Filter permanent während der Programmausführung gebraucht wird. Es hätte keinen Sinn, bei jedem Filtervorgang ein neues Filterobjekt zu erzeugen. Die Methode bekommt die Tabelle des Programms übergeben. Sie ermittelt zu Beginn das Tabellenmodell, was sortiert werden soll: die Kursstatistik. Ist diese *null* und somit nicht initialisiert, bricht das Programm mit einem Fehler ab, da ein Programm mit einem solchen Programmierfehler nicht starten sollte.

Listing 24.16 Diese Klasse stellt einen sehr einfachen Tabellenfilter zur Verfügung.

```
1  package net.programmierkurs.kursstatistik.ui;
2
3  import java.util.logging.Logger;
4
5  import javax.swing.JTable;
6  import javax.swing.JTextField;
7  import javax.swing.RowFilter;
8  import javax.swing.event.DocumentEvent;
9  import javax.swing.event.DocumentListener;
10 import javax.swing.table.DefaultTableModel;
11 import javax.swing.table.TableModel;
12 import javax.swing.table.TableRowSorter;
13
14 public class Tabellenfilter {
15
16   private static final Logger logger = Logger.getLogger("Kursstatistik");
17
18   public static JTextField erzeugeFilterfeld(JTable tabelle) {
19
20     DefaultTableModel kursstatistik =
21       (DefaultTableModel) tabelle.getModel();
22     if (kursstatistik == null) {
23       logger.severe("Kursstatistik nicht initialisiert");
24       throw new RuntimeException("Kursstatistik nicht initialisiert");
25     }
26     TableRowSorter<TableModel> sortierer =
27       new TableRowSorter<TableModel>();
28     sortierer.setModel(kursstatistik);
29     tabelle.setRowSorter(sortierer);
30
31     final JTextField filterfeld = new JTextField(10);
32     filterfeld.getDocument().addDocumentListener((DocumentListener)
33       new DocumentListener() {
34       public void insertUpdate(DocumentEvent e) {
35         update(e);
36       }
37
38       public void removeUpdate(DocumentEvent e) {
39         update(e);
40       }
41
42       public void changedUpdate(DocumentEvent e) {
43         update(e);
44       }
45
46       private void update(DocumentEvent e) {
47         logger.info("Aktualisiere die Ansicht");
48         String text = filterfeld.getText();
49         if (text.trim().length() == 0) {
50           sortierer.setRowFilter(null);
```

```
51          } else {
52              sortierer.setRowFilter(RowFilter.regexFilter("(?i)" + text));
53          }
54      }
55   });
56   return filterfeld;
57 }
58 }
```

Ist das Tabellenmodell vorhanden, erzeugt die Methode einen neuen Zeilensortierer (Zeile 26/27). Danach übergibt die Methode dem Sortierer das Modell, das sortiert werden soll, und der Tabelle den Sortierer (Zeile 28/29). In der darauf folgenden Zeile erzeugt die Klasse ein Objekt namens *filterfeld*, das später an der Oberfläche erscheinen wird. Für dieses Objekt fügt die Methode einen *DocumentListener* hinzu. Wie der Name andeutet, lauscht dieses Objekt auf Veränderungen des Textfelds. Das geschieht, indem es Methoden des Listener-Interfaces implementiert.

Die erste Methode *insertUpdate()* wacht darüber, ob der Anwender etwas in das Textfeld eingefügt hat (Zeile 34 bis 36). Die Methode *removeUpdate()* lauscht, ob etwas entfernt wurde (Zeile 38 bis 40), während die Methode *changedUpdate()* jede Veränderung des Felds überwacht (Zeile 42 bis 44). Alle Methoden delegieren die Reaktion auf die Veränderung des Textfelds an die Methode *update()*, die die Implementierung der Klasse dann auch abschließt.

Die Methode *update()* holt sich den Text aus dem Feld, führt ein Trimming durch, um zu kontrollieren, ob der Anwender überflüssige Leerzeichen eingegeben hat. Ist das nicht der Fall, legt die Methode den übergebenen Text als Filter des Tabellenmodells *kursstatistik* fest. Die Methode *setRowFilter()* hat zur Folge, dass das Programm die Tabellenansicht umgehend aktualisiert.

■ 24.5 Test

Zum Testen des Programms erzeugen Sie einen neuen Ordner innerhalb des Projekts namens *csv*, indem Sie auf den Projektknoten *Swing-Programme* einen Rechtsklick ausführen und ein neues Verzeichnis anlegen. Führen Sie danach einen Rechtsklick auf das Verzeichnis aus und wählen aus dem Kontextmenü NEW → FILE. Geben Sie als Dateinamen *Kursstatistik.csv* ein. Eclipse sollte danach die Datei mit einem Systemeditor öffnen. Füllen Sie die Datei gemäß Listing 24.17 und speichern sie danach.

Listing 24.17 Die Testdaten für die CSV-Datei.

```
Matrikelnummer; Vorname; Nachname; Pflichtfächer; Wahlpflichtfach
100010; Anna; Seitz; Mathematik I, Programmieren I (Roth); Englisch
100011; Julia; Lippert; Mathematik I, Programmieren I (Roth); Biologie
100012; Lukas; Wittek; Mathematik I, Programmieren I (Roth); Geschichte
100013; Florian; Krause; Mathematik I, Programmieren I (Roth); Erdkunde
```

Starten Sie im Anschluss das Programm *KursstatistikApp* und wählen aus dem Menü des Programms den Befehl DATEI → ÖFFNEN aus. Der Dialog, der danach erscheint, sollte das gerade angelegte CSV-Verzeichnis mit der Datei *Kursstatistik.csv* anzeigen. Wählen Sie die CSV-Datei aus und klicken auf OPEN. Danach sollte das Programm die Datei tabellarisch anzeigen (Abbildung 24.10).

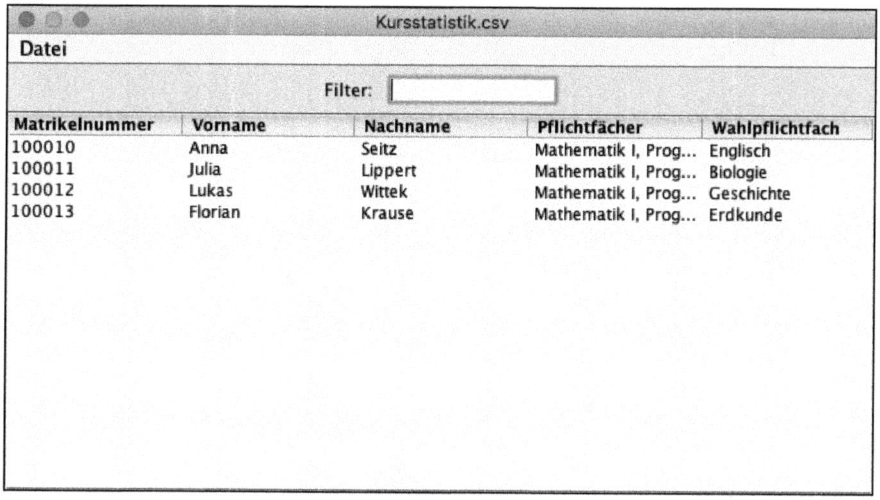

Abbildung 24.10 Die komplette Anwendung nach dem Laden der Kursstatistik

■ 24.6 Verteilung

Um das Programm ohne die Eclipse-Entwicklungsumgebung ausführen zu können, müssen Sie es als Java-Archiv exportieren. Führen Sie dazu einen Rechtsklick auf das Projekt *Swing-Programme* aus und wählen aus dem Kontextmenü, das danach erscheint, den Befehl EXPORT aus.

Klappen Sie in dem Dialog, der danach erscheint, den Zweig JAVA auf und wählen den Export des Programms als RUNNABLE JAR aus (Abbildung 24.11). Wählen Sie auf der zweiten Seite des Dialogs die Launch Configuration des Projekts aus und geben als EXPORT DESTINATION *Swing-Programme/produkt/KursstatistikApp.jar* an.

Bei größeren Projekten mit vielen Bibliotheken ist es wichtig, diese Bibliotheken korrekt zu exportieren, damit das Programm ohne Entwicklungsumgebung lauffähig ist. Eclipse bietet beim Export drei Optionen an:

- Extract required libraries into generated JAR
- Package required libraries into generated JAR
- Copy required libraries into a sub-folder next to the generated JAR

Bei der ersten Option löst Eclipse die Bibliotheken auf und kopiert die Klassen einzeln in das neue JAR-Archiv. Bei der zweiten Option paketiert Eclipse die Bibliotheken innerhalb des neuen JAR-Archivs, während es bei der dritten diese separat im Exportverzeichnis ablegt.

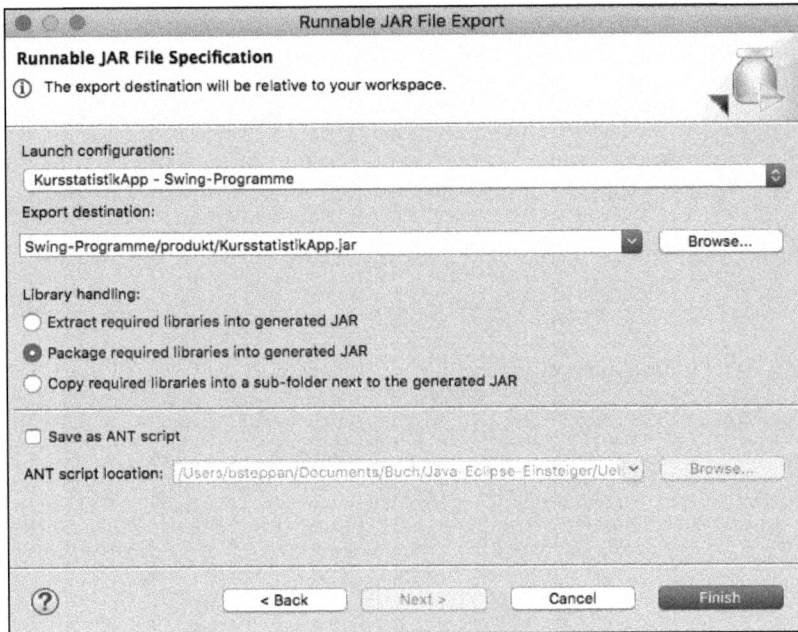

Abbildung 24.11 Die komplette Anwendung nach dem Laden der Kursstatistik.

Da die *KursstatistikApp* keine Bibliotheken außerhalb des Java Runtime Environment benötigt, spielt es keine Rolle, welche Optionen Sie auswählen. In der Regel würde ich bei mittleren Projekten Option zwei empfehlen, weil ein einzelnes JAR-Archiv leichter zu handhaben ist. Bei sehr großen Projekten ist Option drei empfehlenswert, weil dadurch das Java-Archiv klein gehalten wird.

Sie können das Java-Archiv in der Regel nun durch einen Doppelklick auf die Datei *KursstatistikApp.jar* starten. Um individuelle Optionen zu setzen, um dem Programm zum Beispiel mehr Hauptspeicher zuzuweisen, ist ein Startskript notwendig. Listing 24.18 zeigt ein einfaches Startskript für Windows. Es setzt voraus, dass Sie den Suchpfad zur virtuellen Maschine richtig gesetzt haben.

Listing 24.18 Das Startskript zum Start des Programms unter Windows.

```
@echo off
REM
REM Programm: KursstatistikApp
REM Beschreibung: Buch "Einstieg in Java mit Eclipse"
REM Copyright: (c) 2020 by Bernhard Steppan
REM Autor: Bernhard Steppan
REM Version 1.0
REM Bitte Pfad zum JRE anpassen!
java -jar KursstatistikApp.jar
@echo on
```

Geben Sie das in Listing 24.18 abgedruckte Startskript in einem beliebigen Texteditor ein und speichern es unter dem Namen *KursstatistikApp.bat* im Projektverzeichnis *produkt*. Sie können nun das Programm auch außerhalb von Eclipse starten. Damit ist die Arbeit an der *KursstatistikApp* auch abgeschlossen.

24.7 Zusammenfassung

Die Kursstatistik dieses Kapitels hat Ihnen einen Einblick in die Programmierung grafischer Oberflächen mit Swing gegeben. Sie haben gesehen, wie eine einfache Oberfläche mit einer Menüleiste und einer Tabelle entsteht und wie Dateien geladen, analysiert und angezeigt werden. Damit ist unser Ausflug in die Welt der Swing-Programmierung abgeschlossen.

Abbildung 24.12 Auch Robert und Roland verabschieden sich jetzt.

TEIL V

Anhang

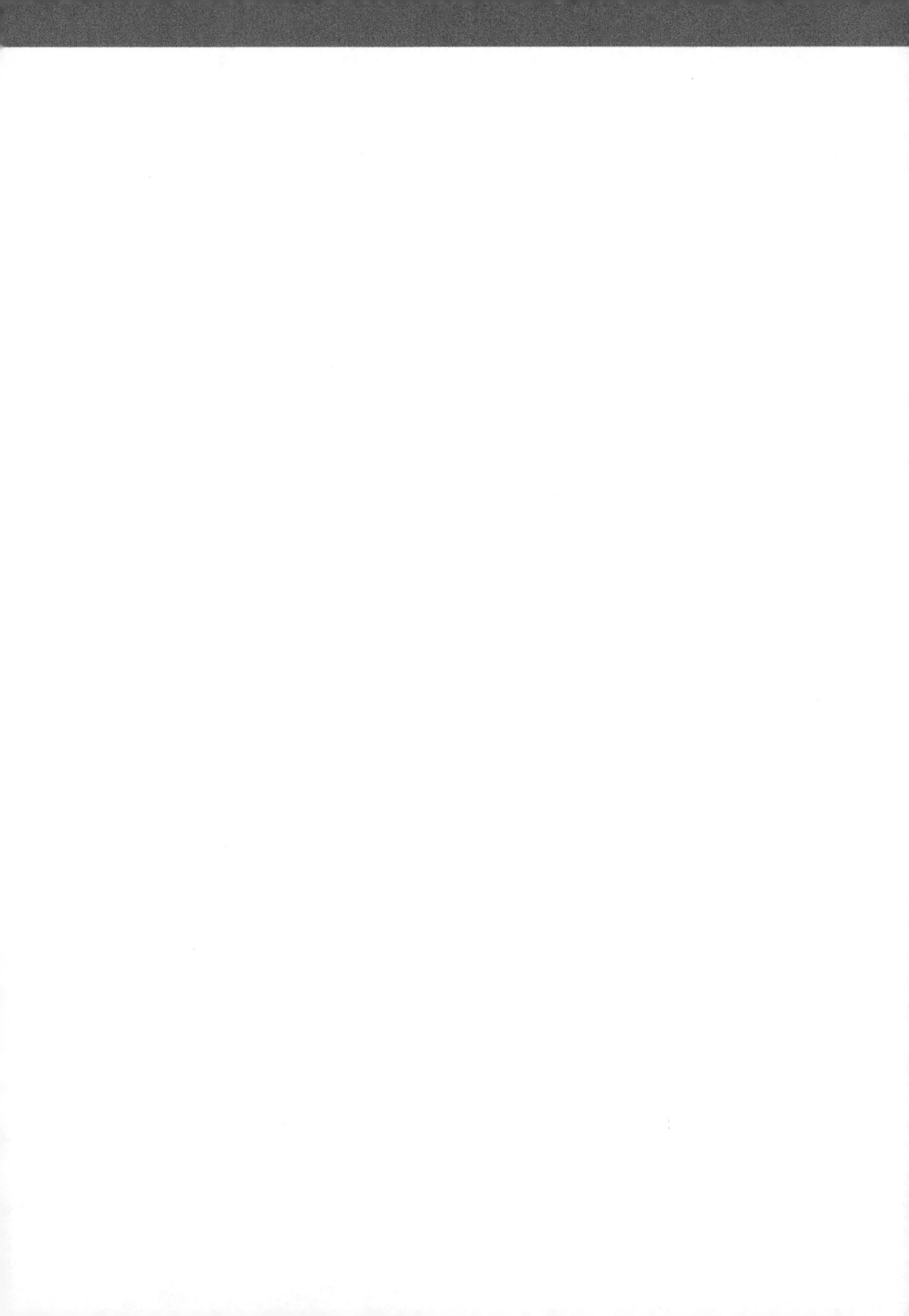

In diesem Kapitel befinden sich die sämtliche Lösungen zu den Aufgabenblöcken der jeweiligen Kapitel. Versuchen Sie zunächst, die Aufgaben selbstständig zu lösen, ohne hier nachzuschlagen. Nur, indem Sie selbstständig programmieren, wird sich ein Lerneffekt einstellen. Erst wenn Sie nicht weiterkommen, eine Lösung haben oder kurz vor einer Prüfung stehen, sollten Sie zu den Lösungen greifen.

■ zu Kapitel 1: Programmiergrundlagen

- Wie nennt sich die Programmiersprache, mit der man »maschinennah« programmiert?
  Die Programmiersprache nennt sich Assembler – nicht zu verwechseln mit der Maschinensprache.

- Zu welcher Art von Programmiersprachen gehört Java?
  Java gehört zu den Hochsprachen.

- Was ist ein Compiler und welche Aufgabe erfüllt er?
  Ein Compiler übersetzt ein Hochsprachenprogramm in Maschinensprache.

- Wozu dient ein Editor?
  Ein Editor funktioniert ähnlich einer Textverarbeitung. Mit dem Editor bearbeiten Sie den Quellcode eines Programms.

- Wozu ist eine Projektverwaltung innerhalb einer Entwicklungsumgebung notwendig?
  Die Projektverwaltung einer Entwicklungsumgebung verwaltet sämtliche Dateien, die zu einem Softwareentwicklungsprojekt gehören.

- Was ist eine Laufzeitumgebung?
  Eine Laufzeitumgebung besteht aus einem oder mehreren Programmen, die für die Ausführung zum Beispiel eines Java-Programms notwendig sind.

■ zu Kapitel 2: Technologieüberblick

■ Java ist eine quelloffene Sprache (Open Source). Was bedeutet das?
Bei quelloffener Software hat der Hersteller sämtlichen Quellcode offen gelegt. Damit lässt sich die Qualität einer Software leichter überprüfen.

■ Java-Programme sind leicht portiertbar. Was versteht man darunter?
Darunter versteht man, dass sich Java-Software leicht von einem Computersystem auf ein anderes übertragen lässt.

■ Was sind die Vorteile portabler Programme?
Portable Programm laufen unter mehreren Betriebssystemen idealerweise ohne oder mit wenigen Veränderungen. Daher ist die Zielgruppe der Anwender viel größer als bei Programmen, die nur auf einem Betriebssystem laufen.

■ Wofür steht Java VM und was versteht man darunter?
Java VM steht für Java Virtual Machine. Die Java VM ist ein Teil der speziellen Laufzeitumgebung (JRE), die man benötigt, um Java-Programme auf einem Computer laufen zu lassen.

■ Wofür die JRE und was versteht man darunter?
JRE steht für Java Runtime Environment. Die JRE ist die komplette Laufzeitumgebung, die erforderlich ist, um Java-Programme auf einem Computer auszuführen.

■ Was ist eine Programmierplattform?
Eine Programmierplattform besteht aus mehr als einer Programmiersprache. In der Regel besteht eine Programmierplattform noch aus Werkzeugen und Bibliotheken. Im Fall von Java kommt noch zusätzlich die Java-Laufzeitumgebung (JRE) hinzu.

■ zu Kapitel 3: Objektorientierte Programmierung

■ Aufgabe 1: Konzeption einer Adressdatenbank.
Bei der ersten Lösung könnten die Objekte wie in Abbildung 25.1 angelegt werden. Hierbei würde allerdings die genaue Berufsbezeichnung verloren gehen.

Abbildung 25.1 Lösung 1 bildet Beruf sowie Verhältnis zur Hochschule als »Status« ab.

Die zweite Lösung zur Aufgabe 1 sähe wie folgt aus: Sie verwendet den Beruf und das Attribut Angestellt als Status gegenüber der Hochschule.

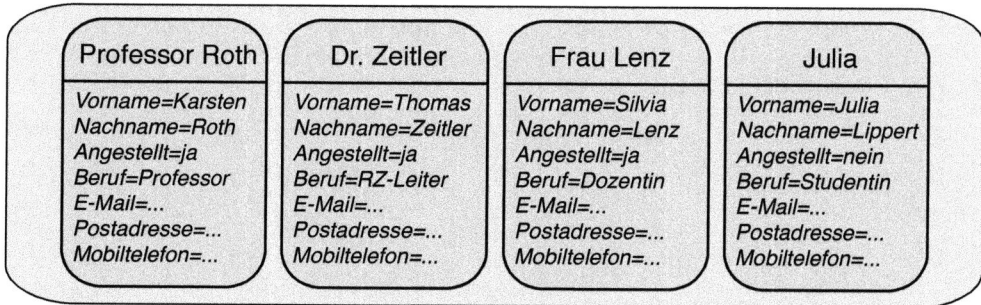

Professor Roth	Dr. Zeitler	Frau Lenz	Julia
Vorname=Karsten Nachname=Roth Angestellt=ja Beruf=Professor E-Mail=... Postadresse=... Mobiltelefon=...	Vorname=Thomas Nachname=Zeitler Angestellt=ja Beruf=RZ-Leiter E-Mail=... Postadresse=... Mobiltelefon=...	Vorname=Silvia Nachname=Lenz Angestellt=ja Beruf=Dozentin E-Mail=... Postadresse=... Mobiltelefon=...	Vorname=Julia Nachname=Lippert Angestellt=nein Beruf=Studentin E-Mail=... Postadresse=... Mobiltelefon=...

Abbildung 25.2 Lösung 2 verwendet zusätzlich die Attribute »Angestellt« und »Beruf«.

- Aufgabe 2: Ableitung von einer oder mehreren Klassen mit passenden Attributen. *Abbildung 25.3 zeigt die Klasse mit passenden Attributen zur ersten Lösung. Die verschiedenen Personenobjekte lassen sich aufgrund der gleichen Attribute dieser Lösung mit nur einer Klasse abbilden.*

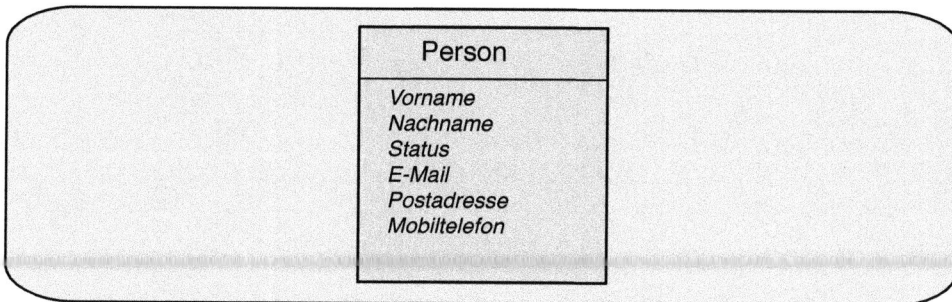

Person
Vorname Nachname Status E-Mail Postadresse Mobiltelefon

Abbildung 25.3 Die Klasse »Person« mit ihren Attributen

Abbildung 25.4 zeigt zwei Klassen mit passenden Attributen zur zweiten Lösung. Unschön an dieser Lösung ist die Redundanz, da beide Klassen die gleichen Attribute besitzen. Sehr gut ist, dass diese Lösung schlank ist und – bis auf den Beruf – die Attribute der Objekte abbildet.

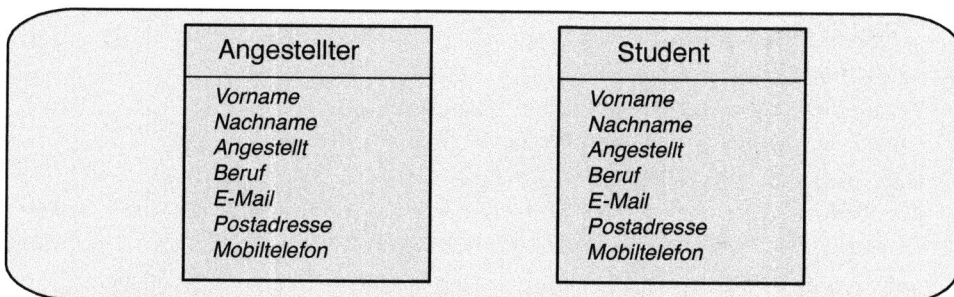

Angestellter	Student
Vorname Nachname Angestellt Beruf E-Mail Postadresse Mobiltelefon	Vorname Nachname Angestellt Beruf E-Mail Postadresse Mobiltelefon

Abbildung 25.4 Die Klassen »Angestellter« und »Student« mit ihren Attributen

■ Aufgabe 3: Gemeinsame Basisklasse und aktualisiertes Klassendiagramm.
Als gemeinsame Basisklasse dient hier einfach die Klasse »Person«. Diskussionswürdig ist, dass auch die Klasse »Student« das Attribut »Angestellt« erbt. Unschön ist, dass ein Studierender, der angestellt ist, lediglich als »Student« zu erkennen ist. Sucht man nach dem Datentyp »Angestellter«, würden sich keine Studenten finden, die für die Hochschule neben ihrem Studium arbeiten.

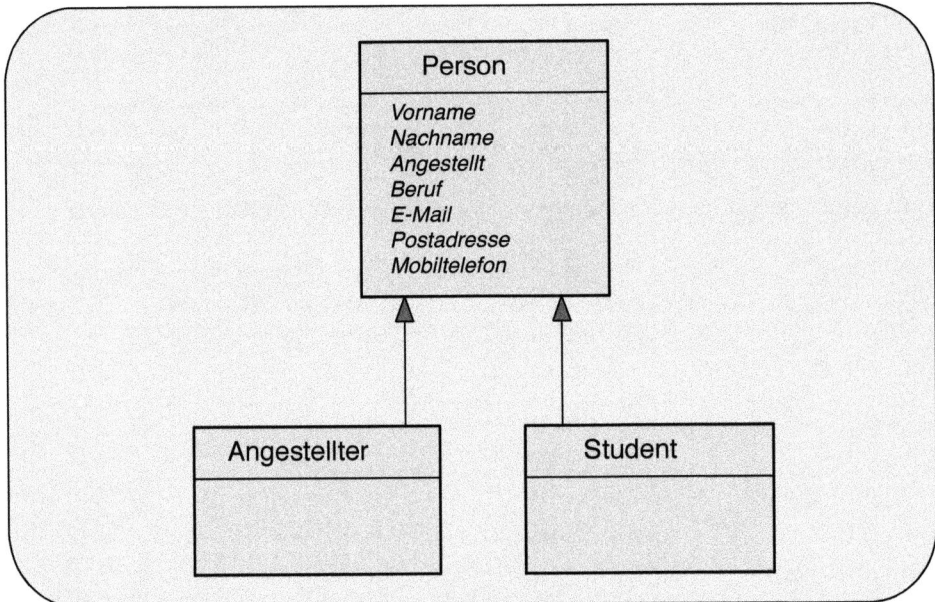

Abbildung 25.5 Die Klasse »Person« bildet die neue Basisklasse.

■ zu Kapitel 4: Entwicklungsumgebung

■ Eine der Installationsvoraussetzungen von Eclipse war eine vorhandene Java-Version. Was ist der Grund dafür?
Eclipse ist in Java programmiert und benötigt aus diesem Grund zumindest eine Java-Laufzeitumgebung.

■ Wie nennt sich die Arbeitsoberfläche von Eclipse?
Die Arbeitsoberfläche nennt sich Workbench (engl. für Werkbank).

■ Wozu dient der Package Explorer von Eclipse?
Der Package Explorer ist Teil der Projektverwaltung von Eclipse und liefert Ihnen eine Übersicht über Projekte und deren Ressourcen wie Dateien.

■ Aus welchen zwei Hauptbestandteilen besteht das Build-System von Eclipse?
Das Build-System von Eclipse besteht den Hauptbestandteilen Build-Überwachung und Eclipse-Compiler für Java.

- Eclipse ist eine modular aufgebaute Entwicklungsumgebung. Was ist der Vorteil dieser Architektur?
  Durch die modulare Architektur der Entwicklungsumgebung lässt sich Eclipse sehr leicht erweitern.

- Was ist der Eclipse-Workspace?
  Der Workspace ist ein Arbeitsbereich auf der Festplatte, in dem Eclipse Projekte und Projekteinstellungen speichert. Man bezeichnet den Workspace auch als Repository – das ist eine Art von Datenbank.

■ zu Kapitel 5: Programmaufbau

- Was sind die wichtigsten Sprachelemente von Java?
  Die wichtigen Elemente sind: Klasse, Methode, Variable, Paket, Anweisung und Kommentar.

- Wozu dienen Kommentare?
  Sinnvolle und aussagekräftige Kommentare helfen, das Programm besser zu verstehen.

- Was bedeutet das Schlüsselwort *Package* und wofür verwendet man es?
  »Package« bedeutet Paket. Pakete dienen dazu, Programme zu strukturieren.

- Wie erreicht man, dass aus einer Java-Klasse ein Programm wird?
  Aus einer Klasse wird ein Programm durch eine öffentliche, statische Methode namens »main()«.

- Wozu dient eine Deklaration?
  Durch eine Deklaration legen Sie dar, von welchem Datentyp eine Variable sein soll.

- Was ist eine Zuweisung? *Durch eine Zuweisung weist man einer Variablen einen Wert zu.*

- Sie sollten in Kapitel 5, »Programmaufbau«, eine zweite Person einfügen. Die entsprechende Klasse *Programmdemo* sieht nach dieser Änderung wie folgt aus:

Listing 25.1 Das Programm »Programmdemo« mit einer zweiten Person

```
1  //Beispielprogramme/Loesungen/Programmaufbau
2
3  package programmierkurs;
4
5  public class Programmdemo {
6
7    public static void main(String[] arguments) {
8      Person roth;
9      roth = new Person("Professor Roth");
10     Person anna;
11     anna = new Person("Anna");
12     System.out.println("Die Person heißt: " + roth.getName());
13     System.out.println("Die zweite Person heißt: " + anna.getName());
14   }
15 }
```

■ zu Kapitel 6: Variablen

■ Welche Arten von Variablen unterscheidet man in Java?
Man unterscheidet lokale Variablen, Parameter, Objektvariablen, Klassenvariablen und – als Besonderheit – Konstanten.

■ Warum müssen Sie Variablen in Java deklarieren?
Durch die Deklaration legt man fest, von welchem Datentyp eine Variable sein soll. Da Java eine typisierte Programmiersprache ist, ist die Deklaration Pflicht. Der Sinn der Typisierung ist es, Fehler beim Ablauf der Programme zu vermeiden.

■ Was legt eine Deklaration einer Variablen fest?
Durch die Deklaration wird eine Variable fest mit einem Datentyp verbunden.

■ Was ist eine Objektvariable?
Eine Objektvariable ist eine individuelle Variable für jedes Objekt. Jedes Objekt unterscheidet sich durch die individuelle Ausprägung von Objektvariablen.

■ Was sind Klassenvariablen und wie kennzeichnet man sie in Java?
Eine Klassenvariable ist eine Variable, deren Wert für jedes Objekt dieser Klasse gleich ist. Man kennzeichnet sie durch das Schlüsselwort »static«.

■ Was sind Konstanten und wie kennzeichnet man sie in Java?
Konstanten sind unveränderliche Werte. Sie lassen sich nur einmal mit einem Wert belegen und sind für den Rest der Lebensdauer eines Programm statisch. Man kennzeichnet sie mit den Schlüsselwörtern »public static final« und durch eine generelle Großschreibweise.

■ Sie sollten in Kapitel 6, »Variablen«, eine zweite Person mit Vor- und Nachnamen einfügen. Die entsprechende Klasse *Programmdemo* sieht nach dieser Änderung wie folgt aus:

Listing 25.2 Das Programm »Programmdemo« mit Vor- und Nachnamen einer zweiten Person

```
1  //Beispielprogramme/Loesungen/Variablen
2
3  package programmierkurs;
4
5  public class Programmdemo {
6
7    public static void main(String[] args) {
8      Person roth;
9      roth = new Person("Karsten", "Roth");
10     Person anna;
11     anna = new Person("Anna", "Seitz");
12     System.out.println("Die Person heißt: " +
13       roth.getVorname() + " " + roth.getNachname());
14     System.out.println("Die zweite Person heißt: " +
15       anna.getVorname() + " " + anna.getNachname());
16   }
17 }
```

zu Kapitel 7: Anweisungen

- Wie ist eine Deklaration in Java aufgebaut?

  Eine Deklaration in Java folgt immer dem Muster »Datentyp«, gefolgt von einer »Variable«.

- Eine Deklaration bindet einen Datentyp an eine Variable. Welche Aufgabe hat die Deklaration darüber hinaus?

  Durch die Bindung an einen Datentyp bekommt die Variable einen bestimmten Wertebereich zugewiesen. Zudem sind mit dieser Variable auch nur bestimmte Operatoren verbunden. Zum Beispiel ist die Multiplikation von zwei Zeichenketten verboten, die von zwei Integer-Werten erlaubt.

- Wo liegt der Unterschied zwischen einer Zuweisung und einer mathematischen Gleichung?

  Eine Zuweisung besteht aus einer linken und rechten Seite. Der Sinn einer Zuweisung ist, der linken Seite einen Wert zuzuweisen. Die rechte Seite bleibt hierdurch unverändert. Kurz nach der erfolgten Zuweisung, sind beide Seiten der Zuweisung gleich. Zuvor ist das nicht garantiert. Bei einer gültigen mathematischen Gleichung haben beide Seiten der Gleichung zu jeder Zeit stets den gleichen Wert.

- Wann ist die Kombination aus Deklaration und Zuweisung praktischer als die Trennung?

  Das hängt vom Einsatzfall ab. Generell lässt sich sagen, dass es bei lokalen Variablen oftmals sinnvoller ist, Deklaration und Zuweisung zusammenzufassen.

- Was ist ein Block und kennzeichnet man ihn?

  Blöcke gruppieren eine Reihe von logisch zusammengehörenden Anweisungen zu einer Einheit. Jeder Block beginnt mit einer öffnenden geschweiften Klammer und endet mit einer schließenden geschweiften Klammer.

- Wie funktioniert der Aufruf einer Variablen?

  Das hängt vom Kontext und der Art der Variablen ab. Innerhalb einer Klasse, die die Variable definiert, lassen sich Variablen direkt mit ihrem Namen aufrufen. Außerhalb der Klasse verwendet man Abfragemethoden. Bei Klassenvariablen funktioniert die Abfrage über »Klasse.variable«, bei Konstanten über »Klasse.KONSTANTE«. Generell verwendet Java den Punktoperator zum Zugriff.

- Wie funktioniert der Aufruf einer Methode?

  Das hängt ebenfalls vom Kontext und der Art der Methode ab. Innerhalb einer Klasse, die die Methode definiert, lassen sich Methoden direkt über ihren Namen aufrufen. Außerhalb der Klasse erfolgt der Aufruf über »objekt.methode()«. Generell verwendet Java auch bei Methoden den Punktoperator zum Zugriff.

- Sie sollten in Kapitel 7, »Anweisungen«, eine zweite Person mit Vor- und Nachnamen einfügen und die Programmausgabe entsprechend der neuen Methode *getName()* verändern. Die Klasse *Programmdemo* sieht nach dieser Änderung wie folgt aus:

Listing 25.3 Erweiterung des Programms »Programmdemo«

```
1  //Beispielprogramme/Loesungen/Anweisungen
2
3  package programmierkurs;
4
```

```
 5  public class Programmdemo {
 6
 7    public static void main(String[] args) {
 8      Person roth;
 9      roth = new Person("Karsten", "Roth");
10      Person anna;
11      anna = new Person("Anna", "Seitz");
12      System.out.println("Die Person heißt " + roth.getName());
13      System.out.println("Die zweite Person heißt " + anna.getName());
14    }
15  }
```

■ Das Programm gibt nach dem Start in Eclipse wieder beide Personen aus:

```
Die Person heißt Karsten Roth
Die zweite Person heißt Anna Seitz
```

■ zu Kapitel 8: Einfache Datentypen

■ Welche Ganzzahldatentypen gibt es in Java?
Es gibt in Java die Ganzzahldatentypen »byte«, »short«, »int« und »long«.

■ Wie unterscheiden sie sich?
Die Datentypen unterscheiden sich im Wertebereich.

■ Welche Datentypen gibt es für Kommazahlen?
Hierfür gibt es die Datentypen »float« und »double«.

■ Wie unterscheiden sie sich?
Beide Datentypen unterscheiden sich wieder im Wertebereich.

■ Mit welchem Datentyp lassen sich einzelne Zeichen speichern?
Mit dem Datentyp »char«.

■ Wie viele Zustände kann man mit einer Variable des Datentyps *boolean* speichern?
Mit Wahrheitswerten lassen sich nur zwei Zustände speichern.

■ Sie sollten die Klasse *Programmdemo* nochmals um eine weitere Person erweitern. Sie sieht nach der Ergänzung wie folgt aus:

Listing 25.4 Erweiterung des Programms »Programmdemo«

```
 1  //Beispielprogramme/Loesungen/Einfache_Datentypen
 2
 3  package programmierkurs;
 4
 5  class Programmdemo {
 6
 7    public static void main(String[] arguments) {
 8      Person roth;
 9      roth = new Person("Karsten", "Roth", 184, false);
10      Person anna;
```

```
11        anna = new Person("Anna", "Seitz", 171, true);
12        System.out.println("Die Person heißt " + roth.getName());
13        System.out.println(roth.getName() + " ist " + roth.getGroesse() +
              " cm gross");
14        System.out.println("Sein Studentenstatus ist " + roth.isStudent())
              ;
15        System.out.println("Die zweite Person heißt " + anna.getName());
16        System.out.println(anna.getName() + " ist " + anna.getGroesse() +
              " cm gross");
17        System.out.println("Ihr Studentenstatus ist " + anna.isStudent());
18    }
19 }
```

- Das geänderte Programm gibt nach dem Start in Eclipse beide Personen mit sämtlichen Attributen aus:

```
Die Person heißt Karsten Roth
Karsten Roth ist 184 cm gross
Sein Studentenstatus ist false
Die zweite Person heißt Anna Seitz
Anna Seitz ist 171 cm gross
Ihr Studentenstatus ist true
```

◼ zu Kapitel 9: Klassen und Objekte

- Wie viele verschiedenen Klassenarten gibt es in Java?
  Java verfügt über vier Hauptarten von Klassen und drei Unterarten (Tabelle 25.1).

Tabelle 25.1 Java verfügt über vier Hauptarten von Klassen und drei Unterarten.

Klassenart	Ausprägung	Verwendung
»Konkrete« Klasse	»Natürliche« Klasse	Allzweckklasse
	Lokale Klasse	Hilfsklasse
	Innere Klasse	Hilfsklasse mit Interface
	Anonyme Klasse	Hilfsklasse ohne Namen
Abstrakte Klasse	–	Basisklasse
Interface	–	Klasse ohne Implementierung
Generics (Generische Klasse)	–	Typsichere Behälterklasse

- Wie kommt es zu der Bezeichnung »innere Klasse«?
  Innere Klassen befinden sich innerhalb einer anderen Klasse, daher der Name.
- Wo liegt der Unterschied zwischen einer abstrakten Klasse und einem Interface?

- Sie sollten die Klasse *Programmdemo* um eine Klasse *Roboter* auf Basis der Klasse *Wesen* erweitern. Die Klasse *Roboter* auf Basis der Klasse *Wesen* sieht wie folgt aus:

Tabelle 25.2 Unterschiede zwischen einer abstrakten Klasse und einem Interface.

Merkmal	Abstrakte Klasse	Interface
Methodenarten	»abstract«, nicht »abstract«	nur »abstract«
Finale Variablen	»final«, nicht »final«	nur »final«
Variablentypen	»final«, nicht »final«, »static«, nicht »static«	»static« und »final«
Implementierung	kann ein Interface implementieren	keine Implementierung
Vererbung	mit »extends«	mit »implements«
Mehrfachvererbung	ein »extends«, aber mehrere »implements«	ein »extends«
Sichtbarkeit Attribute	»public«, »default«, »private«, »protected«	nur »public«

Listing 25.5 Erweiterung des Programms »Programmdemo«

```
1   //Beispielprogramme/Loesungen/Klassen_und_Objekte
2
3   package programmierkurs;
4
5   public class Roboter extends Wesen {
6
7     public Roboter(String name) {
8       super(name);
9     }
10
11    public Roboter(String name, int groesse) {
12      super(name);
13      this.groesse = groesse;
14    }
15  }
```

- Die Klasse *Roboter* verfügt über zwei Konstruktoren. Der Konstruktor mit zwei Parametern erlaubt, ein Objekt mit Namen und Größe zu erzeugen. Die Klasse *Programmdemo* sieht nach dem Einfügen des Objekts *Robert* wie folgt aus:

Listing 25.6 Erweiterung des Programms »Programmdemo«

```
1   //Beispielprogramme/Loesungen/Klassen_und_Objekte
2
3   package programmierkurs;
4
5   class Programmdemo {
6
7     public static void main(String[] arguments) {
8       Mensch roth;
9       roth = new Mensch("Karsten", "Roth", 184, false);
10      System.out.println("Der Mensch heißt " + roth.getName());
11      System.out.println(roth.getName() + " ist " +
12        roth.getGroesse() + " cm gross");
13      System.out.println("Sein Studentenstatus ist " +
14        roth.isStudent());
15      Roboter robert;
```

```
16     robert = new Roboter("Robert", 190);
17     System.out.println("Der Roboter heißt " + robert.getName());
18     System.out.println(robert.getName() + " ist " +
19       robert.getGroesse() + " cm gross");
20   }
21 }
```

zu Kapitel 10: Aufzählungen

- Wie unterscheiden sich selbst programmierte Aufzählungen vor Java 5 von solchen mit dem Schlüsselwort *enum*?
  Bei selbstprogrammierten Aufzählungen muss die Aufzählungsklasse von Grund auf selbst definiert werden. Diese Klassendefinition ist im Vergleich zu einer Klasse auf Basis des Enum-Typs vergleichsweise aufwendig. Ein weiterer Unterschied ist, dass man bei selbstprogrammierten Implementierungen automatisch die Schreibweise jedes Elements bestimmen kann, die gewünscht ist.

- Welche Variablentypen besitzen Elemente einer Aufzählungen mit dem Schlüsselwort *enum*?
  Die Elemente sind Konstanten.

- Wie lässt sich bei Enum-Aufzählungen erreichen, dass sich die Bezeichnung der Elemente von deren Namen unterscheidet?
  Hierzu muss man hierzu einen eigenen Konstruktor definieren und die Methode »toString()« überschreiben.

- Die Klasse *Roboter* der letzten Übung sollte so verändert werden, dass sie das Attribut *anrede* verwendet. Die Klasse sieht danach wie folgt aus:

Listing 25.7 Erweiterung des Programms »Programmdemo«

```
1  //Beispielprogramme/Loesungen/Aufzaehlungen
2
3  package programmierkurs;
4
5  public class Roboter extends Wesen {
6
7    public Roboter(String name, Anrede anrede) {
8      super(name, anrede);
9    }
10
11   public Roboter(String name, Anrede anrede, int groesse) {
12     super(name, anrede);
13     this.groesse = groesse;
14   }
15
16 }
```

- Sie sollten das Programm *Programmdemo* um das Objekt *robert* ergänzen, das nun über das Attribut *anrede* verfügt. Das Programm sieht nach der Änderung folgendermaßen aus:

Listing 25.8 Erweiterung des Programms »Programmdemo« mit dem Attribut »anrede«

```
 1   //Beispielprogramme/Loesungen/Aufzaehlungen
 2
 3   package programmierkurs;
 4
 5   class Programmdemo {
 6
 7     public static void main(String[] arguments) {
 8
 9       Mensch roth =
10         new Mensch("Karsten", "Roth", Anrede.PROFESSOR, 184, false);
11       System.out.println("Der " + roth.getAnrede() + " heißt " +
12         roth.getName());
13       System.out.println(roth.getName() + " ist " + roth.getGroesse() +
14         " cm gross");
15       System.out.println("Sein Studentenstatus ist "+ roth.isStudent());
16
17       Roboter robert = new Roboter("Robert", Anrede.ROBOTER, 190);
18       System.out.println("Der " + robert.getAnrede() + " heißt " +
19           robert.getName());
20         System.out.println(robert.getName() + " ist " +
21           robert.getGroesse() + " cm gross");
22     }
23   }
```

■ zu Kapitel 11: Arrays

- Welche Array-Arten gibt es in Java?
  Es gibt ein- und mehrdimensionale Arrays.

- Mit welcher Nummer beginnt das erste Element eines Arrays?
  Das erste Element eines Java-Arrays trägt die Nummer 0.

- Warum bezeichnet man Java-Arrays als halbdynamisch?
  Da die Anzahl der Elemente eines Arrays nicht zum Zeitpunkt der Deklaration feststehen muss, sind Arrays halbdynamisch.

- Sie sollten das Programm *Programmdemo* um die restlichen Teammitglieder von Professor Roths Programmierkurs ergänzen. Das Programm sieht mit dem kompletten Programmierkurs wie folgt aus.

Listing 25.9 Das Programm mit sämtlichen Teammitgliedern

```
 1  //Loesungen/Arrays
 2  package programmierkurs;
 3
 4  class Programmdemo {
 5
 6    public static void main(String[] arguments) {
 7
 8      Wesen kursmitglied[] = new Wesen[6];
 9
10      kursmitglied[0] = new Mensch(Anrede.PROFESSOR,
11        "Karsten", "Roth", 184, false);
12      System.out.println("Der " + kursmitglied[0].getAnrede() +
13        " heißt " + kursmitglied[0].getName());
14      System.out.println(kursmitglied[0].getName() + " ist " +
15        kursmitglied[0].getGroesse() + " cm gross");
16      System.out.println("Sein Studentenstatus ist " +
17        ((Mensch) kursmitglied[0]).isStudent());
18
19      kursmitglied[1] = new Mensch(Anrede.STUDENTIN,
20        "Anna", "Seitz", 171, true);
21      System.out.println("Die " + kursmitglied[1].getAnrede() +
22        " heißt " + kursmitglied[1].getName());
23      System.out.println(kursmitglied[1].getName() + " ist " +
24        kursmitglied[1].getGroesse() + " cm gross");
25      System.out.println("Ihr Studentenstatus ist " +
26        ((Mensch) kursmitglied[1]).isStudent());
27
28      kursmitglied[2] = new Mensch(Anrede.STUDENTIN,
29        "Julia", "Lippert", 172, true);
30      System.out.println("Die " + kursmitglied[2].getAnrede() +
31        " heißt " + kursmitglied[2].getName());
32      System.out.println(kursmitglied[2].getName() + " ist " +
33        kursmitglied[2].getGroesse() + " cm gross");
34      System.out.println("Ihr Studentenstatus ist " +
35        ((Mensch) kursmitglied[2]).isStudent());
36
37      kursmitglied[3] = new Mensch(Anrede.STUDENT,
38        "Lukas", "Wittek", 186, true);
39      System.out.println("Der " + kursmitglied[3].getAnrede() +
40        " heißt " + kursmitglied[3].getName());
41      System.out.println(kursmitglied[3].getName() + " ist " +
42        kursmitglied[3].getGroesse() + " cm gross");
43      System.out.println("Sein Studentenstatus ist " +
44        ((Mensch) kursmitglied[3]).isStudent());
45
46      kursmitglied[4] = new Mensch(Anrede.STUDENT,
47        "Florian", "Krause", 185, true);
48      System.out.println("Der " + kursmitglied[4].getAnrede() +
49        " heißt " + kursmitglied[4].getName());
50      System.out.println(kursmitglied[4].getName() + " ist " +
```

```
51        kursmitglied[4].getGroesse() + "␣cm␣gross");
52      System.out.println("Sein␣Studentenstatus␣ist␣" +
53        ((Mensch) kursmitglied[4]).isStudent());
54
55      kursmitglied[5] = new Roboter(Anrede.ROBOTER, "Robert", 190);
56      System.out.println("Der␣" + kursmitglied[5].getAnrede() +
57        "␣heißt␣" + kursmitglied[5].getName());
58      System.out.println(kursmitglied[5].getName() + "␣ist␣" +
59        kursmitglied[5].getGroesse() + "␣cm␣gross");
60
61
62    }
63  }
```

- Was müssen Sie bei Robert beachten?
  Es ist zu beachten, dass der Roboter »Robert« vom Typ »Roboter« sein muss. Da die Klasse »Roboter« über keine Methode »isStudent()« verfügt, muss die Programmausgabe entsprechend verändert werden. Ein Cast ist nicht erforderlich.

■ zu Kapitel 12: Methoden

- Was sind Klassen- und Objektmethoden und wie unterscheiden sie sich?
  Klassenmethoden sind statische Methoden. Sie können ohne Objekt aufgerufen werden. Objektmethoden beziehen sich auf ein Objekt und können nur über ein Objekt aufgerufen werden.
- Welche Methodenarten gibt es in Java und was ist ihre Aufgabe?
  Java unterscheidet die in Tabelle 25.3 aufgeführten Methodenarten.

Tabelle 25.3 Java unterschiedet vier verschiedene Arten von Methoden.

Methodenart	Verwendung
Konstruktor	Erzeugt ein Objekt
Operation	Klassische Funktion
Abfragemethode	Greift auf ein Attribut zu
Änderungsmethode	Ändert ein Attribut

- Nennen Sie die Arten von Konstruktoren und ihre Unterscheidungsmerkmale.
  Java unterscheidet die in Tabelle 25.4 aufgeführten Konstruktorenarten.

Tabelle 25.4 Java unterschiedet drei verschiedene Arten von Konstruktoren.

Konstruktorart	Erklärung
Standardkonstruktor	Verdeckter Konstruktor ohne Parameter
Konstruktor ohne Parameter	Selbstdefinierter Konstruktor ohne Parameter
Konstruktor mit Parametern	Selbstdefinierter Konstruktor mit Parametern

- Wie ist die Bezeichnung von Abfragemethoden auf Englisch und wie definiert man sie?
  Die Bezeichnung ist Getter-Methode. Die Definition erfolgt über das Präfix »get« gefolgt von dem Attribut, das die Methode ermittelt.

- Wie ist die Bezeichnung von Änderungsmethoden auf Englisch und wie definiert man sie?
  Die Bezeichnung ist Setter-Methode. Definition erfolgt über das Präfix »set« gefolgt von dem Attribut, das die Methode setzt.

- Sie sollten das Programm *Programmdemo* so umschreiben, dass es für das Objekt »Anna« den Konstruktor und die entsprechenden Getter-Methoden aufruft. Der Programmausschnitt sieht wie folgt aus:

Listing 25.10 »Programmdemo« mit dem neuen Aufruf für »Anna«

```
20    kursmitglied[1] =
21        new Mensch(Anrede.STUDENTIN, "Anna", "Seitz", 171, true);
22      System.out.println("Die " + kursmitglied[1].getAnrede() +
23        " heißt " + kursmitglied[1].getName());
24      System.out.println(kursmitglied[1].getName() + " ist " +
25        kursmitglied[1].getGroesse() + " cm gross");
26      System.out.println("Ihr Studentenstatus ist " +
27        ((Mensch) kursmitglied[1]).isStudent());
```

- Sie sollten danach das Programm um eine Ausgabe des Roboters »Robert« ergänzen und hierzu den bereits angelegten Konstruktor und die Setter-Methode für die Größe von 190 cm verwenden. Das komplette Programm sieht danach wie folgt aus:

Listing 25.11 Das komplette Programm mit den zwei neuen Ausgaben

```
1   // Beispielprogramme/Loesungen/Methoden
2
3   package programmierkurs;
4
5   class Programmdemo {
6
7     public static void main(String[] arguments) {
8
9       Wesen kursmitglied[] = new Wesen[6];
10
11      kursmitglied[0] = new Mensch(Anrede.PROFESSOR, "Karsten Roth");
12      kursmitglied[0].setGroesse(184);
13      System.out.println("Der " + kursmitglied[0].getAnrede() +
14        " heißt " + kursmitglied[0].getName());
15      System.out.println(kursmitglied[0].getName() + " ist " +
16        kursmitglied[0].getGroesse() + " cm gross");
17      System.out.println("Sein Studentenstatus ist " +
18        ((Mensch) kursmitglied[0]).isStudent());
19
20      kursmitglied[1] =
21          new Mensch(Anrede.STUDENTIN, "Anna", "Seitz", 171, true);
22        System.out.println("Die " + kursmitglied[1].getAnrede() +
```

```
23              " heißt " + kursmitglied[1].getName());
24          System.out.println(kursmitglied[1].getName() + " ist " +
25            kursmitglied[1].getGroesse() + " cm gross");
26          System.out.println("Ihr Studentenstatus ist " +
27            ((Mensch) kursmitglied[1]).isStudent());
28
29          kursmitglied[2] =
30              new Wesen(Anrede.ROBOTER, "Robert", 190);
31          System.out.println("Der " + kursmitglied[2].getAnrede() +
32            " heißt " + kursmitglied[2].getName());
33          System.out.println(kursmitglied[2].getName() + " ist " +
34            kursmitglied[2].getGroesse() + " cm gross");
35      }
36  }
```

■ zu Kapitel 13: Operatoren

■ Welche Operatorenarten gibt es in Java?
Java unterscheidet die in Tabelle 25.5 aufgeführten Operatorenarten.

Tabelle 25.5 Übersicht der Java-Operatoren

Operator	Verwendung
Arithmetische Operatoren	Addition, Subtraktion, Division und Multiplikation
Vergleichende Operatoren	Vergleich von Ausdrücken
Logische Operatoren	Vergleich von Wahrheitswerten
Bitweise Operatoren	Bitweise Manipulationen
Zuweisungsoperatoren	Zuweisung von Werten
Fragezeichen-Operator	Ersatz für eine Verzweigung (Kurzschreibweise)
New-Operator	Erzeugen eines Objekts
Cast-Operator	Temporäre Typumwandlung
Zugriffsoperatoren	Zugriff auf anonyme Klassen und Klassenbestandteile

■ Wie ist der Unterschied zwischen Pre- und Postdekrement-Operator?
Präinkrement: 1. Schritt: i = i + 1, 2. Schritt: j = i
Postinkrement: 1. Schritt: j = i, 2. Schritt: i = i + 1

■ Welche Aufgabe hat der new-Operator?
Er erzeugt ein Objekt.

■ Welche Zugriffsoperatoren gibt es in Java?
Punkt- und Lambda-Operator.

■ zu Kapitel 14: Verzweigungen

- ■ Wozu dienen Verzweigungen in einem Programm?
  Sie steuern den Programmfluss.

- ■ Wo liegt der Unterschied zwischen einer If-then-else- und einer Switch-Anweisung?
  If-then-else hat nur eine Unterscheidung, während die Switch-Anweisung mehrere besitzt.

- ■ Ergänzen Sie die Klasse *Programmdemo* um eine Ausgabe des restlichen Programmierkurses mit Julia, Florian, Lukas und Robert.

Listing 25.12 »Programmdemo« mit dem neuen Aufruf für Professor Roth

```
1   //Beispielprogramme/Loesungen/Verzweigungen
2
3   package programmierkurs;
4
5   class Programmdemo {
6
7     private static String ermittleStudentenstatus(boolean student) {
8       String studentenstatus = ((student) ? "immatrikuliert"
9           : "nicht immatrikuliert");
10      return studentenstatus;
11    }
12
13    private static String ermittleAnrede(Geschlecht geschlecht) {
14      switch (geschlecht) {
15      case WEIBLICH:
16        return "Frau";
17      case MAENNLICH:
18        return "Herr";
19      case SAECHLICH:
20        return "Roboter";
21      default:
22        return "Frau/Herr";
23      }
24    }
25
26    public static void main(String[] arguments) {
27
28      Wesen kursmitglied[] = new Wesen[6];
29
30      kursmitglied[0] = new Mensch(Geschlecht.MAENNLICH, "Karsten Roth")
              ;
31
32      String anrede = ermittleAnrede(kursmitglied[0].getGeschlecht());
33      String studentenstatus =
34        ermittleStudentenstatus(((Mensch) kursmitglied[0]).isStudent());
35
36      System.out.println(anrede + " " + kursmitglied[0].getName()
37        + " ist " + studentenstatus);
38
```

```
39      kursmitglied[1] =
40          new Mensch(Geschlecht.WEIBLICH, "Anna", "Seitz", true);
41
42      anrede = ermittleAnrede(kursmitglied[1].getGeschlecht());
43      studentenstatus =
44        ermittleStudentenstatus(((Mensch) kursmitglied[1]).isStudent());
45
46      System.out.println(anrede + " " + kursmitglied[1].getName()
47        + " ist " + studentenstatus);
48
49      kursmitglied[2] = new Roboter(Geschlecht.SAECHLICH, "Robert");
50
51      anrede = ermittleAnrede(kursmitglied[2].getGeschlecht());
52      studentenstatus = ermittleStudentenstatus(false);
53
54      System.out.println(anrede + " " + kursmitglied[2].getName()
55        + " ist " + studentenstatus);
56    }
57  }
```

- Was müssen Sie beim Einfügen eines Wesens vom Typ *Roboter* beachten?
  Es ist eine Cast-Anweisung notwendig.

zu Kapitel 15: Schleifen

- Wozu dienen Schleifen?
  Zur Ausgabe von Listen oder Einlesen von Dateien.

- Was ist der Unterschied zwischen einer fuß- und einer kopfgesteuerten Schleife?
  Kopfgesteuerte Schleifen sind abweisend, fußgesteuerte nicht.

- Was bedeutet der Ausdruck »die Schleife ist abweisend«?
  Sie prüft vor dem Durchlauf das Abbruchkriterium.

- Ergänzen Sie eine Anweisung in der Schleife, die die Nummer des Kursmitglieds wie folgt ausgibt:

Listing 25.13 »Programmdemo« mit dem neuen Aufruf für Professor Roth

```
1  package programmierkurs;
2
3  class Programmdemo {
4
5    public static void main(String[] arguments) {
6
7      Wesen kursmitglied[] = new Wesen[6];
8
9      kursmitglied[0] = new Mensch(Anrede.PROFESSOR, "Karsten Roth");
10     kursmitglied[0].setGroesse(184);
11
```

```
12      System.out.println("Der " + kursmitglied[0].getAnrede() +
13        " heißt " + kursmitglied[0].getName());
14      System.out.println(kursmitglied[0].getName() + " ist " +
15        kursmitglied[0].getGroesse() + " cm gross");
16      System.out.println("Sein Studentenstatus ist " +
17        ((Mensch) kursmitglied[0]).isStudent());
18
19      kursmitglied[1] = new Mensch(Anrede.STUDENTIN, "Anna", "Seitz",
20          171, true);
21
22        System.out.println("Die " + kursmitglied[1].getAnrede() +
23          " heißt " + kursmitglied[1].getName());
24        System.out.println(kursmitglied[1].getName() + " ist " +
25          kursmitglied[1].getGroesse() + " cm gross");
26        System.out.println("Ihr Studentenstatus ist " +
27          ((Mensch) kursmitglied[1]).isStudent());
28    }
29  }
```

■ zu Kapitel 16: Pakete und Module

- Wozu dienen Pakete?
  Zur Strukturierung von Klassen.

- Wozu dienen Module?
  Zur Strukturierung von Paketen.

- Was ist der Unterschied zwischen Paketen und Modulen?
  Pakete enthalten Klassen, Module enthalten Pakete.

- Was bewirkt eine Importanweisung?
  Den Zugriff auf eine Klasse.

- Was bedeutet der Ausdruck »vollqualifizierter Name einer Klasse«?
  Die Bezeichnung der Klasse und ihr Package-Pfad.

■ zu Kapitel 17: Fehlerbehandlung

- Was ist der Zweck von Exceptions?
  Es sind Nachrichten, die über einen Fehler informieren.

- Was ist der Unterschied zwischen der Klasse *Error* und der Klasse *Exception*?
  Errors sind technische Fehler, die man nicht zur Laufzeit behandeln kann. Exceptions sind Fehler, die man zur Laufzeit behandeln kann.

- Wer löst eine Exception aus?
  Eine Methode.

- Was löst eine Exception aus?
  Ein Fehler.

- Wie ist der Ablauf beim »Fangen« von Exceptions?
  Es wird zunächst versucht, eine Methode auszuführen. Klappt das nicht, behandelt man eine Exception im Catch-Block.

- Erklären Sie kurz, wie eine eigene Exception definiert wird.
  Eine eigene Exception definiert man in einer eigenen Klasse, die direkt oder indirekt von der Klasse »Exception« abstammt.

■ zu Kapitel 18: Dokumentation

- Für wen ist die Dokumentation eines Programms wichtig?
  Für jeden, der mit den Klassen eines Programms arbeiten möchte.

- Welche Arten von Kommentaren gibt es in Java?
  Zeilen- und Blockkommentare sowie Javadoc.

- Was ist die Besonderheit bei Javadoc?
  Daraus lässt sich eine Dokumentation erzeugen. Entwicklungsumgebungen wie Eclipse zeigen die Dokumentation in der GUI direkt an.

■ zu Kapitel 19: Entwicklungsprozesse

- In welchen Phasen verläuft der Entwicklungsprozess?
  In drei beziehungsweise vier Phasen. Fasst man ihn in drei Phasen zusammen, heißen diese Planung, Konstruktion und Betrieb.

- Nennen Sie die Hauptaktivitäten der einzelnen Phasen.
  Während der Planungsphase ist die Hauptaktivität, die Anforderungen aufzunehmen. Während der Konstruktion sind die Hauptaktivitäten primär Analyse und Design, Implementierung und Test, während sich die Betriebsphase mit Verteilung und Wartung beschäftigt.

- Welche Aufgaben hat ein Compiler?
  Ein Compiler übersetzt den Quellcode in Bytecode (Java-Compiler) oder in Maschinencode (Native-Code-Compiler).

- Welche Aufgaben hat ein Debugger?
  Ein Debugger dient zur Fehlersuche.

- Wozu dient die Verteilung eines Java-Programms mithilfe einer JAR-Datei?
  Zur leichteren Verteilung mehrerer Klassen.

■ zu Kapitel 20: Laufzeitumgebung

- Was unterscheidet Bytecode von nativem Maschinencode?
  Bytecode ist kein Code für eine reale, sondern für virtuelle (künstliche) Computer. Der Byte-code kann im Gegensatz zum Maschinencode nicht ohne Hilfsmittel von einem Computer ausgeführt werden. Um Bytecode auszuführen, benötigt man eine passende Java VM.

- Warum ist der Bytecode portabel?
  Bytecode besteht aus Anweisungen für eine künstliche Maschine. Der Code enthält keine Anweisungen für einen reale Computer. Er ist somit maschinenunabhängig und läuft auf jeder virtuellen Maschine, die die Spezifikationen erfüllt. Die Hersteller der virtuellen Maschinen übernehmen die Portierung für den Java-Programmierer.

- Aus welchen Teilen besteht die Java Runtime Environment (JRE)?
  Aus der virtuellen Maschine, ihren nativen Bibliotheken und den Java-Klassenbibliothe-ken.

- Was ist eine virtuelle Maschine, und wie funktioniert sie?
  Eine virtuelle Maschine ist ein kleiner künstlicher Computer, der einen echten Computer nachahmt. Er führt den Java-Bytecode aus, emuliert ihn oder übersetzt ihn in Maschinen-sprache.

- Auf welche Arten kann die virtuelle Maschine Java-Programme ausführen?
  Im Interpreter-Modus, mit einem Just-in-Time-Compiler oder mit der Hotspot-Technolo-gie.

- Wie funktioniert die Speicherverwaltung von Java-Programmen?
  Die Speicherverwaltung funktioniert automatisch. Nicht mehr benötigte Objekte entsorgt der Garbage Collector.

- Was ist bei der Verteilung von Java-Programmen zu beachten?
  Dass zwei Voraussetzungen stimmen: eine kompatible virtuelle Maschine und die kom-plette Übertragung des Bytecodes.

■ zu Kapitel 21: Klassenbibliotheken

- Was sind Klassenbibliotheken?
  Klassenbibliotheken sind eine Sammlung von logisch zusammengehörenden Klassen.

- Welche Vorteile besitzen sie?
  Die Klassen einer Klassenbibliothek können von mehreren Programmierern leicht wieder-verwendet werden.

- Welche Aufgabe hat das Paket *java.lang*?
  Dieser Teil der Java SE bildet die Basis aller Java-Klassen und ist als Ergänzung der Sprache Java gedacht (daher der Name des Packages).

■ zu Kapitel 22: Gesetzmäßigkeiten

- Welche Sichtbarkeitsstufen gibt es in Java?
  Es gibt vier Sichtbarkeitsstufen: »public«, »protected«, »default« und »private«.

- Welchen Zugriff bietet der Default-Bereich?
  Klassen, Methoden und Variablen sind nur innerhalb eines Packages gültig.

- Welchen Zugriff bietet der Protected-Bereich?
  Methoden und Variablen, die öffentlich geschützt deklariert sind, sind in aktuellen, in abgeleiteten Klassen und im selben Package sichtbar.

- Was bedeutet das Schlüsselwort *super*?
  Dieses Schlüsselwort dient dem Zugriff auf die Superklasse (Basisklasse).

- Was bedeutet das Schlüsselwort *this*?
  Unter »this« versteht man einen Zeiger auf das eigene Objekt. Das Schlüsselwort dient dazu, eigene Methoden und Variablen anzusprechen.

- Wie lässt sich die Auswertungsreihenfolge eines Ausdrucks beeinflussen?
  Durch Klammersetzung.

- Warum ist eine Typkonvertierung notwendig?
  Um die Typisierung von Java (temporär) zu umgehen.

- Was bewirkt sie?
  Die temporäre Umwandlung eines Typs.

- Was müssen Sie dabei beachten?
  Dass der Wertebereich nicht überschritten wird.

- Wozu dient das Überladen von Methoden?
  Es dient dazu, Polymorphie zu realisieren und Methoden mit unterschiedlichen Parametern anzubieten.

- Welche Voraussetzungen gelten dabei?
  Die Methoden müssen den gleichen Namen und den gleichen Typ besitzen.

- Welche Methoden können Sie überschreiben, welche nicht?
  Es lassen sich nur Methoden gleicher Signatur, die nicht private, final oder static sind, überschreiben.

- Wozu dient das Verfahren?
  Es dient dazu, nicht erwünschte Eigenschaften zu überlagern.

■ zu Kapitel 23: Algorithmen

- Was ist ein »Algorithmus«?
  Ein Algorithmus ist ein Verfahren zur Lösung eines Problems.

- Skizzieren Sie, wie ein Algorithmus entwickelt wird.
  Zuerst nimmt man die Anforderungen auf, danach extrahiert man Fakten und gesuchte Größen, entwirft einen Grobalgorithmus und implementiert zum Schluss das Java-Programm und testet es.

- Welche Arten von Algorithmen gibt es? *Sortieralgorithmen, Suchalgorithmen, Algorithmen zur Mustererkennung, Algorithmen zur Lösung geometrischer Probleme, Grafikalgorithmen, Algorithmen für mathematische Aufgaben.*

- Sie sollten das Collections-Programm (Listing 23.8) so umschreiben, dass es Integer-Werte mit den Größen der Mitglieder des Programmierkurses sortiert. Das Programm sollte wie folgt aussehen:

Listing 25.14 Das neue Collections-Programm sortiert Zahlenwerte.

```
 1  //Beispielprogramme/Loesungen/Algorithmen
 2
 3  package programmierkurs;
 4
 5  import java.util.Arrays;
 6  import java.util.Collections;
 7  import java.util.List;
 8
 9  public class CollectionsSortDemo {
10
11    public static void main(String[] arguments) {
12
13      List<Integer> groessen =
14        Arrays.asList(new Integer[] {185, 190, 171, 186, 184, 172});
15
16      Collections.sort(groessen);
17      System.out.println("Die Größen der Mitglieder des "
18        + "Programmierkurses aufsteigend sortiert:");
19      for (Integer groesse : groessen) {
20          System.out.print(groesse + " ");
21      }
22    }
23  }
```

26 Bits und Bytes

■ 26.1 Einleitung

Alles, was der Computer verarbeitet, ganz gleich, ob es sich um ein Java-Programm oder einen Brief handelt, ist für ihn nichts anderes als Informationen. Dieses Kapitel gibt Ihnen einen Überblick darüber, wie der Computer diese Informationen speichert und verarbeitet.

■ 26.2 Zahlensysteme

Zahlensysteme dienen dazu, Zahlen nach einem bestimmten Verfahren darzustellen. Dazu besitzt jedes Zahlensystem einen spezifischen Satz an Ziffern. Es existieren sehr viele verschiedene Zahlensysteme. Für die Java-Programmierung ist die Kenntnis des Dezimal-, Binär- und Hexadezimalsystems in den meisten Fällen ausreichend.

26.2.1 Dezimalsystem

Das Dezimalsystem (lat. decem: zehn) stellt Zahlen mit bis zu zehn Ziffern dar. Da es für den Menschen besonders einfach ist, mit diesem System zu rechnen, ist es das heute in aller Welt bevorzugte Zahlensystem. Abbildung 26.1 zeigt, dass sich eine Zahl wie beispielsweise 214 in Dezimaldarstellung aus Zehnerpotenzen (10^x) zusammensetzt. Man sagt, alle Zahlen beziehen sich auf die Basis 10. Teilt man die Zahl 214 in eine Summe von Zehnerpotenzen auf, ergibt sich folgendes Bild:

$$214 = 2 * 10^2 + 1 * 10^1 + 4 * 10^0$$

Verwendet man unterschiedliche Zahlensysteme parallel in einer Darstellung, so schreibt man zur besseren Unterscheidung entweder eine tiefgestellte Zehn (214_{10}) an die Dezimalzahl, oder man verwendet ein Doppelkreuz als Präfix (#214) beziehungsweise eine Abkürzung als Postfix (214d). Ich verwende in diesem Buch überall dort die erste Schreibweise, wo Missverständnisse beim Gebrauch verschiedener Zahlensysteme auftreten können.

Ziffern: 0, 1, 2, 3, 4, 5, 6, 7, 8, 9

$$100 = 2 * 10^2$$
$$10 = 1 * 10^1$$
$$4 = 4 * 10^0$$
$$\text{Summe} = 214$$

214

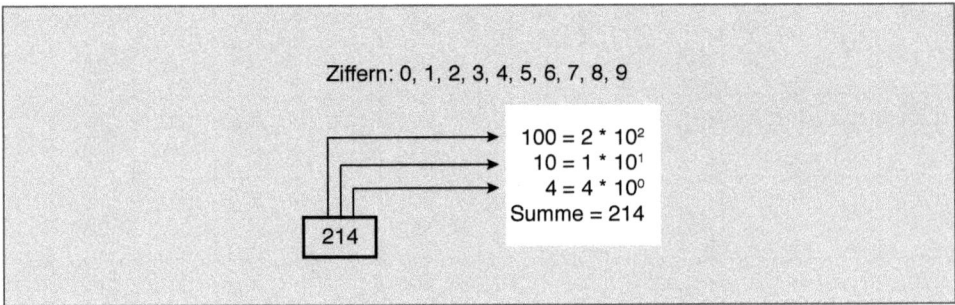

Abbildung 26.1 Darstellung der Dezimalzahl 214 mithilfe des Dezimalsystems

26.2.2 Binärsystem

Das Binärsystem (lat. bini: je zwei) verwendet im Gegensatz zum Dezimalsystem nur maximal zwei Ziffern zur Zahlendarstellung. Das Zahlensystem nennt sich auch Digital- (lat. digitus: fingerbreit, Zoll) oder Dualsystem (lat. duo: zwei, beide). Zahlen dieses Systems bezeichnet man als Binärzahlen oder Digitalzahlen. Das Binärsystem passt sehr gut zu der Informationsverarbeitung heutiger Computer. Deren Speicher bestehen aus sehr vielen kleinen primitiven Bauelementen (Flip-Flops), die nur zwei elektrische Zustände einnehmen können: *hohe Spannung* oder *niedrige Spannung.* Jedes Flip-Flop mit niedriger Spannung in einem Computer entspricht informationstechnisch einer Null, jedes mit hoher Spannung einer Eins. Praktisch alle heutigen Computer basieren auf dieser Bauweise mit primitiven Bauelementen. Sie verarbeiten ausschließlich Digitalzahlen und werden daher auch Digitalcomputer genannt.

Computerprogramme sind für einen Digitalcomputer auch nichts anderes als eine Reihe von Informationen. Sie bestehen für ihn aus einer Abfolge von Stromimpulsen in einer bestimmten Zeiteinheit. Jeder Stromimpuls entspricht einer digitalen Eins. Fehlt ein Impuls, entspricht dies einer Null. Das Format, in dem ein Computer Software direkt ausführen kann, bezeichnet man nach dem Zahlensystem als Binärformat. Die Programme nennen sich Binärprogramme oder Maschinenprogramme.

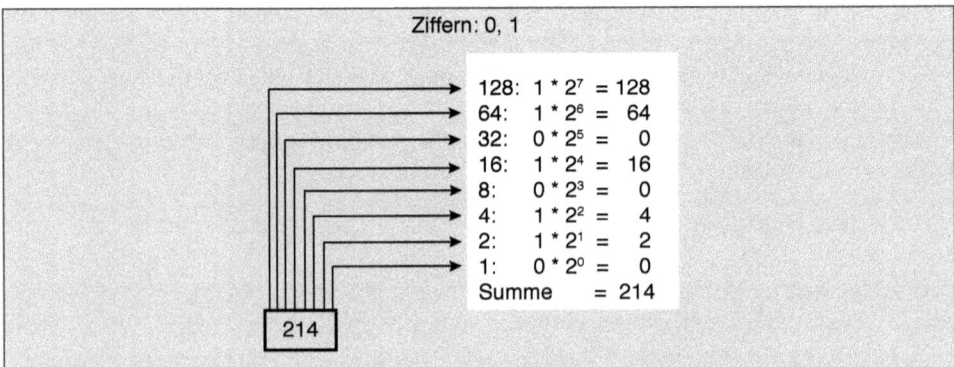

Ziffern: 0, 1

$$128: \quad 1 * 2^7 = 128$$
$$64: \quad 1 * 2^6 = 64$$
$$32: \quad 0 * 2^5 = 0$$
$$16: \quad 1 * 2^4 = 16$$
$$8: \quad 0 * 2^3 = 0$$
$$4: \quad 1 * 2^2 = 4$$
$$2: \quad 1 * 2^1 = 2$$
$$1: \quad 0 * 2^0 = 0$$
$$\text{Summe} \quad = 214$$

214

Abbildung 26.2 Darstellung der Dezimalzahl 214 mithilfe des Binärsystems

Abbildung 26.2 zeigt, wie die Dezimalzahl 214 in einer *binären* Form dargestellt wird. Es ist wichtig zu verstehen, dass die Darstellung hier binär *interpretiert* wird. Später, in Abschnitt 26.4, »Kodierung von Zeichen«, werden Sie sehen, dass digitale Zahlenkolonnen auch ganz anders interpretiert werden können.

Bei der Binärdarstellung besteht die Dezimalzahl 214 aus lauter Zweierpotenzen, deren Basen sich auf die Zahl 2 beziehen. Die Summe ergibt sich durch Addition folgender Summanden: $214 = 1 * 2^7 + 1 * 2^6 + 0 * 2^5 + 1 * 2^4 + 0 * 2^3 + 1 * 2^2 + 1 * 2^1 + 0 * 2^0$. Jeder dieser Summanden entspricht der kleinsten Informationseinheit, dem legendären *Bit*, auf das ich im nächsten Abschnitt noch ausführlich eingehen werde. In Tabelle 26.1 sehen Sie, wie viele Informationen sich mit drei Bit darstellen lassen.

Tabelle 26.1 Der Wertebereich einer Informationseinheit von drei Bit

Dezimalzahl	Binärzahl
0	0 0 0
1	0 0 1
2	0 1 0
3	0 1 1
4	1 0 0
5	1 0 1
6	1 1 0
7	1 1 1

Die kleinste und die größte darstellbare Zahl ergeben den *Wertebereich*. Die maximale Anzahl der Informationen können Sie mit folgender Formel berechnen: Anzahl $= 2^{(\text{Anzahl Bit})}$. In diesem Fall ergibt sich die Anzahl aus $2^3 = 2 * 2 * 2 = 8$. Stellen Sie sich vor, Sie wollten die Dezimalzahl 214 im Binärsystem statt durch Flip-Flops mithilfe von Glühlampen darstellen oder eine solche Zahl speichern. Dazu bräuchten Sie für jeden Summanden (von $1 * 2^7$ bis $0 * 2^0$) eine Glühlampe. Das »Schaltbrett« besäße also acht Glühlampen (Abbildung 26.3).

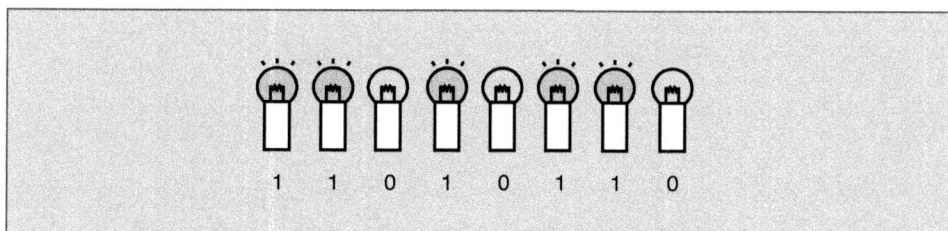

Abbildung 26.3 Darstellung der Dezimalzahl 214 mithilfe von Glühlampen

Wenn der Informatiker in einem Dokument verschiedene Zahlensysteme nebeneinander verwendet, muss er sie kennzeichnen, damit der Leser sie unterscheiden kann. Zahlen des Binärsystems kennzeichnet man entweder durch eine tiefgestellte Zwei (11010110_2), oder man verwendet ein Prozent- oder Dollarzeichen als Präfix (%11010110) beziehungsweise eine Abkürzung als Postfix (11010110b).

26.2.3   Hexadezimalsystem

Das Hexadezimalsystem (lat. sex, grch. hexa-: sechs) basiert auf sechzehn Ziffern zur Zahlendarstellung. Da wir nur 10 arabische Zahlen zur Verfügung haben, hat man den Rest mit Buchstaben ergänzt. Abbildung 26.4 zeigt wieder die Kodierung der Zahl 214. Bei der hexadezimalen Darstellung einer Zahl besteht diese aus lauter Potenzen zur Basis 16. Die hexadezimale Zahl D6 lässt sich hierbei durch folgende Gleichung ausdrücken: $214_{10} =$ $D * 16^1 + 6 * 16^0$. Da das hexadezimale Zeichen D einer dezimalen 13 entspricht, lautet die vollständig auf das Dezimalsystem übertragene Gleichung 214 = 13 * 16 + 6 * 1. Die hexadezimale Zahl D6 entspricht also der dezimalen Zahl 214.

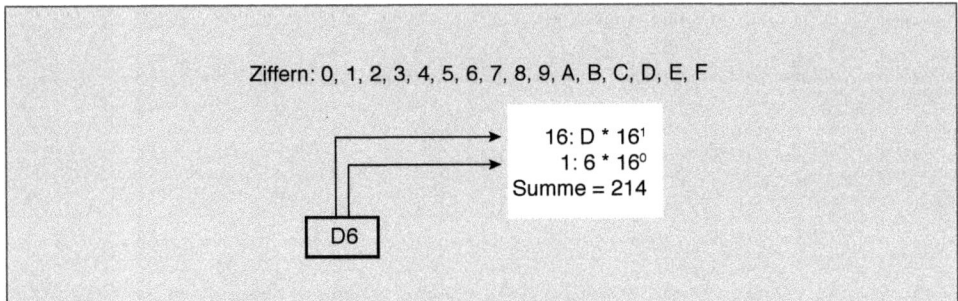

Ziffern: 0, 1, 2, 3, 4, 5, 6, 7, 8, 9, A, B, C, D, E, F

$16: D * 16^1$
$1: 6 * 16^0$
Summe = 214

D6

Abbildung 26.4 Darstellung der Dezimalzahl 214 mithilfe des Hexadezimalsystems

Vergleichen Sie nun die Hexadezimaldarstellung der Dezimalzahl 214 mit der Binärdarstellung dieser Zahl (Abbildung 26.5). Wenn Sie die acht Stellen der Binärzahl in zwei vierstellige Abschnitte zerlegen, erkennen Sie, wie leicht sich die Binärdarstellung einer Zahl in eine Hexadezimaldarstellung umwandeln lässt. Jeder geübte Programmierer ist mithilfe des Hexadezimalsystems in der Lage, die native Zahlendarstellung des Computers, das Binärsystem, besser zu lesen.

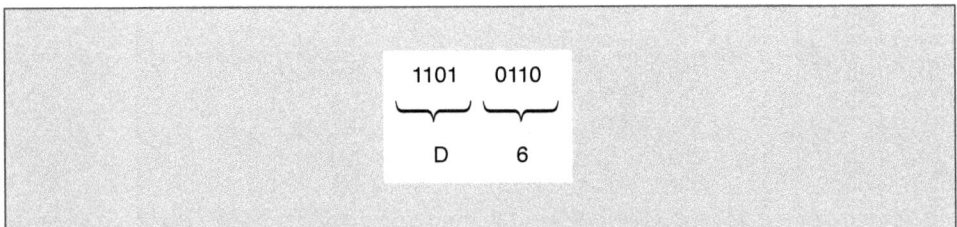

1101   0110

D   6

Abbildung 26.5 Vergleich der Darstellung von Hexadezimal- und Binärsystem

Zur leichteren Unterscheidung markiert man Zahlen des Hexadezimalsystems bei der Darstellung von Zahlen unterschiedlicher Zahlensysteme entweder durch eine tiefgestellte Zahl ($D6_{16}$) oder man verwendet ein Prozent- oder Dollarzeichen als Präfix ($D6), beziehungsweise eine Abkürzung als Postfix (D6h).

■ 26.3 Informationseinheiten

Wie für physikalische Größen, zum Beispiel Entfernungen oder Gewichte, gibt es auch Maßeinheiten, die den Informationsgehalt angeben. Eine Übersicht der wichtigsten Maßeinheiten und deren Werte finden Sie in Tabelle 26.2.

Tabelle 26.2 Die wichtigsten Maßeinheiten der Information

Informationseinheit	Wert [Bit]	Wert [Byte]
Bit	1	0,125
Halbbyte (Nibble)	4	0,5
Byte	8 * 1	1
Wort	8 * 2	2
Doppelwort	8 * 4	4
KByte (Kilobyte)	8 * 1024	1024
MByte (Megabyte)	$8 * 1024^2$	1024^2
GByte (Gigabyte)	$8 * 1024^3$	1024^3
TByte (Terabyte)	$8 * 1024^4$	1024^4

26.3.1 Bit

Die kleinste Informationseinheit ist das sogenannte *Bit* (Kurzwort aus engl. binary digit). Mittels eines Bits lassen sich wie mit einer Glühlampe lediglich zwei Zustände speichern: ein- oder ausgeschaltet, leitend oder nicht leitend. Sie haben gesehen, wie viele Bits notwendig sind, um die Dezimalzahl 214 darzustellen. Eine einzelne dieser Speicherzellen konnte diese Information nicht festhalten. Um größere Datenmengen speichern zu können, fasst man deshalb Gruppen von Bits zu Einheiten zusammen.

26.3.2 Byte

Die wichtigste Informationseinheit neben dem Bit ist das Byte. Ein Byte entspricht 8 Bit. Große Datenmengen gibt man in Vielfachen von Byte an, wie zum Beispiel 1 Kilobyte (Abkürzung KByte). 1 KByte entspricht übrigens 1024 Byte und nicht 1000 Byte. Um einer Verwechslung mit dem physikalischen Faktor Kilo ($k = 10^3 = 1000$) vorzubeugen, schreiben die meisten Informatiker das K vor dem Byte mit einem Großbuchstaben, also entweder KB oder KByte.

26.3.3 Wort

Das Wort (2 Byte = 16 Bit) spielt ebenfalls eine große Rolle bei der Darstellung von Informationen. Es fasst zwei Byte zu einer größeren Informationseinheit zusammen.

■ 26.4   Kodierung von Zeichen

Wie eingangs schon erwähnt, sind für den Computer alle Informationen, die er verarbeitet, binäre Zahlenströme. Da er nur mit Zahlen operiert, bezeichnet man den Computer (lat. Computator: Rechner) im Deutschen auch sehr richtig als Rechner. Nun möchte man den Computer aber nicht nur dazu verwenden, mathematische Berechnungen durchzuführen, sondern auch, um Zeichen auszugeben.

Da der Digitalcomputer nur mit dem Binärformat von Zahlen arbeiten kann, bedarf es zur Zeichendarstellung eines Tricks: Die Zeichen des Alphabets müssen in Binärzahlen übersetzt werden. Dieser Vorgang nennt sich Kodierung. Die Kodierung sieht so aus, dass jedes Zeichen, das dargestellt werden soll, eine Binärzahl eindeutig zugewiesen bekommt. Auf diese Weise entstehen Übersetzungstabellen, von denen die Unicode-Tabellen für Java am wichtigsten sind.

Der Unicode ist vom Unicode-Konsortium entwickelt worden, einer Vereinigung, die aus Linguisten und anderen Fachleuten besteht. Unicode ist seit der Version 2.0 auch mit der internationalen Norm ISO/IEC 10646 abgestimmt und verwendet wie der ANSI-Code 16 Bit zur Zeichendarstellung. Im Gegensatz zum ANSI-Code ist Unicode jedoch unabhängig vom Betriebssystem, unabhängig vom Programm und unabhängig von der Landessprache.

Der Unicode enthält Zeichen aller bekannten Schriftkulturen und Zeichensysteme, darunter das lateinische, tibetanische, kyrillische, hebräische, japanische und chinesische Alphabet. Damit können Programme und deren Oberflächen problemlos in andere Sprachen übersetzt werden. Für die Java-Programmierung hat der Unicode die größte Bedeutung, weil Java-Programme unter allen Betriebssystemen und in allen Ländern funktionieren müssen. Man kann ohne Übertreibung sagen, dass die Entwicklung des Unicodes eine der Voraussetzungen für einige Merkmale von Java war. Seit dem JDK 7 unterstützt Java jetzt Unicode 6.0.

Tabelle 26.3 Die Unicodes der deutschen Sonderzeichen

Zeichen	Unicode
Ä	\u00c4
Ö	\u00d6
Ü	\u00dc
ä	\u00e4
ö	\u00f6
ü	\u00fc
ß	\u00df

Einige der in Tabelle 26.3 abgedruckten Unicodes finden Sie in manchen Java-Programmen, wenn deutsche Sonderzeichen ausgegeben werden sollen. Die Verwendung der Unicode-Zeichen ist notwendig, wenn die Entwicklungsumgebung den Java-Quellcode nicht als Unicode speichert. Andernfalls stellt das Programm nationale Sonderzeichen falsch dar.

■ 26.5 Kodierung logischer Informationen

Neben der Kodierung von Zahlen und Zeichen ist die Kodierung logischer Informationen für die Programmierung von großer Bedeutung. Logische Informationen sind Zustandsinformationen wie *Wahr* oder *Falsch* sowie logische Verknüpfungen wie *Oder* beziehungsweise *Und*. Diese Informationen steuern den Programmfluss, wie die folgenden Beispiele zeigen werden.

26.5.1 Und-Funktion

Viele Programme überprüfen vor dem Programmende, ob ein Dokument (zum Beispiel ein Textdokument wie ein Brief) noch gespeichert werden muss, damit keine Informationen verloren gehen. Das geschieht zum Beispiel folgendermaßen:

- Wenn das Dokument seit dem letzten Speichern geändert wurde (Bedingung A)
- und (Verknüpfung)
- das Programm beendet werden soll (Bedingung B),
- dann frage den Anwender, ob er das Dokument speichern möchte (Aktion).

Das Ganze lässt sich in Form einer Entscheidungstabelle darstellen, wobei Folgendes zu beachten ist: Der Zustand *Wahr* lässt sich im Computer als eine 1 darstellen, der Zustand *Falsch* als eine 0. Ein logisches *Und* zwischen den Bedingungen A und B wird wie folgt geschrieben: $A \lor B$. Die Abbildung 26.6 zeigt Folgendes: Sind beide Bedingungen falsch (Fall 1) und werden sie mit *Und* verknüpft, ist das Ergebnis ebenfalls falsch. Ist nur eine der Bedingungen falsch und werden sie mit *Und* verknüpft (Fall 2 und 3), ist das Ergebnis ebenfalls falsch. In diesen beiden Fällen ist keine Aktion notwendig.

	A	B	$A \land B$	
Fall 1	0	0	0	Keine Aktion
Fall 2	0	1	0	Programmende
Fall 3	1	0	0	Keine Aktion
Fall 4	1	1	1	Dialog zeigen

A: Dokument ist nicht gespeichert
B: Programm soll beendet werden

Abbildung 26.6 Die Und-Funktion

Nur im Fall 4, also dann, wenn beide Bedingungen erfüllt sind (Zustand *Wahr*), wird das Programm einen Dialog einblenden, bevor es sich verabschiedet. In diesem Fall muss das Programm die Antwort des Anwenders auswerten und das Dokument eventuell speichern.

26.5.2 Oder-Funktion

Abbildung 26.7 zeigt das vorangegangene Beispiel nochmals mit der Oder-Funktion. Wie Sie erkennen können, ist eine Oder-Verknüpfung nur dann falsch, wenn beide Bedingungen falsch sind. Das ganze Beispiel lässt sich um eine Bedingung erweitern:

- Wenn das Dokument seit dem letzten Speichern geändert wurde (Bedingung A)
- und (Verknüpfung)
- das Programm beendet werden soll (Bedingung B)
- oder (Verknüpfung)
- das Dokument geschlossen wird (Bedingung C),
- dann frage den Anwender, ob er das Dokument speichern möchte (Aktion).

Wenn Bedingung A mit B durch ein logisches *Oder* verknüpft wird, schreibt man dies wie folgt: $A \wedge B$. Auf den neuen Anwendungsfall übertragen, sieht die Gleichung folgendermaßen aus: $A \vee B \wedge C$. Damit eindeutig ist, wie der Ausdruck auszuwerten ist, setzt man ihn besser in Klammern: $A \vee (B \wedge C)$.

	A	B	A ∨ B	
Fall 1	0	0	0	Keine Aktion
Fall 2	0	1	0	Dialog zeigen
Fall 3	1	0	0	Dialog zeigen
Fall 4	1	1	1	Dialog zeigen

A: Dokument ist nicht gespeichert
B: Programm soll beendet werden

Abbildung 26.7 Die Oder-Funktion

26.5.3 Nicht-Funktion

Die Nicht-Funktion findet überall dort Verwendung, wo es notwendig ist, einfache logische Aussagen zu überprüfen. Dabei kehrt sie einfach den Wert einer Information in ihr Gegenteil um. Wenn A = 0 ist, dann ist Nicht-A eben 1. Nicht-A schreibt sich ¬A. Angenommen, Sie möchten zu einem bestimmten Zeitpunkt überprüfen, ob ein Dokument innerhalb eines Programms gespeichert wurde. Sie benutzen dazu eine Variable namens *Gespeichert*. Ist der Wert dieser Variablen 1, so ist wahr, dass das Dokument gespeichert wurde. Ist die Variable hingegen 0, so hat der Anwender das Dokument nicht gespeichert. In diesem Fall soll ein Dialog mit der Frage »Wollen Sie jetzt speichern?« eingeblendet werden. Die Bedingung für das Auslösen dieser Aktion lautet: Falls das Dokument *Nicht-Gespeichert* ist, zeige den Dialog »Dokument sichern«. *Nicht-Gespeichert* muss wahr sein, damit diese Bedingung erfüllt ist (Abbildung 26.8).

	Gespeichert	¬ gespeichert	
Fall 1	1	0	Keine Aktion
Fall 2	0	1	Dialog zeigen

Abbildung 26.8 Die Nicht-Funktion

26.6 Zusammenfassung

Der Computer speichert alle Informationen mithilfe primitiver Bauelemente, die nur zwei Zustände annehmen können. Diese Bauelemente werden zum Speichern von binären Zahlen eingesetzt. Die Binärdarstellung von Informationen nennt sich Binärformat. Im Binärformat gespeicherte Programme heißen Binär- oder Maschinenprogramme. Binär dargestellte Informationen sind für den Menschen nur schlecht verständlich. Aus diesem Grund verwendet man lieber andere Zahlensysteme wie zum Beispiel das Hexadezimal- und das Dezimalsystem.

Die vom Computer gespeicherten Informationen in Form binärer Zahlen lassen sich auf einfache Weise in Dezimal- oder Hexadezimaldarstellung umwandeln. Der Informationsgehalt dieser Daten wird in Bits und Bytes gemessen. Im Gegensatz zur Zahlendarstellung basiert die Zeichendarstellung in Java auf dem Unicode. Unicode erleichtert die Internationalisierung von Java-Programmen, da er Zeichen aller Länder darstellen kann.

27 Häufige Fehler

27.1 Einleitung

Java-Einsteiger sind oftmals frustriert, weil sie an Fehlern scheitern, deren Ursache sie nicht verstehen und die sie infolgedessen nicht beheben können. Ich habe in diesem Kapitel daher die wichtigsten Fehlermeldungen zusammengestellt und hoffe, hiermit eine Hilfestellung bei der Beseitigung dieser Fehler in Ihren Programmen zu geben. Das Kapitel beginnt mit reinen Java-Programmierfehlern. Danach folgen Fehler bei der Verwendung der Eclipse IDE.

27.2 Java-Fehler

27.2.1 Cannot make a static reference to the non-static field

Eclipse zeigt Ihnen die Fehlermeldung *Cannot make a static reference to the non-static field* an, wenn Sie versuchen, von einer statischen Methode (Klassenmethode) auf eine Objektvariable zuzugreifen. Auf eine Objektvariable darf nur über das Objekt zugegriffen werden, das dieses Attribut besitzt. Folgender Code erzeugt also einen Fehler in Zeile 11:

Listing 27.1 Von einer statischen Methode kann auf keine Objektvariable zugegriffen werden.

```
1   // Beispielprogramme/Haeufige_Fehler/FehlerhafterZugriff
2
3   package programmierkurs;
4
5   public class FehlerhafterZugriff {
6
7     int groesseAnna = 171;
8
9     public static void main(String[] args) {
10       System.out.print("Anna ist " + groesseAnna + " cm groß");
11     }
12  }
```

Um aus der Methode *main()* auf die Variable zugreifen zu können, muss diese entweder statisch sein (Klassenvariable), oder man erzeugt ein Objekt. Folgendes Programm zeigt den Zugriff auf eine Klassenvariable auf der Methode *main()*:

Listing 27.2 Zugriff auf eine Klassevariable

```
 1  // Beispielprogramme/Haeufige_Fehler/FehlerhafterZugriff
 2
 3  package programmierkurs;
 4
 5  public class StatischerZugriff {
 6
 7    static int groesseAnna = 171;
 8
 9    public static void main(String[] args) {
10      System.out.print("Anna ist " + groesseAnna + " cm groß.");
11    }
12  }
```

Wenn es aus naheliegenden Gründen nicht sinnvoll ist, die Objektvariable zur Klassenvariable umzudefinieren, bleibt als Alternative, ein Objekt zum Zugriff zu erzeugen. Folgendes Beispiel zeigt dies:

Listing 27.3 Von einem Objekt kann auf eine Objektvariable zugriffen werden.

```
 1  // Beispielprogramme/Haeufige_Fehler/FehlerhafterZugriff
 2
 3  package programmierkurs;
 4
 5  public class GueltigerZugriff {
 6
 7    int groesseAnna = 171;
 8
 9    public static void main(String[] args) {
10      System.out.print("Anna ist " +
11        new GueltigerZugriff().groesseAnna + " cm groß");
12    }
13  }
```

Die statische Methode erzeugt bei diesem Beispiel ein Objekt, greift danach auf die Objektvariable *groesse* zu und gibt Folgendes aus:

```
Anna ist 171 cm groß.
```

27.2.2 Ausgabe des Werts »null«

Wenn Sie vergessen haben, eine Variable zu initialisieren, gibt das Programm *null* aus. Das nachfolgende Beispiel ruft einen parameterlosen Konstruktor auf, um ein Objekt zu erzeugen. Später fragt es den Namen eines Attributs dieses Objekts ab:

Listing 27.4 Dieses Programm gibt statt des Namens die Bezeichnung »null« aus.

```
 1  package programmierkurs;
 2
 3  public class Nullwertausgabe {
 4
 5    public static void main(String[] args) {
 6
 7      Person julia = new Person();
 8
 9      System.out.print("Der Name der Person ist " + julia.getName());
10
11    }
12  }
```

Das Programm gibt Folgendes aus:

```
Der Name der Person ist null
```

Wo liegt der Fehler? Das Programm sieht doch vollkommen harmlos aus. Der Fehler liegt in der Zeile 7. Dem Konstruktor fehlt der Parameter *name*. Das kann nicht gut gehen. Dadurch, dass das Programm beim Erzeugen keinen Wert für das Attribut *name* übermittelt, bleibt dieser Wert *null*. Die Abfrage in Zeile 9 liefert daher auch diesen Wert. So sähe das korrekte Programm aus:

Listing 27.5 Dieses Programm liefert die korrekte Ausgabe des Namens.

```
 1  // Beispielprogramme/Haeufige_Fehler/Nullwertausgabe
 2
 3  package programmierkurs;
 4
 5  public class KorrekteAusgabe {
 6
 7    public static void main(String[] args) {
 8
 9      Person julia = new Person("Julia");
10
11      System.out.print("Der Name der Person ist " + julia.getName());
12
13    }
14  }
```

27.2.3 NullPointerException

Auch in professionellen Java-Programmen können *NullPointerExceptions* (NPE) auftreten. Sie entstehen immer dann, wenn ein Objekt fälschlicherweise nicht erzeugt wurde. Eclipse warnt zwar in der Regel davor. Es gelingt der Entwicklungsumgebung aber nicht immer, solche Fehler in komplexen Programmen zu entdecken. Das folgende Programm zeigt extrem vereinfacht, wie eine NPE zustande kommt:

Listing 27.6 Dieses Programm löst eine NPE aus.

```
 1   // Beispielprogramme/Haeufige_Fehler/NullPointerException
 2
 3   package programmierkurs;
 4
 5   public class NullPointerException {
 6
 7     public static void main(String[] args) {
 8
 9       Person lukas = null;
10
11       System.out.print("Der Name der Person ist " + lukas.getName());
12
13     }
14   }
```

Der Fehler tritt in Zeile 9 auf, wo das Erzeugen des Objekt mit dem new-Operator fehlt. Das Programm gibt daher Folgendes aus:

```
Exception in thread "main" java.lang.NullPointerException
   at programmierkurs.NullPointerException.main(NullPointerException.java:9)
```

Die Ausgabe besagt, dass in Zeile 9 des Programms versucht wurde, auf eine Variable zuzugreifen, dem das Programm noch kein Objekt zugewiesen hat. Beseitigt man den Fehler in Zeile 9, so sieht das Programm wie folgt aus:

Listing 27.7 Dieses Programm beseitigt die NPE.

```
 1   // Beispielprogramme/Haeufige_Fehler/NullPointerException
 2
 3   package programmierkurs;
 4
 5   public class KorrekteInitialisierung {
 6
 7     public static void main(String[] args) {
 8
 9       Person lukas = new Person("Lukas");
10
11       System.out.print("Der Name der Person ist " + lukas.getName());
12
13     }
14   }
```

Das Beispiel wirkt banal. Wer vergisst denn, ein so offensichtlich benötigtes Objekt zu erzeugen? In größeren Programmen ist der Fehler, wie hier in Zeile 9, leider selten so offensichtlich. In professionellen Programmen hängt das Erzeugen von Objekten häufig von bestimmten Programmbedingungen ab. Hat man nicht alle diese Bedingungen vollständig durchdacht, kommt es dazu, dass das Programm auf eine Variable trifft, der noch kein Objekt zugewiesen wurde. Diese Variable löst dann eine NPE aus, sobald das Programm auf sie zugreift. Ab Java 14 wird das Aufspüren solcher Fehler übrigens sehr erleichtert, weil die Programmausgabe in dieser Java-Version explizit die Variable ausgibt, die die Ursache der NPE ist.

27.2.4 Fehlendes Break in Case-Anweisung

Ein weiterer sehr beliebter Fehler ist ein vergessenes Break in einer Case-Anweisung. Folgendes Programm wandelt eines der Beispiele aus Kapitel 14, »Verzweigungen«, ab. Aus dem Studentenstatus einer Person soll abgeleitet werden, ob sie immatrikuliert ist oder nicht:

Listing 27.8 In diesem Programm fehlen gleich mehrere Breaks.

```
1   // Beispielprogramme/Haeufige_Fehler/FehlendesBreak
2
3   package programmierkurs;
4
5   public class CaseOhneBreak {
6
7     static String ermittleStudentenstatus(boolean student) {
8       int status = student ? 1 : 0;
9       String studentenstatus;
10      switch (status) {
11      case 0:
12        studentenstatus = "nicht immatrikuliert";
13      case 1:
14        studentenstatus = "immatrikuliert";
15      default:
16        studentenstatus = "unbekannt";
17      }
18      return studentenstatus;
19    }
20
21    public static void main(String[] arguments) {
22
23      // Person "Anna"
24      Person anna = new Person("Studentenstatus Anna: ", true);
25      String status = ermittleStudentenstatus(anna.isStudent());
26      System.out.println(anna.getName() + status);
27
28      // Person "Robert"
29      Person robert = new Person("Studentenstatus Robert: ", false);
30      status = ermittleStudentenstatus(robert.isStudent());
31      System.out.println(robert.getName() + status);
32    }
33  }
```

Das Programm gibt aber fälschlicherweise Folgendes aus:

```
Studentenstatus Anna: unbekannt
Studentenstatus Robert: unbekannt
```

Wo liegt der Fehler? Der Fehler kommt dadurch zustande, dass in den Case-Anweisungen das Break fehlt. Dadurch, dass es fehlt, durchläuft das Programm jede der folgenden Case-Anweisungen, bis es beim Label *default* endet. In diesem Label löscht das Programm den *studentenstatus*, wodurch die Programmausgabe zustande kommt. Besser geht's so:

Listing 27.9 Dieses Programm stoppt in jeder Case-Anweisung durch das »break«.

```
 1  // Beispielprogramme/Haeufige_Fehler/FehlendesBreak
 2
 3  package programmierkurs;
 4
 5  public class CaseMitBreak {
 6
 7    static String ermittleStudentenstatus(boolean student) {
 8      int status = student ? 1 : 0;
 9      String studentenstatus;
10      switch (status) {
11      case 0:
12        studentenstatus = "nicht immatrikuliert";
13        break;
14      case 1:
15        studentenstatus = "immatrikuliert";
16        break;
17      default:
18        studentenstatus = "unbekannt";
19        break;
20      }
21      return studentenstatus;
22    }
23
24    public static void main(String[] arguments) {
25
26      // Person "Anna"
27      Person anna = new Person("Studentenstatus Anna: ", true);
28      String status = ermittleStudentenstatus(anna.isStudent());
29      System.out.println(anna.getName() + status);
30
31      // Person "Robert"
32      Person robert = new Person("Studentenstatus Robert: ", false);
33      status = ermittleStudentenstatus(robert.isStudent());
34      System.out.println(robert.getName() + status);
35    }
36  }
```

Dieses Programm liefert jetzt die korrekte Ausgabe:

```
Studentenstatus Anna: immatrikuliert
Studentenstatus Robert: nicht immatrikuliert
```

27.2.5 Fehlerhafter Vergleich

Ein weiterer, sehr verbreiteter Fehler ist, den Vergleichsoperator mit dem Zuweisungsoperator zu verwechseln. In vielen Fällen wird das schon von Eclipse entdeckt, wie folgendes Beispiel zeigt:

Listing 27.10 Eclipse übersetzt dieses Programm nicht.

```
1  // Beispielprogramme/Haeufige_Fehler/FehlerhafterVergleich
2
3  package programmierkurs;
4
5  public class FehlerhafterVergleichInt {
6
7    public static void main(String[] arguments) {
8
9      int groesseAnna = 171;
10
11     int groesseJulia = 172;
12
13     if (groesseJulia = groesseAnna)
14       System.out.println("Julia und Anna sind gleich groß.");
15     else
16       System.out.println("Julia und Anna sind nicht gleich groß.");
17   }
18 }
```

Eclipse übersetzt das Programm nicht, weil das Programm in Zeile 13 statt eines Vergleichs vom Typ *boolean* eine Zuweisung verwendet, die einen int-Wert ergibt. Die Eclipse-Fehlermeldung lautet daher auch *Type mismatch: cannot convert from int to boolean*. Anders sieht es aus, wenn man den Vergleichsoperator verwendet:

Listing 27.11 Dieses Programm verwendet den korrekten Vergleich.

```
1  // Beispielprogramme/Haeufige_Fehler/FehlerhafterVergleich
2
3  package programmierkurs;
4
5  public class KorrekterVergleichInt {
6
7    public static void main(String[] arguments) {
8
9      int groesseAnna = 171;
10
11     int groesseJulia = 172;
12
13     if (groesseJulia == groesseAnna)
14       System.out.println("Julia und Anna sind gleich groß.");
15     else
16       System.out.println("Julia und Anna sind nicht gleich groß.");
17   }
18 }
```

Dieses Programm liefert jetzt die korrekte Ausgabe:

```
Julia und Anna sind nicht gleich groß.
```

Stellen Sie sich aber vor, das Programm soll einen Vergleich mit Wahrheitswerten durchführen. Das sähe dann zum Beispiel wie folgt aus:

Listing 27.12 Obwohl dieses Programm fehlerhaft ist, übersetzt es Eclipse.

```
1   // Beispielprogramme/Haeufige_Fehler/FehlerhafterVergleich
2
3   package programmierkurs;
4
5   public class FehlerhafterVergleichBoolean {
6
7     public static void main(String[] arguments) {
8
9       boolean studentenstatusAnna = true;
10
11      boolean studentenstatusRobert = false;
12
13      if (studentenstatusAnna = true)
14        System.out.println("Studentenstatus Anna: immatrikuliert");
15      else
16        System.out.println("Studentenstatus Anna: nicht immatrikuliert");
17
18      if (studentenstatusRobert = true)
19        System.out.println("Studentenstatus Robert: immatrikuliert");
20      else
21        System.out.println("Studentenstatus Robert: nicht immatrikuliert");
22
23    }
24  }
```

Dieses Programm liefert folgende fehlerhafte Ausgabe:

```
Studentenstatus Anna: immatrikuliert
Studentenstatus Robert: immatrikuliert
```

Wo liegt das Problem diesmal, da Eclipse nicht meckert? In den Zeilen 13 und 18 führt das Programm keinen Vergleich durch, sondern weist den Variablen *studentenstatusAnna* und *studentenstatusRobert* neue Werte zu. Das ist erlaubt, aber vollkommen unsinnig. Daher kommt es auch zu der fehlerhaften Ausgabe. Besser sieht das Programm nach einer kleinen Veränderung in Zeile 13 und 18 aus:

Listing 27.13 Dieses Programm fragt den Status der Studenten korrekt ab.

```
1   // Beispielprogramme/Haeufige_Fehler/FehlerhafterVergleich
2
3   package programmierkurs;
4
5   public class KorrekterVergleichBoolean {
6
7     public static void main(String[] arguments) {
8
9       boolean studentenstatusAnna = true;
10
11      boolean studentenstatusRobert = false;
12
13      if (studentenstatusAnna == true)
```

```
14        System.out.println("Studentenstatus Anna: immatrikuliert");
15     else
16        System.out.println("Studentenstatus Anna: nicht immatrikuliert");
17
18     if (studentenstatusRobert == true)
19        System.out.println("Studentenstatus Robert: immatrikuliert");
20     else
21        System.out.println("Studentenstatus Robert: nicht immatrikuliert");
22
23   }
24 }
```

Da das Programm diesmal den Vergleichsoperator verwendet, ist auch die Programmausgabe korrekt:

```
Studentenstatus Anna: immatrikuliert
Studentenstatus Robert: nicht immatrikuliert
```

Dieser Fehler ist nicht so selten, wie viele Leute glauben. Aber er kann nur relativ schwer gefunden werden und sorgt für vollkommen chaotische Programmzustände.

27.2.6   Exception ignorieren

Selbst in professionellen Programmen sieht man immer wieder unbehandelte Exceptions. Ein Beispiel hierzu:

Listing 27.14 Dieses Programm fragt den Status der Studenten korrekt ab.

```
1  // Beispielprogramme/Haeufige_Fehler/UnbehandelteException
2
3  package programmierkurs;
4
5  public class UnbehandelteException {
6
7    public static void main(String[] args) {
8
9      Programmlogik exceptionDemo = new Programmlogik();
10
11     try {
12       for (int zustand = 0; zustand < 4; zustand++) {
13         System.out.println("Überprüfe Zustand: " + zustand);
14         exceptionDemo.ueberpruefeZustand(zustand);
15       }
16     } catch (UnerlaubterZustandException fehlerobjekt) {
17
18     } catch (UnbekannterZustandException fehlerobjekt) {
19
20     }
21   }
22 }
```

In dem Beispiel ist in Zeile 17 und 19 keine Behandlung zu erkennen. Exceptions sind jedoch Ausnahmen, die in Programmen unbedingt behandelt werden müssen. Sie zu ignorieren, ist keine Lösung, sondern fahrlässig.

27.2.7 NoClassDefFoundError

Ein *java.lang.NoClassDefFoundError* wird ausgelöst, wenn eine Klasse, auf die ein Java-Programm mit einem new-Operator zugreifen möchte, nicht existiert. Das tritt niemals auf, solange Sie das Programm mit Eclipse entwickeln. Eclipse kontrolliert, ob alle referenzierten Klassen vorhanden sind. Wenn Sie das Programm exportieren, so dass es ohne Eclipse ausgeführt werden kann, kann ein solcher Fehler auftreten. Er tritt immer dann auf, wenn die Java-Laufzeitumgebung eine bestimmte Klasse nicht gefunden hat. Überprüfen Sie in einem solchen Fall den Export Ihres Programms. Haben Sie zum Beispiel eine Bibliothek beim Export vergessen?

27.2.8 ClassNotFoundException

Sehr verwandt mit dem vorigen Fehler ist die *java.lang.ClassNotFoundException*. Dieser Fehler tritt auch auf, wenn die Java-Laufzeitumgebung eine bestimmte Klasse nicht finden kann. Sie wird ausgelöst, wenn das Programm eine Klasse nicht mit dem new-Operator lädt, sondern zum Beispiel mit der Anweisung *Class.forName(org.postgresql.Driver)*, wobei *org.postgresql.Driver* die gewünschte Klasse ist, die geladen werden soll. In diesem Fall kann die Entwicklungsumgebung nicht überprüfen, ob die Klasse im Projekt vorhanden ist. Überprüfen Sie im Fall eines solchen Fehlers, ob der Suchpfad zur Klasse falsch gesetzt oder beim Export ein Fehler passiert ist.

■ 27.3 Eclipse-Fehler

27.3.1 Eclipse konnte nicht gestartet werden

Kann Eclipse nicht starten und erscheint folgende Fehlermeldung *A Java Runtime Environment (JRE) or Java Development Kit (JDK) must be available in order to run Eclipse. No Java virtual machine was found after searching the following locations: …* bedeutet das, dass Eclipse keine virtuelle Maschine gefunden hat. Das kann zum Beispiel dann passieren, wenn auf dem Rechner kein Java installiert ist.

Lösung: Überprüfen Sie, ob Sie Java installiert haben. Falls das der Fall ist, überprüfen Sie den Suchpfad zu Ihrer installierten Java-Version. Sie können als Notlösung das komplette JDK auch in den Eclipse-Ordner kopieren. Eclipse findet dann in jedem Fall die richtige Java-Version.

27.3.2 Chaotische Perspektive

Wenn Sie Eclipse »zerspielt« haben und bestimmte Fenster nicht mehr finden, hilft auf jeden Fall, die Perspektive wieder in den Ursprungszustand zu versetzen. Hierzu verwenden Sie den Befehl PERSPECTIVE → RESET PERSPECTIVE des Eclipse-Menüs WINDOW. Klicken Sie in dem Dialog, der diesem Befehl folgt, auf die Schaltfläche RESET PERSPECTIVE, um die Perspektive wieder zu ordnen.

27.3.3 Fehlendes Fenster

Manchmal hat man ein Fenster der Entwicklungsumgebung leichtsinnigerweise geschlossen, möchte es aber wieder auf den Bildschirm bringen. Das funktioniert mit dem Befehl WINDOW → SHOW VIEW. Sollte das Fenster sich nicht unter dem Menü befinden, können Sie mit dem Befehl WINDOW → SHOW VIEW → OTHER... einen Dialog aufrufen, der sämtliche Eclipse-Fenster anzeigt und aus dem Sie das Fenster auswählen, was erscheinen soll.

■ 27.4 Zusammenfassung

Das Kapitel hat Ihnen einige der typischsten Java- und Eclipse-Fehler vorgestellt. Weitere Tipps zu Java und Eclipse finden Sie auf meiner Homepage *https://www.steppan.net*.

■ 27.5 Literatur

Paul Javin: Difference between ClassNotFoundException vs NoClassDefFoundError in Java; *https://javarevisited.blogspot.com/2011/07/classnotfoundexception-vs.html*

28 Glossar

Abstrakte Klasse

Von einer *abstrakten Klasse* können keine Objekte erzeugt werden. Sie ist bewusst unvollständig und bildet die Basis für weitere konkrete Unterklassen.

Abstrakte Methode

Eine unvollständige Methode, für die nur eine Signatur, jedoch keine Anweisungsfolge definiert ist. Einer abstrakten Methode fehlt die Implementierung.

Exemplar

Synonym für *Objekt*.

Generalisierung

Der Begriff Generalisierung ist Synonym für *Vererbung*.

Instanz

Fehlübersetzung des englischen Begriffs *Instance* = (*Exemplar*). Mit Instanz ist normalerweise ein Objekt (Exemplar) gemeint. In der Informatik bezeichnet man auch ein Programm, das man gestartet hat, oftmals als Instanz.

Instantiierung oder Instanziierung

Das Erzeugen eines *Exemplars*, das heißt eines *Objekts* aus einer Klasse.

Klasse

Die Klasse ist eine Schablone, eine Vorlage für Objekte.

Klassenattribut

Klassenattribut ist ein Synonym für *Klassenvariable*.

Klassenmethode

Eine Klassenmethode ist für alle *Exemplare* einer Klasse unveränderlich (statisch). Klassenmethoden werden durch das Schlüsselwort *static* deklariert.

Klassenoperation

Synonym für *Klassenmethode*.

Klassenvariable

Eine Klassenvariable ist für alle *Exemplare* einer Klasse unveränderlich. Klassenvariablen werden durch das Schlüsselwort *static* deklariert.

Konkrete Klasse

Eine Klasse, von der man Objekte ableiten kann.

Objekt

Eine spezielle benutzerdefinierte Variable, die Daten und Methoden kapselt.

Objektvariable

Variable, die nur für ein spezielles Objekt gültig ist.

static

Das Java-Schlüsselwort *static* verwendet man, um eine *Klassenvariable* oder eine *Klassenmethode* zu kennzeichnen.

super

Das Java-Schlüsselwort *super* verwendet man, um den Konstruktor der Basisklasse (Superklasse) aufzurufen. Es ist eine spezielle Klassenvariable, die der Compiler automatisch erzeugt, wenn er eine Klasse übersetzt.

this

Das Java-Schlüsselwort *this* verwendet man, wenn man das Objekt selbst aufrufen möchte. Es ist eine spezielle Klassenvariable, die immer auf das Objekt zeigt. Der Compiler legt sie automatisch an, wenn er eine Klasse übersetzt.

Stichwortverzeichnis